U0924085

1921–2021
厦门大学
XIAMEN UNIVERSITY

厦门大学百年校庆系列出版物

校史资料汇编与学生名录系列

厦门大学校史资料选编

（1992—2017）

第四册 (2003—2005)

主编：石慧霞　连　念

厦门大学出版社 XIAMEN UNIVERSITY PRESS
国家一级出版社
全国百佳图书出版单位

《厦门大学校史资料选编（1992—2017）》编纂组

组　长：石慧霞　连　念

成　员（以姓氏笔画为序）：

毛春红　石慧霞　刘珊珊　吴爱华　连　念　张璐阳

林秀莲　曾晓秋　蔡秋才　薛小勤　魏　昊

执行编辑：

1992—1994 年：曾晓秋　连　念　张璐阳　吴爱华

1995—1997 年：张璐阳　连　念　吴爱华

1998—1999 年：毛春红　魏　昊　连　念　张璐阳　吴爱华

2000—2002 年：吴爱华　连　念　张璐阳　魏　昊

2003—2004 年：蔡秋才　连　念　张璐阳　吴爱华　魏　昊

2005 年：薛小勤　连　念　张璐阳　吴爱华　魏　昊

2006—2008 年：毛春红　连　念　张璐阳　吴爱华　魏　昊　林秀莲　董健岚

2009—2010 年：薛小勤　连　念　张璐阳　吴爱华　魏　昊

2011 年：蔡秋才　连　念　张璐阳　吴爱华　魏　昊

2012 年：连　念　吴爱华　张璐阳　魏　昊

2013—2015 年：刘珊珊　连　念　张璐阳　吴爱华　魏　昊

2016—2017 年：连　念　吴爱华　张璐阳　魏　昊

总　序

厦门大学　党委书记　张　彦
　　　　　校　　长　张　荣

2021年4月6日，厦门大学百年华诞。百载风雨，十秩辉煌，这是厦门大学发展的里程碑，继往开来的新起点。全校师生员工和海内外校友满怀深情地期盼这一荣耀时刻的到来。

为迎接百年校庆，学校在三年前就启动了“百年校庆系列出版工程”的筹备工作，专门成立“厦门大学百年校庆系列出版物编委会”，加强领导，统一部署。各院系、部门通力合作，众多专家学者和相关单位的工作人员全身心地参与到这项工作之中。同志们满怀高度的责任感和紧迫感，以“提升质量，确保进度，打造精品”为目标，争分夺秒，全力以赴，使这项出版工程得以快速顺利地进行。在这个重要的历史时刻，总结厦大百年奋斗历史，阐扬百年厦大“四种精神”，抒写厦大为伟大祖国所做出的突出贡献，激发厦大人的自豪感和使命感，无疑是献给百岁厦大最好的生日礼物。

“百年校庆系列出版工程”包括组织编撰百年校史、百年组织机构史、百年院系史、百年精神文化、百年学术论著选刊、校史资料与学生名录……有多个系列近150种图书将与广大读者见面。从图书规模、涉及领域、参编人员等角度看，此项出版工程极为浩大。这些出版物的问世，将为学校留下大量珍贵的历史资料，为学校深入开展校史教育提供丰富生动的素材，也将为弘扬厦门大学“自强不息，止于至善”校训精神注入时代的新鲜血液，帮助人们透过“中国最美大学校园”的山海空间和历史回响，更加清晰地理解厦门大学在中国发展进程中发挥的独特作用、扮演的重要角色，领略“南方之强”的文化与精神魅力。

百年校庆系列出版物将多方呈现百年厦大的精彩历史画卷。这些凝聚全校师生员工心血的出版物，让我们感受到厦大人弦歌不辍的精神风貌。图文并茂的《厦门大学百年校史》，穿越历史长廊，带领我们聆听厦大不平凡百年岁月的历史足音。《为吾国放一异彩——厦门大学与伟大祖国》浓墨重彩地记述厦门大学与全国34个省级行政区以及福建省九市一区一县血浓于水的校地情缘，从中可以读出厦门大学在中华民族伟大复兴征程中留下的深深烙印。参与面最广的“厦门大学百年院系史系列”、《厦门大学百年组织机构史》，共有30多个学院和直属单位参与编写，通过对厦门大学各学院和组织机构发展脉络、演变轨迹的细致梳理，深入介绍厦门大学的党建工作、学科建设、人才培养、组织管理、社会服务等方面的发展历程，展示办学成就，彰显办学特色。《厦门大学校史资料选编（1992—2017）》和《南强之星——厦门大学学生名录（2010—2019）》，连同已经出版的同类史料，将较完整、翔实地展现学校发展轨迹，记录下每位厦大学子的荣耀。“厦门大学百年精神文化系列”涵盖人物传记和校园风采两大主题，其中《陈嘉庚传》在搜集大量史料的基础上，以时代精神和崭新视角，生动展现了校主陈嘉庚先生的丰功伟绩。此次推出《林文庆传》《萨本栋传》《汪德耀传》《王亚南传》四部厦门大学老校长传记，是对他们为厦大发展所做出的突出贡献的深切缅怀。厦大校友、红军会计制度创始人、中国共产党金融事业奠基人之一高捷成的传记《我的祖父高捷成》，则是首次全面地介绍这位为中国人民解放事业做出杰出贡献的烈士的事迹。新版《陈景润传》，把这位“最美奋斗者”、“感动中国人物”、令厦大人骄傲的杰出校友、世界著名数学家不平凡的人生再次展现在我们眼前。抒写校园风采的《厦门大学百年建筑》、《厦门大学餐饮百年》、《建南大舞台》、《芙蓉园里尽芳菲》、《我的厦大老师》（百年华诞纪念专辑）、《创新创业厦大人2》、《志愿之光》、《让建南钟声传响大山深处》、《我的厦大范儿》以及潘维廉的《我在厦大三十年》等，都从不同的角度，引领我们去品读厦门大学的真正内涵，感受厦门大学浓郁的人文精神和科学精神。

此次出版的“厦门大学百年学术论著选刊”，由专家学者精选，重刊一批厦大已故著名学者在校工作期间完成的、具有重要价值的学术论著（包括讲义、未刊印的论著稿本等），目的在于反映和宣传厦门大学百年来的学术成就和贡献，挖掘百年来厦门大学丰厚的历史积淀和传统资源，展示厦门大学的学术底蕴，重建“厦大学派”，为学校“双一流”建设提供学术传统的支撑。学校将把这项工作列入长期规划，在百年校庆时出版第一辑共40种，今后还将陆续出版。

“自强！自强！学海何洋洋！”100年前，陈嘉庚先生于民族危难之际，抱着“教育为立国之本，兴学乃国民天职”的信念，创办了厦门大学这所中国历史上第一所由华侨独资建设的大学。100年来，厦大人秉承“研究高深学术，养成专门人才，阐扬世界文化”的办学宗旨，在实现中华民族伟大复兴的征程上书写自己的精彩篇章。我们相信，当百年校庆的欢庆浪潮归于平静时，这些出版物将会是一串串熠熠生辉的耀眼珍珠，成为记录厦门大学百年奋斗之旅的永恒坐标，成为流淌在人们心中的美好记忆，并将不断激励我们不忘初心继承传统，牢记使命乘风破浪，向着中国特色世界一流大学目标奋勇前行！

张彦　张荣

2020年12月

编纂说明

一、为回顾厦门大学发展历史，总结办学经验，继承发扬优良传统，更好利用档案史料，1987—1996年，厦门大学先后编纂出版《厦大校史资料》9辑，收录1921—1991年间的校史资料。2021年，厦门大学迎来百年华诞，根据百年校庆系列出版物编委会工作安排，档案馆承担《厦门大学校史资料选编（1992—2017）》丛书（以下简称丛书）的编纂工作。

二、丛书收录校史资料起止时间：1992年1月1日至2017年12月31日。

三、丛书主要内容包括厦门大学党委书记、校长的重要讲话稿，上级机关、领导贺信、贺电，学校党建、思想政治、教学、科研、管理与服务工作等方面的规章、制度、办法等，党代会、工会、教代会等重要会议的重要报告，全校性的工作规划、计划、总结，重大工作的实施方案，重要专题报告等。所选文献主要来源于厦门大学档案馆馆藏档案，包括《厦门大学报》部分文章。

四、丛书按照年度—主题的编排体例。收录校史资料以年度为序，各年度内容分特载、专文、党建与思想政治工作、教学与科研工作、管理与服务工作五大主题。由于各年度选录校史资料数存在差异，丛书根据年度材料多寡适当分册编排。

五、丛书是档案文献出版物，因收录时间跨度较长，其间一些文献的行文用语、称谓、时间、标点符号、层次序号、行文格式等与最新公文、图书出版标准存在不一致，为反映历史原貌，收录文献一般按原文照录原则处理；文献中明显的漏字、错别字等，则直接改正；有些文献根据图书出版规范重新拟写了标题。

六、丛书对部分涉及人名、个人电话号码、邮箱等个人隐私或其他不宜公开的内容做了删节。

七、丛书因保密、书稿篇幅限制等原因，所收录校史资料不尽齐全；丛书收录的规章、制度、办法等是档案文件的，其执行范围、时效等解释权归文件形成部门。

八、丛书于2019年5月立项：百年校庆系列出版物编委会审定丛书编纂原则；邓朝晖副校长就编纂原则、编排体例、审稿、出版等都给予悉心指导；编纂组成员多次开会研究落实编纂原则、编排体例，分工合作通读十余万份馆藏档案资料，认真挑选出2000多份史料，按档案文献编纂出版要求进行文稿录入和编辑加工；文件形成部门对其部门入选文件进行会稿确认；校保密办就史料出版进行保密审查；学校办公室积极参与“专文”部分的选编工作。在此，谨对各级领导的关心指导，对相关职能部门的大力支持，对出版社的细致审校，一并致以最衷心的感谢。

九、因编者水平有限，丛书疏漏、不当之处在所难免，敬请读者批评指正。

《厦门大学校史资料选编（1992—2017）》编纂组

2021年2月

目　录

2003 年

特　载

专　文

党建与思想政治工作

教学与科研工作

管理与服务工作

2004 年

特　载

专　文

教学与科研工作

管理与服务工作

2005年

特 载

专 文

党建与思想政治工作

教学与科研工作

管理与服务工作

2003年

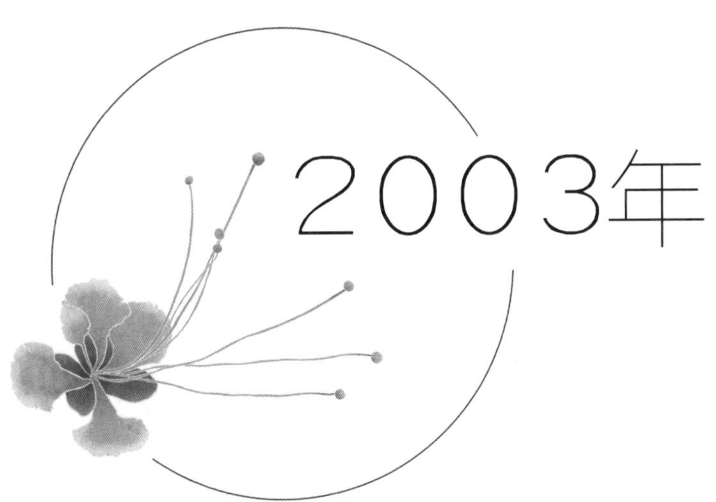

·特　载·

学习贯彻十六大精神，开创学校各项工作新局面

——2003 年新年献词

（2003 年 1 月 3 日）

校长　陈传鸿

值此辞旧迎新，万家欢乐之际，我谨代表校党委、校行政向全校师生员工、离退休同志们致以亲切的问候，恭祝大家新年愉快、身体健康、学习进步、工作顺利！

已经过去的 2002 年是我国大事多、喜事多的丰收年。党的十六大提出了新世纪新阶段党和国家的奋斗目标和行动纲领，为我国全面建设小康社会、加快推进社会主义现代化建设指明了方向，为我们党和国家的历史掀开了新的发展篇章。2002 年中国经济繁荣、社会稳定，中国健儿在第 14 届亚运会上又一次获得优异成绩、上海获得世博会的举办权等一系列重大事件表明，中国正在以更加宽广的胸怀、更新的姿态融入世界大家庭。我们衷心祝愿我们伟大的祖国繁荣昌盛，我们的人民更加幸福安康！

回顾刚刚过去的一年，我们满怀喜悦、充满自豪。在全校师生员工共同努力下，我校各项事业蓬勃发展，学校综合水平全面提高。2002 年，学校胜利地召开了中国共产党厦门大学第八次代表大会，明确了今后几年学校党的建设和改革发展的目标与任务；完成了“十五”“211 工程”建设项目可行性研究报告的专家论证审核工作，有 11 个学科项目列入国家“十五”“211 工程”建设；完成第五次博士生导师的自审工作，新增一批博士生导师；召开了两次全校教学工作会议，进一步明确了深化教学改革，提高教学质量，推进教育创新的方向；2002 年，学校共引进高层次人才 62 人，其中博士 33 人，硕士 14 人，教授 20 人，副教授 29 人，师资队伍的年龄、学历、职称、学缘结构进一步改善；科学研究也有长足的进步，科研经费预期可超过 7000 万元，自然科学研究有 20 项科研成果获国家、部（省）、市科技进步奖，申请专利 47 项。社会科学研究有 18 项成果获教育部第三次全国人文社科优秀成果奖，发表论文总数居全国高校第 10 位；漳州校区的建设为明年秋季新生入学正加紧施工；12 月 26 日，厦门大学资产经营有限公司与后勤集团正式成立授牌，为科技产业的发展和深化后勤社会化改革打下良好的基础。

过去一年中取得的成绩，是全校师生员工共同奋斗的结果，它再次展现了厦大人始终不渝的爱国爱校、自强不息、止于至善的精神风貌，不畏艰难、团结拼搏的良好作风和与时俱进、乘势而上，全面开创学校各项工作新局面的信心和决心。

党的十六大为高等教育的改革与发展描绘出新的蓝图。在新的一年里，我们要继续认真学习贯彻党的十六大精神，把广大党员干部和师生员工的思想统一到十六大精神上来，为实现十六大提出的各项任务贡献力量。要以邓小平理论和“三个代表”重要思想为指导，落实我校第八次党代会提出的发展思路，

加强党建和思想政治工作,深化各项改革,努力促进学校事业的发展。继续做好“厦门大学发展战略规划(2006—2020)”、“学科建设和队伍建设规划”、“校园建设规划”的编制工作;制定和落实“十五”“211 工程”建设实施方案,推进“十五”“211 工程”建设;进一步做好第九批增列博士、硕士学位授权学科专业的各项工作和新一轮研究生培养方案的修订工作;深化科研体制改革,进一步提高科研整体实力和创新水平,推动技术创新和科技成果的转化,开好明年要召开的全校第二次科研工作会议;大力推进我校的教育创新,进一步深化教学改革,以漳州校区建设为契机,构建新的人才培养模式;加快漳州校区建设,改善办学条件。

抚今追昔,我们豪情满怀;展望未来,我们任重道远。师生员工同志们,为了实现我们的发展蓝图和奋斗目标,我们要努力实践“三个代表”重要思想,认真学习、宣传和贯彻十六大精神,与时俱进,乘势而上,加快发展,不断开创我校各项事业的新局面,为全面建设小康社会做出更大贡献!

再次祝同志们在新的一年里身体健康,工作顺利,阖家幸福!

——本文摘录自《厦门大学报》,2003 年 1 月 3 日第 532 期

厦门大学校院二级管理体制试行条例

（2003年6月13日修订）

（2003年6月16日）

根据《中华人民共和国高等教育法》的有关规定和1998年学校关于实行校院二级管理体制的决定，结合四年来《厦门大学校院二级管理体制试行条例》的实施情况，对本条例做重新修订。

第一条　学校是具有法人资格的办学单位，依法享有自主确定教学、科研等内部组织机构的权利。学校内部实行校院二级管理。

学院是学校下属的内部办学实体。学院在学校党委和行政的领导下，在学校有关规章制度范围内自主开展教学、科学研究和社会服务等活动。

第二条　学院成立院务委员会。院务委员会组成人选由学院院长和学院党委（总支）书记共同研究提出，报校党委常委会批准。

第三条　院务委员会的主要职责：

（一）讨论制订本学院教学科研、科技成果转化和产业化、学科建设和队伍建设的发展规划与重要改革方案；

（二）讨论决定本学院的教学科研、科技成果转化和产业化及学科建设的其他重要事项；

（三）讨论决定本学院内部管理体制的具体模式，讨论决定学院与所属系（所）的具体工作分工和内部关系，讨论制定本学院的有关规章制度；

（四）讨论决定本学院队伍建设与人事管理工作的重要事项，研究决定本学院各系（所）副系主任（副所长）人选并报学校批准；

（五）讨论决定本学院人才培养、师德教育和学生思想政治工作的重要事项；

（六）讨论决定本学院对外交流与合作和社会服务的重要事项；

（七）讨论决定本学院经费管理和使用的重要事项；

（八）讨论决定本学院的房屋和物资设备等资产的使用管理的重要事项；

（九）讨论决定本学院其他行政工作的重要事项。

第四条　学院设院长1名，副院长2～4名。学生数在2000人以上或承担重大科研任务或涵盖4个以上一级学科的学院可设副院长4名，规模较小的学院设副院长2～3名。

副院长一般不兼任系主任。

第五条　学院院长在学校党委和行政的领导下，全面负责本学院的教学科研、科技成果转化和产业化、学科建设、队伍建设、对外交流与合作和行政管理等工作。其主要职责是：

（一）主持院务委员会会议，负责本学院日常行政工作，组织实施院务委员会的决定；

（二）主持制订本学院年度工作计划并组织实施；

（三）组织本学院开展教学、科研、科技成果转化和产业化、对外交流与合作和社会服务等活动，领导本学院的学科建设和队伍建设；

（四）根据学院聘任委员会的决定和校长的授权，按规定权限聘任和解聘本学院岗位受聘人员；

（五）根据学校和学院的有关规定，审批本学院的经费开支；

（六）履行学校赋予的其他职责。

第六条　学院副院长协助院长分管本学院的行政、教学、科研、科技成果转化和产业化、对外交流与合作及社会服务等工作,协助院长组织实施院务委员会的决定。

规模较大、教学科研任务繁重的学院可设1个专职副院长岗位(须报学校批准),分管行政、财务及后勤工作;规模较小的学院不设专职分管行政、财务及后勤工作的副院长,其职能由院长或其他副院长兼管。

第七条　党员100人以上的学院设立党的委员会,党员不足100人的学院设立党的总支部。学院党的委员会(或总支部委员会)设委员5～9人;其中书记1人,副书记2人,学生人数少于500人的设副书记1人。学院党的委员会(或总支部委员会)由学院党员大会选举产生,接受校党委的领导。

第八条　学院党的委员会(或总支部委员会)的职责:

(一)保证监督党和国家的方针、政策及学校的各项决定在本学院的贯彻执行。

(二)参与讨论和决定本学院学科建设、队伍建设、教学科研、科技成果转化和产业化、行政管理等工作中的重要事项,支持院长在其职责范围内独立负责地开展工作。

(三)负责党组织的思想、组织、作风建设,领导所属党支部的工作,对党员进行教育、管理和监督,做好党员发展和审批工作。

(四)加强学院党政领导班子自身建设,对学院行政领导班子的配备和院长、副院长、系主任(所长)的选拔可以向校党委提出建议,并协助校党委组织部门进行考核;与行政领导一起做好副系主任(副所长)的推荐、考核工作及学生辅导员、班主任的配备、管理工作;做好本学院干部的教育、培养、管理和监督工作。

(五)领导本学院的思想政治工作和德育工作,加强党风廉政建设。

(六)领导本学院工会、共青团、学生会等群众组织,支持他们开展工作;发挥教职工大会(或教职工代表大会)参与学院民主管理、民主监督的作用。

(七)履行校党委赋予的其他职责。

第九条　学院党委(总支)书记在校党委的领导下,主持本学院党的委员会(或总支部委员会)会议,全面负责本学院日常党务工作,并主管本学院教职工思想政治工作。学院党委(总支)副书记协助党委(总支)书记工作,主管学生工作。设有2名副书记的原则上按主管本科生和研究生工作分工。

学院党委(总支)书记一般应为专职人员。兼职党委(总支)书记在任职期间按职员岗位聘任和考核管理。党委(总支)副书记必须为专职人员。

第十条　学院依照学校的各项规章制度自主处理院内事务。学院设立办公室,设办公室主任1名(院办编制在15人以上的可另配备办公室副主任1名),并根据办学规模和工作需要配备若干名秘书和工作人员,负责办理全院的党务、教学、科研、科技成果转化和产业化、人事、财务、对外交流与合作、社会服务及安全保卫等各项具体事务,提供学院内部必需的后勤服务。

学院根据学生规模配备若干专职政工人员,具体负责学生的思想政治工作和其他学生工作。

第十一条　学校负责制定全校的发展规划和建设目标。学院在学校发展规划和建设目标指导下,具体负责制定本学院的发展规划和学科建设的分阶段目标与实施计划,调整学院专业设置,统筹协调学院学科建设的各项工作。

第十二条　学校负责制定全校队伍建设规划和教职员工聘任办法,确定学院各类人员的编制数和各类各级职务的岗位数,规定各类各级岗位的基本职责和任职条件。学院具体负责本学院教职员工的聘任管理、调整补充和培养提高工作。学院在学校确定的编制数和岗位数内制定具体的人员补充计划,并根据学校文件规定,结合本学院不同岗位的具体要求,细化各岗位的具体职责和聘任条件,确定各专业技术系列中、初级职务岗位的聘任人选和高级职务岗位的拟聘人选及各级职员职务的拟聘人选,报学校审核批准并办理具体手续。学院有权自行调剂其内部岗位设置,并可根据岗位需要自行决定本学院各类人员的院内转岗聘任并报学校审批。学院统一规划本学院教师的进修培养、出国学习等工作。学校对学院的人员聘用和师资培养工作进行检查和监督。

第十三条　学校负责制定教学工作的总体要求、改革模式和目标规范,对全校范围内教学工作进行统筹规划、协调和管理。学院负责本学院教学计划的制定和实施,组织安排本学院公共课、基础课的教学,指导所属各系(所)组织和安排专业基础课和专业课的教学,组织开展本学院的教学改革。学校对学院的教学工作进行检查、监督和评估。

第十四条　学校负责全校科研工作的组织和管理,制定科研和科技开发的发展规划。学院在学校科研和科技开发规划指导下,制定本学院的科研与科技开发规划,组织协调科研力量,申报科研项目,统一管理学院所属的科研机构。学校对学院科研工作的开展情况进行检查和评估。

第十五条　学校负责确定全校科技成果转化和产业化及社会服务的方向,制定全校科技成果转化和产业化及社会服务的管理办法。学院统筹本学院科技成果转化和产业化及社会服务工作,根据学校的规定,制定具体的管理和分配办法,组织开展科技成果转化和产业化及社会服务等活动。学校对学院的科技成果转化和产业化及社会服务工作进行检查和评估。

第十六条　学校负责制定全校对外交流与合作的原则和管理条例。学院根据学校制定的原则和管理条例,积极主动地开展对外交流和合作活动。学校对学院的对外交流和合作活动的开展情况进行检查和评估。

第十七条　学校负责制定教职员工的考核条例和奖惩办法,并监督条例和办法的实施。学院根据学校的考核条例按规定的权限具体负责本学院教职员工的考核工作,确定教职员工的考核等级,报送考核结果,并根据学校的奖惩办法对教职员工实施奖惩。学院可根据自己的实际情况对学校的考核条例和奖惩办法制订实施办法。

第十八条　学校制定各类各级岗位津贴发放标准并根据各学院各类专业技术岗位受聘人员年度考核和聘期考核等情况下拨专业技术岗位业绩津贴总额给学院。其他岗位津贴由学校根据各岗位聘任情况和考核结果直接拨付。学院根据学校规定制定本学院专业技术岗位业绩津贴分配的具体办法并组织实施。学校对学院专业技术岗位业绩津贴的分配进行检查和监督。

第十九条　学校对全校财务工作实行统一领导、分级管理、分级报账的管理体制,负责制定学校内部的财务管理规定。学校每年将所收学费按一定比例回拨学院,作为学院的综合办学经费。学院作为学校的基层预算单位,对学校回拨的经费有权根据学校财务管理规定直接审批。学院的创收分成由学院统一管理并按有关规定支配。学院根据需要配备专职或兼职会计人员和出纳人员,负责学院的具体财务核算,配合学校财务处按照财务制度对本学院经费进行分类管理,办理本学院的经费报销事项。学校对学院的财务管理和经费报销工作进行检查和监督。

学院会计人员和出纳人员接受学校财务处的业务领导。资金流量小的学院可以不设会计人员,有关会计事务由学校财务处负责办理。

第二十条　学校负责制定物资设备和公用房屋的管理办法,统一调配和管理全校的房屋、物资设备等资产。学院根据学校的有关规定,调配和管理学校划拨本学院使用的物资设备和教学、科研及办公用房,负责学院内器材物品的调拨、管理、维修和对外开放使用,确保各类物资设备及用房得到充分的共享和最有效的利用。学校对学院的资产管理进行检查、评估和监督。

第二十一条　学校负责全校的安全保卫和稳定工作。学院根据学校有关规定,认真做好本学院的安全保卫和稳定工作,确保学院和学校的安全与稳定。学校对学院的安全保卫和稳定工作进行检查、评估和督促。

第二十二条　学校负责制定全校学生的思想教育和管理及毕业生就业指导等学生工作条例,对学生工作实行统一领导、分级管理的体制。学院根据学校的规定,做好本学院学生的思想教育和管理及毕业生的就业指导等工作。学校对学院的学生工作进行检查和督促。

第二十三条　学院所属各系(所)是学院领导下的教学科研的基本单位。学院根据本院工作实际自主确定各系(所)的工作制度和职责。

教研室(研究室)不是教学科研的一级基本单位,是否设置由各学院自主决定。

第二十四条　学院所属各系(所)配备系主任(所长)和副系主任(副所长)各1名。如工作需要,经学校批准,可增加配备副系主任或系主任助理1名。副系主任(副所长)和系主任助理均由本系(所)教师或其他专业技术人员兼任。

学院所属各系(所)不设办公室,由学院在各系(所)配备行政秘书,其编制属学院办公室。

第二十五条　学校直属各系、所、教学部参照本条例规定精神执行。

第二十六条　本条例自颁布之日起生效。学校原有文件规定如与本条例不一致的,以本条例为准。

第二十七条　本条例由校党委常委会和校长办公会议负责解释。

——本文摘录自《关于印发〈厦门大学校院二级管理体制试行条例〉的通知》,厦大委综〔2003〕11号,档号2003-XZ09-13

厦门大学2002—2003学年第二学期工作计划要点

（2003年2月24日）

2003年是全面启动“十五”“211工程”建设，加快新世纪事业发展的至关重要的一年。本学期要继续深入学习贯彻党的十六大精神，以邓小平理论和“三个代表”重要思想为指导，按照“巩固、深化、提高、发展”的方针和“发展要有新思路，改革要有新突破，开放要有新局面，各项工作要有新举措”的要求，认真研究新情况，努力探索新思路，不断解决新问题，与时俱进，深化改革，实现学校的跨越式发展。为此，要重点做好以下几项工作：

一、深入学习贯彻党的十六大精神，以“三个代表”重要思想为指导，继续加强党建和思想政治工作，为学校加快发展提供保障

1.党的十六大报告对我国全面建设小康社会做出了全面部署，把科技教育放在非常突出的地位，对进一步推进教育改革与发展，培养高素质创新人才提出了新的和更高的要求。要把深入学习、贯彻、落实十六大精神作为当前和今后一个时期首要的政治任务和中心工作来抓，要把握“三个代表”重要思想的科学内涵和精神实质，紧紧围绕党的十六大的主题，始终坚持解放思想、实事求是、与时俱进这个精髓。

在学习过程中要加强组织引导，把握实质，领会精髓，指导实践，狠抓落实。在十六大精神的指引下，认真落实校第八次党代会提出的各项任务，努力实现学校的跨越式发展，为全面建设小康社会做出贡献。

党委宣传部要认真安排全校性的学习工作。各单位要认真组织全体干部教师，安排时间集中学习，党委中心组要坚持带头学习，在自学基础上，结合工作与思想实际，适当安排专题讨论；党委党校要举办学习班，组织领导干部进行集中学习。

2.加强党的基层组织建设，进一步增强党组织的生机与活力，使学校各级党组织成为落实“三个代表”重要思想的组织者、推动者和实践者。继续开展总支考评工作，对任期届满的总支委员会进行换届选举；根据新党章对支部工作条例进行修订；开展党支部工作“立项活动”，进行党员先进性教育；积极做好在青年教师中发展党员的工作。

3.加强领导班子建设和干部队伍建设。领导干部要带头学习十六大精神，提高理论素养和领导水平。认真贯彻民主集中制原则。要在领导班子中加强艰苦奋斗教育，进一步加强管理，勤俭办学，从严治校；坚持不懈地抓好党风廉政建设，加强对党员干部特别是领导干部理想信念和廉洁从政教育，牢固树立正确的权力观、地位观和利益观；要继续做好院（系）领导班子的调整和配备工作；积极推进领导干部选拔任用制度改革，加大干部交流力度，可在国内外或校内外公开招聘部分院（系）的主要行政领导；加强干部教育培训和后备干部的培养，继续组织干部到国外、境外学习、考察。

4.加强思想政治工作，维护校园稳定。要树立阵地意识，围绕师生员工关心的热点、难点问题和改革过程中出现的新问题，积极探索思想政治工作新思路，开展深入、细致、有效的思想政治工作。要把学习十六大精神作为思想政治教育、教学和党团活动的重要内容，引导学生牢固树立坚定的理想，奋发向上；要继续推进“两课”教育，深化邓小平理论、“三个代表”重要思想“三进”工作；根据我校已形成多校区模式等实际情况，积极探索思想政治工作新途径、新方法；加强校园文化建设，特别是曾厝垵学生公寓的校园文化建设；要重视应届毕业生的思想政治工作，加强对就业工作的指导，本学期要召开全校就业工作会

议;要继续加强学校治安综合治理,始终保持清醒头脑,维护校园持续稳定;认真落实校党委《关于进一步加强工会工作的意见》,完善教职工代表大会制度,召开五届二次教代会,讨论学校发展规划,调动教职工的积极性。

二、以学科建设为核心,抢抓历史机遇,树立长远目标,制定科学规划

1.认真制定学校发展战略规划、学科建设和队伍建设规划、校园建设规划。新世纪头20年,是高校的重要战略机遇期,必须树立强烈的机遇意识,进一步加强宏观思考和战略研究,认真思考"建设一个什么样的大学"和"怎样建设这样的大学"两大问题,进一步充实、修订和完善学校发展蓝图,制定出具有厦门大学特色的学校发展战略规划、学科建设和队伍建设规划、校园建设规划。

2.要认真制定"十五""211工程"建设项目管理办法、建设资金管理办法,建立大型仪器设备开放运行机制,建立完善的管理措施,充分发挥效益,推进"十五""211工程"建设;健全"面向21世纪教育振兴行动计划"相关管理规定,开展"行动计划"阶段性检查,加强"行动计划"项目建设过程中的协调和监督。

3.努力做好全国第九批博士、硕士学位授权专业增列申报工作,确保我校在增列学位点的审批工作中有较大的收获。

三、认真研究新情况,努力探索新思路,不断解决新问题,深化改革,开拓创新,实现学校的跨越式发展

1.深化办学体制改革。积极促进新一轮的教育部、福建省、厦门市重点共建厦门大学,为学校实现跨越式发展奠定基础。积极与厦门市沟通协商,统筹规划,进一步加强医学院的建设,探索与国内外高等医学院校合作的新途径;主动适应社会发展对高等教育的需求,探索新的办学增长点,争取成立二级学院(嘉庚学院)并于今年秋季招生;大力推进示范性软件学院、高级经理教育中心(EMBA)和生命科学与技术人才培养基地的建设,促进其快速发展,积极迎接软件学院的中期检查。

2.深化教学改革,实施质量工程,提高教学质量。要以培养学生的素质和创造性为中心,提高人才培养的质量为目标,实施质量工程:(1)继续深化教学改革,特别是关于人才培养模式和教学内容及课程体系的改革;(2)为启动全国"精品基础课程"和"教学名师"奖的评选做好准备,在适当时候启动我校"精品基础课程"和"教学名师"奖的评选;(3)推进公共外语教学改革,进一步扩大使用外语原版教材和双语教学的课程比例,并达到教育部的要求;(4)继续推进国家级教学示范基地和国家基础课实验教学示范中心的建设;(5)逐步建立起自我评估系统和质量保障监督系统,进一步提高教学质量。

构建新的人才培养模式。从今年开始,除了个别系科外,大部分系科按专业大类进行招生和人才培养;在实验教学方面,建立一套与宽口径和多样化人才培养模式相应的实验教学模式以及与此配套的新的实验教学管理制度,培养学生的创新思维能力和独立操作的习惯;扶持部分专业实验室的建设,充分发挥现有实验条件在培养创新性人才中的作用。

推进研究生教育的改革与创新,努力扩大研究生教育的规模,提高培养质量,完善管理体制和机制,建立和完善我校研究生教育的质量保证体系;开展和扩大国内外的交流和合作,实现优质教育资源的共享。

3.深化科研体制改革,进一步提高科研水平,推动科技成果转化和高新技术产业化工作。本学期要以召开第二次全校科研工作会议为契机,努力深化科研体制改革,完善有关政策措施,调动教师进行科学研究和科技成果转化、产业化的积极性,启动"厦门大学科技创新工程",进一步提高科研整体实力和创新水平,为建设研究型大学打下坚实的基础。要继续贯彻基础研究和应用研究并重,自然科学和人文社会科学并举的方针,整合科研资源和力量,促进多学科的交叉、融合,倡导团队精神,注重从科研源头介入,大力争取横向科研项目,力争今年科研经费达到1亿元,出高水平的科研成果。

4.要根据国家和学校科技产业改革的部署，继续在对现有企业资产评估的基础上，实施学校经营性资产的规范剥离、划转和企业改制工作。学校资产经营有限公司要通过有效的管理和经营，努力保证学校经营性资产保值增值。要在积极争取国家和地方政府大力支持的基础上，申报并启动厦门大学国家科技园的建设。大力推进多形式、多层次的产学研紧密合作，加快科技成果转化和产业化。

5.深化校院二级管理体制改革。认真总结 1998 年以来院系管理体制改革的成功经验，进一步理顺关系，明确学院的责权利，切实赋予学院办学自主权，加强学院的调控能力，使学院作为办学实体的综合优势得以充分发挥；各学院要切实履行学校赋予的办学自主权，发挥学院的综合优势，不断改革创新，提高学院教学科研水平和办学效益；鼓励跨学院、跨单位的交叉渗透、优势互补和资源共享，增强重大科研攻关和争取重大科研项目的能力。

6.深化人事制度改革，加强队伍建设。加大人才引进特别是高层次人才的引进力度，不断完善有利于吸引人才、留住人才和人才成长的软硬环境，对引进的人才要进行跟踪评估；注重发挥老一辈人才的带动作用，同时也要重视、培养、大胆启用年轻人；进一步深化人事管理体制改革，今年将先在部分人员中实行聘用制；改革现行的津贴和岗位津贴等分配制度。

7.积极配合校内管理体制改革，进一步完善财务管理制度，落实院（系）财务自主权，完善分级报账体制，强化财务责任，加强财务监督；配合后勤产业管理体制改革，理顺财务关系；积极拓宽筹资渠道，促进学校教学科研和各项建设事业发展。

8.继续深化后勤社会化改革。要巩固改革成果，进一步明确后勤服务实体与学校的权利义务关系，在不断提高服务质量和水平的基础上，规模发展、快速发展；深化住房分配制度改革，积极酝酿实行货币化分房方案。

四、推进漳州校区各项建设，为秋季新生在新校区学习、生活奠定基础

1.加快漳州校区建设，坚持“加快建设、整体推进”的原则，紧张、有序、高效地推进漳州校区各项建设项目，本学期要抓好一期主体工程建设。

2.抓紧配套工程的规划和施工。美化校区环境，构建校区整体框架，同时积极与地方政府协调，建好校区周边的各类配套工程和市政、交通等设施。

3.要多渠道筹措、设立漳州校区专项建设基金，确保工程建设的需要。

4.吸收国内高校新校区管理的先进经验，认真研究与拟定漳州校区投入使用后的运行机制及管理体制等相关方案，探索具有我校特色管理办法，充分发挥漳州校区的功能和效益。

5.认真做好师生的思想政治工作，统一认识，为漳州校区投入使用做思想上的准备。

——本文摘录自《关于印发〈厦门大学 2002—2003 学年第二学期工作计划要点〉的通知》，厦大委综〔2003〕2 号，档号 2003-XZ09-13

厦门大学2003—2004学年第一学期工作计划

(2003年9月5日)

本学期要继续深入学习党的十六大精神,坚持用马克思列宁主义、毛泽东思想和邓小平理论为指导,在全校兴起学习贯彻“三个代表”重要思想新高潮,用党的最新理论成果武装和教育全校师生员工,按照“发展要有新思路,改革要有新突破,开放要有新局面,各项工作要有新举措”的要求,团结拼搏、艰苦奋斗,全面提高学校的教学质量、科研水平、管理水平和办学效益,为建设国内一流的高水平研究型的综合性大学奠定坚实的基础。为此,要重点做好以下几项工作:

一、兴起学习贯彻“三个代表”重要思想的新高潮,进一步加强和改进党建和思想政治工作,努力开创思想政治工作的新局面,推动学校各项事业的发展

(一)结合实际,积极行动,深入学习、全面领会“三个代表”重要思想和胡锦涛总书记“七一”重要讲话,贯彻校党委《关于在我校兴起学习贯彻“三个代表”重要思想新高潮的通知》精神。

要坚持理论联系实际的学风,学以致用,把运用“三个代表”重要思想指导实践和各项工作作为学习的出发点和落脚点。在学习过程中要联系改革开放与现代化建设的实际,联系本单位的实际,联系干部群众的思想实际,主动查找思想观念和精神状态的差距,解决影响发展的思想认识问题;查找改革与发展的差距,解决制约发展的重大问题;查找执政为民与服务群众方面的差距,解决群众的根本利益问题;查找干部作风的差距,解决党建的突出问题。在学习中结合实际,把握实质,发挥优势,精心组织,狠抓落实,与时俱进,以改革求发展,以创新求发展,努力实现学校跨越式发展的目标。

要充分发挥校报、广播电视、网络等大众传媒的作用,广泛采取宣讲、知识竞赛、主题教育等形式,加大宣传力度,营造学习“三个代表”重要思想的良好氛围;结合学习贯彻“三个代表”重要思想的实际情况,围绕学校的建设发展,统一认识,探索新时期宣传工作的新形式,通过加强宣传队伍建设,加大宣传力度,尤其要加大对外宣传的力度,不断提升学校形象,凝聚全校人心;各级基层党组织要通过支部学习、党章学习小组学习等多种途径,认真组织好广大党员的学习;党委中心组要坚持学在前面,用在前面,充分发挥表率作用;要通过举办学习班、研讨会、务虚会等方式,在领导干部中进行以“立党为公、执政为民”为主题的教育轮训;充分发挥高校教书育人、学科门类齐全、研究力量雄厚等优势,组织专家学者结合改革开放和社会主义现代化建设的实际,深入研究和宣传“三个代表”重要思想,解答疑难问题,开展科研攻关,力求在理论上、认识上有新发展,在指导实践上有新突破,发挥高校在把兴起学习贯彻“三个代表”重要思想新高潮引向深入方面的重要作用。

(二)加强党的基层组织建设,进一步增强基层党组织的创造力、凝聚力和战斗力,使各级党组织成为落实“三个代表”重要思想的组织者、推动者和实践者。

继续开展各学院党委(党总支、直属支部)考评工作,探索新时期做好基层党建工作的新方法和新途径。继续加强对支部工作的指导,制定支部工作条例,进一步规范支部工作,提高党支部的战斗堡垒作用;深入开展党支部工作“立项活动”,开展以党员先进性教育为主题,以提高党支部活动质量为目标的系列活动;进一步加强党员发展工作,做好在青年学生和青年教师中党的知识的学习和党员发展工作;积极探索党的代表大会闭会期间发挥代表作用的途径和形式,试行党代会代表常任制;做好福建省第一个党

组织——中共厦门大学支部暨罗扬才烈士事迹纪念室作为福建省文物保护单位的申报工作。

（三）加强领导班子建设和干部队伍建设，继续做好干部的选拔、考察和任用工作。

领导干部要带头学习“三个代表”重要思想，树立“立党为公、执政为民”的信念，不断提高理论素养和领导水平；坚持不懈地抓好党风廉政建设和行风建设，不断提高党员干部尤其领导干部廉洁自律的自觉性，加强制度建设，以民主生活会和财务检查两项制度建设为重点，建立院系党风廉政建设长效机制，以审计检查、发现管理漏洞、加强制度建设三项环节为重点，在企业及直属单位建立党风廉政建设工作机制，进一步落实党内监督机制，拓宽党外监督、舆论监督、群众监督的渠道，健全和完善反腐倡廉的制度体系；做好校、院（系）两级领导班子的建设工作，重点是校级和院级行政干部的配备工作，大胆选拔优秀的年轻同志充实到系主任的岗位，在调整中加大干部交流的力度；加强工会干部队伍建设，做好部门工会换届选举工作；积极推进依法治校，不断完善各项规章制度，开展对学校教学科研及管理秩序的整顿。

（四）进一步加强思想政治工作和校园精神文明建设，加强校园综合治理，维护校园环境的安全稳定。

要进一步树立以人为本的观念，加强和改进思想政治工作，解决当前师生员工在学习、工作、生活中遇到的突出问题和困难；积极探索思想政治工作新思路、新模式，努力开创思想政治工作的新局面；要高度重视青年学生的理论武装工作，要把“三个代表”重要思想全面、有机地体现和渗透在思想政治教育、教学和党团活动中，继续深化邓小平理论、“三个代表”重要思想“进课堂、进教材、进学生头脑”的工作，继续推进和加强“两课”教育；进一步健全研究生思想政治教育与管理体系，在制度、措施和队伍上切实解决研究生教育管理的薄弱环节；加强校园文化建设，尤其是进一步推进曾厝垵学生公寓的校园文化建设，积极探索漳州新校区校园文化建设的新途径；继续推进思想政治教育进网络，建立健全大学生公寓思想政治工作机制。总结防治非典工作的经验，加强全校卫生安全教育，建立校园卫生管理的长效机制，以国庆节为契机，在9月份开展安全教育月活动；明确学生管理、物业管理和治安管理的职责，从队伍建设入手，以加强学生管理、物业管理、校园周边治理为重点，开展以校门管理和学生宿舍管理为重点的全校性综合治理，维护校园的稳定。

二、继续完善三大规划，以学科建设为核心，加强重点建设，力争尽快启动二期重点共建

（一）继续修订、完善学校的三大规划即总体发展战略规划、学科和队伍建设规划、校园建设规划。根据教育部的部署，力争在第四季度通过教育部组织的专家论证工作，使之成为指导学校的跨越式发展的行动纲领。

（二）认真完成高水平大学重点共建（即“行动计划”）一期建设总结工作，同时做好迎接教育部组织的验收工作的准备，并力争尽快启动二期重点共建。要积极通过重要新闻媒体，大力宣传一期建设中人才培养、学科建设、科学研究、科技开发方面取得的重大进展，队伍建设、公共服务体系建设方面取得的突出成就，以及对国家和地方经济与社会发展的服务和促进作用等，为启动二期重点共建营造良好的外部环境和舆论氛围。

（三）围绕出标志性科研成果和出显著的建设效益，积极推进“十五”“211工程”项目建设，加强建设过程中的协调、检查和监督。

（四）以组建和调整若干新学院为重点，推进学科建设，做好新增博士学位授权点的启动建设工作。本学期要调整部分学院设置，组建数学科学学院、公共事务学院等若干新学院；加强导师队伍建设，继续遴选新一批博士生指导教师；组织和推动各院、系做好一级学科博士授予权评估的前期准备工作，力争以良好成绩通过评估；建立健全校内评估制度，牢固树立办学的效益观念，以评估为主要依据合理配置办学资源。要对新增的博士、硕士学位授权一级学科和博士学位授权点给予积极扶持。

三、围绕加快发展这个第一要务，与时俱进，深化改革，推进学校的跨越式发展

(一)以漳州校区启用为契机，深入推进教学质量和教学改革工程，深化教学改革，强化教学管理，提高教学质量，全面提升人才培养质量。

1.进一步推动我校双语教学工作，启动“厦门大学双语教学课程建设计划”，建设一批水平高、效果好的双语教学课程。

2.配合我校按大类专业招生和培养及“宽口径、厚基础”的教育模式，结合各院、系的实际情况，进一步完善各院、系和大类专业的培养方案和教学计划。

3.随着研究生招生规模的迅速增长，按照创新和发展的思路，吸收和借鉴国外著名大学研究生培养的经验，依据“公共基础课”、“专业必修课”和“专业选修课”的“三层课程设置原则”，重新修订厦门大学各院、系(所)和专业的硕士和博士研究生培养方案，打破传统的小类专业限制，按照大类专业设置硕士和博士研究生的课程学习和研究计划，加强基础理论和方法论教育，增加选修课，体现研究生教育和培养的新模式，适应我校研究生的发展趋势。

4.提高研究生培养质量，实施我校优秀博士论文选拔和表彰办法，推荐省和国家优秀博士论文候选者。

5.保证漳州校区教学工作正常有序地进行。加强漳州校区教学办的管理，安排和落实漳州校区本学期教学管理工作的具体任务；制定有关漳州校区教学管理的规章制度，加强赴漳州校区授课教师的指导，密切加强与院、系主管教学的负责人及任课教师的联系，严防出现迟到、缺课、调课等现象发生；组织漳州校区百科系列讲座，丰富漳州校区的学术氛围。

6.坚持社会效益和经济效益并重的原则，在保证质量和规范的前提下，有序地发展网络教育、成人教育和高等职业技术教育。

(二)落实学校第二次科研工作会议精神，实施“科技创新工程”和“哲学社会科学繁荣计划”，大力提高学校的科研创新能力。

1.实施“厦门大学科技创新工程”。瞄准国家战略目标、面向21世纪科学前沿，选择具有战略性、基础性、前瞻性的重大课题开展研究，加强学科交叉，加强科研基地和科研平台的建设，发挥学校的学科优势和科研特色，做好固体表面物理化学国家重点实验室和现代分析科学教育部重点实验室的评估准备工作，积极争取海洋与环境科学教育部重点实验室晋升为国家重点实验室，争取组建2～3个部、省重点实验室，争取新获准1个创新群体，争取获得科研大项目、取得一批原始创新成果和更多的发明专利。以抓科研项目为重点，力争2003年度科研经费达到1亿元。

2.实施“哲学社会科学繁荣计划”，加强对十六大提出的重大理论与实践问题的研究，全面推动理论创新，继续争创哲学社会科学研究优势，努力培养哲学社会科学发展的后劲，使我校继续保持全国前列的位置。现有的文科重点研究基地要根据教育部的部署，围绕学习贯彻“三个代表”重要思想，撰写一批理论“精品”，发挥重要的“思想库”作用；要做好现有文科重点研究基地的评估工作；力争有1个研究基地入选新一轮的文科重点基地；力争入选国家首次设立的教育部重大研究项目的招标项目；争取在重点科研项目和科研评奖方面有所突破；落实对校级科研中心的年度评估检查工作。

3.以抓大型仪器共享为重点，切实提高大型仪器设备的使用效益。在校、院(系)、课题组三级管理基础上，充分发挥仪器设备专家的作用，成立贵重仪器管理专家委员会；以实验室认证认可为契机，充分运用开放运行费的调节作用，通过“211工程”项目——“大型仪器设备及优质资源共享系统”的建设及先进管理手段推进我校贵重仪器设备“对外开放、资源共享”。

(三)进一步深化科技产业管理体制改革，加快科技成果转化和产业化的发展。

1.加速厦门大学国家大学科技园的建设步伐，力争通过国家科技部、教育部、国家计委组织的国家大

学科技园启动建设评估，进入国家计划建设的50个国家大学科技园的行列，构筑我校科技成果转化与产业化的平台。

2.继续落实和完善对学校经营性资产管理的政策和措施，保证资产的保值和增值；按照教育部的部署，在抓紧完成校办产业资产划转、逐步建立现代企业管理制度的基础上，选择1～2家原属学校的全资企业进行改制试点工作，对无产品、无市场前景的长期亏损企业，坚决实行关、停、并、转。

3.落实学校第二次科研工作会议精神，推动在研的和已完成的科技成果的迅速转化，集中力量，抓好重点科技成果的转化工作，努力推进赵玉芬院士“丙谷二肽”项目的产业化进程，并与之配套组建“厦大药业”公司。

(四)深化校院二级管理体制改革。按照有利于学科交叉渗透、优势互补和资源共享、提高学院教学科研水平和办学效益的原则，进一步理顺校院两级关系。积极探索市校联办综合性大学医学院的办学体制与管理体制；贯彻“积极支持、规范管理”的原则，以新的机制和模式办好嘉庚学院；继续探索中外合作办学的新途径。

(五)继续推进人事和分配制度改革，加强教职员工队伍建设。进一步做好人才引进工作，加大高层次人才的引进力度，不断完善吸引人才、留住人才和人才成长的软硬环境；继续做好教师以外各类专业技术人员实行聘用制后的首次聘任工作，并为教师和职员在下一年度实行聘用制做好前期准备工作；改革现行的津贴和岗位津贴等分配制度。

(六)深化财务管理体制改革。

1.切实推进国家助学贷款、勤工助学和困难生补助等工作，加大助学贷款力度；积极筹措资金，设立研究生科研奖励基金；在做好本学期学生报到、注册收费工作和帮助特困生顺利完成学业的同时，彻底清理历年学生欠缴的学费和住宿费，坚决扼制住部分学生恶意欠费现象；按照国家和学校的有关规定，坚决治理乱收费现象；进一步理顺收费管理体制，建立收费与经费分配、分拨挂钩的机制，促进收费工作制度化。

2.积极拓宽筹资渠道，启动新的融资手段，增强资金筹措能力，促进教学科研和各项建设事业发展。

3.积极配合校内管理体制改革，按照“统一领导、分级管理、财力集中、财权下放、分级报账”的财务管理体制，进一步完善财务管理制度，落实院(系)财务自主权，强化财务责任，加强财务监督；积极开展调查研究，根据内外部环境变化和学校办学目标，拿出一套既有利于调动单位积极性又具有规范各类办班创收行为的校内创收管理办法和分配制度方案，配合学校监察审计部门，采取切实可行的措施，加强对校内各单位创收活动的监督管理。

4.初步建立一套科学的财务预警系统和绩效考核评价体系，在防范财务风险的同时，建立经费及其他资源分配与各院系单位绩效考核评价挂钩的机制，充分发挥财务在优化学校资源配置中的作用，切实提高学校资源的使用效率和效益，杜绝铺张浪费的现象。

5.理顺学校与嘉庚学院、与资产经营有限公司的财务关系，建立良性的互动的财务机制，规范财务行为。

6.充分利用校园网平台和现代网络信息技术，加快校园财务网络的建设步伐，建立与漳州校区的财务网络连接，增加财务工作的科学管理含量，进一步提高财务工作效率。

(七)积极有序地推进校园基本建设。加强校园网络平台建设，保障校本部和漳州校区的网络信息畅通，开展校园基本数据库和网络资源的建设；启动漳州校区二期项目和集美校区一期建设，加快校本部的基本建设，力争在2004年全面改善教学科研硬件设施的紧张状况，进一步推进学生宿舍“四二一工程”，力争2004年在70％的学生中实现“四二一工程”。

(八)加快推进后勤社会化改革，全面提高后勤服务的质量。本学期要召开学校资产管理工作会议，根据发展的状况和实际，修改、出台学校资产管理的有关制度，并切实落实；研究制定启动学校货币化分房方案；根据学校工作的规律和特点，逐步建立符合学校发展水平的后勤保障体系，抓好学校各项后勤设施的维护更新，不断推出能保障学校教学科研发展需要和广大师生员工需求的服务项目，争取使多数师生员工对学校的后勤服务达到满意和基本满意。

(九)加强公共关系工作,尽一切力量争取各级政府和社会各界的支持,争取更多的办学资源。

四、按照“统一领导、职能延伸、条块结合、校区统筹、创新高效”的管理体制和运行机制,以学生为本,以教学为中心,以教育管理为重点,创造符合漳州校区实际的高效的管理模式

(一)精心组织好校区首次迎新工作,确保5000多名新生安全有序地入住漳州校区。

(二)在机制、制度、管理上大胆创新,积极探索以园区组团为单位的学生管理新模式。

(三)以教学组织为中心,做好校区各项教学工作。

(四)高度重视校区安全保卫工作,强化安全保卫意识,落实各项防范措施,配合政府做好校区周边环境的综合治理,维护校区的安全稳定。

(五)落实安全、便捷、高效的“专车专船、车船对接、凭证乘车乘船”的交通模式,认真安排好师生往返校本部与校区之间的交通工作。

(六)建立有序、高效的行政后勤体系,为校区教学、学生生活和管理提供一流服务和保障。

——本文摘录自《关于印发〈厦门大学2003—2004学年第一学期工作计划〉的通知》,厦大委综〔2003〕18号,档号2003-XZ09-13

·专　文·

贯彻“十六大”精神　全面推进学校发展

——在全校中层干部会议上的讲话(摘要)

(2003年2月25日)

校党委书记　王豪杰

一、关于学习宣传“十六大”精神,以“三个代表”重要思想为指导,继续加强党建和思想政治工作

记得我们上个学期在学习、宣传、落实“十六大”精神的时候,党委曾经提出,学习“十六大”精神要坚持一个主题——举什么旗帜,走什么路;一个灵魂——“三个代表”重要思想;一个精髓——党的思想路线;一个目标——全面建设小康社会;还有13年来的十条经验及党建的六大问题。

根据这个学期的情况,结合工作实际,我想再谈以下几点。

(一)认真宣传、贯彻“十六大”和“三个代表”重要思想

“三个代表”重要思想是“十六大”的灵魂,是与时俱进精神的体现,在宣传、贯彻“三个代表”的过程当中要体现与时俱进的精神。因此在学习过程中要加强组织引导,把握实质,领会精髓,指导实践,狠抓落实。重要抓好以下三点:

第一,深刻领会党的思想路线。“十六大”报告把党的思想路线概括为“解放思想、实事求是、与时俱进”,丰富了党的思想路线的内容,是“十六大”报告的理论创新;毛泽东同志把我们党的思想路线概括为“实事求是”,邓小平同志把它发展为“解放思想、实事求是”,江泽民同志又增添了“与时俱进”的内容。党的“十六大”报告指出“解放思想、实事求是、与时俱进”是我们党坚持先进性和增强创造性的决定性因素,因此要求我们要在实践中不断地总结经验,理论上不断地做出新概括,要以理论创新来推动制度创新、科技创新、文化创新以及其他各方面的创新,永不自满,永不懈怠。

第二,把发展作为第一要务。这是学习贯彻“三个代表”重要思想的必然要求。“十六大”报告提出把发展作为党执政兴国的第一要务,把对发展的认识提到一个新的高度。能不能解决发展的问题直接关系到人心向背、事业兴衰。厦门大学的发展也确实关系人心向背、事业兴衰。因此我们要紧紧把握发展这个第一要务,从根本上掌握人民的愿望,把握社会主义现代化建设的本质,就能使党的执政地位得到巩固,使富国强民的要求得到实现。反之,这一切都无从谈起。同样,厦大离开了发展什么事情也无从谈起。

第三,认真学习胡锦涛同志最近两次重要讲话。

一是在西柏坡再次向全党提出要牢记和发扬“两个务必”的优良传统,即务必保持谦虚谨慎、戒骄戒躁的优良传统;务必保持艰苦奋斗的优良作风。

二是在新进中央委员和候补中央委员的委员研讨班上强调领导干部在改造客观世界的同时要注意改造主观世界,关键要做到权为民所用,情为民所系,利为民所谋。最近,中组部、中宣部发出号召学习谷文昌同志的感人事迹。谷文昌同志的精神和业绩鲜明而深刻地回答了一个共产党员“入党为什么,当了干部做什么,身后留点什么”的历史课题,也向我们说明,只有做到权为民所用,情为民所系,利为民所谋,始终代表先进生产力的发展要求,代表先进文化的前进方向,代表最广大人民的根本利益,才能赢得人民群众的支持。

学习“十六大”和“三个代表”重要思想,在具体的安排上,党委要求要注意层次、提要求、求实效。

对领导干部来说,主要做到以上三点。对教师来说,爱岗敬业,恪守职业道德,多出成果,培养高素质的人才,都是实践“三个代表”的具体体现。对学生来说,要树立正确的世界观、人生观、价值观,树立理想、信念;要注重自己的素质培养和道德修养;要正确应对国内外出现的各种新情况,正确对付社会改革发展和自己就业择业过程中出现的各种问题;要自觉遵纪守法,遵守校规校纪;要自觉维护校园的政治稳定。

在具体工作安排上,党委要求各单位要认真组织全体干部教师,安排时间集中学习,党委中心组要坚持带头学习,在自学的基础上,结合工作与思想实际,适当安排专题讨论;党委党校要举办学习班,组织领导干部进行集中学习。学生的学习形式要有多种选择,生动活泼,寓教于乐。

(二)加强党的基层组织建设,进一步增强党组织的生机与活力

一是继续开展总支考评工作,二是对任期届满的总支委员会进行换届选举,三是对照新党章对支部工作条例进行修订,四是积极做好在青年教师中发展党员的工作。

(三)加强领导班子建设和干部队伍建设

领导干部要带头学习“十六大”精神,提高理论素养和领导水平。认真贯彻民主集中制原则。要在领导班子中加强艰苦奋斗教育,进一步加强管理,勤俭办学,从严治校;坚持不懈地抓好党风廉政建设,加强对党员干部特别是领导干部理想信念和廉洁从政教育。牢固树立正确的权利观、地位观和利益观;要继续做好院(系)领导班子的调整和配备工作;积极推进领导干部选拔任用制度改革,加大干部交流力度,可在国内外或校内外公开招聘部分院(系)的主要行政领导;加强干部教育培训和后备干部的培养,继续组织干部到国外、境外学习、考察。

(四)加强思想政治工作,维护校园稳定

1.要把学习“十六大”精神作为思想政治教育、教学和党团活动的重要内容,要继续推进“两课”教育,深化邓小平理论、“三个代表”重要思想“三进”工作。

2.根据我校已形成多校区模式等实际情况,积极探索思想政治工作新途径、新方法,加强校园文化建设。

3.面临今年应届毕业生就业形势严峻问题,要重视应届毕业生的思想政治工作,加强对就业工作的指导,本学期要召开全校就业工作会议。

4.要继续加强学校治安综合治理,始终保持清醒头脑,维护校园持续稳定。我们上个学期取得了一些成绩,但是各方面的问题还是很多,存在许多不稳定的因素。比如说国际上,美伊战争随时可能爆发,国内近期“两会”即将召开,上半年还有些敏感日期。上学期,学校内部也发生了一些重大情况,比如学生溺水死亡,不辞而别出走,跳楼死亡,违章使用电器引发火灾等等。幸亏有关部门处理及时,也取得了当事人的谅解。再一个就是校园的秩序一直不能令人满意,前些时候有位教授在博学门口被撞,春节期间,

在东区，一辆车连撞四人，学校感到无比震惊。随着机动车辆的增加，我们这个学期应加强这方面的管理。私家车的增多表示教师生活水平的提高，但是，这样无序停放状态实在令人担忧。还有外来车辆的管理问题也是一个大难题，需要我们的重视。

5.完善教职工代表大会制度，召开五届二次教代会，讨论学校发展规划，调动教职工的积极性。

二、以学科建设为核心，制定学校发展战略规划

1.要强化机遇意识。新世纪头 20 年，是高校的重要战略机遇期，必须树立强烈的机遇意识。进一步加强宏观思考和战略研究，认真思考“建设一个什么样的大学”和“怎样建设这样的大学”两大问题，进一步充实、修订和完善学校发展蓝图。我们要好好考虑在有限的 20 年内，厦门大学将要达到怎样的水平，即厦门大学的目标、定位问题。我们要清楚地知道我们学校的优势，也要了解我们的不足。沾沾自喜不行，妄自菲薄也大可不必。要建设这样的大学，就必须有全局的观念、战略的眼光、前瞻的思维，就必须采取有效方法来为建设这样一所大学提供基本保证，就必须制定出具有厦门大学特色的学校发展战略规划、学科建设和队伍建设规划以及校园建设规划。

2.要认真制定“十五”“211 工程”管理办法。建立《建设项目管理办法》、《建设资金管理办法》，建立《大型仪器设备开放运行管理办法》等，建立完善的管理措施，充分发挥效益，推进“十五”“211 工程”建设。我们加紧建设，加大对一些学科的投入，就是希望这些学科能够达到一流的水平，壮大我校的学科建设队伍。希望我们的投入可以有高效的产出。

3.做好学位点的申报工作。努力做好全国第九批博士、硕士学位授权专业增列申报工作，确保我校在增列学位点的审批工作中有较大的收获。

三、深化改革，开拓创新，实现学校的跨越式发展。这是本学期工作的重中之重

(一)深化办学体制改革

积极促进新一轮的教育部、福建省、厦门市重点共建厦门大学，以获得充足的资金，为学校实现跨越式发展奠定基础。

1.积极与厦门市沟通协商，进一步加强医学院的建设，探索与国内外高等医学院校合作的新途径。今年 1 月 5 日，我去杭州参加教育部咨询会。习近平书记把共建的良好风气带到浙江，跟教育部签订了新一轮建设浙江大学的草案，浙江大学提出“要把浙江大学建设成为国际上一流的大学”。共建在一段时期对一所学校的发展是至关重要的。

2.积极探索中外合作办学、校内外合作办学的新渠道。

3.着手研究我校新的办学增长点，即主动适应社会发展对高等教育的需求，争取成立二级学院（嘉庚学院）并于今年秋季招生。福建的高等院校规模小，数量少，福建的孩子要考重点大学，首先选择的就是厦门大学。创办二级学院不仅仅是学校自身发展的需要，也是福建学生、福建父老乡亲的迫切需要。

4.大力推进三个中心的建设。即示范性软件学院、高级经理教育中心（EMBA）和生命科学与技术人才培养基地的建设，这是我们好不容易申请到的三张金光闪闪的名片，我们一定要把它们办好。

(二)深化教学改革，实施质量工程，提高教学质量

教学是学校永恒的主题。本学期的教学改革有以下三个方面的内容。

1.构建新的人才培养模式。从今年开始，除了个别系科外，大部分系科按专业大类进行招生和人才培养；在实验教学方面，建立一套与宽口径和多样化人才培养模式相应的实验教学模式以及与此配套的

新的实验教学管理制度,培养学生的创新思维能力和独立操作的习惯;扶持部分专业实验室的建设,充分发挥现有实验条件在培养创新性人才中的使用。

2.实施质量工程。

(1)继续深化教学改革,特别是关于人才培养模式和教学内容及课程体系的改革。

(2)为启动全国"精品基础课程"和"教学名师"奖的评选做好准备,在适当时候启动我校"精品基础课程"和"教学名师"奖的评选。

(3)推进公共外语教学改革,进一步扩大使用外语原版教材和双语教学的课程比例,并达到教育部的要求。

(4)继续推进国家级教学示范基地和国家基础课实验教学示范中心的建设。

(5)逐步建立起自我评估系统和质量保障监督系统,进一步提高教学质量。

3.推进研究生教育的改革与创新,努力扩大研究生教育的规模,提高培养质量,完善管理体制和机制,建立和完善我校研究生教育的质量保证体系。我们的目标是国内外知名的国内一流的研究型大学,不发展研究生教育是不行的。

(三)深化科研体制改革

进一步提高科研水平,推动科技成果转化和高新技术产业化工作。和过去相比,我们的科研水平有了很大的进步,但是和兄弟院校相比,我们还是有很大差距。我们这样的学校科研经费没有一两个亿是说不过去的。本学期要以召开第二次全校科研工作会议为契机,努力深化科研体制改革,启动"厦门大学科技创新工程",统一全校师生员工特别是科研工作人员的思想,激发创造精神和工作热情,整合我校科研资源和力量,促进多学科的交叉、融合,倡导团队精神,注重从科研源头介入,大力争取横向科研项目,力争今年科研经费达到或者超过1亿元,出标志性的重大的科研成果。

(四)要加快学校科技产业改革的步伐

1.继续在对现有企业资产评估的基础上,实施学校经营性资产的规范剥离、划转和企业改制工作。学校资产经营有限公司要通过有效的管理和经营,努力保证学校经营性资产保值增值。

2.要在积极争取国家和地方政府大力支持的基础上,申报并启动厦门大学国家科技园的建设。这项工作十分紧迫,现在省里已经通过我们的报告,正等待教育部的审核。厦门大学国家科技园,不要理解成厦门大学的科技园,这是一个省、一个市的非常难得的金招牌,全国总共才50个点。一个城市能够拥有一个国家科技园是城市的荣誉。现在50个份额也拿走了43个,厦大志在必得,无论如何一定要争取到剩下名额。

(五)深化校院两级管理体制改革

认真总结1998年以来院系管理体制改革的成功经验,进一步理顺关系,明确学院的责权利,切实赋予学院办学自主权,加强学院的调控能力,使学院作为办学实体的综合优势得以充分发挥;各学院要切实履行学校赋予的办学自主权,发挥学院的综合优势,不断改革创新,提高学院教学科研水平和办学效益;鼓励跨学院、跨单位的交叉渗透、优势互补和资源共享,增强重大科研攻关和争取重大科研项目的能力。

(六)深化人事制度改革,加强队伍建设

加大人才引进特别是高层次人才的引进力度,不断完善有利于吸引人才、留住人才和人才成长的软硬环境,出台有实际意义的政策措施,加强人才队伍的建设,要舍得花大本钱。注重发挥老一辈人才的带动作用,同时也要重视、培养、大胆启用年轻人。进一步深化人事管理体制改革,今年率先在部分人员中实行聘用制。改革现行的津贴和岗位津贴等分配制度。这几句话很简单,但是分量很重。

(七)积极推动校内财务管理体制改革

1.进一步完善财务管理制度,落实院(系)财务自主权,完善分级报账体制,强化财务责任,加强财务监督。

2.配合后勤产业管理体制改革,理顺学校和后勤体制改革的财务关系。

3.积极拓宽筹资渠道,促进学校教学科研和各项建设事业发展。

(八)进一步推进后勤社会化改革

1.成立了后勤集团,就是要把后勤做大、做强,要巩固改革成果,进一步明确后勤服务实体与学校的权利义务关系,在不断提高服务质量和水平的基础上,有规模地发展、快速地发展。

2.住房分配制度改革,积极酝酿实行货币化分房方案。我们用市场机制引进的人才,用什么机制为他们提供住房?中国人民大学的校园是最小的,这次我到人大开会,感触很大,人大用23个亿买下了周边破旧的房屋,盖教学大楼、学生公寓,建教师高级公寓小区,学校为教师补贴适当的购房款,教师再向银行贷款,一套房子的首期就付清了。厦大能不能借鉴它们的经验,进行货币化分房呢?至于具体措施,我们以后再详细讨论。

——本文摘录自王豪杰:《梦萦南强》,厦门大学出版社,2007年3月版

确保师生安全　责任重于泰山

——在全校“非典”防控工作会议上的讲话(摘要)

(2003年5月6日)

校党委书记　王豪杰

我代表学校防控“非典”领导小组，就我校前一阶段防控“非典”工作进行简要的回顾，目的在于及时发现、纠正和解决一些存在的问题、薄弱环节；同时，代表校防控“非典”领导小组对我校下一个阶段的防控工作做一布置，提几点要求。

一、前期工作的回顾

(一)工作情况

自从4月中旬北京等地发现了非典型性肺炎有加速蔓延的趋势以来，学校党委及时意识到这是一场突如其来的疾病，传染性强、发病急，关系到人民的生命安全，因此校党委高度重视这项工作。

1.4月18日上午，学校办公会讨论研究学校防控“非典”工作。会上，首先学习了中共中央政治局关于防控“非典”的精神，决定成立厦门大学“非典”防控工作领导小组。

2.4月19日、20日(星期六、星期日)学校防控领导小组成员放弃休息，及时制定出《关于防控非典型性肺炎的意见》，包括指导思想、成立机构、工作原则及一些具体的措施。我们在工作意见中非常明确提出要贯彻党中央、国务院的24字方针：“沉着应对、措施果断、依靠科学、有效防治、加强协作、完善机制”，同时也认真贯彻了教育部“全校动员，全力预防”的精神。

3.4月20日，学校召开了防控“非典”的全校动员大会。会上，简要分析了“非典”的发展蔓延的态势，传达了教育部的129号文件，同时发出了《关于我校防治“非典”意见》的文件，强调要做好三方面工作：一是进行健康教育，加强舆论引导；二是采取有效措施积极预防；三是根据当时发病态势，提出要做好及时的治疗、救治工作，提出“四个早”。会上，党委明确强调师生的身体安全是最重要的，防治“非典”是当前工作的重中之重。

4.4月24日，学校召开常委会，再一次统一思想，进一步统一认识“非典”防治工作的紧迫性、艰巨性、重要性。同时常委会审议批准了防控领导小组提出的《关于进一步防治非典型性肺炎的几点规定》，这七点规定是比较有效也是比较严格的。常委会结束后，紧接着开了全校各单位防控领导小组的组长会议，在会议上传达了“教育部党组给全体教育系统党员的一封公开信”，传达了教育部关于直属高校防治“非典”的几个电报；同时党委提出师生的安危和师生的健康重于泰山，坚决实施厦门大学关于进一步做好防治“非典”的几点规定。

5.4月25日、26日是双休日，校防控“非典”领导小组放弃休息时间，召开组长碰头会，主要研究两个问题：一是对我校前一阶段防控“非典”工作的情况汇总，二是对下一阶段工作做了安排。在这个碰头会上发现了几处薄弱环节，关系到一些单位，也关系到一些领导思想认识不到位，动作迟缓，甚至没有落实。我们对这些单位、这些领导同志给予严厉的批评，并且责令按学校防控领导小组的要求，限期整改到位。

6.4月28日，我们再次召开了全校防控“非典”工作大会，也请了分管学生工作的党总支副书记来参加。会上传达了教育部的有关会议精神和电报精神，通报了七条规定实施以来的有关情况，我们非常高兴地看到这七条规定得到了全校师生员工的拥护，更加坚定了党委打胜这场防控战的信心。提出要严阵以待，严防死守，确保厦门大学不受“非典”的侵入。在会上我们还公布了学校的“非典”防控工作的工作预案。我们还贯彻了省市关于来闽、来厦、来校的有关校内校外人员的登记、上报工作，发放了表格，每日一报。同时根据教育部文件精神，根据“非典”流行的特点，教务部门适时地做出了教学计划的调整以及教学形式、方法的改变。当时，我们也对“五一”节的活动安排做了说明。

7.4月29日，我们根据教育部156号文件的精神以及省教育厅的文件精神，决定“五一”不放假。

8.5月1日，学校领导到在一线工作的一些单位看望员工，特别是到同“非典”防控工作密切相关的有关单位看望和慰问他们。

9.5月2日，学校领导到生命科学学院，支持科研人员对“非典”病毒快速诊断试剂盒的研制，我校科研人员在这场斗争中担负起他们应有的责任。

10.5月3日、4日，除防控领导小组成员外，学校其他领导轮流在学校值班。

可以说从4月18日—5月6日，学校党委、行政非常认真地对待“非典”防控工作，应该说工作是及时的，措施是具体的，我们学校制定的有关规定和提出的有关措施都在教育部的电报通知之前，使我们在这次“非典”防控工作中取得了主动权。在座的各单位在前期也采取了各种措施，才共同维护了学校今天的局面。

(二)具体措施

1.学校的宣传教育得到了加强。在学校的公共场所都能看到防治“非典”的有关宣传。学校的校园网站专门开通了“非典”防治的专题，及时发布学校及有关单位关于“非典”防治工作的有关决定和通知；电视台还做了防治“非典”的专辑，邀请专家做了“非典”防治的访谈；校刊连续出了几期防治“非典”专刊，发了几篇社论，一篇是《牢记宗旨，冲锋在前》，一篇是《防控非典责任重于泰山》；校医院也连续发了几期“非典”防治资料汇编；学校的有关媒体有关园地也都及时有效地配合，加强了学校防范“非典”的工作。这些有效的工作，使师生员工对学校防控“非典”的有关规定都有更加详细、深入、具体的了解。这对“全校动员、全力预防”开展“非典”防治工作是非常有效的。

2.进行了有效的大面积的消毒。首先是由有关部门的专业人员对学校的公共部位、公共场所、重要的地方进行了消毒，后来根据非典疫情发展形势的需要，我们在专业消毒基础上发动各系各单位组织有关人员大面积消毒，有关部门所需的消毒的药品、器具数量是很大的。

3.及时购买发放预防“非典”药品、器械。为了保证学生能及时了解自己身体的健康状况，我们通过各种渠道尽了我们的努力，最快地购买到了有关用品发放给学生，如每个宿舍发放一支温度计。同志们别看这些小事没什么了不起，但就在那几天，消毒的过氧乙酸脱销、温度计脱销、口罩脱销！在这种情况下，发挥主观能动性，通过有效的途径，最后还是从外地买到了。

4.严格管住校门。这几年来是最有效的一次，这有相关职能部门的辛劳，也有全校师生员工的支持和配合。

5.掌握、跟踪、上报在厦门大学校园内的人员流动状态。不仅是我们学校现在有多少人，出去多少人，什么时候回来，还包括不是我们学校在编的员工，但跟我们学校有关系的来校的人员，在校园里流动的状况基本上得到了控制和跟踪。

6.严格隔离、体检制度。所有在外地生产、实习、出差或者种种原因不在校园的师生员工返校时都进行体检、隔离，这项工作进行得有条不紊。

7.及时上报信息。学院各单位对学校，以及厦门大学对教育部，都严格遵守“每日一报”，及时上报人员动态情况以及零病例的报告。

(三)效果

1.厦门大学的校园内至今无一例“非典”病例,这是非常大的成果。

2.通过这样的防控以及宣传教育,厦大师生员工的防病意识以及健康意识空前高涨,良好的卫生习惯正在逐步养成。师生员工对学校的管理给予坚决的拥护,对学校安全、维护学校的秩序给予很高的评价,这对我们加大对学校的管理以很大的鼓舞。大家都认为目前状态很好,秩序好,案件发生率也一定会大大降低。

3.在这场防控“非典”的战斗中涌现了很多好人好事。有些单位和个人,他们在工作中的表现是令人感动的,待我们防治工作彻底胜利后,我们将这些好人好事予以表彰。

(四)薄弱环节

1.个别的领导同志认识不完全到位。表现在思想重视不够,觉得厦门安全,厦大安全,他没想到这个疾病的特征以及现代社会交通工具现代化和人际交流的频繁,也没有想到如果有小小的疏忽,那将会给厦大师生员工造成何等重大的灾难和损失。认识不到位还表现在领导不力,在防“非典”方面的力量、力度、强度还不够,总觉得有这样那样的事情要做,有许多借口和理由,没有真正把防“非典”当成是当前各项工作的重中之重。我认为,如果你的工作做不好,造成损失,你没有任何一条可拿得出来的理由,因为再大的理由和师生员工的性命比较显得微不足道。所以一定要到位,强度要够。认识不到位还表现在领导对本单位的情况不了解,反应不快。到底本单位有多少人现在不在校,学生和教职员工有多少在外地,对这些暂时不在校的师生员工,他们什么时候,从什么地方,乘坐什么交通工具回到校园的情况也不明,有的已经到了校门,本单位的领导也不知道,学校防控办公室通知他,反应不快,我现在不敢说推诿,但反应确实不快。还有就是对本单位情况掌握不够,你所管的本单位学生差了几个,出了什么事,这种情况不是由学生所在的单位反映给学生处,而是由学生当事人反映给学校,学生反映的信息远远多于各单位向学生处和防控办反映的信息,这跟各级领导和政工干部深入基层、掌握本单位的状况不够是很有关系的,我觉得这一点应引起高度的重视。再一个认识不到位的表现是工作不是很主动,报告问题的多,主动解决问题的少,觉得事情给你报告就完了。一个单位的学生、教工从外地回来或从五个疫区回来,电话报告就完了,此时此刻你在哪个方位?你在干什么?你对这问题如何处理?如果真出了问题,再来问你这三个问题,你是推卸不了责任的!因此我觉得应严肃地提出。既然是重中之重,既然师生员工的生命健康重于泰山,这个领导小组组长不是好当的。所以要求在座的领导认识一定要到位,工作要扎实。

2.防控措施也不够落实。因为这是一场突如其来的疾病,而且前一段时间在全国其他地方蔓延的态势非常迅猛,疾病非常严重,再加上我们不知病原体,不知用什么有效的药,也不知采取哪种预防措施更加有效,所以在目前的情况下,我们只能说认为有效就应该尽力去做。而不能认为某种措施不一定有效,就不去做。例如,我们要求卫生大扫除,有几个单位就是一动都没动,这么简单的大家都可以做的事,为什么你不做?!不要讲这样做是为了防“非典”,就是作为一个现代文明人,一个厦大人,星期三下午大家规定的大扫除,也应该积极响应和参与。但是,有的单位偏偏不扫除,真的那么忙吗?有些措施部署下去不落实,这也是绝对不允许的。

3.工作有死角。最主要表现在这几个方面:一是校内房子出租。最近发现房子是某位老师的,住的不是学校的人,租房的人又转租给其表兄。教育部发了一份电传,要求学校清理与学校无关的人员,避免这些与学校无关的人员一旦发生病情,所有事情都要由学校负担。像这样的事,能不能通过开会让各教职员工真正动起来,认真查清楚这些房子到底住了些什么人。还有,一幢楼里住有外来人员,出租的房东不报告,反而是同座楼的其他人给学校报告,如果发生事情,房东该当何罪?你的房子既然租出去,你就有法律责任去跟踪这个人有没有按照规定来做,否则你收了租金,你有逃脱不了的干系,这句话一定要给教职员工讲。二是外来人口。暂时住在学校废弃或暂时没有用的房子的这些人员,以及我们雇请的一些外来人口,这也是一个薄弱环节。师生员工做得再好,如果这些方面出些问题,我们就会前功尽弃。三是有三类学生有其特殊性。一类是研究生,管理相对比较模糊,星期天我随机问两个研究生,他们是一问三不知,他们不知道学校具体的规定,研究生方面的工作应加强,今天院长们也来了,能不能开开导师的会,有关的文件精神和规定要及时传达到研究生这个群体中。还有一个特殊群体是成教学院自考生,不管怎么说,他们都是在厦大读书的学生,在防"非典"的工作中是没有什么特殊身份的,我开玩笑说,"非典"不会认什么人的。既然是我们学校一种类型的学生,按学校的有关规定,只要他们回到校园、住在校园,只能是不折不扣地执行学校的各项有关规定,不能因为他们是学校的某类学生而不管,这绝对不可以,有关承办这些班级的学院、系或部门要把这类学生真正管起来。第三类是外国留学生,教育部有明文规定,外国留学生有特殊性,有特殊规定。但是在防"非典"工作中,不分国籍、男女老少,只要是厦大学生都要按学校规定办。当然,考虑到留学生的特殊状况,可以给其创造更加优越、更加安全的条件,如留学生可以安排住逸夫楼,但不能因为是较特殊的学生,就按另外一种尺度。所以,只要你进入厦大校园,你就必须按学校的有关规定来执行,当然,方式、方法、条件可以有所区别。如果医院认为有隔离、治疗的必要,那就一定要强行隔离,由不得你要不要。

4.药品、物资储备不够充分。在4月25日和26日的组长碰头会上,我们意识到防治的药品、器械短缺,如果发现病例需要救治怎么办?因此我们觉得在物资储备上应当充分,甚至留有余地,最近通过有关部门努力,这方面大有改善,有关部门还应积极通过有关渠道去准备,同时跟厦门或跟著名的有关医院取得联系,能够快速地取得救治。

5.对学校的有关规定还有个别人不配合。如出入校门,应该说这次出入校门的管理得到了全体师生员工的大力支持和拥护,但还存在一些人特别是教职员工就是要同你闹,放不下教职员工的架子,人家查看一下,火冒三丈,我们是不愿给他们曝光,否则会成为众矢之的的;再者,学校为了师生员工的身体健康,要求从外地来的都要到厦大医院体检,我们工作做得比别人细,不管从哪来都要去体检,但有一些人就是不配合,有些教师体检超出一定范围,多收十来块钱就意见大得很,现在的教师会连十来块钱都出不起吗?有的学生进医院观察室后不听医院的管理跑出来,现在他们都不是疑似病人,要真的是非典病人跑出来这还得了?现在已立法,跑出来的病人脱离隔离区是触犯《传染病防治法》的。有一学生住医院观察室,其女朋友还跑进去卿卿我我。还有个别的学生对学校的规定置若罔闻,甚至还发牢骚。如我们根据教育部156号文件及教育厅的文件精神决定"五一"不放假,有的学生在网上讨论"五一"不放假有没有犯法。甚至有个别人上网说:"'五一'不放假,学校应改正,若校方一意孤行,我们就罢课!"而且谩骂政府,最严重的是"罢课,游行!'1989'再现"。这是什么意思?!学校给这个学生留校察看处分。我们规定"五一"不放假,不准学生离校回家,从现在掌握的情况看,还有部分不遵守学校的规定,擅自回家。不要把这种行为看成小事,应给予必要的批评和处分。我们虽然现在没有疫情,但对这些问题必须严肃起来。

这五个方面的不足,一旦有疫情,一定是五个漏洞。希望大家重视起来,看到过去的成绩,更要看到存在的不足和漏洞,把这些薄弱环节补救起来,亡羊补牢,时犹未晚。

二、关于下一阶段工作

根据非典型性肺炎的态势,也根据教育部的文件和通知精神,更加要结合我省、我市、我校实际,我们对厦大下一阶段防控"非典"工作,提出以下五点意见:

(一)进一步强调提高防控"非典"工作的重要性、紧迫性和长期性的认识

第一,各级领导一定要确立师生安全重于泰山的观念,把师生的安危放在第一位。今天再讲一遍,没有任何理由可作为托词的,我们要有非常严肃的责任感和非常严谨科学的工作态度。我们在座的都是各个单位的负责同志,至少要保证这一方的平安。校长、书记保厦大的平安,在座的保各单位的平安。一定要有安全重于泰山的观念,要有强烈的责任心。全国有很多认识不到位,玩忽职守,不把"非典"工作放在

第一位的都受到了非常严厉的处理,我们应引以为戒。确保师生安全,责任重大,但也非常光荣,在我们任内遇到这样一场战役,也是考验我们自己的时候,只有勇往直前,退路是没有的,逃兵是可耻的,造成损失将使自己愧疚一辈子!

第二,一定要非常珍惜今天我们厦门大学防控"非典"的成果,珍惜今天厦门大学有这样一个安全的学习、科研、生活的环境,这是全校师生员工共同努力的结果,有关部门辛勤劳动的结果,也有在座的各位领导的一份功劳,一定要非常珍惜它。十几二十天过去了,准备它再来个十几二十天或者再来几个十几二十天。

第三,切不可掉以轻心、麻痹大意。随着对"非典"防治科学的进步,人类或者我们中国正在逐步加深对"非典"的认识,正在一步步逼近攻克冠状病毒的难关,但是在还没有达到这步的时候,万万不可掉以轻心。我觉得,病原体没找到,非常有效的防治方法没找到,特效药没研究出来,疫苗没研究出来,如果这时候麻痹很可能前功尽弃。因此绝对不可以麻痹大意,一定要竭尽我们的全力,像过去那样,甚至比过去做得更好,把这项工作做得更加扎实,科学有效地防范"非典"侵入,保厦大一方平安,保全体师生员工安全。

第四,守土有责。校党政班子守厦门大学有责任,在座的守你那块土地有责任。一定要把我们所管辖的人包括与我们有关的方方面面的人管起来,守得好的有功,守得不好是有责任的,这种事关师生生命的大事,任何借口都是很苍白的。我前天看到辽宁省的领导是有魄力的,他们立下"军令状",如果一个宿舍发生交叉感染,教育厅厅长辞职;如果一个班级、一座楼发生交叉感染,分管教育的副省长辞职;如果一个大学发生交叉感染,省长我下台。虽然我们不必如此"悲壮",但这是一种责任心,一种承诺,一种魄力。在目前这种状况下,共产党人要有这种责任和魄力。

(二)要强调党组织和广大共产党员的战斗堡垒和先锋模范作用

教育部给全体共产党员的一封信,校党委组织部也以 8 号文件转发给大家了。我在学校学习工作这么多年,很少遇到给高校共产党员一封信这样的事。在这疫情面前,有危险,也会有牺牲,共产党的组织、共产党员该做什么?你前进一步,那是共产党人的特殊品格所决定的,那是应该的;你后退一步,你将不齿于人类,你是共产党的败类。这封信讲到了要"危难之际见精神"。这种精神就是伟大的民族精神,我们在媒体上也看到了许许多多在抗击"非典"中可歌可泣的英模,他们中有许多就是共产党员。在北京一些疫情重的学校,对这封信的感觉是沉甸甸的。我们学校没疫情,我们可能感觉不一样。在这种考验面前,有许多可歌可泣的英模,也有一些可耻的行为。现在不仅是教育部给全体党员一封信,中组部还发出通知,考察干部、发展党员,要结合这次抗击"非典"的战斗。我看我们评先进党员、先进团员,也应把这个作为一条。教育部、中组部发出的这封信应引起我们党员干部的深思。我今天讲这个是让大家有思想准备,一旦发现疫情,战斗打响,冲锋陷阵的只能是共产党员和干部。教育部的通知中提出要把党的旗帜举起来,让党的声音响起来,把党的形象树起来!我深信在关键时刻,厦大也会有许多共产党员站出来请战的。目前就是学习这封信,把现在的工作做好,把防控工作做好。

(三)坚决执行学校防控"非典"的各项决定

在疫情没有解除,情况没有好转,学校没有正式下发新的文件的情况下,过去学校所颁布的有关通令要坚决地不折不扣地执行,不要以为福建省 26 天没有病例就觉得没事了,也不要听一些人说三道四,做起事来底气不足。只要上级没有通知解除疫情,就必须坚决执行原有的各项规定。不可放松,坚守岗位。

(四)扎实开展好各项工作

把工作做得更扎实一些,把困难估计得更严重一些,把解决问题的措施想得更充分一些,把各项工作做得更扎实一些。以前我们采取的各项措施要一件不漏地做下去。同时要把我刚才说的五个方面的不足,结合本单位的情况,把薄弱环节和漏洞堵起来,这就可以把工作做得更扎实一些。

(五)对“非典”不轻视,但也不要恐慌

这次疫情来势凶猛,而且一时没找到非常有效的药物,恐慌是一种人体自然的反应,可以理解,但是最近许多专家说,过度恐慌不好。我们应根据福建省、厦门市、厦门大学的特点,从正面进行一些健康教育和心理辅导,在工作中多做些科学的、有效的事,这样可能会比较好一些。前天,中央电视台请中国疾病预防控制中心的有关科学家做了一个面对面的谈话,“非典”的传播一定要具备三个条件:一是有污染源,也就是有人发病;二是病菌要聚集到一定的程度;三是还有一些人属于易感人群。这三个条件同时具备,发病的可能性就很大,如果没有这些就不会传染。根据这三个特点,他做了一些说明,我觉得他说得有些道理。希望大家不要恐慌,恐慌会致使植物神经混乱,降低免疫力,容易得病。在这种情况下我们应正确认识,搞好个人卫生,加强门卫管理,依靠科学,有效预防。我对中国的预防是有信心的。在党中央的领导下,有各级部门的领导重视;还有我们优异的社会制度在防治疾病方面都是非常有效的;有改革20多年来的雄厚国力,尽管有些物资暂时短缺,但只要我们开动机器生产就没有问题。比如我们的厦门鱼肝油厂日产1.5万个口罩,我看再过半个月口罩就会过剩。而且我们对哄抬物价打击那么严厉,对那些玩忽职守官员的处理措施那么果断,再加上全人类的科技,我对战胜“非典”有必胜的信心。人类的发展史就是伴随着同疾病斗争的历史,在人类发展史上也遇到过比较大的瘟疫,现在遇到的是一个新的问题。我想有党的领导,有这样的体制和科技,我们战胜“非典”指日可待。我们现在的任务就是严防死守,保证厦门大学不受“非典”侵入,确保师生员工身心健康和校园稳定。

(一)师生员工的生命最重要

(2003年4月25日)

全校师生员工积极行动起来,认清防控“非典”的严峻形势,采取更加严密、严格的措施,打好这场防御战。

到目前为止,虽然我校没有发现“非典”病例和疑似病例。但是我们不可掉以轻心,更不能存有侥幸心理。要把防控工作提高到贯彻“三个代表”的高度,提高到关系学校发展和稳定的高度来抓紧抓好这项工作。

我校要有效防控“非典”,就要坚持一个指导思想,做好三方面的工作,即在校党委的统一领导下,以“三个代表”重要思想和“十六大”精神为指导,认真学习、贯彻国务院关于“沉着应对、措施果断、依靠科学、有效防治、加强合作、完善机制”的“非典”防治方针,贯彻教育部提出的“全校动员、全力预防”的要求,切实做好正面的健康教育、有效预防和果断救治三方面的工作,确保广大师生的身心健康,维护学校稳定。

各级领导干部要高度重视“非典”的防控工作,要从实践“三个代表”和贯彻“十六大”精神的高度,从学校发展和稳定的高度来认识“非典”防控工作的极端重要性,把防控“非典”作为当前重中之重的一项政治工作来抓紧抓好。没有什么比广大师生员工的生命更重要!因此,我们必须建立更加严密和快速的反应机制,不惜一切代价,动员一切力量防大疫、打硬仗,确保广大师生员工的身体健康和生命安全。

(二)坚决打赢防“非典”保卫战

(2003年4月30日)

自学校上周紧急启动“非典”防控机制以来,特别是做出关于进一步防治“非典”的七条规定后,学校“非典”防控工作更加有条不紊,措施更加具体有力。广大师生员工的自我保护意识、对校园安全的保护

意识空前高涨,对学校采取的措施是理解、拥护和支持的。师生员工有这么高的认同度,说明师生员工已经充分认识到防控"非典"形势的严峻和维护校园秩序、校园安全的重要性。这更坚定了学校采取更严格的措施,严防死守,打赢这场防"非典"的保卫战的信心。

全国"非典"防治形势仍然十分严峻。我校"非典"防控工作还有一些不足,主要表现在以下几个方面:一是一部分同志思想认识还不到位;二是有些工作还不够落实;三是防控"非典"的物资供应、储备与保障还不是很充足;四是极少数当事人不积极配合学校的工作。

各级领导思想认识一定要到位,万万不可心存麻痹和侥幸。要进一步增强责任心,积极主动地去做好"非典"防控工作。

在疫情"非常时期",依照国家传染病防治法,对阻碍"非典"防治或捏造、传播虚假信息,造成恐慌的当事人可以依法采取强制措施,触犯刑律的,依法追究刑事责任。

根据教育部对"非典"防控工作的有关指示精神,要强调充分发挥党组织的作用,要充分发挥党员的先锋模范作用,坚守岗位,努力工作。要特别关心外教及留学生。对于那些在"非典"防控工作中工作不落实、措施不到位、玩忽职守的单位和个人将追究责任。要做好"五一"期间的安排等。

我们要强调的是,既要高度重视"非典"疫情及防控工作,也不应由此产生恐慌。学校已制定了防范"非典"工作预案及校医院防治"非典"工作预案。要统一思想,坚定信心,加强宣传,把工作做得更细致、更扎实、更科学,打一场防"非典"的歼灭战!

(三)把师生的安危放在第一位

(2003 年 5 月 9 日)

4 月 18 日—5 月 6 日这半个多月来,我校"非典"防控工作有条不紊地进行,取得了明显的效果。至今为止,我校无一例"非典"病例或疑似病例。广大师生员工的防病意识、维护校园安全有序的意识空前高涨,师生员工对学校的各项规定高度拥护。

但是,应该清醒地认识到我校前一阶段的防控工作尚存在着不足和薄弱环节:个别领导同志认识不完全到位,思想重视不够,措施不够有力,对本单位情况不明、反应不快,工作不够主动,报告问题的多、主动解决问题的少;工作中还有一些死角,有些防控措施落实得不够严密,个别人对学校的有关规定不配合,药品等物资储备还不够充分;对校内房屋出租户、外来人口、研究生、自考生及外国留学生的管理也还有待于进一步加强。

应该从以下五个方面进一步做好下一阶段的"非典"防控工作:

1.各级领导要进一步提高对防控"非典"的重要性、紧迫性、艰巨性和长期性的认识。一定要确立师生安全重于泰山的观念,要牢固树立强烈的责任意识,把师生的安危放在第一位。各级领导要坚决做到"守土有责",做一方领导,保一方平安。确保师生安全,责任重大,但也非常光荣。这场防范"非典"的战役是对我们的考验,没有退路,只有勇往直前。一定要非常珍惜目前厦大防控"非典"的成果,珍惜今天厦门大学有这样一个安定的学习、科研、生活的环境,这是全校师生员工共同努力的结果。绝对不可以掉以轻心或麻痹大意。一定要竭尽我们的全力,争取比过去做得更好,把"非典"防控工作做得更加扎实,科学、有效地防范"非典"侵入,确保厦大一方平安,确保全体师生员工的生命安全。

2.要充分发挥党组织和广大共产党员在"非典"防控战斗中的战斗堡垒和先锋模范作用。一旦发现疫情,战斗打响,冲锋陷阵的只能是共产党员和干部!要把党的旗帜举起来,让党的声音响起来,把党的形象树起来。

3.坚决执行学校防控"非典"的各项决定。只要上级没有通知解除疫情,就必须坚决执行原有的各项规定,万万不可放松,一定要坚守岗位。

4.把工作做得更扎实一些,把困难估计得更严重一些,把解决问题的措施想得更充分一些,把各项工作做得更扎实一些。以前我们采取的各项措施要一件不漏地做下去，要及时发现和纠正工作中的薄弱环节。

5.对“非典”既要高度重视，又不必恐慌。人类的发展史就是伴随着同疾病斗争的历史。有党的正确领导，有好的体制和先进的科技，我们战胜“非典”指日可待！我们现在的任务就是严防死守，保证厦大不受“非典”侵入，确保师生员工身心健康和校园稳定。

只要各级领导和广大师生员工齐心协力，相信科学，依靠科学，进行积极有效的预防与控制，我校一定能够打赢这场防控“非典”的战役。

(四)防控“非典”千万不可松懈

(2003年5月20日)

全校师生员工共同努力创造的安全、稳定、有序的校园环境，弥足珍贵。我代表校党委向为防控“非典”而辛勤工作的各部门和各单位表示感谢。

这场突如其来的歼灭SARS的战斗远未结束，要充分认识它的长期性、艰巨性和复杂性，既不必恐惧，更不可放松警惕。因此，我们要继续做到“四个不松懈”：一是领导思想不松懈，二是制定的制度与纪律的执行不松懈，三是督察不松懈，四是措施的落实不松懈。各项措施要落实、落实，再落实。

要一手抓防控“非典”，一手抓教学科研。根据目前全国疫情态势和我校的实际，首先要调整好心态，有条不紊地抓好教学科研等各项工作；其次要调整工作重点，这一时期的工作重点要立足于校内，减少外出；最后要调整工作方式，充分利用现代通讯技术，尽量避免与校外特别是疫区的人员直接接触。

——本文摘录自王豪杰:《梦萦南强》，厦门大学出版社，2007年3月版

集思广益　畅所欲言　深入研讨　达成共识

——在2003年度"东山会议"上的讲话(摘要)

(2003年8月)

校党委书记　王豪杰

一

厦门大学下一步该怎么发展才能尽快建成一流大学？今后的五年是厦大发展的至关重要的时期，校党政班子以及各级主要领导干部怎样才能不辱使命，加快推进厦大的快速发展，早日实现奋斗目标，向全体厦大人交出一份满意的答卷？这是一段时间以来校党委一直在思索的问题。

去年我校顺利召开了第八次党代会，今年新老校长顺利交接，厦大正在实施"十五"计划。在这样的情况下，学校党委认为时机已经成熟，应该不失时机地举办一期有全校各级领导干部参加的研讨班，请大家来共商厦门大学的发展大计。为了让大家摆脱日常事务，静下心来，认真仔细地思考这个问题，我们把这期研讨班会议安排在东山金銮湾大酒店召开，我们称之为"东山会议"。这是举办这期研讨班的初衷、想法、理由。对于怎么样开好这次研讨会，我提出以下四点建议：

(一)明确这次研讨会的主题及主要任务

研讨会的主要议题是：总结过去、统一认识、谋划未来、加快发展。总结回顾，谋求发展，重点研究以下两个问题：

一是如何客观分析、正确评价过去几年的改革与发展。总体感觉厦大这几年的发展还是不错的，取得的成绩为厦门大学的发展奠定了基础。但更重要的是要看到存在的问题，看到阻碍束缚厦大快速发展的种种问题和弊端。如果存在的问题不能及时发现，特别是不能及时加以纠正，那么已有的成绩将成为过去，发展的后劲将有大的问题，建成一流大学的目标将会推迟或难以实现。因此，很有必要回顾总结过去。结合现在的形势，应该怎样做，才能真正实现跨越式发展，在比较短的时间里建成一流大学。二是通过回顾和总结，认清形势，审时度势，找出问题，发扬优势，突出重点，从而深化改革，开拓创新，加快发展，这是研讨会的重点。

(二)以"三个代表"重要思想为指导来办好这期研讨班

只有以"三个代表"重要思想为指导，才能真正通过研讨求得实效。我在中层干部会上强调，要掀起学习"三个代表"重要思想的新高潮，掀起新高潮要力求有新成效。怎样做才能有新成效？"十六大"的报告中指出，要有新高潮，必须做到"三个解放出来"，也就是说必须从不合时宜的做法、观念、体制的束缚中解放出来，从对马克思主义错误的和教条的理解中解放出来，从主观主义和形而上学的桎梏中解放出来。7月份到教育部参加部分高校党委书记会议，教育部部长周济同志着重指出，结合高等学校的实际，掀起学习"三个代表"的新高潮，要求得新实效，重点要做到"三个联系"、"四个查找"。"三个联系"即：联系学校的实际，联系各自工作单位的实际，联系干部本人的思想、工作、作风、廉政、为民的实际；"四个查找"即：查找在观念、状态方面的差距，查找学校在改革特别是在发展方面的差距，查找立党为公、执政为民方面的差距，查找工作作风方面的差距。回顾过去，谋划未来，要求我们必须用“三个代表”为指导，确实做到“三个联系”、“四个查找”，才能真正求得实效。总结过去，统一认识，转变观念，开拓创新，实现厦门大学的跨越式发展，重点在发展创新。

(三)要围绕研讨班的主题，突出重点，畅所欲言，深入研讨，形成共识

要强调的是，这次研讨班，不是工作会议，也不是辅导报告，而是一次围绕学校的发展这一中心而展开的研讨。借这次机会，召集各主要部门的领导在一起，畅所欲言，集思广益。我们回顾过去取得的成绩是为了鼓舞士气，为了取得经验，这是必要的。但是，我们更要看到过去几年来在学校、本单位、个人状态、群众的满意度等方面的不足，来审视自己工作的差距，寻找解决的办法。只有这样，研讨班才会有效果。

会议把更多的时间留给大家。只安排了朱校长的主题报告，主题是总结过去，谋求发展。重点会涉及思想观念、体制机制、人才队伍、条件保障等方面事关学校发展、改革大局的重要问题。之后，我会围绕这一主题报告做一些补充。

下午的主题报告之后，大家可以认真思考，写发言提纲。明天上午小组讨论，下午交流。我们还留下一点时间，同志们可以自由上台发言，可以就某一个问题发表意见。希望能听到大家的真知灼见，听到振聋发聩的批评。在思考、讨论、交流的基础上，也可能对某些问题达成共识，被学校的党政班子接纳，作为修订计划的基础；有些思想是闪光的，但因其操作的可行性、条件等客观原因暂时还不能完全接纳的，可以继续讨论，继续深化，最后也要达成共识；也可能有些意见最后没有达成共识，但可以沟通，了解大家的想法。这样就可能达到研讨班的基本要求。

(四)集中精力办好这期研讨班

这次研讨会讨论的是学校的发展大事，希望大家本着对厦大事业发展的高度事业心、责任感和主人翁的态度，集中精力，为学校发展出谋划策。学校的领导班子成员和各位领导，放下工作，离开实验室，走下讲台来参加研讨会，机会难得。希望大家珍惜这次机会，要认认真真地、聚精会神地、尽心尽力地参加研讨。大家一定要客观地回顾过去，科学地谋划未来。同时，也希望通过这种研讨的形式，通过交流讨论，提高各级干部的领导水平和领导艺术，争取做一名负责任的、清醒的、称职的、有作为的领导干部。

二

刚才听了朱校长的主题报告，有三个感想：一是让我们了解了什么是一流大学，了解了当前厦大的位置和差距，明确了今后努力的方向。二是感到很震撼。厦大一直在和国内的兄弟院校比，觉得比上不足比下有余。但与亚太、世界的名校相比，还有很大差距。我们必须认真考虑如何缩短差距，发挥优势，快速发展，提高名次。三是厦大有80年的文化底蕴，有“四种精神”，激励我们去追求更高的目标。我们有勇气、有责任、有能力在厦大建校100年时，进入世界500强，亚太100强，实现我校的奋斗目标。

(一)这几年取得的成绩

1.大事回顾

一是部、省、市共建，争取到6个亿；二是达成两个共识，即：“不求最大，但求最好”，弘扬“四种精神”；三是“三讲”教育使党员干部经历了一场深刻的党性锻炼；四是成功举办80周年的校庆，弘扬“嘉庚精神”，展示厦大实力，凝集校友力量，振奋师生热情；五是成功召开第八次党代会；六是今年上半年有效防控“非典”。

2.学科建设

今年完成“211”一期工程，启动“211”二期工程，实施“985”工程，制定“十五”计划和2010年规划。建

立软件学院、嘉庚学院。今年实现了工科博士点零的突破。

3.改革方面

(1)修订了1998年实行校院两级管理体制改革方案。决定学院设党委,系主任不兼副院长等。设立嘉庚学院。

(2)深化人事分配制度改革,实施人才工程,发放岗位津贴。

(3)推进教学改革,实施宽口径,厚基础。推行新的素质培养模式,最近几年对教学投入2亿元。

(4)加大科研改革力度,两次科研工作会议已见成效,科研经费连续3年翻番。

(5)继续深化后勤产业化改革。

(6)改善办学条件。特别是漳州校区的建成使办学条件大大改善。

4.取得很大成效

办学规模扩大,办学层次也上去了,研究生的发展很快,研究生和本科生的比例达到1∶2;学科建设成效位居全国高校前列。师资队伍的专业、学历、年龄和学缘结构良好;科研尤其是人文社会科学,最近几年发展很快,与过去相比有很大的进步;办学条件有很大改善,市政府决定打通石井到曾厝垵的隧道,校本部、海韵山庄、西边社将会连成一片,老校区占地面积达2500亩;网络设施、数字图书馆居全国高校先进行列;对外交流有很大进展;厦大的社会评价不断提高,“网大”的排名在20名左右。

(二)存在的主要问题

总体感觉是:虽有发展但发展不快,创新不够。下一步怎么走?我认为:“十五”计划比较宏观,具体分解不是很清晰,任务不太具体,措施不很得力。要有个具体、可操作的“实施方案”;干部队伍的状况,特别是学术带头人的状况不够好,观念要更新,精神要振奋,素养要提高。

具体有十个方面的问题:

1.观念与状态的关系。观念更新了,状态调整好了,这是最理想的状况。但是实际情况往往不是这样。有些干部观念没有转变,即使工作状态很好也不行;反之,观念转变了,但思想和工作状态不好,疲沓、不尽职尽心,工作也搞不好。有三句话应引起我们深思:入党为了什么?在位干了什么?身后留下什么?院长、党委书记,为官一任,干了什么,留下什么,是不能不考虑的问题。有些同志认为自己是教授,只要有论文就可以了,这种想法是不对的。是教授但更是院长、党委书记,这是义不容辞的历史责任,要勇于承担。一个称职的院长或党委书记,至少应留下三方面的业绩:一是留下事业,学院最主要的就是学科建设和队伍培养。如果学科没有建设好,师资队伍没有培养好,虽然很辛苦、很清廉,但是没有留下事业,它在历史上留下的损失是不可弥补的。例如,数学系曾经是很辉煌的,但有一个时期却不怎么样。经过这几年引进人才,加强学科建设,事业得到了很大的发展。数学系为什么会走出这样一个马鞍形的发展轨迹呢?后人对不同历史时期的系主任、总支书记是会做出不同的历史评价的。二是留下发展的基础。现在的工作虽然不可能在任内开花结果,但是可以种树,辛勤地浇灌,帮助后人把树养大并开花结果。如果在任期内把什么都耗光,也不是负责任的干部。三是给自己留下高尚人格。不要让人家背后说什么。厦大几十年的发展是波浪形的,上升阶段的领导对得起历史,下降阶段的领导虽然有很多的原因,但责任是不可推卸的。因此,院长、党委书记一定要重视学科建设和队伍培养。同时要保持良好的思想和工作状态,严格遵守各项纪律和规章制度。

2.厦大的战略思考欠缺。清华、北大每年暑假都召开各类不同层次的务虚会,而我们的战略思考太少。盲目乐观、妄自菲薄、自高自大的态度对于厦大的发展都是没有好处的,恰当地、科学地、客观地定位,找到方法和途径,保证能够达到目标是比较理智的做法。要正视大学排行榜,太过认真或不以为然、视而不见都是不对的。每年的排行榜对中学生都有很大的影响,而且伤害校友的感情,令人痛心。应该正视、研究并有效利用排行榜。

3.规模发展和保证质量的矛盾和压力。学校办学规模要发展,但师生比、教学质量、干部管理水平、人力资源能否保证等,都是必须认真考虑和严肃对待的。目前我校一些低层次的办学还在挤占和分流学校资源。虽然说没有规模就没有效益,但是我们更要对学生和厦大的声誉负责任,这个矛盾比较大,一定要处理好。我们认为,首先保证质量,其次才是规模。

4.事业发展和师生期望值的差距。要加快学校事业的发展,也要处理好福利和事业的关系。在福利方面,学校准备启动离退休的补贴、教师住房货币化补贴,启动大规模的教师旧房改造工程建设。

5.学科交叉不够,新增长点、一流学科少。没有打破院系学科壁垒,科研方面还没有完全冲破夫妻店、师徒制。学科和人才的关系很密切,学科强、平台高,才能引来大师级的人才,促成良性循环。要发挥综合性大学的优势,做大做强。以仅有的几个一流学科,想办成一流大学是不可能的。要有大的措施,从体制上改革,从机制上激活。

6.创新的高水平和标志性成果少。

7.师资队伍建设。引进人才的竞争很激烈,难度加大,更严重的是人才的流失。既要引进,也要保住人才。要重视这方面的工作,重点放在中青年学术带头人和学术骨干的培养上。最近几年的力度、政策、条件支撑和宣传都不够,对这些人要有政策的倾斜,党管干部,党也要懂得管人才,党委应该多宣传和扶持中青年学术骨干,让他们脱颖而出,要创造机会,要有胸怀、有大局观、有气量,不能"武大郎开店",否则学科没有希望。要吸引人才,培养人才,防止人才流失。

8.外部办学环境不如以前。在共建方面难度比以前大了,但是不能放弃,要一以贯之、锲而不舍地争取优化学校的办学环境。

9.学校办学经费压力大。

10.对外宣传与对内沟通不足。

(三)努力方向

1.认识我校加快发展的极端重要性、紧迫感和可能性,不能放弃。

2.历史把重担交给我们,肩负着厦大人的嘱托,各级领导干部要有勇气、有责任将担子担起来,做好自己的工作,观念要转变,状态要调整好,水平要提高。

三

上午参加了第一小组的讨论,刚才听了四个小组的代表发言和八位教授的自由发言,总的感觉是这次研讨会开得很成功,会给大家留下深刻的印象。研讨会涉及的内容很广泛,很有深度,也很专业。有的人甚至已经有了成型的思路。这些意见对学校总结过去、谋划未来很有启发。同时也很受鼓舞,增强了实现奋斗目标的信心。在讨论的过程中,干部师生的爱校之情溢于言表,令人非常感动。学校党政领导班子有能力、有责任、有信心带领全校师生员工,实施战略规划,实现奋斗目标。

有的同志这样形容这次的研讨班:像一个匆匆赶路的攀登者,上到一个山头的时候,停下来,擦擦汗,选择一个最佳的路线,继续攀登到更高的山头。这个比喻是非常贴切的。厦门大学到现在已经走到了一个光辉的顶点,要向更光辉的顶点冲刺,是需要充充电、吸吸氧。

听了大家的发言,我认为有十四个关系需要回校后继续思考:

1.学校发展大局方面:(1)学校总体方面规模和水平的关系;(2)学校的特色与共性的关系;(3)校本部与多校区的关系;(4)贡献和共建的关系。这些关系事关学校的发展大局,是制定政策优先要考虑的关系。

2.学科和人才方面:(1)发展规划与实施方案的关系;(2)学科建设与人才的关系;(3)引进人才与稳住人才的关系;(4)资源优势与成果优势的关系。

3.科学评价方面:(1)学校排行与院系排行的关系;(2)国际视野与国情校情的关系;(3)评估体系与学科差异的关系;(4)投入与产出的关系。

4.公共关系方面:(1)学校发展的外部环境与内部环境的关系;(2)决策与沟通的关系。

校党委常委和行政班子会非常珍惜和尊重这些真知灼见和宝贵意见，再进行深入的研讨，认真思考。在适当、成熟的时候，党委会再召开这个范围的会议，把对会议意见的吸纳情况反馈给大家，并做有关的说明。

——本文摘录自王豪杰：《梦萦南强》，厦门大学出版社，2007 年 3 月版

跨海建设漳州校区　积极拓展办学空间

——在厦门大学漳州校区一期工程竣工典礼上的讲话

(2003年9月19日)

校党委书记　王豪杰

金秋九月，是收获的季节。经过一年多紧张的建设，一片全新的、充满着勃勃生机的厦门大学新校舍矗立在鹭江之滨、虎甲山下，正张开热情的双臂，欢迎来自五湖四海的莘莘学子。

建设厦门大学漳州校区是我校落实"科教兴国"战略，适应普通高校扩大招生规模，为国家和地方建设培养更多高素质专门人才这个时代要求的一项战略性决策，也是我校在新世纪初的一项重大工程，是我校办学史上的又一个里程碑。为拓展办学空间，扩大办学规模，1999年下半年以来，学校在各有关方面的支持下，经过多方选址和比较，最后选定这片位于厦门湾南岸、招商局漳州开发区内、面积2568亩的地块作为新的办学空间，随即开始了紧张的筹建工作。2001年11月9日，学校成立了漳州校区建设领导小组，2001年10月12日，学校成立了漳州校区建设指挥部，全面启动漳州校区的建设工作。

漳州校区的建设得到了教育部、福建省委、省政府、省直各部门、漳州市、龙海市和招商局集团的大力支持。2000年4月6日，漳州市、龙海市、开发区、厦门大学几方签订了《建设厦门大学漳州校区协议书》后，教育部领导对厦大漳州校区建设给予充分肯定，并表示了支持建设漳州校区的决心。教育部周远清、张保庆两位副部长分别亲临视察了漳州校区，并对漳州校区建设做了重要指示。福建省委、省政府十分重视漳州校区建设，将其列入省重点工程项目。福建省领导陈明义、习近平、卢展工、何少川、黄瑞霖、梁绮平、黄小晶、潘心城、叶双瑜、金能筹等同志先后到漳州校区检查指导工作。省直有关部门对漳州校区的建设审批手续采取了急事急办、特事特办的政策，给予了大力的支持。

值得一提的是，漳州市、龙海市、招商局漳州开发区对厦大漳州校区的建设给予了很大力度的支持。漳州市向厦大无偿提供2568亩土地；2001年3月，成立龙海市厦门大学漳州校区建设领导小组，负责配合协调厦门大学做好漳州校区建设的相关事宜。在漳州校区即将开学之际，漳州市委、市政府及所属县、市、区还向漳州校区捐赠16棵大榕树，支持漳州校区做好校园绿化工作。

招商局开发区于2002年4月实现区地合一之后，进一步加大了漳州校区建设的配合协调力度。首先，于2002年4月18日完成了"三杆"拆除工作，4月25日完成校区建设范围内田中央、刺围两个自然村97户397人的村民搬迁工作，从而为校区建设开工创造了条件；其次，开发区投资兴建南滨大道，南滨大道是漳州校区最为重要的配套项目之一，路面宽45米，为6车道水泥路面，全长7428米，建设标准为一级公路，整个工程包括市政管网总造价为1.2亿元人民币；最后，开发区还投资建设了厦大供电工程、供水工程、污水处理厂及配套、公交站点、客运码头等。

校区的建设凝聚了参加一期工程建设的设计单位、工程施工单位、监理单位、校内有关部门和校区建设指挥部全体工作人员的心血。厦门大学漳州校区一期建设工程的竣工，标志着厦门大学漳州校区建设取得阶段性的成果，为厦门大学扩大办学规模，实现跨越式发展奠定了坚实的硬件基础。从现在起，我们还即将启动漳州校区二期工程建设工作，建成后漳州校区可容纳在校学生2万名，总建筑规模达到60.8万平方米。

漳州校区一期工程建设项目的竣工投入使用，对我校拓展办学空间、培养更多的高素质人才有利，对促进地方经济建设和社会发展有利，最终还是对国家有利。因此，我们衷心希望各级政府和社会各界一如既往地积极支持漳州校区二期工程的建设,努力建设好漳州校区,使厦门大学这所举世无双的“校在海上,海在校中”、独具魅力的高等学府,成为镶嵌在祖国东南的璀璨明珠,更好地服务国家和地方经济社会发展,为实施“科教兴国”、“科教兴省”和“科教兴市”战略做出更大的贡献!

——本文摘录自王豪杰:《梦萦南强》,厦门大学出版社,2007年3月版

狠抓落实　加快发展

——在全校中层干部会议上的讲话(摘要)

(2003年11月18日)

校党委书记　王豪杰

如何谋划未来,谋求发展,在这几年改革发展的基础之上,实现把厦门大学建设成为世界知名的高水平研究型大学的奋斗目标,是我们必须关心的首要问题。基于这样的认识,学校才会在国庆前召开"东山会议"。在"东山会议"上,学校向大家报告了存在的十个方面问题,朱崇实校长也指出了六方面的努力方向,最后综合大家发言提出了必须很好地处理学校改革发展的十四个关系。"东山会议"后,校党委召开了三次常委扩大会议,专题研究消化"东山会议"上提出的事关学校改革与发展的重要问题。我受常委会委托,把会议讨论的意见做一个归纳,向大家做一个反馈,主要讲八个问题:

一、关于干部队伍建设

学校的发展需要多方面的条件,而干部队伍建设是学校改革与发展最重要的条件之一。

(一)必须进一步转变观念,调整状态,建立工作制度,搞好廉洁自律

1.对于更新观念,今天主要强调在校院两级主要领导干部中,必须有政治领导能力,把握方向,营造良好的团结氛围;必须有驾驭全局的能力;必须按照教育发展的规律办事;必须要有大局观、发展观和战略观。

2.对于调整状态,就是要有饱满的精神状态,要有积极进取的精神,要有开拓意识。要求大家要有决心、有信心把学校或本单位带到更高层次、更高水平,要把事业留给后人。一个称职的领导干部,一个真正的共产党员在逆境中能够生存发展,遇到困难能够克服它,战胜它,这才是真本事。此外,校院两级领导干部状态的调整,既要开拓进取,又要求真务实;既要有长远眼光,又要能真抓实干。短期行为、好大喜功、不实干都是不行的。

3.建立工作制度。

(1)党政关系。

学校设立党组织,实行党委领导下的校长负责制,这不是哪一个人想要这样做的,而是中国的国情所决定的,是写进了《高教法》的。党政工作各有分工,各有侧重,党政一把手要及时沟通,要相互理解、尊重与支持。党政一把手关系融洽,则学校事业发展;党政一把手关系不融洽,则学校事业受损。学院领导也应好好总结一下本单位党政一把手的关系。虽然党政一把手关系的好坏涉及的因素很多,但党政一把手本人的素质和事业心决定着党政关系的好坏。

(2)正副职关系。

这也是集体领导与一把手责任的问题。就集体领导而言,首先体现在民主集中制上,这是一项根本的制度,任何一个班子如果不执行这一制度是没有办法搞好工作的,民主集中制无论如何都必须坚持。其次就是要坚持表决制,重大问题、人事问题,特别是在有分歧的情况下,一定要遵循表决制度,并留下记录。有些单位没有很好地遵循这两项制度,甚至重大问题的决定,事后也查不到责任人。就处理一把手

责任与集体领导关系而言，由于一把手有其特殊的责任，因此，如果全体班子成员一致同意的就可以决定；如果一把手同意，而大多数人不同意，要再议；如果一把手同意，大多数也同意，只有少数人不同意，可以决定，但必须允许持不同意见的同志向上级反映情况。

(3)分管的含义。

现在在学校各级领导班子中存在正副职沟通少，副职与副职之间彼此联系少、彼此不了解、彼此不提意见的现象，因此，有必要强调分管的问题，提三点要求：第一，分管领导有向正职领导请示报告的责任，包括报告分管工作的重大决定，对校院工作的重大建议，报告工作情况以及报告个人的重大事件；第二，要有允许并支持分管部门的领导向上一级领导报告情况的胸怀；第三，各分管领导之间要多沟通，包括党政沟通、正副职沟通、副职之间的沟通等。

(4)校院两级双肩挑干部与业务工作的关系。

中组部、教育部有关文件强调，领导岗位首先是管理岗位，因此，领导干部必须把主要精力用于本单位的管理工作。在担任干部的年限内，首先要讲奉献，自身的价值要体现在任期内的工作中。

4.关于搞好廉洁自律。在这里提出几个问题，以便防微杜渐：(1)很多干部一旦提升，往往产生自我膨胀的思想；(2)到了领导岗位，认为自己的奋斗目标已经基本实现，放松对自我的要求；(3)当了副职，以为独当一面，不请示汇报，加上一把手工作繁忙放松监督，使其失去约束；(4)不廉洁，不作为，没有明显的政绩。在干部队伍建设方面，必须加强廉洁自律建设，要倡导自尊、自重、自爱、自强，同时有纪律上的约束，有组织上的关心帮助是非常重要的。

(二)年内要完成校院两级行政干部的考核任命工作

学校副校长的推荐工作已经初步完成，要加紧对副校级领导干部的组织考核。同时，要大规模地进行学院行政班子的考核任命工作。考核任命工作比较严肃，要严格遵循考核任免的程序，而且党委要把这次的考核任命工作作为一次干部总结提高的重要环节，要求有关同志述职。对于继续担任领导职务的同志，要说明自己做了什么，今后又有什么打算；对离任的同志，要汇报自己几年来的工作；对新任领导的同志，要描绘自己的工作蓝图。干部述职与民主测评要在本月底结束，争取在 12 月份把干部配齐。

(三)继续深化和完善校院两级管理体制改革

这次校院两级管理体制改革的深化，主要带来了两个方面的变化：

1.在学院设立党委。名称发生变化，其内涵同样发生变化，学院党委要承担起管干部的职能，而且要把党管干部的职能延伸到党管人才的方面，对学院人才队伍建设，党委要发表意见。

2.行政班子的岗位设置有严格的、明确的要求，系主任不再是当然的副院长这一点也要坚持下去。学院根据大小的不同将设立 2～4 个副院长。院长的主要职责归根到底就是抓好学科建设和人才队伍培养两项工作，而教学、科研、管理等日常事务则应由分管副院长承担。需要强调的是，各学院必须要有一名副院长负责国际合作交流的工作，来提高国际化的程度。对于大的学院，学校将配备专职从事行政管理工作的行政副院长。院长和副院长一定要按岗位的条件来配备干部，不可以搞“拉郎配”。

学校认为有必要把社会对大学的评估衡量机制引入对学院的评估中。在学校发展目标的框架内，学院的各项事业发展指标能否实现，党政一把手的责任是什么，该做什么，都是需要认真讨论的问题，要将这些问题作为衡量学院改革与发展成效的标准之一。

二、关于人才培养

厦门大学在人才培养上不乏成功的例子，如化学系从院士到青年教师老、中、青三代同堂，后继有人；如数学系抓紧了人才引进和培养工作，发展很快，事业很兴旺。但也有一些原先的优势学科出现人才断档的现象，我们要充分注意到这一问题的严重性，目前虽然是一流，如果人才培养不搞好，三五年后怎么办？有些学院人才流失，引进的人才留不住。没有人才哪来学科？没有学科哪里来人才？对此，提出四点意见：

(一)激活用人机制

学校将试行教师聘用制。关于职称评定，现在全国都在思考改革，思考突破。厦门大学现有的用人机制，已经为改革提供了先决条件。学校决心已下，但对具体的问题将经过认真的调研，借鉴兄弟院校经验，建立适合厦门大学实际的聘用制度。同时，学校也将考虑学科与学科、人与人之间的差异，经过专家组评定，将辟出"人才特区"，给一些有潜质、有前途的从事基础科学研究的学者以充裕的空间和时间，实行不同于大多数教师的考核评估机制，争取原创性的科研成果和标志性的成果。这对厦门大学的发展是有利的，也是值得的。

(二)加大引进力度

加大引进力度要体现在两个方面：

1.今后的引进人才要力求全引。只有完全引进才能保证其全心全意为学校工作，对优秀人才要舍得为其提供人、财、物等条件。

2.引进的重点要放在高层次学科带头人上，而且尽可能全引。

那么，靠什么来吸引人才，引进人才呢？靠学校的名气，靠提供学术平台，靠提供高额报酬。应该看到，在人文环境、自然环境、工作环境、生活环境以及感情环境方面，我们还有许多工作需要下大工夫去做。

(三)加强人才培养

在加大引进的同时，要立足学校，自己培养人才。人才培养要注重两个方面：

1.全校要选出一批有潜质、有发展前景的中青年学者，下大本钱去培养，通过校内培训、校外培训以及出国培训等多种途径提高他们的业务能力。

2.要注重品德培养。学校党政领导将定期向遴选出来的中青年学者报告学校的情况，鼓舞士气，同时还要组织各种活动给予他们精神食粮。各学院同样要有这样一份名单，要与学校的名单相互交叉，共同来培养，这是关系到厦大明天的大事，是负责任的领导班子不能不做的事情。

(四)懂得识才、爱才、举贤

识才，就是要识基础研究之才、应用研究之才、开发之才以及管理之才。学校要努力营造人才脱颖而出的环境和土壤。爱才，要认识到有才华的人都有一些个性，或有某些方面的缺点，不要求全责备，要有胸怀，有气量，要包容一些，用人要从厦门大学发展的大局出发。举贤，就是要乐于把好的人才推举出来，创造平台让其发展，不要怕被他们超过。

三、关于学科建设、教学和科研产业化

(一)高度重视学科建设

学科建设是办好高水平大学的首要任务。厦门大学学科建设要强调六个字——交叉、整合、提高，以此来解决我校学科建设的实际问题。

1.靠简单地增加新学科的空间已经不大，必须通过交叉整合才能出新学科。

2.靠原有单一学科增加博士点的空间也不大，只有通过交叉整合才能新增博士点。

3.依托交叉学科的平台，催生新学科。

各学院要充分理解“交叉、整合、提高”的含义，要有大局观、发展观，同时希望院长、书记要教育本单位的教职工齐心协力，在学科建设上避免内耗。

另外，就是争取创造条件，组建国家实验室。教育部正在准备斥巨资组建几个一流的国家实验室，这类实验室要高于国家重点实验室，不可能有重复，水平不顶尖的也不可能上。这也是学科建设一个很重要的任务。

(二)继续深化教学改革

认真探索总结漳州校区教学和管理模式。漳州校区实行“宽口径、厚基础”、按大类招生以及学生按园区管理的教学管理模式。种种条件已经为漳州校区的教学改革提供了先决条件。一个新的模式运行一段时间后需要认真总结，以期今后将教学改革步步引向深入。

要大力推进双语教学，从整体上提高厦门大学的国际化程度。

(三)尽快提升科研与产业化水平

1.确保科研经费总量的增加。要积极争取课题，尤其要争取高层次的课题和大企业的横向课题，这是科研经费大幅度提高的有效途径，同时要注意整合与协作，力争今年科研经费总量超亿元。

2.重视科研团队的组建。各学院要下决心排除阻力，努力把团队建设好。要多讲讲事业，多讲讲培养人才的前景，多讲讲学科发展与争取课题的需要。

3.大力提倡研究生参加科研。研究生特别是博士生已经成为科研的生力军。这项工作要下决心做，要筹备一定量的资金支持。

4.加快大学科技园建设与成果转化。大学科技园的建设是一个国家和地区科技成果转化和科研水平的重要标志。在刚刚结束的全国大学科技园建设工作会议上，有关部委及领导指出，大学科技园的建设有两个条件：一是必须依托知名大学，二是必须就近建设。现在省、市政府已经充分认识到建设大学科技园的重要性，我们要下决心在年内完成申报迎评工作。国家已经批准了40多个，我们必须下定决心，想方设法进入最后仅有的几个中去，否则厦门大学的发展就会失去一个非常有力的筹码。

四、关于后勤服务保障

从宏观上讲，我校的后勤服务就是要实现“30＋10＋421＋一流”，即理科教师每人30平方米的研究空间，文科教师每人10平方米的办公用房，学生实现“421”住宿，校园建设居于一流水平。

从基本建设而言，就是要建设好三个校区，一个基本思路是：继续完善校本部基本建设，重点搞好漳州校区基本建设，适时启动、分期开展集美校区建设。校本部基建的重点是游泳馆、医院门诊楼、海韵软件学院、大学科技园、化学化工学院大楼改扩建、博士公寓、校区自来水网改造等建设项目；漳州校区基建重点是二期工程；集美校区基建重点是医学院。我们清醒地认识到，学校发展需要空间，但应该因校而异，不搞攀比。因此，我们对三个校区的定位是清楚的，对建设秩序和投资轻重是明确的，就是以校本部和漳州校区二期工程为重点，适时分期启动集美校区的建设。通过三个校区的建设，加上现有用房的合理调整，学校可以实现“30＋10＋421”和建成一流校园的目标。

对于后勤社会化改革，学校成立了资产经营有限公司和后勤集团，改革的成效需要经过一段时间才能体现出来。怎样评价后勤改革的成败，就是要看体制和机构的设置能否保证工作高效顺畅地运行，机制能否有利于激励和竞争，优胜劣汰，奖勤罚懒，能否有较好的效益和强有力的后劲。到时候要实事求是地进行总结，必要时可以做出调整。

对于财务工作，一要认真检查财务预算的执行情况，注意财务安全；二要能够合理配置有限的资金，集中财力办大事，要有全面的考虑，健全财务制度，开源节流。

五、关于思想政治工作

第一是要抓好党建工作。全国高校党建工作会议强调高校的党建工作,尤其是发展青年教师和学生入党,是国家战略思考的需要,不容忽视。在此期间,教育部毕业生就业工作会议还要求学校、教育部门应十分关注毕业生就业问题,这是事关国家政权巩固的大事。要把这些精神贯穿到思想政治工作中去,从培养学生、巩固政权着手开展工作。

第二要重点加强研究生的思想、教育工作。对研究生的教育和管理在机构、干部队伍、工作职责、方式方法以及资金投入上都不尽如人意。各单位要在提倡研究生参与科研工作的同时,加强对研究生的思想教育。学校已经从制度上和干部队伍上做了硬性规定,管理队伍的组建也正在抓紧调研,争取尽快把这项工作做好。

第三是教职工的思想教育。教职工党支部工作一定要正常有效地开展起来,要把重点放在青年教师和学科带头人上。

第四是离退休老同志的工作。近年来,学校在离退休工作上做得不够好。一是沟通情况不够,离退休同志由于没有上班,对学校情况不了解,可能造成了一些误解和误会。今后学校将多与老同志沟通,院系也要定期召开情况通报会。只要说明情况,退休老同志是有很高的觉悟的,是会理解学校的。二是对老同志平时生活关心不够。今后各级党委及工会要注意做好这方面的工作。

六、关于宣传工作

学校宣传工作的作用,就是对外推介厦大,塑造形象,扩大影响,提升校誉;对内沟通情况,化解矛盾,凝聚人心,鼓舞士气。但是一段时间内,学校对宣传工作重视不足,对外宣传力度不够,对内沟通不足,造成小道消息多,在某种程度上干扰了学校发展的大局。如果有正常的宣传主渠道,是不可能出现这种情况的。80周年校庆的宣传工作以及“985工程”建设成效的新闻发布工作取得的良好成效说明,厦门大学不是没有东西宣传,也不是做不好宣传,而是平时没有做好宣传工作。加强宣传工作,一要提高认识,二要健全机构,三要改善宣传条件,四要制定鼓励奖励政策。

七、关于公共关系

这方面工作学校过去一段时间有行动,但做得不太好,还有很多可以提升的空间。最近,学校加强了这方面的工作,陈至立同志对漳州校区的视察、学校领导向省市领导汇报工作以及对山东大学的出访都取得了很好的效果。

对公共关系工作提三点意见:

1.与兄弟院校的交流必须是国内一流或国外知名的大学,这样我们可以高攀一节,提升一级。

2.交流的重心要放在院系,不要一味强调校与校之间的协作。

3.要注重与社会各界搞好外联工作,厦门大学的发展长期以来就得益于社会各界的关心支持。公共关系在某种意义上是生产力,可以改善学校办学环境。

八、关于群众生活

1.住房货币化改革经过长时间的酝酿,现在已逐步开始操作,这有利于化解矛盾,缩短教职工心理差距,体现住房公平。

2.通过与离退休老同志沟通,比较其他院校及地方政府的做法,根据厦门大学的实际条件,初步确定了比全国大多数高校更优的离退休人员补贴发放标准:离休人员最高每人每月800元,退休人员最高每人每月400元。学校将根据学校发展的情况,以及资金来源情况,适时适当地增加补贴,改善离退休人员的生活。

3.关于西村、北村的改造。这项改造工程的目的意义,在于能较大范围地改善教职工的住房条件,解决学校发展和引进人才的用房困难。由于厦门市有关部门对学校的改造方案提出异议,对建筑物的层高、容积率以及公共停车位等提出了很高的要求,改造后无法增加房源,更无法筹足资金,因此对西村、北村的改造计划暂时无法实施。学校认为,由于旧房改造工程不是从事房地产商业开发,而是建在厦门大学用地红线内的教工宿舍;不是孤立的住宅小区,而是可以共享厦门大学的空间;不是楼房设计高度超标,而是在此地块的高层建筑已有先例;不是只有厦大教工住房条件的改善,而是可以美化厦门演武社区的环境。因此,学校将进一步向市政府说明情况,竭尽全力争取政府的支持,争取尽快启动西村、北村的旧房改造工程。

——本文摘录自王豪杰:《梦萦南强》,厦门大学出版社,2007年3月版

切实加强学科建设　构筑高校核心竞争力

（2003年3月）

校长　陈传鸿

摘要　学科是高校发挥教学、科学研究和社会服务三大功能的基本"平台"；学科水平是学校办学水平和综合实力的主要体现。学科建设主要是指围绕提高学科水平所做的一系列基础性工作。由学科建设的基础地位和标志作用所决定，学科建设水平是高校整体竞争力中最重要的核心部分即核心竞争力。要从构筑核心竞争力的高度来认识加强学科建设对高校发展的重大意义，用教育创新的工作思路落实建设的具体措施。

李岚清同志最近多次指出，从现在起，高等教育要转向以加强学科建设、提高教学质量为中心任务的阶段。为此，厦门大学召开了全校学科建设工作会议，从实现建设研究型大学的长远发展目标和增强学校核心竞争力的角度出发，提高全校师生对学科建设重要意义的认识。通过切实抓住抓好学科建设这个"龙头"，推动学校的改革和发展。本文着重论述从构筑核心竞争力的角度来加强学科建设的一些认识和思路。

一、学科建设的地位和作用

一般来说，学科包含两个方面的基本含义。首先，学科是人类知识体系的基本单元。将知识体系中具有内在联系和相同的表现形式与运动规律的各个集合划分为相对独立的一个个学科，有利于知识的传播和研究。其次，学科又是高等学校最重要的组织基础，是大学的基本元素。大学的教学、科研机构基本上是按学科来设置的，教师都归属于一定的学科领域，并通过学科的建制形式从事教学、科学研究和社会服务活动。学科的建制既是学科的一部分，也是学校的一部分，两者相结合就构成了高等教育系统的核心和基础，所以，学科又成为大学的基本元素。

学科建设的基本内容有：第一，作为知识体系基本单元的学科建设，必须为发展知识生产力服务，通过资源的合理配置和科学的组织协调，在知识创新、知识传播和知识应用上面取得高水平成果。由于人类对世界的认识过程在不断深化，知识在总量增加的同时，也会发生结构体系的分化、整合和重组，导致新兴学科和交叉学科的不断出现。所以，作为知识体系单元的学科也在不断发展、变化。学科建设必须反映这一客观要求。第二，作为大学基本元素的学科建设，必须在专业设置、组织体制和运行机制等方面反映学科发展的内在要求，能动地促进学科水平的提高。近年来，在知识经济推动下，由于设立了灵活的、综合的跨学科研究组织，而促进了新的学科产生和发展。这就要求我们不断进行高等学校管理体制特别是学科组织体制的改革，以适应学科发展的需要。

把这两个基本层次的内容概括起来可得出如下结论：学科建设就是指围绕提高学科水平所做的一系列基础性工作。它是一个系统工程，既包括学术队伍、教学和研究设备、资金投入、后勤服务设施等硬件，也包括学科发展方向、领导观念、组织管理体制、激励机制、运行环境等软件。高水平的学科建设就是这两方面的完美集成。

对高校来说，学科是学校发挥教学、科学研究和社会服务三大功能的基本"平台"；学科水平是学校办学水平和综合实力的主要体现。

(一)学科是高校履行教学、科研和社会服务三大职能的基本“平台”

高水平大学的基本标准体现在三大功能上，就是能够培养高水平的人才，创造高水平的科研成果，提供高水平的社会服务，包括重要的决策咨询和科技产业化，而这些都离不开学科建设这个基础。(1)在高水平的人才方面，除了基本的道德素质外，他的知识总量的增加和知识结构的形成，一般都要归属于某一个学科，需要接受某一学科的知识、技能的培养。因此，这一学科的建设水平如何，对形成高水平人才的高素质和创造性有基本的“塑造”作用。(2)高水平的科研成果的创造，也必须是在某一学科或学科领域中进行的。因此，这一学科已有的科研基础水平、科研活动的组织形式、团队精神和实验条件等，都会对重大科研成果的创造发挥重大的甚至是根本性的影响。(3)能否提供高水平的社会服务，也取决于学科建设水平。因为社会服务是具体的，无论是发挥思想库、“智力源”的作用，为决策提供咨询，还是实现知识创新，推动科学技术产业化，都离不开学科建设这个基础。之所以说学科是高校发挥三大功能的基础平台，就是指它构成了大学各项活动的最基础的部分。因此，要充分发挥大学在科教兴国中的作用，就要高度重视、认真做好学科建设工作。

(二)学科建设水平是学校办学水平和综合实力的最主要体现

一流大学必须要建设一批一流学科。同样，高水平大学也必须拥有一批高水平学科。正因为学科构成了大学各项基本活动的平台，学科建设水平高低就成为判断大学办学水平高低的主要标准。世界一流大学之所以著名，都是有赖于其拥有一批一流的学科。从高等教育发展历史可以看到，一些学科经过长期建设，取得了较高水平，它们就会在高等教育的学科体系中占据某一学科领域中的制高点，吸引了一批优秀人才在其中工作。而这些制高点又具体分布在某一个高校中，从而就带动了其所在高校办校水平和综合实力的提高。一个高校一旦拥有若干个或一批这样高水平的学科，它的整体水平也就水涨船高了。所以，高水平的大学是以高水平的学科建设为基础的，高水平大学的一个重要特点就是学科门类齐全、综合性强、整体水平高。正因为如此，学科建设是大学建设的核心和龙头已成为共识，加强学科建设已成为绝大多数大学的办学重点。

二、构筑高校核心竞争力的必由之路

进入新的世纪以来，我国高等学校既面临着新的发展机遇，又面临巨大的挑战。在经济全球化的进程日益加快，科技进步日新月异，综合国力竞争日益激烈的大背景下，国际间的经济竞争、科技竞争越来越取决于教育事业的发展，越来越取决于高层次创新人才的数量与质量。同时，国际、国内之间的教育竞争，特别是高等学校之间的竞争，已越来越明显地体现在学科水平的竞争上。

面对这个新形势，怎么样加强学科建设？我们认为要在认识上抓住两个方面。

首先，学科建设也要与时俱进，要有新思路。学科建设必须从适应经济建设、社会发展和科技进步的全局，从适应日趋激烈的知识与人才竞争的战略高度出发，增强紧迫感和时代感，落实江泽民同志教育创新的思想，用新的思维、新的视野，在新的高度上明确学科建设面临的新任务和新要求，进而提出和落实有效的建设措施。

其次，要从构筑高校核心竞争力的角度对学科建设进行科学定位。高校的办学水平和综合实力是由其整体竞争力决定的。这个整体竞争力由若干个分项内容构成。由学科建设的基础地位和标志作用决定，在高校整体竞争力中最重要的也是构成整体竞争力的核心部分就是学科建设水平。因为它的形成需要各方面的合力，它的水平又将在总体上决定学校的竞争能力。因此，学科建设是高校竞争力中的最基础和最重要的核心部分，是学校发展中要紧紧抓住的“龙头”。我们要从构筑核心竞争力的高度来认识加强学科建设对高校发展的重大意义。

“核心竞争力”这一概念首先来源于面临市场经济激烈竞争的企业。根据美国麦肯锡咨询公司的观点,核心竞争力是指某一组织内部一系列互补的技能和知识的结合,它具有使一项或多项业务达到竞争领域一流水平,具有明显优势的能力。简单地说就是企业在经营过程中形成的不易被竞争对手效仿的,能带来超额利润的能力,这一概念同样适合于高校。因为高校是具有特定功能的社会组织,而学科水平是高校得以发挥的最基础和最重要的核心条件,把学科水平称为高校核心竞争力,就是因为学科水平在总体上决定学校的水平和竞争能力。因此,加强学科建设就成为构筑高校核心竞争力的必由之路。

三、做好“十五”学科建设工作的基本思路

认识了学科建设的重大意义,特别是要从构筑学校核心竞争力的角度来加强学科建设,还要从我校的实际出发,认清存在的问题,统一学科建设的思路,以落实学科建设的措施。我校学科建设的主要问题有以下几个方面:

(1)学科虽然比较齐全,但各学科发展不平衡,高水平的学科较少,有些学科内容老化。学科适应社会、经济和科学发展,主动进行自我更新,自我发展的能力下降。部分学科内部研究方向的调整和更新较慢,与本学科前沿领域存在较大的差距,制约了教学、科研和社会服务水平,成为我校实现高水平大学建设目标的瓶颈。(2)学科结构调整力度不大,特别是在要从我校历史、区位和综合性大学的特点出发,又要适应人才市场需求和国际竞争的需要,主动地进行学科专业结构的调整方面缺乏充分的思想准备。虽然重视了基础学科,但应用工程技术学科的发展滞后。(3)发挥综合性大学的学科综合优势,通过学科间的交叉、渗透和融合,促进新兴学科的发展做得不够。(4)学科组织体制的改革还不到位,在对固定的实体性的院(所)体制进行改革的同时,对流动性或虚体性的科研组,研究中心等组织形式探索不够,扶植支持也不够。(5)在学科建设中进行分类指导,形成“以重点带一般”的机制方面还缺乏有效的措施。(6)在学科建设的保障条件如资金投入,图书资料对外合作与交流方面还需要进一步统筹规划。(7)在思想上还没有牢固树立学科建设是根本的观念。针对上述问题,我们确定了以下工作思路。

(一)明确以加强学科建设促发展的思路

要高举邓小平理论伟大旗帜,以江泽民同志“三个代表”的重要思想为指导,认真贯彻党的教育方针,坚持以发展为主题,以结构调整为主线,以改革为动力,从构筑学校核心竞争力的高度,大力加强学科建设。学科建设的根本目的是出人才,出成果,上水平,因此,它与学校其他各项工作并不矛盾,而是带动和互相促进的关系,是有机结合的关系。现在特别强调的是,要以学科建设为龙头,带动学校各项工作,促进学校“十五”期间的改革与发展。

(二)明确加强学科结构调整的思路

李岚清同志多次强调,要充分运用高校前一阶段改革的成果和形成的有利条件,全面进行学科专业结构调整,促进学科交叉,融合创建多学科,跨学科的研究中心,发展新兴学科和交叉学科。围绕厦门大学“十五”计划和2010年远景规划确定的发展目标,我校“十五”期间学科建设中学科布局和结构调整,要根据我校综合性大学的性质和独特的区位优势,按照“有所为,有所不为”的思路和“发挥优势,突出重点,文理并重,巩固基础,培植特色,加强应用”的原则,通过布局和结构调整,进一步优化学科结构,为形成学校长远的核心竞争力打好基础。

根据国家建设,科技发展,人才培养的需要,我校“十五”期间学科建设的总体设想是:根据学科深度融合和交叉,教育资源合理配置和有效利用的原则,在巩固和发展现有基础学科和优势学科的基础上,更新传统学科,积极培植和优先发展一批新兴学科,交叉科学,边缘学科和高新技术学科。

学科调整的具体方向是:(1)在巩固化学,经济学的基础和优势学科的基础上,瞄准国际前沿和国家前沿领域,更新、改造传统学科,加强和发挥基础学科在新世纪的竞争力。(2)大力发展生命科学、海洋科学、环境科学以及管理学、法学等在21世纪有良好发展前景的学科。(3)注意加强计算机与信息科学,材

料科学与工程等工程应用学科的建设。(4)主动适应东南部地区特别是福建发展的迫切需要,注重发展省市经济建设和社会发展急需的学科。(5)通过体制和机制创新,促进各学科之间的交叉渗透,形成一批新的学科增长点。

在学科建设和布局调整中,要注意形成"文理两翼齐飞,基础和应用共同发展"的基本发展格局。江泽民同志先后两次所做的关于社会科学和自然科学"四个同样重要",要重视哲学,社会科学的讲话,对我们开展学科建设有重要的指导性意义。

(三)明确分类指导,分层次建设的工作思路

在学科结构调整和提高学科水平的工作中,应该根据我校各学科发展不平衡的实际,实行分类指导的工作方针。根据对各个学科的调研,我校的学科建设大体上可分成四个类型:第一类是经过长期的建设已达到国内先进水平的学科。今后要着重根据学科发展的趋势,巩固原有基础,调整前沿方向,进一步完善人才队伍,提高教学和科研装备水平,使其在现有基础上更上一层楼,进入国际先进水平行列。第二类是经过努力,已基本接近国内先进水平的部分学科。今后要着重对它们进行必要的扶持,把它们进一步做强,进入国内先进水平行列。第三类是已有了发展苗头的交叉、新兴学科。今后的任务是给其创造发展空间,把它们进一步做大,做实。第四类是还达不到应有水平的少数学科,这类学科的当务之急是要解决"短腿"问题,找出发展的制约因素,使其尽快达到国内学科发展的基本要求。针对不同的学科情况实行分类指导,进行分层次建设应是我们"十五"期间学科建设的重要工作思路。

(四)明确以改革为动力推进学科建设的思路

学科建设是一个系统工程,涉及的方方面面工作很多,如何推进?在新一轮学科建设中,要根据形势的发展对学科建设的体制和机制进行改革。一是要与科研工作紧密结合,以创新为目标,通过争取和组织重大科研项目,集中力量建设若干个新的学科平台,形成学科可持续发展的增长点。二是紧紧围绕培养新学科带头人这一关键,通过实施人才工程,更新和加强学科梯队。三是要形成新的学科建设体制和运行机制。如学科建设要以项目为基本建设单位,建立开放式的建设新机制;要建立学科建设的多元化的投资体制,争取多方面,多渠道筹集建设资金;要引入竞争激励机制,对学科建设进行动态管理,做到重点建设的学科有上有下;在某些学科领域探索实行"学科特区"的管理体制,等等。另外,还要进一步明确学科建设的主体。"十五"期间,学科建设要实行在学校宏观调控下以学院(所)为学科建设主体的组织体制,进一步放权,使学院真正具有进行学科建设的权限和能力。当然,以学院为主体,不等于学校在学科建设上面可以撒手不管,它对资源配置、工作指导、信息传递和组织协调提出了更高的要求。学校的有关工作部门必须适应这一体制的要求,提高工作水平,改进工作方法。

(五)明确"重在建设,苦练内功",着重内涵发展的思路

学科建设存在外延式扩大和内涵式发展两种发展模式。现在一讲学科建设,许多同志往往对如何把建设条件和发展目标挂钩,苦练内功,着重通过内涵发展来提高学科水平考虑得不够。学科建设有硬件和软件两方面,内涵发展就要重视学科建设的软件方面。主要依靠软件方面的集成来实现集约型的发展。"十五"期间,在继续进行必要的硬件建设的同时,重点要放在学科建设的软件方面。要从发展方向的调整、人员组织、队伍凝聚力和团队精神建设、体制与机制创新、扩大对外交流与合作和加强学术道德建设等方面狠下工夫,走出一条以内涵发展为主的学科建设道路来。

总之,要在新的竞争中落实"十五"计划。建设高水平的研究型大学,必须从根本做起,把着眼点落在学科建设上面,要树立战略性、前瞻性和整体性的观点,从构筑高校核心竞争力的高度,抓住学科建设这个龙头来推进各项工作,以切实提高学校的办学水平和综合实力。

——本文摘录自陈传鸿:《大学之道:在建设一流大学的征程上》,厦门大学出版社,2003年12月版

深化改革，开拓创新，开创科研工作新局面

——在厦门大学第二次科研工作会议上的讲话

（2003年4月10日）

校长　陈传鸿

厦门大学第二次科研工作会议，经过认真的筹备今天隆重开幕了。这次会议的主题是：高举邓小平理论的伟大旗帜，全面贯彻“三个代表”重要思想，在党的十六大精神指引下，认真总结1999年第一次科研工作会议以来学校科研工作取得的成绩、经验和存在的问题，深化科研管理体制和机制改革，推动理论创新、科技创新和科技成果产业化，开创科研工作新局面，为构建与研究型大学相适应的科研体系而努力奋斗。

党的十六大报告指出：要大力发展教育和科学事业；要坚定不移地实施科教兴国和可持续发展战略，抓紧国家创新体系建设，大力推进科技创新和知识创新；要敢于通过自己的努力达到世界先进水平；更要敢于做别人没有做过的事情，实现我国科学技术的跨越式发展。十六大报告指明了新世纪我国科研工作的任务和奋斗目标，是新时期我国科研工作的行动指南。

我校科研工作有着优良的传统和较好的基础。1999年科研工作会议上，学校提出了“文理（工）两翼齐飞，应用和基础研究共同发展”和大力发展高新技术研究和科技成果产业化的发展思路，出台了一系列科研管理体制改革的新措施和政策，有效调动了科研人员的积极性。几年来，在全校科研工作者的共同努力下，学校发挥基础研究优势，积极发展应用基础研究和应用研究，加强了创新平台、科研基地和科研队伍的建设，学校科研总量成倍增长；工科的学科建设取得显著进展，科研条件显著改善；开展科学前沿领域研究和承担重大课题的能力明显增强，产生了一批标志性成果；增强了为地方经济建设和社会发展服务的能力，在科技成果转化和科技产业化方面取得了显著进展。

在取得可喜成绩的同时，还应当正视不容忽视的问题。例如：我校科研经费仍然偏少，与兄弟高校相比差距较大；主持承担国家重大科技计划、重点项目较少，我校多学科优势和基础研究的潜力尚未充分发挥；高显示度的标志性成果较少；科技成果转化和高新技术产业化工作还比较薄弱，等等。

在这次会议上，我们要认真分析造成以上问题的原因，找出制约我校科研发展的瓶颈，例如在观念、体制机制、政策环境、管理等方面都有哪些问题，对症下药，寻求新的突破；深化改革，开拓创新，开创我校科研工作的新局面。

下面，我想就学校今后的科研工作讲几点意见：

第一，科技创新是学校战略发展的需要

厦门大学要建设成为世界知名的高水平研究型大学。高水平研究型大学必须要有高水平的科研。学校要上水平，科技创新要走在前头。研究型大学要求科研工作和研究生培养处于学校工作的核心地位。高水平和研究型这两者都有客观衡量指标，体现在科研方面就是：首先，从事的科研是国家目标的或对社会经济发展有重大意义的；要具有足够的基础研究和应用基础研究经费，经费总量对学校运行的贡献，一般来说约占总经费的30％～50％，同时不断地贡献标志性的科研成果。其次，教师的教学和科研工作量应大体相当。最后，是研究生和本科生的数量之比，不低于1∶2.5。因此，提高科研水平和科技创

新能力是创建高水平研究型大学的必由之路。

第二,实施“科技创新工程”和“哲学社会科学繁荣计划”,大力提高学校的科研创新能力

创新是民族进步的灵魂,是实现跨越式发展的关键。基础研究和高新技术研究是科技创新和科技进步的先导。要实施“科技创新工程”,要瞄准国家战略目标、面向21世纪科学前沿,选择具有战略性、基础性、前瞻性的重大课题开展研究,加强学科交叉,发挥学校的学科优势和科研特色,争取获得科研大项目、取得一批原始创新成果和更多的发明专利。围绕国家和区域经济建设、社会发展、科技进步、文化、国防的重大、关键领域,重点推进信息技术、生物技术、新材料技术、新能源技术、先进制造技术等方面的高新技术研究,推进关键技术创新和系统集成,在有相对优势或国家重点发展的关键领域取得突破,拥有一批自主知识产权,并且积极转化。

要高度重视哲学社会科学学科建设和科研工作。通过实施“哲学社会科学繁荣计划”,全面推动理论创新,力求多出“精品”。哲学社会科学工作者要与时俱进,不断增强创新意识,根据我国改革开放和现代化建设的实际需要,在涉及全局性、战略性、前瞻性的重大课题研究以及党和政府的决策服务中做出新的贡献。

要为科研创新营造良好的环境,既要提倡团队精神,倡导“文人相亲”,也要鼓励个人的自由探索,鼓励个人的“奇思妙想”;既要支持“异峰突起”的攻关精神,也要支持“十年磨一剑”的努力。要认真贯彻“百花齐放、百家争鸣”的方针,营造良好的学术风气。

第三,加强重点研究基地和跨学科“科研平台”的建设

高层次、高水平的“科研平台”是优秀科研人才汇聚的高地,是培育原创性科研成果的基地,是学校争取重大科研项目的重要依托。要大力加强国家重点实验室、教育部重点实验室等重点研究基地的建设。要以“十五”“211工程”建设为契机,国家重点学科为依托,加强科研基地的整合,促进学科交叉,推动科技组织形式和机制的创新,构建学校科技创新体系,建设一批具有国际水平、面向未来学科和科技发展、承担国际科技前沿以及国家建设重大课题的国家知识创新基地,成为高水平、开放式、国际化的重大知识创新和高层次人才培养基地。集中力量建设好一批高新技术学科,使之成为推动区域经济建设、科技进步和技术创新的一支骨干力量。在哲学社会科学研究方面,要在继续支持和加强国家级文科重点研究基地的基础上,分层次支持若干个具有较强竞争力和较大发展及应用前景的研究机构或研究中心。

第四,重视创新团队建设,形成学术合力

原始创新和具有自主知识产权的核心技术的产生,需要有强大的基础研究支撑,需要多学科交叉、融合,更需要有拔尖人才形成合力的创新群体锲而不舍的努力。要大力加强学术创新团队建设,促进学术梯队建设和跨学科开展合作研究,提高联合攻关和承担国家关键领域重大科研项目的能力;要重视和充分发挥研究生科研生力军的作用。要充分尊重学术研究的客观规律,从制度上为创新群体和优秀中青年骨干教师提供更为广阔的学术研究的自由“空间”与“时间”,鼓励教师潜心研究,耐得住寂寞,持续坚持创新的学术精神。加强国际学术交流与合作,不断增强创新团队的国际竞争力和提高学术带头人的国际知名度。

第五，深化科研管理体制改革，充分调动广大师生员工的积极性

开展高水平的科研工作，最宝贵的资源是人才。要树立人才资源是第一资源的观念，尊重知识，尊重人才，信任人才；进一步做好高层次人才引进和现有人才的培养工作。给教师以充分的学术自由，让他们的学术兴趣得到充分发挥，形成鼓励创新、鼓励探索的良好环境。

要加大对科研工作投入，大力改善科研环境。要深化科研管理体制改革，以体制、机制创新为突破口，改革科研管理政策、科研资源分配体制、科研评价体系，营造良好的政策环境，充分挖掘、保护和调动广大师生员工的科研积极性。要制定出适时、合理的政策，形成协同作战、资源共享、互相促进的新局面。科研管理体制改革是一个系统工程，需要各级领导的高度重视和精心谋划，需要人事、财务、研究生教育等方面的配套改革。

在广泛调研和听取意见的基础上，这次会议提交给大家十几个政策性文件（讨论稿），希望认真审议，以便在集思广益、形成共识的基础上付诸实施，以期达到解放科研生产力的目的。

第六，努力为国家和地方的社会经济发展服务

江泽民同志指出："要高度重视应用技术的开发和推广，加强对我国经济和社会发展具有战略意义的高新技术的研究开发和创新发展。""深化科技和教育体制改革，加强科技教育同经济的结合，完善科技服务体系，加速科技成果向现实生产力转化。"

要把技术创新、科技成果转化和高新技术产业化放在与教学科研同等重要的位置，使之成为学校的一项重要战略任务。重点抓好依托厦门大学国家大学科技园建设，发挥大学科技园在推动科技成果转化、发展高科技、实现产业化等方面的重要作用，争取创建具有厦大品牌和特色的高新技术企业，取得良好的经济和社会效益，为国家经济和社会发展提供一流的服务。

新世纪头20年，是我们国家、我们民族发展的重要战略机遇期，也是高等学校发展的重要战略机遇期。我们一定要抓住机遇，认真实施《厦门大学建设世界知名的高水平研究型大学规划（2001—2021年）》，努力实现学校的跨越式发展。希望通过此次会议，大家共同探讨，总结出我们的优势和经验，找出我们的不足和差距，找准制约我校科研工作的原因，并提出解决这些问题的思路和办法，切实把这个会议开好，共同开创厦门大学科研工作新局面！

——本文摘录自陈传鸿：《大学之道：在建设一流大学的征程上》，厦门大学出版社，2003年12月版

推进教育创新,深化教学改革

(2003年6月11日)

校长　陈传鸿

党的十六大报告特别强调,教育是培养人才和增强民族创新能力的基础,在现代化建设中具有先导性全局性作用,必须摆在优先发展的地位,并提出了一系列具体要求。报告明确指出,“我们要坚持教育创新,深化教育改革,优化教育结构,合理配置教育资源,提高教育质量和管理水平,全面推进素质教育,造就数以亿计的高素质劳动者、数以千万计的专门人才和一大批拔尖创新人才”。推进教育创新,培养一大批拔尖创新人才,对于建设社会主义现代化强国,实现中华民族的伟大复兴,具有十分重要的战略意义。

在庆祝北京师范大学建校100周年大会上,江泽民同志对教育创新的内涵、要求做了深刻的阐述,即:(1)首先要坚持和发展适应国家和社会发展要求的教育思想,确立与21世纪我国经济和社会发展需要相适应的新的教育观和人才观;(2)关键是通过深化改革,不断健全和完善与社会主义现代化建设要求相适应的教育体制;(3)根本目的是要推进素质教育,全面提高教育质量;(4)必须充分利用现代化科学技术手段,大力提高教育的现代化水平;(5)必须面向现代化,面向世界,面向未来,加大教育对外开放的力度。江泽民同志的精辟论述为新时代的教育创新指明了方向,我们必须深刻领会,努力实践。

厦门大学作为国家重点大学,应该认真贯彻十六大精神,在教育创新,培养创新人才方面做出应有的贡献。培养创新人才,必坚持教育创新,也就是说只有通过教育创新,才能培养创新人才。教育创新主要包括观念创新、制度创新和教学创新。进行观念创新,转变教育教学思想和观念是教学改革的先导。要树立坚持和发展适应国家科技和社会发展要求,要探索新形势下高等教育发展的规律,确立与我国经济和社会发展需要相适应,符合学生个性发展要求的人才观。要进行制度创新。制度创新是教学改革的保障。要树立管理为教学服务,为师生服务的思想,针对学校的管理制度与管理方式与教学运行的问题,深化管理制度与管理方式的改革。要进行教学创新,要改革教学的内容、方法和手段,完善人才培养模式,充分吸纳当代自然科学和人文社会科学的最新成果,建立符合受教育者全面发展,激发受教育者创造性的新型教育教学模式,形成相互激励,教学相长的师生关系,努力创造有利于创新人才成长的良好教育环境和社会环境,使每一个受教育者都能充分发挥自身潜能,激发学习成长的主动性,实现全面发展。

培养创新人才首先要按照党的十六大的要求,培养学生的马克思主义的科学世界观和方法论以及勇于创新的观念。培养学生勤奋学习,勇于探索未知世界,不墨守成规、迷信教条的精神。培养学生具有开阔的国际视野,追踪科学前沿,不断创新,勇攀科学高峰的勇气。培养学生的全面素质,使他们德智体美都得到全面发展,使学生具有扎实的专业知识和合理的知识结构,良好的处世做人,适应社会的能力。

培养创新人才是高水平大学的根本任务。要全面贯彻党的教育方针,坚持社会主义办学方向。要从整体上营造一个使优秀人才脱颖而出的环境,良好的学术氛围,高水平的学科,优秀的师资队伍和管理队伍。这就要求我们以“三个代表”重要思想为指导,切实把发展作为执政兴国的第一要务,不断提高整体办学水平,加大创建一流大学的力度。特别要不断深化教学的改革和创新。

要进行教学创新。高等教育要适应国家科技、经济和社会发展的要求,建立多样化的人才培养目标。特别在经济市场化日趋完善,高等教育大众化进程日益加快的今天,大学要以更加综合化和“通识化”的教育和更灵活的教学制度，给学生更多的学习自主权和选择，更广阔的学习领域和多学科交叉培养，更多的科学和社会实践以提高自学、科研和创新能力，使学生对科技发展和社会变革具有更强的适应能力，并为学生的终生继续学习打下坚实的基础。要建立多样化的人才培养模式以适应学生的个性发展需要和个人潜能的发挥。在"通识教育"中，要求广博的知识确实是一个基本要素，但其目的是使受教育者得以自由的、全面的发展。学校正在进行人才培养模式的改革，从2003年开始，除少数专业外，实行以专业大类进行招生和按新的人才培养的模式运行。

为了制定好新的培养模式下的人才培养方案，要充分开展以教育创新为主题的教育思想、教育观念大讨论。要根据国家经济社会发展的需要和本学科的特点和发展情况，进行培养目标的定位。要按照"强基础，宽口径"的原则修订教学计划，要进一步减少课内学时，给学生更多的自学和进行探索研究的时间和空间。给学生在一定范围内有序地选择专业，选修课程的机会，使教学计划更有弹性。鼓励学生文理交叉，理工交叉选课。新修订的教学计划要在培养方案中体现出多样化的人才培养模式。要采取措施鼓励新课程的开设，同时要整合更新教学内容，使教学内容更加丰富和多样化。改进教学方法，建立适合学生个性发展，同时适应科技发展和社会需求的教学模式。要充分利用现代化技术手段，提高教学效果；要进一步改变封闭式的教学模式，树立开放办学的新思想。要通过与国内外著名高校、科研院所、企业合作办学等方式，为学生丰富学习经历、科研实践和社会实践创造更好的条件。要改革考试内容和方法，突出对学生实践能力和创新精神考察。

教学运行机制的创新是教学创新重要内容，主要包括培养方案的制订、师资的配备与管理、校内管理体制的改革和政策的导向、学生的学习方式及管理等方面。这四个方面要协同运作，构成一个有机的整体。

教育创新的根本目的是推进素质教育，全面提高教学质量。要认真贯彻落实教育部的4号文件和《关于实施"高等学校教学质量与教学改革工程"的建议》精神，要继续加大教学投入，推动名教授上基础课，加强"精品基础课程"建设和"教学名师"奖的评选；要积极推进公共外语教学改革，有针对性地扩大使用外语原版教材和双语教学的课程比例；要完善校、院、系三级的自我评价、自我监督的质量保障体系。

提高教学质量，深化教学改革是高等学校永恒的主题。要树立以改革促发展的思想，只有不断地改革和创新才能与时俱进，不改革一定要落伍，不改革的发展很可能是没有质量的发展。要进一步解放思想，高举教育创新的旗帜，针对不断出现的新问题，进行研究和探索，与时俱进，把人才培养工作做得更好。

——本文摘录自陈传鸿：《大学之道：在建设一流大学的征程上》，厦门大学出版社，2003年12月版

志存高远而又脚踏实地

——在 2003 届毕业典礼上的讲话

(2003 年 7 月 2 日)

校长　朱崇实

首先,我代表全校师生员工向 2003 届毕业生表示热烈的祝贺,向辛勤耕耘的老师们表示诚挚的谢意。我深切希望,即将奔赴人生新征程的同学们能永不负"南强之子"盛名。借此宝贵机会,我代表学校、代表许许多多师长和朋友给你们提几点希望,与同学们共勉:亲爱的同学们,你们在厦门大学度过了人生中最美好、最珍贵的大学时光。在校期间,你们勤奋苦读,勇于实践,开拓进取,锐意创新,在学习、工作、生活等方面都取得了长足的进步。今年春季以来也就是同学们临毕业前夕,我国人民经历了非典型性肺炎的严峻考验,在这场没有硝烟的战争中,厦大师生在党中央和国务院的部署下,团结一致,并肩战斗,严防死守,打赢了防控非典的保卫战,使得美丽的厦大校园远离非典,这一切也要感谢在座同学们的广泛支持和共同努力。

今天,对于在座的每一位毕业生来说,都是人生道路上的一个重要的里程碑,都将是终生难忘的。"海阔凭鱼跃,天高任鸟飞"。你们有的即将告别校园,走上新的工作岗位建功立业;有的继续求学深造,甚至远涉重洋。同学们,当你们即将离开美丽的厦大校园,走向新的工作和学习岗位的时候,我希望厦大"自强不息、止于至善"的校训能在你们的心中永存,成为你们成长的精神动力。在临别之际,我代表学校向你们提出四点希望,愿与你们共勉:

第一,希望你们树立为民族复兴而奋斗的理想与信念,树立正确的择业观和价值观。

在五千多年发展历史中,中华民族形成了以爱国主义为核心的伟大的民族精神。八十二年来,经过几代厦大人的辛勤创业,学校积累了丰富的办学经验,形成了爱国爱校的光荣革命传统。

志存高远,脚踏实地。从今天开始,同学们就要离开校园奔赴社会,去实现自己的理想与抱负了。我由衷地希望同学们离开学校走向社会时,无论走到哪里,都要自觉地把自己的成长同祖国需要紧密地联系在一起,要树立为民族振兴而奋斗的远大理想和抱负。要志存高远,但又要脚踏实地,要认真对待自己手上的每一件工作,任何一个不平凡的成就都是从平凡的小事开始做起的。千万不能眼高手低,这是知识分子很容易犯的一个毛病。各位同学一定不要染上这个坏毛病,眼高手低者,往往都是高不成低不就,最终一事无成。

第二,希望你们不断学习,积极实践,勇于创新。

当今世界正处于知识经济时代,科学技术进步日新月异,科技创新能力已越来越成为国际综合国力竞争的决定因素,成为一个民族兴旺发达的决定因素。在激烈的国际竞争面前,我们只有坚持创新才能不断前进,才能在国际上占有一席之地。不断学习,注重实践。作为一名厦门大学的学生,不仅不能被这个变化无穷、日新月异的世界给甩下,而且要争取能够矗立在世界发展潮流的前头。要做到这一点,就必须不断地学习,不断地提高、完善自己,要学习、学习,再学习。在这个迅猛发展的高科技时代,新思想、新知识、新技术层出不穷。同学们不仅要坚持不懈地注意学习新知识,更要注意在实际工作中不断提高自己分析问题和解决问题的能力,尤其重要的是,要虚心地向周围的同事们学习,不论他们的学历是比你高还是比你低。相对知识而言,你们现在更缺的是经验,经验要靠实践、靠观察、靠时间的积累来获得。因此,我由衷地期望同学们到了工作岗位要始终保持虚心好学的精神,不断增长自己的实际工作能力与才干。

第三，希望你们要发扬团队精神，注意处理好人际关系。

在现代科学技术和市场经济日益发展的今天，加强人与人之间的沟通与合作，发扬团结协作的团队精神显得越来越重要，因此，同学们要注意学会正确处理好个人与集体、主角与配角、领导与被领导的关系。大家不但要有强烈的竞争意识，开拓创新的精神，而且要有宽广的胸怀，能与各种人共事。敢于竞争，善于合作。离开校园，走上社会，同学们一定要有充分的心理准备，不要惧怕竞争，任何社会都是竞争的社会。我相信厦门大学的毕业生是有很强的社会竞争力的，同学们自己要有这样的自信心。但是，我要特别提醒各位同学注意的是，要敢于竞争，但又要善于合作。竞争不是对抗，竞争只是你做得好，我要争取比你做得更好！请同学们牢牢记住，在世界上绝大多数的事情都可以有双赢的结果，而不只是零和一的游戏。因此，竞争与合作二者并不矛盾，不论从事科研工作，还是管理工作，或者是一个自由职业者，要想成功，一定要有合作意识，要有团结协作的团队精神，要学会人与人之间的沟通和交流。

第四，我由衷地期望在座的每一位同学永远情系母校，时刻关心和支持厦大的建设和发展，为厦门大学的荣誉添加自己的光彩。母校厦大永远是所有南强学子最坚强的后盾和最忠诚的朋友，是你们永远的精神家园。希望你们珍视母校声誉，关心和支持母校的建设与发展。

厦门大学的每一点发展和进步，都饱含着校友们的心血和汗水。希望大家在离开学校之后，无论走到哪里，都能关注厦大的改革和发展，为厦大的建设和发展献计献策，为厦门大学早日实现国内外知名的高水平大学的奋斗目标贡献自己的一份力量。

同学们，今天，你们告别母校，带走了母校和老师对你们的关怀和期望。明天，当你们取得成功时，母校将会因你们而骄傲和自豪。请你们记住，无论你们工作、生活在哪里，母校都将为你们提供源源不断的动力和支持，母校永远是你们坚强的后盾。“南方之强”永远是你们的家！

“雄关漫道真如铁，而今迈步从头越”，祝愿同学们在新的工作岗位上事业有成，在新的学习生涯中取得优异成绩！

——本文摘录自朱崇实:《大学的进步》，商务印书馆，2019 年 1 月版

做一个无愧于新时代的人

——在2003级本科生开学典礼上的讲话

(2003年9月17日)

校长　朱崇实

漳州校区的建设,为厦门大学在新世纪的发展,拓展了新的办学空间,它对于我校适应高校改革与发展的形势需要,为国家科教兴国培养更多的人才,为福建建设"教育强省",为地方经济建设做出更大的贡献,为实现厦门大学建设成为国内外知名的高水平研究型大学的目标,具有重要的全局性战略性意义。漳州校区的开办,创下了具有82年办学历史的厦门大学的几个第一:它是学校本部之外的第一个长久性校区;它和校本部隔海相望、遥相呼应,使厦大成为中国乃至世界高等教育的第一道跨海办学的独特的风景线;它第一次入住了学校首次按专业大类招收、首次实行学园区管理模式的5000多名学生;它第一次入住了学校第一个二级独立学院嘉庚学院的首届500多名学生。

正如全国各兄弟院校蓬勃兴起的新校区一样,厦大漳州校区作为新生事物,也有一个逐步发展和完善的过程。学校党委和行政将一如既往地重视这一发展过程中的安全、稳定、有序、畅通等问题,认真实施"统一领导,职能延伸,条块结合,校区统筹,创新高效"的管理体制和运行机制,使厦门大学特有的"四种精神",即陈嘉庚先生的爱国精神,罗扬才烈士的革命精神,抗战时期厦大内迁闽西艰苦办学的自强精神,以王亚南校长、陈景润教授为代表的科学精神,在漳州校区生根、开花、结果。

同学们,你们通过努力拼搏,实现了上大学的心愿,成为了厦门大学的一员,翻开了人生中崭新的一页,为厦门大学带来了清新的气息。与往年新生开学典礼不同的是,你们作为历史的见证人,在这里亲耳聆听厦门大学漳州校区敲响的第一轮钟声,在这里亲身感受"校在海上,海在校中"的壮丽情景。

同学们,我要借这样的美好的时刻,向你们提出几点希望:第一,希望同学们牢牢把握自己的人生观和世界观。在座的同学们绝大多数刚满18周岁,刚刚步入成年人的行列。你们刚成年就迈进了厦门大学,因此厦门大学负有的第一个重要使命就是要让你们每一个同学都能对人生观和世界观有一个更加成熟的认识和把握。我们希望你们一定要做一个诚实、正直、勇敢的人,一定要热爱自己伟大的祖国、热爱伟大的中国共产党。中国的近代史,就是一部中国内乱不已、受尽外侮的历史,中国共产党领导中国人民彻底改变了这样的一个历史,创造了一个崭新的中华人民共和国。新中国成立五十多年了,短短五十多年,中国社会发生了翻天覆地的变化。仅仅根据这五十多年的变化,我们就没有理由不热爱中国共产党,没有理由不拥护和支持她所主张的社会主义制度和道路。

第二,希望同学们珍惜自己的青春年华,学好知识,学好本领。热爱祖国,就要建设祖国,就要让她变得富强、美好。同学们是祖国未来的建设者和保卫者。厦门大学80多年来,为祖国培养了数以万计的优秀的建设者和保卫者,他们中的许多人成为国家的栋梁之材。我希望你们能向你们的前辈和学长一样,胸怀大志,刻苦学习,学好本领,报效祖国。厦门大学拥有全国最好的学习环境,学校将为你们提供最好的学习条件,老师们将把他们的所知无私地与你们分享。光阴似箭,稍纵即逝。我衷心地希望你们一定要珍惜这宝贵的时光和机会,勤奋、刻苦地学习。

第三,希望同学们德、智、体全面发展。身体是一切的基础。同学们要有健全的心智,广博的知识,还要有强壮的体魄。我们的校园宽阔、美丽,靠山面海,空气清新,校园内现有大小运动场有38个,整洁平坦的道路十几公里长,是一个锻炼身体的最好地方。除了打球、跑步等锻炼外,我希望同学们在厦大四年一定要学会游泳,已经会游泳的,希望你们游得更好,还不会游泳的,希望你们尽快学会。我很高兴地听说我们的体育教学部已把游泳课列为必修课,体育必修课不及格,是要影响毕业成绩的。当然,我相信你们一定都能学会游泳。

第四,希望同学们都能尊敬师长,团结同学。同学们绝大多数都是宝贝的独生子女,我特别希望同学们都能把自己的同学当作自己的兄弟姐妹。你们要像兄弟姐妹一样的团结友爱,互相关心,互相帮助。根据我个人的体会,师生之情和同学之情,是世界上最可贵的感情之一。我刚刚在前面说了,漳州校区的开办,创下了厦大的几个第一,其中一个就是她第一次入住了厦门大学嘉庚学院的首届 500 多名学生。嘉庚学院是教育部批准成立的一所全日制综合性本科院校,她由厦门大学创办,是厦门大学的一个有机组成部分。我特别强调一句,在座的 5515 名同学都是厦门大学的学生,我衷心地希望你们都能像兄弟姐妹一样地在这个美丽的校园里和谐、友爱地共同学习和生活。

我衷心地希望你们都能严格地遵守校规校纪,严格按照学校的要求来规范自己的行为。新校区与老校区隔海相望,这是一道风景也是一道障碍,我请求各位同学若要跨海旅行,一定不要乘坐无客运牌照的小渔船,请你们切切记住,这样的小渔船是非常危险的,任何时候都不要去冒这个险。新校区与老校区还有一个不同,就是周边的社区还不成熟,比较偏僻,我希望你们外出时,不要单人出行,一定要两人以上结伴而行。它是新校区的一项规定,希望你们严格遵守。最后,我衷心地祝愿你们生活愉快,喜欢这个新校园,在愉快的生活中取得优异的学习成绩。

——本文摘录自朱崇实:《大学的进步》,商务印书馆,2019 年 1 月版

·党建与思想政治工作·

关于完善党员领导干部民主生活会制度的意见

(2003年9月8日)

党员领导干部民主生活会制度，是党内政治生活的一项重要制度，是加强各级领导班子建设、提高干部素质的重要措施，也是促进党的民主建设的重要形式。在党员领导干部中每年召开一次围绕学习、思想、作风、廉洁自律等为主要内容的民主生活会，并使之成为对领导干部实施监督的长效机制，将会增强各级领导干部廉洁从政的意识，有力促进党风廉政建设。为此，现就完善党员领导干部民主生活会制度提出以下意见：

一、民主生活会的主要目的

1.党员领导干部廉洁自律是党中央反腐败三项工作格局的重要内容，按照立足于教育、着眼于防范、努力构筑领导干部拒腐防变思想道德防线的总体要求，民主生活会应成为对领导干部进行为民执政、廉洁从政教育和监督的载体。通过专题教育，引导党员领导干部牢固树立正确的世界观、人生观、价值观，正确对待权力、地位和自身利益；通过个人述职述廉，逐步规范领导干部廉洁从政的行为准则，发挥领导班子内部相互监督的作用，及时发现和纠正干部不廉洁、不自律的苗头。

2.健全完善领导班子和领导干部民主生活会制度，重点是恢复和发扬党的批评与自我批评的优良作风。民主生活会应充分运用这种特殊的教育形式，通过积极、健康的思想交锋，剖析问题，解决问题，增强党内生活的民主性和原则性。对工作中的失误，班子成员要进行正确的思考和分析，提出切实可行的措施，及时加以改进。负有责任的领导干部要主动查找原因，接受别人的帮助，尽快改正自己的错误。

3.坚持群众路线是民主生活会不走过场的重要保证。党的民主生活会制度应该坚持党内民主监督和群众监督相结合的原则。召开民主生活会之前征求群众意见以及民主生活会后向教职工的通报，都是提高会议质量所必需的措施。民主生活会解决的问题应该是群众最关心的问题，整改措施也应体现群众的愿望和要求，整改的全过程要接受群众的监督，只有这样，才能真正发挥民主生活会制度的长效作用，取得群众监督的实际效果。

二、民主生活会的组织领导

1.院(系)、直属单位以党委(党总支)为单位、机关以部处为单位召开民主生活会。经营投资公司党员领导干部的民主生活会由公司党工委根据国有企业党员领导干部廉洁自律的有关要求进行具体安排。

2.民主生活会参加对象为副处级以上党员领导干部，在召开民主生活会时，应邀请非中共党员的副处级以上干部参加。机关部处同时可请科级干部列席会议。

3.党委书记、党总支书记及部处主要负责同志要切实负起开好民主生活会的责任，认真做好对照检查的准备工作。对照检查的内容既要按文件规定的要求进行全面检查，又要结合本部门的实际情况，有重点地解决一至两个问题。重点问题的确定，应当在广泛征求群众意见的基础上，通过党委会或党总支会议充分讨论后确定。班子对照检查的主要内容，党的书记事先应与行政主要负责人进行沟通，形成统一认识。机关部处党员领导干部民主生活会对照检查的重点问题由机关党总支提出或由部处领导研究决定。部处在确定重点检查问题前，要到院(系)、直属单位征求意见。

4.确定会议议题和时间后，党组织负责人要督促班子成员按要求做好准备。对群众反映班子成员的问题，主要负责人在会前要及时向当事人反馈和提出要求，帮助分析问题的原因，促使领导干部个人进行自查自纠。

三、民主生活会对照检查的主要内容

1.领导班子对照检查的主要内容：

(1)围绕中心任务开展工作的情况。是否把反腐倡廉寓于各项重要决策之中。按照党风廉政建设责任制的规定，班子成员在党风廉政建设方面履行职责的情况。

(2)党的民主集中制的具体制度执行情况，以及领导集体议事和决策机制建立情况。学校和本单位规定的涉及重大决策、干部推荐、重大项目的安排和资金使用、对外合作等事项是否经集体讨论后决定。

(3)实行办事公开制度情况。规定的校务公开项目是否按时、按要求公开，财务检查与公布是否按要求进行。

(4)其他需要检查的内容。

2.领导干部个人廉洁自律对照检查的主要内容：

(1)根据个人分工，在负责处理涉及人、财、物等事项中是否依章依法办事，按规定程序操作。

(2)执行党员领导干部廉洁从政行为规范的情况。

(3)执行报告个人重大事项规定的情况。

(4)其他需要说明的问题。

3.党风廉政建设的整改措施：

(1)已部署的反腐倡廉工作哪些没有落实，原因何在，应采取什么措施切实加以落实。

(2)工作中究竟存在哪些失误或薄弱环节，问题的症结是什么，有针对性地提出解决办法。

(3)工作不落实是否存在责任问题，对工作不力、敷衍塞责的领导干部按党风廉政建设责任制的要求应当给予怎样的处理。

四、民主生活会的召开

1.党员领导干部廉洁自律民主生活会每年召开一次，时间安排在7月上旬至8月下旬。

2.专题学习是民主生活会的重要组成部分。在正式召开民主生活会之前，各单位要安排专门时间进行学习，学习内容由学校党委统一布置或由单位自行确定，学习采取集中的方式，时间不少于半天。

3.民主生活会应按以下主要程序进行：

(1)由党政主要负责人代表党政班子进行对照检查，对重点解决的问题提出意见。

(2)领导干部报告个人履行党风廉政建设责任制和廉洁自律等情况；报告执行收入申报、个人重大事项报告、礼品上缴等规定的情况。

(3)领导班子成员就班子总结及领导干部个人报告事项进行分析和讨论,对带有共性问题的,要分析原因,提出解决办法。对干部中一般性违规问题的,进行帮助教育。

(4)党组织负责人对民主生活会召开情况进行归纳和总结,对应当重点解决的问题提出改进的初步意见。

4.实行民主生活会报告制度。民主生活会结束后各单位应在一周内以书面形式向学校党委报告民主生活会召开的情况,内容包括:民主生活会解决的重点问题及班子对照检查的主要情况;班子成员廉洁自律的情况;加强党风廉政建设的整改措施。

5.实行民主生活会通报制度。各单位党组织负责人应将民主生活会的主要情况在教职工会议上进行专项通报。通报内容包括:民主生活会的总体情况,领导干部个人对照检查的主要情况,整改措施。

五、加强对民主生活会的指导与检查

1.建立校党委成员指导院系部处民主生活会的制度。校党委常委每年要参加两个以上的下级领导班子的民主生活会,进行具体指导。在参加民主生活会之前,与会领导应对该单位党政班子近年来廉洁自律落实的情况进行了解,帮助找出差距和工作的薄弱环节,有针对性地提出解决办法。

2.凡不按规定程序召开民主生活会或者出现领导干部有违纪行为不自查自纠的,党委在查清事实以后,将责令该党政班子重新召开民主生活会,并追究有关责任人的责任。

3.校纪委和党委组织部除参加一定数量院系部处的民主生活会外,对一些领导班子重点解决的问题事前应提出具体要求。对民主生活会反映出来的问题,要督促班子认真研究制定相应的整改措施。全校各单位民主生活会开展的情况,纪委、组织部应在全面检查的基础上进行专门讨论和分析,书面总结材料应在十月份之前向党委报告并在一定范围内通报。

二〇〇三年九月八日

——本文摘录自《关于完善党员领导干部民主生活会制度的意见》,厦大委综〔2003〕20号,档号2003-DQ06-1

关于发展党员工作程序的暂行规定

（2003年9月21日）

为使我校发展党员工作程序化、规范化和制度化，确保新党员质量，我部根据《中国共产党发展党员工作细则》（中组发[1990]3号）文件规定，结合我校发展党员工作的具体实践，制定以下发展党员工作程序。

一、入党积极分子的培养、教育和考察

1.申请入党人向党组织提出书面入党申请后，必须参加党章学习小组的学习。党支部要创造条件让他们参加一些党的活动，进行马列主义、毛泽东思想、邓小平理论、“三个代表”重要思想和党的基本路线、基本知识的教育。

2.经党小组（共青团员经团组织）推荐，党支部委员会讨论同意，在表现突出的申请入党人中确定入党积极分子。党支部应指派1～2名正式党员做入党积极分子的培养联系人，对入党积极分子进行个别帮助，并有具体的培养教育计划和措施。

3.被确定为入党积极分子后，要填写《入党积极分子登记表》；院党委、党总支应建立入党积极分子档案（包括入党申请书、《入党积极分子登记表》、思想汇报等）。

4.党支部应让入党积极分子承担一定的社会工作，注意在其学习、实际工作和日常生活中考察他们的政治觉悟、思想品德、现实表现，及时地肯定成绩，指出缺点。

5.入党积极分子每学期至少一次书面向党支部汇报思想。联系人要经常与联系对象接触和谈心，及时指出其主要优缺点，使其不断提高对党的认识，端正入党动机；应督促其认真学习，努力工作，并定期向支部汇报入党积极分子情况。党支部应对联系人的工作进行定期检查，包括检查入党积极分子登记表的考察记录情况。

6.对因调动（或毕业）尚未发展的入党积极分子，院党委、党总支应负责将他们的入党申请书、培养教育和考察情况材料等，连同本人档案及时转给接收单位党组织。

二、选好、选准发展对象

1.根据党章规定的党员标准，党支部从那些在实践中证明愿意为共产主义事业献身，拥护党的路线、方针、政策，坚持四项基本原则，政治立场坚定，表现突出的入党积极分子中挑选发展对象。

2.入党积极分子经过一年以上（从填写《入党积极分子登记表》之日算起）的培养教育，对基本具备党员条件、准备近期发展的，在听取党小组、培养人和党内外群众意见的基础上，经支委会（不设支委会的须经支部大会）讨论同意，可以列为发展对象。在确定发展对象时，本科生除团支部推荐意见外，应征求同班同学、班主任、辅导员、主要任课老师的意见；研究生要征求教研室及导师的意见；教职员工要征求支部所在单位行政领导和党外群众意见。

3.院党委、党总支应对发展对象进行审查，审查内容是：发展对象的质量、程序和群众反映的意见等。学生发展对象的审查，经由院党委（党总支）正、副书记，党支部书记，团委书记和辅导员的集体讨论同意

后，报院党委、党总支审查；教职员工支部确定的发展对象直接报院党委、党总支审查。

4.发展对象经过党委党校培训并取得结业证书，在基本具备了党章规定的党员条件后，党支部应及时纳入发展党员计划，吸收其入党；未通过党校合格培训者，不能发展入党。

三、发展党员应履行的手续

1.政治审查

(1)政审的主要内容：本人的政治历史及在重大政治斗争中的立场、态度和表现，日常的政治思想表现，对党的认识过程和入党动机，对四项基本原则和党的路线、方针、政策的认识表现，本人直系亲属及关系密切的主要社会关系的政治面貌、现实表现等。

(2)政审的方式：政审可采用同本人谈话、查阅有关档案材料、向有关单位及人员了解等方式，必要时可函调或外调(发展教工入党政审时，必须函调或外调)。

2.院党委、党总支根据各支部接收预备党员大会的时间安排，提前15天对发展对象在一定范围内进行张榜公示。公示期满(7天)，如无异议，支部方可召开接收预备党员大会。

3.召开支部大会前，发展对象应认真填写《入党志愿书》，党支部应负责向发展对象介绍填写《入党志愿书》的要求；本支部要有两名正式党员做入党介绍人。

4.发展党员前，院党委、党总支应审查其入党申请书、《入党积极分子登记表》、党校学习成绩证明等材料；对历史上和在重大政治斗争中有过问题的发展对象，党支部应事先向院党委、党总支汇报，院党委、党总支应及时向校党委组织部请示。

5.召开讨论接收预备党员的支部党员大会。每次支部大会最多只能讨论四个，且必须逐个讨论、逐个表决。支部党员大会由支部书记主持。大会的主要程序是：

(1)会议主持人报告出席会议的党员人数；

(2)入党申请人宣读《入党志愿书》，向大会汇报自己对党的认识、入党动机、本人履历以及需要向党组织说明的问题；

(3)入党介绍人介绍申请人的主要情况，并对其能否入党发表意见；

(4)支委会向支部大会报告对申请入党人的培养过程、政审情况及对其入党的意见；

(5)与会党员充分发表意见，对申请入党人能否入党进行讨论；

(6)申请入党人对大家所提意见表示看法及今后的决心；

(7)有表决权的正式党员采取举手或无记名投票的方式进行表决，赞成人数超过应到会有表决权的正式党员的半数，才能通过接收申请入党人为预备党员的决议；

(8)入党积极分子代表发言，自由发言；

(9)支部书记总结。

6.院党委、党总支要指派党委委员、总支委员或有丰富党务工作经验的支部书记，同发展对象谈话，认真负责地进行考察。谈话时间应在院党委、党总支审批之前。

7.院党委、党总支审批预备党员时，必须经集体讨论、表决决定。

8.预备党员审批后，院党委应及时填写《新党员通知单》通知支部，并将新党员信息输入党员数据库，报校党委组织部备案；党总支应及时将入党材料及《新党员通知单》(二、三联)送交校党委组织部，办理有关手续。学生入党材料中须附学生成绩总卡复印件。

9.院党委、党总支对党支部上报的接收预备党员的决议，必须在三个月内审批；超过三个月未予审批的，原报批党支部应对申请入党的同志进行复议，再报批；超过六个月未予审批的，原报批党支部要为申请入党的同志重新办理入党手续，即重新填写《入党志愿书》，经支委会审查，提交支部大会讨论通过并做出决议，报院党委、党总支审批。凡无故超过规定时间未予审批的，应追究有关人员的责任。

10.各党总支上半年发展党员材料务必于6月10日前送交校党委组织部；各院党委应于6月20日前

将上半年发展党员名单报校党委组织部备案。

11.为切实保证发展党员的质量,根据"在发展对象离开学习工作岗位前3个月内,一般不办理接收预备党员的手续"的精神,毕业班学生的党员发展工作截至当年4月30日止。

12.预备党员必须面对党旗进行宣誓。入党宣誓仪式一般由院党委、党总支组织进行。

四、预备党员的教育、考察和转正

1.党支部应重视预备党员的教育管理工作,通过听取本人汇报、个别谈心、集中培训等方式,对预备党员进行教育和考察,支部应每季度对预备党员进行一次考察,并将考察情况及时记录在《预备党员考察表》上。

2.转正对象应在预备期满前一个月将"转正申请报告"递交给所在的党支部。"转正申请报告"应认真总结自己一年来的政治思想、业务学习、社会工作等各方面的表现及履行党员义务的情况。报告应用钢笔填写,字迹应工整、清楚。

3.预备党员的转正手续是:

(1)本人提出书面转正申请;

(2)党小组提出意见;

(3)党支部征求党内外群众的意见;

(4)支委会审查;

(5)支部大会讨论、表决通过;

(6)报上级党组织审批。

4.院党委对支部上报的预备党员转正的决议,应及时审批(不得超过一个月),院党委审批时必须经集体讨论,表决通过,审批后送校党委组织部备案,并将《入党志愿书》归档;党总支审批后应将《入党志愿书》等材料报送校党委组织部审查。

5.预备党员的预备期为一年。这是党组织考察其是否具备党员条件的必要时间,不能提前转为正式党员。

6.对于个别预备党员期满后仍不完全具备党员条件,需要继续考察和教育的,院党委、党总支经过讨论研究后,可以延长其预备期,并及时将有关材料报送校党委组织部。延长预备期的时间,一般是一年,但最少不能少于半年;不具备党员条件的,应取消其预备党员的资格。

——本文摘录自《关于印发〈关于发展党员工作程序的暂行规定〉(修订稿)的通知》,(2003)厦大委组20号,档号2003-DQ02-3

关于进一步做好我校发展党员工作的若干意见

(2003年9月23日)

高等学校发展党员工作是高校党组织的一项经常性工作,是高校党建工作的基础。为了认真贯彻落实党的十六大关于加强党的建设,做好发展党员工作的要求,进一步做好我校发展党员工作,使党员队伍建设更加适应新时期学校改革发展和培养人才的需要,现结合我校党建工作的具体实际,提出以下若干意见。

一、切实加强发展党员工作的组织和领导

各院党委、各党总支要高度重视发展党员工作,把该项工作纳入重要议事日程,认真学习、贯彻《中国共产党章程》和《中国共产党发展党员工作细则》精神,按照"坚持标准,保证质量,改善结构,慎重发展"的方针,做好发展党员工作。

各院党委、各党总支要深入开展调查研究,了解本单位师生的思想状况和政治追求,定期召开发展党员工作会议,研究本单位的党员发展工作,总结经验,查找不足和问题,提出切实可行的计划和措施。

院党委、党总支书记是发展党员工作的第一责任人,各党支部书记是具体责任人,各单位要形成书记亲自抓、分管副书记直接抓、党员行政领导共同抓的工作机制,切实保证新党员的质量。

二、普遍开展党的基本知识教育,做好入党积极分子的教育和培养

1.各级党组织应普遍开展党的基本知识教育。抓住入学教育、新生干部培训、"新生主题班会"等环节,鼓励新生积极向党组织靠拢。

2.加强对党章学习活动的指导。各年级都应成立党章学习小组,通过组织学生学习党章,学习马列主义经典著作,学习"三个代表"重要思想,帮助他们明确努力的方向,鼓励他们积极向党组织汇报思想。

3.各院党委、各党总支应充分发挥团组织的助手作用,支持和指导共青团组织做好"推优"工作。党团基层组织要不断探索推优工作的好做法、好经验,使推优工作更加科学化、规范化,做到每位由团员中发展的新党员都必须经过推优程序。

4.积极开展校、院两级党校的培训工作。院级党校主要负责对学员进行党的基本知识、基本理论和革命传统教育;校党委党校重点对各单位确定的入党积极分子进行党的性质、纲领、指导思想、宗旨、任务、组织原则和纪律的专题教育,使学员明确党员的义务和权利,端正入党动机,坚定共产主义的理想信念。

三、严格履行发展党员工作程序,把好党员"入口关",保证党员发展的质量

1.把握党章规定的入党标准和程序,做好发展党员工作。院党委、党总支应按照新党章的要求,严格、规范发展党员工作程序,正确处理好发展党员工作中的数量和质量、培养与发展、入党自愿与党组织教育引导的关系,保持均衡的发展速度和适度的规模,注重对入党积极分子入党动机的考察,把质量放在第一位。

2.认真做好发展对象的确定工作。各党支部应根据新党章规定的党员标准，认真推荐发展对象的候选人，广泛征求所在单位的师生、入党联系人和党小组对候选人的意见，并向院党委、党总支报告。由于目前学生人数较多，院党委、党总支审查确定学生党支部推荐的发展对象候选人时，可先召开由院党委(总支)正、副书记，党支部书记，团委书记和辅导员参加的工作会。会上，党支部书记汇报发展对象的推荐程序、候选人的现实表现以及群众反映的意见，大家共同研究确定发展对象。会后，有关负责同志应将会议研究情况进行综合，并集中向院党委会、总支委员会汇报。教职工党支部推荐发展对象候选人的情况，可由党支部直接向院党委、党总支报告。

3.做好发展对象的公示。发展对象被吸收入党前，要进行公示，接受群众的监督。公示工作由党委、党总支负责。

4.做好新党员的发展工作。每次讨论发展党员时，一般不超过 4 个，要逐个讨论、逐个表决，并形成决议，报上级党组织审批。上级党组织接到党支部上报的材料后，要指派专人(党委、总支委员或富有党建工作经验的党支部书记)对入党材料进行审查，并与发展对象进行谈话。院党委、党总支应及时召开委员会会议，对发展对象的入党问题进行集体审议并逐个进行表决。

院党委、党总支要定期将本单位新发展党员的基本情况及时报送校党委组织部，以便及时进行党员数据的统计；党委组织部应定期到学院党委了解党员发展工作的情况，检查、指导学院党员发展工作。

四、切实加强预备党员的教育培养，把好预备党员的“转正关”

院党委、党总支要严把预备党员的“转正关”，加强对预备党员的教育、管理和考察，及时将已批准的预备党员编入党支部和党小组，通过党内生活和实际工作锻炼，对他们进行继续教育、考察，并通过分配一定社会工作，让他们在实践中得到锻炼、提高。对于中学入党的新生预备党员，要安排他们参加党校举办的党的知识培训班，使他们更好地接受党的教育和党内生活的锻炼。

预备党员要定期向组织汇报思想，对合格的预备党员要按时讨论转正。

五、进一步抓好教师党员发展工作

认真做好在教职工，尤其是在中青年教师中发展党员的工作，对于巩固我们党的执政地位，增强党的阶级基础，提高党的社会影响力；对于加强党对高校的领导，改善党员结构，增强党组织的凝聚力和战斗力；对于全面贯彻党的教育方针、坚持社会主义办学方向，促进高校的改革发展都具有非常重要的意义。

院党委、党总支要从贯彻十六大精神、实践“三个代表”重要思想的高度，按照“围绕中心、服务大局、拓宽领域、强化功能，扩大党的工作的覆盖面，提高党的基层组织的凝聚力和战斗力”的要求，在坚持标准、确保质量、认真履行组织程序的基础上，把符合党员条件的优秀中青年教师积极吸收到党组织中来。

在组织发展的具体工作中，院党委、党总支要进一步探索有效的工作方法、途径，建立、完善党组织负责人联系骨干教师的培养制度和定期谈话制度，把中青年教师的党员发展当作院党委、党总支书记的“一把手工程”来抓，有重点地联系和培养高学历、高职称的中青年教师，针对各人的具体情况，建立培养档案；不断完善工作方法，变“坐等上门”为“主动联系”，耐心细致地开展工作，并把工作重点由写申请后的培养前移到写申请前的主动引导和关心，在广大教师中积极开展生动有效的“暖人心、稳人心”的工作，努力建设一支政治和业务素质全面的师资队伍。

——本文摘录自《关于印发〈关于进一步做好我校发展党员工作的若干意见〉的通知》，厦大委组〔2003〕65 号，档号 2003-DQ02-2

·教学与科研工作·

厦门大学研究生学位论文答辩审批程序

（2003年1月）

根据我校学位授予工作的有关规定，并结合研究生论文答辩进行的具体情况，特制定如下研究生学位论文答辩审批程序，请遵照执行。

1.硕士学位论文答辩由学位分委员会批准。

2.博士学位论文答辩由学位分委员会审核，校学位委员会批准。

3.博士学位论文答辩委员会名单及其他答辩材料需提前3个工作日由各院秘书或答辩秘书提交到研究生院学位与学科建设处审批。如寒、暑假期间答辩的，需提前一周提交材料。

附：1.博士学位论文答辩审批程序

2.硕士学位论文答辩审批程序

研究生院

博士学位论文答辩审批程序

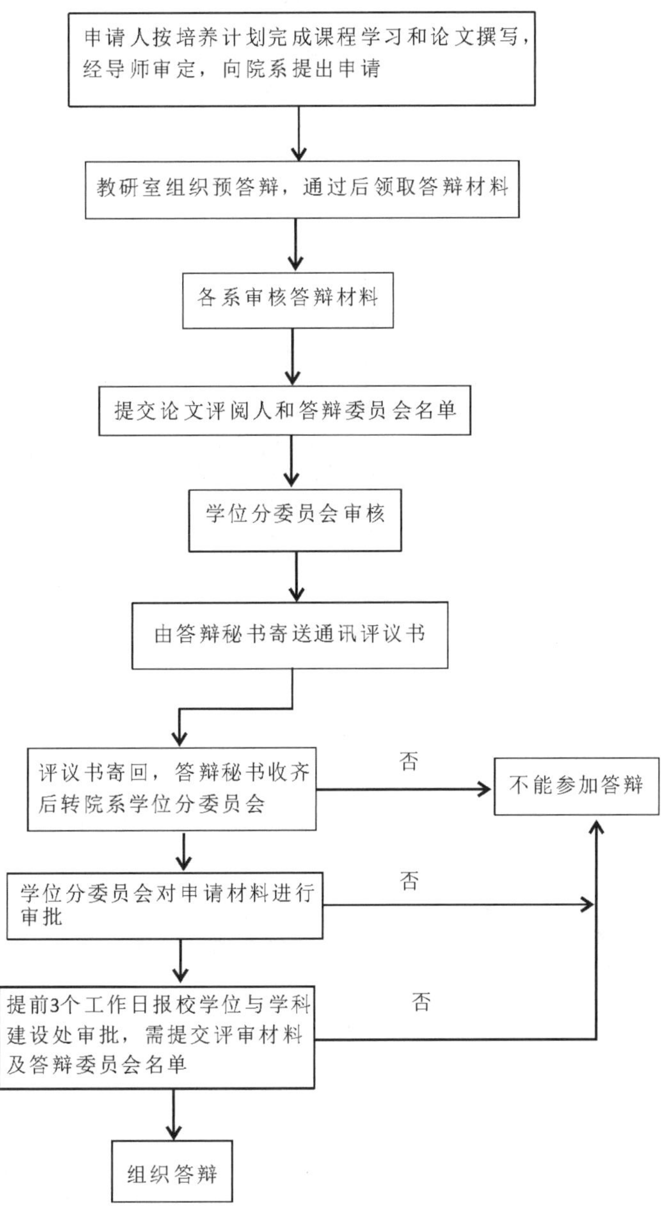

硕士学位论文答辩审批程序

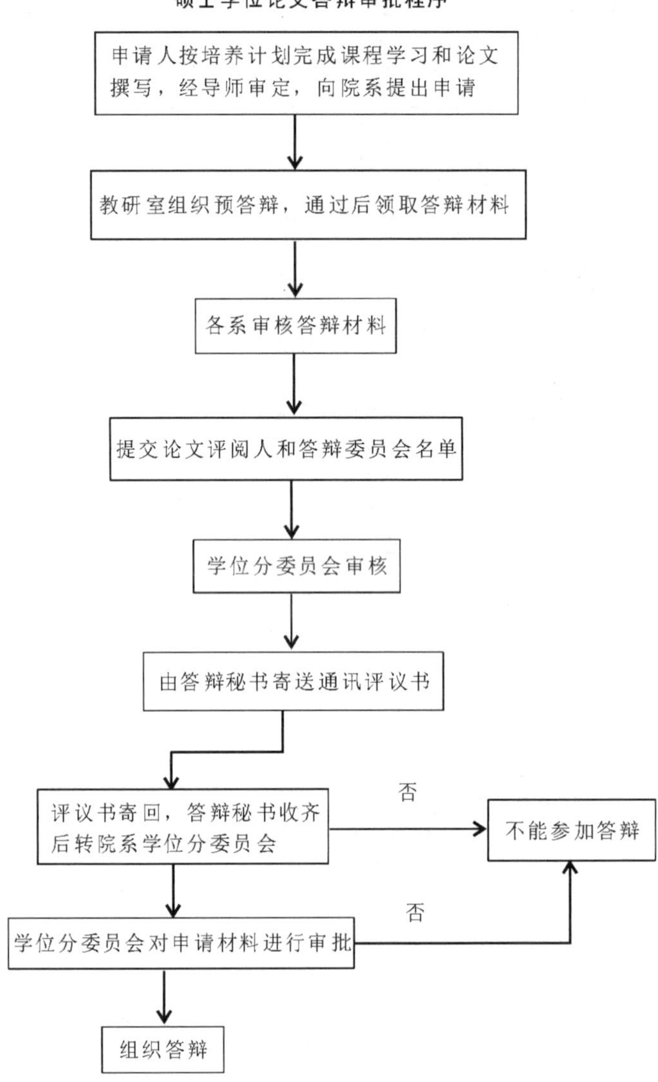

——本文摘录自《厦门大学研究生学位论文答辩审批程序》，厦大研字[2003]01号，档号2003-XZ28-1

厦门大学本科生转专业暂行管理办法

（2003年4月23日）

为深化我校教学改革，落实“厚基础、宽口径”的通识教育模式，倡导学生自主学习，提高学习积极性，更好地将学生的学习兴趣、所学专业与其未来的职业生涯选择结合在一起，为国家培养热爱祖国、热爱人民、遵纪守法、具有广博学识和专业才能的大学毕业生，根据国家有关大学生管理的政策规定和厦门大学学籍管理实施细则，特制定本办法。

一、申请转专业的条件

在校本科生在完成大学一年级课程、进入大学二、三年级之前，符合以下条件之一者可以申请转专业：

（一）在某一学科方面有特长的学生。例如：发表论文、著作、作品，或在省级以上学科竞赛获奖，或提供确凿证明证实申请者转到相应专业能进一步发挥其特长。

（二）因为身体健康原因，经学校指定的医疗单位检查证明不能在原专业学习，但尚能在本校其他专业学习者。

（三）通过转专业能有利于学生自主学习成材，且申请者符合以下情况之一：

1.本人学习努力，转专业前在本专业所修的各科成绩都在及格以上，高考成绩不低于拟转入专业当年平均录取分数；

2.转专业前在本专业所修的各门公共基础课程（包括外语、数学、计算机等，具体由转出院系根据教务处的有关规定确定）的成绩达到良好（80分）以上。

二、有以下情况之一者不能申请转专业

（一）新生入学未满一学年者；

（二）三年级及其以上者（进行学科分流除外）；

（三）师范类学生转非师范类专业者（学校认为不宜学师范者除外）；

（四）各类委培、代培生未经委托单位同意转专业者；

（五）无正当理由者。

三、转专业的申请时间和申办程序

（一）学生转专业每学年集中审批一次。申请时间在每学年第二学期的最后两周。

（二）学生本人向所在系教学秘书提出申请，并填写和提交转专业申请表、学习成绩单和符合转专业的相关证明材料。

（三）在本学院内转专业，由所在系主管教学系主任审核同意，经学院院务会审核批准、主管教学的院长签字，并报教务处备案。同时在本学院范围内公示。

(四)跨学院转专业,须由所在系主管教学的系主任和所在学院主管教学的院长审核批准;拟转入的专业所在系主管教学的系主任和所在学院主管院长审核;然后经拟转入的学院院务会审核、主管教学的院长签字;最后报教务处处务会批准,同时在教务处网站公示。

(五)为维护正常教学秩序的稳定,各专业转出人数一般不得超过当年招生数的10%、转入人数也不得超过当年招生数的10%。

(六)当申请转入人数超过规定比例,接受转专业的院系,应当组织综合课程测试,并原则上按照测试成绩排序依次录取。

(七)每个学生在学期间只能申请办理一次转专业。

四、转专业的学籍管理问题

(一)学生转入新的专业,原则上按照入学时的年级所适用的学籍管理细则进行管理。

(二)学生转入新的专业后,必须完成转入专业的教学计划方能毕业和获得学士学位。

(三)转专业前已修习的课程,与转入专业相同、其学分数与要求高于或等于转入专业要求的可以相抵、不必重修;其余的作为选修课的学分转入学籍总卡。

五、附　则

(一)本办法已经2003年第11次校长办公会讨论通过,自2002—2003学年起实行。

(二)为培养复合型人才,或因为教改需要而组织学生转专业,或学校另有管理办法规定允许转专业的,仍按学校的有关规定执行。

(三)本办法由教务处负责解释。

——本文摘录自《关于印发〈厦门大学本科生转专业暂行管理办法〉的通知》,厦大教〔2003〕20号,档号2003-XZ12-2

厦门大学自学考试本科毕业生申请学士学位工作暂行办法

（2003 年 4 月 23 日）

根据国务院学位委员会和福建省学位办有关学位文件精神以及《厦门大学授予成人高等教育本科毕业生学士学位工作细则》（厦大教[1998]19 号）的具体规定，特制定本办法：

一、申请学士学位的资格

凡由我校主考的自学考试本科毕业生符合以下条件者可以申请学士学位：

（一）参加自学考试各科成绩均达到及格以上；

（二）毕业论文成绩达到良好；

（三）全国大学英语四级（或六级）考试成绩合格；

（四）参加自学考试期间无受过法纪或行政处分者；

（五）经考试部门确认考试无作弊者。

二、学士学位课程考试

根据省学位办有关规定，获得推荐资格的学位申请者应通过三门考试：外国语（全省统一指定参加大学英语四级考试）、专业课、专业基础课的考试。

自学考试本科毕业生的外语成绩，以申请学位前二年内参加全国大学英语四级考试的成绩为据（需在厦门大学或厦门大学指定的考区参加考试）。一门专业课和一门专业基础课的科目由我校教务处审核专业教学计划后确定，于 10 月份发出考试通知。

三、学士学位申请及授予工作的程序

（一）凡由我校主考的自考本科毕业生，符合申请条件，均可向我校成人教育学院提出申请。申请时间，上半年毕业生于当年 10 月份以前、下半年毕业生于次年 6 月 30 日前（送达时间）。

（二）我校成教院经初步审查，10 月份择优向教务处推荐，并提供以下有关材料：

1.专业教学计划；

2.毕业生花名册、验印申报表；

3.符合推荐资格申请者的课程及论文成绩；

4.申请者的英语四级成绩，考生需出具大学英语合格证书，同时还需提供本人参加英语考试的时间、地点，以备查核；

5.组织申请者填写《厦门大学成人教育本科生学士学位申请表》。

（三）教务处对申请者逐个进行审核，决定是否接受推荐。10 月份向接受推荐的申请者通知抽考科目及时间。考试一般于 11 月份在厦门大学举行（具体安排以准考证通知为准）。

(四)校学位委员会于12月份召开会议，审核通过授予学士学位学生名单。

四、收费问题

申请者应交学位评审费(以物价部门批准额度为准)。此项费用用于出题、评卷、组织考试和学位评审等。

五、本办法自公布之日起实行。同时，原《关于印发〈厦门大学自学考试本科毕业生申请学士学位工作暂行办法〉的通知》(厦大教[2000]20号)停止执行

六、本办法由教务处负责解释

——本文摘录自《关于印发〈厦门大学自学考试本科毕业生申请学士学位工作暂行办法〉的通知》，厦大教〔2003〕21号，档号2003-XZ12-2

厦门大学本、专科“优秀三好学生”、“三好学生”及“优秀学生干部”评选办法

（2003 年 6 月 4 日）

为表彰先进，促进校风及学风建设，培养德、智、体全面发展的优秀人才，根据教育部《普通高等学校学生管理规定》，结合我校实际情况，制定“优秀三好学生”、“三好学生”及“优秀学生干部”评选办法：

一、评选对象：全校在学的二年级以上本、专科生。

二、评选名额：

三好学生：占可评本、专科生数的 8%

优秀三好学生：占可评本、专科生数的 2%

优秀学生干部：占可评本、专科生数的 2%

三、评选时间：

按学年评选上年度的先进个人。非毕业班学生每年 9 月份参加评选，毕业班学生每年 6 月份参加评选。

四、评选条件：

（一）凡先进个人均应具备以下条件：

1.热爱祖国，有正确的政治立场、观点和态度，拥护党的基本路线，具有良好的品行修养和高尚的道德情操。

2.认真学习马克思列宁主义、毛泽东思想和邓小平理论，积极参加形势政策教育和学习，马克思主义理论课和思想品德课成绩应在 70 分以上。

马克思主义理论课包括：毛泽东思想概论，邓小平理论概论，马克思主义政治经济学原理，马克思主义哲学原理，当代世界经济与政治。

思想品德课包括：法律基础，思想道德修养。

3.遵纪守法，模范执行《高等学校学生行为准则》和学校各项规章制度。

4.学习目的明确，态度端正，有较强的分析问题和解决问题的能力，学习成绩优良。

5.积极参加体育锻炼和文娱活动，有健康的身体素质、良好的卫生习惯和心理素质，达到或接近《大学生体育合格标准》和《国家体育锻炼标准》。

6.积极参加社会实践、文化科技活动和公益劳动，集体观念强。

（二）优秀三好学生还应当具备：

1.在学习、生活和各项活动中起表率作用，表现突出。

2.学习成绩优秀（至少应有 3/4 课程成绩在 80 分以上，其余在及格以上；或总成绩在可比的学生中名列前茅）。

（三）三好学生还应当具备：

学习成绩优良（至少应有 1/2 课程成绩在 80 分以上，其余在及格以上；或总成绩在可比的学生中居前 1/3）。

（四）优秀学生干部还应当具备：

1.担任班委、团支书以上职务，任职时间在一年以上的学生干部。

2.学习成绩优良(至少应有1/3课程成绩在80分以上,其余在及格以上;或总成绩在可比的学生中居前1/2)。

3.有较强的组织、领导和协调能力,主动承担社会工作,热心为同学服务,廉洁自律,工作实绩突出,群众基础好。

五、评选办法:

(一)学校成立评审领导小组,由学校分管领导、学生工作处、教务处、校团委的负责人组成,负责审核工作。学生工作处为评审领导小组的秘书单位负责全校的评审组织与监督工作。

(二)各院(系)成立由分管学生工作的党总支副书记、副院长、副系主任、分团委书记,并吸收部分师生代表组成评审小组,负责本院(系)学生先进个人的初评。

各院(系)应在学生综合考核和鉴定的基础上,评出“优秀三好学生”、“三好学生”和“优秀学生干部”初评人选,向本单位全体学生公示一周征求意见,并在规定时间内将初评名单送交学生工作处。

各院(系)应严格掌握评选条件,坚持宁缺毋滥的原则,并充分发扬民主。先进个人候选人的提名须经其所在班级充分酝酿,通过民主评选产生。

六、奖励办法:

(一)获得“优秀三好学生”、“三好学生”及“优秀学生干部”称号的名单由各院(系)组织公布表彰,同时发给个人荣誉证书。先进材料作为学生品学考核的重要依据,并装入学生个人档案。

(二)先进个人按下列情况分别享受同年度奖学金:

获得“优秀三好学生”称号者,享受一等奖学金;获得“三好学生”称号者享受二等奖学金;获得“优秀学生干部”称号者,享受二等或三等奖学金。

七、对弄虚作假或违反规定者,学校将取消其荣誉称号、追回奖学金;情况严重的,将给予纪律处分。

八、本评选办法自公布之日起执行,以前有关规定凡与本办法不符的,以本办法规定为准。

九、本评选办法由学生工作处负责解释。

——本文摘录自《关于印发〈厦门大学本、专科“优秀三好学生”、“三好学生”及“优秀学生干部”评选办法〉的通知》,厦大学〔2003〕16号,档号2003-XZ11-1

厦门大学本、专科优秀学生奖学金评奖办法

（2003年6月4日）

为鼓励本、专科学生刻苦学习、奋发向上，促进学生德、智、体等全面发展，倡导优良的校风和学风，特制订本办法。

一、参评对象

优秀学生奖学金用于奖励全面发展、品学兼优的本、专科学生。

学校特别设立单项奖学金，用于奖励德、智、体、美、劳等方面有特殊才华的在校本、专科生。“单项奖学金评奖办法”另定。

艺术师范类学生仍执行专业奖学金制度，不执行本办法。

职业技术学院学生、软件学院第二学位及转专业学生、海外教育学院外籍留学生、网络教育学院学生和成人教育学院学生，可以参照本办法自行组织评奖，所需经费从学校下达的预算经费中列支。

二、参评条件

1.热爱祖国，有正确的政治立场、观点和态度，拥护党的基本路线；遵守《高等学校学生行为准则》和学校各项规章制度，道德品质优良。

2.热爱所学专业，勤奋学习、奋发向上，学习成绩优良。

3.积极参加体育锻炼，身体健康。

4.在评选年度内至颁奖前有下列情况之一者，不得参评优秀学生奖学金：

(1)违反校规校纪受纪律处分。

(2)必修课和限制性选修课出现补考或重修。

(3)获国家奖学金者一年内不再参评优秀学生奖学金。

三、评奖标准和比例

优秀学生奖学金评定标准分为一等、二等、三等奖。所需经费由财务处按实际需要划拨。

一等奖学金每人每年2000元，按学生人数的5%评定。

二等奖学金每人每年1000元，按学生人数的10%评定。

三等奖学金每人每年600元，按学生人数的15%评定。

四、评审机构

1.学校成立本、专科优秀学生奖学金评审小组，由学生工作处、教务处、财务处、校团委等单位的负责人组成，负责全校优秀学生奖学金的评审和监督工作。学生工作处是学校评审小组的秘书单位。

2.优秀学生奖学金的具体评选工作由各院(系)学生工作组负责。

五、评定办法

1.按学年评定优秀学生奖学金。非毕业班学生每年9月份参加评定,与学年鉴定结合进行;毕业班学生每年6月份参加评定,与毕业鉴定结合进行。

2.各院(系)必须制定《学生素质综合测评办法》,报学校奖学金评审小组备案。优秀学生奖学金应按学生素质综合测评排序结果,并结合学年鉴定、毕业鉴定进行评定。

3.优秀学生奖学金应与"三好、优干、优团"的评选相结合。凡参评年度被评为"优秀三好生"的,同时获得一等奖学金;凡被评为"三好生"的,同时获得二等奖学金;凡被评为"优秀学生干部"、"优秀团员"的,同时获得二等或三等奖学金。

4.各院(系)优秀学生奖学金评审领导小组,对各班级、年级等评选出来的候选人进行审核评定,确定获奖候选人名单,并向全体学生公示一周征求意见,最后确定获奖名单(注明学号、姓名、等级、金额、银行卡号),交学校奖学金评审小组审核通过。财务处根据校奖学金评审小组审核通过的名单,将奖学金直接转入学生本人银行卡。

5.本办法自公布之日起执行,以前有关规定凡与本办法不符的,以本办法规定为准。

6.本办法由校学生工作处负责解释。

——本文摘录自《关于印发〈厦门大学本、专科优秀学生奖学金评奖办法〉的通知》,厦大学〔2003〕17号,档号2003-XZ11-1

厦门大学本、专科学生单项奖学金评奖办法

（2003 年 6 月 4 日）

设立单项奖学金旨在鼓励创新型人才、特长型人才脱颖而出，对德、智、体、美、劳等方面有特殊才华的在校本、专科生予以表彰奖励。

一、单项奖学金的种类与参评条件

在评选年度内，取得单项突出成绩者，可参评下列单项奖学金：

1.创新奖学金：

(1)在国际或国家级大学生学科竞赛中获奖；

(2)作品入选全国"挑战杯"大学生课外科技作品竞赛或在省级相关竞赛中获三等以上奖励，在全国"创业计划大赛"中获奖或省级相关竞赛中获金奖；

(3)论文被 SCI、EI、ISTP 收录，或以第一作者身份在国际一般学术刊物、国内核心刊物(学校认定)上发表有较高学术价值的论文；

(4)积极参与科研活动，成果获省、部级以上奖励或获得国家专利；

(5)在省级以上大学生辩论赛中获前三名。

2.单科成绩奖学金：用于奖励单科成绩特别优异的学生，以及学科竞赛中成绩特别优秀的学生。

3.社会工作奖学金：用于奖励获得省级以上奖励的学生干部；在社会工作中成绩突出的学生；积极为学校教学、管理等提出建设性意见和建议，并经学校认定对办学有突出贡献的学生。

4.社会实践奖学金：用于奖励在社会实践中取得优异成绩的学生。

5.体育运动奖学金：用于奖励在省级以上体育比赛中获个人前三名、团体前三名或在各项比赛中破省纪录的学生。

6.文艺活动奖学金：用于奖励在省级以上文艺竞赛或文学、美术、书法、摄影等作品征集活动中成绩优异的获奖学生。

7.精神文明优秀奖：用于文明工程创建活动中表现突出者；助人为乐、见义勇为表现突出的学生。

二、其他参评条件

1.在评选年度内至颁奖前违反校规校纪受纪律处分者不得参评本奖学金。

2.获国家奖学金者一年内不参评本奖学金。

3.艺术师范类学生、职业技术学院学生、软件学院第二学位及转专业学生、海外教育学院外籍留学生、网络教育学院学生和成人教育学院学生，可以参照本办法自行组织评奖，所需经费从学校下达的预算经费中列支。

三、单项奖学金的标准和评定比例

设团体单项奖学金和个人单项奖学金。团体奖每项每年2000元,个人奖每项1000元。原则上获奖面不超过本、专科学生数的1%。

三人以上(含三人)集体取得的成果只能申报团体奖。

每位学生只能申报其中一类单项奖学金;享受优秀学生奖学金的学生可以同时申报单项奖学金。

四、评审机构

学校成立本、专科学生单项奖学金评审小组,由学生工作处、教务处、科技处、社科处、财务处、校团委等单位的负责人组成,负责全校单项奖学金的评审工作。学生工作处作为其秘书单位负责全校单项奖学金评审的具体组织工作。

五、评选办法

1.单项奖学金全校每年6月份评定一次。

2.单项奖由学生个人申报,各院(系)推荐。其中,申请创新奖学金不受推荐名额限制;其他各类单项奖由各院(系)按不超过参评学生数1%的比例推荐。学校评审小组统一评审、公示和公布,最后确定的授奖名单(注明学号、姓名、等级金额、银行卡号),交财务处直接将奖学金转入学生本人银行卡。

六、本办法由学生工作处负责解释

七、本办法自公布之日起执行

——本文摘录自《关于印发〈厦门大学本、专科学生单项奖学金评奖办法〉的通知》,厦大学〔2003〕18号,档号2003-XZ11-1

厦门大学本科生学籍管理实施细则
（2003 年版）

（2003 年 6 月 12 日）

为了培养社会主义现代化建设需要的合格人才，全面推进大学生的素质教育，依据《中华人民共和国教育法》、《中华人民共和国高等教育法》和教育部制定的高等学校学生管理的有关文件，制定本实施细则。

第一章　入学与注册

第一条　凡我校录取的新生，须持录取通知书和有关证件，按期到校办理入学手续。因故不能按期入学者，应写信并附原单位或所在街道、乡镇证明，向学校请假。请假一般不得超过两周。未经请假，或请假未被批准，或请假逾期的，视为旷课。无特殊情况超过两周者，取消入学资格。

第二条　新生入学后，学校在规定的时间内（一般约 3 个月）对新生进行复查。复查合格者，即取得学籍。经复查不符合招生条件或属徇私舞弊者，取消学籍，予以退回。情节恶劣的，报请有关部门查究。

第三条　新生入学要进行体检复查。患有不符合招生条件的疾病者，取消入学资格；若患有不属于前述范围的疾病，但又不宜在校内过集体生活者，经校医院证明，由本人申请、学校批准，可保留入学资格一年。保留入学资格的学生，必须在第二学年开学前持县级以上医院证明、校医院复查合格证明，向学校申请办理入学手续。保留入学资格期间，不享受在校生和休学生待遇。逾期不办理入学手续且未向学校请假或请假未获批准者，取消其入学资格。

第四条　学生有缴纳学费的义务。每学年第一学期开学时，学生必须按其专业年级的缴费标准，按照一学年（只需注册一学期者按一学期）额度缴纳学费。需重修课程的应按规定缴纳课程重修费。未按期缴纳学费和课程重修费者，停止其修习课程。经济上有困难的学生可另行申请补助或贷款。

第五条　每学期开学时，学生必须按校历规定日期到学院办公室办理注册手续方可取得本学期学习资格。未经注册者不准参加学习。注册手续不得由他人代办。因故不能如期到校注册者必须履行请假手续。未经请假而未如期到校注册者视为旷课。未经请假或超过假期达到两周仍未注册的，按自动退学处理。

第二章　学　制

第六条　学校实行“有弹性的学分制”学籍管理办法。允许学生提前一年或推后 1～2 年毕业。学生完成教学计划规定的全部课程和其他教学环节，考试合格、取得相应学分，准予毕业，并根据国家有关规定获取学位。

第七条　允许学生申请中途保留学籍 1～2 年从事创业等活动，但在校总时间不得超出国家规定的最高年限（四年制本科生为六年、五年制本科生为七年）。

第三章 课 程

第八条 修课:

1.学生应遵照循序渐进的原则,按照教学计划规定的顺序和要求修课。

2.学生应按学校和学院规定的时间、遵照指导教师的指导办理修课手续。凡规定有先修课程的,必须取得先修课程学分后方可修习后续课程。

3.允许学习能力强的学生提前修习某些后续课程;允许学习有困难的学生推后缓修某些课程。一学期提前或缓修课程的学分数一般不超过教学计划规定该学期学分数的30%。

4.未经办理修课手续而参加听课、考核者,其考核成绩不予承认。

第九条 课程的免修和免听:

1.除政治课、体育课、实验课外,学生有正当理由,可提出申请免修某些课程,但须经学院批准。

2.学生因生理缺陷或患某种疾症,由校医院保健室出具证明、校军训办公室会同教务处审批,可以申请免于或暂缓参加军事训练。

3.学生成绩优秀,经本人申请和学院批准,某些课程(政治课、体育课、实验课除外)可以全部或部分免听。经过考核,成绩在及格以上者可获得该课程学分。

4.申请免听课程考试一般与上届学生的课程考试同时进行,难度一致。免听课程的考试,必须按照教学大纲的要求考核全部内容,试题由任课教师拟定,教研室主任审核。

5.学生确属健康原因,经校医院保健室证明,体育课可转修"保健体育课";考核及格者可以取得体育课的成绩和学分,但需注明"保健体育课"。

第十条 课程的重修:

1.课程考核不及格应该重修。

2.学生不能按时参加课程考核,该课程必须重修。

3.实验课缺做实验达1/3者,该门实验课必须重修。

4.一门课程缺课的学时累计达到该门课程总学时数的1/3者(获准部分免听者除外),该门课程必须重修。

5.重修课程一般安排到下一年级修读,也可以及时重选该课程与其他班级修读。

6.学生可以根据对重修课程的掌握程度申请部分免听,经学院批准后,可不必全程听课而参加课程考试。

7.同一门课程重修不得超过二次。

第四章 课程考核与记载办法

第十一条 学生修习课程必须参加考核。考核及格方可获得该门课程的学分,并且载入学籍总登记卡。课程不及格成绩不记入学籍档案,待重修及格正式记入。学籍总登记卡在学生毕业时归入其个人档案。原件存校档案馆。

第十二条 考核方式可根据课程特点,分别采用笔试(闭卷或开卷)、口试,或口笔试结合等多种形式,由任课教师提出,教研室(组)主任审定。每门课程笔试时间一般不超过两小时。

第十三条 课程成绩采用百分制或五级制(优秀、良好、中等、及格、不及格)记分,由期末考试成绩(占60%~70%)和平时测验成绩(占30%~40%)等综合评定。实验课、生产实习、学年论文和毕业论文(或科研训练)等成绩采用五级制记分。百分制与五级制的换算标准是:90~100分为优秀(A);80~89分为良好(B);70~79分为中等(C);60~69分为及格(D);60分以下为不及格(F)。有些不宜采用上述记分办法的课程,可采用合格、不合格两级记分,但必须在记分时标明为"两级分制"。

第十四条　体育课的成绩要以考勤、科目成绩和实际表现综合评定。某些实践性课程(如实验、实习)的成绩可根据课内外作业、平时测验、实习和实验报告及实际表现综合评定。

第十五条　任课教师于课程考试结束后一周内,将学生成绩登记表送学院办公室归档。

第五章　编　班

第十六条　学生根据本人的学习能力,在指导教师的指导下,按照学校有关课程选修的规定安排学习进度。

第十七条　学生在校期间,按其入学年份编入相应的班级,并参加该班级的各种活动。

第六章　转专业与转学

第十八条　学生有下列情况之一者,可以申请转专业、转学:

1.在某一学科方面有特长的学生。例如:发表论文、著作、作品,或在省级以上学科竞赛获奖,或提供确凿证明证实申请者转到相应专业能进一步发挥其特长。

2.因为身体健康原因,经学校指定的医疗单位检查证明不能在原专业学习,但尚能在本校其他专业或其他高等学校学习者。

3.通过转专业能有利于学生自主学习成才,且申请者符合以下情况之一:

(1)本人学习努力,转专业前在本专业所修的各科成绩都在及格以上,高考成绩不低于拟转入专业当年平均录取分数;

(2)转专业前在本专业所修的各门公共基础课程(包括外语、数学、计算机等,具体由转出院系根据教务处的有关规定确定)的成绩达到良好(80 分)以上。

第十九条　有以下情况之一者不能申请转专业:

1.新生入学未满一学年者;

2.三年级及其以上者(进行学科分流除外);

3.师范类学生转非师范类专业者(学校认为不宜学师范者除外);

4.各类委培、代培生未经委托单位同意转专业者;

5.无正当理由者。

第二十条　转专业的申办程序:

1.学生转专业每学年集中审批一次。申请时间在每学年第二学期的最后两周。

2.学生本人向所在系教学秘书提出申请,并提交转专业申请表、学习成绩单和符合转专业的相关证明材料。

3.在本学院内转专业,由所在系主管教学系主任审核同意,经学院院务会审核批准、主管教学的院长签字,并报教务处备案。

4.跨学院转专业,须由所在系主管教学的系主任和所在学院主管教学的院长审核批准;拟转入的专业所在系主管教学的系主任和所在学院主管院长审核;然后经拟转入的学院院务会审核、主管教学的院长签字;最后报教务处处务会批准。

5.每个学生在学期间只能申请办理一次转专业。

第二十一条　转专业的学籍管理问题:

1.学生转入新的专业,原则上依照入学时的年级所适用的学籍管理细则进行管理。

2.学生转入新的专业后,必须完成转入专业的教学计划方能毕业和获得学士学位。

3.转专业前已修习的课程,与转入专业相同、其学分数与要求高于或等于转入专业要求的可以相抵、不必重修;其余的作为已取得的选修课学分载入学籍总卡。

第七章 休学、保留学籍与复学

第二十二条 学生有下列情况之一者应予休学:

1.因病经校医院保健室诊断,须停课治疗、休养时间占一学期总学时三分之一以上(含三分之一)者;

2.在一学期内请假、缺课时间达到该学期总学时三分之一者(获准部分免听者除外);

3.因某种特殊原因,本人申请或学校认为必须休学者。

第二十三条 学生休学一般以一年为期。因病经学校批准,可连续休学两年,但累计不得超过两年。休学后复学的学生,未修满一学期又休学应视为连续休学。未办理休学手续而擅自离校者,视为自动退学。

第二十四条 休学学生的有关问题,按照下列规定办理:

1.休学学生不享受贷学金。原来享受专业奖学金的,按最低等级发放。

2.因病休学的学生,应回家疗养。病休期间享受公费医疗一年。连续病休超过一年,从第二年起停止公费医疗,医疗费用自理。享受公费医疗期间,应在当地公立医院就诊,凭医院正式单据向学校报销。

3.学生休学回家,往返路费自理。

第二十五条 学生因特殊困难等原因,经本人申请、学校批准,可保留学籍一年。经有关部门批准出国或到港澳地区定居或自费留学的学生,由本人申请、学校批准,可保留学籍一年。保留学籍期满不办理复学手续者,视为自动退学。保留学籍的学生不享受在校生和休学生待遇。

第二十六条 学生复学按下列规定办理:

1.学生休学(保留学籍)期满,应于开学前一周填写《复学申请书》,经学院签注意见,报教务处批准,在注册前办理复学手续。因病休学的学生,申请复学时,须由县级以上医院诊断,证明已恢复健康,并经校医院复查合格,方可复学;其他原因休学(保留学籍)的学生,须持有关证件,方准申请复学、办理注册手续。

2.要求复学的学生,由校、院有关部门进行复查。休学(保留学籍)期间,如有违法乱纪行为者,取消复学资格。

第二十七条 学生申请复学时,若原专业已调整、合并或中断招生,可安排到其他相近专业学习。

第二十八条 学生在保留入学资格、休学、保留学籍期间不得报考其他学校。

第八章 退 学

第二十九条 学生有下列情形之一者,应予退学:

1.一学期未能获得该专业教学计划总学分1/20,或相连两个学期所获学分未能达到该专业教学计划总学分数的1/8者;

2.一学期未能获得该专业教学计划总学分1/20者,经过本人申请、所在学院分管教学负责人批准,可以缓期一学期合并处理,但两个学期所获学分仍未能达到该专业教学计划总学分数1/8者;

3.本科学生不论何种原因(含休学、保留入学资格、保留学籍),在校学习时间累计超过其学制两年(例如四年制学生在校时间累计超过六年);

4.休学、保留入学资格、保留学籍期满不办理复学(入学)手续或经复查不符合复学(入学)条件者;

5.因病经学校动员休学而不休学,且在一学期内缺课超过该学期总学时数的三分之一者;

6.经过指定医院确诊,患有精神病、癫痫病或其他不宜在校继续就读,且经休学无法治愈的疾病者;

7.意外伤残不能再坚持学习者;

8.本人申请退学,经说服无效者。

按本条规定处理,不属于处分的范围。

第三十条　退学手续，由学院报教务处审核、分管校长批准。

第三十一条　学生退学的善后处理，按下列规定办理：

1.退学和因各种原因处理离校的学生，入学前是国家或集体企业单位的在职职工，按国家有关规定处理，其他的由家长或抚养人负责领回，并在其所在地落户。

2.退学学生发给退学证明。学满一年、成绩及格者按照其实际完成的学业年限发给肄业证书。未经学校批准，擅自离校的不发给退学证明和肄业证书。

3.退学的学生，不得申请复学。

第九章　考　勤

第三十二条　出勤的检查与处理：

1.学生上课、实习、劳动、军训、政治学习等均应实行考勤。学生应按时参加教学计划规定和学校统一安排、组织的一切活动。因故不能参加者，必须事先办理请假手续。凡未请假或请假超期者，视为旷课。实习、劳动、军训、毕业论文(设计)等一天按五学时计算，课程旷课按实际授课的时数计算。

2.对旷课的学生，应根据旷课时数及情节，给予批评教育，直至纪律处分(见本《细则》第三十五条)。

3.一门课程缺课达1/3者不得参加该课程的考试，应该重修。

4.考勤由任课教师或班长负责，每周向学院办公室报告，由学院办公室每月公布一次；公共课、选修课的考勤由任课教师，或者由任课教师指定一名课代表负责，每周向学院办公室报告。任课教师、班长或课代表应如实报告学生出勤情况。

第三十三条　请假：

1.学生请假，须由学生本人填写请假单并附上有关证明，按下列规定办理手续：病假在三天以内(含三天，下同)，事假、公假一天以内的，须经班主任批准；病假三天以上，事假、公假一天以上的，须经班主任签注意见、学院领导批准。经批准后将准假通知书交学院办公室登记。

2.请假期满需续假者，应于请假期满前另持证明，办理续假手续，经获准后方为有效。否则，视为旷课。

3.学生学习期间一般不得请假出国。如利用寒暑假出国探亲逾期返校者，视为旷课。逾期达二周者作自动退学处理。

第十章　处　分

第三十四条　对犯有错误的学生，应本着教育为主的原则。对初次犯错或违纪的学生，除情节恶劣者外，一般先给予口头警告，并报有关部门备案。对经教育不改悔而重新犯同样错误的学生，给予纪律处分。对学生的纪律处分，按照《厦门大学学生违纪处分条例》规定执行。

第三十五条　学生一学期旷课达十学时，学院内通报批评；达二十学时，视其认错态度决定给予警告或严重警告处分；达三十学时，给予记过处分；达四十学时，给予留校察看处分；超过五十学时，给予勒令退学处分。凡受处分后又旷课的，处分前后的旷课时数累计计算。

第三十六条　违反考场纪律者，按《厦门大学考场纪律及违纪处分办法》处理。

第三十七条　对犯错误学生，要热情帮助，严格要求。处理时持慎重态度，坚持调查研究、实事求是，善于将思想认识问题同政治立场问题区别，处分要适当。处理结论要同本人见面，允许本人申辩、申诉和保留不同意见。对本人的申诉，学校有责任进行复查。

第三十八条　对学生做出警告、严重警告、记过处分的，由学生所在学院提出意见、有关职能部门会稿、学院党政领导讨论决定；对学生做出留校察看及其以上处分的，由学生所在学院提出意见、有关职能部门审核、学校分管领导批准；做出勒令退学、开除学籍处分的，还应报省教育厅备案。

第三十九条　被勒令退学的学生只发给学历证明;被开除学籍的学生不发给学历证明。勒令退学、开除学籍的学生,其善后问题按照本《细则》第三十一条规定处理。

第四十条　对学生的鉴定、奖励、处分材料均归入本人档案。处分不得撤销。

第十一章　毕　业

第四十一条　具有学籍的学生,在规定最高学习时限(四年制本科生为六年、五年制本科生为七年)之内,德育、体育合格,修完教学计划规定的课程和其他教学环节,获得规定的学分数,准予毕业,发给毕业证书。除受留校察看及其以上处分者外,可申请获得相应的学士学位。

第四十二条　学生提前修满教学计划规定的学分数,并达到其他教学环节要求,经本人申请,学院和教务处审核,分管校长批准,准予提前毕业。提前毕业学生待遇与其他毕业生相同。

第四十三条　学生毕业时要做全面鉴定,其内容包括政治态度、思想意识、道德品质以及学习、劳动和健康状况等方面。

第四十四条　无论何种原因,学生在校时间(含休学、保留入学资格和保留学籍)已达规定最高学习时限(四年制本科生为六年、五年制本科生为七年),所获学分达到教学计划总学分数90%者作结业生处理。不及格课程在结业后一年内可申请补考一次,及格者换发毕业证书,但不补授学士学位。逾期不补考或补考不及格者,以后不再补考。

第四十五条　无论何种原因,学生在校时间(含休学、保留入学资格和保留学籍)已达规定最高学习时限(四年制本科生为六年、五年制本科生为七年),所获学分未达到教学计划总学分数90%者作肄业处理,并按其实际完成的学业年限发给肄业证明书,以后不再换发毕业证书或毕业证明。

第四十六条　无论学生提前或者推后几个学期完成教学计划,均须与应届毕业班学生同期毕业。

第十二章　学士学位

第四十七条　本科学生完成教学计划的各项要求,经审核准予毕业,其课程学习和毕业论文(毕业设计或其他毕业实践环节)的成绩,表明确已较好地掌握本门学科的基础理论、专门知识和基本技能,并具有从事科学研究工作或担负专门技术工作的初步能力的,授予学士学位。

第四十八条　凡有下列情况之一者,不得授予学士学位:

1.结业生;

2.在校期间,受过留校察看及其以上处分的学生。

附　则

第四十九条　本细则从2003年入学的学生起实行。

第五十条　学校及教务处可根据教学改革和教学管理的需要,对本细则未尽事宜制订单项规定或补充规定,与本细则一并实施。

第五十一条　本校各学院可根据本细则的原则规定,结合本学院人才培养模式和教学管理实际需要,制订本学院的具体实施办法。

第五十二条　本细则由教务处负责解释。

——本文摘录自《关于颁布〈厦门大学本科生学籍管理实施细则〉(2003年版)的通知》,厦大教〔2003〕29号,档号2003-XZ12-2

厦门大学科技创新工程

（2003 年 6 月 27 日）

科学研究是研究型大学最基本、最重要、最核心的职能之一，是衡量大学为国家和地方经济发展贡献度的重要指标，是大学办学水平和学术声誉的主要标志，也是大学办学实力和国际竞争力的具体表现。我校科技发展五年规划的奋斗目标是：瞄准国际学术前沿，重视基础研究和源头创新；结合国家目标，注重高新技术的研究和发展；大力加强面向国民经济建设主战场的应用开发研究，促进科技成果的转化；大幅度提高我校的科研水平和科技产业化能力，造就一批有知识创新、技术创新能力的研究群体，使我校科研综合指标大幅度提高，科技整体实力显著增强。当前，为了认真学习贯彻十六大精神，落实科技部、教育部《关于充分发挥高等学校科技创新作用的若干意见》（国科发政字[2002]202 号）文件，进一步发挥我校科技创新的作用，促进科技与教育的结合，实现科学研究的跨越式发展，为早日把厦门大学建成高水平的研究型大学，特制定厦门大学科技创新工程。

一、科技创新是促进基础研究和学科建设的必由之路

继续加强基础研究，侧重增强我校在基础研究方面的源头创新能力。要"凝炼"学科方向，坚持"有所为，有所不为"，实行重点支持，重点突破，组织好基础性研究队伍，发挥多学科综合、交叉的优势，重点扶持具有符合国家目标和学科前沿的研究，加大投入，促进我校在基础研究方面取得重大或突破性进展，并积极引导基础研究向前沿领域和高新技术领域拓展延伸。到 2005 年，要取得一批具有国际先进水平或国内领先水平的科研成果，被 SCI 等国际四大检索系统收录的论文数位居全国高校前列，较大幅度地提高基础理论研究的水平，提高解决重大实际问题的综合研究能力和参与重大决策的能力。

二、科技创新要面向国家目标和国民经济建设主战场

高新技术的发展对国家综合国力、社会经济结构和人民生活将产生巨大的影响，也是体现高校科技水平和科研实力的关键所在。我校要发挥综合性大学的人才优势和学科优势，密切结合国家目标和国际科技热点，大力推进高新技术研究和应用研究。组织学校跨学科高新技术攻关力量，承担国家高新技术研究项目。鼓励更多的科研人员积极面向国民经济建设主战场，争取横向科研课题，解决国家和地方经济建设中的实际问题，为企业结构调整和产品优化做出贡献。鼓励走多种形式的产学研相结合的道路，积极参与大中型企业的技术改造，利用高新技术改造传统产业，直接参与建立高新技术企业，将学校的科研工作和企业的需求与发展紧密结合，大幅度提高横向科研经费的总量。在给企业带来巨大经济效益的同时，也带动学校自身的学科建设，增强科研能力和办学实力。

三、加速科技成果转化和高新技术产业化

厦门大学不仅要创造世界一流的科研成果，而且还要将科技成果更好地转化为现实生产力，使科研成果在国家的支柱产业和主导行业中发挥重大作用。我们要增强紧迫感、使命感和责任感，积极参与国

家创新体系建设,把技术创新、科技成果转化与高新技术产业化放在与教学科研同等重要的位置,作为学校的一项重要战略任务来抓。"十五"期间,要在现有基础上,再建10个左右产学研基地。坚持产学研合作,提高科技成果转化率。大力推进多种形式的合作(如成果转让、科研项目合作、共建产学研基地,与企业界、金融界建立长期、稳定的合作关系等),使学校与地方政府、企业、科研院所在技术创新和发展高新技术产业中互相促进、取长补短,切实提高科技成果的转化率。在科技成果转化方面要发挥人才培养和成果孵化的功能,办出特色,创出品牌。要拓宽视野,积极参加各种类型的科技成果交易会等,设立科技信息窗口,多方寻求科技成果转化的途径。实施高新技术产业化工程,大力发展高新技术产业。积极争取国家有关部委、地方政府、金融界、企业界等社会各方面的支持,共同扶植高新技术产业的发展,培育国民经济新增长点。"十五"期间,要重点扶持电子信息、化学生物、新能源、新材料、海洋和环境工程等领域的技术创新和科研成果产业化,建立科技含量高的高新技术企业。

四、基地建设是科技创新的重要平台

基地建设是学校的品牌和形象工程,也是学校办学实力和科研水平的具体表现。基地建设包括国家实验室、国家重点实验室、省部级重点实验室、国家重点研究基地、各级工程研究中心及产学研共建工程研究基地等。我校必须高度重视基地建设,应给予全方位的和各种大力度的倾斜政策和财力支持,增加重点实验室运行费。继续保持现有固体表面物理化学国家重点实验室优先发展的地位,并创造条件,争取组建国家实验室。继续完善和强化现代分析化学、海洋环境、细胞生物学与肿瘤细胞工程等3个教育部重点实验室的建设,争取使其中的1～2个实验室能升级为国家级重点实验室,在基地建设中学校给予大力度的配套支持。规划、整顿、改组我校现有研究机构,形成一批有实力、有特色、学科交叉、布局合理的研究中心,精心组织若干个在跨学科、新学科增长点以及高科技领域上有实力的新兴研究方向,形成学科群,组建各类研究中心或研究所,学校给予积极扶持,争取有3～5个研究中心能发展成为部、省级重点实验室或工程研究中心。强化、完善学校大型科学仪器的开放、共享管理机制。

五、培养造就优秀科技创新群体

增强"科技创新以人为本"和"人才是第一资源"的意识,结合学科建设,以科技创新队伍的建设为核心,构筑学校基础研究、高科技和产业化人才和创新群体高地。制定优惠政策,引进人才、稳定人才、聚集人才。学校不仅要注重吸引一批有重要影响的战略型科学家和从事前沿学科或主流学科研究的学术带头人等高层次科研人才,还要搞好科学研究队伍的梯队建设,注意采取切实可行的措施稳定现有宝贵的人才队伍,加大高层次创新型人才的培养力度,加速学术梯队和创新群体的建设。"十五"期间,重点培养10个优秀科技创新群体,选拔培养50名优秀中青年学术带头人,遴选培养100名优秀中青年学术骨干,作为科技创新的后备力量。

六、设立厦门大学科技创新基金

设立厦门大学科技创新基金,支持基地建设、优秀创新群体、重要的基础研究和高科技开发研究、高水平的科研产出、国际交流合作和科技成果的转化和产业化等。(1)加大资助强度,扶持基础研究,积极引导基础研究向高科技前沿领域拓展,对国家基金申请获得好评,又暂未获资助的给予启动支持,侧重支持应用前景显著的高科技项目等。(2)设立争取重大科研项目风险基金,鼓励科研人员积极参与竞争,争取承担各类重大科研项目。对获得国家重大的纵向研究课题给予一定的配套支持。(3)设立基地建设专项基金,用于支持已建基地的进一步发展和扶持新基地的建设和发展,并争取成为各级政府认可的研究基地。(4)设立厦门大学高科技开发和产业化基金,有选择地对技术含量高、市场前景好、符合市场需求的项目给予重点扶持。(5)设立国内外学术交流和科技合作专项基金,加大对国际、区域和国内的学术交流和科技合作的投入。(6)设立厦门大学奖励基金,配套奖励获得各级政府奖的科研成果。(7)设立创新研究群体建设基金,鼓励创新研究群体的建设。

七、培育具有重要科技创新的优秀科研项目

积极争取承担国家重大、重点科技项目,不仅是对国家经济建设、社会发展和国家安全的重要贡献,而且也是学校科研能力和科研水平的重要标志,同时对于促进学科建设和创新性科技人才的培养也具有重要意义。为了鼓励、支持、培育更多的学术带头人能够参与竞争,积极争取承担国家"973"、"863"、国家基金重大计划等科技项目,学校设立重大项目预研基金。每年支持 10 个左右具有符合国家目标、方向明确、研究基础好、学科交叉强的重大项目;获得主持国家"973"(或子课题)、"863"项目,学校给以一定的配套支持;每年支持 50 个左右符合国家目标、研究基础较好、技术含量高的重点项目。同时还加强对重大、重点项目的组织、引导、沟通和跟踪,增强争取承担国家重大、重点科技项目的能力,使我校在争取承担国家"973"、"863"、国家基金重大计划等科技项目方面取得更大成绩。

八、营造良好的科技创新环境

进一步深化科技体制改革和政策引导,建立健全有效的激励机制和竞争机制。学校从资源配置、职称评定、经费配套、工作量考核、技术入股、创收分成等方面予以鼓励和支持,切实改善和提高教师和科研人员的工作、生活条件;鼓励科研人员从事应用研究和高新技术研究,制定有关适合工科的职称评审、收益分配、工作考核等条例。全面实行项目课题组长负责制和项目全成本核算制度,鼓励科研人员积极争取横向科研课题,努力为地方经济建设服务。加大奖励力度,进一步调动科技人员投身科技成果转化和高新技术产业化的积极性。

深化改革,加大投入,分类管理,对基础性(包括应用基础性)研究和应用开发性研究实行不同的管理办法和激励机制。通过强化研究基地建设,实行课题组长负责制等措施,整合科研资源和力量,促进学科间的交叉融合,加强科研基础设施建设,改善科研人员的工作条件,增强争取国家重大课题和项目的能力。提高科研人员的工作量指标,鼓励"满负荷"从事科研和教学工作。加大对科研产出的奖励,如提高 SCI、ET、ISTP 收录论文的奖励力度,对获得各级政府奖的科研成果予以配套奖励,增设专利奖,特别是重奖具有高显示度的标志性科研成果。营造良好的科研环境和学术道德氛围,保证研究人员能自主研究,能自由发表独立的见解,维护研究人员的合法权益。建立科学仪器设备共享的保障机制。

学校知识产权的保护对于鼓励全校科研人员的发明创造,保护国家、学校、个人应有的权益,防止科技成果的流失及避免纠纷等至关重要,应予以高度重视。尤其是在发展高新技术产业化过程中,要加强知识产权保护意识,采取切实可行的措施,保护学校和成果拥有者的合法权益。

九、科研创新要作为学校"一把手工程"

把科研创新当作"一把手工程",放在学校发展的重中之重的核心地位,加强对全校科研力量和相关部门的指导和宏观调控作用。各院(系、所)要充分重视本单位的科技发展,要把科研和产业化的工作任务列入我校各级有关领导的议事日程,并把组织争取科研经费总量、科研产出及成果产业化的成绩等作为考核各级有关领导工作业绩的重要指标和学校对院系资源配置的重要依据。强化学校科研和产业化管理职能作用,在学校党政领导下,全面负责学校科技规划、科技政策和科技管理,统一协调基础研究、应用研究、高新技术研究、基地建设、科技创新群体、科技成果的转化及产业化等工作。要不断开拓进取,实行有效的激励机制和约束机制,充分发挥各方面的积极作用。

十、强化科技创新的管理

国家科技创新体系包括科技创新、体制创新和管理创新，科技管理是科技创新的一个重要环节，没有一流的科技管理，就难以实现全面的科技创新，也难以使我校早日建成世界知名的高水平研究型大学。因此应把科研创新管理列入议事日程，用管理创新推动学校科研事业的全面发展。(1)强化科技处管理职能、理顺关系，应把科技管理定位为第一生产力，给予一定的政策倾斜；(2)加强科研管理队伍的建设，强调工作精神风貌，提高管理水平和管理效能，加强科技管理队伍的自律；(3)各院系分管科研的领导和秘书要投入精力和时间，切实抓好本单位的科研组织和管理工作，学校向学院进一步放权，实行院系科研指标目标管理，发挥院系发展科技的积极性和能动性；(4)要加快科研管理系统和自动化办公的建设，这对于提高管理水平，提高管理效益，减轻科技人员的负担十分重要；(5)加大力度建设厦门大学驻北京办事处，以利于畅通渠道，推介、宣传厦大，提高知名度，协调科技项目的合作、攻关等，并完成校领导部署的工作任务，努力争取各种科研资源，为我校科技创新服务。

——本文摘录自《关于印发〈厦门大学科技创新工程〉等文件的通知》，厦大科〔2003〕17 号，档号 2003-XZ13-1

厦门大学考场纪律及违纪处分办法

（2003年6月修订）

（2003年7月2日）

第一章　考生守则

第一条　考生必须提前5分钟到达考场，持学生证、身份证等有关证件按指定地点入座，并将证件放在课桌左或右上角，以备检查。迟到15分钟以上不得进入考场；考试开考半小时以内不得离开考场，如有特殊原因需要离开考场需经监考教师批准。

第二条　保持考场肃静，考场内不得交谈喧闹，不得吸烟，不得中途擅自离开。

第三条　服从监考教师的指令、监督和劝告。

第四条　除开卷考试外，考生不得将书本、笔记本、书包、资料等带进座位；不得携带电子通讯工具和具有存储信息功能的电子记事用具；与考试无关的物品须按监考教师的要求放在指定的地点。

第五条　考试期间禁止交头接耳。如有问题向监考教师询问，须先举手，经监考教师允许后方可提问，不得影响他人考试。已答完的试卷及草稿纸应垫放在试卷下面，不得任意摆放。

第六条　考生必须按时交卷，交卷后即时离开考场，不得在考场内对答案，不得在考场附近逗留或大声说笑。

第七条　考试要独立完成，不得出现下列作弊行为：

1.事先将公式或与考试内容有关的文字抄写在桌椅、衣服、文具、身体上等；

2.偷看或让他人偷看、抄袭或让他人抄袭试卷；

3.在考场内夹带、传递字条，或利用计算器、工具书等物品传递考试内容；

4.考试时虽经允许离开考场，但在考场外偷看有关资料，或与他人交谈考试内容；

5.考试时向他人示意，或与他人核对考题答案；

6.在考场内朗读考试内容；

7.请人代考或替人考试（包括请、替校外学生）；

8.其他作弊行为。

第二章　监考教师守则

第八条　监考教师必须提早10分钟到场，未经事先批准，监考教师不得缺席或迟到。

第九条　正式考试前监考教师要宣布考场纪律和检查考生证件，整顿考场秩序，要求考生将不准带入考场的物品统一放在指定地点，合理调整考生座位安排。

第十条　监考人员应切实负起监督考场纪律的责任，在考试期间，不得擅离职守，不得在考场谈话、看书、看报或做与监考无关的事情。

第十一条　监考教师要密切监督考场情况，发现考生有违纪动向要及时给予警告、劝阻；劝阻无效的，才可认定考生有违纪或作弊行为。

第十二条　监考教师要如实填写监考报告。发现考生作弊的,要如实填报作弊情节,收缴有关证据。考试结束后要将监考报告及时交回学院办公室。

第三章　处分办法

第十三条　考生违反考生守则第二至第六条中的一条规定,不听劝告者,给予警告或严重警告处分,该门课程成绩记为零分,课程必须重修。情节严重、干扰考场秩序、影响考试正常进行者,或在校学习期间曾因违反本办法第二至第六条的规定受过处分,再次违反考场纪律者,给予记过处分。

第十四条　考生违反考生守则第七条规定,一般情况下,给予记过处分;情节严重或重新犯作弊错误者,给予留校察看处分直至勒令退学处分。涉及其他同学时,经查属实,则被涉及者亦视为有作弊行为,给予同等处分。

第十五条　考生违反考场纪律者如有损坏公物或其他破坏行为,按有关规定另行处罚。

第十六条　监考教师违反监考教师守则被视为一次教学事故。根据情节轻重,分别给予口头批评、通报批评。情节严重者,给予纪律处分。

第四章　管理规则

第十七条　学校、研究生院、教务处、学院在每学期考试期间要组织有关人员进行考场巡视,加强考场管理。学校各级领导、教师和干部都要把考风建设作为己任。

第十八条　各院(系)组成考场纪律监督小组,按照本办法和监考教师提供的考场情况记录,在认真查证的基础上,对违反考场纪律的学生,认定违反考场纪律的性质和情节轻重,按照学生违纪处分的程序,做出处分决定。对学生做记过以上处分,研究生须报研究生院、本科生须报教务处批准,对学生做勒令退学处分还须报分管校长批准。

第十九条　本规定自 2003 年 9 月 1 日起执行,以前有关规定凡与本办法不符的,以本办法规定为准。

第二十条　本办法由研究生院、教务处负责解释。

——本文摘录自《关于印发〈厦门大学考场纪律及违纪处分办法〉的通知》,厦大教〔2003〕32 号,档号 2003-XZ12-3

关于漳州校区教学工作安排的意见

（2003年8月14日）

从2003年秋季学期开始，我校一、二年级本科生将入住漳州校区。从此，我校的本科生人才培养工作将分别在两个校区同时展开。因此，今后的一段时间，加强漳州校区的教学和管理是我校教学工作的重中之重。为了确保漳州校区教学工作的正常开展和实现我校优良校风学风在漳州校区的传承，特提出漳州校区教学工作安排意见如下：

一、精心组织实施教学计划

1.根据2002年教学工作会议的精神，我校从2003级起实施新的教学计划。学生按专业大类招生、培养，实行厚基础、宽口径、多样化的人才培养模式。新生开学前，各院系要完成新版教学计划的定稿工作。

2.精心进行课程准备。要落实教师配备和教学条件建设计划；要参照国内一流的目标和新版教学计划的要求，重新遴选各门课程的教材和教学参考书，重新修订各门课程的教学大纲。这项工作必须在2003—2004学年第一学期期中教学检查前完成。

二、认真制订每学期的开课计划

1.按照教学计划要求，循序渐进开设课程。要未雨绸缪，防止因为人员不能到位的原因而开不出课程或颠倒课程开课时间顺序的情况发生。

2.按照教学计划规定的学分数、时数开课，不得随意增减课时，或偷工减料，或增加学生负担。

3.认真选派主讲教师，特别要注意落实教授担任公共基本课和基本课的主讲。

4.落实研究生担任助教的工作。助教必须按规定跟班辅导、定期批改作业和开展作业辅导工作。

三、科学编排课表

1.一切从学生利益出发。教务处和各院系教务人员要结合漳州校区的情况，妥善照顾两个校区间教学工作的衔接，适当考虑减少人员路途往返次数，科学编排课表。全体教师也要积极配合，理解和支持学校教务部门的安排。

2.课表一经编定，教务处必须负责通知教学单位、教育技术办和教室管理单位；院系教务人员必须负责在课前将课表安排通知教师、学生和相关人员。同时，院系教务人员还需备有任课教师的通讯联系办法，以便于联系工作。

3.课表一经编定，不得随意更改。严禁在没有取得教务部门、院系有关人员准许情况下私自找学生调课、停课、变更上课时间或地点。

四、院系要加强对漳州校区学生的学习指导

1.新生入学后，院系的领导，要与本院系学生见面、座谈，介绍学科的内容、发展前景以及本校的情

况;要向学生介绍本学科的学习方法。

2.院系的领导每周要安排一定时间到校区开展工作,及时了解本单位开设的课程的上课情况和教学质量,解决教学过程中出现的问题。

3.院系要组织本单位教师到校区为本院系学生开办专业学术讲座。

4.落实教务人员到校区的工作时间表。在一般情况下,每个学院每天要安排教务人员到校区工作,负责办理校区学生有关的业务工作;在学生注册、新生编班、组织选课、安排考试、学籍处理等业务较为集中的时间段,要根据实际需要增加到校区工作的教务人员和办事时间。为此,院系要改变目前教务人员纵向分工的办法,尽快做出安排,实行以学院集中办公、一人多能、校区衔接的横向合作与分工办法。院系教务人员到校区的工作时间表须报教务处。院系教务人员在漳州校区的工作由漳州校区教务办负责指导。

五、努力营造漳州校区的学术氛围

1.由教务处牵头,各学院共同参与,组织开设面向漳州校区全体学生的“百科系列讲座”。本讲座计划每学期举办 50～60 讲,安排在每周的星期一至星期五晚上举行;每个学院每学期负责组织 5 名以上中青年教学科研骨干到校区开讲座,讲座题目由学院审定;各学院的讲座可自成系列推出,也可以零星举办;漳州校区教务办负责具体协调安排讲座的教室、时间和广告。

为鼓励学生踊跃参与,拟发给学生每人一张卡片,参加听讲时由学生带到会场,每次加盖一个印戳;一学期积满 10 次以上者给予 1 学分,记入学籍档案。

2.加强全校性选修课的开课和管理。鉴于近两年我校学生数有较大幅度增长以及学校教改整体思路,必须大力加强全校性选修课的建设,要努力增加课程门数,提高全校性选修课开课的质量。

经测算,2004 年春季和秋季,每学期必须在漳州校区开出 80～100 门的课程才能满足每生每学期选修 2～3 学分全校性选修课程的需要;到 2005 年,由于 2004 级已参加选课,课程量还必须增加一倍。在目前院系人员紧张、开设全校性选修课积极性不高的情况下,要鼓励和发动院系尽早做好开设课程的准备工作。要把承担全校性选修课任务情况列为计算教师岗位编制和划拨教学经费的重要依据之一。开好全校性课选修课将有利于学科渗透和扩大学生知识面,而在漳州校区的学术文化建设上具有特别重要的意义。

六、加强漳州校区教学督导与教学秩序的管理

1.漳州校区教务办要集中精力抓教学秩序。要经常实地检查教学秩序;在非上班时间内,要安排人员值班,解决上课突发的紧急事情;要开展调研,制定由于不可抗拒的天气条件等原因导致上课教师不准时到位的处理预案,维护教学秩序的稳定。

2.各院系要关注漳州校区的教学情况,分管教学的院系领导要组织有关教师、管理干部到校区听课、听取学生对教学的意见,及时做好信息反馈,解决教学过程中出现的问题。

3.在漳州校区教学过程中产生的有关教学档案要及时整理,并按原隶属关系归至校本部。

4.校教学督导组要安排适当的时间、人员到校区开展教学督导工作。

5.凡属人为原因,在漳州校区造成教学事故者,学校、人事部门及有关院系要给予当事人及时的批评教育;对造成不良后果者要采取组织处理和纪律处分。

二〇〇三年八月十四日

——本文摘录自《关于漳州校区教学工作安排的意见》,厦大教〔2003〕33 号,档号 2003-XZ12-3

厦门大学编排课表管理办法(试行)

(2003年9月9日)

一、编排课表是组织实施教学计划和落实开课计划的关键环节。为确保全校教学正常开展,稳定教学秩序,提高编排课计划的科学性,特制定本管理办法。

二、编排课计划应树立以学生为本的思想,强调教学质量意识,努力优化教学资源配置。

三、编排课表应以教学计划和开课计划为依据。在具体安排各门课程时,应充分考虑学生的身心健康、接受能力、课程的性质特点、上课效果,尽可能提高教学资源的使用率。具体原则如下:

1.一天之内同一班级同一门课程上课时间不得达到4节课(实验课除外);学生自学难度较大的课程尽量不安排在同一单位时间段(如上午、下午或晚上)。

2.同一教师在一个上午或下午或晚上连续上课时间不超过3节课(实验课除外)。

3.为提高上课效果和充分利用教室资源,3学时的课程应采用单双周排课办法(即单周4节、双周2节或双周4节、单周2节)。确需一个单位时间内安排3节课的,应考虑安排在下午或晚上。

4.充分考虑跨校区组织教学的特点,同一教师承担不同校区的课程,尽量不安排在同一天;同一班级学生需在不同校区上课,应留给学生充裕的往返时间。

四、每学期课表一般在上一学期放假前2周编定。各单位教务人员在放假前一周最后核对课表,确认准确无误后,呈系主任签字批准。其中:一份送教学科,一份由教务人员保存。

五、课表一经确定,应保持相对稳定。若无特殊情况,一般不对课表做出较大调整。理由充分、确需调整的,也应办理相关手续。严格禁止未办理手续擅自进行调课的行为。

六、凡本单位内调课的,应先从教务处网页下载《调课申请单》,经本院系分管教学的领导签字批准,然后由本单位的教务人员与教务处商调。最后再由教务人员把调课结果及时准确地告知学生与任课教师。

七、涉及跨单位(包括公共课)之间调课,应先从教务处网页下载《调课申请单》,经开课单位(学生所在单位)或授课单位(教师所在单位)分管教学领导签字批准,再由授课单位教务人员与开课单位、教务处三方共同商调。最后,由授课单位通知任课教师调课结果,开课单位教务人员通知学生调课结果。

八、为保证课表信息与教室实际使用一致,教务处不受理教师或学生单方面的调课事宜。同时禁止未办理手续私自占用教室的行为。

九、根据正式批准的课表,教务处负责通知现代教育技术中心和教室管理单位履行管理责任;院系教务人员负责以书面形式通知各有关单位、教师和学生等。凡出现差错,依书面材料裁定责任归属。

十、各单位的教学秘书和教务管理人员应主动为师生服务,备有任课教师的通信联系办法,及时提醒、通知任课教师和学生有关课表信息及应注意问题,保持信息畅通。

——本文摘录自《关于印发〈厦门大学编排课表原则及管理办法〉的通知》,(2003)厦大教43号,档号2003-XZ12-4

关于实施“大学生素质拓展计划”的通知

(2003年10月10日)

全校各单位:

为进一步贯彻落实《中共中央、国务院关于深化教育改革全面推进素质教育的决定》精神,适应经济社会发展对人力资源开发尤其是青年人才资源开发的迫切需要,有效地教育、引导学生全面成长成才,根据团中央、教育部、全国学联《关于实施“大学生素质拓展计划”的意见》,学校决定在全校学生中实施“大学生素质拓展计划”。

一、目的和意义

全面贯彻党的教育方针,按照江泽民同志“四个统一”的要求,坚持面向现代化、面向世界、面向未来,以培养大学生的思想政治素质为核心,以培养创新精神和实践能力为重点,普遍提高大学生的文化素质和科学素质,造就“有理想、有道德、有文化、有纪律”,德智体美全面发展的社会主义建设者和接班人。

“大学生素质拓展计划”是结合学校教学计划的必要补充和人才培养工作的重要组成部分。做好“素质拓展计划”的实施工作,有利于形成大学生自觉参与素质教育的积极导向,有利于动员社会资源服务大学生素质教育,有利于增强大学生自主创业就业的意识和能力。

二、基本内容

“大学生素质拓展计划”的基本内容是以开发大学生人力资源为着力点,进一步整合深化教学主渠道外有助于提高学生综合素质的各种活动和工作项目,在思想政治与道德素质、社会实践与志愿服务、科技学术与创新创业、文体艺术与身心发展、社团活动与社会工作、技能培训等六个方面引导和帮助广大学生完善智能结构,全面成长成才。

“素质拓展计划”的实施要注重三个结合,即课内外相结合、第一课堂与第二课堂相结合、学习与实践相结合。主要围绕职业设计指导、素质拓展训练、建立评价体系、强化社会认同四个环节,通过开展形式多样的学习与实践活动,全面带动和促进“大学生素质拓展计划”的实施。“大学生素质拓展计划”的主要内容包括:

(一)职业设计指导。根据学生个人的特点、爱好和能力,对他们将来可能从事的职业进行设计指导,并就学生完善素质的具体方法和途径提出合理化建议,帮助学生建立成才目标,引导他们有意识、有目的、有选择地参加各种素质拓展活动。

(二)素质拓展训练。根据不同阶段和层次的学生不同的成才需求,广泛开展思想教育活动、学术科技文化活动、社会实践以及其他有益于学生素质提高的第二课堂活动,为学生的全面发展提供必要的训练和帮助。

(三)建立评价体系。合理整合资源,构建网络数字化版和纸介版并行的《大学生素质拓展证书》双媒介平台,建立客观记录学生素质发展变化情况的学生人力资源能力评价体系,引导和激励学生更好地进行素质拓展。《大学生素质拓展证书》是推进“计划”的重要载体,学校自2001级、2002级本科生开始统一颁发《大学生素质拓展证书》。

（四）强化社会认同。争取就业指导、劳动人事等部门对大学生素质拓展的政策支持，完善大学生就业准入机制，畅通用人单位的信息反馈渠道，推动社会对大学生素质拓展及其评价体系的认同。以适当方式吸纳社会力量参与计划的实施。

三、有关要求

"大学生素质拓展计划"是在新形势下加强和改进我校德育工作，全面推进素质教育，促进大学生全面发展的一项重要举措。全校各学院和有关职能部门要高度重视，把这项工作列入重要日程，并积极创造条件推进大学生素质拓展工作。

（一）切实加强对实施"大学生素质拓展计划"的领导。学校成立"大学生素质拓展计划"领导小组。在校团委成立大学生素质拓展认证中心。"中心"负责对全校学生素质拓展工作进行规划并制定实施办法。各学院要相应成立本学院大学生素质拓展指导机构，并在各班级设立素质拓展（认证）小组，精心设计与本学科专业特点相结合的学生素质拓展训练计划，建立起以学期为单位，实行个人申报、班级组织民主评议、学院认证、学校审核归档的三级认证体系。

（二）健全规章制度，强化政策导向。制定和完善相关规章制度，并就计划实施在评优创先、求学深造、就业推荐等方面制订配套的政策。同时，认真做好"大学生素质拓展计划"与学校已有工作尤其是学生综合测评办法的衔接工作，有效保证各项工作的有序开展。

（三）学校各相关职能部门、各学院要密切配合，协调行动，形成合力，精心设计、组织开展各项素质拓展活动，共同推进"大学生素质拓展计划"的实施。要积极支持各级学生组织以及关心下一代工作委员会在"大学生素质拓展计划"实施中发挥应有作用；要与时俱进，不断适应形势发展的需要，大胆探索新的工作内容和工作方法，通过建立健全操作机制、评价机制和对学生的激励机制，确保这项工作取得扎实成效。

特此通知。

二〇〇三年十月十日

——本文摘录自《关于实施"大学生素质拓展计划"的通知》，厦大委综〔2003〕22号，档号2003-XZ09-13

厦门大学选聘博士生指导教师工作实施细则(试行)

(校第六届学位评定委员会第一次全体委员会议2003年7月23日通过)
(2003年10月16日)

根据国务院学位委员会学位[1995]20号文件《关于改革博士生指导教师审核办法的通知》精神和学位[1999]9号文件《关于进一步下放博士生指导教师审批权的通知》精神及其附件《关于选聘博士生指导教师工作的几点原则意见》,经校学位评定委员会研究决定,制定我校选聘博士生指导教师工作实施细则。

一、选聘博士生指导教师的基本原则

博士生指导教师是指导、培养博士生的重要工作岗位。选聘博士生指导教师必须坚持以下基本原则:

1.有利于学科建设和调整学科结构,有利于发挥指导集体的作用,有利于培养国家经济建设、科技进步和社会发展所需要的高层次创新型专门人才。

2.充分调动学科带头人的积极性,尊重专家评审意见和发挥学位评定委员会的作用,在具体的申请、送审和评审工作中应遵循诚信原则和严格执行自我约束制度。

3.必须坚持标准,严格要求,保证质量,公正合理。

二、选聘博士生指导教师的基本程序

1.通过遴选程序确认新增博士生指导教师的资格;

2.通过聘任程序在业已确认博士生指导教师资格的范围内,根据当年我校的博士生招收计划和申请人承担的科研项目和科研经费情况、近期的科研成果和获奖情况、近年来培养博士研究生的质量和数量,以及年龄、身体健康状况等等,聘任本年度招生的博士生指导教师。

三、选聘博士生指导教师的基本条件

遴选和聘任的博士生指导教师必须具备以下基本条件:

1.热爱研究生教育事业,熟悉国家有关研究生教育的政策法规,能教书育人,为人师表,具有高尚的科学道德,严谨的治学态度。能认真履行导师职责,每年保证有半年以上的时间在国内指导博士生。身体健康情况良好。

2.具有教授(研究员或相当职称)专业技术职务,新选聘的1953年1月1日以后出生的博士生指导教师一般应具有博士学位。

3.申请新增博士生指导教师者应是我校博士学位授予学科、专业范围内(含具有博士学位授予权的一级学科覆盖的博士点专业)的在岗教授(研究员或相当职称),并能够真正担负指导博士生的实际工作。

4.新增列的博士生指导教师年龄一般在55岁以下,应重视有博士学位的年轻教授。学科建设有特殊需要的,年龄可适当放宽,但原则上不得超过60周岁。

由校学位评定委员会确认导师资格的博士生指导教师，年龄一般不应超过62周岁；由国务院学位委员会确认导师资格的博士生指导教师，根据年龄、身体和工作情况分别确定受聘年龄。

5.有较高的学术造诣和丰富的科研工作经验，学术水平应居国内本学科的前列，能及时掌握学科的前沿领域及发展趋势，有重要的科研成果（具体指标见附件）。

6.所从事的研究方向有重要的理论意义或实际应用价值。正在承担国家或省部级科研项目或其他有重要价值的项目，有较充足的科研经费（具体指标见附件）。

7.已完整培养过一届硕士研究生，或参加过博士生指导小组工作完整地协助培养过一届博士生，培养质量良好，能胜任研究生的教学和培养任务。

8.作为人才引进的教师在原所在院校已具有博士生指导教师资格的，可直接申请指导博士生的工作岗位，其申请经所在学科的学位评定分委员会审核后，直接报送校学位评定委员会批准。

9.凡在我校申请兼职博导的，必须是我校的兼职教授，并对我校相应学科建设及博士生培养有重大支持。

10.具有博士学位的副教授，教学与科研成果特别突出，所培养的硕士生质量优秀，且是所在博士点的学术骨干，符合遴选博士生指导教师的条件，可由个人申请，经学位评定分委员会审核推荐，报校学位评定委员会讨论。

四、新增博士生指导教师的遴选程序

1.资格审查

申请人可向所在学科学位评定分委员会提出申请，填报《博士生指导教师工作岗位申请表》及附录（一式十份），并附送代表性成果三件（包括这些成果的学术评价、鉴定材料及使用部门意见的复印件，每件一式三份）以及有关科研课题立项通知书和获奖证书复印件（一式三份）交申请学位评定分委员会，由学位评定分委员会委托申请人所在院（系、所）组织审核，并将每位申请人的《博士生指导教师工作岗位申请表》及附录在其所在院（系、所）内公布一星期后，连同其他材料交申请人所在学科的学位评定分委员会。

凡通过有关院（系、所）审核的申请人，应向学位评定分委员会报告本人近5年来取得的主要科研成果，当前从事的科研工作（项目、经费和重要性等）和培养研究生等方面的情况，并回答分委员会委员提出的问题。

学位评定分委员会根据选聘博士生指导教师的条件对申请人资格进行审查，并采取无记名投票的方式进行表决。获得分委员会委员半数以上（含半数）同意者方为通过。分委员会应从通过审查的申请人中，根据学科建设实际需要和校学位评定委员会限定的名额，择优向校学位评定委员会推荐候选人。

在国家新增博士点的年份，各新增博士点的学科带头人和主要学术骨干申请博士生指导教师工作岗位的，只要其符合我校博士生指导教师的选聘条件，可简化审核和表决程序，由学位评定分委员会审核直接向校学位评定委员会推荐。

对于教学科研成果特别优秀者，可由校学位评定委员会主席提名，直接报送校学位评定委员会审议。

学位评定分委员会针对其审查通过并向校学位评定委员会推荐的候选人的学科、专业领域（限于二级学科），向校学位评定委员会至少推荐5位校外有指导博士生经验且学风端正、治学严谨的同行专家，供校学位评定委员会选聘作为进行通讯评议的专家。校外同行专家推荐名单应保密。

2.同行专家通讯评议

校学位评定委员会聘请校外同行专家对学位评定分委员会推荐的候选人的学术水平及指导博士生的能力进行全面评议，专家人数应不少于3人。

在国家新增博士点的年份，各新增博士点的学科带头人和主要学术骨干申请博士生指导教师工作岗位的，只要其符合我校博士生指导教师的选聘条件，可简化同行专家通讯评议程序，由所在学科的学位评定分委员会将有关材料直接送校研究生院审核和汇总，提交校学位评定委员会审议。

3.校学位评定委员会审定

校学位评定委员会对各分委员会推荐的申请人名单逐个进行审查,并根据校外同行专家通讯评议的结果,采取无记名投票方式进行表决,就申请者是否具有指导博士生的资格做出决议。获出席会议2/3以上(含2/3)委员同意者为通过。

4.公示征询意见

凡经过校学位评定委员会表决通过确定博士生指导教师资格的申请人名单由校研究生院在校内公示,征询意见。自名单公布之日起,一个月内无异议者,由校学位评定委员会批准,确认其博士生指导教师资格。

5.复议

校学位评定委员会的审定为最终审定。对未通过博士生指导教师资格审定的申请者提出的复议要求,除非事实证明在审议程序上有错误,并经有关职能部门认定事实存在的可以提请复议,其余一概不进行复议。

五、博士生指导教师的聘任程序

1.已具有博士生指导教师资格者可向所在学科学位评定分委员会提出招收培养博士研究生的申请,并填报《招收培养博士学位研究生计划表》。

2.在学位评定分委员会对申请招生的指导教师工作条件和能力进行综合评议,并根据本学科的招生计划和申请人的条件进行初选,将推荐名单报送研究生院。

3.研究生院根据本实施细则附件规定的条件进行形式审查及复核,并由校学位评定委员会主席主持审定当年聘任的博士生指导教师名单。学校招生办公室据以编制招生目录,纳入当年招生计划。

4.已经纳入聘任名单并列入招生计划,但计划年度未能招生者,列入未上岗名单,不享受博士生导师待遇。聘任并已上岗者如遇无在学博士生的情况(原有博士生毕业,未招收新生)即为自行下岗,同样不再享受博士生指导教师待遇。所指导的博士生有经批准延长学习期间者,导师列在聘任名单内,但因该博士生延期毕业而发生的有关费用均由其导师支付。凡3年未能上岗或5年内上岗不合格者(未能培养出1名博士生),其聘任资格自动取消,不再纳入聘任计划。如拟继续招生,则需重新申报参加新增博士生指导教师遴选,并经评审通过,重新获得博士生指导教师资格后方可纳入聘任程序。

5.具备下述条件之一的博士生指导教师,可从具备条件当年算起,连续4年直接纳入招生计划:(1)其培养的博士生获国家百篇优秀博士学位论文奖;(2)其培养的博士生在学期间或毕业后两年内获国家级科研奖(排序前三名,含国家社科奖);(3)本人学术成果获国家级二等奖以上奖励(排序前两名,含国家社科奖);(4)总理基金获得者;(5)国家“百千万人才”入选者;(6)教育部“跨世纪人才”入选者;(7)获得特聘教授资格的“长江”学者、“闽江”学者等。

六、质量保证和约束机制

遴选和聘任博士生指导教师必须坚持公平、公正和公开的原则,坚持标准,宁缺毋滥。为此,应健全质量保证和约束机制。

1.如实填报有关材料

申请人必须正确对待遴选和聘任工作,务必实事求是地填报有关材料。申请人所在院(系、所)和学科学位评定分委员会必须认真审核有关材料和数据。

2.妥善推荐同行专家评审名单

同行专家评议是保证遴选质量的关键环节,各学位评定分委员会应审慎对待,推荐学术水准高,坚持原则,作风正派,治学严谨的相同或相近领域的专家。同时应注意回避原则。

3.实行回避制度

凡申请作为博士生指导教师人员，不得参与涉及本人及本人同批申报的其他申请人的评议或审批工作和有关的组织领导工作。学位评定委员会和分委员会成员要自觉遵守回避制度，不得参与对自己或亲属的有关评议或审批工作。

4.受理异议

校学位评定委员会有责任受理个人或组织对选聘博士生指导教师工作过程或结果提出的异议。校学位评定委员会正、副主席应通过组织集体讨论，对有关异议调查核实的结果做出合理仲裁。对因学术问题提出的异议，可根据情况采取扩大同行评议范围或组织专家小组审查的方式进行认定。

5.纪律约束

学位评定委员会和分委员会必须从学校发展和学科建设的大局出发，坚持原则，出以公心，认真负责，坚决遏止不正之风。申请者不得以任何方式向有关评审人员施加影响。

七、时间安排

选聘新增博士生指导教师工作一般每两年(逢双年)举行一次。结合国家新增博士点评审工作和学科建设需要，可以由校学位评定委员会主席提出动议，增加博士生指导教师的选聘次数，但每年最多一次。

八、附　则

本实施细则自发布之日起生效。本实施细则由校学位评定委员会负责解释。

附件：

厦门大学遴选新增博士生指导教师科研工作具体指标

<table>
<tr><th colspan="2">学科类别</th><th>科研工作具体指标</th></tr>
<tr><td rowspan="2">理工科</td><td>理科或基础研究</td><td>1.申请人近 5 年来在 SCI、EI 刊物上至少发表论文 3 篇；
2.曾获省部级及以上科技奖或取得发明专利；
3.近 3 年至少主持一项国家级或省部级科技项目，近 3 年纵向科研经费至少 5 万元/人年均。</td></tr>
<tr><td>工科或应用研究</td><td>1.申请人近 5 年来在国内外权威、核心刊物上至少发表论文 3 篇。
2.曾获省部级及以上科技奖或取得发明专利。
3.近 3 年至少主持一项国家级或省级科技项目或较高科技水平的横向科研项目，近 3 年科研经费至少 10 万元/人年均；或近 5 年来主持已完成或目前正在主持一项经费在 50 万元以上(纵向)或 100 万元以上(横向)的有较高水平的应用开发项目。</td></tr>
<tr><td colspan="2">文科</td><td>1.申请人近 5 年来在国内外权威刊物上至少发表论文 3 篇或出版高水平学术专著 2 部。
2.曾获省部级及以上科研成果奖。
3.近 3 年来至少主持一项国家级或省部级科研项目；近 3 年来科研经费至少 1 万元/人年均；或近 5 年主持已完成或目前正在主持一项经费在 20 万元以上(纵向)或 40 万元以上(横向)的有较高水平的应用开发项目。</td></tr>
<tr><td colspan="3">注：一般应同时满足三项，但如果其中某项成果特别突出，达到规定数量的 2 倍以上，可抵另一项条件。</td></tr>
</table>

——本文摘录自《关于下发〈厦门大学选聘博士生指导教师工作实施细则(试行)〉的通知》，厦大研字[2003]11 号，档号 2003-XZ28-1

关于下发“厦门大学学位论文规范”、“厦门大学学位论文原创性声明”的通知

(2003 年 10 月 16 日)

各学院、直属系(所):

为进一步规范我校博士、硕士学位论文的写作,同时为保障我校博士、硕士学位论文的原创性,防范乃至杜绝学位论文写作中的抄袭、剽窃等不良行为,特制定“厦门大学学位论文规范”和“厦门大学学位论文原创性声明”(均见附件)。现将它们下发给你们。从今年(2003 年)11 月 1 日起,凡我校博士、硕士研究生的论文写作,均应按照此规范的格式进行;此外,所有博士、硕士研究生的学位论文,均应在首页(封面之后)放上“论文原创性声明”。特此通知。

附:1.《厦门大学学位论文规范》

2.《厦门大学学位论文原创性声明》

厦门大学研究生院

2003 年 10 月 16 日

附件 1

厦门大学学位论文规范

一、学位论文的规范化要求

1.论文的打印和印刷纸张的规格标准为 16 开。

2.论文封面的要求

(1)颜色:浅色(白、浅黄、浅绿);

(2)封面的字体、字号和排版要求见附件;

(3)封面的论文题目需要中、英文,英文题目在中文题目之下。

3.论文书脊的要求(如右图)

(1)在论文的书脊以紧排依序打印中文:论文名称、作者姓名、指导教师:×××;厦门大学(博士必须打印,硕士建议有条件的打印);

(2)字号字体:小五号宋体。

4.论文封面后加《厦门大学学位论文原创性声明》

5.论文目录的要求

(1)中英文各一份;

(2)至少要示明“章和节”的标题、页码;

(3)章的标题的字号:四号黑体加重;

(4)节的标题的字号:小四黑体加重;

(5)目的标题的字号:小四宋体。

社会发展动力研究 张三 指导教师 李四 厦门大学

6.论文摘要的要求

(1)文字:中文和英文各一份,中、英文摘要及其关键词分别各置一页内,字号小四宋体;

(2)字数:中文600字左右,英文3500字符左右;

(3)内容:重点概述本文研究的问题、意义、创新之处和主要观点、结论。

7.论文关键词的要求

(1)关键词数量:不超过3个,能体现论文的主要内容,词组符合学术规范;

(2)每个关键词字数:不超过5个字;

(3)字号字体:小四号宋体;

(4)多个关键词之间用分号隔开;

(5)格式例示:关键词:资产重组;市场反应;实证研究

Key Words: Capital Reorganization; Market Reaction; Empirical Study.

8.论文正文排版的要求

(1)字体字号:小4号、宋体;

(2)行距:1×1.5;

(3)每行字数:32～33字;

(4)每页须加"页眉"和"页码"。

9.论文中的标题格式和排版的要求

(1)章的标题:小3号加重黑体;

(2)节的标题:4号加重黑体;

(3)目及子目以下的标题:小4号加重黑体;

(4)标题一般要简明扼要,体现阐述内容的重点,无标点符号;

(5)全文各部分或章节的题目的"编号"要尽量一致。

10.论文字数

硕士30,000字左右;博士:文科(含经济、管理)100,000字左右,理工科大于50,000字。

11.表格的要求

(1)表格要有:编号,表名(小4号宋体加重),单位;表号和表名要居中,单位在表右上方。

(2)表格中要注明"项目"(例如,数据的名称、时间)。

(3)资料来源要标明"作者、资料来源名称、时间",用小五宋体,置表格左下方。

(4)表与上下正文之间各空一行。

表1:1995—2000年工商银行资产负债情况

单位:亿元

时间	1995	1996	1997	1998
总资产				
净资产				
总负债				

资料来源:中国人民银行:《2000年年鉴》,中国统计出版社,2001年5月。

12.制图的要求

(1)图要有:编号,图名(小4号宋体加重),单位;图号和图名要居图上方或下方的正中。

(2)图形要标明计量单位。

(3)图的资料来源要示明"作者、来源名称、时间",用小五宋体,置图左下方。

(4)图与上下正文之间各空一行。

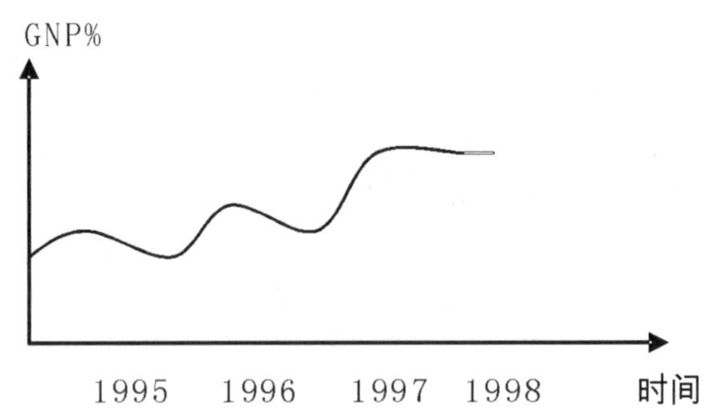

图1 厦门地区1995—2000年GNP增长状况

13.注释

注释主要用于对文章篇名、作者及文内某一特定内容做必要的解释或说明。篇名、作者注置于当页地脚;对文内有关特定内容的注释可夹在文内(加圆括号),也可排在当页地脚。序号用带圆圈的阿拉伯数字表示。

14.参考文献

(1)参考文献的著录应执行GB7714-87《文后参考文献著录规则》及《中国学术期刊(光盘版)检索与评价数据规范》规定,采用顺序编码制,在引文处按论文中引用文献出现的先后以阿拉伯数字连续编码,序号置于方括号内。一种文献在同一文中被反复引用者,用同一序号标示,需表明引文具体出处的,可在序号后加圆括号注明页码或章、节、篇名,字体用小五宋体。

(2)文后参考文献的著录项目要齐全,其排列顺序以在正文中出现的先后为准;参考文献列表时应以"参考文献:"(左顶格)或"[参考文献]"(居中)作为标识;序号左顶格,用阿拉伯数字加方括号标示;每一条目的最后均以实心点结束。

(3)参考文献著录的条目以小于正文的字号编排在文末。其格式为

①专著、论文集、学位论文、研究报告——[序号]主要责任者.文献题名[文献类型标识].出版地.出版者,出版年.起止页码(任选).

例:[1]周振甫.周易译注[M].北京:中华书局,1991.

②期刊文章——[序号]主要责任者.文献题名[J].刊名,年,卷(期);起止页码.

例:[2]何龄修.读顾城《南明史》[J].中国史研究,1998,(3):167-173.

③报纸文章——[序号]主要责任者.文献题名[N].报纸名,出版日期(版次).

例:[7]谢希德.创造学习的新思路[N].人民日报,1998-12-25(10).

④电子文献——[序号]主要责任者.电子文献题名.[电子文献及载体类型]电子文献的出版或可获得地址,发表或更新日期/引用日期(任选).

例:[8]王明亮.关于中国学术期刊标准化数据库系统工程的进展[EB/01].http://www.cajcd.cn/pub/wml.txt/980810-2.html,1998-08-16/1998-10-04.

⑤各种未定型的文献——[序号]主要责任者.文献题名[Z].出版地:出版者,出版年.

例:[11]张永禄.唐代长安词典[Z].西安:陕西人民出版社,1990.

⑥参考文献类型,根据GB3469-83《文献类型与文献载体代码》规定,以单字母方式标识:M——专著,C——论文集,N——报纸文章,J——期刊文章,D——学位论文,R——研究报告,S——标准,P——专利;对于专著、论文集中的析出文献采用单字母"A"标识,其他未说明的文献类型,采用单字母"Z"标识。

15.其他要求

(1)文内的各章、各节内的标题及段落格式(含顶格或缩进)要一致;

(2)全文内各章的体例要一致,例如,各章(节、目)是否有"导语";

(3)时间表示:使用“1999年10月”,不能使用“99年10月”或“1999.10”;

(4)标题编号:要符合一般的学术规范,一般不能使用“半括号”,“(一)、”或“(一、)”等不规范用法,标题结束处不能有标点符号;

(5)全文错别字或不规范之处不能超过万分之二。

附件2

厦门大学学位论文原创性声明

兹呈交的学位论文,是本人在导师指导下独立完成的研究成果。本人在论文写作中参考的其他个人或集体的研究成果,均在文中以明确方式标明。本人依法享有和承担由此论文而产生的权利和责任。

声明人(签名):

年 月 日

——本文摘录自《关于下发“厦门大学学位论文规范”、“厦门大学学位论文原创性声明”的通知》,厦大研字[2003]12号,档号2003-XZ28-1

关于下发“厦门大学博士学位论文评阅书”、“厦门大学硕士学位论文评阅书”的通知

（2003 年 10 月 16 日）

各学院、直属系(所)：

为进一步改进我校博士、硕士学位论文的评阅工作，特对原有的评阅书进行修改，使之进一步规范化，现将新制定的《厦门大学博士学位论文评阅书》、《厦门大学硕士学位论文评阅书》(均见附件)下发给你们。从 2003 年 11 月 1 日起，凡我校博士、硕士研究生的论文评阅，均应采用此新的评阅书。特此通知。

附：1.《厦门大学博士学位论文评阅书》

2.《厦门大学硕士学位论文评阅书》

厦门大学研究学院

2003 年 10 月 16 日

厦门大学博士学位论文评阅书

厦门大学研究生院印制

电话：2181472　　传真：0592-2094971

邮政编码：361005　　电子邮件：xwb@xmu.edu.cn

通讯地址：福建省厦门市厦门大学研究生院

一、博士研究生基本信息表

博士研究生姓名		学号		入学时间	
论文题目(中文)					
论文题目(英文)					
所在院、系(所、中心)					
一级学科名称		二级学科名称			
指导教师姓名		职称			
研究生秘书姓名		联系电话			
传真					

论文的主要贡献				
博士研究生在学期间发表的主要论文、著作或译著				
序号	++论文、著作或译著的名称	刊物或出版社名称	发表时间	刊号
1				
2				
3				
4				
5				
6				
7				
8				

二、博士学位论文的定量评价

序号	评价项目	优秀	良好	合格	不合格	得分
1	选题 (13分)	选题具有前沿性和重要的理论意义或应用价值。 (12～13)	选题具有较大的理论意义或应用价值。(10～11)	选题具有一定的理论意义或应用价值。(8～9)	论题不准确或不明确,没有理论研究价值或应用价值。 (7分以下)	
2	文献研究和综述 (10分)	文献研究全面、准确、系统、即时。 (9～10)	文献研究比较全面、准确、系统、即时。(8)	文献研究基本准确且有一定全面性和系统性。 (6～7)	文献研究不足,没有达到全面、系统、准确和即时的要求。 (5分以下)	
3	基础理论和专业知识 (15分)	学生的理论基础系统、扎实,专业知识全面、深入。 (14～15)	学生的理论基础较系统、扎实,专业知识全面、深入。(12～13)	学生的理论基础较系统、扎实,专业知识较全面、深入。(9～11)	学生的理论基础不够系统、扎实,专业知识也不够全面、深入。(8分以下)	
4	研究设计和研究方法 (10分)	研究设计合理,方法规范、科学,达到解决问题的目标,且具有独特的改进或创新。 (9～10)	研究设计合理,方法科学、规范,达到解决问题的目标。 (8)	研究设计基本合理,方法基本规范、科学,但存在一定缺陷,这些缺陷对研究结果没有明显影响。 (6～7)	研究设计不合理,方法不够规范和科学,导致影响研究结果的准确性。 (5分以下)	

5	论据 (14分)	资料翔实，数据或论据充分。 (13～14)	资料较翔实，数据或论据较充分。 (11～12)	资料较翔实，数据或论据基本充分。 (9～10)	资料不够翔实，数据或论据不充分。 (8分以下)	
6	分析、研究和论证 (10分)	研究框架合理，分析逻辑清晰，论证严谨。 (9～10)	研究框架合理，分析逻辑清晰，论证较严谨。 (8)	研究框架合理，分析逻辑较清晰，论证较严谨。 (6～7)	研究框架不合理，分析逻辑不够清晰，论证不够严谨。 (5分以下)	
7	改进和创新 (20分)	在基础理论、专业理论或研究方法具有明显的创新。 (18～20)	在基础理论、专业理论或研究方法具有重要的改进。 (15～17)	在基础理论、专业理论或研究方法具有一定的改进。 (12～14)	在基础理论、专业理论或研究方法没有什么改进。 (11分以下)	
8	写作能力 (8分)	论文结构合理，层次分明，概念清晰、格式(图表、公式、参考文献等)规范，文笔流畅。 (8)	论文结构较合理，层次较分明，概念清晰，格式(图表、公式、参考文献等)规范，文笔流畅。(7)	论文结构基本合理，层次较分明，概念清晰，格式(图表、公式、参考文献等)规范，文笔较流畅。 (5～6)	论文结构不合理，层次不分明，概念不清晰，格式(图表、公式、参考文献等)规范，写作能力较差。 (4分以下)	
综合成绩		综合得分$=\Sigma$				

三、博士学位论文的定性评价

说明：请参照上页“定量评价”中的评价项目写出评语，并务必说明论文存在的不足之处和改进意见(可另加附页)

四、博士学位论文的评价结论

<table>
<tr><td rowspan="2">评阅人认为论文是否达到博士学位论文的水平</td><td colspan="2">达到优秀博士学位论文水平</td><td colspan="2">达到博士学位论文水平</td><td>基本达到博士学位论文水平</td><td>尚未达到博士学位论文水平</td></tr>
<tr><td colspan="2"></td><td colspan="2"></td><td></td><td></td></tr>
<tr><td rowspan="2">评阅人是否同意学生参加答辩</td><td colspan="2">同意答辩</td><td colspan="2">修改后答辩</td><td colspan="2">不同意答辩</td></tr>
<tr><td colspan="2"></td><td colspan="2"></td><td colspan="2"></td></tr>
<tr><td>评阅人签字</td><td colspan="2"></td><td colspan="2">评阅时间</td><td colspan="2"></td></tr>
</table>

五、评阅人基本信息表

<table>
<tr><td>评阅人姓名</td><td></td><td>职称</td><td></td><td>是否担任博士生导师</td><td></td></tr>
<tr><td>工作单位</td><td colspan="5"></td></tr>
<tr><td>通讯地址</td><td colspan="5"></td></tr>
<tr><td>邮政编码</td><td></td><td colspan="2">电话</td><td colspan="2"></td></tr>
<tr><td>传真</td><td></td><td colspan="2">电子邮件</td><td colspan="2"></td></tr>
<tr><td>所属学科</td><td></td><td colspan="2">所属专业</td><td colspan="2"></td></tr>
</table>

厦门大学硕士学位论文评阅书

厦门大学研究生院印制

电话:2181472　　传真:0592-2094971

邮政编码:361005　　电子邮件:xwb@xmu.edu.cn

通讯地址:福建省厦门市厦门大学研究生院

一、硕士研究生基本信息表

硕士研究生姓名		学号		入学时间	
论文题目(中文)					
论文题目(英文)					
所在院、系(所、中心)					
一级学科名称		二级学科名称			
指导教师姓名		职称			
研究生秘书姓名		联系电话			
传真					

硕士研究生在学期间发表的主要论文、著作或译著				
序号	论文、著作或译著的名称	刊物或出版社名称	发表时间	刊号
1				
2				
3				
4				
5				
6				
7				
8				

二、评阅人基本信息表

评阅人姓名		职称	
工作单位			
通讯地址			
邮政编码		电话号码	
传真		电子邮件	
所属学科		所属专业	

三、硕士学位论文的定量评价

<table>
<tr><th>一级指标</th><th>二级指标</th><th>评分标准</th><th>具体得分</th></tr>
<tr><td rowspan="2">选题与综述
20 分</td><td>论文选题
12 分</td><td>有突出的理论意义和实用价值(11～12 分)
有一定的理论意义和实用价值(9～10 分)
有理论意义和实用价值(7～8 分)
选题欠妥(≤6 分)</td><td></td></tr>
<tr><td>文献阅读
8 分</td><td>阅读广泛,了解本领域,掌握国内外动态。(8 分)
阅读较广泛,基本了解本领域国内外动态。(6～7 分)
阅读和综述一般。(5 分)
阅读量不足,综述不够(≤4 分)</td><td></td></tr>
<tr><td>论文水平</td><td>掌握基础理论和专业知识的情况
20 分</td><td>好(18～20 分) 较好(15～17 分)
一般(12～14 分) 较差(≤11 分)</td><td></td></tr>
<tr><td>50 分</td><td>创造性及论文成果
30 分</td><td>好(27～30 分) 较好(23～26 分)
一般(18～22 分) 较差(≤17)</td><td></td></tr>
<tr><td rowspan="3">能力
表现
30 分</td><td>分析与论证、实验及计算能力
15 分</td><td>很强(14～15 分) 较强(12～13 分)
一般(9～11 分) 较差(≤10 分)</td><td rowspan="3"></td></tr>
<tr><td>论文工作量
6 分</td><td>充足(6 分) 较大(5 分)
基本符合要求(4 分) 工作量不足(≤3 分)</td></tr>
<tr><td>写作能力
9 分</td><td>条理清晰,文笔流畅,学风严谨。(9 分)
条理性好,文笔较好,学风较严谨。(7～8 分)
写作能力尚可,学风尚严谨。(6 分)
写作能力差,学风不够严谨。(≤5 分)</td></tr>
<tr><td>总分</td><td colspan="3"></td></tr>
</table>

四、硕士论文的定性评价

注意:请评阅人务必说明论文存在的不足之处和改进意见(可另加附页)

五、硕士论文的综合评价

<table>
<tr><td rowspan="2">评阅人认为论文是否达到硕士学位论文的水平</td><td colspan="2">达到优秀硕士学位论文水平</td><td colspan="2">达到硕士学位论文水平</td><td colspan="2">基本达到硕士学位论文水平</td><td>尚未达到硕士学位论文水平</td></tr>
<tr><td colspan="2"></td><td colspan="2"></td><td colspan="2"></td><td></td></tr>
<tr><td rowspan="2">评阅人是否同意学生参加答辩</td><td colspan="3">同意答辩</td><td colspan="2">修改后答辩</td><td colspan="2">不同意答辩</td></tr>
<tr><td colspan="3"></td><td colspan="2"></td><td colspan="2"></td></tr>
<tr><td>评阅人签字</td><td colspan="3"></td><td colspan="2">评阅时间</td><td colspan="2"></td></tr>
</table>

——本文摘录自《关于下发“厦门大学博士学位论文评阅书”、“厦门大学硕士学位论文评阅书”的通知》,厦大研字[2003]13号,档号2003-XZ28-1

厦门大学深圳研究院经济学和管理学博士研究生培养方案及有关规定(试行稿)

(2003年10月17日)

为了加强和规范我校深圳研究院经济学和管理学博士研究生的培养和管理,根据"统一标准、资源共享、规范管理、保证质量"的原则,特制定本培养方案及有关规定。

一、培养目标

厦门大学深圳研究院经济学和管理学博士研究生培养项目旨在招收和培养德、智、体全面发展,系统掌握经济学或管理学基础理论、专业知识、研究方法和研究动态,具有独立从事科学研究工作能力,能在本学科领域的科学研究中做出创新性成果的高级专门人才。

二、学习年限

全日制博士研究生的学制不少于三年,深圳研究院在职博士生学制一般为四年,最长不超过六年。

三、课程设置与学分数要求

博士生应修满14学分,一般在1～1.5年内完成,具体课程和要求:

1.政治理论课"马克思主义与当代社会思潮"(2学分)

2.第一外国语"英语"(2学分)

3.专业学位课3～4门(6～8学分)

其中1门由各专业方向的导师开设。由研究生院统一组织开设4～5门质量高、适用学科较广的专业学位课,由学生选修其中的2～3门。

4.专业选修课(24学分)

各专业根据需要设置1～2门,由学生选修。

5.文献选读,不少于10篇,并按导师要求撰写相应的研究报告。

四、学科综合考试与中期水平考核分流

为了检查博士是否掌握本学科坚实宽广的基础理论和系统深入的专业知识,确定是否能进入论文阶段,要对博士研究生进行学科综合考试。学科综合考试一般安排在第三学期,并在综合考试的基础上进行中期水平考核分流。

五、学位论文

1.学位论文是培养博士生创新能力、实践能力和创业精神的主要环节，应在导师指导下由博士生本人独立完成。博士生至少用两年时间进行学位论文工作。学位论文不计学分。

2.博士生入学后应在导师指导下明确研究方向，导师要注意引导博士生选择学科前沿领域课题或对我国经济和社会发展有重要意义的课题，突出学位论文的创新性。一般要求在入学后一年内进行选题报告，广泛听取意见。

3.博士学位论文应能反映作者掌握了本学科坚实宽广的基础理论和系统深入的专门知识，表明作者具有独立从事科学研究工作的能力，取得创造性的成果，具有较大的学术价值或应用价值。

六、有关管理规定

1.培养计划：

厦门大学深圳研究院经济学和管理学博士研究生必须在入学后的一个月内，到学校本部在导师的指导下填写《厦门大学博士研究生培养计划》(一式四份)，并由导师、院系领导签章后报培养与管理处审核，方正式取得学籍。取得学籍后其培养计划分为四个阶段：课程学习、综合考试和论文开题、论文研究和指导工作、论文答辩。

2.培养方式：

经济学院和管理学院各系每年在深圳研究院招收博士研究生，原则上以“一级学科”或“大类专业”进行培养；在深圳招生的导师根据课程需要，每人必须至少为本学科或大类专业的“深圳博士班”研究生开设一门课程。

深圳研究院博士生的培养宜采取导师负责和以博士点学术梯队为主体的导师组集体培养相结合的方法，由经济学院和管理学院在深圳招生的导师组成导师组。要充分尊重导师的主导作用，并注意发挥导师组的群体作用。导师个人与导师组，负责指导博士生的课程学习、科学研究及思想政治教育。导师组成员由所在系推荐，学位评定分委员会审核，报研究生院备案。

3.授课方式：

政治理论课和英语课由研究生院组织教师到深圳上课。导师开设的一门专业学位课由各导师与学生商量在深圳或校本部上课。研究生院统一组织的4～5门专业学位课，由研究生院安排导师到深圳上课。

4.学科综合考试：

学科综合考试是博士生中期考核分流的重要依据之一，必须在校本部完成，时间宜安排在第三学期进行。综合考试前应填写《博士生学科综合考试审批表》(一式二份)。

学科综合考试和成绩评定由考试委员会组织进行。考试委员会成员由本学科、专业和相关学科、专业三位以上(含三位)专家组成，导师不能担任考试委员会主席，但可以作为委员。考试委员会可设一名秘书，负责记录和录音等具体事务。考试委员会的组成由学位评定分委员会审批。

在组织学科综合考试前，考试委员会的成员要充分了解博士生的培养计划和科研情况，并拟定考试的提纲或试卷。内容应包含基础理论和专业知识(含相关学科知识)，应能考核博士生分析问题、解决问题的能力。

综合考试结束后，研究生教学秘书应及时将成绩评定表报培养与管理处。试卷、记录材料作为教学档案由院系妥善保管。

综合考试必须在校内完成。

5.学位论文：

学位论文开题报告是学位论文工作的一个重要环节。

博士生一般要求在第二个学期结束前进行选题报告，广泛听取意见，并填写《学位论文开题报告申请表》。

《学位论文开题报告申请表》一式两份，一份由院系保存，一份送交培养与管理处备案。凡没有进行学位论文开题报告，未送《学位论文开题报告申请表》备案者，不得进行与学位论文有关的社会调研工作，不能申请学位论文答辩。

学生进入论文工作阶段，导师必须加强指导，并要求学生定期来校讨论和报告论文进展情况，原则上，每学年不少于4次。

所有深圳博士研究生的博士学位论文开题报告和论文答辩会必须在校本部举行。

厦门大学研究生院

2003年10月17日

——本文摘录自《厦门大学深圳研究院经济学和管理学博士研究生培养方案及有关规定(试行稿)》，厦大研字[2003]15号，档号2003-XZ28-1

厦门大学授予具有研究生毕业同等学力人员博士学位实施细则

(二〇〇三年十月修订)

(2003年11月4日)

第一章 总 则

第一条 为了多渠道地促进我国高层次专门人才的成长,适应社会主义现代化建设的需要,做好授予具有研究生毕业同等学力人员硕士、博士学位的工作,根据《中华人民共和国学位条例》、《中华人民共和国学位条例暂行实施办法》、《国务院学位委员会关于授予具有研究生毕业同等学力人员硕士、博士学位的规定》(一九九八年六月十八日国务院学位委员会第十六次会议审议通过),和国务院学位委员会学位[1998]54号文,特制订本实施细则。

第二条 凡拥护《中华人民共和国宪法》,遵守法律、法规,品行端正,较好地完成本职工作,在教学、科研、专门技术、管理等方面做出成绩,学术水平或专门技术水平已达到硕士、博士研究生毕业同等学力学位授予标准的人员(以下简称同等学力人员),经所在单位同意,可按照本实施细则的规定,向我校申请相应的学位。

第三条 凡我校已授予毕业博士研究生学位的学科、专业,由学位评定分委员会申请,经校学位评定委员会同意,上报国务院学位委员会办公室批准后,可接受同等学力人员申请博士学位。

第四条 各级学位授予的标准按照《中华人民共和国学位条例》、《中华人民共和国学位条例暂行实施办法》的规定执行。

第二章 博士学位的申请与授予

第五条 申请资格

申请人必须同时具备以下三项条件:

(一)申请人必须已获得硕士学位,并在获得硕士学位后工作五年以上(含五年)。

(二)申请人应在教学、科研、专门技术领域做出突出成绩,近五年必须在国内外公开发行的学术刊物上发表十篇以上(含十篇)与学位论文有关的署名为独立完成或第一作者的学术论文。国内刊物必须为核心以上刊物,且理科至少有一篇在SCI刊物上发表(或独立撰写出版一本高水平专著或教材);文科至少有一篇在本学科权威刊物上发表(或独立撰写出版一本高水平专著或教材)。

(三)其科研成果必须至少获得一项省部级以上奖励,文科必须为独立完成或第一完成者(二等奖),理工科必须为第三完成者以上(三等奖)。

第六条 学位申请

(一)具备申请博士学位基本条件的同等学力人员,应在每年9月1日至9月30日,向我校学位与学科建设处提交以下材料:

1.硕士学位证书(原件和复印件);

2.最后学历证明(原件和复印件);

3.准备申请博士学位的学位论文;

4.公开发表的有关学术论文,出版的专著,以及科研成果获奖的证明材料;

5.申请人所在单位介绍申请人的简历、思想政治表现、工作成绩、科研成果、业务能力、理论基础、专业知识和外语程度等方面情况的材料(加印密封);

6.两位教授或相当专业技术职务专家的推荐书(加印密封),其中至少有一名博士生指导教师,导师不能作为推荐人。

(二)我校学位与学科建设处在申请日期截止后两个月对申请人进行资格审查后,报校学位评定委员会审议通过,主席批准,方可受理申请。

(三)对已确定具有申请资格的申请人,由有关学位评定分委员会组织本专业或相关专业三名以上具有博士生导师资格的教授组成专家小组,按本规定第七条的要求进行同等学力水平的认定。

申请人不得同时向两个及以上学位授予单位提出申请。

第七条　同等学力水平认定

(一)对申请人专业理论基础、知识结构及水平的认定

有关学位评定分委员会对通过资格审查的申请人,按相应专业博士研究生培养方案规定的课程组织考试。自通过资格审查之日起,申请人须在一年内完成全部课程考试,且成绩合格。未通过课程考试者,本次申请无效。

对于在科学或专门技术上有重要的著作、发明、发现或发展者,经两名以上本专业或相近专业具有博士生导师资格的教授推荐,专家小组审查通过,学位评定分委员会同意,报校学位评定委员会批准,可以免除部分或全部专业课程考试,但第一外国语不免考。

(二)学位论文水平的认定

博士学位论文答辩应在申请人通过全部课程考试后一年内完成。有关学位评定分委员会应指定博士生指导教师对申请人的论文进行必要的指导。

1.论文要求及科研工作

(1)申请人提交的博士学位论文,应是在工作实践中由本人独立完成的成果,表明作者具有独立从事科学研究工作的能力,在科学或专门技术上做出创造性的成果。

(2)申请人同他人合作完成的论文、著作或发明、发现等,对其中确属本人独立完成的部分,可以由本人整理为学位论文提出申请,并附送该项工作主持人签署的书面意见和共同发表论文、著作的其他作者的证明材料,以及合作完成的论文、著作等。

(3)论文用中文撰写,论文要有中文和外文摘要。

(4)申请人必须到我校,在指定的博士生指导教师的指导下,参加为期不少于三个月的与论文相关的科学研究工作。申请人应在我校相应学科、专业学位授权点的系、所报告其论文工作情况并接受质疑。

2.论文评阅

(1)论文评阅人:学位评定分委员会应当聘请不少于五名教授或相当专业技术职务的专家为论文评阅人,其中我校和申请人所在单位以外的专家至少三名。论文评阅人应是责任心强,学风正派,在相应学科领域学术造诣较深,近年来在科学研究中有突出成绩的专家。申请人的导师、推荐人不能聘为论文评阅人。

学位论文应在论文答辩日期三个月以前,由有关学位评定分委员会送交论文评阅人。

评阅人的姓名不得告知申请人,评阅意见应密封传递。

(2)论文评阅:论文评阅人应根据学位论文要求对论文是否达到博士学位水平进行认真、细致的评阅,提出评阅意见及对论文的修改意见。

3.论文答辩

(1)论文答辩委员会的组成:论文答辩委员会由不少于七名具有高级专业技术职务的专家组成,其中

至少有四人是博士生导师，二人是我校和申请人所在单位以外的专家。申请人的推荐人、导师不能聘为论文答辩委员会成员。论文答辩委员会的组成人选应先得到校学位评定委员会的认可。

学位评定分委员会应在论文答辩日期一个月以前，将学位论文送交论文答辩委员会成员。

(2)论文答辩：论文答辩委员会根据答辩的情况，就是否建议授予博士学位做出决议。

决议采取不记名投票方式，经全体成员三分之二以上同意，方为通过。决议经论文答辩委员会主席签字后，报送学位评定分委员会审议。论文答辩应有详细记录。论文答辩应公开举行。

(3)论文答辩未通过，本次申请无效。论文答辩未通过，但论文答辩委员会建议修改论文再重新答辩者，可在半年后至二年内重新答辩一次；答辩仍未通过或逾期未申请者，本次申请无效。

第八条　学位授予

(一)申请人通过资格审查、同等学力水平认定和博士学位论文答辩，经有关学位评定分委员会审议通过，报校学位评定委员会批准，做出授予博士学位的决定。

(二)授予博士学位人员的姓名及其博士论文题目应向社会或申请人所在单位公布，并经三个月的争议期后颁发博士学位证书。授予博士学位人员名单报国务院学位委员会办公室备案。

第三章　附　则

第九条　根据《中华人民共和国学位条例暂行实施办法》第二十四条的规定，申请人经过资格认定后，为准备参加学位课程考试或论文答辩，可享有不超过两个月的假期。

博士学位申请人必须在我校参加为期不少于三个月的与论文有关的科学研究工作。申请人所在单位应予以支持。

第十条　同等学力人员申请并获得学位，不涉及学历。我校学位与学科建设处向同等学力人员颁发学位证书，均按照国务院学位委员会的有关规定执行。学位证书需单独编号。

第十一条　申请人在办理申请手续时应缴纳一定的费用。详见《厦门大学关于同等学力人员申请博士、硕士学位经费问题的暂行规定》。

第十二条　本细则自二〇〇三年起生效。本细则由我校学位评定委员会负责解释。

——本文摘录自《关于下发〈厦门大学授予具有研究生毕业同等学力人员博士学位实施细则〉、〈厦门大学授予具有研究生毕业同等学力人员硕士学位实施细则〉的通知》，厦大研字[2003]16号，档号2003-XZ28-1

厦门大学授予具有研究生毕业同等学力人员硕士学位实施细则

（二〇〇三年十月修订）

（2003年11月4日）

第一章 总 则

第一条 为了多渠道地促进我国高层次专门人才的成长，适应社会主义现代化建设的需要，做好授予具有研究生毕业同等学力人员硕士、博士学位的工作，根据《中华人民共和国学位条例》、《中华人民共和国学位条例暂行实施办法》、《国务院学位委员会关于授予具有研究生毕业同等学力人员硕士、博士学位的规定》（一九九八年六月十八日国务院学位委员会第十六次会议审议通过），和国务院学位委员会学位[1998]54号文，特制订本实施细则。

第二条 凡拥护《中华人民共和国宪法》，遵守法律、法规，品行端正，较好地完成本职工作，在教学、科研、专门技术、管理等方面做出成绩，学术水平或专门技术水平已达到硕士、博士研究生毕业同等学力学位授予标准的人员（以下简称同等学力人员），经所在单位同意，可按照本实施细则的规定，向我校申请相应的学位。

第三条 凡我校已授予毕业硕士生学位的学科、专业，由学位评定分委员会申请，经校学位评定委员会批准，报国务院学位办公室备案后，可接受同等学力人员申请本专业硕士学位。

第四条 各级学位授予的标准按照《中华人民共和国学位条例》、《中华人民共和国学位条例暂行实施办法》的规定执行。

第二章 硕士学位的申请与授予

第五条 申请资格

（一）申请人必须已获得学士学位，并在获得学士学位后工作三年以上。

（二）申请人必须在申请学位的专业或相近专业做出成绩，并在公开发行的学术刊物上至少发表一篇与申请学位专业相关的学术论文、专著。以上成果均应为独立完成或第一作者。

第六条 同等学力水平认定

申请人自参加课程学习始，必须在四年内完成相应专业硕士研究生培养方案规定的全部课程考试和通过国家组织的水平考试，且成绩合格。四年内未通过课程考试和国家组织的水平考试者，本次申请无效。

（一）硕士课程考试

申请人应按规定通过我校相应专业硕士研究生培养方案规定的全部课程考试，成绩合格。课程考试严格按相同专业在校研究生的考试要求和评卷标准进行。

（二）国家水平考试

1.申请人应通过同等学力人员申请硕士学位外国语水平全国统一考试；

2.申请人应通过同等学力人员申请硕士学位学科综合水平全国统一考试。

(三)学位论文

申请人在通过全部考试后,可向我校相应学科的学位评定分委员会提出申请。有关学位评定分委员会审议后,应确定学位论文指导教师,并报校学位与学科建设处备案。

申请者自参加课程学习始的五年内,向研究生院学位与学科建设处提出学位申请。五年内未提交学位论文,本次申请无效。

申请人提交的论文应对所研究的课题有新见解,表明作者具有从事科学研究、管理工作或独立担负专门技术工作的能力。申请人同他人合作完成的论文、著作或发明、发现等,对其中确属本人独立完成的部分,可以由本人整理为学位论文,并附送该项工作主持人签署的书面意见和共同发表论文、著作的其他作者的证明信,以及合作完成的论文、著作等。

论文用中文撰写,论文要有中文和外文摘要。

第七条　学位申请

(一)具备以上硕士研究生毕业同等学力水平的人员,应在每年 9 月 1 日至 9 月 30 日,向我校学位与学科建设处提出申请硕士学位,并提交以下材料:

1.学士学位证书(原件及复印件);

2.最后学历证书(原件及复印件);

3.课程考试成绩单、外语统一考试合格证、学科综合考试合格证;

4.准备申请硕士学位的学位论文一式 15 份;

5.在有正式刊号的学术刊物上(不含增刊和论文集)已发表或出版的与申请学位专业相关的学术论文、专著;

6.申请人所在单位提供的申请人简历、思想政治表现、工作成绩、科研成果、业务能力、理论基础、专业知识和外语程度等方面情况的材料(加印密封)。

(二)我校学位与学科建设处在学位申请截止日期后两个月内,对申请人进行资格审查。审查通过后,由有关学位评定分委员会对其进行同等学力水平认定,组织论文的评阅和答辩。论文答辩应在申请人提交论文后的半年内完成。

申请人不得同时向两个及以上学位授予单位提出申请。

第八条　论文评阅和答辩

(一)论文评阅

1.论文评阅人:有关学位评定分委员会聘请至少三名具有高级专业技术职务的专家为论文评阅人。论文评阅人中至少有一位是校外和申请人所在单位以外的专家。申请人的导师不能聘为论文评阅人。论文评阅人应是责任心强,学风正派,在相应学科领域学术造诣较深,近年来在科学研究中有成绩的专家。

学位论文应在论文答辩日期二个月以前,由有关学位评定分委员会送交论文评阅人。

论文在送交评阅时,评阅人的姓名不得告知申请人,评阅意见应密封传递。

2.论文评阅:论文评阅人应根据学位论文要求对论文是否达到硕士学位水平进行认真、细致的评阅,提出评阅意见及对论文的修改要求。

(二)论文答辩

1.论文答辩委员会的组成:论文答辩委员会由不少于五名具有高级专业技术职务的专家组成,其中至少有三人是研究生导师,至少一人是校外和申请人所在单位以外的专家。申请人的导师不能参加论文答辩委员会。论文答辩委员会的组成人选应由校学位评定委员会审批。

有关学位评定分委员会应在论文答辩日期半个月以前,将学位论文送交论文答辩委员会成员。

2.论文答辩:论文答辩委员会根据答辩的情况,就是否建议授予硕士学位做出决议。决议采取不记名投票方式,经全体成员三分之一以上同意,方为通过。决议经论文答辩委员会主席签字后,报送学位评定分委员会审议。论文答辩应有详细记录。论文答辩应公开举行。

3.论文答辩未通过,本次申请无效。论文答辩未通过,但论文答辩委员会建议修改论文后再重新答辩者,可在半年后至一年内重新答辩一次,答辩仍未通过或逾期未申请者,本次申请无效。

第九条　学位授予

(一)申请人通过资格审查、同等学力水平认定,并通过硕士论文答辩,经有关学位评定分委员会同意,报校学位评定委员会批准,授予硕士学位。

(二)校学位与学科建设处对被批准授予硕士学位的申请人颁发硕士学位证书,并将名单报国务院学位委员会办公室备案。

第三章　附　则

第十条　根据《中华人民共和国学位条例暂行实施办法》第二十四条的规定,申请人经过资格认定后,为准备参加学位课程考试或论文答辩,可享有不超过两个月的假期。

第十一条　同等学力人员申请并获得学位,不涉及学历。我校学位与学科建设处向同等学力人员颁发学位证书,均按照国务院学位委员会的有关规定执行。学位证书需单独编号。

第十二条　申请人在办理申请手续时应缴纳一定的费用。详见《厦门大学关于同等学力人员申请博士、硕士学位经费问题的暂行规定》。

第十三条　本细则自二〇〇三年起生效。本细则由我校学位评定委员会负责解释。

——本文摘录自《关于下发〈厦门大学授予具有研究生毕业同等学力人员博士学位实施细则〉、〈厦门大学授予具有研究生毕业同等学力人员硕士学位实施细则〉的通知》,厦大研字[2003]16号,档号2003-XZ28-1

厦门大学优秀博士学位论文培育与评选方法

(校第六届学位评定委员会第三次全体委员会议2003年9月19日通过)
(2003年11月6日)

优秀博士论文是博士生培养质量的一个重要标志，搞好这项工作是促进我校研究生教育，提高博士生培养质量的一个重要环节。尤其是从中遴选出特别优秀和有竞争力的论文参加一年一度的全国优秀博士论文的评选，更是一项直接关系到我校研究生教育发展和学校声誉的重要工作。为此，特制定如下措施和方法，以推动这项工作的进行。

一、启动厦门大学优秀博士论文培育工程

优秀博士学位论文必须早期有意识进行培育，因此决定从2003年秋季起启动厦门大学优秀博士论文培育工程，通过设立厦门大学优秀博士论文培育基金，在在学博士生中先行选拔有较强科研能力的人选，提供条件，加强培养，以期在博士学位论文的质量上能够有所提高。

1.具体选拔程序

(1)在学的博士生在中期选拔时，考核成绩优秀，科研能力突出，并已取得一定的科研成果(在国家重要学术刊物上发表过论文，或作为第一作者出版过学术著作)，经导师同意或推荐均可向相关院(系、所、中心)报名。新入学的博士生，如科研能力较突出，亦可由导师推荐报名。

(2)各院(系、所、中心)学位评定分委员会审核有关材料，提出初步名单，上报研究生院学位与学科建设处。

(3)校研究生院讨论决定，下达正式名单。

2.培养措施

凡经校研究生院确定入选为培养对象者，学校与院系将提供如下支持。

(1)加强导师组的指导力量。以博士生的导师为主，辅以其他具有高级职称的优秀教师，组成导师组，人数一般为3～5人，负责对入选者在科研上，尤其是学位论文撰写上的指导。

(2)提供经费支持。学校设立优秀博士论文培育基金，对每位入选者提供理工科5万元，文科2万元以上的经费支持。经费按年度拨付，用于有关的科研和学术活动，包括购买文献资料、必要的实验费用、参加学术会议等。

(3)入选者如因学位论文写作需要，可适当延长培养时间，最长不超过1年，在此期间内，学校继续拨给培养经费。

(4)入选者必须定期(每学期一次)向有关院系报告科研进展情况，接受院系和研究生院组织的考核。如果在入选一年后科研上没有新的成果，或新入学的博士生开题报告未能得到导师组通过，将取消此项培养资格。

二、实行优秀博士学位论文评选和奖励制度

从2003年起，每年将开展一次优秀博士论文的评选工作，从参评的博士论文中，评选出校级优秀博

士学位论文,并从中推荐参加省级评选的优秀博士论文。国家级优秀博士论文将从省级推荐参评的论文中最后评选产生。

1.参评对象

为达到广泛参与的目的,参评对象不限于已入选的培养对象。凡上一学年度通过答辩,并获得厦门大学博士学位的论文,均可报名参加评选。

2.参评条件

凡参评的博士学位论文,应以中文撰写或者有中文稿。同时,其论文评阅人和答辩委员会对论文评价的优秀率达到总人数的三分之二以上,或者答辩委员会最后对其评分在90分(含)以上(个别学科可以放宽至86分以上),并符合以下条件:

(1)论文选题紧密围绕重大的理论问题和实际问题,尤其鼓励与国家经济建设、科技进步和社会发展紧密相关的应用性、技术性选题;

(2)论文内容有重大创新,具有重要科学意义或应用前景;

(3)研究结果可能导致本领域科学研究的突破性进展,或有重要的直接应用价值;

(4)研究方法或技术路线有重要创新。

3.评选程序

(1)每年6月份由研究生院学位与学科建设处按各博士点上一年度实际毕业人数下达推荐名额,凡国家级重点学科和一级学科授予权博士点推荐比例可适当放宽。每年各学科的推荐名额和对报送材料的具体要求另行下达。

(2)由个人或导师提出申请。各学位评定分委员会受理申请,并在下达推荐名额范围内在6月底前择优推荐(注明推荐顺序)。学位与学科建设处受理后组织相关校内外专家评审,并在9月份报校学位评定委员会审核通过。

(3)校学位评定委员会同时从校级优秀博士学位论文中择优向福建省推荐优秀博士学位论文候选名单。

(4)凡经校学位评定委员会评出的校优秀博士学位论文,将在校内公示,并实行一个月的异议期。如发现入选论文存在抄袭、剽窃、作假等违法和违背学术道德行为或主要研究结论不能成立等严重问题,可在一个月内以书面形式向学位与学科建设处提出异议。异议内容一经查实,将在全校公布,并按有关规定处理。

4.奖励办法

(1)对评出的校优秀博士学位论文的作者和导师,将颁发荣誉证书和奖金各1500元。年终考核时,导师的科研分可按省部级科技进步奖或人文社科奖二等奖相应的奖励计算,并作为研究生培养质量评估的重要依据和新一轮优秀博士学位论文培育基金资助的重要条件。

(2)福建省和全国优秀博士学位论文评选的候选论文,原则上是从本校当年评出的优秀博士学位论文中推荐。获得福建省和全国优秀博士学位论文奖的论文,将对论文作者和论文指导教师给予重大奖励。获得省优秀博士学位论文一等奖的,学校另加奖励1500元,导师的年终考核科研分可按省部级科技进步奖或人文社科奖一等奖相应的奖励计算;评上全国优秀博士学位论文的,学校奖励作者与导师各1万元,并在学校科研业绩考核中按教育部、中科院科技进步奖或教育部、社科院人文社科奖一等奖相应的奖励计算加分,并作为各类评奖和晋升的重要条件。获得全国优秀博士学位论文提名奖的,奖励作者与导师各3000元,导师的年终考核科研加分可略高于省部级科技进步奖或人文社科奖一等奖相应的奖励计算。以上各级获奖均可作为导师参加各类评奖和晋升的重要条件(以上科研考核加分可取高限,但不累计)。

——本文摘录自《关于下发〈厦门大学优秀博士学位论文培育与评选方法〉的通知》,厦大研字[2003]18号,档号2003-XZ28-1

厦门大学“硕博连读”研究生选拔工作试行办法

(2003年11月25日)

为了吸引和保证优秀研究生尽快进入博士生培养阶段,适应培养高素质创新人才的需要,推进研究生培养方式的改革,提高博士生的培养质量,根据教育部教学[2003]17号文件《教育部关于做好招收攻读博士学位研究生工作的通知》精神,结合我校实际情况,规范选拔程序和要求,特制定本办法。

一、申请对象

同一级学科内当年所招收的全日制、非定向委培硕士研究生,英语必须通过国家六级或硕士生入学考试外语成绩(含其他小语种)在70分以上。除非必要的交叉学科,原则上不得跨单位或跨学科门类申请。

二、申请时间

硕士生入学后第一学期末。

三、申请程序

由研究生本人向所在学院(系所)提出书面申请,填写《厦门大学硕博连读研究生申请书》,经本专业两名专家(其中一名为拟招生的博士生导师)推荐及院(系)审批同意后,报研究生院核准申请资格。

四、选拔考核

(1)凡获得申请资格的研究生,必须在第二学期开学一周内通过由一级学科所在院(系)组织的选拔考核。

(2)院(系)要成立选拔考核小组(一般由五人组成),对申请者进行德智体全面衡量,考核内容包括外语水平、科研能力、学业成绩以及该专业公开招考入学考试相关内容等。考核结果要综合打分,并填写考核表。

五、选拔人数

通过“硕博连读”方式选拔的研究生,一般不超过当年该一级学科博士生招生规模的20%(以2004年各专业招收博士生规模为基数),并占当年博士生招生计划的指标。

六、审批程序

考核合格的研究生，由所在院系报研究生院和校招生办审核后，报学校研究生招生领导小组审批。候选人名单在校务公开栏公示一周。

七、博士生资格认定

硕博连读研究生在入学的第四个学期结束前，还必须由各院（系）组织对硕博连读生是否具有博士生资格进行认定，通过博士生资格认定者，作为当年录取的博士生报教育部。资格认定的程序和办法由研究生院统一制定。

八、学习年限和学籍管理

硕博连读研究生学习年限一般为 5～6 年。前两年按硕士生进行学籍管理，享受硕士生待遇；通过博士生资格认定后，从第三年开始转入按博士生进行学籍管理，享受博士生待遇。

研究生院

2003 年 11 月 25 日

——本文摘录自《厦门大学“硕博连读”研究生选拔工作试行办法》，厦大研字[2003]22 号，档号 2003-XZ28-1

·管理与服务工作·

厦门大学关于进一步加强校务公开工作的意见

(2003年1月6日)

各学院、各单位：

几年来，我校以抓校务公开为主线，充分利用信息化、现代化手段，整体推进，重点突出，有力地推动和促进了机关作风建设、效能建设、党风廉政建设，学校的领导水平和管理水平有了较大提高。

为了进一步加强和推进我校校务公开工作，促进机关职能的转变，提高办事透明度和工作效率，逐步使校务公开的内容、程序、形式规范化、制度化，现就校务公开工作提出以下实施意见：

一、校务公开工作中应进一步明确的几个问题

(一)校务公开的领导体制和工作机制

校务公开是学校一项基本工作制度。推行校务公开必须坚持党委统一领导，学校行政主持，纪检、监察、工会负责监督，业务部门各负其责，师生积极参与的领导体制和工作机制。

(二)校务公开的原则

校务公开是对学校公务活动运行过程的监督和规范，要坚持公平、公正、公开的原则，直接涉及到群众切身利益的部门要主动实行公开办事制度。

(三)校务公开的内容与要求

校务公开的内容：与学校管理、改革、稳定密切相关的重大决策、重要事项和直接涉及师生员工切身利益的重要决定(除党和国家规定的保密事项外)，以及各级领导班子建设和党风廉政建设密切相关的问题。

校务公开的要求：校务公开要促进机关作风转变，提高工作效率，提供优质服务，通过公开办事制度、办事依据、办事程序、办事时限、办事结果，为师生办实事。每个项目通过何种形式公开，都应有明确规定，逐步做到优化公开形式，简化公开程序。各院系及有关部门要切实把校务公开工作摆上重要议事日程，明确目标，落实责任，积极推动校务公开工作的深入开展。

(四)校务公开的监督和评议

由纪检、工会和教职工代表组成校务公开监督小组,负责监督检查校务公开规定的各项内容是否得到及时公开,公开的内容是否真实、全面。

监督小组每学期组织特邀监察员和教职工代表对校务公开的情况进行 1～2 次检查,建立对校务公开过程和效果的评议机制。

坚持和完善责任追究制度,对在校务公开中不认真履行职责的单位和领导,根据党风廉政建设责任制的规定追究其责任。

二、校务公开的主要形式和反馈方式

除通过教代会、领导干部会议、通报会等形式公开有关事项外,面向全校师生的公开方式为:

(一)办公会议纪要

根据纪要的性质与内容由学校办公室下发到相关部门和单位。涉及师生员工利益的会议纪要,由学校办公室在学校校务公开专栏公布。

(二)校园网

各部门应将部门负责的公开事项内容于当天输入本部门的网页,经校务公开网站(xwgk.xmu.edu.cn)直接搜索、公布在校务公开网页。

特殊情况可将有关事项内容采用文本内容通过电子邮件发送到校务公开网站的邮件地址,或将有关材料带到监审处扫描处理。

(三)校务公开专栏

各部门应按规定要求及时与监审处联系,将有关内容及时张贴到校务公开专栏。各单位要建立“公开栏”,以便及时公布各类需要在本单位公开的项目。

(四)有线电视

公开内容中有必要公开场景的,必须请学校新闻中心到场拍摄,作为新闻向全校发布;若是公开文字材料的,应将有关文本内容通过电子邮件发送给学校新闻中心或自己制作成音像磁带送学校新闻中心审阅、播放。

反馈方式:各部门或师生员工对校务公开情况的意见和建议可通过意见箱、接待日、座谈会、举报电话等形式反映,亦可点击校务公开网站的“意见箱”或者纪委、监审处网页的“意见箱”。

三、各类校务公开项目的承办部门及公开形式

为了向广大师生员工做好政策宣传,进一步激发师生员工积极参与、民主决策、共同监督的积极性,学校根据工作事项及其受众面,确定以下项目的承办部门和公开形式:

(一)关系学校改革与发展的重大问题

1.学校中长期发展规划(含“行动计划”、“211 工程”重点建设)、管理体制改革等重大事项,在事前广泛征求意见的基础上形成的方案,由发展规划办通过文件下发或校刊登载、校务公开专栏和上网等形式公布。

2.年度工作计划、财务预决算方案等，由学校领导在中层干部会议上公布。“年度工作计划”由学校办公室以文件形式下发并在网上公布。“财务预决算方案”由学校办公室以文件形式下发。

3.各类收费与财务管理办法，属于校级的，由财务处向校长办公会汇报并通过文件下发或上网公布；属于院(系)、所以及直属单位的，单位领导向教职工大会通报并在单位公开栏上公布。各单位年终财务检查情况向全体教职工报告。

(二)关系学校建设的重点问题

1.公开选拔干部的岗位情况、报名条件、任前公示等，由组织部下发文件，在校务公开专栏和校园网上公布。

2.人事调配、岗位招聘、人才选聘选拔，由人事处在校务公开专栏或校园网上公布；院(系)、所以及直属单位拟选聘人才应先在单位公开栏上公布。

3.选留毕业生，由人事处下发文件，在校务公开专栏或网上公布。

4.各类招生(包括专本硕博类、成教类、港澳台地区联招类、艺术类等)。

(1)本专科、成教类招生。实行网上招生，招生办将网上远程录取全过程的事项编印成《工作手册》，发至招生领导小组成员和有关部门；录取结果上网向社会公布。

(2)硕博类、港澳台地区联招类招生。招生简章、专业单科、总分录取线由招生办上网和在公开栏公布。研究生初试后需破格复试的，其条件、名额、申请程序及最后结果由招生办在招生办公开栏公布。

(3)艺术类招生。由招生办、艺术教育学院联合编印招生简章，在招生信息网上公布；录取结果由招生办在网上公布。

5.各类科研项目和科技奖项申报及成果评奖，由科研处、社科处下发文件，在校务公开专栏和校园网上公布；各院(系)、所及直属单位在单位公开栏公布。

6.基建及修缮工程招投标，由基建处将工程项目和招标投标要求在校园网、校务公开专栏公布。

7.物资采购与废品处理招投标，由资产与后勤事务管理处将招投标项目和招标投标要求在校园网、校务公开专栏公布。

8.学校和各院(系)、所、直属单位的各类办班，其名称、班次、开办时间、招收对象、收费标准等必须公开。属于研究生考前辅导的，由招生办上网公布；属于研究生课程进修的，由研究生院上网公布；属于成教或短期辅导的，由成教院上网公布。

(三)关系学生切身利益的学生管理制度和管理办法

1.进行涉及学生切身利益的奖惩、资助、选拔学生干部等项工作时，各院(系)、所及直属单位要将有关文件规定传达到每个班级，并将文件和结果公布在院系公开栏及学院相关网站。

属于校级评选的，由学生工作(部)处将文件规定、评审程序、评审结果等在校园网或校务公开专栏公布。

2.学生推优入党，各院系所党团组织要将经支部大会通过的预备党员名单书面向全体师生公布。

3.学生转专业。在本学院内部转专业的，其姓名、专业、理由在本学院内公布，跨学院转专业的由教务处上网公布，同时各相关院系要在公开栏上公布。

4.就业信息，由学生工作(部)处在就业信息网站和就业信息专栏上公布；各院系应在其网页设立就业信息网站，并将就业信息及时公布在院系公开栏。

5.推荐免试研究生和省委组织部选调生，各院系所应将省组和学校文件在全体毕业生大会上传达，并在院系所公开栏上公布；教务处、研究生院要将全校推荐免试研究生名单在校园网和校务公开专栏公布；学生处要将全校推荐省委组织部选调生候选名单及最终结果在校园网和校务公开栏公布。

(四)关系教职工切身利益的热点问题

1.住房租售或调整,由资产与后勤事务管理处将政策、程序、房源、承租人或买受人资格等在校园网或校务公开专栏公开;特殊情况需零星安排的,由分房委员会讨论提出意见后,由资产与后勤事务管理处将结果在校务公开栏公布。

2.工资调整、奖金福利分配、职称评聘、专家选拔、职员职级评定等,由人事处下发文件。院系所应在全体教职工大会上传达有关精神,并按文件要求在公开栏上公布相关材料。

3.各类评奖,由承办部门召开有关会议布置,下发文件或在校园网、校务公开专栏公开。院系所在全体教职工大会上宣读,并在其公开栏上公布。评奖结果在校园网或校务公开专栏公布。

4."农转非",由保卫处下发文件,在校园网或校务公开专栏公布结果。

5.住房维修基金管理,每年由资产与后勤事务管理处下发文件,在校园网、校务公开专栏公布收支状况;资产与后勤事务管理处将各栋楼住房维修基金缴纳和开支状况书面张贴到各栋楼醒目的位置予以公布。

(五)领导干部廉洁自律规定执行情况

1.领导干部出国(境)费用和公务接待费开支情况。属于校级的,由学校办公室年底向校长办公会议报告;属于各部门各单位的,年底由财务负责人向教职工大会通报。

2.领导干部离任审计。由干部管理部门提出,审计部门实施。领导干部离任审计结果,属于校级领导的,由审计部门将《审计意见》向校长办公会报告,必要时向学校中层干部会议通报;属于各部门各单位领导的,由各部门各单位主要领导将《审计意见》向教职工通报。

3.处以上领导干部报告个人重大事项。校级领导干部个人重大事项必须书面向党委报告;处级领导干部个人重大事项书面向组织部报告。

领导干部收入申报工作。校级领导由党委组织部负责,处级干部由人事处负责,每半年由个人填报一次。

礼品登记上交。由监审处负责受理处以上领导干部的礼品登记上交工作。

以上内容,领导干部除按要求报告外,每年六月应作为领导干部廉洁自律民主生活会的一项内容进行检查。全校领导干部廉洁自律有关规定执行情况和礼品处理情况,每年由纪委、组织部向党委委员、纪委委员会议或中层干部会议通报。

二〇〇三年一月六日

——本文摘录自《厦门大学关于进一步加强校务公开工作的意见》,厦大办〔2003〕1号,档号2003-DQ06-1

厦门大学公务车辆管理暂行办法

(2003年1月15日)

第一条　为了加强对公务车辆的管理,提高公务车辆的使用效益和服务质量,特制定本办法。

第二条　本办法所称公务车辆是指学校所有的、由学校办公室直接管理和调度的车辆。

第三条　现任校领导、校长助理和学校办公室在公务活动时可以使用公务车辆。

两院院士(含双聘院士)、文科资深教授、离休干部中享受厅局级待遇人员(含单项享受厅局级待遇及地专级医疗用车人员)、离任校领导在公务活动或急、重病时可以使用公务车辆,具体使用办法由学校办公室另行制定。

第四条　公务车辆实行统一管理、统一调度的原则。

第五条　学校办公室确定分管副主任和行政秘书为派车负责人,并指定专人为公务车辆的总调度人。

公务车辆使用人应通过派车负责人安排、使用车辆。派车负责人应及时将用车人的姓名、用途、上车时间、地点等情况告知总调度人,由总调度人统一调度车辆。

第六条　学校办公室的职责:

1.全面负责公务车辆的管理工作,协调公务车辆管理、调度过程中的相关事宜;

2.负责总调度人和驾驶员的考核聘任工作;

3.负责有关公务车辆管理的财务工作。

第七条　总调度人的职责:

1.统一调度公务车辆。

2.如实记录派车情况,并定期进行统计;审核驾驶员每月的出车情况记录。

3.审核车辆维修、保养及必要装饰的内容和项目。

4.负责公务车辆的年检工作。

5.负责驾驶员日常的教育、管理工作。

第八条　驾驶员的职责:

1.驾驶公务车辆应坚持安全、及时的原则,并不断提高服务水平和服务质量。

2.服从总调度人的安排。在出车回来时,应及时告知总调度人;如有特殊情形无法出车时,应提前向总调度人请假。

3.如实记录出车情况。

4.爱护车辆,注意保养。在无出车时,应将公务车辆停放入库。

第九条　公务车辆实行定点维修制度。除特殊情形外,车辆如需维修,应事前向总调度人提出申请,经总调度人审批后再到指定的维修站维修。维修费用由学校办公室统一向维修站结算。

第十条　公务车辆实行用油卡制度。除特殊情形外,应在可以使用用油卡的加油站加油。

第十一条　建立相应的考核聘任制度,奖优罚劣。具体办法由学校办公室另行制定。

第十二条　本办法自发布之日起执行。

第十三条　本办法由学校办公室负责解释。

——本文摘录自《关于印发〈厦门大学公务车辆管理暂行办法〉的通知》,(2003)厦大办2号,档号2003-XZ09-10

厦门大学财务分级报账试行办法

（2003年3月28日）

一、指导思想

根据《高等学校财务制度》规定，我校事业财务会计工作实行“统一领导，分级管理，集中报账”的模式。从近几年执行的情况看，总体情况是好的，但随着学校各项事业的发展，办学规模不断扩大，经费总量大幅增加，会计核算业务量急剧增加，使现行的集中报账制越来越不适应业务发展的需要。为完善学校“校院”两级管理体制改革，进一步落实院（系）财务自主权，规范财务工作，提高财务运行效率，方便教职员工报账，学校拟定在“统一领导、分级管理、财力集中、财权下放、权责结合”的财务管理体制和运行机制下，试行校院两级报账制度，在学院（直属系）设立财务岗位，配备必要的财务人员，办理本院（系）的相关报账业务。

二、院（系）财务岗位人员配备和岗位职责

对具备条件拟试行分级报账制度的院（系），应设置财务审核和现金出纳两个岗位，根据学校人员编制有关规定，相应配备专职或兼职财务人员。其中，从事财务审核工作的人员必须具备财会专业知识并取得会计证（会计从业资格证）；现金出纳人员必须具备财会专业基础知识。院（系）财务人员仍属院（系）编制，人员名单及其分工情况报校财务处备案。各院（系）财务主管的直系亲属不得从事本单位的财务工作。

院（系）财务主管及课题项目负责人，应认真学习《会计法》和国家有关财经法规，熟悉掌握学校的财经制度，并对会计工作和会计资料的真实性、完整性负责。院（系）财务审核人员和现金出纳人员必须遵守国家有关财会法规制度及财会人员职业道德规范，廉洁自律，工作认真负责，有较强的责任心，保证备用金领用期间的安全和合法使用。

院（系）财务审核人员的主要职责：审核经济业务，分类整理各类单据，填制会计凭证；登记项目余额账，定期将账簿记录的有关数字与财务处提供的数据进行核对，保证账账、账实相符；负责内部往来收据的领取、开具、保管及缴回。

院（系）出纳人员的主要职责：负责本单位备用金的领取、支付及保管；登记现金日记账。

院（系）财务人员工作变动，应及时通知财务处，按规定办理交接手续。交接时，由院（系）财务主管负责监交，必要时，财务处可派副科长以上人员到场会同监交。在未办理完交接手续前，院（系）财务人员不得擅自离岗。

三、财务分级报账的范围

为便于经费指标控制，在试行阶段，二级报账的业务范围仅限于学院（直属系）的校拨公用经费、学生活动费、创收留成经费、按规定提取的职工福利费、科研课题经费、指定用途的捐赠款项等财务支出。其

他专项经费如“211工程”、“行动计划”、“修购专项”、学生奖贷学金、各职能部门归口管理的专项经费支出,各项收入(含院系单位的创收收入)的核算及外汇核算仍在学校财务处办理。

四、业务流程

1.财务处根据各院(系)业务活动和财务开支情况核定备用金定额(一般为一周或十天日常开支所需的现金量),年初,院(系)财务人员填写经费暂付款凭单,经院(系)财务主管(一支笔)签批后到财务处办理挂支手续,领回现金或现金支票。

2.经济业务发生后,业务经办人员持院(系)财务主管或科研项目负责人已签名审批的有效发票、经费报销单(购置材料或设备需附材料进库单或固定资产增加表)或经费暂付款凭单,直接到院(系)财务室办理报账手续。

院(系)财务人员根据财务会计制度初审单据,按业务内容分类粘贴单据,加计发票金额,与业务经办人填写的经费报销单金额核对相符后,填制厦门大学分级报账凭证,并在审核栏签名。需办理转账业务的事项,由院(系)财务人员统一到财务处办理。

在现金管理条例规定的范围内,需支付现金的,出纳根据审核人员填制好的报账凭证,与附件单据的金额核对无误后,从备用金中支付款项,并要求领款人签名。未经财务审核人员审核的单据,出纳员不得付款,不得违反程序先付款后审核。不得为私人提供借款,不得白条抵库,不得“坐支”现金。

院(系)的各类支出应严格按照预算数控制,不得超预算或无预算开支。单笔现金支出在20000元以上的,应事先报财务处同意,未经批准,不得开支。

3.院(系)财务人员每周或定期凭现金付款记账凭证及相关原始单据到财务处办理正式报账手续,经财务处审核人员复核后,领回已支付的现金,补足备用金。

4.财务处每月分两次将各院(系)截止到前日的各经费项目余额增减情况表和收支明细账以EXCEL文件的形式通过电子邮件附件发送到各院(系)财务主管领导或各院(系)财务人员指定的信箱。财务人员必须根据所提供的EXCEL表及时核对,如有差错,应持有关证明或说明到财务处核实并办理更正。同时,财务处将尽快完成财务信息网站的建设,以便教职员工在网上对其负责的经费项目的收支情况进行查询,届时将另行通知相应的查询管理办法。

5.为便于学校开展年度会计决算工作,每年12月28日至12月31日,院(系)财务不再办理报账手续,负责清理未核销暂付款,连同备用金余额一并到财务处办理备用金交回手续。下年初再按定额挂支备用金。

五、院(系)财务人员业务管理及培训

1.院(系)财务人员的业务接受校财务处的指导和监督,财务处负责院(系)财务人员的岗前培训及后续教育。院(系)领导应积极配合并安排财务人员参加会计业务学习及培训。

院(系)专职财务人员与校财务处人员一样,可以报名参加全国会计专业技术职称考试,财务处统一办理校内有关审批手续。

2.各院(系)根据学校要求进行年度考核时,对财务人员的考核应按照学校有关财务人员的考核办法进行。其中,财会业务工作情况以财务处考核为主,政治思想、职业道德、工作态度与表现、劳动纪律等方面由院(系)负责考核。对获得优秀的财务人员,应在全校予以表彰;对考核不合格的财务人员,将停止其在财务岗位的工作,经过学习和培训合格后,方能重新上岗。

六、其他事项

1.库存备用金管理

各院(系)库存备用金夜间和节假日送工商银行金库托管,即由银行工作人员在约定的每天上午上班时间,将封存的备用金送达院(系)指定地点和人员手中,下午下班前接走封存的备用金,交接过程双方都必须按规定办理签章手续。财务处负责或协助院(系)与银行签订有关保管协议。

2.院(系)财务室安全措施

为确保财务单据和库存备用金的安全,各院(系)财务室应加强安全防护措施,如窗户加安全防盗网、安装质量好的防盗门、配置保险柜、送款箱等。

3.院(系)专职或兼职财务人员按有关规定相应发放保健津贴。

——本文摘录自《关于印发〈厦门大学财务分级报账试行办法〉的通知》,厦大财〔2003〕19号,档号2003-XZ18-2

厦门大学“十五”“211工程”建设项目管理条例

(2003年4月7日)

第一章　总　则

第一条　高等教育“211工程”作为国家重点建设项目，是落实“科教兴国”战略的骨干工程和创建世界一流大学的启动工程。国家决定在“九五”期间“211工程”建设取得巨大成效的基础上，“十五”期间继续加强“211工程”项目建设，是党中央、国务院从我国国民经济和社会长远发展考虑所做出的一项重大战略决策，是实施国民经济和社会发展“十五”计划的一项关键任务，是针对加入WTO挑战所采取的一项有力应对方略，是进一步落实科教兴国战略的一项重要举措，是大力推进教育创新的时代要求。学校在“211工程”部际协调小组的指导下，按照国家有关法规、政策和文件精神进行“211工程”建设和管理。

第二条　“十五”“211工程”建设项目系指我校利用“211工程”建设资金列入《厦门大学“十五”“211工程”建设项目可行性研究报告》进行立项投资建设的重点项目，以下简称“211工程”子项目。

第三条　“211工程”子项目的实施，必须坚持以发展为第一要务，以结构调整为主线，以改革为动力，以质量为核心，以创新为目标，使学校在学科建设、人才培养、科学研究、队伍建设及学校管理等方面得到长足的进展，提高整体办学水平和综合效益，全面实现学校“211工程”建设的总体目标。

第四条　“211工程”子项目的管理，包括计划、审核、批准、实施、评估、检查等项目建设过程的管理，以及建设资金的管理与审计。

第二章　管理体制

第五条　学校成立“211工程”建设领导小组(法人组织)，全面负责与指导学校“211工程”的建设。领导小组下设学科建设组、公共服务体系建设组、队伍建设组、财务审计组、仪器(图书)组、办公室等工作机构。

第六条　负责“211工程”子项目建设的单位，均应设立子项目领导小组(5～7人)，经校“211工程”建设领导小组批准后，予以公布。各子项目领导小组向校领导小组负责，具体负责有关项目的落实和实施。

第七条　“211工程”子项目分为11个重点学科建设项目、3个公共服务体系建设项目及师资队伍建设项目三部分，分别由相关工作机构组织实施。

第三章　项目实施

第八条　“211工程”各子项目，均实行项目领导小组负责制，负责建设项目的落实和实施。

第九条　“211工程”子项目必须制定项目年度实施计划和仪器设备购置计划，并与校领导小组签订任务书；建设项目所属研究方向或实验室也应与子项目领导小组签订任务书，明确责任。

第十条　“211工程”子项目建设遵循严格的审批管理程序：

(一)各子项目单位负责提出年度实施方案;

(二)相关工作机构审核年度实施方案;

(三)校"211工程"建设领导小组审批年度实施方案;

(四)执行年度实施方案。

第十一条 "211工程"子项目的建设要严格按立项内容进行。如需变更,必须向校有关工作机构提交相应的申请报告和论证材料,经校"211工程"建设领导小组批准。对于私自变更计划、挪用、占用项目资金者,将冻结该项目的经费,并视情节轻重,减少或取消对该项目的投资。

第十二条 "211工程"子项目设备的购置、使用、管理是重点学科建设项目的重要内容,为此,学校设立"211工程"贵重仪器设备专家论证咨询小组,小组成员由实验室与设备管理办公室从专家库中抽调。

第十三条 学校制定《厦门大学"211工程"贵重仪器设备管理办法》,同时强调:

(一)"211工程"仪器设备购置计划,应优先考虑学科建设、公共服务体系建设急需且论证充分、管理落实的仪器设备。

(二)"211工程"子项目要落实专人负责设备的正常运转、功能开发和维修等一系列日常管理工作。

(三)"211工程"子项目所购仪器设备的产权属于学校,项目建设单位要坚持开放、共享、提高资源使用效率的重要原则,把"开放、共享"作为首要的建设目标,充分发挥仪器设备的效益。

第四章　项目管理

第十四条 财务审计组按《厦门大学"211工程"建设资金管理办法》负责"211工程"子项目建设资金的落实,加强资金的管理、检查与监督,做好审计工作。

第十五条 仪器(图书)组负责指导、检查、协调"211工程"子项目设备购置的论证、招投标和采购工作。

第十六条 学科建设组负责指导、协调、检查"211工程"重点学科建设子项目的实施与管理。

第十七条 公共服务体系建设组负责指导、协调、检查"211工程"公共服务体系建设子项目的实施与管理。

第十八条 队伍建设组负责指导、协调、检查"211工程"师资队伍建设子项目的实施与管理。

第十九条 "211工程"办公室负责日常管理工作,配合各工作小组对已批准的"211工程"子项目进行组织协调、检查评估,直至结项验收。

第二十条 项目管理各工作小组根据项目建设的具体要求,制订管理办法或实施细则,以保证"211工程"的顺利实施。

第五章　评估检查

第二十一条 校"211工程"建设领导小组根据国家有关规定,制定建设项目评估办法和评估标准,对"211工程"子项目进行定期检查。每年年底,学校组织对立项在建的"211工程"子项目进行一次年度检查,全面评估各项目的建设情况,根据检查评估结果,必要时对子项目的阶段目标、资金投入等进行调整。

第二十二条 项目完成后,子项目领导小组应提交完成子项目情况的总结报告,全面阐述项目计划的执行情况和取得的成效。由校领导小组委派有关专家组成验收小组,对子项目的建设水平及取得的成果,进行审计、验收和评估。

第二十三条 若批准的建设子项目无正当理由而拖延完成时间,致使子项目正常验收无法进行,校领导小组将决定是否推迟或暂停对该项目建设单位的其他项目的资助,以确保在建项目的实施。对确认不能完成的在建项目,校领导小组将对其做出处理决定,对由于非客观原因造成损失的,将追究项目负责人和当事者的责任。

第六章　附　则

第二十四条　本条例自颁布之日起实施。

第二十五条　本条例由“211 工程”建设领导小组负责解释。

——本文摘录自《关于印发〈厦门大学“十五”“211 工程”建设管理条例〉、〈厦门大学“十五”“211 工程”仪器设备(图书资料)管理办法〉和〈厦门大学“十五”“211 工程”建设资金管理办法〉的通知》,厦大重办〔2003〕2 号,档号 2003-XZ34-1

厦门大学“十五”“211 工程”仪器设备(图书资料)管理办法

(2003 年 4 月 7 日)

第一章　总　则

第一条　为了加强我校“211 工程”重点学科、公共服务体系等子项目的贵重仪器设备的管理，提高使用效益，根据教育部及省教育厅等有关文件精神，制定本办法。

第二条　“211 工程”仪器设备(图书资料)购置方案，要根据“211 工程”建设项目的目标和实际工作需要，进行全面规划和统筹安排。

第三条　11 个重点学科子项目及 3 个公共服务体系子项目的建设规划必须目标明确，任务依据可靠，技术方案和设备配置合理，人员、实验室面积及相关环境条件得到可靠保证，分阶段实施计划落实。

第四条　购置仪器设备(图书资料)，资金必须到位且应控制在预算范围内，要按照“少花钱、多办事、办好事”的原则，提高投资效益。

第五条　学校成立“211 工程”仪器(图书)组负责指导、检查、协调各子项目仪器设备的论证、招投标和采购等工作，聘请有关专家组成贵重仪器专家论证咨询组负责对贵重仪器设备的统筹布局、购置方案、管理方式、使用效益进行论证，提出咨询意见。学校要加强对贵重仪器设备布局的统筹，坚决克服小而全、低效率的重复购置。其中，仪器设备统筹布局的论证工作和购置论证工作由实验室与设备管理办公室负责；招投标组织工作和采购工作由资产与后勤事务管理处负责；图书资料(含电子图书)由图书馆归口集中采购。

第六条　“211 工程”的仪器设备(图书资料)产权归学校所有；属国有资产，学校有权统筹管理、使用。

第二章　仪器设备的论证和购置

第七条　购置仪器设备需由子项目填写《拟购仪器设备申购单》，报送资产与后勤事务管理处采购。

购置图书资料(含电子图书)需由子项目填写《拟购图书资料(含电子图书)书目清单》，报图书馆审核后采购。

第八条　申请购置贵重仪器设备(单台价值超过 10 万元或批量仪器设备总值超过 40 万元的仪器设备)，必须由子项目组织相关专家进行调查研究和初步论证，并填写《厦门大学“211 工程”子项目购置贵重仪器设备可行性论证报告》表格，子项目负责人签署意见后送实验室与设备管理办公室。

实验室与设备管理办公室组织校贵重仪器设备专家论证咨询组对子项目的可行性论证报告进行审核，并签署咨询意见。

实验室与设备管理办公室根据专家论证咨询意见，签署是否同意采购的意见后，送仪器(图书)组组长审批。

第九条　仪器设备采购办法按照《中华人民共和国政府采购法》、《中华人民共和国招标投标法》、《教育部政府采购管理实施暂行办法》和学校的相应规定进行。

第十条　验收、安装、调试

各子项目应建立验收、安装、调试工作小组(以下简称验收小组):验收小组由担任高级职务的教师、实验工程技术人员主持,操作人员、管理人员参加。验收小组负责人应对仪器性能和质量全面负责。验收、安装、调试、索赔工作按教育部和学校有关规定执行。

第十一条　子项目必须在规定期限内完成设备验收、资产入账、财务报账工作。货物的验收时限以合同约定为准,以货物运抵申购单位之日算起。一般货物的验收时限为15个工作日;单台(套)10万元(含)以上,批量20万元(含)以上货物的验收时限为20个工作日;进口货物的验收时限为30个工作日。

第三章　管理使用维护

第十二条　贵重仪器设备按教育部有关规定执行,坚持专管共用开放使用的原则,尽可能提高使用效率,个别仪器因应用范围的限制要求降低标准机时和开放度的,应经专家论证咨询组同意,由仪器组组长审批。任何人不能把大型设备占为私有和专用,达不到开放使用机时的,学校将减少运行维修基金的发放并有权调整使用管理单位。对开放好、使用好的应予以表扬和适当奖励。

第十三条　子项目必须选派业务能力强的教师和实验技术人员负责贵重仪器设备的管理,管理人员应保持相对稳定。管理人员的主要职责是:

解决使用中的技术问题,负责仪器的维修和保养,维持仪器的正常运转。培训和指导上机人员。开发新的功能,使其发挥最大的使用效益。

组织完成各项教学、科研、技术服务等任务。

执行有关规章制度,制定操作规程,认真做好仪器的使用及维修记录。

第十四条　子项目应建立健全贵重仪器设备技术档案,并录入大型贵重仪器共享信息资源管理系统。档案的内容包括:可行性论证报告、合同、装箱单、验收报告、产品出厂的技术资料、说明书、使用手册、图纸、操作规程、使用记录、维修记录等。档案由使用单位保存,档案目录交实验室管理科备查。

第十五条　贵重仪器设备的运行维修费和机时费收支管理按《厦门大学"211工程"贵重仪器设备运行维修费和机时费管理办法》执行。

第十六条　贵重仪器设备发生故障不能排除时要立即报告子项目负责人,查明原因,及时组织维修。半年内不能修复,又提不出处理意见的,学校有权调整使用单位或延缓审批该单位下一批贵重仪器购置申请。对较大的事故要分析原因,查清责任,并写出报告,提出处理意见,报校仪器组。

第十七条　10万元(含)以上单台仪器设备不准拆改或解体使用,40万元以上仪器设备确有需要时必须经子项目负责人签意见送实验室与设备管理办公室审核,校仪器组组长批准,并办理手续。

第十八条　子项目应根据国家有关规定对贵重仪器设备定期校验和标定,确保仪器设备的精度和性能。

第四章　检　查

第十九条　子项目应按教育部的规定,每年应向实验室与设备管理办公室报送《贵重仪器设备使用情况报表》和《"211工程"贵重仪器设备效益报告》。

第二十条　学校要定期对贵重仪器设备的使用管理情况进行检查。通过检查,及时了解贵重仪器设备的运行、保养和使用效益,敦促使用和管理人员履行职责,不断提高工作水平。检查的主要内容:

1.可行性报告是否属实;

2.在教学、科研及社会服务等项工作中开机使用的有效机时数(包括测试样品,培训人员);

3.培养人才的数量和经济、社会效益;

4.现有功能的利用和技术开发的项目数;

5.完好率和运行环境的良好程度、用机年时数、开放度等；

6.技术档案、管理和使用记录的完整性；

7.操作、维护、管理制度的健全和实施情况。

第五章　附　则

第二十一条　本办法自颁布之日起实施。

第二十二条　本办法由“211 工程”建设领导小组负责解释。

——本文摘录自《关于印发〈厦门大学“十五”“211 工程”建设管理条例〉、〈厦门大学“十五”“211 工程”仪器设备（图书资料）管理办法〉和〈厦门大学“十五”“211 工程”建设资金管理办法〉的通知》，厦大重办〔2003〕2 号，档号 2003-XZ34-1

厦门大学“十五”“211 工程”建设资金管理办法

(2003 年 4 月 7 日)

第一章　总　则

第一条　为了加强对“十五”“211 工程”建设资金的管理,保证我校“211 工程”建设项目的顺利实施,提高资金使用效益,根据《“211 工程”专项资金管理暂行办法》等文件精神和国家有关财务法规,制定本办法。

第二条　学校“211 工程”建设资金来源渠道包括中央专项资金、地方政府配套资金(共建资金)、学校自筹资金(含科研经费、院系所创收留成经费、社会捐赠等)。

第三条　学校“211 工程”建设资金由学校“211 工程”建设领导小组参照建设项目法人责任制的有关规定全面规划、统筹使用、合理安排。“211 工程”各建设项目必须严格按国家发展和改革委员会、教育部批准的《厦门大学“十五”“211 工程”可行性研究报告》,统筹安排使用由学校下达的中央专项建设资金、地方政府配套资金、学校和建设项目筹集的全部资金,确保预期效益目标的实现。

第四条　“十五”“211 工程”建设资金必须按资金来源和建设项目分别设账,单独核算,专款专用,学校任何部门和单位不得截留、挪用和挤占。

第五条　我校“十五”“211 工程”专项资金用于重点学科建设、公共服务体系建设、师资队伍建设等方面。

第六条　学校“211 工程”资金管理在“211 工程”建设领导小组统一安排下,由财务处负责日常管理。“211 工程”专项资金的使用必须符合国家有关财政法规、财经政策和我校的有关财务规定,涉及其他部门管理权限的,应按照有关程序报批。凡使用“211 工程”专项资金购置的固定资产及形成的知识产权等无形资产,均属学校的国有资产,应按照学校的有关规定办理验收、登记入账等手续,纳入学校资产统一管理。“211 工程”专项资金购置的固定资产及形成的无形资产学校有权根据事业发展的需要,统一调配,发挥最大使用效益。各使用单位必须严格按有关制度规定,做好使用、修理、维护等管理工作,确保固定资产的完好无缺和正常运行,保护学校国有资产的安全、完整。

第二章　资金预算管理

第七条　“211 工程”建设资金是我校综合财务收支预算的重要组成部分,必须按照国家发展和改革委员会批准的《厦门大学“211 工程”可行性研究报告》规划安排,分年度预算。年度预算纳入学校综合财务预算,并严格按照教育部批复下达的“211 工程”专项资金年度项目预算进行项目控制,做到专款专用、收支平衡。

第八条　学校“211 工程”建设领导小组根据中央专项资金、地方政府配套资金以及学校自筹资金总投入额度确定当年“211 工程”资金总量及来源。

校财务处和“211 工程”办公室按照国家发展和改革委员会、教育部批复的《厦门大学“十五”“211 工程”可行性研究报告》及当年的资金总量编制年度预算方案,经校“211 工程”领导小组审批,并汇总上报教育部，各建设项目应向财务处提供必要的文字说明。预算的文字说明内容主要包括：项目名称、年度建设目标、具体实施计划等。

第九条 “211工程”专项资金年度项目预算经教育部批复下达后，必须严格执行，一般不做调整。如确需调整的，应严格按规定程序报批。

第十条 按照国家发展和改革委员会批复的《厦门大学“211工程”可行性研究报告》，财务处为各建设项目设置项目代码，发项目核算IC卡。若同一建设项目分不同负责人单独核算，需提供由建设项目总负责人签名的分割清单，写明分项目名称、负责人及所在单位、分割金额，并经学校“211工程”建设领导小组审批同意，到校财务处和“211工程”办公室办理分项目立项手续。

第十一条 校财务处按照教育部批复的“211工程”专项资金年度项目预算方案，根据中央专项资金、地方政府共建资金和学校自筹资金的到位情况，以及各建设项目的建设进度，具体办理资金拨款的账务处理。

“211工程”建设项目中，有关仪器设备购置以分期付款形式提前年度执行者，需报“211工程”建设领导小组审批。

第十二条 “211工程”专项经费当年计划应确保按期完成，如有特殊情况，未完成部分经批准后，转作下年使用，不得挪作它用。

第三章 资金开支范围

第十三条 学校“211工程”建设资金主要用于重点学科建设、公共服务体系建设、师资队伍建设方面。其开支标准和会计核算按国家有关财务会计制度的规定执行。

第十四条 “211工程”建设资金支出按照“独立核算、专款专用”的原则，用于项目实施中所需的业务支出、固定资产购建及修缮改造支出等。

业务支出：为完成“211工程”建设项目任务而必须开支的各项业务支出等。包括：专用材料购置费、专项业务费、维修维护费、劳务费、邮寄费、网络及通讯费、交通费、租赁费、差旅费、会议费、培训费、著作出版资助费、成果认定费、国际国内学术交流费、引进人才项目启动费、计划管理费及其他费用等。

固定资产购建及修缮改造支出：为完成“211工程”建设项目任务而必须开支的固定资产购建和修缮改造支出。包括：仪器设备及图书资料（含电子图书资料）的购置费、数据库建设费、购置贵重仪器设备所需的实验室改造费、更新改造费等。

中央专项资金只能用于仪器设备及图书资料的购置支出以及著作出版资助、成果认定、学术交流、国际学术会议等业务费支出。

第十五条 “211工程”专项资金不得用于以下开支：各种罚款、捐款、还贷、赞助、投资、餐费以及与“211工程”项目无关的日常公用经费的开支以及国家规定不得列入的其他开支。

第十六条 各建设项目完成原计划后资金如有结余，原则上由原建设单位使用，可用于购置新的仪器或扩充原有仪器的功能。新的开支计划要经“211工程”领导小组审批。

第四章 资金决算

第十七条 学校财务处应根据“211工程”建设各项目的年度支出情况，分别按资金渠道编制年度决算，报送有关部门。

决算内容应按财政部、教育部和国家发展和改革委员会有关规定执行。

“211工程”专项资金按教育事业费中高等学校经费“211专项”列报。

第五章 资金管理与监督

第十八条 财务审计组按《厦门大学“211 工程”建设资金管理办法》负责“211 工程”子项目建设资金的落实，加强资金的管理、检查与监督，做好审计工作。

学校财务处是“211 工程”建设资金的财务管理职能部门，在学校“211 工程”建设领导小组(财务主管校长)的统一领导下履行以下职责：

1.严格按照教育部批复的“211 工程”专项资金预算进行总体控制和项目控制。

2.严格依据有关开支范围和标准进行会计核算。

3.对项目的实施、资金的投向、年度资金调度安排实行全过程财务监督管理，并对资金安全负责。

4.定期向“211 工程”领导小组提交“211 工程”专项资金预算执行情况的报告。

5.按时编制财务报表和年终决算，上报教育部。

6.接受各级审计部门对“211 工程”建设资金的审计。

第十九条 在学校“211 工程”建设领导小组的领导下，学科建设组、公共服务体系建设组、队伍建设组分别负责学科建设项目、公共服务体系项目、队伍建设项目的协调、检查与监督，严格按照项目的预算内容和经费限额，对各建设项目的申报立项、可行性论证、审批实施、项目中期检查、期末验收、财务报告、成果评估、效益分析等实行全过程管理，并定期报告学校“211 工程”建设领导小组，确保预期效益目标的实现。

第二十条 建立“211 工程”资金管理责任制，由各建设项目负责人对建设资金实行一支笔审批，在规定的开支范围、开支标准和预算以内自主安排资金，同时有责任定期向各建设工作小组汇报项目实施进展和资金使用情况，确保资金不被截留、挤占和挪用。

第二十一条 “211 工程”建设资金必须专款专用，不得挪作他用。如发现有截留、挪用、挤占“211 工程”建设资金行为的，应对有关责任单位和责任人员做出处理，情节严重者，应由有关部门追究其行政和法律责任。

第二十二条 “211 工程”领导小组及财务审计组应对“211 工程”各建设项目资金使用的合法性、合理性和有效性实施全面监督，并接受国家有关部门的监督和评估。

“211 工程”仪器设备购置项目由项目负责人提出购置计划，单价在 10 万元以上，批量仪器设备总值超过 40 万元以上，必须进行可行性研究论证后，方可购置。仪器设备购置费支出由仪器组负责人审批，由资产与后勤事务管理处严格按照《中华人民共和国政府采购法》、《中华人民共和国招标投标法》、《教育部政府采购管理实施暂行办法》和学校的有关规定及实施细则进行采购。

符合“211 工程”建设资金开支范围的支出(除仪器设备、图书购置支出)，支出金额 2 万元以下者，由建设项目负责人审批；2 万元以上者，还须报财务组负责人审批。

“211 工程”建设资金支出金额大于 10 万元小于 100 万元，需经各工作小组负责人审批。支出金额大于 100 万元，须“上会报告，集体讨论决定”。

“211 工程”建设项目开支修缮改造支出，还应严格执行《厦门大学建设工程施工招标管理办法》及《厦门大学关于基建、修缮工程开工前审计及竣工决算审计的试行办法》的有关规定。

第二十三条 “211 工程”建设项目的各项开支，由学校审计部门会同财务部门进行年度审计。

第二十四条 加强贵重仪器设备使用管理，学校设立贵重仪器设备运行维修基金，用于贵重仪器设备维修、改造和运行费用的补助。贵重仪器设备的运行维修费和机时费收支管理按《厦门大学“211 工程”贵重仪器设备运行维修费和机时费管理办法》执行。

第二十五条 “211 工程”项目建设所建造和购置的财产，各项目负责人要组织有关人员严加保护。在执行过程中，因各种不可抗力造成的损失，10 万元以下的，须逐级上报上一级单位审批核销；10 万元以上的须报“211 工程”部际协调小组联合审批核销。对由于主观原因造成损失的，应追究有关单位和人员的责任。

第二十六条　所有与学校“211工程”建设资金有关的各级领导，建设项目负责人和财会人员、采购人员，都应自觉维护国家财经纪律，同时接受上级机关及财政、审计、银行等部门的监督与检查，发现问题，及时纠正。

第六章　附　则

第二十七条　本办法自颁布之日起实施。

第二十八条　本办法由“211工程”建设领导小组负责解释。

——本文摘录自《关于印发〈厦门大学“十五”“211工程”建设管理条例〉、〈厦门大学“十五”“211工程”仪器设备(图书资料)管理办法〉和〈厦门大学“十五”“211工程”建设资金管理办法〉的通知》，厦大重办〔2003〕2号，档号2003-XZ34-1

厦门大学关于防治非典型肺炎的意见

（2003 年 4 月 22 日）

全校各单位：

根据党中央、国务院的部署和教育部《关于高等学校非典型肺炎预防的控制工作若干问题的通知》的精神，结合厦门大学具体情况，为做好我校非典型肺炎防治工作，特印发此意见。

一、指导思想

在校党委的统一领导下，以“三个代表”重要思想和十六大精神为指导，认真学习、贯彻国务院关于“沉着应对、措施果断、依靠科学、有效防治、加强合作、完善机制”的“非典”防治方针及教育部提出的全校动员、全力预防的要求，切实落实预防措施和控制预案，紧急应对，确保广大师生的身心健康，维护学校稳定。

二、成立机构

1.成立厦门大学“非典”防控工作领导小组，领导全校“非典”防控工作。校党委书记王豪杰任组长，党委副书记、副校长潘世墨和副校长杨勇任副组长，组员：王巧萍、戴岩、辜芳昭、夏耀梅、黄国石、吕俊忠、邱七星。

2.成立厦门大学“非典”防控工作办公室，由学校办公室、宣传部、学生处、保卫处、资产与后勤事务管理处、校医院、后勤集团等单位有关人员组成，由学校办公室主任王巧萍任“非典”防控工作办公室主任，“非典”防控办公室具体负责各项防控工作的协调实施和信息的收集、汇总及报送工作，办公地点设在校总值班室（嘉庚主楼 17 楼）。

3.各单位要成立“非典”防控领导小组，由主要负责人担任组长，领导本单位的防治工作，并向“非典”防控办公室汇报工作，办公室负责向学校领导小组报告。

三、工作原则

1.从“三个代表”的高度全面认识防治“非典”工作的极端重要性、紧迫性，把防治“非典”工作与“三个代表”要求紧密结合起来，真正代表广大师生员工的根本利益。

2.坚决果断地采取一切必要措施，消除隐患，防止“非典”侵入。

3.取消非必须进行的规模较大的群体活动。

4.未经厦门大学“非典”防控工作领导小组批准，谢绝旅游团体进入学校。

5.建立严格高效的工作体制和快速反应机制，加强统一领导。各单位要根据实际，采取严密的措施，并保证信息的畅通无阻。

6.坚持“早发现、早报告、早隔离、早治疗”，如有发现疑似“非典”病人，要在第一时间向学校领导小组汇报，并采取果断措施，严防疫情蔓延。

7.对全校师生员工要做到信息准确、公开、透明。

8.发挥厦门大学思想政治工作的优良传统，做好对广大师生员工的教育和引导工作，确保校园稳定。

四、具体措施

1.严格信息报告制度

各单位防治“非典”工作领导小组应及时收集本单位当天相关信息，对出现发热、头痛、咳嗽等症状人员及时汇总统计，于每天中午12:00之前上报“非典”防控办公室（黎永强，电话：2183365，Email：ffd@xmu.edu.cn）。由办公室汇总后随时上报校“非典”防控领导小组。另外，各院（系）、所对缺课的学生要及时了解原因。

2.严管信息发布制度

学校“非典”防控领导小组负责校内媒体有关“非典”信息的审核、发布，与疫情相关的权威信息的发布须经学校“非典”防控工作领导小组批准，校内各媒体不得随意传播和发布有关“非典”的虚假信息，以免影响学校的正常稳定秩序。

3.加大健康教育宣传力度

对广大师生进行“非典”预防知识的宣传和教育，发放“非典”预防知识宣传材料和个人卫生消毒指南等，并通过学校的广播、电视、报纸、网络等各种媒体进行专题讲座等多种形式普及“非典”防范的有关科学知识。

4.通力做好预防工作

（1）各教室、食堂、学生宿舍、图书馆、办公室、会议室、电梯、机房、礼堂等公共场所和人员密集的地方，要进行定期消毒。由校医院配合资产与后勤事务管理处、后勤集团负责组织实施，曾厝垵公寓学生宿舍由厦门东部开发公司组织实施。

（2）在公共场所工作的职工，如：食堂员工、医院医护人员等，以及其他服务人员要采取戴口罩等措施加以防护，并加强健康和卫生情况监控。

（3）校医院要做好有关预防药物配备和补充，以及专门门诊、病房的准备等工作。

（4）每个学生宿舍发放体温计一个，供学生测量体温。

（5）在食堂及其他公共卫生场所完善洗手设备，提供流动水、洗手液、消毒肥皂。

（6）近日全校师生进行卫生大扫除，消灭卫生死角，保持室内空气流通。

（7）建议师生员工尽量避免接待外地来访客人，人员来源复杂的各种会议和集体活动尽量减少。

（8）严禁学生宿舍留宿外来人员。

（9）严禁学生在宿舍内养宠物和带宠物进入校园。

（10）加强校门监管，谢绝旅游团体进入校园。

（11）对出现疑似“非典”病人，要马上报告“非典”防控办公室和校医院，由医护人员将疑似病人送专门病房治疗（地点：校医院住院部31、32、33、34病房）；要快速处理，隔离治疗，切断病源，并对接触的人群进行隔离观察。

五、加强对特殊单位、特殊人群的防护工作

1.要特别加强校医院、幼儿园等单位的防护工作。

2.对留学生、外国专家及家属，外事部门等制定专门防范措施和保护措施，对其工作、生活、学习和就医，给予特殊关照。

六、集中人力、财力、物力,保证防治工作的顺利开展

七、学校开通“非典”防控值班电话,接受“非典” 信息报告和及时处置“非典”防控工作

校总值班室电话:2186110(24 小时)
校医院电话:2186120(24 小时)
“消毒”联系电话:2183412,2182724

二〇〇三年四月二十二日

——本文摘录自《厦门大学关于防治非典型肺炎的意见》,厦大综〔2003〕34 号,档号 2003-XZ09-17

关于进一步防治非典型肺炎的几点规定

（2003年4月24日）

在全校师生员工的共同努力下，我校至今未发现“非典”病例和疑似病例，为坚决阻断“非典”侵入校园，确保师生身体健康，再做如下规定：

一、谢绝出租车和外地牌照车辆进入校园；

二、禁止旅游团体进入校园；

三、禁止外来人员留宿学生宿舍和教工公寓；

四、从外地返校的师生要立即检查身体，并跟踪观察；

五、近期教职员工一般不到外地出差；

六、“五一”放假期间，提倡师生不要离开本市，严禁家在疫区的师生回家；

七、厦大师生员工及家属须佩戴校徽或凭有效证件进入校园。

厦门大学“非典”防控工作领导小组办公室（代章）
二〇〇三年四月二十四日

——本文摘录自《关于进一步防治非典型肺炎的几点规定》，厦大办〔2003〕33号，档号2003-XZ09-17

厦门大学对外科技交流保密提醒制度

(2003 年 4 月 25 日)

第一条　为加强我校对外科技交流中的保密工作,保障国家秘密的安全,促进学校对外科技交流活动的顺利开展,根据国家保密局、科技部《关于印发〈对外科技交流保密提醒制度〉的通知》(国保发〔2002〕7 号),结合学校实际,制定本制度。

第二条　本制度所称对外科技交流活动是指我校师生员工在境外或境内参加的有境外机构、组织、人员参与的科学技术开发、讲学、进修、培训、学术会议、文献资料交换、考察、谈判、合作研究、合作设计、合作调查、合作经营、种质资源交换、展览和咨询等活动。

第三条　学校凡有承担涉密科研项目的部门和单位,都必须建立并实行对外科技保密提醒制度,并且每年对执行情况至少进行一次自查,发现问题及时纠正。

第四条　对外科技交流保密提醒制度是学校日常科技管理的一项重要制度。学校科技处和社科处每年应根据各单位承担的科研项目和课题等实际情况,确定涉密人员,负责组织对外科技交流保密提醒制度的实施工作,督促有关单位和人员认真执行,并对执行情况予以备案。

第五条　科技处、社科处、港澳台办在办理我校涉密人员出境参加对外科技交流活动审批手续时,应当告知其《涉密人员对外科技交流保密守则》,要求其在《涉密人员对外科技交流保密义务承诺书》上签字,承诺履行保密义务,并填写《对外科技交流涉密人员登记表》。对一年内数次出境参加对外科技交流活动的涉密人员,可以每年对其提醒一次。

第六条　凡涉密人员在境内参加对外科技交流活动,应当事先向所在单位报告,并填写《对外科技交流涉密人员登记表》。由所在单位提醒其遵守对外科技交流保密守则,并记录在案。

第七条　对应当建立对外科技交流保密提醒制度而未建立或者虽已建立但未认真执行的单位,学校科技处、社科处和保密委员会应予指出,仍执行不力的给予通报批评;造成泄密的,除追究有关泄密人员的责任外,还要追究有关单位领导的责任。

第八条　我校人文社会科学方面对外交流过程中所涉及的相关问题均参照本制度执行。

第九条　本制度自印发之日起执行。

——本文摘录自《关于印发〈厦门大学对外科技交流保密提醒制度〉的通知》,厦大办〔2003〕40 号,档号 2003-XZ09-7

厦门大学防范非典型肺炎工作预案

（2003年4月27日）

一、实施人员

责任人：王巧萍

成员：辜芳昭、夏耀梅、黄国石、戴岩、吕俊忠、邱七星

二、发现“症状疑似者”的处理

对于有发烧等症状的师生员工，校医院有责任随时对其进行例行检查，并做出初步诊断。

1.将校医院住院部31、32、33、34四个房间隔离作为“症状疑似者”观察区，收治“症状疑似者”。

2.医院发现“症状疑似者”，立即进行隔离，同时向吕俊忠院长报告，由吕俊忠院长向厦门市卫生防疫站和学校“非典”防控工作领导小组报告。

3.校医院落实厦门市卫生防疫站指派专家来我校会诊，经鉴定为“非典疑似病人”的，在第一时间联系转往厦门市指定医院。

4.对暂时在校医院留观的“症状疑似者”，按“住院病人”进行管理，由校医院指定医护人员负责，并配备隔离衣、帽、鞋、眼罩等防护设施。

5.在校医院留观后经专家鉴定不是“非典疑似病人”的，由校医院安排转入正常治疗程序。

6.由校医院做好隔离区的消毒工作。

7.由后勤集团对“非典疑似病人”或“症状疑似者”的活动区域，包括其所住宿舍和近期到过的校内公共场所，进行全面消毒。

三、对从疫区返校，但无症状人员的处理

1.各单位要了解掌握本单位从疫区（指北京、广东、山西、内蒙古、香港特别行政区）返校或即将返校的师生情况，并在第一时间用书面形式上报学校“防控办”。

2.学校“防控办”根据实际情况，对上述人员安排专门车辆到机场、车站接送至校医院进行例行检查，校医院要将检查结果第一时间报告学校“防控办”。对无症状人员由校医院派专车送往学校留观区域（华侨之家）；对“症状疑似者”按第二条有关方案处理。

3.由后勤集团（芙蓉餐厅）负责安排专人为校内被留观人员提供伙食；校医院配合做好相关的消毒、防护工作。

4.校医院对被留观人员每天测量体温两次，并向吕俊忠院长报告，再由吕俊忠院长报告学校“防控办”。

5.学生处与所在院系协调安排对被留观学生的有关工作，保证被留观学生情绪的稳定。

6.校医院每天对留观区域进行消毒，并定期对被留观人员进行查访。

7.后勤集团负责对被留观人员的活动区域，包括所住宿舍和近期到过的公共场所进行全面消毒。

——本文摘录自《关于印发〈厦门大学防范非典型肺炎工作预案〉和〈厦门大学医院防治非典型肺炎工作预案〉的通知》，厦大综〔2003〕37 号，档号 2003-XZ09-17

厦门大学医院防治非典型肺炎工作预案

（2003年4月27日）

一、成立“非典”防控领导小组

组　长：吕俊忠

副组长：李　智、汪宝琴

组　员：郭玉宝、杨晓健、洪晓翔、洪雪筠、杨红云、叶柏青、洪碧珍、姜建书、王　华、李孝统

二、门诊工作

1.设立发热门诊，由分诊员赖素娥、曾鹤治对病人测试体温，凡是体温在37.5℃以上，且有呼吸道症状者，代为挂号并送至发热门诊就诊，医生按卫生局要求做好个人防护，诊室由内科工友每天消毒2次。

2.符合以下条件者送至海沧医院，并立即报告院医务科、办公室，联系120专用车辆运送。

①有非典病人接触史或来自疫区者；

②体温38℃以上；

③有干咳、少痰、头痛胸痛或肌肉酸痛，呼吸加速、胸闷而无上呼吸道卡他症状者；

④外周血白细胞正常或低于正常；

⑤肺部有不同程度阴影，且进展迅速者。

3.符合以下条件者送三楼隔离病房(疑似病例)。

①有“非典”病人接触史或来自疫区；

②体温38℃以上；

③有呼吸道症状，但肺部X线检查无异常；

④外周血白细胞正常或下降；

⑤无第①条而同时有②、③、④条者。

4.凡从省外回来的师生员工(特别是广东、北京、山西、内蒙古、香港)一律先到本院做体检，无阳性所见者开具“体检合格”证明，并到华侨之家留观一周，留观期满由救护车送至校医院复查，证实健康者开具证明恢复正常学习工作。

5.派医务人员每天到华侨之家巡视2次，由洪雪筠负责，并派消毒员每天消毒一次，同时培训服务员观察和注意事项。

三、设立隔离病房：

1.以住院部三楼西边37～44床共8张为基本床位，23～36床共14张为备用床位，如遇病人量多，则全部内科病房共42张床均开辟为隔离病房，原有内科病人迁至4楼外科病房中。

2.隔离病房设医师4人、护士6人，由郭玉宝主任、杨红云护士长负责，医师名单如下：龚杰、勘爱平、李晓霞、范秋铭；护士名单如下：叶桂香、陈爱枝、洪丽端、林雅艳、于君、于翠颖。

3.如遇病人量多、人力不够，则从外科、五官科、妇产科抽调医生护士支援，后备人员名单如下：蔡仲达、陈茂林、卢毅卓、马琳、李芳英、付萌花、王怀蓉、王秋端、林萍、黄志蓉。

四、为使发热门诊能正常运转，保证24小时开诊，经研究，从外科、妇产科及中医科各抽调一名医师加入发热门诊工作。南光八离休点暂时关闭，必要时产科也暂停收治病人。

五、救护车24小时随时待命，并每天消毒，如果确诊为“非典”病人则由120专车接送。

六、后勤供应保障:器械、药品、消毒剂及防控非典物品的采购供应由李智负责,确保本院及全校的需要。

七、一旦发生确诊病例及疑似病例,立即向校"非典防控领导小组"及市卫生防疫站报告,并采取有力的隔离消毒措施,防止"非典"进入校园。

八、全院的消毒工作由曾鹤敏总负责,具体消毒工作由各科室工友承担。

九、保健科负责向全校师生员工宣传非典防控知识,组织体检,向学校各有关部门介绍消毒剂的使用并发放消毒及防护用品,并定期检查学校食堂及公共环境的卫生。

十、关键时刻,共产党员和各级领导要站在抗击"非典"的最前线,起模范带头作用,确保全校师生员工的生命安全。

——本文摘录自《关于印发〈厦门大学防范非典型肺炎工作预案〉和〈厦门大学医院防治非典型肺炎工作预案〉的通知》,厦大综〔2003〕37 号,档号 2003-XZ09-17

厦门大学科学研究档案管理规定

（2003年5月23日）

科学研究档案(以下简称科研档案),是指我校在科学研究(含自然科学与社会科学研究)及其实践活动中形成的具有保存价值的文字、图表、电子文件数据及声像载体材料,是学校的宝贵财富。为了进一步提高我校科研档案的质量和管理水平,充分发挥科研档案在学校教学、科研、管理中的作用,根据《中华人民共和国档案法》和《福建省档案条例》以及国务院、教育部、科技部、国家档案局的有关规定,结合我校实际,制定如下规定。

一、科研档案的管理

1.科研档案工作是学校科研管理工作的重要组成部分,是科研活动的重要环节,必须纳入科研计划、规划、管理制度和有关人员职责范围之中,与计划管理、课题管理、成果管理等工作紧密结合。实行科研工作和建档工作"四同步"管理,即下达计划任务与提出归档要求同步;检查计划进度与检查科研文件材料形成情况同步;验收科研成果与验收、鉴定科研档案材料同步;上报登记、评审科研成果与档案部门出具科研课题归档情况的证明材料同步。科技处、社科处和有关院系所要确定分管科研档案的负责人和专(兼)职档案员,认真做好科研档案的收集整理和归档工作。重大科研项目的鉴定、评审工作需有档案管理人员参加,以便于档案的检查和归档。

2.科研档案必须实行集中统一管理,确保完整、准确、系统和安全,便于开发利用。凡是纳入学校管理的科研项目,其档案必须向学校档案馆归档。

二、科研档案归档内容与保管期限

类目名称	保管期限
(一)综合卷	
1.科研行政管理文件材料	长期
2.科研计划管理文件材料	长期
3.科研成果管理文件材料	长期
4.科研经费管理文件材料	长期
5.申报科学基金及有关批复	长期
(综合卷内容由科技处、社科处秘书归档)	
(二)科研准备工作卷	
1.开题报告(项目申请报告或申请表)	长期
2.课题调研论证材料	长期
3.任务书、合同、协议书	永久
4.课题研究计划、设计	长期
(三)研究实验工作卷	

1.实验、测试、观测、调查、考察的各种原始记录(含关键配方、工艺流程及综合分析材料) 永久
2.数据处理材料,包括计算机处理材料(如程序设计说明、框图、计算结果) 永久
3.设计的文字说明和图纸(底图、蓝图、机械设计图、电子线路图等) 永久
4.样品、标本等实物的目录、配套的声像材料(如照片、录音带、录像带、幻灯片等) 永久
5.研究工作阶段小结、年度报告 长期
(四)总结鉴定工作卷
1.研究报告、研制报告 、论文专著 永久
2.工艺技术报告(包括测试报告、标准化文件、查新资料、成本分析报告、使用单位报告等) 永久
3.专家评审意见 永久
4.鉴定证书 永久
5.鉴定会材料(鉴定代表名单、会议记录、鉴定意见) 长期
6.推广应用意见 长期
7.课题工作总结 长期
(五)申报奖励、专利工作卷
1.科研成果登记表 永久
2.各级奖励项目申报书 永久
3.科研成果获奖材料(奖状、证书等)原件或影印件 永久
4.理论成果函审的科技项目评审意见书 永久
5.专利申请文件(说明书、权利要求书、说明书摘要)、专利受理通知书、授权通知书、专利证书 永久
(六)推广应用工作卷
1.转让合同、协议书 永久
2.生产定型鉴定材料 永久
3.推广应用方案及实施情况 长期
4.扩大试生产的设计文件、工艺文件 长期

三、科研档案的形成和要求

1.坚持实行科研文件材料形成部门和课题组立卷制度。科研课题一经批准,课题负责人(或指定专人)即向科技处或社科处科研档案管理人员办理预立卷手续,领取科研文件材料积累袋等材料。

2.在研究任务开始、进行、完成及申报登记、推广应用的每一个阶段,课题负责人(或指定专人)都要随时注意积累和收集材料。项目完成后,及时将全部文件材料进行整理,按其自然形成过程(按时间顺序)排列,做到系统化。课题负责人必须亲自检查和鉴定所完成课题全部文件材料,看其是否完整、准确、系统,并逐件提出密级建议。

3.科研档案归档文件材料包括纸质文件、电子文件数据和声像载体材料。归档的纸质文件,以原稿为主,并要写明材料作者和完成日期;要保证字迹工整,图样清晰、文字底稿一律用耐久性材料如钢笔书写,不得用铅笔、圆珠笔和复写纸书写;归档文件,均须除去金属物,修补破损处,用线装订,以利长期保存。为了便于文件材料的整理和保管,在编写研究方案,研究报告或论文、课题总结时,要采用统一规格的稿纸。

4.如属协作项目,则保存自己承担的任务中形成的文件、材料的原件归档,将复制件交主持单位。

5.取得负结果或因故中断的重要课题的科研文件材料也应归档。

四、科研档案立卷归档手续

1.课题完成后，课题负责人应按要求组织整理好“科研准备工作卷”和“研究实验工作卷”两部分材料，经鉴定验收合格并向科技处或社科处办理材料归档手续后，才能申请鉴定或专家评审。课题通过鉴定后一个月内，应向科技处或社科处办理“总结鉴定验收卷”的材料归档手续。在办理移交手续时，需填写归档说明书、卷内目录、备考表，未办妥文件材料归档移交手续，不予进行科研成果登记与报奖。如有“申报奖励、专利工作卷”、“推广应用工作卷”的文件材料，课题组也应随后及时向科技处或社科处归档。

2.科技处、社科处专(兼)职档案员应在次年六月底前，将上年度应归档的科研档案，集中向学校档案馆移交，移交时填写移交目录一式二份，双方各执一份。

3.科研档案的借阅、管理和开发利用按《厦门大学档案借阅管理办法》等有关规定执行。

加强和完善科研档案的管理，既是科研管理工作的重要组成部分，也是科研人员的职责和愿望。各院、系、所有关的教师、科研人员应积极配合，共同把科研文件材料的立卷归档工作做好。各单位科研秘书有责任帮助做好科研档案工作，分管科研工作的院、系、所领导应检查、督促教师、科研人员按规定，做好科研档案工作。

本规定由档案馆负责解释。

本规定从发布之日起施行，以往规定中与本规定不一致的，以本规定为准。

——本文摘录自《关于印发〈厦门大学科学研究档案管理规定〉的通知》，厦大综〔2003〕43号，档号2003-XZ09-2

教育部关于同意试办厦门大学嘉庚学院的批复

(2003 年 5 月 23 日)

厦门大学：

《厦门大学关于合作举办嘉庚学院的请示》(厦大办〔2003〕32 号)收悉。根据《关于规范并加强普通高校以新的机制和模式试办独立学院管理的若干意见》(教发〔2003〕8 号)的有关规定，经研究，现就有关事项批复如下：

一、同意你校与厦门嘉庚教育发展有限公司合作试办厦门大学嘉庚学院(以下简称学院)。学院应具有独立法人资格，并实行相对独立管理。

二、学院实行新的办学机制和模式，教学组织和管理由你校负责。学院办学所需的各项条件和设施由合作者厦门嘉庚教育发展有限公司负责。合作者提供的用于学院校舍、仪器设备等建设的 3 亿元资金投入必须按时足额到位，确保学院各项建设的需要。国家和厦门大学不负责嘉庚学院建设和发展所需的经费投入及其他相关支出。

三、学院招生计划实行属地化管理，由福建省安排下达。招收的学生学习期满且成绩合格者，颁发厦门大学嘉庚学院毕业证书，并以厦门大学嘉庚学院名称具印。

四、学院办学应遵守《高等教育法》、《民办教育促进法》和国家有关政策规定，各项办学条件必须达到国家规定的要求，以确保教育质量和维持正常的教学秩序。

五、学院要建立党、团组织，加强思想政治工作，确保教学、生活秩序的稳定。

希望你校充分发挥校本部的智力、人才资源优势，切实加强学院教师队伍和管理队伍建设，建立并不断完善学院教学水平的监测、评估体系；同时积极进行办学体制、教学管理和人才培养模式等方面的改革探索，为我国高等教育事业的改革和发展做出贡献。

二〇〇三年五月二十三日

——本文摘录自《教育部关于同意试办厦门大学嘉庚学院的批复》，教发函〔2003〕168 号，档号 2003-XZ09-20

厦门大学关于深入开展爱国卫生运动，推动卫生防病工作的意见

（2003年6月2日）

全校各单位：

根据国务院“开展爱国卫生运动，推动卫生防病工作电视电话会议”精神和厦门市委、市政府及市防治非典指挥部的部署，为巩固我校抗击“非典”取得的阶段性成果，逐步建立疾病预防控制的长效机制，清除疾病滋生和传播的场所和条件，提高全校师生员工的身体健康水平，经学校“非典”防控工作领导小组和校爱国卫生运动委员会研究，决定近期在全校范围内集中开展以“洁净校园，卫生防病”为主题的爱国卫生运动。

一、提高认识，加大工作力度

开展爱国卫生运动，对于改善学校的工作、生活和学习环境，控制疾病的滋生和蔓延，提高师生员工的健康水平，促进学校的文明进步，都具有十分重要的意义。尤其是在目前全国上下团结一心，抗击“非典”和防控“非典”工作进入关键时期，大规模开展主题突出的爱国卫生运动，对于促进防控非典各项工作制度的落实，消除麻痹思想，加快学校疾病预防控制长效机制的建立，普及科学的防控“非典”知识，倡导健康的生活方式，进一步提高全校师生员工的健康水平，从而彻底战胜“非典”，更具有特殊的现实意义。各单位要从贯彻实践“三个代表”重要思想的高度，以对师生员工生命健康安全高度负责的精神，切实提高对开展爱国卫生运动的认识，克服那种认为开展爱国卫生运动是“老一套”的错误思想，将此次爱国卫生运动与防控“非典”工作有机结合起来，促进爱国卫生运动的不断深化，夺取防控“非典”战役的全面胜利。

各单位要坚持“预防为主”的工作方针，积极行动起来。要加大宣传发动力度，营造浓厚氛围，通过广泛宣传教育和有力组织发动，激发全校师生员工共创美好校园的热情，动员全校师生员工共同参与，并通过普及科学的卫生防病知识，倡导健康文明的生活方式，促进师生员工自觉养成良好的卫生习惯，提高卫生意识和自我保健能力。要加大对环境卫生的整治力度，进一步落实“门前三包”责任制，重点检查餐厅、学生宿舍、公共教室等人群密集场所，集中力量整治一批长期得不到根治的卫生死角，切实解决师生员工反映强烈的乱摆摊设点、卫生脏乱差部位和“四害”扰民等问题，并以此为契机，把我校的校园建设和管理工作提高到一个新的水平。

二、加强组织领导，强化责任

加强组织领导是深入开展爱国卫生运动，夺取防控“非典”工作彻底胜利的重要保证。我校开展爱国卫生运动的活动由校“非典”防控工作领导小组统一领导，校爱国卫生委员会负责组织、指导和协调全校各单位的活动。其成员由学校办公室、宣传部、学生工作处、财务处、资产与后勤事务管理处、保卫处、校工会、校团委、后勤集团、校医院等部门和单位的领导组成。各单位“非典”防控工作组要把爱国卫生运动主题活动纳入重要的工作议程，制定具体的工作方案，积极配合校爱国卫生委员会，抓好工作落实。

爱国卫生运动必须进一步强化责任。要明确分工,严格执行,层层负责,层层落实,力戒“表面文章”。要加强组织协调,齐抓共管,形成合力,避免相互推诿扯皮。要建立健全监督检查制度,采取重点检查与日常检查相结合,明察与暗访相结合的工作形式,形成长效的工作机制。

三、联系实际,狠抓落实

开展爱国卫生运动既要轰轰烈烈,更要扎扎实实,不能仅仅讲在嘴上、写在纸上,必须有实实在在的措施。结合我校实际,爱国卫生活动将分为四个阶段,对具体内容及时间进度做如下安排:

(一)准备和宣传发动阶段(5月26日至6月5日)

1.召集有关部门认真研究本次活动方案,查找卫生死角,集中解决广大师生员工反映的卫生问题,研究符合我校实际的方案和常抓不懈的措施。

2.召开全校集中开展爱国卫生主题活动动员大会。

参加对象:各单位“非典”防控领导小组组长,各学院、直属系、研究所办公室主任。

3.营造浓厚的活动氛围。

由宣传部、学生工作处(部)、校团委组织开展形式多样的宣传活动,使全校师生员工了解活动的主题、目的意义和主要内容,并积极参与到活动中,在全校上下努力营造“讲卫生光荣,不讲卫生可耻”的良好氛围。主要工作如下:

(1)海报宣传。在大南校门、西校门、三家村等地悬挂宣传横幅,发动相关单位及院系,在白城坡顶、新区、三家村及学生公寓海报栏等地张贴宣传标语,并组织青年志愿者分发相关的宣传材料,内容包括不良卫生习惯的危害和养成良好个人卫生习惯的重要性,关于卫生知识的介绍和环保重要性的宣传等。

(2)媒体宣传。积极组织校报、校电视台、校广播电台等新闻媒体,开展专题宣传报道,及时反映学校及各单位开展爱国卫生运动的各种举措和进展情况,对校园尚存的卫生死角、脏乱差现象及各种不文明行为进行曝光,组织深度报道,加强科普教育,倡导健康文明的生活方式。同时,有效利用厦大青年网、青年报、各种学生刊物等团组织宣传阵地进行舆论宣传,使本次活动的宗旨和主题进一步深入校园各个角落。

(3)开展以“洁净校园,卫生防病”为主题的学生活动。依托高校优势,充分利用学生社团资源,开展形式多样的学生校园文化活动,推动广大师生自觉主动地保证健康和环境卫生,主要活动包括:学生社团的义务宣传活动;校团委举办的以防控“非典”为主题的网络文学大赛;各院系学生组织将于6月份组织的与本次活动主题相关的一系列特色活动等。

(二)全面铺开,统一行动,人人参与阶段(6月6日至15日)

1.领导带头,统一行动。在全校范围内,开展清理卫生和除“四害”统一突击行动。各单位主要领导负责,带头查找本单位范围内及校园内的卫生死角,并组织力量进行全面彻底的清理。要集中进行爱国卫生运动教育学习,利用各种形式发动全校师生员工,人人参与,人人动手,从个人做起,从单位做起,自觉加入爱国卫生月活动。

2.各单位必须严格执行学校《关于划分全校卫生包干区和责任要求的通知》(见附件)(附件略——编者)的要求,按照对卫生包干区的划分及具体的卫生标准,切实加强日常卫生保洁工作,做好校园公共环境和教室、实验室、图书馆、阅览室、办公室等学习工作环境以及学生宿舍的卫生工作。除此之外,还要做好教职员工住宅和临时工宿舍的卫生工作:按规定时间倒垃圾,不乱扔垃圾,垃圾做到日产日清;定期清扫公共楼道,不随地吐痰,不乱张贴广告;查找住宅区临时工宿舍卫生死角,及时清理,清除积水,彻底消灭“四害”孳生地。

(三)突出重点,专项整治阶段(6月10日至20日)

充分发挥职能部门和专业队伍的作用,针对师生员工在卫生方面反映强烈的突出问题,开展专项整治:

1.开展食品卫生专项整治。

(1)对后勤集团经营的食堂、餐厅操作间进行重点整治。重点清理操作间卫生,对盛放或加工生、熟、荤、素食的炊具要严格区分,洗刷要及时,消毒要彻底,摆设要整齐,盛具不落地,有专人负责;冷库和冰箱要生熟分开放置,无异味、不叠放,保证操作间排污系统畅通,无卫生死角。

(2)对后勤集团经营的糕点、面包车间进行重点整治。确保无"四害",有防蝇、防鼠和灭苍蝇及蟑螂等的硬件设施。

(3)非后勤集团经营的校内其他饮食点的整顿。严格按《食品卫生法》的规定,不符合要求的,一律停业整顿。合同到期,不再续签,一律迁到校外。

2.开展对垃圾和排污问题的专项整治。

(1)取消芙蓉二后面的垃圾场,清理垃圾场卫生死角,购买垃圾车,实行定点定时收集垃圾,严禁乱倒垃圾现象。

(2)彻底清理厦大理发店东侧(勤业餐厅西侧)乱搭盖及卫生死角。

(3)彻底清理冷库北侧勤业四东侧的乱搭盖及卫生死角。

3.治理"五乱"。

对校园内乱张贴,乱吐痰,乱扔果皮纸屑、烟头,乱倒土头垃圾,乱便溺等"五乱"不良卫生行为进行劝阻、罚款,并由新闻媒体曝光。

4.做好对校园内在建工地的卫生达标工作,文明施工。

(1)施工单位应坚持文明施工,不乱堆、乱放土头及其他杂物,清理工地土头垃圾,做到日产日清。

(2)建筑工地要砌围墙,设置护栏板,实行全封闭施工,定期搞好卫生大扫除,确保工地及周边环境整洁,无污水,无卫生死角,杜绝蚊蝇孳生。

(3)建筑工地的土头垃圾和生活垃圾应按规定分类设置垃圾箱,及时清理,清除卫生死角,工地厕所应保证日常卫生管理,定期消毒。

(4)工地的材料、砖头、沙土要在规定的范围内堆放整齐,做到砖头成堆,沙土成方,并喷水防护,避免沙尘飞扬,污染环境。

(5)工地和工棚的建筑废水和生活污水,经沉淀处理后,才可排入周围的下水道,配备专人负责疏通管道。

5.开展对农贸市场,商业网点的专项整治。

(1)积极配合工商行政管理部门,由城监大队牵头,加强管理,按厦门市防疫站、工商管理部门的要求,取缔海滨东区临时市场出售鱼类、禽类、鲜活水产品的经营,限制其他产品的经营时间,降低白城市场鱼类、禽类、鲜活水产品摊位费,尽快开辟东区综合楼净菜市场。

(2)坚决取缔校内乱摆摊设点、流动串卖现象。

(3)配合厦门市有关部门,检查治理校园周边营业商业网点排污、排水、有害气体和噪音排放情况,整治和处理不达标排放行为。

6.开展对校园内有毒、有害废化学药品、药瓶处理的专项整治。

(1)对理科实验室处理的有毒、有害废物进行专人管理,不得乱倾倒,并与厦门市环保局联系,做到有专人进行处理。

(2)对全校的排污系统进行普查、清理、整治,进入市排污管道。

7.开展对校园内宠物的专项登记和清理家禽、家畜工作。

由城监大队牵头,在校园内禁养家禽、家畜,在物业和居委会的配合下,开展无证养犬户的调查登记工作。

8.开展对芙蓉湖、凌云水库、化学院周边池塘等水面的清理治理工作。

(四)健全机制,检查评比阶段(6月16日至30日)

1.要建立校园环境卫生长效机制,在依靠专业队伍的同时,要加强和落实新的“门前三包”制度,要健全和落实周末卫生日制度。要将突击整治与日常保洁相结合,将全面综合整治与重点专项整治相结合。

2.制定评比办法,组织力量对各院系、单位开展爱国卫生活动情况进行评比,对成绩突出的单位予以奖励,对发现的问题及时进行通报,坚决纠正,问题严重者要严肃处理并进行必要的曝光,并限期整改。

各级领导在思想和工作安排上要充分重视,要有打持久战的准备,切实做好物质人力保证,以爱国卫生运动为契机,团结一致,合理规划,扎实工作,夺取防控“非典”工作的全面胜利。

二〇〇三年六月二日

——本文摘录自《厦门大学关于深入开展爱国卫生运动,推动卫生防病工作的意见》,厦大综〔2003〕49号,档号2003-XZ09-2

厦门大学贵重仪器设备管理办法

（2003年6月17日）

第一章　总　则

第一条　贵重仪器设备是高等学校进行教学、科研、科技开发的重要物资基础。为确保我校贵重仪器设备的正常运行，充分发挥其在我校教学、科研和科技开发过程中的重要作用，提高投资效益，根据教育部教高〔2000〕9号文件《高等学校仪器设备管理办法》的精神，结合我校实际，特制定我校贵重仪器设备管理办法。

第二条　我校贵重仪器设备的范围：

单价人民币10万元（含）以上的各类仪器设备。

第三条　教育部所管的贵重仪器设备范围：

1.单价在人民币40万元（含）以上的仪器设备；

2.单台价格不足40万元，但属于成套购置和需配套使用的，人民币40万元（含）以上的成套仪器设备；

3.单价不足人民币40万元，但属于国外引进、教育部根据国家有关部门规定明确为贵重、稀缺的仪器设备。

上述范围的仪器设备，不论是使用财政性资金（包括预算资金、预算外资金）、与财政资金相配套的自筹资金、借贷资金、学校自有资金、社会各界捐款、横向联合资金及单位创收中的发展基金购置的，还是其它单位、个人捐赠的或无偿调拨的，一旦进入学校，其所有权即属学校，学校有权统筹管理和使用。

第四条　我校贵重仪器设备实行收费使用的管理办法。各管理单位按“收支分离”的原则，根据具体情况制定收费办法。其具体细则见《厦门大学贵重仪器设备开放使用收费管理办法》。

第五条　我校的贵重仪器设备实行“专管共用、资源共享”的管理办法。为鼓励我校贵重仪器设备多种形式的共享、开放使用，充分发挥贵重仪器的最大效益，学校设立“贵重仪器设备维持费、开放运行费”专款，用于贵重仪器设备的维修、升级、功能开发等费用的补贴以及用于需要资助的教学、科研、科技开发项目使用仪器设备费用的补贴。各贵重仪器设备管理单位应从学校的根本利益出发，发扬互助协作精神，加大开放力度。

第二章　论证、购置与验收

第六条　购置贵重仪器设备，须进行可行性论证，说明购置原因。其内容包括：

1.仪器设备对本校、本地区工作任务的必要性及工作量预测分析（属于更新的仪器设备要提供原仪器设备发挥效益的情况）；

2.所购仪器设备的先进性和适用性，包括仪器设备适用学科范围，所选品牌、档次、规格、性能、价格及技术指标的合理性；

3.欲购仪器设备附件、零配件、软件的配套经费，以及购置后每年所需不低于购置费5%的运行维修费的落实情况；

4.仪器设备工作人员的配备情况；安装场地、使用环境及各项辅助设施的安全、完备程度；

5.校内、外共享、开放使用方案；

6.效益预测及风险分析。

第七条　按购置贵重仪器设备所需金额，分级对申购的贵重仪器设备进行技术论证，写出专家论证意见，其中：

1. 10万元(含)～40万元(不含)的贵重仪器设备，由院(系、所)主管负责人主持论证；

2. 40万元(含)～100万元(不含)的仪器设备由实验室与设备管理办公室负责人主持、校级专家论证；

3. 100万元(含)以上的贵重仪器设备，由主管校领导主持、校级专家论证。

第八条　《厦门大学购置贵重仪器设备可行性论证报告》经专家组(5或7人)论证通过、实验室与设备管理办公室审核并报主管校领导审批，申购单位将《厦门大学购置贵重仪器设备可行性论证报告》、《厦门大学货物申购清单》及资金审批表等相关材料交资产与后勤事务管理处组织采购。无可行性论证报告的，物资采购部门不予受理订货事宜。

第九条　各单位不得擅自购置未经论证的贵重仪器设备，经审批可自购的贵重仪器设备，报销时必须出示《可行性论证报告》，否则财务处不予报销。

第十条　仪器设备到货后，由管理单位负责人负责验收工作，及时组织验收小组，严格按照合同中的技术条款或技术协议进行验收，以确保仪器设备质量。

第十一条　安装验收过程中，如发现有数量或质量问题的进口仪器设备，验收小组应在索赔期前30天内，书面报告资产与后勤事务管理处，及时办理商检索赔手续。

第十二条　安装验收结束后，验收小组负责人应如实填写验收报告单，并附以通过验收的主要数据、表格、照片或图谱；小组成员均应在报告单上签字，以示负责。

第十三条　保修期内，仪器设备应充分运行使用，以便发现问题，及时排除隐患。

第三章　管理、使用与维护

第十四条　我校贵重仪器设备按照分级、分类的办法，实行“校、院(系)两级”管理。

1.价值在100万元(含)以上的通用型分析测试仪器设备由实验室与设备管理办公室直接管理。

2.价值在100万元以下的仪器设备按通用型和研究型分类，由各院(系)制定具体的管理办法进行管理。

3.学校成立贵重仪器设备管理与咨询专家委员会，委员会负责指导全校贵重仪器设备统筹布局、购置方案、使用效益的管理。

第十五条　我校03类(仪器仪表)通用仪器设备的额定机时1400小时/年，03类(仪器仪表)专用仪器设备的额定机时为1000小时/年，04类(机电设备)仪器设备的额定机时为1000小时/年。

第十六条　贵重仪器设备必须由符合岗位要求、竞聘上岗的实验(工程)技术人员负责管理。其他单位和个人实行持证上机制，未经专门培训，不能上机操作。贵重仪器设备成立管理专家组(由相关领域的3～5位专家组成)，负责指导其开放运行，技术开发和资源共享。

第十七条　贵重仪器设备管理人员因故出差、出国一个月以上的，应提前通知院(系)委托他人代为管理，并报实验室与设备管理办公室备案。

第十八条　贵重仪器设备管理的具体要求：

1.建立技术档案，如可行性论证报告、申购审批件、商务法制文件、合同、装箱单、使用说明书、验收记录、备忘录、验收报告单等；重要信息录入贵重仪器设备共享信息平台。

2.建立固定资产帐、卡,做到帐、物、卡相符。

3.原始中英文文本资料齐全。

4.有正规的使用记录,切实做好运行记录和维修记录。

5.制定操作规程、维护规程和安全制度。

6.制定对外开放使用管理办法,推广仪器设备的使用,不得拒绝其他单位和个人合理使用设备。

7.制定培训计划和考核大纲,积极培训有关人员,经考核合格的发给上机证书。

8.管好附件、备件以及专用工具等。

9.做到仪器设备无灰尘、油污、黄锈、霉斑,保持实验室整洁。

10.建立测试精度的管理制度,定期检验仪器设备的技术性能,保持仪器设备的良好技术状态。

11.仪器设备发生故障不能排除时,要立即如实报告使用单位领导,查明原因,及时维修。

第十九条　非机组人员不准自行拆卸或解体使用贵重仪器设备。确有必要时须向管理部门申请,经批准后方可执行。

第二十条　贵重仪器设备因技术落后,技术性能下降或维修费过多而无维修价值需降级使用或报废的,管理单位可提出降级或报废的书面意见,并组织三人以上有高级职称人员进行技术鉴定,经资产与后勤事务管理处审批并报分管校领导批准后,予以处理。其中单价40万元(含)以上的03类仪器设备降级或报废,须上报教育部及省教育厅的仪器管理部门备案。

第二十一条　免税进口的仪器设备,在海关五年监管期内,不得挪作它用或转移到非教学、科研单位。报废时,须向海关申请办理撤除监管手续。

第二十二条　管理单位日常应填写贵重仪器设备运行维修记录本,每年一次按要求填报报表数据,其中40万元(含)以上报表资料由实验室与设备管理办公室汇总后上报教育部。

第二十三条　贵重仪器设备建立的技术档案,由各管理单位及实验室与设备管理办公室按厦门大学档案馆有关规定收集归档。

第四章　考核与奖惩

第二十四条　我校贵重仪器设备的管理、共享、开放使用实行每年考核一次的考核制度。根据《高等学校贵重仪器设备使用效益年度考核表》的考核范围,包括以下内容:

1.有效机时(实际测试时间+前、后处理时间)

用于教学、科研、科技开发和社会服务的有效机时,是体现效益的重要指标。其中,直接用于校内教学、科研、科技开发的有效机时数是学校核拨贵重仪器设备维持费和考核实验技术人员的重要指标;也作为仪器设备更新换代和管理单位购置新设备的论证参考。贵重仪器设备验收后,应尽快投入使用,充分利用其高性能、高指标的优势,在科研和教学工作中发挥作用。

2.服务态度与质量

充分利用仪器设备的已有功能,积极开展相关学科的科研、教学和科技开发工作,为我校原创性科学研究和高新技术开发提供优质服务。服务态度与质量,是实验(工程)技术人员是否树立全心全意为教学、科研、科技开发一线人员服务的思想的重要体现。校直管贵重仪器设备,由实验室与设备管理办公室根据以上办法并在收集用户意见的基础上进行考核;各单位自行管理的仪器设备,由各管理单位根据有关办法在收集用户意见的基础上进行考核。

3.人才培养

通过培训等形式,帮助校内外的教师、科研人员及学生尽快掌握所用仪器的工作原理、功能和基本操作,使更多的人学会利用这些仪器设备从事教学、科研和科技开发工作。

4.功能开发

充分、合理利用贵重仪器设备的原有功能,鼓励管理单位的机组人员开发仪器设备的新功能、新方法。为此,学校设立厦门大学仪器设备研制与新功能开发专项基金。其具体细则见《厦门大学科技创新工程》。

5.日常维护

做好贵重仪器设备的日常维护、维修工作,使仪器设备在最佳状态下运行。

第二十五条　考核工作由实验室与设备管理办公室主持,与相关院、系、所共同进行,并将考核结果向全校公布。

第二十六条　贵重仪器设备管理单位应努力提高仪器设备的使用效益。对使用率高、共享开放好、重视新功能和实验技术开发的单位和个人,学校将予以表彰和奖励。

第二十七条　学校鼓励课题组利用科研经费购买的贵重仪器设备,其维持费、开放运行费适当给予支持。

第二十八条　凡购置安装验收合格后,无正当理由未投入使用的仪器设备要查明原因,追究责任。验收后半年后"0"机时的仪器设备学校将另行托管。

第二十九条　对于使用率低、拒绝共享开放、用户反映强烈、造成严重后果的,学校将收回仪器设备,另行托管。

第三十条　凡擅自利用贵重仪器设备私自接受任务收取报酬的,一经发现将送交学校有关部门处理。

第五章　附　则

第三十一条　本办法自颁发之日起生效,原有的《厦门大学贵重仪器管理办法》同时废止。

第三十二条　本办法由实验室与设备管理办公室负责解释。

——本文摘录自《关于印发〈厦门大学贵重仪器设备管理办法〉的通知》,厦大设备〔2003〕1号,档号2019-XZ38-002

厦门大学教职员工聘用制度试行办法

(2003 年 6 月 17 日)

为深化我校人事制度改革,建立适合社会主义市场经济体制要求和高等教育发展需要的人事管理制度,经学校研究,决定从 2003 年起逐步试行教职员工聘用制度。为了规范我校教职员工聘用工作,保障学校和教职员工的合法权益,根据《国务院办公厅转发人事部关于在事业单位试行人员聘用制度意见的通知》(国办发〔2002〕35 号)、《中共中央组织部、人事部、教育部关于印发〈关于深化高等学校人事制度改革的实施意见〉的通知》(人发〔2000〕59 号)和《福建省人民政府办公厅转发省人事厅关于在事业单位试行人员聘用制度的实施意见的通知》(闽政办〔2002〕162 号)等文件精神及有关教育法律、法规,结合我校实际情况,制定本办法。

第一章 试行聘用制度的指导思想和基本原则

第一条 随着我国社会主义市场经济体制的建立和高等教育在现代化建设及综合国力的竞争中的地位和作用的大幅提升,迫切要求转换高等学校用人机制,建立充满生机和活力的用人制度。试行教职员工聘用制度,是我校用人制度的一项重要改革,是建立适应社会主义市场经济体制要求和高等教育发展需要的人事制度的重要措施,对激活人才竞争和激励机制,加强教职员工队伍建设和管理,提高队伍整体素质,调动教职员工的积极性和创造性,增强学校活力,促进教学、科研、学科建设等各项事业的发展,具有十分重要的意义。

教职员工聘用制度是我校的基本用人制度,主要包括公开招聘、签订聘用合同、定期考核、解聘辞聘等制度。实行这一制度,学校与教职员工在平等自愿、协商一致的基础上,通过签订聘用合同,明确学校和教职员工个人与工作有关的权利与义务。通过实行教职员工聘用制度,转换学校用人机制,实现人事管理由身份管理向岗位管理转变,由行政任用关系向平等协商的聘用关系转变,建立一套符合社会主义市场经济体制要求和高等教育发展需要的人事管理制度和分配制度。

第二条 实行教职员工聘用制度要贯彻党的干部路线,坚持党管干部原则;坚持尊重知识、尊重人才的方针,树立人才资源是第一资源的观念;坚持平等自愿、协商一致的原则;坚持按需设岗、公开招聘、平等竞争、择优聘用、合同管理、严格考核的原则;坚持人员聘用、职务聘任与岗位聘任三者统一的原则;坚持走群众路线,保证教职员工的参与权、知情权和监督权。

第二章 聘用制度的实施范围与对象

第三条 自 2003 年 1 月 1 日起,除教学科研人员以外的其他新进人员均按本办法规定实行聘用制,其人事关系实行代理制。

自 2003 年 8 月 1 日起,工程技术、实验技术、图书资料、档案管理、编辑、翻译、卫生技术、幼儿园教师等 8 个系列的专业技术人员和学校工勤人员亦按本办法规定实行聘用制。

第四条 教学科研人员和 2002 年 12 月 31 日以前任用的党政管理人员也要逐步实行聘用制。在试行聘用制之前,这两部分人员的聘任仍按《厦门大学岗位聘任及岗位津贴试行办法》(厦大人〔2001〕38 号文附件)执行。

第五条　校资产经营有限公司和校后勤集团及其下属各单位人员的聘用由校资产经营有限公司和校后勤集团制定实施办法,经学校批准后自主进行聘任。其中,原学校事业编制人员的聘任情况报学校人事处备案。

第三章　聘用组织及其职责权限

第六条　学校成立专业技术职务聘任委员会和职员聘任委员会(以下统一简称学校聘委会),分别负责全校教师及其他各类专业技术职务和职员的聘任工作。每个聘任委员会一般由 9～11 人组成,设主任 1 人、副主任 2 人。

学校专业技术职务聘任委员会由学校党政主要领导,分管人事、教学、科研工作的校领导,及相关职能部门的负责人等组成,主任由校长担任。学校职员聘任委员会由学校党政主要领导,分管组织、人事、学生工作的校领导及相关职能部门的负责人等组成,主任由校长担任。

学校聘委会具体人选由校长办公会议研究确定。

第七条 学校聘委会的主要职责:

1.依照国家法规及上级有关文件要求,结合本校的实际,制定本校教职员工聘用制度和职务聘任的实施办法;审批各单位人员聘用和职务聘任的实施细则。

2.根据教育部核定的各类职务结构比例,自主设置本校各类各级职务岗位,组织实施职务聘任、考核和合同管理等工作。

3.审批初、中级专业技术职务聘任人选,确定高级专业技术职务聘任人选;确定各级职员聘任人选。

第八条　学校人事处是学校试行人员聘用、实施各类职务聘任和岗位聘任的具体办事机构,在负责与专业技术职务聘任和学术、技术能力评议有关的具体事宜时,同时使用"厦门大学专业技术职务聘任委员会办公室"(简称职聘办)的名称。

第九条　学校专业技术职务聘任委员会按一级学科和专业技术职务系列分设若干由本学科、本专业技术职务系列专家组成的学科评议组和专业(技术)评议组(以下统一简称评议组)。评议组一般由 7～9 名受聘高级职务的专家组成,设组长 1 人,副组长 2 人。评议组负责对本学科、本专业各级职务应聘人员的学术、技术能力进行评议。评议组成员由学校专业技术职务聘任委员会研究确定。

第十条　学院、直属系(所、教学部)及校图书馆、校医院成立聘任委员会(以下简称各单位聘委会),一般由 7～9 人组成,设主任 1 人,副主任 2 人,聘委会主任由院长(系部主任、所长、馆长)担任。

学校其他直属单位、机关部、处成立聘任小组,一般由 3～5 人组成,设组长 1 人,副组长 1～2 人,组长由聘任单位行政主管担任。

各单位聘委会(聘任小组)成员由院务委员会、单位党政办公会议研究确定,报校长办公会议批准。

第十一条　各单位聘委会(聘任小组)的主要职责:

1.根据学校有关文件规定制定本单位各类专业技术职务和职员聘任的实施细则。

2.按规定权限负责本单位各类专业技术职务与职员的聘任、考核和合同管理等工作。

3.确定初、中级专业技术职务聘任人选;推荐高级专业技术职务和各级职员的拟聘人选。

第十二条　各单位聘委会根据需要设立考评组。考评组一般由 5～9 人组成,设组长 1 人,副组长 1～2 人。考评组负责对本单位各类专业技术职务和职员岗位应聘人员的思想政治表现、职业道德、工作能力和业绩进行考评。考评组成员由各单位聘委会研究确定。未设立考评组的单位,上述考评工作由聘委会或聘任小组直接负责。

各单位教学委员会负责对本单位教师职务和实验技术职务应聘人员的教育教学能力进行考评。

第四章　岗位设置与人员聘用

第十三条　学校在核定的人员编制和职务结构比例内，根据学科建设与教育教学科研任务需要，自主设置各类各级专业技术职务和职员岗位，明确规定各类各级岗位的职责和聘用条件。

第十四条　纳入聘用制的人员实行公开招聘。各用人单位根据岗位工作需要，在学校核定的编制数和岗位数内，具体拟定招聘计划、岗位职责、工作任务和聘用条件等，报人事处审核并经学校分管领导审批后，由人事处发布公开招聘信息，通过公开招聘、考试或者考核评议等方法择优聘用教职员工。

第十五条　为了保证人员聘用工作的顺利平稳进行，首次聘用人员应当优先从本单位现有教职员工应聘人员中选聘。

第十六条　受聘人员应具备以下基本条件：

1.遵纪守法，具有良好的职业道德；

2.具有履行本岗位职责的资格条件及能力；

3.身体健康，能适应岗位工作要求；

4.对实行职(执)业资格制度管理的岗位，要符合国家对职(执)业资格的要求；

5.聘用岗位要求的其他条件。

第十七条　人员聘用的基本程序：

1.学校人事处公布学校各单位空缺岗位及其职责、聘用条件、工资待遇等有关事项。

2.应聘人员按照聘用条件和要求，向学校各用人单位申请应聘相应岗位。

3.各级聘任组织按规定权限对应聘人员的资格、条件进行初审；学校人事处组织对初次来校应聘人员进行考试或者考核。

4.各单位考评组(或未设立考评组的聘委会、聘任小组)对通过初审和考试、考核的应聘人员进行思想品德、履行岗位职责能力、工作业绩等考评，提出考评意见；各单位教学委员会对本单位教师职务和实验技术职务应聘人员的教育教学能力进行考评，提出考评意见；评议组对应聘专业技术职务人员的学术、技术能力进行评议，提出评议意见。

5.各单位聘委会(聘任小组)根据考评、评议和评审意见，按规定权限择优提出受聘人员和拟聘人员的名单。

6.学校聘委会审批初、中级专业技术职务聘任人选，确定高级专业技术职务聘任人选和各级职员聘任人选。

7.校长或其委托人与受聘人员签订聘用合同，颁发聘书。

各单位提出的受聘人员和拟聘人员名单及学校聘委会最后批准和确定的聘任人选，均须进行公示。

第十八条　对于学校急需引进的高层次人才，可由校长决定，采取特殊办法进行聘任。

第五章　聘用合同的订立

第十九条　学校与受聘人员双方应在平等自愿、协商一致的基础上签订聘用合同，规定聘用期限和聘用双方与工作有关的权利与义务。聘用合同一式三份，当事人双方各执一份，一份存入受聘人员个人档案。

第二十条　聘用合同必须具备下列条款：

1.聘用合同期限；

2.岗位及其职责要求；

3.岗位纪律；

4.岗位工作条件；

5.工资待遇;

6.聘用合同变更和终止的条件;

7.违反聘用合同的责任;

8.经双方商定认为需要规定的其他事项。

第二十一条　聘用合同期限根据岗位需要确定,一般为3～6年。教师职务及其他专业技术职务受聘人员按学年计算聘期,其聘用合同的起止时间一般为起聘当年的8月1日至合同终止年份的7月31日。职员职务受聘人员按自然年计算聘期,其聘用合同的起止时间一般为起聘当年的1月1日至合同终止年份的12月31日。新聘人员(指从校外新聘用的人员,下同)的聘用合同终止时间一般订到上述同一系列受聘人员合同终止年份的相应时间。

第二十二条　新聘人员的试用期一般为3～6个月。初次参加工作的高校毕业生,试用期可延长至12个月。试用期包括在聘用合同期限内,从合同生效之日起开始计算。

第二十三条　聘用合同期满,如岗位需要,经考核合格并符合岗位任职条件,学校及教职员工双方协商同意,可以续聘或应聘其他岗位。续聘须按一定程序办理聘任手续,并重新签订聘用合同。

受聘人员聘期考核不合格的,聘用合同期满后,一律不再续聘。

第二十四条　在本校工作已满25年或者在本校连续工作已满10年,且年龄距国家规定的退休年龄已不足10年的本校事业编制人员;或者在本校受聘高级职员职务10年以上的高级职员或在本校受聘教授职务8年以上的教授,可与学校订立聘用至其本人退休的聘用合同。但如出现本办法第八章第三十六条、第四十条、第四十一条所列情形之一,仍按该条款的规定执行。

第六章　聘用期间的待遇

第二十五条　学校实行以岗定薪、按劳分配、优劳优酬的分配制度和激励机制。

第二十六条　受聘人员聘期内工资待遇按受聘职务确定。受聘人员职务及相应工资待遇仅在聘期内适用。受聘人员的职务岗位发生变化,其工资待遇也随之相应改变。受聘人员任职经历和岗位工资待遇记入个人档案,作为其应聘其他岗位的重要参考依据。

第二十七条　受聘人员的工资待遇按国家和学校原定工资标准执行。今后国家或上级主管部门有新的规定,按新的规定执行。

第二十八条　新聘人员按照厦门市的有关规定参加养老、失业、医疗、工伤等社会保险,并享受相关的社会保险待遇。

原属本校事业编制的受聘人员,其社会保险待遇仍按原有政策规定执行。今后国家或省、市有新的规定,按新的规定执行。

第二十九条　受聘人员在聘期内,享受学校规定的各项福利待遇,享有参加培训和继续教育的权利。

第七章　聘用期间的管理和考核

第三十条　受聘人员在聘期内,其党、团、工会等关系由学校管理。

第三十一条　各用人单位协助建立健全受聘人员的个人档案,将受聘人员的考核评议、鉴定、奖惩、工资及职务变动等材料及时送人事处归档。

第三十二条　在聘期内,受聘人员应自觉遵守国家法律法规、学校的各项规章制度和聘用合同条款,认真履行岗位职责,完成岗位工作任务。

第三十三条　学校及各用人单位根据聘用合同,按规定权限对受聘人员的思想政治表现和职业道德及履行岗位职责、完成工作任务的情况进行考核。考核分为年度考核和聘期考核。年度考核安排在年度结束前的1～2个月进行,聘期考核安排在聘期结束前2～3个月进行。

考核必须坚持客观、公正的原则,实行领导考核与本单位群众及服务对象评议相结合、考核工作实绩与考核工作态度相统一的方法。考核的内容应当与岗位的实际需要相符合。

考核结果分为优秀、合格、基本合格、不合格 4 个等次。考核结果记入个人档案,作为续聘、试聘、解聘、调整岗位以及晋级、奖惩等的重要依据。

第三十四条　各类各级专业技术职务受聘人员、科级以下管理干部和各级职员的考核由各单位聘委会(聘任小组)负责,考核结果报人事处备案;副处级以上管理干部的考核由学校职员聘任委员会负责。

校资产经营有限公司和校后勤集团及其下属各单位聘用人员由公司(集团)自行组织考核。其中,原学校事业编制人员的考核结果报学校人事处备案。

第八章　聘用合同的变更、终止和解除

第三十五条　聘用合同依法签订后,学校和受聘人员必须全面履行合同规定的各项义务,任何一方不得擅自变更合同内容。聘用合同不因学校法定代表人的变动而失效。

在合同有效期内,签约双方可在协商一致的基础上对合同加以变更或修改。双方未达成一致意见的,除法律、法规或本办法另有规定以外,双方必须按合同的规定履行义务。

第三十六条　有下列情形之一的,学校和用人单位可以调整该受聘人员的岗位,同时相应改变该受聘人员的岗位工资待遇,并对其聘用合同做相应变更:

1.受聘人员年度考核基本合格且被证明不适合现任岗位要求的;

2.符合本办法第二十五条规定与学校订立长期聘用合同的受聘人员患病或者非因工负伤,医疗期满后不能从事原岗位工作的(若确因身体情况也无法从事其他岗位工作的,经医院证明,学校批准,可办理病休)。

第三十七条　聘用合同期满或双方约定的合同终止条件出现时,聘用合同即行终止。

第三十八条　学校与受聘人员双方经协商一致,可以解除聘用合同。但除本办法另有规定外,不论哪一方提出解除聘用合同,均须提前 3 个月通知对方。

第三十九条　应聘人员在应聘过程中有下列情形之一的,学校和用人单位不得聘用;如已受聘,由学校解聘其职务;情节严重的,给予行政处分;触犯法律的,移送有关部门依法追究其法律责任:

1.伪造学历、学位及其他相关资格证书;

2.谎报、剽窃他人的教学成果、科学技术研究成果;

3.以不正当手段拉拢或贿赂聘任方的成员;

4.威胁、恐吓聘任方的成员;

5.诽谤、诬告其他应聘人员或拟聘人选;

6.有其他严重的违纪、违法行为。

第四十条　受聘人员有下列情形之一的,学校可以随时单方面解除聘用合同:

1.在试用期内被证明不符合本岗位要求的;

2.连续旷工超过 10 个工作日或者 1 学年内累计旷工超过 20 个工作日的;

3.未经学校同意,擅自出国或者出国逾期不归的;

4.严重违反工作规定或学校规章制度,发生责任事故,或者失职、渎职,造成严重后果的;

5.违法乱纪造成严重后果,或者严重违背职业道德造成极坏影响的;

6.违犯法律,受到刑事处罚的,或者被劳动教养的。

第四十一条　有下列情形之一的,学校可以单方面解除聘用合同,但应提前 30 日以书面形式通知拟被解聘的受聘人员:

1.受聘人员年度考核不合格的;

2.受聘人员不履行聘用合同条款,经教育批评不改的;

3.学校内部机构撤并或缩减编制需要减员,受聘人员拒绝学校另行安排工作的;

4.聘用合同订立时所依据的客观情况发生重大变化,致使原聘用合同无法履行,经学校和受聘人员协商不能就变更合同达成协议的;

5.未符合本办法第二十五条规定、尚未与学校订立长期聘用合同的受聘人员患病或者非因工负伤,医疗期满后不能从事原岗位工作的。

第四十二条　受聘人员有下列情形之一的,学校不得解除聘用合同:

1.受聘人员患病或者负伤,在规定的医疗期内的;

2.女教职员工在孕期、产期和哺乳期内的;

3.因公负伤,治疗终结后经劳动能力鉴定机构鉴定为1至4级丧失劳动能力的;

4.受聘人员正在接受纪律审查尚未做出结论的;

5.属于国家规定的不得解除聘用合同的其他情形的。

第四十三条　有下列情形之一的,受聘人员可随时单方面解除聘用合同:

1.试用期未满,尚未签订正式聘用合同的;

2.经学校同意考入普通高等院校需脱产学习的;

3.符合国家规定,经批准出国定居或自费出国留学的;

4.被录用或者选调到中央和地方党委机关、人大机关、政府机关、政协机关和参照国家公务员制度管理的民主党派机关、工商联机关及群团组织工作的;

5.依法服兵役的。

除上述情形外,受聘人员提出解除聘用合同未能与学校协商一致的,受聘人员仍应坚持工作,继续履行聘用合同,不得擅自离开岗位,否则学校将予以开除,并追究其违约责任。

第四十四条　有下列情形之一的,受聘人员不得单方面解除聘用合同:

1.在承担国家重大科研项目期间;

2.掌握国家秘密或重大科技成果关键技术和资料,在规定的保密期间。

第四十五条　学校与受聘人员解除聘用合同后,应为被解除聘用合同的人员出具终止、解除聘用合同证明书,并按照国家有关规定及时为其办理社会保险关系调转手续,做好各项社会保险的衔接工作。

第四十六条　在聘用期内解除聘用合同的人员,必须到人事处办理解除聘用合同手续,不得擅自离岗。如学校与受聘人员另有约定的,双方还须按约定承担各自的责任。

第四十七条　无论是解除聘用合同还是终止聘用合同,受聘人员须在归还学校财物、办理工作移交后方可离岗;担任财物管理、审批工作的,还应经学校审计后方可离岗。否则,学校将追究其责任,并做出相应的处理。

第九章　违反和解除聘用合同的责任

第四十八条　学校和受聘人员任何一方违反聘用合同的,违约方要承担违约责任。违约金的数额由学校和受聘人员双方在聘用合同中约定。

第四十九条　有下列解除聘用合同情形之一的,学校应当根据被解聘人员在本校的实际工作年限向其支付经济补偿金:

1.学校提出解除聘用合同,受聘人员同意解除的;

2.受聘人员患病或者非因工负伤,医疗期满后,不能从事原工作,学校单方面解除聘用合同的;

3.受聘人员年度考核或聘期考核不合格,学校单方面解除聘用合同的;

4.学校内部机构撤并或缩减编制需要减员,不能安置受聘人员到相应岗位工作而解除聘用合同的。

经济补偿金的发放标准为:受聘人员在本校工作时间每满1年,发给本人1个月的上年月平均工资标准的经济补偿金;月平均工资高于当地月平均工资3倍以上的,按当地月平均工资的3倍计发。

受聘人员在本校的工作年限以连续在本校聘用的时间计算。但原本校事业编制人员第一次解除聘用合同,其经济补偿金按连续工龄计算。

第五十条　学校出资引进或培训受聘人员,若因受聘人员的原因解除聘用合同,受聘人员要按与学校签订的聘用合同及服务期限约定书或培训协议书等合约的有关规定,赔偿学校支付的相关引进或培训等费用,并按约定缴纳违约金。

第五十一条　受聘人员解除聘用合同后,违反规定使用或者允许他人使用学校的知识产权、技术秘密的,应依法承担相应的法律责任。

第十章　未聘人员的安置和管理

第五十二条　学校试行聘用制后,原学校事业编制人员因未落实工作岗位而未签订聘用合同的,为未聘人员。

未聘人员的待聘时间为6至12个月。在待聘期间,学校如有合适岗位可优先应聘。待聘期内的前三个月,本人的原月工资照发;从第四个月起按本人原月工资70%的标准按月发给生活费,按规定已参加的社会保险项目的相关费用仍继续为其缴交。

第五十三条　1998年以来因机构改革至今仍待岗的原本校事业编制人员,亦视同未聘人员,其待聘时间为1年(从2003年8月1日至2004年7月31日),待聘期间的生活费仍按原有标准发放。

第五十四条　未聘人员待聘期满仍未被聘用的,其档案转入厦门市人才服务中心进行托管;托管期为1年。托管期间由厦门市人才服务中心推荐工作,并按本人原月工资50%的标准代发生活费,代缴各项社会保险费,所需费用由学校解决。托管期满后仍未找到工作的,由学校按其在本校连续工作年限发给经济补偿金,将其人事关系正式转入厦门市人才服务中心。

第五十五条　学校首次试行聘用制时,原本校事业编制人员距法定退休年龄5年以内且连续工龄满20年以上、因体弱多病等原因难以坚持正常工作的,由本人申请,医院证明,学校同意,可在本单位内部提前离岗,待达到法定退休年龄时,再办理退休手续。

提前离岗人员在提前离岗期间,按本人原月工资70%的标准按月发给生活费。今后国家或省、市有新的规定,按新的规定执行。

第五十六条　原本校事业编制人员在待聘、托管、提前离岗期间计发的生活费,均不得低于厦门市最低工资标准。

第十一章　附　则

第五十七条　受聘人员与学校在公开招聘、聘用程序、聘用合同期限、年度或者聘期考核、解聘辞聘、未聘安置等问题上发生争议的,应当协商解决。协商无效的,可依法向厦门市人事争议仲裁委员会申请仲裁。仲裁结果对争议双方具有约束力。

第五十八条　本办法自公布之日起试行。学校原有文件规定如与本办法不一致的,以本办法的规定为准。

第五十九条　本办法由学校人事处负责解释。

——本文摘录自《关于印发〈厦门大学教职员工聘用制度试行办法〉的通知》,厦大人〔2003〕52号,档号2003-XZ10-2

厦门大学教学助理聘用制度试行办法

(2003年6月20日)

为深化教学改革、全面推进素质教育和提高教学质量,经研究,决定从2003年9月起,在我校面向在学研究生试行教学助理聘用制度。现根据有关文件精神和我校实际,制订本试行办法。

第一章 指导思想和基本原则

第一条 试行从研究生中聘任教学助理制度的根本目的是为完善我校本科教学环节,提高本科教学质量。该制度也有助于结合教学实践提高研究生的培养质量,并在一定程度上解决研究生的生活困难。

第二条 研究生教学助理岗位的聘任工作必须坚持专业对口、按需设岗、公开招聘、平等竞争、择优聘用的原则。

第二章 岗位设置

第三条 各学院、直属系(所、教学部)研究生教学助理的岗位数主要参照各单位所开设的课程和修课的学生数,按实际需要设置。

本办法所指的课程既包括本科生课程也包括硕士研究生课程,岗位设置主要是针对修课人数多、作业量大的公共课、基础课、学科基本课程或核心课程,以及需要助理的实验课程。其他课程视我校教改开课需要和教师承担教学工作及其他工作的具体情况作适当考虑。

第四条 研究生教学助理岗位的设置,分为A、B两类。

各类岗位的职责是:

A类岗位:协助任课教师进行课程建设(包括制作多媒体课件和编写教学资料等),在任课教师的指导下承担课程的辅导工作,包括辅导、答疑、批改作业和试卷,或协助指导教师指导学生社会实践或实习。特别优秀的研究生也可以协助任课教师承担少部分内容的课程教学任务。

B类岗位:在指导教师的指导下独立承担课程的教学工作(包括课程建设、课堂讲授、辅导、答疑、批改作业和试卷等)。这类岗位工作一般聘请已具有高校教师资格的博士研究生担任。

研究生教学助理岗位主要指A类岗位。本科生学科基本课程和硕士生学位课程不设B类教学助理岗位。

第三章 岗位设置的申请

第五条 各学院、直属系(所、教学部)根据设岗的指导思想和学院内不同课程及不同教学环节的实际情况,参照我校过去助教工作的配置办法,提出设岗方案,按助理本科生课程和研究生课程分开填写《厦门大学教学助理岗位设置申请表》(分学期制表),分别报教务处和研究生院审核后,由人事处核定岗位数,最后送主管校长审批。

第六条 聘用A类岗位研究生教学助理,不影响任课教师的工作量计算;聘用B类岗位研究生教学助理，指导教师的工作量计算至多不能超过该门课程工作量的 30%。

第四章　岗位应聘对象和条件

第七条　凡符合我校教师聘任基本条件的本校在学全日制博士研究生和二、三年级硕士研究生，有能力胜任所设教学助理岗位工作的，均可应聘教学助理岗位。

第八条　为保证研究生的学习时间，研究生担任教学助理每个聘期原则上不超过每周 3 课时。

第九条　硕士研究生不担任研究生课程的教学助理和本系(所)本科课程的 B 类助教，原则上也不担任其他系(所)本科专业课程的 B 类助教。

第五章　岗位聘任

第十条　学校每学年在审核各单位上报的研究生教学助理设岗方案的基础上，对各单位核定一次研究生教学助理岗位数。各学院、直属系(所、教学部)根据学校核定的岗位数，拟定本单位各教学助理岗位的具体职责、工作任务和招聘条件，并组织开展聘任工作。

第十一条　研究生教学助理岗位聘任的基本程序如下：

1.各单位公布拟聘岗位及其职责、工作任务和招聘条件；

2.符合应聘条件、拟应聘教学助理岗位的研究生向招聘单位提出应聘申请；

3.由招聘单位组织对申请人进行考核(包括思想道德、业务水平和教学能力等)，考核方式包括面试和试讲，以试讲为主；

4.单位聘任委员会综合考核评定结果，研究确定各岗位聘任人选，并在单位内进行公示；

5.公示结束后分学期填写《厦门大学教学助理岗位聘任人选汇总审批表》报人事处和主管校长审批；

6.校长委托院长、直属系(教学部)主任、所长与受聘教学助理岗位的研究生签订聘用合同。

第十二条　研究生教学助理岗位的聘期为该学期(或学年)该教学助理课程的计划开设周期。

第十三条　研究生教学助理岗位的招聘每学年进行 1 次。用人单位须于学年结束前 5 周向教务处报送设岗方案，在获得学校批准之后于学年结束前 4 周在相应专业的研究生中加以公布；拟应聘教学助理岗位的研究生须在学年结束前 3 周提出应聘申请，并填写《厦门大学在校全日制研究生应聘教学助理岗位申请表》；用人单位须在学年结束前 2 周将聘任人选汇总表报到人事处，经主管校长审批后，在学年结束前与受聘研究生签订聘用合同，受聘研究生在下学年该助教课程开课时正式受聘上岗。

第六章　聘用期间的薪酬

第十四条　研究生教学助理岗位受聘人员的薪酬按受聘岗位类别确定，仅在聘期内适用。聘期结束，薪酬自动取消。

第十五条　研究生教学助理岗位的薪酬每课时的标准为：

A 类岗位 30 元/1 课时；B 类岗位 50 元/1 课时。

研究生教学助理岗位的薪酬由学院、直属系(所、教学部)按月发放。

第十六条　受聘教学助理岗位的研究生在聘期内如有缺岗现象，应根据缺岗情况扣发相应的薪酬。

第十七条　受聘本学院、直属系(所)课程助教岗位研究生的薪酬由学院、直属系(所)和学校按 3∶7 的比例分摊支付：学院、直属系(所)从学校下拨的综合办学经费中支付薪酬的 30%，学校支付 70%。受聘学校公共课程助教岗位研究生的薪酬全部由学校支付。学校支付的薪酬总额按学期划拨给学院、直属系(所、教学部)。

第七章　聘用期间的管理与考核

第十八条　研究生教学助理岗位实行合同管理。受聘教学助理岗位的研究生须与用人单位签订聘用合同。聘用合同主要包括以下条款:聘用合同期限,岗位及其职责要求和工作任务,薪酬,违反合同的责任等。聘用合同一式二份,当事人双方各执一份。

第十九条　受聘教学助理岗位的研究生必须自觉遵守聘用合同条款,认真履行岗位职责,保质保量地完成教学助理任务。

指导教师要切实负起指导研究生教学助理工作的责任,并定期检查研究生教学助理工作的情况。

第二十条　在助理教学过程中,受聘教学助理岗位的研究生如不能按照聘用合同的约定履行岗位职责或不能胜任岗位工作要求、教学效果差,学校可以随时单方面解除其聘用合同。

第二十一条　每学期结束前4周,用人单位要对教学助理岗位受聘研究生进行考核(助教任务在该学期结束前4周已经完成的,在助教任务完成后即安排考核)。考核包括任课(指导)教师的考核和学生测评。任课(指导)教师的考核参照《厦门大学教学助理岗位考核表》规定的考核指标和评分标准进行;学生测评纳入教务处教学质量测评系统进行。用人单位领导综合任课(指导)教师的考核结果和学生的测评分数,确定各岗位受聘研究生的考核等次。

各学院、直属系(所、教学部)在考核结束后将《厦门大学教学助理岗位考核结果汇总表》报送人事处。

第二十二条　考核结果分为优秀、良好、合格、不合格4个等次。考核结果是下一学期(学年)能否续聘的重要依据。考核合格及以上等次的,如岗位需要,本人愿意,可以续聘同一岗位或应聘其他教学助理岗位,其中考核优秀的可优先聘任。但续聘或应聘B类岗位者,考核结果须为优秀或良好。考核不合格的,不予续聘。

第二十三条　为鼓励研究生应聘教学助理岗位,其受聘教学助理岗位的工作经考核为合格及以上等次的,可以计为研究生的实践教学环节的学分。学校和用人单位也可从其他方面加以鼓励。

第八章　附　则

第二十四条　本办法自公布之日起实施。

第二十五条　本办法由人事处负责解释。

附表1:厦门大学教学助理岗位设置申请表

附表2:厦门大学全日制研究生应聘教学助理岗位申请表

附表3:厦门大学教学助理岗位应聘资格考评表

附表4:厦门大学教学助理岗位应聘资格考评结果汇总表

附表5:厦门大学教学助理岗位聘任人选汇总审批表

附表6:厦门大学教学助理岗位考核表

附表7:厦门大学教学助理岗位考核结果汇总表

(附表1～7略——编者)

——本文摘录自《关于印发〈厦门大学教学助理聘用制度试行办法〉的通知》,厦大人〔2003〕53号,档号2003-XZ10-2

厦门大学教师以外各类专业技术职务聘任办法(试行)

(2003年6月20日)

为进一步深化我校专业技术职务评聘制度的改革，加强专业技术队伍建设，推进学校的学科建设和教学科研工作的开展，根据《国务院办公厅转发人事部关于在事业单位试行人员聘用制度意见的通知》(国办发[2002]35号)，中组部、人事部、教育部《关于深化高等学校人事制度改革的实施意见》(人发[2000]59号)，《福建省人民政府办公厅转发省人事厅关于在事业单位试行人员聘用制度的实施意见的通知》(闽政办[2002]162号)和《厦门大学教职员工聘用制度试行办法》(厦大人[2003]52号)等文件精神及有关教育法律、法规，结合我校教师以外各类专业技术队伍的实际情况，制定本办法。

第一章　总　则

第一条　本办法适用范围和对象是教师以外的其他各类专业技术人员，包括工程技术、实验技术、图书资料专业、档案专业、编辑专业、翻译专业、卫生技术、幼儿园教师等8个系列的专业技术人员。本办法中的“专业技术职务”均指上述8个系列的专业技术职务；“专业技术人员”均指受聘上述8个系列岗位的专业技术人员。

第二条　专业技术职务是学校根据教学科研工作和学科建设的需要设置的专业技术工作岗位。专业技术职务实行任职条件分类考评、职务岗位分级聘任制。

第三条　自本办法颁布之日起，停止专业技术职务任职资格的评审工作，原厦门大学专业技术职务评审委员会及专业评议组和厦门大学幼儿园教师职务评审委员会同时撤销。

第二章　岗位设置

第四条　各类专业技术职务均分为高级职务、中级职务、初级职务。具体设置如下：

1.工程技术职务设教授级高级工程师、高级工程师、工程师、助理工程师、技术员。其中，教授级高级工程师、高级工程师为高级职务，工程师为中级职务，助理工程师、技术员为初级职务。

2.实验技术职务设教授级高级实验师、高级实验师、实验师、助理实验师、实验员。其中，教授级高级实验师、高级实验师为高级职务，实验师为中级职务，助理实验师、实验员为初级职务。

3.图书资料专业技术职务设研究馆员、副研究馆员、馆员、助理馆员、管理员。其中，研究馆员、副研究馆员为高级职务，馆员为中级职务，助理馆员、管理员为初级职务。

4.档案专业技术职务设研究馆员、副研究馆员、馆员、助理馆员、管理员。其中，研究馆员、副研究馆员为高级职务，馆员为中级职务，助理馆员、管理员为初级职务。

5.编辑专业技术职务设编审、副编审、编辑、助理编辑。其中，编审、副编审为高级职务，编辑为中级职务，助理编辑为初级职务。

6.翻译专业技术职务设译审、副译审、翻译、助理翻译。其中，译审、副译审为高级职务，翻译为中级职务，助理翻译为初级职务。

7.卫生技术职务设主任医师(药师、护师、技师)、副主任医师(药师、护师、技师)、主治医师(药师、护师、技师)、医(药、护、技)师、医(药、护、技)士。其中,主任医师(药师、护师、技师)、副主任医师(药师、护师、技师)为高级职务,主治医师(药师、护师、技师)为中级职务,医(药、护、技)师、医(药、护、技)士为初级职务。

8.幼儿园教师职务设幼儿园高级教师、幼儿园一级教师、幼儿园二级教师、幼儿园三级教师。其中,幼儿园高级教师为中级职务,幼儿园一级教师、幼儿园二级教师、幼儿园三级教师为初级职务。

第五条　专业技术职务岗位设置以“按需设岗”为原则。根据上级主管部门规定的专业技术职务结构比例和学校核定的各专业技术系列的编制数,按照学校教学科研、学科建设等事业发展的需要,科学合理地设置各类各级专业技术职务岗位。

第六条　各类专业技术职务结构比例为:高级职务∶中级职务∶初级职务=1～3∶3～5∶2～6。高级职务的比例视不同专业技术工作的性质和需要确定。

第七条　各单位根据学校的岗位设置意见,在学校下达的可聘任岗位数内设置本单位各类各级专业技术职务具体岗位,报各主管部门审核并提出意见后送学校专业技术职务聘任委员会(以下简称学校聘委会)审批。

第三章　岗位职责与任职条件

第八条　各类各级专业技术职务均有明确的岗位职责和任职条件,应聘专业技术职务人员除须符合《厦门大学教职员工聘用制度试行办法》所规定的基本聘任条件外,还须符合相应专业技术职务的任职条件,具备履行所应聘职务的岗位职责的能力并经确认能胜任该岗位工作的要求。

第九条　学校制定各类各级专业技术职务基本岗位职责和任职条件(见各“附件”),各单位在聘任工作中应遵照执行。各单位应根据学校的规定,结合本单位的实际情况,制定各类各级专业技术职务的具体岗位职责和聘任条件,报学校聘委会审批。

第十条　应聘各类专业技术职务人员应具备教育部承认的本专业(或相关专业)学历。原本校事业编制人员应聘专业技术职务,如所具有学历的专业与任职的专业不一致或不相关时,已进修5门本专业本科以上基础课、专业课且考试成绩合格,可视为具备规定的专业学历,否则应视为不具备规定的专业学历。

第十一条　原本校事业编制人员拟应聘的职务原则上应与原所在岗位及所从事的专业相关。

第十二条　凡国家有职业资格考试要求和已实行任职资格全国统一考试制度的系列,应聘人员必须先获得资格证书才能应聘相应岗位。

第十三条　受聘各类专业技术职务人员应接受继续教育,并作为续聘或高聘专业技术职务的任职条件。

第十四条　各类专业技术人员聘任高、中级职务的外语要求按《厦门大学专业技术人员职务外语考试实施办法》(厦大职改[2000]1号)执行。

第十五条　各类专业技术人员应聘高、中级职务的计算机技术应用能力要求按《厦门大学关于专业技术人员计算机应用能力考试的通知》(厦大职改〔2003〕4号)有关规定执行。

第十六条　本办法“附件”中各类专业技术职务任职条件所要求的成果和业绩,应聘高一级职务的应是任现职以后取得的,应聘同一级职务的应是任低一级职务以来取得的。其中,论文、著作和代表作一般应是本专业的学术或技术论文、著作。

本办法“附件”关于任职条件中各类奖项,除特别限定以外,其有效范围为:国家级限前四名(如获得2项同一等级奖励的第五名,可视同1项该等级奖励的第四名,下同),省(部)级限前三名,地(市、厅、校)级限前两名;同级别2项低一等级的奖励,可视同该级别1项高一等级的奖励(如2项国家级二等奖可视同1项国家级一等奖);集体一等奖限第一、第二贡献者。

第十七条　卫生技术职务的岗位职责和任职条件(除学历和任职年限外)按福建省卫生厅有关文件规定执行。卫生技术职务的学历和任职年限要求按本办法规定执行。

第四章　聘任组织及其职责权限

第十八条　学校专业技术职务聘任委员会负责制定专业技术职务聘任办法、岗位职责和任职条件；确定全校及各单位各类各级专业技术职务岗位数；审批各单位专业技术职务聘任具体实施方案；审批初、中级专业技术职务聘任人选；确定高级专业技术职务聘任人选。

学校人事处和学校专业技术职务聘任委员会办公室（简称职聘办）具体负责专业技术职务聘任工作的有关事宜。

第十九条　成立实验工程技术评议组、土建工程技术评议组、图书资料与档案管理专业评议组、编辑专业评议组、翻译专业评议组、卫生技术评议组（以下简称评议组）、幼儿园教师职务评议组，负责对本专业技术职务应聘人员的学术、技术能力进行评议。实验工程技术评议组一般按学院组建，其他评议组由学校统一组建。各评议组一般由7～9名受聘高级职务的本专业专家组成，设组长1人，副组长2人。评议组成员由学校专业技术职务聘任委员会研究确定。

第二十条　各单位聘任委员会（聘任小组）负责本单位的专业技术职务聘任工作，根据本办法制定本单位专业技术职务聘任的实施细则，报学校审批后具体组织实施；确定初、中级专业技术职务聘任人选；推荐高级职务拟聘人选。

第二十一条　各单位考评组（未设立考评组的聘委会、聘任小组）负责对本单位应聘人员的思想政治表现、职业道德、工作能力和业绩进行考评；教学委员会负责对本单位实验技术职务应聘人员的实验教学能力进行考评。

第五章　职务聘任

第二十二条　专业技术职务聘任遵循按需设岗、公开招聘、平等竞争、择优聘用、严格考核、合同管理的原则。

第二十三条　专业技术职务聘任程序：

1.学校公布专业技术职务空缺岗位及岗位职责、聘任条件、聘任程序等，实行公开招聘。

2.应聘人员在规定时间内向用人单位提出书面申请，填写《厦门大学教师以外各类专业技术职务聘任申请表》，并提交符合聘任条件的有效证明材料。

3.各单位聘委会（聘任小组）对应聘人员的应聘资格、条件进行审查，并将初审情况及相关材料报人事处审核，同时在本单位进行公示。首次来校应聘人员须参加学校组织的考试或考核。

4.初选合格的高级职务应聘人员，须提交2篇（本）代表作各一式三份，送3位同行专家（其中至少有2位校外同行专家）鉴定。若有2位专家鉴定认为学术、技术能力不符合应聘职务的任职条件，则不予聘任。经同行专家鉴定认为学术、技术能力符合应聘职务任职条件的应聘人员，专家鉴定结果有效期为3年。

代表作送审由各单位聘委会（聘任小组）负责。

5.各单位考评组（未设立考评组的聘委会、聘任小组）对应聘人员的思想政治表现、职业道德、工作能力和业绩进行考评，并以无记名投票的方式表决，提出考评和推荐意见；教学委员会对实验技术职务应聘人员的实验教学能力进行考评，并以无记名投票的方式表决，提出考评和推荐意见；各专业（技术）评议组对高、中级职务应聘人员的学术、技术能力进行评议，并以无记名投票的方式表决，提出评议和推荐意见。推荐意见分为优先推荐、一般推荐、不予推荐。

考评组（未设立考评组的聘委会、聘任小组）、教学委员会和评议组会议必须有三分之二及以上成员出席方为有效。

6.各单位聘委会（聘任小组）综合各考评组织、评议组和评审专家的意见，按照岗位要求进行认真研究,以无记名投票的方式表决,择优确定初、中级职务聘任人选,并报学校聘委会审批;等额向学校聘委会推荐高级职务拟聘人选。所有聘任人选和拟聘人选在本单位公示。

各单位聘委会(聘任小组)会议必须有三分之二及以上成员出席方为有效。应聘人员获得出席会议成员的三分之二及以上赞成票方为通过。

7.学校聘委会对各单位聘委会(聘任小组)报批的聘任人选和推荐的拟聘人选进行认真研究,审批初、中级职务聘任人选,并以无记名投票方式表决,确定高级职务聘任人选。高级职务聘任名单在全校公示。

学校聘委会会议必须有三分之二及以上委员出席方为有效。应聘高级职务人员获得出席会议委员的三分之二及以上赞成票方为通过。

8.学校公布各级职务聘任名单;校长与受聘高级职务人员签订聘任合同,并颁发聘书;校长所委托的人与受聘中、初级职务人员签订聘任合同,并颁发聘书。

有关聘任合同的条款和聘任合同的订立等事宜,按《厦门大学教职员工聘用制度试行办法》的相关规定执行。

第二十四条　学校急需引进的高层次人才,经用人单位聘委会(聘任小组)综合考评并表决通过,提出拟聘职务意见后,正高级职务报校长办公会议审批,由校长聘任,其他职务由校长授权分管人事的副校长审批和聘任。

第二十五条　专业技术职务聘任期限一般为3～6年,聘任期内每学年签订一次年度岗位任务书。聘任期满,经考核合格且符合岗位任职条件,如岗位需要,经聘任双方协商同意,可以续聘同一职务岗位。续聘同一职务岗位人员仍须按规定程序通过相应聘任组织的表决,但不必送审代表作。如应聘高一级职务,则须按规定程序重新申请并参与竞聘。续聘必须重新签订聘任合同。

第二十六条　本办法实施前已经过学校评聘担任专业技术职务的人员,近3年年度考核合格,首次应聘相应专业技术职务时不必再经过考核评议和代表作送审,直接由学校和用人单位的聘任组织按规定的聘任权限聘任相应职务。

第二十七条　新招聘的专业技术人员,一般须经过3～6个月的试用期;从高等院校毕业生中招聘的专业技术人员,如系初次参加工作的,试用期可以延长至12个月。试用期包括在聘任合同期限内。在试用期满之前,用人单位聘任组织应按照岗位要求,对受聘人员的思想品德、学术与技术能力、工作表现和业绩进行考评。经确认符合相应专业技术职务任职条件并能履行其岗位职责、胜任岗位工作要求的,学校和用人单位按聘任权限聘任相应专业技术职务。

第二十八条　经学校批准赴国(境)外进行学术交流或进修的专业技术人员应聘专业技术职务,须在其按期回校后方可申请。

第二十九条　转系列应聘的专业技术人员,须经1年以上拟聘系列岗位的工作实践,表明已具备相应职务任职条件,方可申请转聘该系列同级职务。转系列应聘高一级职务的,须转聘该系列同级职务后再经1年以上工作实践,证明已符合该系列高一级职务任职条件,具备履行该岗位职责的能力,且所在单位仍有空余岗位,方能参与竞聘该系列高一级职务。

第六章　考　核

第三十条　在聘期内,受聘专业技术职务人员应自觉遵守国家法律法规和学校各项规章制度及聘任合同条款,认真履行岗位职责,完成岗位工作任务。

第三十一条　各用人单位根据聘任合同,对本单位受聘专业技术职务人员的思想政治表现和职业道德及履行岗位职责、完成工作任务的情况进行考核。考核分为年度考核和聘期考核。年度考核安排在每年5—6月份进行,聘期考核安排在聘期结束前2～3个月进行。考核结果分为优秀、合格、基本合格、不合格4个等次。

各单位应将考核结果及时报人事处备案。

第三十二条　考核结果是续聘、试聘、解聘、调整岗位，以及高聘、奖惩等的重要依据。

受聘专业技术职务人员年度考核或聘期考核合格及以上等次的，下一学年或下一聘期方具有正常续聘或应聘高一级职务的条件。年度考核或聘期考核不合格的，予以解聘。

第七章　附　则

第三十三条　本办法中关于专业技术人员的聘用和职务聘任及解聘、辞聘等规定的未尽事宜，均按《厦门大学教职员工聘用制度试行办法》及其配套文件的相关规定执行。

第三十四条　本办法自公布之日起试行。但 2003 年 1 月 1 日以后新招聘的专业技术人员均适用于本办法。

第三十五条　学校以前颁布的文件如与本办法不符的，以本办法为准。

第三十六条　本办法由学校人事处负责解释。

附件一：工程技术各级职务岗位职责和任职条件

附件二：实验技术各级职务岗位职责和任职条件

附件三：图书资料专业各级职务岗位职责和任职条件

附件四：档案专业各级职务岗位职责和任职条件

附件五：编辑专业各级职务岗位职责和任职条件

附件六：翻译专业各级职务岗位职责和任职条件

附件七：卫生技术各级职务的学历与任职年限要求

附件八：幼儿园各级教师职务岗位职责和任职条件

附件一：

工程技术各级职务岗位职责和任职条件

一、岗位职责

(一)技术员

1.掌握本专业的工程技术原理；

2.初步熟悉常用仪器设备的一般用途；

3.初步掌握常规的工程技术工作方法和操作步骤；

4.在有关人员指导下，完成工程项目的辅助性工作和具体技术工作。

(二)助理工程师

1.掌握本专业一般知识和技术；

2.较熟练地掌握本专业的有关设备和工具的性能、用途，能对比较复杂的贵重仪器设备进行一般操作；

3.承担贵重仪器设备的技术管理；

4.承担所负责的工作任务，写出技术报告。

(三)工程师

1.掌握本专业的知识和技术；

2.掌握贵重仪器设备的性能，负责调试、使用、维护；

3.独立地创造和改善某些工程技术条件；

4.采用并改进或设计工程方案；

5.承担负责工程项目的正常运行；

6.指导和培养初级技术人员。

(四)高级工程师

1.精通本专业的知识和技术，熟悉本学科领域国内外工程技术发展动态；

2.负责本学科的重大工程项目，写出高水平的技术报告和论文；

3.解决工程技术工作中出现的关键技术问题和疑难问题；

4.指导和培养中、初级工程技术人员。

(五)教授级高级工程师

1.精通本专业的知识和技术，掌握本学科领域国内外工程技术发展动态和前沿；

2.组织和领导本学科的重大工程项目，写出高水平的技术报告和论文；

3.解决工程技术工作中出现的关键技术问题和疑难问题；

4.指导和培养中、初级工程技术人员。

二、任职条件

(一)技术员

1.大专毕业，在工程技术岗位上试用1年期满，经考核合格；中专毕业的原本校事业编制技术员。

2.掌握本专业的基础理论知识和专业技术知识。

3.具有完成一般技术辅助性工作的实际能力；在有关人员指导下能完成一般技术辅助性工作或一般现场技术工作。

4.工作认真负责，业绩优良。

(二)助理工程师

1.具备硕士学位或双学士学位或具有研究生学历而未获硕士学位或研究生班毕业，试用期满考核合格；具备学士学位或本科毕业学历，试用1年期满，经考核合格；大专毕业，从事3年以上工程技术工作(含试用期)；中专毕业，担任5年以上技术员职务。

2.掌握本专业的基础理论和专业技术知识。

3.具有一定组织工作能力和独立完成指定范围内的科技管理工作能力，或能完成一般技术研究、设计或现场技术、技术管理工作。

4.工作认真负责，业绩优良。

5.任现职以来每年接受继续教育不少于42学时。

(三)工程师

1.具备博士学位，试用期满考核合格；具备硕士学位，担任2年以上助理工程师职务(含试用期)；具备双学士学位或具有研究生学历而未获硕士学位或研究生班毕业，担任3年以上助理工程师职务(含试用期)；具备学士学位或本科毕业学历，担任4年以上助理工程师职务；大专毕业，担任5年以上助理工程师职务。

2.掌握本专业的基础理论和专业技术知识。

3.工作认真负责，有独立工作能力，业绩优良。

4.任现职以来每年接受继续教育不少于72学时。

5.业绩或成果符合下列条件之一：

(1)负责1台以上贵重仪器设备(含一般应用软件，单台50万元以上)的日常维护、操作及一般维修3年以上，且年使用机时800小时以上并提供相应服务；

(2)负责多台仪器设备(含一般应用软件，总价50万元以上)的维护、操作及一般维修3年以上，且年使用机时2000小时以上并提供相应服务；

(3)在计算机及服务器和网络的维护中，能保持设备和系统的正常运行，能及时处理运行中出现的问题，保证教学、科研顺利进行；

(4)结合工作开发应用软件，提高了工作效率，或开发多媒体课件，取得突出成绩；

(5)参加实验室的建设，并且所承担的部分项目实验仪器设备达到50万元以上；

(6)承担过一般仪器设备的改进工作1项以上，并为学校产生经济效益5万元以上；

(7)自制有特色的教学科研仪器设备1件(套、台)以上，为学校节省经费6万元以上；

(8)在科技开发中取得1项发明专利(前3名，以证书为准)。

以下条件仅限于土建工程技术系列：

(9)参加建筑工程项目并独立或主要负责施工300万元工程项目5项或2000万元工程项目2项以上，且无发生重大责任事故；

(10)参加建筑工程项目并独立分类设计300万元工程项目5项或2000万元工程项目2项(以图纸为准)并正式出图(施工图)或实施；

(11)作为主要成员参加房地产开发1项以上；

(12)负责工程预决算、造价控制3项以上；

(13)负责工程咨询5项以上；

(14)负责过2项以上学校一般工程建设或改造项目(工程总价在40万元以上)的总体方案设计的管理、施工，并通过验收；

(15)在工程项目管理中提出合理化建议，为工程节约20万元以上。

(四)高级工程师

1.具备博士学位，担任2年以上工程师职务；具备硕士学位，担任5年以上工程师职务；具备双学士学位或具有研究生学历而未获硕士学位或研究生班毕业，担任7年以上工程师职务；具备学士学位或本科毕业学历，担任8年以上工程师职务。

2.熟练掌握本专业的基础理论和专业技术知识，掌握本专业国内外现状和发展趋势。

3.工作认真负责，业务能力强，业绩突出。

4.在公开发行的刊物(CN刊号，下同)上至少发表2篇较高水平的本岗位工作的技术论文(独立撰写或第一作者署名，其中至少有1篇发表在核心刊物上)。

5.任现职以来每年接受继续教育不少于72学时。

6.业绩或成果符合下列条件之一：

(1)负责1台以上贵重仪器设备(含应用软件，单台150万元以上)的日常维护、操作及维修3年以上，且年使用机时1000小时以上并提供相应服务。

(2)负责多台仪器设备(含应用软件，总价100万元以上)的维护、操作及维修3年以上，且年使用机时2000小时以上并提供相应服务。

(3)负责仪器设备达到150万元的大型实验室建设；或承担150万元以上校内工程项目的技术负责人。

(4)承担过贵重仪器设备的改进1项以上，为学校创造经济效益15万元以上。

(5)自制有特色的教学科研仪器设备1件(套、台)以上，为学校节省经费10万元以上。

(6)从事开发应用工作1项以上，为学校创造经济效益15万元以上；或开发多媒体课件，取得显著成绩。

(7)在科技开发中取得至少1项发明专利或3项实用新型专利(均为主要技术负责人，以证书为准)。

(8)在工程技术研究、设计、实施等工作中取得显著成绩，获得国家级四等或省部级三等奖励。

以下条件仅限于土建工程系列：

(9)负责管理3000万元建筑工程项目3项，并没有出现相关重大责任事故。

(10)参加建筑工程项目并独立分类设计三级以上工程项目8项(其中二级以上工程设计项目不少于2项)或二级以上工程项目4项(其中一级以上工程设计项目不少于1项)以上(以图纸为准)并正式出图(施工图或建筑专业初步设计图)或实施。

(11)负责策划3000万元的房地产开发2项以上。

(12)主持、组织过3项学校二级以上新、扩建工程建设或改造项目(改造项目每项工程造价在200万元以上)的总体方案设计的管理、施工,并通过验收。

(五)教授级高级工程师

1.具备博士学位,担任5年以上高级工程师职务;具备硕士学位,担任8年以上高级工程师职务;具备双学士学位或具有研究生学历而未获硕士学位或研究生班毕业,担任9年以上高级工程师职务;具备学士学位或本科毕业学历,担任11年以上高级工程师职务。

2.精通本专业的基础理论和专业技术知识,熟悉本专业国内外现状和发展趋势。

3.工作认真负责,业务能力强,业绩显著。

4.在公开发行的刊物上至少发表6篇(其中在核心刊物上至少发表4篇)高水平的技术论文(独立撰写或第一作者署名至少4篇,其中至少有2篇发表在核心刊物上)。

5.任现职以来每年接受继续教育不少于72学时。

6.业绩或成果符合下列条件之一:

(1)负责1台以上贵重仪器设备(含应用软件,单台200万元以上)的日常维护、操作及维修3年以上,且年使用机时2000小时并提供相应服务;

(2)主持仪器设备达到200万元的大型实验室建设;

(3)独立承担过贵重仪器设备的改进2项以上,为学校创造经济效益40万元以上;

(4)自制有特色的教学科研仪器设备2件(套、台)以上,为学校节省经费30万元以上;

(5)主持从事开发应用工作2项以上,为学校创造经济效益40万元以上;

(6)在科技开发中取得至少3项发明专利(为主要技术负责人,以证书为准);

(7)在工程技术研究、设计、实施等工作中取得显著成绩,获得国家级三等奖(前3名)或省部级二等奖(前2名)或省部级三等奖(独立或排名第一);

以下条件仅限于土建工程技术系列:

(8)负责管理3000万元建筑工程项目5项,且没有出现相关重大责任事故;

(9)参加建筑工程项目并独立分类设计二级以上工程项目6项(其中一级以上工程设计项目不少于2项)以上(以图纸为准)并正式出图(施工图)或实施;

(10)承担3000万元的房地产开发项目4项以上,为技术负责人;

(11)主持、组织过4项学校二级以上新、扩建工程建设或改造项目(一级以上新、扩建工程建设项目不少于1项,改造项目每项工程造价在300万元以上)的总体方案设计的管理、施工,并通过验收。

三、破格聘任高级职务条件

(一)破格聘任高级工程师职务条件

1.具备博士学位,担任1年以上工程师职务;具备硕士学位,担任3年以上工程师职务;具备双学士学位或具有研究生学历而未获硕士学位或研究生班毕业,担任4年以上工程师职务;具备学士学位或本科毕业学历,担任5年以上工程师职务。

2.具备聘任高级工程师职务的基本条件,同时任现职以来至少有2次年度考核为优秀,或1次年度考核优秀和1次校级以上奖励。

3.工作业绩及成果必须具备高级工程师任职条件第6项中的3项以上条件。

(二)破格聘任教授级高级工程师职务条件

1.具备博士学位,担任3年以上高级工程师职务;具备硕士学位,担任5年以上高级工程师职务;具备双学士学位或具有研究生学历而未获硕士学位或研究生班毕业，担任 6 年以上高级工程师职务；具备学士学位或本科毕业学历，担任 7 年以上高级工程师职务。

2.具备聘任教授级高级工程师职务的基本条件，同时任现职以来至少有 2 次年度考核为优秀，或 1 次年度考核优秀和 1 次校级以上奖励。

3.工作业绩及成果必须具备教授级高级工程师任职条件第 6 项中的 3 项以上条件。

附件二：

实验技术各级职务岗位职责和任职条件

一、岗位职责

（一）实验员

1.掌握本实验室有关的实验原理和实验技术；

2.初步掌握常规的实验方法和步骤；

3.承担本实验室部分仪器设备的管理工作或其他具体工作；

4.在有关人员的指导下，完成科学研究实验、教学实验的准备工作和辅助工作。

（二）助理实验师

1.掌握本实验室有关的实验原理和实验技术；

2.较熟练地掌握本实验室各种仪器设备，能对一般仪器设备的故障进行诊断和维修，承担比较复杂精密仪器设备的技术管理；

3.承担并较好地完成实验任务，写出实验报告；

4.承担实验室某一方面的管理和服务工作。

（三）实验师

1.掌握本实验室有关的专业知识和技术，独立地创造或改善某些实验技术条件；

2.根据学术负责人的设想和要求，设计、加工特殊的实验装置或零部件，改进有关仪器设备的性能指标；

3.负责贵重仪器设备的调试、维护、检修和故障的排除，写出较高水平的实验报告；

4.指导和培养初级实验技术人员的工作；

5.做好实验室的建设和管理工作。

（四）高级实验师

1.精通本实验室有关的专业知识和技术，熟悉本学科领域国内外实验技术动态；

2.组织本学科的重大实验工作，写出高水平的实验报告或论文；

3.解决实验工作中出现的关键技术问题；

4.指导和培养中、初级实验技术人员；

5.主持和协助主持实验中心的建设和管理工作，或主持某实验室的建设和管理工作。

（五）教授级高级实验师

1.精通本实验室有关的专业知识和技术，掌握本学科领域国内外实验技术动态和前沿；

2.组织和领导本学科的重大实验工作，写出高水平的实验报告或论文；

3.解决实验工作中出现的关键技术和重大疑难问题；

4.指导和培养中、初级实验技术人员；

5.主持实验中心的建设和管理工作。

二、任职条件

(一)实验员

1.大专毕业,在实验技术岗位上试用1年期满,经考核合格;中专毕业的原本校事业编制实验员。

2.了解与本门业务有关的专业知识和技术,掌握常规的实验工作原理、方法和步骤。

3.能正确使用与本职工作有关的仪器设备,在有关人员的指导下,能够完成一般的实验任务。

4.工作认真负责,业绩优良。

(二)助理实验师

1.具备硕士学位或双学士学位或具有研究生学历而未获硕士学位或研究生班毕业,试用期满考核合格;具备学士学位或本科毕业学历,试用1年期满,经考核合格;大专毕业,从事3年以上实验技术工作(含试用期);中专毕业,担任5年以上实验员职务。

2.掌握与本门业务有关的专业知识和技术,较熟练地掌握常规实验工作原理、方法和步骤。

3.能熟练使用与实验工作有关的仪器设备,并了解其原理和性能,对一般仪器设备具有初步维修的技能。

4.参加过一定数量的实验工作,能初步独立地制定实验方案,提供准确的实验数据和结果,较好地完成实验任务,写出实验报告。

5.工作认真负责,业绩优良。

6.任现职以来每年接受继续教育不少于42学时。

(三)实验师

1.具备博士学位,试用期满考核合格;具备硕士学位,担任2年以上助理实验师职务(含试用期);具备双学士学位或研究生学历而未获硕士学位或研究生班毕业,担任3年以上助理实验师职务(含试用期);具备学士学位或本科毕业学历,担任4年以上助理实验师职务;大专毕业,担任5年以上助理实验师职务。

2.较熟练地掌握与本门业务有关的专业知识和技术,有熟练的实验技能、技巧和丰富的实践经验,曾独立设计过实验方案并能积极主动为教学科研工作服务。

3.对所管理的仪器设备进行维护检修和排除故障,基本保持仪器设备完好,保证实验工作顺利进行。

4.工作认真负责,有独立工作能力,业绩优良。

5.任现职以来每年接受继续教育不少于72学时。

6.业绩或成果符合下列条件之一:

(1)承担过一般实验仪器设备的改进,对实验教学产生良好效果;

(2)自制有特色的实验仪器设备,为学校节省经费6万元以上;

(3)参加过实验仪器设备总价值为30万元(基础实验室为20万元)以上的实验室建设,并取得突出成绩;

(4)参与实验室建设、实验设备的改进等方面的工作,取得突出成绩,获得校级以上奖励。

(四)高级实验师

1.具备博士学位,担任2年以上实验师职务;具备硕士学位,担任5年以上实验师职务;具备双学士学位或研究生学历而未获硕士学位或研究生班毕业,担任7年以上实验师职务;具备学士学位或本科毕业学历,担任8年以上实验师职务。

2.熟练掌握与本门业务有关的专业知识和技术;工作认真负责,业务能力强。

3.组织和指导过大型实验技术工作;或者主持或协助主持实验中心或实验室的建设和管理工作、取得突出成绩。

4.在公开发行的刊物上至少发表2篇较高水平的有关实验室建设或实验教学研究方面的论文(独立撰写或第一作者署名,其中至少有1篇发表在核心刊物上)。

5.任现职以来每年接受继续教育不少于72学时。

6.业绩或成果符合下列条件之一：

(1)组织重要实验仪器设备的改进，对实验教学产生重大作用，并为学校产生经济效益10万元以上；

(2)利用实验设备从事开发应用工作，为学校创造经济效益15万元以上；

(3)自制有特色的实验仪器设备，为学校节省经费10万元以上；

(4)负责过实验仪器设备总价值为60万元(基础实验室为40万元)以上的实验室建设；

(5)在实验室建设、实验设备的改进等方面取得显著成绩，获得国家级四等奖(前4名)或省部级三等奖(前3名)或校级奖励(个人或第一贡献者)；

(6)指导过2门以上的实验课，并编写过实验讲义或实验教材10万字以上，学生评价良好。

(五)教授级高级实验师

1.具备博士学位，担任5年以上高级实验师职务；具备硕士学位，担任8年以上高级实验师职务；具备双学士学位或研究生学历而未获硕士学位或研究生班毕业，担任9年以上高级实验师职务；具备学士学位或本科毕业学历，担任11年以上高级实验师职务。

2.精通与本门业务有关的专业知识和技术，掌握本专业国内外现状和发展趋势；工作认真负责，业务能力强。

3.组织和指导过大型实验技术工作；或者主持全校性公共教学实验室或部开放(重点)实验室或实验中心的建设与管理工作，取得重大成绩。

4.在公开发行的刊物上至少发表6篇(其中在核心刊物上至少发表4篇)高水平的有关实验室建设或实验教学研究方面的论文(独立撰写或第一作者署名至少4篇，其中至少有2篇发表在核心刊物上)。

5.任现职以来每年接受继续教育不少于72学时。

6.业绩或成果符合下列条件之一：

(1)负责重要实验仪器设备的改进，并为学校产生经济效益20万元以上；

(2)利用实验设备从事开发应用工作，为学校创造经济效益30万元以上；

(3)自制有特色的实验仪器设备，为学校节省经费20万元以上；

(4)负责过实验仪器设备总价值为100万元(基础实验室为80万元)以上的实验室建设；

(5)在实验室建设、实验设备的改进等方面取得显著成绩，获得国家级三等奖(前3名)或省部级二等奖(前2名)或省部级三等奖(个人或第一贡献者)；

(6)开设过3门以上的专业实验课或研究生设计型综合性实验课，并编写过授课讲义或教材15万字以上，学生评价良好。

三、破格聘任高级职务条件

(一)破格聘任高级实验师职务条件

1.具备博士学位，担任1年以上实验师职务；具备硕士学位，担任3年以上实验师职务；具备双学士学位或具有研究生学历而未获硕士学位或研究生班毕业，担任4年以上实验师职务；具备学士学位或本科毕业学历，担任5年以上实验师职务。

2.具备聘任高级实验师职务的基本条件，同时任现职以来至少有2次年度考核为优秀，或1次年度考核优秀和1次校级以上奖励。

3.工作业绩及成果必须具备高级实验师任职条件第6项中的3项以上条件。

(二)破格聘任教授级高级实验师职务条件

1.具备博士学位，担任3年以上高级实验师职务；具备硕士学位，担任5年以上高级实验师职务；具备双学士学位或具有研究生学历而未获硕士学位或研究生班毕业，担任6年以上高级实验师职务；具备学士学位或本科毕业学历，担任7年以上高级实验师职务。

2.具备聘任教授级高级实验师职务的基本条件，同时任现职以来至少有2次年度考核为优秀，或1

次年度考核优秀和1次校级以上奖励。

3.工作业绩及成果必须具备教授级高级实验师任职条件第6项中的3项以上条件。

附件三:

图书资料专业各级职务岗位职责和任职条件

一、岗位职责

(一)管理员

担任图书采访、编目、目录组织、书库管理、图书借阅等业务部门的辅助性工作。

(二)助理馆员

1.担任部分选书工作,辅导读者查阅馆藏目录及文献检索工具;

2.担任文献研究、书目编辑的助手工作等。

(三)馆员

1.担任选书、分类、主题标引、编写提要、解答咨询课题、编制书目索引等工作;

2.协助主持某部门的业务工作。

(四)副研究馆员

1.担任书刊采访、分编、文献研究、编制书目索引等方面的指导、审核工作;

2.承担较高深的文献研究任务;

3.指导、主持业务学习和科研工作,解决比较重大的业务问题等;

4.协助主持图书馆某部分业务工作或主持某部门的业务工作。

(五)研究馆员

1.担任书刊采访、分编、文献研究、编制书目索引等方面的指导、审核工作;

2.承担高深的文献研究任务;

3.指导、主持业务学习和科研工作,解决重大业务问题;

4.主持或协助主持图书馆业务工作。

二、任职条件

(一)管理员

1.大专毕业,试用1年期满,经考核合格;中专毕业的原本校事业编制管理员。

2.掌握图书、资料专业基础知识、工作方法的技能,在高一级专业技术职务人员指导下能完成一般技术辅助性工作。

3.能主动、热情地为师生员工服务,业务能力较强,工作业绩优良。

4.参加学校组织的图书资料专业基础知识统一考试,成绩及格以上。

(二)助理馆员

1.具备硕士学位或双学士学位或具有研究生学历而未获硕士学位或研究生班毕业,试用期满考核合格;具备学士学位或本科毕业学历,试用1年期满,经考核合格;大专毕业,从事3年以上图书资料工作(含试用期);中专毕业,担任5年以上管理员职务。

2.掌握本专业的基础理论和专业知识;掌握图书资料有关的工作方法与技能。

3.能主动、热情地为师生员工服务,业务能力较强,业绩优良。

4.非图书馆学或情报学专业毕业的应聘人员,应参加学校组织的图书资料专业基础知识(初级)统一考试,成绩及格以上。

5.任现职以来每年接受继续教育不少于 42 学时。

(三)馆员

1.具备博士学位，试用期满考核合格；具备硕士学位，担任 2 年以上助理馆员职务(含试用期)；具备双学士学位或研究生学历而未获硕士学位或研究生班毕业，担任 3 年以上助理馆员职务(含试用期)；具备学士学位或本科毕业学历，担任 4 年以上助理馆员职务；大专毕业，担任 5 年以上助理馆员职务。

2.系统掌握图书资料及相关学科的基础理论和专业知识。

3.具有独立工作能力，能主动、热情地为师生员工服务，工作业绩优良。

4.非图书馆学或情报学专业毕业的应聘人员，应参加学校组织的图书资料专业基础知识(中级)统一考试，成绩及格以上。

5.任现职以来每年接受继续教育不少于 72 学时。

6.业绩或成果符合下列条件之一：

(1)参与组织实施图书馆认定的文献信息工作的技术革新或服务创新 1 项；

(2)胜任主持或协助主持某一业务部门的管理工作，部门工作取得明显成绩；

(3)获得校级以上业务表彰的集体项目的主要成员(前 3 名)；

(4)负责大型服务器及其附属设备(总价值 50 万元以上)的日常维护、操作及一般维修 3 年以上，且年开机服务时间 6000 小时以上；

(5)作为成员参加 1 项省部级或厦门市规划的信息管理学科科研课题的研究；

(6)获得 1 项地市级以上优秀成果奖。

(四)副研究馆员

1.具备博士学位，担任 2 年以上馆员职务；具备硕士学位，担任 5 年以上馆员职务；具备双学士学位或研究生学历而未获硕士学位或研究生班毕业，担任 7 年以上馆员职务；具备学士学位或本科毕业学历，担任 8 年以上馆员职务。

2.具有较广博的科学文化知识，对图书馆学、情报学或其他某一学科有系统的理论知识和较深的研究。

3.能主动、热情地为师生员工服务，业务能力强，工作业绩突出。

4.在公开发行的刊物上至少发表 4 篇(其中在核心刊物上至少发表 2 篇)较高水平的信息管理学或与图书馆业务相关的工程技术方面的论文或者受省部级科研机构或业务主管部门委托完成的调研报告(独立撰写或第一作者署名至少 2 篇，其中至少有 1 篇发表在核心刊物上；调研报告可以是未公开发表的，但须通过委托机构的鉴定，且不超过 2 篇)。

5.任现职以来每年接受继续教育不少于 72 学时。

6.业绩或成果符合下列条件之一：

(1)胜任主持某一主要业务部门的工作，部门工作成绩突出；

(2)主持实施 1 项图书馆的数字化工程建设项目或国家“211 工程”建设子项目；

(3)主持图书资料系列大型文献信息资源建设 1 项以上，并取得突出成果；

(4)负责 1 台以上大型服务器及其附属设备(含应用软件，总价值 150 万元以上)的日常维护、操作及维修 3 年以上，且年使用机时 8000 小时以上；

(5)个人业绩或作为集体项目负责人获得 2 次校级以上表彰；

(6)主持或作为第一合作者参与 1 项省部级或厦门市规划的信息管理学科科研课题或 5 万元以上的信息管理学科横向科研课题研究，并通过相关部门的鉴定；

(7)正式出版著作(含译著、古籍整理等)个人撰写部分累计 15 万字以上；

(8)个人论著或作为合作论著第一作者获得 1 项省部级以上优秀成果奖。

(五)研究馆员

1.具备博士学位,担任5年以上副研究馆员职务;具备硕士学位,担任8年以上副研究馆员职务;具备双学士学位或研究生学历而未获硕士学位或研究生班毕业,担任9年以上副研究馆员职务;具备学士学位或本科毕业学历,担任11年以上副研究馆员职务。

2.具有广博的科学文化知识,对图书馆学、情报学或其他某一学科有系统的研究和突出的成果。

3.热心为教学科研服务,业务能力强,工作业绩显著。

4.在公开发行的刊物上发表6篇(其中在核心刊物上至少发表4篇)具有高水平的信息管理学或与本专业相关的工程技术方面的论文或者受省部级科研机构或业务主管部门委托完成的调研报告(独立撰写或第一作者署名至少4篇,其中至少有2篇发表在核心刊物上;调研报告可以是未公开发表的,但须通过委托机构的鉴定,且不超过2篇)。

5.任现职以来每年接受继续教育不少于72学时。

6.业绩或成果符合下列条件之一:

(1)规划并主持实施1项以上全校性公共服务体系重大发展项目或"中国高等学校文献保障体系"建设子项目;

(2)主持全馆文献信息资源建设并取得显著成效,受到省部级以上表彰;

(3)负责1台以上大型服务器及其附属设备(含应用软件,总价值200万元以上)的日常维护、操作及维修3年以上,且年使用机时8000小时以上;

(4)个人业绩或作为集体项目负责人获得3次校级以上表彰;

(5)主持省部级规划的信息管理学科科研项目2项以上,或主持10万元以上的信息管理学科横向科研项目1项;

(6)正式出版著作(含译著、古籍整理等)个人撰写部分累计20万字以上;

(7)获得1项国家级三等(前3名)或省部级二等(前2名)或省部级三等(独立或第一作者署名)优秀成果奖。

三、破格聘任高级职务条件

(一)破格聘任副研究馆员职务条件

1.具备博士学位,担任1年以上馆员职务;具备硕士学位,担任3年以上馆员职务;具备双学士学位或具有研究生学历而未获硕士学位或研究生班毕业,担任4年以上馆员职务;具备学士学位或本科毕业学历,担任5年以上馆员职务。

2.具备聘任副研究馆员职务的基本条件,同时任现职以来至少有2次年度考核为优秀,或1次年度考核优秀和1次校级以上奖励。

3.工作业绩及成果必须具备副研究馆员任职条件第6项中的3项以上条件。

(二)破格聘任研究馆员职务条件

1.具备博士学位,担任3年以上副研究馆员职务;具备硕士学位,担任5年以上副研究馆员职务;具备双学士学位或具有研究生学历而未获硕士学位或研究生班毕业,担任6年以上副研究馆员职务;具备学士学位或本科毕业学历,担任7年以上副研究馆员职务。

2.具备聘任研究馆员职务的基本条件,同时任现职以来至少有2次年度考核为优秀,或1次年度考核优秀和1次校级以上奖励。

3.工作业绩及成果必须具备研究馆员任职条件第6项中的3项以上条件。

附件四：

档案专业各级职务岗位职责和任职条件

一、岗位职责

（一）管理员

1.从事基层档案部门的档案管理工作；

2.从事档案专业的具体工作或辅助性工作。

（二）助理馆员

1.参与档案理论或业务的研究；

2.担任档案管理或业务指导工作；

3.参加编辑档案材料工作。

（三）馆员

1.独立进行档案理论与业务的研究，拟订档案管理工作的计划、方案；

2.独立从事或指导档案业务工作；

3.独立完成档案材料编辑工作；

4.主持或协助主持某部分的业务工作。

（四）副研究馆员

1.掌握档案业务工作的历史、现状和趋势，研究档案内容和形成规律，拟订管理工作的重要计划、方案；

2.负责档案业务和理论的咨询工作，解决疑难问题；

3.承担或主持重大业务项目、专题的研究，编审档案史料；

4.主持或协助主持档案馆或馆内某部门的业务工作。

（五）研究馆员

1.掌握国内外档案工作的历史、现状和趋势，介绍和推荐国内外科研成果，拟订档案事业建设和发展规划；

2.负责档案业务和理论的咨询工作，解决重大疑难问题；

3.解决史料编审中的疑难问题；

4.主持或协助主持档案馆的业务工作。

二、任职条件

（一）管理员

1.大专毕业，试用1年期满，经考核合格；中专毕业的原本校事业编制管理员。

2.普通高校非档案专业毕业生，须经地市级以上档案部门组织的档案专业课程（3门以上）培训，取得合格成绩；初步掌握档案专业的基本知识。

3.对档案工作的法律、法规、规章制度及规范、标准有一定的了解，并初步掌握档案工作的基本方法和技能。

4.工作认真负责，业绩优良。

（二）助理馆员

1.具备硕士学位或双学士学位或具有研究生学历而未获硕士学位或研究生班毕业，试用期满考核合格；具备学士学位或本科毕业学历，试用1年期满，经考核合格；大专毕业，从事3年以上档案专业工作（含试用期）；中专毕业，担任5年以上管理员职务。

2.大中专院校档案专业或普高院校非档案专业毕业生，须经地市级以上档案部门组织的档案专业课程(4门以上)培训，取得合格成绩；比较系统地掌握档案专业基础理论和专业知识。

3.比较熟悉档案工作的法律、法规、规章制度及规范、标准。

4.有一定工作能力，能比较熟练地掌握档案专业工作的基本技能；工作认真负责，业绩优良。

5.任现职以来每年接受继续教育不少于42学时。

(三)馆员

1.具备博士学位，试用期满考核合格；具备硕士学位，担任2年以上助理馆员职务(含试用期)；具备双学士学位或研究生学历而未获硕士学位或研究生班毕业，担任3年以上助理馆员职务(含试用期)；具备学士学位或本科毕业学历，担任4年以上助理馆员职务；大专毕业，担任5年以上助理馆员职务。

2.大专院校档案专业或普高院校非档案专业毕业生，须经省级以上档案部门组织的档案专业课程(5门以上)培训，取得合格成绩；系统掌握档案专业基础理论和专业知识。

3.熟悉档案工作的法律、法规、规章制度及规范、标准，能起草本系统、本校档案管理的有关规章。

4.具有独立档案管理能力，管理档案(含档案数据)5000案卷(件、册)以上，且工作认真负责，业绩优良。

5.任现职以来每年接受继续教育不少于72学时。

6.业绩或成果符合下列条件之一：

(1)编辑出版档案史料个人承担部分累计10万字以上；

(2)承担技术革新1项以上；

(3)获得校级以上业务表彰的集体项目的主要成员(前3名)；

(4)参加校级或省部级以上档案部门史学、档案学科研课题1项以上；

(5)参加2万元的档案专业横向课题1项以上；

(6)获得省部级档案部门优秀成果奖1项以上。

(四)副研究馆员

1.具备博士学位，担任2年以上馆员职务；具备硕士学位，担任5年以上馆员职务；具备双学士学位或研究生学历而未获硕士学位或研究生班毕业，担任7年以上馆员职务；具备学士学位或本科毕业学历，担任8年以上馆员职务。

2.具有较广博的科学文化知识，比较精通档案工作的法律、法规、规章制度和规范、标准；系统掌握档案专业理论知识，对档案学某一领域有较深的研究。

3.管理或主持管理档案(含电子档案数据)10000案卷(件、册)以上，且工作认真负责，业绩突出。

4.在公开发行的刊物上至少发表4篇(其中在核心刊物上至少发表2篇)较高水平的本专业学术论文(独立撰写或第一作者署名至少2篇，其中至少有1篇发表在核心刊物上)。

5.任现职以来每年接受继续教育不少于72学时。

6.业绩或成果符合下列条件之一：

(1)在档案管理工作中取得突出成绩，个人或作为集体项目负责人受到2次校级或省部级以上部门的表彰；

(2)参加2项以上经省部级业务主管部门鉴定认可的档案信息开发、信息咨询项目(前2名)；

(3)参加技术革新3项以上(前2名)；

(4)撰写过6篇以上对实际工作具有指导意义并被省部级以上档案部门采用的工作经验总结或业务报告；

(5)正式出版著作、译著个人撰写部分累计15万字以上，或编辑出版档案史料个人承担部分累计20万字以上；

(6)获得1项国家级四等或省部级三等优秀成果奖；

(7)获得1项国家级档案部门三等或全国档案学会二等或省部级档案部门二等优秀成果奖。

(五)研究馆员

1.具备博士学位,担任5年以上副研究馆员职务;具备硕士学位,担任8年以上副研究馆员职务;具备双学士学位或研究生学历而未获硕士学位或研究生班毕业,担任9年以上副研究馆员职务;具备学士学位或本科毕业学历,担任11年以上副研究馆员职务。

2.具有广博的科学文化知识,精通档案工作的法律、法规、规章制度和规范、标准;对档案学理论有较深的造诣,在档案界有较大影响。

3.胜任主持档案信息资源建设,管理或主持管理档案(含电子档案数据)20000案卷(件、册)以上,且工作认真负责,业绩显著。

4.在公开发行的刊物上至少发表6篇(其中在核心刊物上至少发表4篇)具有高水平的本专业学术论文(独立撰写或第一作者署名至少4篇,其中至少有2篇发表在核心刊物上)。

5.任现职以来每年接受继续教育不少于72学时。

6.业绩或成果符合下列条件之一:

(1)在档案管理工作中取得显著成绩,个人或作为集体项目负责人受到1次国家级档案部门的表彰或2次省部级档案部门的表彰;

(2)主持2项以上经省部级业务主管部门鉴定认可的档案信息开发、信息咨询项目;

(3)主持技术革新3项以上;

(4)正式出版著作、译著个人撰写部分累计20万字以上,或编辑出版档案史料30万字以上;

(5)主持大型的档案资源建设2项以上,并经省部级业务主管部门鉴定认可;

(6)获得1项国家级三等(前3名)或省部级二等(前2名)或省部级三等(独立或第一作者署名)优秀成果奖;

(7)获得1项国家级档案部门二等(前2名)或省部级档案部门一等(排名第一)优秀成果奖。

三、破格聘任高级职务条件

(一)破格聘任副研究馆员职务条件

1.具备博士学位,担任1年以上馆员职务;具备硕士学位,担任3年以上馆员职务;具备双学士学位或具有研究生学历而未获硕士学位或研究生班毕业,担任4年以上馆员职务;具备学士学位或本科毕业学历,担任5年以上馆员职务。

2.具备聘任副研究馆员职务的基本条件,同时任现职以来至少有2次年度考核为优秀,或1次年度考核优秀和1次校级以上奖励。

3.工作业绩及成果必须具备副研究馆员任职条件第6项中的3项以上条件。

(二)破格聘任研究馆员职务条件

1.具备博士学位,担任3年以上副研究馆员职务;具备硕士学位,担任5年以上副研究馆员职务;具备双学士学位或具有研究生学历而未获硕士学位或研究生班毕业,担任6年以上副研究馆员职务;具备学士学位或本科毕业学历,担任7年以上副研究馆员职务。

2.具备聘任研究馆员职务的基本条件,同时任现职以来至少有2次年度考核为优秀,或1次年度考核优秀和1次校级以上奖励。

3.工作业绩及成果必须具备研究馆员任职条件第6项中的3项以上条件。

附件五:

编辑专业各级职务岗位职责和任职条件

一、岗位职责

(一)助理编辑

1.协助搜集有关学科的学术动态和编辑出版信息;

2.协助实施有关选题规划;

3.协助审理稿件;

4.协助对文稿、书稿进行文字加工和技术处理。

(二)编辑

1.搜集有关学科的学术动态和编辑出版信息,提出改进编辑工作的意见;

2.实施有关选题规划;

3.独立处理有关学科稿件,担任书稿的责任编辑或期刊的执行编辑;

4.总结编辑工作经验,对编辑学和相关学科进行一定的研究,撰写有关文章。

(三)副编审

1.搜集研究有关学科的学术动态和编辑出版信息,提出改进编辑工作的建议或方案;追踪科学技术的前沿与发展动向,主动向国家重大研究课题、前沿课题征集稿件。

2.对相关学科进行一定的学术研究。

3.制定选题规划,组织和指导有关编辑人员加以实施。

4.担任重要稿件的责任编辑,或独立处理若干学科的稿件。

5.复审或终审某些重要稿件。

6.对有关论著、图书进行评论。

7.总结编辑工作经验,撰写编辑学(或校对学、技术编辑学)方面的论著,指导和培养专业人才。

(四)编审

1.搜集研究有关学科的学术动态和编辑出版信息,提出改进编辑工作的建议或方案;追踪科学技术的前沿与发展动向,主动向国家重大研究课题、前沿课题征集稿件。

2.对相关学科进行较深入的学术研究。

3.制定选题计划和组稿计划,组织社会力量或有关编辑人员实施。

4.复审或终审某些重要稿件、解决审稿中的疑难问题。

5.必要时对重点书稿、文稿进行审查、加工。

6.总结编辑工作经验,撰写编辑学方面的论著,指导和培养专业人才。

二、任职条件

(一)助理编辑

1.具备硕士学位或双学士学位或具有研究生学历而未获硕士学位或研究生班毕业,试用期满考核合格;具备学士学位或本科毕业学历,试用1年期满,经考核合格。

2.通过全国统一考试,获得助理编辑资格证书。

3.掌握本专业的基础理论和基本编辑业务,有一定的文字水平。

4.工作认真负责,业绩优良。

5.任现职以来每年接受继续教育不少于42学时。

(二)编辑

1.具备博士学位，试用期满考核合格；具备硕士学位，担任 2 年以上助理编辑职务(含试用期)；具备双学士学位或具有研究生学历而未获硕士学位或研究生班毕业，担任 3 年以上助理编辑职务(含试用期)；具备学士学位或本科毕业学历，担任 4 年以上助理编辑职务。

2.通过全国统一考试，获得编辑资格证书。

3.具有本专业扎实的基础理论，熟练掌握编辑业务，能独立处理稿件，有较高的文字水平。

4.工作认真负责，业务能力较强，业绩优良。

5.任现职以来每年接受继续教育不少于 72 学时。

6.业绩或成果符合下列条件之一：

(1)在公开发行的刊物上发表 2 篇本学科论文或编辑学论文；

(2)每年进行市场调研或追踪学术动态，写出有助于制定选题计划的调研或追踪报告；

(3)上年度所编发或编辑出版的论著中，国家基金及省部级基金资助的论著占发表或出版篇(部)数的 30%以上；

(4)担任执行编辑或参与编辑的论著获得省部级或全国一级学会以上奖励；

(5)个人或个人论著获得校级以上(含全国和省级学会)奖励。

(三)副编审

1.具备博士学位，担任 2 年以上编辑职务；具备硕士学位，担任 5 年以上编辑职务；具备双学士学位或具有研究生学历而未获硕士学位或研究生班毕业，担任 7 年以上编辑职务；具备学士学位或本科毕业学历，担任 8 年以上编辑职务。

2.具有较广博的科学文化知识，对某学科有较深的研究，能解决编辑业务中的疑难问题。

3.工作认真负责，业务能力强，业绩突出。

4.在公开发行的刊物上至少发表 5 篇较高水平的本学科或编辑专业论文(独立撰写或第一作者署名至少 2 篇，其中至少有 1 篇发表在核心刊物上)。

5.任现职以来每年接受继续教育不少于 72 学时。

6.业绩或成果符合下列条件之一：

(1)每年进行市场调研，制定相关学科的选题计划并组织实施 1 项以上，且取得良好的社会效益和经济效益。

(2)(学报自然版)每年独立审稿工作量不低于 40 万字、编辑工作量不低于 25 万字，或终审、终校每期论文；(学报哲社版)每年独立审稿 60 万字或加工整理稿件 30 万字以上；(出版社)每年独立编辑、加工整理稿件 120 万字以上(审稿 100 万字计 20 万字独立编辑工作量)。

(3)正式出版著作、译著，不累计 15 万字以上或累计 25 万字以上。

(4)每年文科编发文章的摘转率达到 45%以上；每年理科编发的文章被引频次位居全国综合类自然科学学报前 15 名或全国综合类科技期刊前 25 名(前 3 名)。

(5)上年度所编发或编辑出版的论著中，国家基金及省部级基金资助的论著占发表或出版篇(部)数的 50%以上。

(6)作为主持人或第一合作者获得 1 项以上省部级课题。

(7)个人或个人论著(或第一作者署名的论著)获得省部级或全国一级学会奖励。

(8)独立担任组稿和责任编辑的论文、图书获得 1 项国家级二等或 2 项省部级二等以上优秀成果奖。

(9)参与编辑的期刊获得省部级或全国一级学会以上奖励(为前 3 名贡献者)。

(四)编审

1.具备博士学位，担任 5 年以上副编审职务；具备硕士学位，担任 8 年以上副编审职务；具备双学士学位或具有研究生学历而未获硕士学位或研究生班毕业，担任 9 年以上副编审职务；具备学士学位或本科毕业学历，担任 11 年以上副编审职务。

2.科学文化知识广博,对某一学科有系统的研究和较深的造诣;有较高的政策、理论水平,完成重大编审任务。

3.工作认真负责,业务能力强,业绩显著。

4.在公开发行的刊物上至少发表6篇(其中在核心刊物上至少发表4篇)高水平的本学科论文或编辑学论文(独立撰写或第一作者署名至少4篇,其中至少有2篇发表在核心刊物上)。

5.任现职以来每年接受继续教育不少于72学时。

6.业绩或成果符合下列条件之一:

(1)每年进行市场调研,制定各学科的选题计划并组织实施1项以上,且取得重大社会效益和经济效益。

(2)(学报自然版)每年独立审稿工作量不低于60万字、编辑工作量不低于40万字,或终审、终校每期论文;(学报哲社版)每年独立审稿80万字或加工整理稿件40万字以上;(出版社)每年独立编辑、加工整理稿件150万字以上(审稿100万字计20万字独立编辑工作量)。

(3)正式出版有代表性的专著、译著,不累计25万以上或累计35万字以上。

(4)每年文科编发文章的摘转率达到50%以上;每年理科编发的文章被引频次位居全国综合类自然科学学报前10名或全国综合类科技期刊前20名(前2名)。

(5)上年度所编发或编辑出版的论著中,国家基金及省部级基金资助的论著占发表或出版篇(部)数的65%以上。

(6)主持2项以上省部级课题或作为第一合作者获得2项以上国家级课题。

(7)获得1项国家级三等(前3名)或省部级二等(前2名)或省部级三等(独立或第一作者署名)优秀成果奖。

(8)独立担任组稿和责任编辑的论文、图书获得1项国家级一等或3项省部级一等优秀成果奖。

(9)参与编辑的期刊获省部级或全国一级学会以上奖励(为前2名贡献者)。

三、破格聘任高级职务条件

(一)破格聘任副编审职务条件

1.具备博士学位,担任1年以上编辑职务;具备硕士学位,担任3年以上编辑职务;具备双学士学位或具有研究生学历而未获硕士学位或研究生班毕业,担任4年以上编辑职务;具备学士学位或本科毕业学历,担任5年以上编辑职务。

2.具备聘任副编审职务的基本条件,同时任现职以来至少有2次年度考核为优秀,或1次年度考核优秀和1次校级以上奖励。

3.工作业绩及成果必须具备副编审任职条件第6项中的3项以上条件。

(二)破格聘任编审职务条件

1.具备博士学位,担任3年以上副编审职务;具备硕士学位,担任5年以上副编审职务;具备双学士学位或具有研究生学历而未获硕士学位或研究生班毕业,担任6年以上副编审职务;具备学士学位或本科毕业学历,担任7年以上副编审职务。

2.具备聘任编审职务的基本条件,同时任现职以来至少有2次年度考核为优秀,或1次年度考核优秀和1次校级以上奖励。

3.工作业绩及成果必须具备编审任职条件第6项中的3项以上条件。

附件六：

翻译专业各级职务岗位职责和任职条件

一、岗位职责

（一）助理翻译

1.完成一般性口译或笔译工作。

2.从事口译者应基本表达双方原意，语音、语调基本正确；从事笔译者应表达一般难度的原文内容，语法基本正确、文字比较通顺。

（二）翻译

独立承担本专业的口译或笔译工作，语言流畅、译文准确。

（三）副译审

1.解决翻译工作中的疑难问题。

2.指导培养初、中级翻译人员。

3.从事口译者，应能担任重要国际学术会议的翻译；从事笔译者，负责审稿、定稿工作。

（四）译审

1.审定重要的翻译文稿，解决翻译工作中的重大疑难问题；

2.指导培养初、中级翻译人员，并在理论和实践上对翻译工作的发展和翻译队伍的建设做出较大贡献。

二、任职条件

（一）助理翻译

1.具备硕士学位或双学士学位或具有研究生学历而未获硕士学位或研究生班毕业，试用期满考核合格；具备学士学位或本科毕业学历，试用 1 年期满，经考核合格；大专毕业，从事 3 年以上翻译工作（含试用期）。

2.必须具有大学外语本科毕业的基础知识和有关的专业知识，并有一定的汉语水平。

3.能完成一般性的口译或笔译工作。从事口译工作者，应能基本表达双方原意，语音、语调基本正确；从事笔译工作者，应能表达一般难度的原文内容，语法基本正确，文字比较通顺。

4.工作认真负责，业绩优良。

5.任现职以来每年接受继续教育不少于 42 学时。

（二）翻译

1.具备博士学位，试用期满考核合格；具备硕士学位，担任 2 年以上助理翻译职务（含试用期）；具备双学士学位或具有研究生学历而未获硕士学位或研究生班毕业，担任 3 年以上助理翻译职务（含试用期）；具备学士学位或本科毕业学历，担任 4 年以上助理翻译职务；大专毕业，担任 5 年以上助理翻译职务。

2.具有比较系统的外语基础知识，一定的科学文化知识和翻译理论知识。

3.能独立承担口译或笔译工作，有较高的翻译质量和较强的表达能力。

4.工作认真负责，业务能力较强，业绩优良。

5.任现职以来每年接受继续教育不少于 72 学时。

6.业绩或成果符合下列条件之一：

(1)独立承担为校级服务的本专业口译或笔译工作 3 次以上；

(2)独立承担 2 次校级出访、接待、谈判等翻译任务；

(3)在省级刊物上出版、发表或内部采用的译文、译著个人翻译部分20万字以上；

(4)在公开发行的刊物上至少发表(含合作发表)2篇本专业论文；

(5)个人或个人译著、论著(或第一作者署名)获得校级以上(含省级以上学会)奖励。

(三)副译审

1.具备博士学位，担任2年以上翻译职务；具备硕士学位，担任5年以上翻译职务；具备双学士学位或具有研究生学历而未获硕士学位或研究生班毕业，担任7年以上翻译职务；具备学士学位或本科毕业学历，担任8年以上翻译职务。

2.具有较高的翻译水平和较丰富的翻译实践经验，有较广博的科学文化知识、对原文有较强的理解能力和表达能力。

3.工作认真负责，业务能力强，业绩突出。

4.在公开发行的刊物上至少发表4篇较高水平的本专业学术论文(独立撰写或第一作者署名至少2篇，其中至少有1篇发表在核心刊物上)。

5.任现职以来每年接受继续教育不少于72学时。

6.业绩或成果符合下列条件之一：

(1)审定、审校正式出版(发表)的学术性译著、译文累计35万字以上；

(2)有3篇以上学术性译文被《新华文摘》、《高校文科学报文摘》等国内外相当层次的刊物转载；

(3)担任6次以上多国大型国际学术会议中学术性重要发言的口译工作；

(4)正式出版(发表)学术性译著、译文、专著个人译、著部分累计50万字以上；

(5)获得国家级四等或省部级三等以上优秀成果奖。

(四)译审

1.具备博士学位，担任5年以上副译审职务；具备硕士学位，担任8年以上副译审职务；具备双学士学位或具有研究生学历而未获硕士学位或研究生班毕业，担任9年以上副译审职务；具备学士学位或本科毕业学历，担任11年以上副译审职务。

2.具有广博的科学文化知识，长期从事翻译或审稿、定稿工作，经验丰富；有重要译著、专著或译文能表达原作的风格，在翻译界享有声誉。

3.工作认真负责，业务能力强，业绩显著。

4.在公开发行的刊物上至少发表6篇(其中在核心刊物上至少发表4篇)高水平的本专业学术论文(独立撰写或第一作者署名至少4篇，其中至少有2篇发表在核心刊物上)。

5.任现职以来每年接受继续教育不少于72学时。

6.业绩或成果符合下列条件之一：

(1)审定、审校正式出版(发表)的学术性译著、译文累计60万字以上；

(2)有5篇以上学术性译文被《新华文摘》、《高校文科学报文摘》等国内外相当层次的刊物转载；

(3)正式出版(发表)学术性译著、译文、专著个人译、著部分累计80万字以上；

(4)获得1项国家级三等(前3名)或省部级二等(前2名)或省部级三等(独立或第一作者署名)优秀成果奖。

三、破格聘任高级职务条件

(一)破格聘任副译审职务条件

1.具备博士学位，担任1年以上翻译职务；具备硕士学位，担任3年以上翻译职务；具备双学士学位或具有研究生学历而未获硕士学位或研究生班毕业，担任4年以上翻译职务；具备学士学位或本科毕业学历，担任5年以上翻译职务。

2.具备聘任副译审职务的基本条件，同时任现职以来至少有2次年度考核为优秀，或1次年度考核优秀和1次校级以上奖励。

3.工作业绩及成果必须具备副译审任职条件第6项中的3项以上条件。

(二)破格聘任译审职务条件

1.具备博士学位,担任3年以上副译审职务;具备硕士学位,担任5年以上副译审职务;具备双学士学位或具有研究生学历而未获硕士学位或研究生班毕业,担任6年以上副译审职务;具备学士学位或本科毕业学历,担任7年以上副译审职务。

2.具备聘任译审职务的基本条件,同时任现职以来至少有2次年度考核为优秀,或1次年度考核优秀和1次校级以上奖励。

3.工作业绩及成果必须具备译审任职条件第6项中的3项以上条件。

附件七:

卫生技术各级职务的学历与任职年限要求

一、各级职务的学历与任职年限

(一)医(药、护、技)士

大专、中专毕业,试用1年期满,经考核合格(限护士、药士);原本校事业编制医(药、护、技)士。

(二)医(药、护、技)师

具备硕士学位或双学士学位或具有研究生学历而未获硕士学位或研究生班毕业,试用期满考核合格;具备学士学位或本科毕业学历,试用1年期满,经考核合格;大专毕业,从事2年以上卫生技术工作;中专毕业,担任5年以上医(药、护、技)士职务。

(三)主治(主管)医(药、护、技)师

具备博士学位,试用期满考核合格;具备硕士学位,担任2年以上医(药、护、技)师职务(含试用期);具备双学士学位或具有研究生学历而未获硕士学位或研究生班毕业,担任3年以上医(药、护、技)师职务(含试用期);具备学士学位或本科毕业学历,担任4年以上医(药、护、技)师职务;大专毕业,担任5年以上医(药、护、技)师职务。

(四)副主任医(药、护、技)师

具备博士学位,担任2年以上主治(主管)医(药、护、技)师职务;具备硕士学位,担任5年以上主治(主管)医(药、护、技)师职务;具备双学士学位或具有研究生学历而未获硕士学位或研究生班毕业,担任7年以上主治(主管)医(药、护、技)师职务;具备学士学位或本科毕业学历,担任8年以上主治(主管)医(药、护、技)师职务。

(五)主任医(药、护、技)师

具备博士学位,担任5年以上副主任医(药、护、技)师职务;具备硕士学位,担任8年以上副主任医(药、护、技)师职务;具备双学士学位或具有研究生学历而未获硕士学位或研究生班毕业,担任9年以上副主任医(药、护、技)师职务;具备学士学位或本科毕业学历,担任11年以上副主任医(药、护、技)师职务。

二、破格聘任高级职务的学历与任职年限

(一)破格聘任副主任医(药、护、技)师

具备博士学位,担任1年以上主治(主管)医(药、护、技)师职务;具备硕士学位,担任3年以上主治(主管)医(药、护、技)师职务;具备双学士学位或具有研究生学历而未获硕士学位或研究生班毕业,担任4年以上主治(主管)医(药、护、技)师职务;具备学士学位或本科毕业学历,担任5年以上主治(主管)医(药、护、技)师职务。

(二)破格聘任主任医(药、护、技)师

具备博士学位,担任3年以上副主任医(药、护、技)师职务;具备硕士学位,担任5年以上副主任医(药、护、技)师职务;具备双学士学位或具有研究生学历而未获硕士学位或研究生班毕业,担任6年以上副主任医(药、护、技)师职务;具备学士学位或本科毕业学历,担任7年以上副主任医(药、护、技)师职务。

附件八:

幼儿园教师各级职务岗位职责和任职条件

一、岗位职责

(一)幼儿园三级教师

1.在高级教师或一级教师的指导下,承担一个班的教育工作,制订教育计划(包括学期计划、月计划、周计划、逐日计划,下同),组织一日活动(包括游戏、教学、劳动、观察,下同),进行思想品德教育;

2.在高级教师或一级教师的指导下,做好幼儿生活管理和卫生保健工作,开展家长工作;

3.参加幼儿教育教学研究活动。

(二)幼儿园二级教师

1.承担一个班的教育工作,制订教育计划,组织一日活动,进行思想品德教育;

2.做好幼儿生活管理和卫生保健工作,开展家长工作;

3.参加幼儿教育教学研究工作。

(三)幼儿园一级教师

1.承担一个班的教育工作,制定教育工作计划,组织一日活动,进行思想品德教育;

2.指导并组织做好幼儿生活管理和卫生保健工作,开展并指导家长工作;

3.承担或组织幼儿教育教学研究工作。

(四)幼儿园高级教师

1.承担一个班的教育工作,制定教育工作计划,组织一日活动,进行思想品德教育;

2.指导并组织做好幼儿生活管理和卫生保健工作,指导开展家长工作;

3.指导幼儿教育教学研究工作,承担培养教师任务。

二、任职条件

(一)幼儿园三级教师

1.高中、职高毕业,从事幼儿园教学工作1年以上,教育学、心理学考试合格,坚持用普通话进行教学,并符合其他有关要求的现职幼儿园教师。

2.1993年8月以后从事幼儿园教学工作的,必须先取得规定的学历,方能聘任幼儿园教师职务。

所谓规定学历,即指幼师毕业,含中专毕业、中师毕业和高中、职高毕业,教育学、心理学考试合格,及大专以上毕业。

(二)幼儿园二级教师

1.大专、中专毕业,见习1年期满,经考核合格;高中、职高毕业,担任幼儿园三级教师职务3年以上。

2.坚持用普通话进行教学,并符合其他有关要求的现职幼儿园教师。

(三)幼儿园一级教师

1.大学本科毕业,见习1年期满,经考核合格;大专毕业,担任幼儿园二级教师职务2年以上;具备规定学历,担任幼儿园二级教师职务3年以上;具备规定学历,从其他系列转来从事幼儿园教学工作,且已担任其他系列专业技术员级职务1年以上或助理级职务,具有幼儿园专业合格证书,并在幼儿园从事教学工作2年以上。

2.经考核,表明能履行幼儿园一级教师职责,坚持用普通话进行教学,并符合其他有关要求,且任现职以来具备下列5项业务条件:

(1)平均每年完成教学工作量和教师工作量;

(2)经同行评议公认,教学经验比较丰富,教育教学水平较高,教育教学效果良好;

(3)担任并胜任班主任等工作累计2年以上;

(4)撰写1篇以上有价值的教学经验总结,在园级以上教研等有关会议上交流,并收入汇编,或在县级以上教育刊物上发表;

(5)在德育工作或保教改革方面取得突出成绩;或获得学区(或相当于学区)级以上表彰2次以上。

(四)幼儿园高级教师

1.具备规定学历,担任幼儿园一级教师职务5年以上;具备规定学历,从其他系列转来从事幼儿园教学工作,且已担任其他系列专业技术助理级职务3年以上或中级职务1年以上,具有幼儿园专业合格证书,并在幼儿园从事教学工作2年以上。

2.经考核,表明能履行幼儿园高级教师职务职责,坚持用普通话进行教学,并符合其他有关要求,且任现职以来具备下列5项业务条件:

(1)平均每年完成规定的教学工作量和教师工作量。

(2)经同行评议公认,教育教学经验丰富,教育教学水平较高,教育教学效果良好。

(3)有2篇以上有价值的教学经验总结,在园级以上教研等有关会议上交流,并收入汇编,或在县级以上教育刊物上发表。

(4)指导幼儿园中、初级教师的教育教学工作,并在培养提高中、初级教师的文化业务水平和教育教学能力方面做出成绩。

(5)在德育工作或保教改革方面取得显著成绩,曾获得学区(或相当于学区级单位)以上优秀教师、模范班主任、优秀少先队辅导员等光荣称号,或教育、保教等单项奖;或近5年来连续担任并胜任班主任工作达4年以上,或担任并胜任班主任工作累计20年以上。

三、破格聘任高一级职务条件

(一)幼儿园一级教师

1.大专毕业,担任幼儿园二级教师职务1年以上;具备规定学历,担任幼儿园二级教师职务2年以上的现职幼儿园教师。

2.经考核,表明能履行幼儿园高级教师职务职责,坚持用普通话进行教学,并符合其他有关要求,任现职以来具备下列5项条件:

(1)平均每年超额完成教学工作量和教师工作量;

(2)经同行评议公认,教学经验比较丰富,教育教学水平较高,教育教学效果良好,表现突出;

(3)连续担任并胜任班主任工作;

(4)撰写1篇以上有价值的教学经验总结,在地(市)级以上教研等有关会议上交流,并收入汇编,或在地(市)级以上教育刊物上发表;

(5)获得县(市、区)级党委、政府或地(市)的部(委、办、局)级以上表彰奖励的劳动模范、优秀教师、先进教育工作者、模范班主任等光荣称号。

(二)幼儿园高级教师

1.本科毕业担任幼儿园一级教师职务2年以上;大专毕业担任幼儿园一级教师职务3年以上;具备规定学历,担任幼儿园一级教师职务4年以上的现职幼儿园一级教师。

2.经考核,表明能履行幼儿园高级教师职务职责,坚持用普通话进行教学,并符合其他有关要求,任现职以来具备下列8项条件中的4项(其中前3项必备,后5项任选1项):

(1)平均每年超额完成规定的教学工作量和教师工作量；

(2)经同行评议公认，教育教学经验丰富，教育教学水平较高，教育教学效果优良，年度工作考核总评优秀；

(3)在地(市)级以上经省级宣传、出版部门批准的具有刊号或准印证或特印证的有关刊物上发表2篇以上有价值的教学经验总结(含论文、论著、科研报告、实验报告等)；

(4)参加全国统编的现已正式出版的幼儿园教材的编写工作(其中本人编写5万字以上)；

(5)负责编写经批准在学校使用3轮以上，现已正式出版的本专业教材(含乡土教材)，其中本人编写5万字以上；

(6)正式出版本专业学术论著；

(7)获得地(市)、厅(局)级一等以上科研成果奖(专指自然科学奖、发明奖、科技进去奖、科技成果奖、星火奖、科技外经奖、社会科学优秀成果奖，限前2名，下同)；

(8)获得地(市)级党委、政府(行署)或省主管厅(局)以上表彰奖励的劳动模范、优秀教师、先进工作者、模范班主任等光荣称号。

——本文摘录自《关于印发〈厦门大学教师以外各类专业技术职务聘任办法(试行)〉的通知》，厦大人〔2003〕54号，档号2003-XZ10-2

厦门大学创新工程与繁荣计划基金管理办法

（2003 年 6 月 27 日）

第一章　总　则

第一条　为了进一步提高我校科技创新能力和哲学社会科学的研究水平，鼓励原始创新和技术创新，鼓励学科综合、交叉、渗透，出高质量、高水平的标志性成果；造就一批具有知识创新、技术创新能力的研究群体，促进我校科技事业和哲学社会科学的全面繁荣与进步，特设立厦门大学创新工程与繁荣计划基金。

第二条　创新工程与繁荣计划基金重点支持基地建设、人才培养和学术交流，奖励高水平的科研成果，鼓励承担各类重大科研项目，扶持面向国家目标和瞄准国际科学发展前沿课题的前期研究。

第三条　创新工程与繁荣计划基金暂设基地建设基金、预研基金、重大项目基金、创新研究群体建设基金、重大项目配套基金、重大产业化项目基金、奖励基金、专利基金、学术交流与优秀学术著作出版基金等 9 类资助项目。

第四条　创新工程与繁荣计划基金面向全校各院、系(所、中心)。本基金的申请，除专利基金的申请为随时受理以外，其他项目均按有关规定受理，基金资助期限为两年。具体申请事宜以当年科技处和社科处发布的申请通知为准。

第二章　基地建设基金

第五条　科研基地建设是我校实现科技创新和优秀人才培养的重要工作，也是我校综合实力和科研水平的具体体现。为了加大对各类科研基地的建设力度，特设立基地建设基金。

第六条　申请条件

1.已建科研基地：国家实验室、国家重点实验室、省部级重点实验室、文理工科国家重点研究基地及各级工程研究中心。

2.拟申请国家、省部级实验室和工程中心以及文理工科国家重点研究基地的研究机构。

第七条　基地建设基金资助限额

1.对已建科研基地，根据有关规定予以配套资助。但受资助单位每年均需提出申请，并接受学校的考核。

2.申请国家、省部级基地的申报组织费资助需提出资助申请报告，学校组织专家论证，根据论证意见决定是否资助和资助金额。

3.对新建的国家、部、省、市及企业共建的科研基地，学校给予适当的配套支持。

该项基金的资助申请由科技处、社科处办理。

第三章 预研基金

第八条 为调动我校教师从事科学研究的积极性,开展基础研究和面向国家需求的高新技术研究,鼓励源头创新,特设立预研基金。

第九条 申请条件

1.预研基金资助能够瞄准国际学术前沿和国家需求,从事基础研究和高新技术开发等探索性研究,40 岁以下具有博士学位的教师优先。

2.预研基金资助科学仪器专家和实验工程技术人员开展科学仪器设备的创新性研制与新功能开发。

第十条 预研基金资助限额

1.瞄准国际学术前沿和国家需求的探索性自选课题,资助金额为:理工科 2 万~5 万元,文科 0.5 万~1.5 万元。

2.具有博士学位教师的初期科研资助金额为:理工科不超过 2 万元,文科不超过 5000 元。

3.科学仪器创新性研制与新功能开发初期资助金额不超过 2 万元。

该项基金的资助申请由科技处、社科处和实验室与设备管理办公室办理。

第四章 重大项目基金

第十一条 为推动我校科研工作的蓬勃发展,鼓励我校教师多渠道积极争取重大项目,努力获得高等级科技成果,提高我校整体科研水平和学术水平,提高我校争取国家重大科研项目的竞争能力,特设立重大项目基金。

第十二条 申请条件:具有重要科学意义、瞄准国际科学发展前沿的项目或结合国家重大需求的研究项目;跨学科或跨院系的交叉前沿性的研究项目,并已具备良好科研基础和条件,有望成为我校新的学科增长点,形成新的优势与特色的研究项目。

第十三条 申请重大项目、国防科研项目预研经费和申报组织费资助,须提出资助申请报告,学校组织专家论证,根据论证意见决定是否资助和资助强度。可采取拨款或借款两种方式。

该项基金的资助申请由科技处办理。

第五章 973、863 项目配套基金

第十四条 为了鼓励我校教师积极争取 973、863 等重要科研项目,努力获得高水平科技成果,提高我校整体科研实力和学术水平,提升我校争取国家重大科研项目的竞争能力,特设立该基金。

第十五条 申请条件:对获批主持 973 项目及其子课题、主持 863 项目,课题主持人均可提出申请。

第十六条 配套比例:学校根据其到校实际科研经费(不含人工费)给予 10%~20%经费配套。

该项基金的资助申请由科技处办理。

第六章 创新研究群体建设基金

第十七条 创新研究群体建设基金资助获得国家自然科学基金委、教育部及我校确定的优秀创新群体,根据《厦门大学创新研究群体建设计划实施办法》执行。该项基金的资助申请由科技处、社科处办理。

第七章　专利基金

第十八条　为了有效地保护学校的知识产权，鼓励我校师生的发明创造，并积极申请及保护专利，特设立专利基金。该项基金的资助申请由科技处办理。

第十九条　专利基金用于资助我校为第一申请人的专利申请费用（包括申请费、审查费、维持费、授权后三年内年费、代理费）、软件登记费以及专利诉讼费等有关费用。

第二十条　国际专利申请费用资助需提出资助申请报告，学校组织专家论证，在已获得其他渠道部分资助的前提下，根据论证意见决定是否资助国际专利和资助金额。

第八章　奖励基金

第二十一条　为了调动广大教师科研积极性，鼓励教师开拓进取，多出成果，出高水平成果，特设立奖励基金。

第二十二条　申请条件：我校在职教职工、离退休人员和博士后研究人员完成的以我校为第一完成单位的研究成果；在校研究生、本科生、进修教师和各类合作科研人员完成的以我校为第一完成单位的研究成果。

第二十三条　奖励基金奖励标准

1.论文奖

类　　别	影响因子	奖励金额
NATURE、*SCIENCE*		10 万元/篇
SCIE	＜1	1000 元/篇
	≥1	（1000＋500×影响因子）元/篇 （影响因子取整数）
EI		1000 元/篇
ISTP		500 元/篇
《中国社会科学》		5000 元/篇
《新华文摘》（转载）		2000 元/篇
SSCI、A&HCI、 文科重要期刊论文		800～1000 元/篇

注：(1)SCIE、EI、ISTP 收录数据来自中国科技信息研究所信息分析中心统计数据。既被 SCIE 收录又被 EI 收录的论文，按 1.5 篇 SCIE 论文奖励。

(2)文科重要期刊目录和论文篇幅要求按《厦门大学文科科研业绩评价指标体系》的有关规定执行。

2.各级政府奖励的配套奖

以厦门大学为第一完成单位，获得国家级科研奖励的成果，给予原奖励金额 1∶1 配套奖励；获省、部级科研奖励的成果，给予原奖励金额 1∶0.5 配套奖励，获厦门市政府科研奖励的成果，学校给予适当的配套奖励。以厦门大学为第二完成单位的应用基础和应用性成果参照上述标准的 50％予以配套奖励。

3.专利奖

对于已获授权的我校为第一申请人的发明专利和实用新型专利，学校予以奖励：发明专利每项3000元，实用新型专利每项800元。专利实施后产生效益的奖励按国家有关规定执行。

第二十四条　该项基金的奖励由科研处、社科处办理。学校鼓励各院、系对上述科研成果同时予以配套奖励。

第九章　重大产业化项目基金

第二十五条　为了进一步促进我校科技成果的产业化，对我校科技含量高、产业化前景显著的重大产业化项目，学校在组织专家论证的基础上将予以资助和扶持，该项基金可采取科技产业化风险基金的形式加以管理。

该基金由科技处和厦门大学资产经营有限公司共同办理。

第十章　学术交流及学术著作出版基金

第二十六条　学术交流与合作基金用于部分资助由我校举办具有重要影响的国际学术会议和全国性学术会议以及国内外著名学者来我校讲学的费用，该项基金根据《厦门大学学术交流与合作专项经费资助和管理办法》执行。

第二十七条　科技交流基金用于部分资助参加国内外各类重大的科技成果交流会的费用。

第二十八条　优秀学术著作出版基金的资助根据《厦门大学优秀学术著作出版计划》执行。

该项基金的资助申请由科技处、社科处办理。

第十一章　项目管理

第二十九条　科技创新基金资助的研究项目列入学校研究计划，其经费进入全校科研经费统计范围。

第三十条　重大项目基金资助研究项目为期1～2年。受资助者应每年向科研处或社科处书面汇报项目执行情况和取得的成绩。对没有完成预期任务，或到期没有汇报，或经费使用不当的项目，已资助经费从受资助者的其他课题经费中扣回。

第三十一条　凡涉及降低预定目标、改变研究内容、中止计划实施、提前结题或延长年限等变动，项目负责人应提出书面报告，经所在单位签署意见，并报科技处或社科处审批。

第三十二条　项目执行过程中，课题组成员必须保持相对稳定。项目负责人原则上不得代理或变更，如遇特殊情况(如出国、病休等)离开该项目研究工作半年以上的，由所在单位安排合适代理人选，报科技处或社科处审批。

第三十三条　受重大项目基金资助所取得的成果，知识产权归厦门大学所有，发表的论著应注明“厦门大学创新工程与繁荣计划基金资助项目”。

第十二章　经费管理

第三十四条　创新基金项目研究经费按《自然科学(或社会科学)基金经费管理办法》和《厦门大学科研经费管理办法》进行管理。

第三十五条　对学校已安排专项经费(“十五”、“211工程”、“行动计划”等经费)资助的项目，本基金不再重复资助。

第三十六条　项目经费要专款专用，不得挪作他用。项目经费应部分偿还的，偿还额需在审批书上确定,并说明偿还办法和违约处理条款。

第三十七条　项目经费不可提取劳务费,学校各部门也不提取管理费。科技处、社科处和财务处有权监督经费的使用。

第十三章　附　则

第三十八条　本办法由厦门大学科技处或社科处负责解释。

第三十九条　本办法自学校批准公布之日起执行。

——本文摘录自《关于印发〈厦门大学科技创新工程〉等文件的通知》,厦大科〔2003〕17号,档号2003-XZ13-1

厦门大学科研经费管理办法

(2003年6月27日)

第一章 总 则

第一条 为了加强科研经费管理,保证科研经费的合理分配和有效使用,根据国家有关法规和学校财务制度规定,特制定本管理办法。

第二条 根据科研经费来源不同,分为以下两大类:

1.拨款类科研经费(以下简称纵向经费):包括国家自然科学基金委、国家社科基金委、科技部、教育部、中央其他各部委、国防科研主管部门、福建省各厅局、厦门市各局直接下达给我校的各类研究经费和各类基金会资助的研究经费,以及我校作为合作(协作)单位承担上述来源的项目,由项目主持单位转拨到我校的经费。

2.非拨款类科研经费(以下简称横向经费):包括各类企事业单位(机关、社团、部队、其他学校、企业等)和个人委托与合作研究的项目经费;境外(含港、澳、台地区)基金和非基金类资助的研究项目经费;国内民间基金资助的研究项目经费。

第二章 经费管理

第三条 财务处负责到校经费的入账、提扣,开设项目经费卡,审查经费开支的合法性和手续的完整性,经费的分类统计、结题决算等工作;科技处或社科处负责入账经费的分类、项目经费卡的发放、非常规性科研经费开支的审批,办理纵向经费预算变更申请,对科研经费的开支进行监督和检查;各院系所项目负责人出差的审批等工作。

第四条 各类科研经费必须转入学校财务处,由财务处和科技处或社科处核实到校经费所属项目,经提扣后核发科研项目经费卡。经费卡由项目负责人保管使用。

第五条 科研经费必须按项目立户,在研期间科研经费应专款专用,不得挪作它用。不得用于国家规定禁止列入的支出,纵向经费不得用于支付各种罚款、捐赠、投资、福利性支出。

第六条 科研项目经费的使用必须按照“先收后支、量入为出”的原则。应根据项目的进度合理安排使用经费,当年度项目经费结余可以转入下一年度继续使用。

第七条 科研经费的开支实行项目组长负责制。项目负责人应按项目下达(委托)部门(单位)和学校的有关规定,认真履行职责,并对其管理的经费开支的真实性、可靠性负法律责任。经费开支手续必须完整,票据必须合法。

第八条 纵向经费开支范围主要包括:

1.人工费指为直接参加科研项目研究开发的人员支出的劳务费。

2.设备费指研究开发科研项目所发生的仪器、设备、样品、样机购置和自行试制费用。其中从国外购进的仪器、设备、样品、样机的购置费包括海关关税和运输保险费用及进口环节增值税费用。

3.修缮费指科研项目研究开发所用固定资产的安装费、维护费、修理费等,包括设备安装、调试及零星土建工程费，以及直接为科研项目研究开发所发生的房屋建筑物修缮费、实验室改装及设备维修费等。

4.能源材料费指科研项目研究、开发、试验所需要支付的水、电、气、燃料费，排污费及各种原材料、辅助材料、低值易耗品、元器件、试剂、实验动物、部件、外购件、包装物的原件、运输、装卸、整理等费用。

5.试验外协费指科研项目研究开发中所发生的带料外加工或因本单位不具备条件而委托外单位协作进行研究开发试验、加工、测试等费用，但不包括将科研项目部分研究开发工作委托给外单位所支付的协作研究开发支出。

6.会议费指科研项目研究开发过程中需要组织召开咨询会、论证会、鉴定会等各种会议发生的费用。

7.差旅费指科研项目研究开发过程中需要支付的国内外埠差旅费及市内交通费用。

8.出版物/文献/信息传播/知识产权事务费指科研项目研究开发过程中需要支付的出版费及书籍购买费、资料费、文献检索费、入网费、通信费、专利申请与维持费以及知识产权顾问费等各项费用。

9.国际合作交流费指科研项目研究开发过程中科研项目组人员必须进行的与国外科研机构合作费、培训费及邀请外国专家来华工作费用。

10.管理费是指承担单位为组织和支持科研项目研究开发而发生的难以直接计入科研项目成本的各项费用。包括：承担单位直接为科技项目服务的管理服务人员的人工费和其他行政管理支出、现有仪器设备和房屋的使用或折旧费。

11.其他经过批准的必要费用。

第九条　理工科纵向、横向经费提扣比例如下：

经费类型	提扣比例(%)			
	项目组人工费	公共资源使用费	学校管理费	院系管理费
纵　向	按任务书预算数	2	3	2
横　向	按合同书预算数	2	5	3

注：公共资源指图书、网络、仪器及学校综合服务体系等，实验用水、电、实验室等使用费按实际使用另行核收(目前暂不收取)。

第十条　文科纵向、横向经费提扣比例如下：

经费类型	提扣比例(%)			
	项目组人工费	公共资源使用费	学校管理费	院系管理费
纵　向	按任务书预算数	1	3	2
横　向	按合同书预算数	1	4	3

注：公共资源指图书、网络及学校综合服务体系等。

第十一条　为了保证研究工作顺利进行，项目负责人一般不得变更。如遇出国等特殊情况需要变更的，项目负责人须到科技处或社科处办理“科研项目委托代管手续”(病休、死亡另行办理)。经批准后，科技处或社科处以书面形式通知财务处变更“财务一支笔”。未办理代管手续的，科技处或社科处将通知财务处中止该项目经费的使用。

第十二条　项目负责人应认真负责研究计划的实施，按要求如实做好项目的《年度进展报告》或《总结报告》;未按研究计划实施或不按时报送《总结报告》，又不在规定期限提出延期报告的项目，科技处或社科处将通知财务处中止该项目经费的使用。

第十三条　科研项目负责人正常调动工作，其以“厦门大学”名义申请的项目经费原则上仍留在校内(科研经费资助部门有规定的除外)。

第十四条　纵向经费管理：

1.到校科研经费经提扣后，经费的开支应按学校有关财务制度办理。经费的领用和报销都必须有经办人和项目负责人共同签字;开支的范围和数额由项目负责人按《合同书》或《任务书》的开支预算掌握使用。

2.用于国际合作交流的开支必须严格按项目下达部门规定的比例执行，开支时必须提交邀请函或合作协议书、机票及购买机票的发票、科技处或社科处的批件。

3.纵向经费按任务下达单位《合同书》外拨经费，不提管理费，也不计工作量。

4.在科研项目执行过程中，与校外协作需转拨经费时，合作方之间必须签订协议，经科技处或社科处分管处长签字后方可办理转款手续。转出经费的开支按项目下达部门的有关规定执行。

5.购置的仪器设备属学校固定资产，购置累计价值不低于20万元(占拨款总经费30%以上)，或单件价值在5万元以上的仪器设备，按《厦门大学贵重仪器设备管理办法》管理，学校将以适当的比例给予配套奖励。用学校配套支持的各类纵向项目经费购置实验仪器设备不再给予配套奖励。

第十五条　横向经费管理

1.到校科研经费经提扣后，经费的开支应按有关财务制度办理，经费的领用和报销都必须有经办人和项目负责人共同签字。

2.经费的开支，应从保证项目如期完成和实际需要出发，做好开支预算，具体开支范围由项目负责人按财务制度自行决定。

3.项目在研期间，人工费的提取额度按有关规定执行。

4.根据《合同书》外拨的合作研究经费和仪器设备购置费，不提管理费，也不计工作量，所购置的仪器设备需填报《厦门大学专用设备增减表》。

5.购置的仪器设备属学校固定资产，购置累计价值不低于20万元(占合同经费30%以上)，或单件价值在5万元以上的仪器设备，按《厦门大学贵重仪器设备管理办法》管理，学校将以适当的比例给予配套奖励。

6.项目实施出现违约责任，根据《合同书》进行认定，属项目组主观原因造成的，一切责任由项目负责人承担。

第十六条　科技处、社科处和各院系所应共同加强对科研项目经费的管理。学校财务部门和审计部门有权对项目经费的使用和开支情况进行监督和审计。

第三章　经费决算

第十七条　财务处将为每一项目负责人设立纵向经费结余卡和横向经费结余卡，分别用于合并该项目负责人所主持的纵向和横向科研项目的结余经费。

第十八条　纵向科研项目按期完成或提前完成并经鉴定或验收合格者，应及时办理结题手续，注销原经费卡。结余经费主要用于后续的项目研究、人才培养等费用。结余经费可以根据项目负责人的意愿，按科技处或社科处的有关规定进行奖励性分配。

第十九条　横向科研项目按期完成或提前完成并经鉴定或验收合格(或委托方出具同意结题证明)者，应及时办理结题手续，注销原经费卡。结余经费在国家财务制度允许范围内，由项目负责人自行使用。

第二十条　项目组因某种原因不能继续其研究工作而要求中止或撤销原定项目，或项目下达单位及委托单位因某种原因要求中止或撤销原定项目时，项目负责人应及时以书面形式向所在单位报告，有关院系所应将具体情况及时报告科技处或社科处，并共同商讨剩余经费的处理意见。

第四章　附　则

第二十一条　由学校提供的科研经费，参照纵向经费的管理办法进行管理，但不能提扣管理费和人工费，也不能开支接待费。

第二十二条　上述规定若与任务下达(委托)单位管理办法不一致，以任务下达(委托)单位的规定为准。

第二十三条　本办法自学校批准公布之日起施行。原有的《厦门大学科研经费管理暂行办法》(厦大科[2000]1号文)同时废止。

第二十四条　本办法由科技处或社科处负责解释。

——本文摘录自《关于印发〈厦门大学科技创新工程〉等文件的通知》，厦大科〔2003〕17号，档号2003-XZ13-1

厦门大学鼓励建设科研基地管理暂行办法

(2003年6月27日)

第一条　为了加强学校各类科研基地的建设,规范科研基地的管理,提高我校科研水平和持续创新能力,培养高层次科技人才,依据国家和地方政府有关文件精神,结合学校实际,特制定本管理办法。

第二条　各类科研基地包括:国家、省、部、市批建的重点实验室、工程技术研究中心、工程技术中心、实验(测试)中心、相对独立运行的研究所(室),学校批建的科学研究中心、工程中心以及与外单位共建的科学研究中心、工程中心、研究所等。

第三条　科研基地建设是学校学科建设、科技创新、人才培养以及为国家和地方经济建设做重要贡献的平台。全校各基地挂靠单位或所属单位必须予以重视和支持;学校将根据各类科研基地的建设给以人、财、物的支持,促进科研基地的发展壮大,增强实力和竞争能力。

第四条　学校成立科研基地管理委员会,统一协调全校各类科研基地的管理和建设,基地管理委员会由校长总体负责,管委会办公室设在科技处。

第五条　各类科研基地要根据各自的定位,确立目标,瞄准国际学术前沿、面向国家重大需求、面向国家和地方经济建设主战场,充分发挥自身的学科特色和科技优势,积极承担重大、重点科技项目、联合攻关项目,解决地方或企业的实际问题,形成具有重大影响的科技成果。

第六条　科研基地在人才培养方面要通过承担重大、重点项目以及面向国民经济建设主战场的各类科研课题,聚集培养一批高素质的学术带头人和青年学术骨干队伍,使科研基地成为培养、凝聚和吸引人才的高地。

第七条　科研基地要实行"开放、流动、联合、竞争"的运行机制,各类基地要管理有序,科研基地的仪器设备要实现校内共享。

第八条　各类科研基地实行定期评估制。每两年组织一次考核评估,对于建设和管理成绩突出的,给予表彰和奖励;对于评估未达标的,学校提出整改措施,限期达标,对连续两次考核评估未合格的,学校将建议撤销。

第九条　设立"厦门大学基地建设专项经费",支持基地建设(基建和购置仪器设备)、课题开放、基地运行补助(包括主任基金)、基地建设筹备等(详见《厦门大学创新工程与繁荣计划基金管理办法》)。

第十条　本办法如与国家或地方政府发布的规定相抵触,以国家或地方政府的规定为准。

第十一条　本办法由学校科技处负责解释。

第十二条　本办法自学校批准公布之日起执行。

——本文摘录自《关于印发〈厦门大学科技创新工程〉等文件的通知》,厦大科〔2003〕17号,档号2003-XZ13-1

厦门大学科研经费任务分配暂行办法

（2003年6月27日）

第一条　为了充分调动全校各院系所承担各类科研项目的积极性，共同努力完成当年学校科研经费目标，促进学校科研指标的提高，推动我校研究型大学的建设。同时也为了使学校进一步放权，院系所更加主动承担责任，搞好科研、教学工作，更好地体现“以业绩求支持，以贡献求发展”的原则，特制定本办法。

第二条　科研经费任务分配的主要依据为：(1)各院系所人员情况，按博士导师、教授、副教授、讲师等定额核算；(2)各院系学术带头人及骨干情况，只计有学校配套资助的各类优秀人才，按长江特聘教授、教育部跨世纪人才、教育部优秀青年教师等定额核算；(3)挂靠在各院系的科研基地情况，按国家重点实验室、教育部重点实验室等定额核算；(4)学校近三年对各院系的投入情况，按“211工程”、“行动计划”、重点学科等定额核算；(5)学科因素，如热门学科、纯理论、发展中学科及新建学科等。

第三条　科研经费任务分配方式为：学校经充分调研，制定当年学校科研经费目标，按上述分配原则，并综合学科因素的差异，制定下一年度全校科研经费任务并分配到各院系所。每年科研经费的平均增长率应保持在20%以上。

第四条　学校每年对上一年度各院系所完成科研经费任务的情况进行考核，并将考核结果在全校公布。对于完成或超额完成科研经费任务的单位，给予相应的表彰和奖励。考核结果将作为学校次年对各院系所分配资源和岗位设置指标的重要参考依据。

第五条　本办法由科技处或社科处负责解释。

第六条　本办法自学校批准公布之日起执行。

——本文摘录自《关于印发〈厦门大学科技创新工程〉等文件的通知》，厦大科〔2003〕17号，档号2003-XZ13-1

厦门大学教室管理规定

(2003 年 6 月)

一、本规定的适用范围

全校性的公共教室:南强二、博学二(包括博学报告厅)、群贤一、群贤二、嘉庚一至嘉庚五、集美一、囊萤楼、曾厝垵教学楼等。

各院系自管教室:基金楼、政法楼 A 楼和 B 楼、经济学院 D 楼教室、博学二外语教室以及化学化工学院、艺术教育学院、海洋与环境学院、医学院、海外教育学院、新闻系、物理系、建筑系、数学系、生物系本单位内的教室。

二、教室物业管理

1.必须严格遵守学校的作息时间,按规定时间开关教室门窗,熄灯前应检查各教室门窗是否关好。

2.做好教室使用前的准备工作(包括粉笔、黑板擦、白板笔、电池等消耗品的配置),准备好教师休息室的开水、饮水用具、洗手水、毛巾等。

3.保证教学楼内有关教学设施和设备的完好。定期(每天一次)检查门(含吸门器)、窗、日光灯、风扇等设施的完好情况,发现故障应及时报修。教学设施(门、窗、日光灯、风扇等)报请维修中心修理,故障处理时间不得超过 1 天。教学设备(包括计算机、投影仪、实物展示台、音响系统、幕布、无线听力系统等多媒体教学设备和普通电教设备)报请现代教育技术中心修理,故障处理时间不得超过 1 天。

4.做好课桌椅等教学设施的管理(包括入库、登记、报失等)。

5.要建立定期巡查制度,对多媒体教室和语音教室要每天巡查两次(上午下课后和晚上熄灯后各巡查一次),普通教室要每天巡查一次(晚上熄灯后)。主要检查防火防盗措施。

6.发现安全事件要立即向有关部门(保卫处、派出所等)报告。

三、教室保洁管理

1.教学楼周围 10 米内无杂草、垃圾,水沟无积水。

2.教室内外、走廊、楼梯等每天清扫三次(上午下课后、下午下课后和晚上下课后各一次),做到地面无痰迹、纸屑、果皮、杂物等,地板(含教室外地板)每周水洗一次。

3.课桌椅每周水擦一次(抽屉必须用抹布擦,不可以用扫把扫),讲台每天水擦一次(晚上下课后)、干擦两次(上午和下午下课后)。

4.黑板每天水擦一次,粉笔灰每天清除。

5.天花板每周打扫一次,必须做到无蜘蛛网等。

6.日光灯、风扇夏、秋季每月打扫一次,春、冬季每两月打扫一次。

7.门、窗每学期水洗两次,特殊节日(如校庆、国庆等)加一次。

8.厕所每天冲洗三次(上午下课后、下午下课后和晚上下课后各一次),并清扫厕所内的杂物、垃圾。不能有异味。

9.教师休息室应保持整洁卫生,每天打扫三次(上午下课后、下午下课后和晚上下课后各一次)。

10.保持和维护教学楼周边地区的环境绿化。

四、教室设备管理(含维护)

1.做好教学设备(包括计算机、投影机、实物展示台、音响系统、幕布、无线听力系统等多媒体教学设备和普通电教设备)的管理(含入库、登记、报失等)。

2.做好教学设备的借用管理,坚持无"使用证"一律不得借用的管理规定。

3.根据教室物业管理人员的报修申请(报修申请单见附表一),及时修理好设备。当设备超过一天不能修理好时,要立即启用备用设备。

4.设备管理人员要每天上午、下午、晚上下课后各检查一次教学设备(包括计算机、投影机、实物展示台、音响系统、幕布、无线听力系统等多媒体教学设备和普通电教设备)的完好情况。确保教师正常使用教学设备。

五、教室监督检查

1.成立教室管理监督检查委员会,成员包括学校有关部门代表、教师代表、学生代表。每个月定期检查一次,随机抽查两次。

2.物业中心必须根据教室管理监督检查委员会提出的检查意见,及时改进存在的问题。

六、公共教室各类管理负责人联系方式及任务书见附表二

(附表一、附表二略——编者)

——本文摘录自《关于印发〈厦门大学教室管理规定〉的通知》,厦大教〔2003〕28号,档号2003-XZ12-2

关于调整防控措施,转入常态管理后保卫工作的意见

(2003年7月2日)

全校各单位:

根据教育部《关于调整学校抗击"非典"防控措施,转入常态长效管理的通知》精神和校党委领导的批示。从我校的实际情况出发,在总结抗击"非典"工作中的成绩经验、巩固有效成果的基础上,调整有关措施,建立安全管理长效机制,特制定本意见。

一、在恢复正常的工作和管理秩序后,全校师生仍要树立防控疫情和各种突发事件意识,增强责任感,全力维护学校的安全和稳定。

二、继续加强校门管理,本校人员凭有效证件进出校门,来访人员必须验证、登记后方可进入,杜绝无关人员进入校园。

三、机动车辆实行通行证制度,就近进出校门,禁止出租车和无关车辆进入校园。

四、坚持外来人口的申报办证制度,严禁公房或私房出租给与学校无关人员居住,地下室不准住人。

五、搞好商业网点管理,实行门前"三包"制度,取缔校园网吧,净化校园环境。

六、强化校园治安管理,落实防火、防爆、防盗和防治安灾害事故工作,各级治保会要加强护楼护馆,群防群治工作,保卫处要加强公共场所的巡逻伏击,严防恶性案件和重大事故的发生。

七、继续开展综合治理工作,坚决制止乱吐痰、乱张贴、乱倒垃圾、乱丢果皮纸屑、乱摆摊设点现象。

八、进一步完善校园预警机制,积极配合驻所刑侦组,快速处警,加大破案力度,打击现行破坏活动,保护师生员工的生命财产安全。

二〇〇三年七月二日

——本文摘录自《关于调整防控措施,转入常态管理后保卫工作的意见》,厦大综〔2003〕63号,档号2003-XZ09-17

学校后勤等单位关于“非典”防控措施转入常态长效管理的工作意见

（2003年7月14日）

全校各单位：

目前我国的“非典”疫情已得到有效的控制，全国的经济活动和社会生活正在逐步恢复常态。为确保学校的安全稳定，巩固“防非典”所取得的工作成果，同时也保证学校正常工作的开展，根据教育部的《关于调整学校抗击“非典”防控措施、转入常态长效管理的通知》(教直办函〔2003〕27号)，后勤部门对有关非典防控措施及时进行调整，将防止非典工作转入常态长效管理。为此，后勤部门将采取如下措施：

一、建立卫生清扫制度，在校爱委会的指导下，继续深入开展以“洁净家园，卫生防病”为主题的全校爱国卫生运动，体现群众性、制度化，后勤服务的专业部门要及时清运垃圾，确保公共责任区整洁的同时，适时进行卫生消杀，消灭卫生死角，遏制传染病源。放暑假后，全校再进行一次大规模的卫生清扫运动，对室内外环境做一次彻底的清扫。暑假期间，全校统一开展一次“除四害”大行动。在校园中大力倡导良好公共卫生习惯，积极创造文明校园，确保校园环境长久洁净。

二、充分利用学校抗击“非典”所取得的工作成果，加强教职工、学生的健康知识教育，呼吁全体教职工和学生坚持养成科学健康的生活方式。

三、继续做好幼儿园、托儿所的晨检工作。

四、加强对有毒有害化学药品、高压气瓶的存放和管理。近期内对库存气瓶和药品进行一次核查、登记。

五、“后勤110”轮值人员与各中心义务消防队、保安队相互配合，兼任异常情况值守报告及协调处理任务，将常规定岗值守与流动巡查相结合，及时发现、报告和排查，处置任何或然性异常事态，保证校园治安与稳定。

六、加强各单位门卫人员的住宿管理。随时抽查，严格监督，严禁随意携带外人入住办公楼。

七、加强校内出租房屋的管理。及时掌握校内各种人员流动情况。巩固学校清房成果，进一步完善有效的管理机制，营造校园平稳有序的学习、生活和工作环境。

八、改善后勤临时工住宿条件，在暑假期间腾出自强3幢房屋供临时工居住。逐步实施统筹管理，集中居住的模式。

九、高度重视学生食堂卫生情况，把好食品原材料的安全卫生关，杜绝无证无照的不合格产品。食品加工区域要生熟分开，并禁止非食品加工人员进入。保持餐厅的整洁卫生，防范食物中毒事件的发生，严格餐饮具卫生消毒的监督，定期与不定期接受思明区防御站的餐具检测，每周进行两次卫生大扫除，并由饮食中心聘请专门的“消杀”机构进行消杀。

十、后勤部门要自觉遵守《食品卫生法》，把饮食卫生项目分工负责任到人，认真做好《餐厅卫生操作四过关》，落实“四勤”、“四不”、“四隔离”、“四定”和“四过关”等规定。中心设有专人负责员工个人卫生，对生产加工直接入口食品的工作人员，尤其是冷菜熟食加工人员，操作时必须戴口罩和手套，取消食堂的服务员戴口罩的规定。督促员工保持个人卫生，并继续注意员工健康动态，坚持“早发现，早报告，早隔离，早治疗”的原则，建立定期健康检查制度，发现可疑病症及早采取措施，杜绝带病上岗。继续发扬教工、学生参与餐厅管理的传统，主动征求用膳师生的意见，及时解决用餐过程中的问题。

十一、后勤部门要进一步加强员工的卫生知识教育和培养良好的卫生习惯,让每位工作人员懂得疾病报告程序,提高警惕,遇到发热病人及时报告。同时通过公益广告、张贴发放“非典”、乙型脑炎等传染病预防知识宣传材料和个人卫生消毒指南等,增加广大师生员工健康防病的卫生知识。

十二、接待与餐饮单位要严格把关,保证各种学术交流活动的正常开展,取消给入住的客人测量体温,发现疑似病人应按规定及时妥善处理。住客一律凭接待中心住宿房卡或钥匙牌进出校门,住、食客人的随行车辆凭借资产后勤处监印的“临时通行证”进出校门。

十三、校内超市加强商品进货审查手续,定期对商品进行盘查,确保商品保质保量,卫生安全。

十四、加强对后勤所属租赁店面负责人的沟通和教育,加强对他们用人的卫生审核,在一定范围内对商品进行质量督导。

十五、食堂、校内超市及其他公共场所允许使用空调,应保证空调系统的供风安全,保证充足的新鲜空气输入,同时应避免超定额接待顾客。

二〇〇三年七月十四日

——本文摘录自《学校后勤等单位关于“非典”防控措施转入常态长效管理的工作意见》,厦大综〔2003〕69 号,档号 2003-XZ09-17

厦门大学代办费管理试行办法

（2003 年 7 月 27 日）

代办费是根据教学活动统一组织和管理的需要，由各院（系）、单位代各类学生办理相关业务而代为收取的一种代收代付费用，不是物价管理部门批准收取的收费项目，也不作为学校和各院（系）、单位的收入。为维护学生利益和学校财经纪律，规范我校各类代办业务立项、代办费收支结算行为，加强监督管理，根据国家有关财务法规并结合我校实际情况，特制定如下管理办法，请各单位遵照执行。

一、代收代办费的立项管理

为确保各类代办业务费用收支的公开、透明，各院（系）、单位应对需由院（系）、单位统一代为学生办理的业务项目、内容及代收代办费用标准建立事前告示制度，并按照一定程序经院（系）、单位主管领导审批后，于每学期（学年）开学时（老生应在放假前）以书面的形式将相关事项通知学生。

二、代办费收支及结算管理

考虑到代办费的性质特殊，为便于业务活动的办理和管理，目前，各院（系）、单位可根据实际需要，由院（系）、单位集中办理和管理，今后，可根据代办费的性质逐渐过渡为学生自主管理，直至过渡为社会化管理。

（一）院（系）、单位统一代办的集中管理方式

为加强代办费的管理，各院（系）、单位应指定专人负责代收代办费的收支管理。经办人员应认真履行职责，及时向财务处办理代办费收款票据的领用和核销手续，并将拟代收代办业务的明细项目向财务处报备。财务处以院（系）、涉及的部（处）为单位发给代办费专项结算 IC 卡，以方便各单位缴交及核对代办费收支情况。各单位经办人员应按班级设置明细备查簿，全面、完整、详细记录各班级代办费的收支及结余情况。

学生缴交代办费时，各单位经办人员应开具代办费收款票据，并按照财务“收支两条线”管理的有关规定，及时、足额缴入代办费专项结算 IC 卡。

纳入校财务处学生收费系统管理的学生，各单位可将代办费标准通知财务处，财务处将协助办理委托银行通过缴费银行卡代扣代办费的手续。

各单位代收学生的代办费只能用于开支与代办业务相关的费用，如教材、代购物品、代办事项的价款，运输费，搬运费，邮寄费以及少量的加班或误餐补贴等，不得用收取的代办费开支与代办业务不相关的费用，更不得用于发放劳务费等费用项目。

各单位办理与代收代付业务项目相关费用的开支时，需由经办人、证明人签字，经各单位财务负责人审批后，凭有效票据办理支付手续。

教师自编教材，若作为院（系）统一指定使用的教材，支付教材款时，应提供教材封面及印有统一刊号、定价情况的页码复印件，并注明为某课程指定教材，由经办人、证明人签字，院（系）主管审批后，办理

付款手续。

每学期(或每学年)结束时,各单位应将该学期(学年)代办费收支的实际情况分门别类地进行结算,并将本学期(学年)代办费收支结算情况以书面形式通知学生,及时办理多退(或结转下学期使用)少补手续。学生毕业离校前,必须将代收代办费与学生结算清楚,并张榜公布,不得截留、克扣。

(二)以班级为代办单位的学生自主管理方式

代办费由各班指定人员集中收取后,可由各班根据代办事项的具体项目,由学生自行联系或由学院、学校有关职能部门协助联系购买渠道,各班集中购买。

各班指定的代办费管理人员,应将代办费的支出及售货方出具的有效凭据及时通报班级成员。

三、代办费的监督管理

为严肃财经纪律,各单位应本着为学生负责的态度,按有关法规和上述规定加强代收代办费的立项、收支和结算管理;应明确分清经费和资金渠道,按有关规定办理相关费用支出的报销手续。严禁在代收代办费中开支与代办业务无关的费用,严禁将代办业务发生的费用在各单位的其他经费中开支,严禁利用代办费变相设立"小金库",严禁截留、挪用代办费。一经发现或举报有上述行为的,学校将按照国家有关法规和学校财务制度规定,对有关责任人予以严肃处理。

校纪委、监察审计处、财务处应定期或不定期地对各单位代收代办费的收支及管理情况进行监督、检查。

——本文摘录自《关于印发〈厦门大学代办费管理试行办法〉的通知》,厦大财〔2003〕42 号,档号 2003-XZ18-4

厦门大学漳州校区消防安全管理暂行规定

（2003 年 9 月 18 日）

第一条　为了加强消防管理，预防和减少火灾，保障校区各项工作的顺利进行，根据《中华人民共和国消防法》和《福建省消防条例》等有关法律、法规，特制定本暂行规定。

第二条　消防工作贯彻“预防为主，防消结合”的方针，遵照“谁主管，谁负责”、“谁在岗，谁负责”的原则，实行逐级防火负责制。

第三条　校区消防工作领导小组全面负责校区的消防安全工作，领导小组组长为我校区消防安全第一责任人，履行下列领导职责：

1.建立、健全校区消防安全管理制度；

2.建立逐级防火责任制，确定重点防火单位，制定全校区性的防火、灭火方案以及火灾发生时保护人员疏散等安全措施；

3.按国家规定配备灭火器材，落实定期维护、保养措施，确保完好有效，改善防火条件，开展消防安全检查，及时消除隐患；

4.对师生员工进行消防安全教育和灭火训练。

第四条　保卫办为我校区消防工作职能部门，具体负责我校区消防安全的实施和监督，履行下列职责：

1.研究、拟定校区消防安全管理制度，落实防火责任制；

2.协助各单位建立、健全其内部消防安全管理制度，指导重点防火单位建立防火档案；

3.加强校区内部消防监督，进行经常性防火检查，及时提出整改意见，督促进行整改，消除隐患；

4.加强同消防部门的联系，对校区内各单位的消防干部和义务消防组织进行业务指导，协助其制定防火、灭火预案和应急疏散预案；

5.具体组织宣传安全教育，普及防火知识；

6.具体落实灭火器材的配备工作，并定期组织检查、维修，确保其完好有效；

7.发现火灾时及时报告、报警，组织火灾自救，保护火灾现场，协助火灾原因调查；

8.完成消防部门和校区消防工作领导小组交办的其他消防安全工作。

第五条　各单位创安领导小组（治保委员会）负责本单位的消防安全工作，其负责人为本单位消防安全第一负责人，履行下列职责：

1.贯彻执行学校消防安全管理有关规定。

2.建立、健全本单位的消防安全制度，制定内部防火、灭火预案和应急疏散预案。重点防火单位要建立防火档案，实行每日防火巡查，并建立巡查记录。

3.经常组织防火自查，发现问题，要及时进行整改，消除火灾隐患。

4.针对本单位的特点，对师生员工进行消防安全教育和灭火训练。

5.定期培训本单位的义务消防队，并组织消防演练。

6.管理内部的消防器材和设施，确保其安好有效。

7.完成校区消防工作领导小组和保卫处布置的其他各项消防工作。

第六条　校区在重大节日或庆典前进行消防大检查，各单位每季度应进行一次检查，贯彻边检查、边整改的原则,及时排除火险隐患。凡本单位解决不了的重大火险隐患要及时向保卫办报告,并同时采取临时安全措施。

第七条 校区划拨消防专项经费,用于消防设备、器材的维修和更新等。

第八条 保卫办负责公共场所消防器材的采购、分配、维修。各单位内部的灭火器由各单位自购、维修、管理。

第九条 人员集中的公共场所,必须保证安全出口的畅通,不得堵塞和占用楼梯、楼道。

第十条 要害部位和存放易燃易爆物品的场所使用明火时,必须经保卫办批准方可实施。

第十一条 易燃、易爆化学物品的使用、储存、运输必须执行《关于易燃、易爆化学物品的安全管理规定》。

第十二条 各单位采用的新材料、新设备、新工艺,必须研究其危险性和特点,采取相应的消防安全措施。

第十三条 用电线路的安装由后勤部门根据规范进行。

第十四条 各单位对从事电工、焊接工、油漆工和保管易燃易爆化学物品等工作的人员,必须进行消防知识和技能等专项培训,经有关部门考试合格,持证上岗方可从事该项工作。

第十五条 新建、扩建、改建工程的设计及施工,必须执行《建筑设计防火规范》的规定,验收时应通知保卫办参加。任何单位的二次装修,需报保卫办备案后送市消防支队建审科审批同意后方可施工。

第十六条 任何人发现火情都有义务迅速向消防队报警(电话6851119),并及时向保卫办报告。

第十七条 本暂行规定未予以明确规定的消防事项,适用《中华人民共和国消防法》和《福建省消防条例》有关规定。

第十八条 本暂行规定适用校区各单位、校内各施工单位和在校工作、学习、实习、培训的个人。

第十九条 各单位应根据本暂行规定,制定出本单位具体管理办法。

第二十条 本暂行规定自公布之日起施行。

——本文摘录自《关于印发〈厦门大学漳州校区消防安全管理暂行规定〉的通知》,厦大漳综〔2003〕1号,档号2003-XZ36-1

厦门大学聘请名誉教授和兼职(客座)教授管理办法

(2003 年 10 月 14 日)

聘请国内外著名高等学校和研究单位等机构的知名专家、教授为我校名誉教授和兼职(客座)教授,有助于加强我校的学科建设,促进我校的教学、科研工作,扩大我校在学术界的影响,增进我校与兄弟高校、科研单位等机构的学术交流与合作。为规范我校名誉教授和兼职(客座)教授的聘任工作,现制定本办法。

一、聘请的范围、条件和要求

(一)名誉教授

名誉教授是高等学校授予境外著名专家学者的荣誉性学术称号。聘请对象一般应是具备下列条件的境外著名专家学者:

1.具有博士学位或者教授职务;

2.学术造诣深,知名度高,曾在某一学科领域取得重大成就,获得国际学术界公认;

3.能够在推进学科建设、促进学术交流和国际合作等方面发挥重要作用。

因对外交往需要,授予其他国家或地区的政界要人、知名人士、高级公务员名誉教授称号,须按规定程序报教育部审批。

对于境内的教授、专家一般不办理聘请名誉教授事宜。

(二)兼职(客座)教授

兼职教授和客座教授是根据教学科研工作和学科建设的需要聘请境内外专家、教授来校担任的学术职务。其中,兼职教授的聘请对象为境内专家、教授,客座教授的聘请对象为外国或港澳台地区专家、教授。

聘请兼职(客座)教授一般应具备下列条件:

1.具有博士学位或者正高级专业技术职务,在国内外学术界具有较高的知名度。

2.年龄一般应在 60 岁以下;院士或在国内外学术界具有高知名度的专家、教授,身体健康,年龄可酌情放宽。

聘请兼职(客座)教授一般应达到下列要求:

1.为我校学科建设,特别是新兴学科、交叉学科和边缘学科的学科建设发挥积极作用;

2.承担我校研究生培养工作,包括为研究生开课、指导研究生学位论文,或为本科生开设学术讲座;

3.指导有关学科的科研工作;

4.培养中青年教师。

二、聘请工作程序

1.由学院(直属系、所、教学部)根据教学、科研工作和学科建设的实际需要和聘请条件提出拟聘人选。

2.填写《厦门大学名誉教授登记表》或《厦门大学兼职(客座)教授登记表》(以下统一简称《登记表》)。

3.聘请名誉教授,应有三位同行知名教授对拟聘人选的学术水平、学术声望以及与学校可能的合作与贡献等进行评议,并提出评议意见;聘请兼职(客座)教授,应有三位同行教授的推荐意见。

4.学院(直属系、所、教学部)学术委员会讨论并投票表决,获得出席会议委员的三分之二及以上赞成票数方为通过。

5.学院(直属系、所、教学部)聘任委员会对获本单位学术委员会表决通过的拟聘人员进行投票表决,提出聘任意见。获得出席会议委员的三分之二及以上赞成票数方为通过。

6.《登记表》交人事处审核后,拟聘兼职(客座)教授的人选送学校专业技术职务聘任委员会讨论并审定;拟聘名誉教授的人选须送学校学术委员会讨论并审定。

7.校长或主管人事工作的副校长签批。

聘请院士担任兼职教授,或在特殊情况下聘请其他兼职(客座)教授,由学院(直属系、所、教学部)按规定程序提出拟聘人选后,可直接报校长或由校长授权主管人事工作的副校长审批。

8.颁发聘书。

聘请名誉教授应举行授聘仪式,并颁发聘书。仪式一般应在中国境内举行。

三、其他要求

1.授予名誉教授和兼职(客座)教授应保证其质量和工作的严肃性,维护学校声誉。

2.聘请兼职(客座)教授要从教学科研和学科建设的实际需要出发,真正发挥兼职(客座)教授的作用。

3.各学院(直属系、所、教学部)应采取多种方式经常与被聘请的名誉教授、兼职(客座)教授保持联系,充分发挥其在提高学校教学科研水平、推进学科建设、促进学校改革和发展中的作用。

4.学校每年6月和12月各安排一次会议进行审批。

5.兼职(客座)教授的聘期一般为3年,根据双方意愿,可以续聘。聘请院士担任兼职教授可不限聘期。

6.聘请名誉教授所需费用由学校和聘请单位共同负责。聘请兼职(客座)教授所需费用,由各聘请单位支付。

四、附　则

1.各学院(直属系、所、教学部)可根据教学科研工作的实际需要聘请兼职副教授。聘请兼职副教授的具体条件和要求由各学院(直属系、所、教学部)制订。

聘请兼职副教授须经学院(直属系、所、教学部)学术委员会讨论并投票表决,获得出席会议委员的三分之二及以上赞成票数方为通过。学院(直属系、所、教学部)聘任委员会对获本单位学术委员会表决通过的拟聘人员进行投票表决,决定是否聘任。获得出席会议委员的三分之二及以上赞成票数方可聘任。

学院(直属系、所、教学部)聘任委员会通过的兼职副教授聘任名单须报人事处备案。

2.本办法自公布之日起实行。

3.本办法由学校人事处负责解释。

4.《厦门大学名誉教授登记表》、《厦门大学兼职(客座)教授登记表》和《厦门大学兼职副教授登记表》可从人事处主页 http://www.rsc.xmu.edu.cn/下载。

二〇〇三年九月三十日

——本文摘录自《关于印发〈厦门大学聘请名誉教授和兼职(客座)教授管理办法〉的通知》,厦大人〔2003〕90 号,档号 2003-XZ10-4

厦门大学院系教务人员到漳州校区工作暂行制度

(2003年10月17日)

第一条　根据学校规划功能定位,漳州校区主要作为一、二年级本科生的学习、生活园区。漳州校区的教学管理实行“职能延伸、条块结合”的模式。

第二条　院系应指派教务人员到漳州校区开展工作。每学期第一周,各院系应将本单位到漳州校区工作的教务人员安排情况报送漳州校区教务办。

第三条　院系教务人员应服从院系的安排按时到漳州校区工作。院系教务人员到漳州校区的上班地点在院系办公室。院系教务人员到漳州校区工作执行漳州校区的工作时间表。

第四条　院系教务人员到漳州校区工作由漳州校区教务办负责指导。

第五条　院系教务人员到漳州校区工作的任务是:

1.落实教学计划在漳州校区的实施;

2.开展教学过程的运行管理;

3.实施教学质量的监控;

4.办理新生注册、漳州校区学生的学籍管理和考务管理;

5.为漳州校区学生办理教材征订与发放;

6.对学生进行专业教育等。

第六条　院系教务人员要与本院系在漳州校区的学生建立通畅的联络渠道,及时地为本院系学生提供学习指导,办理选课、请假等与学习有关的事务。

第七条　院系教务人员到漳州校区工作期间与漳州校区管委会工作人员待遇相同,除明确规定由校区解决部分之外,其余由院系解决。院系非教务人员到漳州校区工作期间的待遇由院系解决。

——本文摘录自《关于印发〈厦门大学院系教务人员到漳州校区工作暂行制度〉的通知》,厦大漳教〔2003〕1号,档号2003-XZ36-1

厦门大学关于贵重仪器设备报废补充规定

（2003 年 11 月 7 日）

第一条　为加强我校仪器设备的报废及处理的管理工作，合理利用报废仪器设备为教学、科研、研发服务，结合我校贵重仪器设备管理的有关规定以及资产与后勤事务管理处的相关管理办法，特制定本补充规定。

第二条　贵重仪器设备（单台套价值 10 万元以上）的报废应符合下列条件：

1. 超过仪器设备折旧年限，主要部件和主要零件损坏严重，无修理价值的设备或经大修后技术性能仍不能满足实验精度和工艺要求的设备。

2. 仪器设备老化，技术性能落后，能耗高、效率低。

3. 严重污染环境，危害人身安全和健康的仪器设备，部分仪器设备因不符合国家标准需强制淘汰的。

4. 因长期频繁使用，性能差、精度底、实验数据不准确、结果不可靠，达不到教学、科研最低要求的。

5. 设备物资已损坏，虽能修复，但维修费用过高，无修复价值的仪器设备。

第三条　贵重仪器设备报废的申请、审批程序：

1. 符合贵重仪器设备报废条件的仪器设备，使用单位首先到实验室与设备管理办公室网页下载并填写《厦门大学贵重仪器设备报废论证报告》表格，使用单位组织三人以上技术鉴定小组，对报废仪器设备进行技术鉴定，并签署具体处理意见。单位（学科）负责人审批、签署处理意见后，报实验办审批。

2. 对 40 万元（含）以上的贵重仪器设备报废，实验办还需组织相关的校仪器专家小组成员进行论证并签署专家小组的处理意见。

3. 实验办签署意见后，由办公室人员送学校办公室呈主管校长审批。

第四条　报废的贵重仪器设备应遵循以下原则：

1. 无论自购、自筹、自制、捐赠或调拨的仪器设备均属于国有资产，其设备报废均按学校规章制度办理，仪器管理人员不得擅自处理。

2. 仪器设备批准报废后，由资产与后勤事务管理处统一回收。报废的仪器设备必须保持完整齐全，任何单位和个人不得擅自处理或拆卸零配件。

3. 报废应贯彻先利用，后处理的原则。整台仪器设备若能降级使用，应优先进行调拨处理，对具有展示价值的报废仪器可作为学校展示保留，部分附件、零配件尚有使用价值经论证审批后可拆零利用。

第五条　其他规定仍按资产与后勤事务管理处《厦门大学仪器报废（损）、报失处理的若干规定》执行。

第六条　此规定自颁布之日起执行，未尽事宜由实验室与设备管理办公室和资产与后勤事务管理处解释。

厦门大学

二〇〇三年十一月七日

——本文摘录自《关于印发〈厦门大学关于贵重仪器设备报废补充规定〉的通知》，厦大设备〔2003〕2号，档号 2019-XZ38-002

厦门大学学生安全教育与管理暂行规定

(2003 年 11 月 19 日)

为加强我校学生的安全管理,保障学生的人身、财产安全,维护校园正常的教学生活秩序,依据教育部《普通高等学校学生管理规定》、《学生伤害事故处理办法》和厦门大学有关规章制度,制订本规定。

一、安全教育

1.教育机构与要求。

学校把学生安全教育作为一项经常性工作,列入学校重要议事日程。学校完善相应机构,落实人员、职责、经费,对学生安全教育与管理工作加强领导。

以学院(直属系、研究所)为单位进行安全教育与管理,漳州校区以园区为单位进行。各单位应成立以行政领导和学生工作分管领导为组长的学生安全教育与管理领导小组,统一领导本单位的学生安全教育与管理工作。

各单位应当依据学校的相关文件制订相应的规定或实施细则。应当在办公楼、教学楼、实验楼、宿舍楼等公共场所设置安全标识和必要的安全宣传栏。

各单位应制订详细的安全教育与管理方案,并组织学习、演练,形成浓厚的舆论氛围。各单位应当设立本单位安全教育与管理记录本,由专人负责,主要记录本单位学生安全教育领导小组会议纪要、各类安全教育活动纪要、各类安全教育与管理规定与实施细则、各类安全检查及隐患整改情况、本单位安全事故情况等。

2.教育内容与形式。

安全教育的内容应当结合学校的实际情况和易发事故特点,重点进行防火、防盗、防爆、防毒、防治安灾害、防自然灾害、防饮食卫生事故等教育。

安全教育与管理应当针对学生特点,渗透到各类教学活动和日常生活中。要根据环境、季节及有关规律进行安全教育和演练,要充分利用学生喜闻乐见的形式,构建安全教育活动有效体系的活动平台。

各单位应加强在新生中进行安全教育,充分利用新生入学教育周、“五一”“十一”长假、寒暑假等时机,重点对学生进行交通、游泳、集体活动的安全教育,并使之经常化、制度化。应善于利用典型安全事故教育学生,用身边事,讲身边人,现身说法,防患于未然。

对学生进行安全教育工作时,要加强思想政治工作和学生心理辅导,教育学生保持健康的心理状态,把事故消除在萌芽时期。

二、安全管理

1.在校学生的安全管理。

在校学生出入学校办公楼、教学楼、实验楼、宿舍楼等公共场所应当遵守学校关于消防、治安、学生管理、物业管理等方面的有关规定,不酗酒喧闹、不违章用电、不留宿外人、不擅自离校外宿、不夜间迟归、不携带危险品、不从事违法违规行为。

2.游泳安全管理。

严格遵守学校关于游泳安全的规定,下海游泳必须三人以上同行、同游、同回。夜晚、台风、退潮期间不得下海游泳。严禁在学校水库、湖泊中游泳。

3.外出集体活动管理。

院系、园区和部门组织的学生外出活动,必须有教师或干部带队。活动组织者应当首先落实安全措施,凡不具备安全条件的集体活动均不得举行。

学生自行组织的校园外活动应当事先经过所在学院(园区)学生工作组的书面批准。跨学院的学生社团等组织安排校外活动时,应落实安全措施并事先征得社团主管部门的书面批准。未获得书面批准的集体活动,其责任由活动主办者承担。

4.假期安全管理。

假期离校的学生应妥善安置自己的行李物品,关闭加固宿舍的门窗,切断电源。国家法定节假日和寒暑假期间自行滞留学校的学生应遵守学校的各项管理规定。女生要集中住宿,夜晚至少三人以上同住。

因论文、实验、经批准的集体活动等需在假期住校的学生,应当遵守学校的各项管理规定。组织上述活动的主管单位应当承担对学生进行安全教育与管理的责任。

三、事故处理

1.紧急救助与报告制度。

发生学生伤害事故,现场的师生有责任在第一时间采取紧急救援措施并立即通知学生所在单位。

学生所在单位领导应立即赶到现场,组织救援。出现学生人身伤害事故的,学院应在接到报告后 1 小时内报告学生处、保卫处、分管校领导。需要报告上级主管部门的,由学校职能部门在规定时间内报告。

2.善后处理。

出现学生伤害事故的学院(直属系、所)负责直接处理事故的善后事宜。漳州校区由所在园区为主,与所在院系配合做好相应工作。学校相关部门应积极配合,共同做好学生伤害事故的善后工作。

学校对学生伤害事故负有责任的,学校根据责任大小适当予以经济补偿。学校无责任的,不承担赔偿责任。

学校鼓励学生依据保险法的规定自愿参加学校责任保险和意外伤害保险。组织参加保险的单位负责与保险公司交涉保险赔付问题。

3.违纪者处理。

对发生学生伤害事故负有责任的教师和有关工作人员,学校视情节轻重给予相应的行政处分。对违反学校纪律学生,应当视情节轻重给予批评教育直至行政处分。对造成学生伤害事故负有责任的学生,视情节轻重给予相应的处理。

四、附　则

本规定由厦门大学学生工作处负责解释,自颁布之日起执行。

——本文摘录自《关于印发〈厦门大学学生安全教育与管理暂行规定〉、〈厦门大学学生宿舍(公寓)管理暂行规定〉的通知》,厦大综〔2003〕115 号,档号 2003-XZ09-5

厦门大学学生宿舍(公寓)管理暂行规定

(2003 年 11 月 19 日)

学生宿舍(公寓)是学生在校期间学习、生活的重要场所,为给住宿学生创造一个文明、安全、整洁、有序、温馨的生活环境,使宿舍(公寓)的管理规范化、制度化,特制定本规定。

一、我校学生宿舍(公寓)分为校本部、漳州校区、曾厝垵学生公寓,分别由后勤集团、漳州校区学工办、学生处公寓办进行调配,任何单位和个人未经相应宿舍(公寓)管理部门批准不得随意使用及入住学生宿舍(公寓)。

二、全校学生应缴费住宿并按照所分配的房间、床位住宿,未经职能部门的允许不得擅自调换房间、床位。

严禁将床位出租、出借和留宿他人。一经发现,将给予严肃处理,取消住宿资格并不返还所交纳的住宿费。

三、住宿安排需服从学校规划,因院系调整、学生转系(专业)或各楼宇改造维修以及因故提前离校、退宿等原因,需要住宿学生进行搬迁整合时,各院系及住宿学生应支持配合,服从调整安排。

四、住宿人员要提高安全防范自卫意识,遵守治安、消防与公共秩序管理,配合管理人员搞好本楼的治安保卫工作。

五、住宿人员应遵纪守法、服从管理、遵守学校的作息制度,本(专)科住宿学生执行供用电管理制度。实行门禁管理的宿舍(公寓)楼、区,晚归人员必须进行登记,休息时间禁止异性互访。集中居住的女生宿舍(公寓)未经管理部门批准,男性不得入内。

六、节约水电、爱护公物。集体宿舍的学生共同承担住用期间公用设施、电器设备的保管与合理使用、损害赔偿责任,共同承担超额用水用电的费用缴交义务。学生对个人领用的家具、配用物品负有保管与合理使用责任,离开时,应保持设施、设备的完好,非自然损耗应负赔偿责任。

七、学生宿舍(公寓)的内务卫生由本室人员轮流值日。个人应养成良好的卫生习惯,不随地吐痰、不往窗外乱抛纸屑、杂物、不乱倒污水和剩饭剩菜等。不准在内走廊墙壁上随意楔钉、乱拉铁丝、绳子和在门窗、墙壁上刻画书写。学生楼委会将组织宿舍内务卫生检查评比工作。

八、学生宿舍(公寓)物业管理部门应建立相关的管理制度与服务规程,履行相应的管理责任,提供质价相当的生活服务。住宿学生应尊重他人劳动,自觉自愿遵循、配合管理。

九、本规定由厦门大学资产与后勤事务管理处负责解释,自颁布之日起执行。

——本文摘录自《关于印发〈厦门大学学生安全教育与管理暂行规定〉、〈厦门大学学生宿舍(公寓)管理暂行规定〉的通知》,厦大综〔2003〕115 号,档号 2003-XZ09-5

厦门大学漳州校区道路交通管理暂行规定

（2003年12月29日）

为保证厦门大学漳州校区交通秩序良好、环境整洁优美，保障广大师生员工校区交通安全，确保校区工程建设顺利进行，根据《中华人民共和国道路交通管理条例》，结合校区道路交通现状，制定本规定。

一、机动车辆和车辆驾驶员

（一）校区严格限制机动车辆进入校园，因工作需要经常进出校园的车辆及校区施工车辆须经保卫办批准，凭通行证进出校园。

（二）办理通行证应缴纳押金。二轮摩托人民币300元；小轿车、小货车人民币500元；大货车、工程车人民币1000元。通行证应张贴在指定位置。通行证到期，如无违章行为，押金全额退还。

（三）机动车辆必须保持车况良好，车容整洁。制动器、转向器、刮水器、灯光装置等设施必须保持齐全有效。

（四）机动车辆必须经过车辆管理机关检验合格，领取号牌、行驶证。号牌须安装在指定位置并保持清晰，方准进入校园。

（五）运载沙、土、碎石的车辆，后斗必须加盖严密。

（六）驾驶车辆时必须携带驾驶证和行驶证，不准驾驶与驾驶证准驾车辆不符的车辆。

（七）车辆和驾驶员必须严格遵守校区交通标志和交通标线的规定并服从保卫办执勤人员的指挥。

（八）严禁酒后驾驶车辆。

（九）不准穿拖鞋驾驶车辆。

（十）驾驶乘坐二轮摩托车须戴安全头盔。

二、非机动车辆和行人

（一）行人须在人行道内行走，无人行道的靠路边行走。横过车行道须走人行道并注意来往车辆。

（二）行人不准在道路上打球、嬉闹、追逐，禁止在道路上多人并排行走。

（三）严禁自行车带人。

（四）驾驶自行车不准双手离把，攀扶其他车辆或手中持物，不准扶身并行，互相追逐或曲折驾驶。

（五）自行车转弯前须减速慢行，向后瞭望，伸手示意，不准突然猛拐。

（六）自行车进出校门、通过陡坡或中途车闸失效时，须下车推行。

（七）自行车不得在人行道上行驶。

（八）自行车应按指定位置有序停放。

三、道　路

（一）任何单位和个人未经保卫办批准，不准占用道路摆摊设点、停放车辆和进行其他妨碍交通的活动。

(二)保卫办应不断完善交通设施。

(三)需要占用、挖掘道路时,应与保卫部门协商,共同采取维护交通的措施后,方能施工。

(四)施工现场须设置明显标志和安全防护设施,竣工后须及时清理现场和道路设施。

四、处　罚

(一)超速行驶一次。摩托车罚款人民币100元;小轿车、小货车罚款人民币150元;大货车、工程车罚款人民币200元。

(二)乱倒垃圾、土头,罚款人民币100元并责令其恢复原状。

(三)酒醉驾车者,摩托车罚款人民币300元;其他机动车辆罚款人民币500元。

(四)运载沙、土、碎石的车辆,后斗未加覆盖者,一次警告,二次罚款人民币50元;造成路面污染者,罚款人民币200元并责令清理。

(五)穿拖鞋驾驶二轮摩托车、不戴安全头盔者,一次警告,二次罚款人民币50元。

(六)违章停车、校区鸣号者,一次警告,二次罚款人民币50元。

(七)涂改通行证或借为他用者,罚款人民币300元并没收通行证。

(八)损毁交通设施及其他公共财物者,赔偿损失并视情节罚款人民币100～300元。

(九)不服从执勤人员指挥者,罚款人民币100元;情节恶劣者罚款人民币300～500元并没收通行证。

(十)学生自行车违章者,一次警告,二次通报批评,三次校纪处分;其他人员一次警告,二次写检查,三次没收车辆。

(十一)摩托车累计罚款人民币300元,小轿车、小货车累计罚款人民币500元,大货车、工程车累计罚款人民币1000元,一律没收通行证,禁止进入校园。

(十二)严重交通肇事者,送司法机关处理。

本规定自2004年1月1日开始实施。

——本文摘录自《关于印发〈厦门大学漳州校区道路交通管理暂行规定〉的通知》,厦大漳综〔2003〕4号,档号2003-XZ36-1

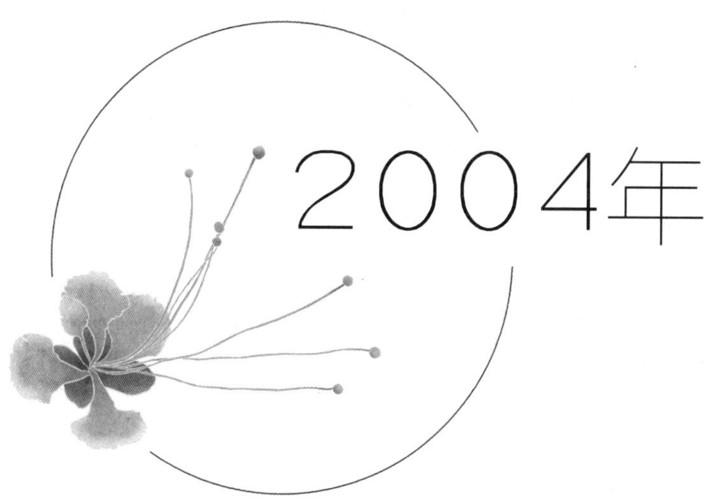

2004年

·特　载·

努力开创厦门大学的美好明天

——2004年新年寄语

（2004年1月2日）

校党委书记　王豪杰　校长　朱崇实

老师们、同学们、朋友们：

送走繁忙、奋进、收获的2003年，我们又迎来了充满希望和挑战的2004年。值此辞旧迎新之际，我们谨代表校党委、校行政向全体教师，向离退休的同志们，向全体同学，向海内外广大校友和关心支持厦大改革发展的社会各界朋友们，致以诚挚的问候和新年的祝贺！

刚刚过去的2003年是极不平凡的一年，在党中央、国务院和教育部的正确领导下，在福建省委、省政府和厦门市委、市政府的大力支持下，我们万众一心，众志成城，经受住了"非典"的严峻考验，取得了防控"非典"的胜利。

2003年也是在我校改革和发展历史上具有里程碑意义的一年。学校发展战略规划日渐清晰和完善，学科建设成绩喜人，人才引进力度不断加大，科技创新工程和哲学社会科学繁荣计划顺利实施，校院二级管理体制改革进一步深化，学生培养质量稳步提高，科技产业化工作打开了局面，漳州校区一期工程胜利竣工，新生顺利入住。

我们深知，成绩的取得，是全校师生员工共同奋斗的结果。在此谨向全校师生员工表示衷心的感谢并致以崇高的敬意！

新的一年，新的征程。处在国家昌盛、民族复兴的伟大时代，面对高等教育百舸争流的竞争态势，我们满怀豪情，充满信心。我们将以"三个代表"重要思想为指导，认真贯彻落实党的十六大和十六届三中全会精神，牢牢把握世纪之初的重大战略机遇期，加强党建和思想政治工作，继续推动学校各项事业的快速发展。我们要狠抓学科建设，构筑"学科平台"，整体提高学科实力，创建一流学科；实施"创造性人才建设工程"，汇聚优秀人才；实施学生培养"质量工程"，着力培养创造性人才；坚持基础研究与应用研究并重，注重高新技术成果的产业化，大力提高科研创新能力；全面提高学校的国际化程度；继续深化以人事制度改革为核心的校内管理体制改革；不断深化后勤及产业体制改革；大力改善办学条件。我们将继续大力弘扬厦大"四种精神"，勠力同心，艰苦创业，为创建世界知名高水平大学而努力奋斗。

一元复始,万象更新。新年奋进的号角已经吹响,我们衷心祝愿全校师生员工工作顺利,学习进步,身体健康,阖家欢乐!祝愿我们伟大的祖国更加繁荣昌盛!祝愿厦大的明天更加美好!

——本文摘录自《厦门大学报》,2004 年 1 月 2 日第 580 期

厦门大学2003—2004学年第二学期工作计划要点

（2004年2月23日）

本学期学校工作的指导思想是：以邓小平理论和“三个代表”重要思想为指导，深入学习、贯彻党的十六大、十六届三中全会和全国人才工作会议精神，坚持“巩固、深化、提高、发展”的方针，巩固成果，深化改革，提高质量，推进学校的跨越式发展，为创建世界知名高水平研究型大学奠定坚实的基础。

一、不断兴起学习“三个代表”重要思想的新高潮，继续加强党建和思想政治工作，为学校实现跨越式发展提供有力的思想和组织保障

1.加强理论学习。按照武装头脑、指导实践、推动工作的要求，把学习贯彻“三个代表”重要思想的新高潮不断引向深入，认真贯彻落实党的十六大和十六届三中全会精神。继续充分发挥党委中心组的表率作用，发挥我校理论研究及教育阵地的强大优势，开展形式多样的学习活动。在学习中结合实际，把握实质，发挥优势，精心组织，狠抓落实。与时俱进，以改革求发展，以创新求发展，努力实现学校跨越式发展的目标。

2.加强党的组织建设。继续对尚未进行考评的党组织工作进行考评；继续开展以党员先进性教育为主题，以提高党支部活动质量为目标的党支部工作“立项活动”；抓好党员发展工作，进一步加强在教学科研第一线的青年教师和青年学生中发展党员的工作，为实现高年级学生“支部建在班上”的目标打好基础，以学生党建工作为核心，推动学生思想政治工作。

3.加强领导班子建设和干部队伍建设。按照德才兼备的标准和公开、平等、竞争、择优的原则，做好干部选拔任用工作；加大各学院领导班子的思想、组织和作风建设力度，贯彻民主集中制原则，弘扬求真务实精神，增强团结和活力，使之成为坚强的领导集体。本学期要做好部分机关部处和直属单位领导班子的换届工作，抓紧做好系主任、研究所所长换届工作；加强干部教育培训和后备干部的培养，继续组织、选拔一批干部到国外、境外学习、考察，不断提高干部队伍的素质。

4.加强思想政治工作，创建安全文明校园。各学院要实行教代会（教职工大会）制度，发挥工会和教代会在教职工思想政治工作和民主管理、民主监督中的作用；加强政工干部队伍建设，制定辅导员工作考核评比方案；进一步推进邓小平理论和“三个代表”重要思想进教材、进课堂、进学生头脑，推进“两课”教学改革；加强诚信教育，加强思想道德建设；高度重视就业指导工作；加强校园文化建设，深入开展大学生社会实践活动；建立健全研究生思想政治教育和管理工作体系；加强校园及周边环境综合治理工作，高度重视防控非典和禽流感，进一步完善突发事件应急处置机制，创建安全文明校园。

5.加强宣传舆论工作。以“外树形象，内鼓士气”为中心，大力宣传学校各项事业改革发展的巨大成就，宣传学校工作的方针政策、工作思路和重大部署，营造全社会关心支持学校建设的良好氛围，引导和激励广大师生员工抓住机遇，加快发展。大力倡导师生文明行为。

6.加强党风廉政建设。深刻学习领会中纪委三次全会精神，认真贯彻实施《中国共产党党内监督条例》和《中国共产党纪律处分条例》，对处级以上干部进行“四大纪律、八项要求”的教育；落实“党风廉政建设领导责任制”，更加明确各单位党风廉政建设责任制的内容、责任范围和分工、责任考核和责任追究制度；继续推行校务公开；做好查办案件、领导干部廉洁自律、纠正不正之风和反腐败抓源头工作。

二、进一步完善并落实“三个规划”，启动“985工程”二期建设工作，促进学科建设

1.完善“三个规划”。紧紧围绕学校定位与目标，充分吸收五届二次教代会、“东山会议”的意见和建议，继续完善“总体发展战略规划”、“学科和队伍建设规划”、“校园建设规划”，并力争尽快通过教育部的认定。

2.启动“985工程”二期建设。深入调研，集思广益，拓宽思路，做好全面启动“985工程”二期建设的各项准备工作。要在“985工程”一期的基础上加强规划，集中资源，下大力气构筑具有国际先进水平并能够承担国家重大科研任务的科技创新平台。

3.继续实施“211工程”。狠抓学科建设，构筑“学科平台”，整体提高学科实力，创建一流学科；继续大力推进学科建设，大力扶持新增的博士、硕士学位授权一级学科和博士学位授权点，积极组织第十批博士点的预申报工作。

三、深化改革，提高质量，努力实现学校的跨越式发展

1.大力实施人才强校战略。牢固树立人才是第一资源的观念，抓住机遇，明确目标，切实做好人才发展战略规划；积极引进，加强培养，造就一支可持续发展的人才队伍；突出重点，抓住关键，大力加强高层次人才和创新团队建设；深化改革，开拓创新，努力形成优秀人才脱颖而出的制度环境；加强领导，加大投入，为人才队伍建设提供条件和环境保障。本学期将实施“创造性人才建设工程”，进一步深化用人制度的改革，全面实施教师职务聘任制；总结、完善其他各类专业技术人员的聘任工作；深化分配制度改革，建立以业绩为核心的人才考核评价指标体系和津贴制度。

2.实施人才培养“质量工程”。

认真做好迎接2005年教育部本科教学工作水平评估的前期准备工作；进一步落实提高教学质量的有关措施，全面启动“厦门大学双语教学”课程建设计划，继续推动“厦门大学精品课程建设计划”和“厦门大学系列教材建设计划”；不断探索完善按专业大类培养的教学模式；按照新的教学和管理模式，探索总结一、二年级本科生的培养、教育、管理以及服务的良好机制和有效办法；进一步完善漳州校区教学条件，完成基础实验中心的建设和搬迁工作。

加强研究生的培养、教育和管理。以不断提高研究生创新意识、创新能力为核心，改善研究生教学和科研条件，进一步促进我校研究生教育整体质量的提高。本学期将启动“研究生教育创新与质量工程”；完成第七次研究生培养方案的修订工作和研究生培养与学籍管理条例的修订工作。

认真贯彻国家终身教育战略，调整完善我校继续教育的体制和机制，积极构建国家终身教育平台。

3.加强科研工作。

进一步落实第二次科研工作会议精神，实施我校“科技创新工程”，抓好科研创新平台的论证和启动建设工作，继续完善并实施鼓励学术梯队或团队建设的有关规定。

采取有力措施，加强与国家省市等有关部委厅局(包括军口部门)的联络沟通工作，积极推介科研成果，承担科研项目；加大为地方经济建设服务力度，向省、市争取更多的科技资源，进一步与周边地区签订各类科技合作协议等；鼓励教师积极申报各级各类科研项目和奖项，争取多出标志性成果，扩大我校影响力；力争2004年度科研经费再上新台阶。

认真准备，迎接对我校国重、部重和人文社会科学重点研究基地的新一轮评估工作；积极推动我校“海洋环境科学教育部重点实验室”升格为国家重点实验室；力争今年我校能新建1～2个省部级重点实验室，争取新建1～2个市工程中心。

进一步建立和健全管理制度，保证大型仪器设备的资源共享、开放运行，充分发挥效益；积极争取测

试中心通过教育部组织的实验室认证认可。

实施我校“哲学社会科学繁荣计划”，通过人文社会科学研究创新平台建设、“名刊工程”建设等，组织申报国家社科基金、教育部人文社会科学研究重大攻关课题及其他研究课题，推进我校人文社会科学研究工作，壮大研究实力，提升研究水平。

4.加大科技成果转化和产业化力度。加速“厦门大学国家大学科技园”建设步伐，确保通过国家有关部门的启动建设评审；加紧“丙谷二肽”药证申报等有关重大科研项目的产业化工作。

5.加强绩效管理。探索建立校内重点建设项目和院系绩效考核评价制度，定期组织检查评估工作和公布检查评估结果，以评估结果作为合理配置办学资源的主要依据。

6.继续加强机关作风和效能建设，进一步提高科学管理水平。进一步改善工作作风，提高工作效率，提高管理和服务水平；积极推动学校管理信息系统建设，改进管理手段，不断提高我校教学、科研、行政及后勤等管理水平。

7.规范财务管理。进一步理顺、规范财务关系，狠抓增收节支，引导各单位资金投向，提高资金综合使用效益和办学效益。本学期要全面实行“二级报账”制度，加大力度推进“完费注册”制度。

8.抓紧抓好基本建设，大力改善办学条件。要加快漳州校区二期工程建设，以满足今年秋季2004级7000名新生入住校区生活、学习的需要；适时启动集美校区建设工作。本学期基本建设的重点是漳州校区学生公寓、食堂、图书馆和校本部医院门诊大楼、软件学院、化学化工学院实验大楼、博士生和博士后公寓以及校内水网改造工程。

9.继续推进后勤社会化改革。要认真总结我校后勤改革一年来的成绩和经验，坚持从我校的实际出发，不断深化后勤改革，努力提高后勤的服务、保障和经营管理水平。

积极稳妥地实施我校教职员工的住房货币化补贴方案；研究制定学校事业性资产及办公用房、公用水电的管理办法，并争取尽快公布实施。

10.进一步扩大教育对外开放。全面提高学校的国际化程度，促进学校的国际交流与合作向深层次、高水平发展，启动我校与厦门市联合创办“国际学院”的各项筹备工作。

——本文摘录自《关于印发〈厦门大学2003—2004学年第二学期工作计划要点〉的通知》，厦大委综〔2004〕3号，档号2004-XZ09-3

厦门大学2004—2005学年第一学期工作计划要点

(2004年9月21日)

本学期学校工作的指导思想是:以邓小平理论和“三个代表”重要思想为指导,牢固树立科学发展观,围绕创建国际知名的高水平研究型大学的宏伟目标,认真贯彻落实“东山会议”精神,与时俱进,开拓创新,深化改革,加快步伐,努力实现学校的超常规、跨越式发展。为此,本学期要重点做好以下工作:

一、加强和改进党建与思想政治工作,为学校的改革、发展和稳定提供强大的精神动力和坚强的组织保证

1.要深入学习、贯彻党的十六大和十六届四中全会精神,努力用“三个代表”重要思想统领学校各项工作;认真学习《中共中央关于加强党的执政能力建设的决定》,加强党的执政能力建设;加强思想理论学习,增强广大师生员工危机感与责任意识,牢固树立大局观、全局观和科学发展观;积极配合厦门市办好陈嘉庚先生诞辰130周年纪念活动,并以此为契机继续大力弘扬学校的“四种精神”。

2.认真贯彻落实“东山会议”的精神,把全校教职工的思想统一到“深化改革、加快发展”这个主题上来。

3.加强各级领导班子建设和干部队伍建设。加强对学院领导班子建设情况的调研,不断提高学院班子的领导水平和执政水平;认真总结选送干部出国出境考察学习的经验,加大选送的力度。本学期要再次组织一批干部出国出境考察;加强党员先进性教育,继续开展党支部工作“立项活动”。

4.加强思想政治工作。本学期重点是认真学习贯彻《中共中央、国务院关于进一步加强和改进大学生思想政治教育的意见》,做到思想、制度、组织“三到位”,提高大学生思想政治素质,培养合格建设者和可靠接班人。

5.认真抓好党风廉政建设,继续深入学习《中国共产党纪律处分条例》;加大对重点单位和项目的审计工作,进一步规范管理制度,不断完善管理措施。

6.进一步加强舆论宣传工作,特别是要加大招生宣传力度,全方位、多层面地向海内外展示学校的风貌和成就,争取有更多优质生源进入我校。

二、实施人才培养“质量工程”,切实加强素质教育,优化人才培养结构

1.改革教学管理制度,进一步完善本科生的培养模式,实行双学位制度和严格意义的学分制;启动并实施“教学名师计划”、“精品课程建设计划”和“双语课程建设计划”;认真做好教育部“本科教学工作水平评估”准备工作。

2.进一步实施“研究生教育创新与质量工程”,改革研究生的培养模式,实行分类培养制度;扩大硕博连读的比例;实行学分制,在完成规定学业后研究生可以二年或二年半毕业;继续强化质量管理,提高研究生的培养质量。

3.全面实施“大学生素质拓展计划”,以培养创新精神和创造能力为重点,提高青年学生的综合素质。办好第四届“挑战杯”中国大学生创业计划竞赛决赛,提升我校学生科技创新的总体水平。

三、实施“科技创新工程”和“哲学社会科学繁荣计划”，提升科研创新能力

1.认真做好“985 工程”二期规划组织工作，力争顺利通过主管部门组织的评审，建设好 10 个科技创新平台和哲学社会科学创新基地与公共资源保障和服务支撑平台；加强创新平台和创新基地交叉整合，促进科研创新团队的形成与发展；尽快启动学校关于加快人才和创新群体的实施细则。

2.落实科研管理改革的各项措施，强化激励机制，鼓励科研人员潜心研究，力争多出标志性的科研成果，同时积极参与国家和地方重大科研项目的立项建设和论证，从源头介入争取承担重大科研任务。

3.加强科研成果的管理，知识产权的保护，提高科研项目的完成质量；争取更多的科研项目，特别是大项目，努力争取军口的科研项目能有更多突破，2004 年学校科研经费力争再上新的台阶。

4.组织好 2005 年度国家社科基金项目的申报工作和教育部重大科研攻关项目招投标工作；按照科学化、规范化的要求加强教育部文科重点研究基地的建设；争取人类博物馆进入国家大学数字博物馆建设行列。

四、抓紧、抓好科技成果的产业化工作，力争社会服务上新台阶

1.继续跟踪有开发前景的科技成果项目，并逐步形成成果转化或产业化方案。近期认真做好“丙谷二肽”等成果的产业化工作。

2.抓紧国家大学科技园的建设工作，认真做好“厦门大学国家大学科技园”启动建设的评估准备工作，力争今年第一批获得国家科技部、教育部批准我校国家大学科技园启动建设。

3.探索适合我校校情的科技成果转化与产业化模式，进一步拓宽项目推介渠道。

4.建设好学校现有的若干省、市级工程中心，力争建立国家工程技术中心，打造几个高水平的科技成果研发与转化平台。

五、加强队伍建设，汇集优秀人才，打造一流队伍

1.实施人才强校战略，继续加大力度引进高层次人才，尤其是顶尖级的学科带头人和在国内外有较大影响的中青年学术带头人。

2.实施“高层次创造性人才计划”，加强创新团队的建设，力争每个学院都有 1～2 个以学术带头人为龙头，以优秀中青年为骨干的创新团队，提高集体攻关的能力。

3.进一步深化用人制度的改革，认真实施《教师职务聘任条例》，继续完善和做好教师职务聘任的各项工作，将职员职级聘任工作纳入聘用制。

4.重视和加强青年骨干教师的培养工作，从今年到明年，分两批再选拔若干名青年教师（包括工程技术人员）作为骨干进行培养。

六、狠抓学科建设，稳步地提升学校的整体实力和核心竞争力

1.认真做好下一轮学科点的申报准备工作，争取比上一次有更大的收获。

2.在巩固现有优势学科的基础上，充分发挥优势学科的带动效应，迅速提升新兴的弱势学科的整体实力；切实做好学科间的交叉、整合，强强联合、强弱联合，形成若干有良好发展前景的新学科。

七、加强国内外学术交流与合作，让更多的教师和学科走向世界

1.进一步推动以学院为重心的国际合作与交流工作，组织部分学院走出去，主动出击；做好合作院校的联系工作，每个学院争取重点选择1～2所的一流大学（至少国际排名前200位）作为合作院校；加强学校及各学院国际学术交流与合作机构的建设，提供有力的组织保障。

2.认真做好"全球七校联盟"的各项工作，筹备好明年初在我校举行的"全球七校联盟"校长联席会工作会议以及行政工作委员会会议；筹办好联合国环境署等主办的第二次国际环境会议和由中国化学会与中国光学会联合主办的全国第十三届分子光谱学术会议等国际和全国性学术会议。

3.提高教师与干部的对外交流能力，加强外语培训工作，扩大假期国外英语口语培训班的参训范围，将师资外语培训工作逐步由以语言培训为重点转向以专业进修为重点。

八、加快基本建设速度，提供优质的后勤服务，营造优良的办学环境

1.进一步改善办学条件。重点是加快漳州校区二期工程、海韵园区、化学化工学院实验中心、海洋楼扩建、博士和博士后公寓、曾厝垵学生公寓二期的建设速度，为早日实现"421"目标奠定基础。

2.继续做好校本部水网改造工程，确保元旦前新系统启动。

3.进一步改善教职员工的住宿条件，尽快启动西村北村的改造重建工程。

4.继续推进后勤社会化改革，不断提高后勤服务质量。

九、以改革促发展，以管理增效益，全方位提高学校的管理水平

1.依法治校，规范管理，完善各项管理制度。贯彻、落实校院二级管理体制，管理重心下移。

2.加强校友会的建设，加强与校友和社会各界的联系，努力争取校友和社会各界对厦大的支持和帮助，争取更多的办学资源。今年要成立厦门大学日本校友会。

3.加强财务和审计工作，进一步完善财务制度，理顺各种财务关系，规范财务行为，严肃财经纪律；认真做好经费使用的成本效益分析，坚决杜绝铺张浪费，不断提高办学效益。今年底要组织一次财务大检查。

4.全面提高管理人员的素质，近期要重点提高各学院办公室人员的素质，组织文秘工作培训；加强政务信息化的"软件"建设。

5.加强校园的综合治理，近期重点抓防盗窃、车辆通行和地下室住人三项工作。

——本文摘录自《关于印发〈厦门大学2004—2005学年第一学期工作计划要点〉的通知》，厦大委综〔2004〕21号，档号2004-XZ09-3

· 专　文 ·

弘扬嘉庚精神　办好厦门大学

（2004 年 10 月 15 日）

校党委书记　王豪杰　校长　朱崇实

今年 10 月 21 日是伟大的爱国主义者、杰出的华侨领袖、教育家、厦门大学的创办者陈嘉庚先生诞辰 130 周年的日子，厦门大学的师生员工无不沉浸在对校主嘉庚先生的深切怀念和无限景仰之中。

1874 年 10 月 21 日，陈嘉庚出生在福建省同安县集美社（即现在厦门市集美区）。17 岁时他到新加坡随父经商，历数十年奋斗，成为驰名海内外的大实业家。怀着教育兴国的理想，陈嘉庚继创办集美学校后，于 1921 年创办了厦门大学，这是中国近现代教育史上第一所由华侨独资创办的大学。

80 多年来，经过几代厦大人的努力，如今的厦门大学已经发展成为一所学科门类较为齐全、办学特色鲜明、基础研究力量和师资队伍较强、在国际上有影响的国家重点综合性大学。

厦门大学发展到今天，与陈嘉庚先生当年的精心擘画所奠定的基础是分不开的。学校初创时，陈嘉庚先生高瞻远瞩，亲定校址，遴选校长，延聘名师，主持建筑校舍，亲定校训“止于至善”。这些都为厦门大学成为“南方之强”打下了坚实基础。

校主陈嘉庚先生的爱国情怀和兴学勇气早已成为厦门大学的宝贵精神财富，陈嘉庚先生的爱国精神与罗扬才烈士的革命精神，抗战时期内迁闽西长汀艰苦办学的自强精神，以王亚南校长、陈景润教授为代表的科学精神一道，成为厦门大学的“四种精神”，激励着厦门大学师生不断开创新的业绩。

今天，我们缅怀嘉庚先生，弘扬嘉庚精神，就是要学习他热爱祖国、振兴中华的高尚情操。陈嘉庚当年在东南亚兴办实业，他心系祖国兴亡，为振兴中华奔走呼号并以兴办教育实践他“立志一生所获财利，概办教育，为社会服务，虽屡经困难，未尝一日忘怀”的誓言。

弘扬嘉庚精神，就是要学习他倾尽所有、兴办教育的巨大勇气。陈嘉庚认为“教育为立国之本，兴学乃国民天职”。为了兴办集美学校和厦门大学，陈嘉庚几乎倾尽他经营企业所得的全部资财。20 世纪二三十年代的世界经济危机使陈嘉庚的企业破产，他“宁可变卖大厦，也要支持厦大”，多方筹措经费维持办学，直至 1937 年无偿将学校献给国家。在他的倡导下，华侨华人捐资兴学蔚然成风，影响深远。

弘扬嘉庚精神，就是要学习他不断探索、勇于实践的学习精神和创新精神。陈嘉庚没有接受过高等教育，他的教育思想都是在兴学的过程中不断学习、研究得来的，并把它们落实到兴办教育的实践当中。他信奉“欲成大事，先做小事”，一生勤奋学习，为教育事业身体力行，鞠躬尽瘁。

弘扬嘉庚精神，就是要学习他卓越的教育思想和办学理念。他认为，“国家之富强，全在乎国民，国民之发展,全在乎教育”;发展经济和政治有赖于教育,高等教育尤为重要。他提倡学生要在德、智、体诸方面全面发展,倡办职业技术教育,重视师范教育,重视教师在教育中的决定作用等等。他还推行社会教育。这些思想至今仍有重要意义。

嘉庚精神,昭示后人。我们纪念嘉庚先生的最好方式,就是把他亲手创办并为之呕心沥血的厦门大学办得更好,实现他希望厦门大学“为国家前途放一异彩”的心愿。

当前,我国正处在实现全面建设小康社会的重要战略机遇期,学校也已进入一个发展的关键时期,如何迎接挑战,抓住机遇,在国际高等教育的激烈竞争中取得优势,为国家振兴做出更大贡献,是摆在学校面前的艰巨任务,学校确立要在本世纪初把厦门大学建设成为国际知名的高水平研究型大学的奋斗目标,我们深信,在党的正确领导下,在嘉庚精神的感召和鼓舞下,全校师生员工团结奋斗,这个目标就一定能够早日实现!

——本文摘录自《厦门大学报》,2004 年 10 月 15 日第 610 期

努力成为一名合格的学生思想政治工作者

——在党校第48期青年政工干部学习班上的讲话(摘要)

(2004年6月7日)

校党委书记　王豪杰

很高兴党校青年政工干部学习班今天开学了。刚才我走进会场,看到清一色的都是二三十岁的青年人,我的心情非常激动,因为这让我看到了30年前的我,跟大家一样也是一个政治辅导员。

从开始到厦大读书到现在,弹指一挥间整整40年过去了。60年代初,我读书的时候对党、对政工干部真的是无比崇敬,甚至有点敬畏,当时这种感觉是很朴素的。但是,1966年的那场风暴中,政工干部受到了前所未有的冲击,那种情形也是不堪回首的。粉碎“四人帮”以后,因为工作的需要,我从系里的科研秘书调过来做学生政治辅导员。这段时间的政治辅导员和学生的年纪差不了多少,甚至有的学生比我年纪还要大。我们那时和学生打成一片,用一句通俗的话来说就是“没大没小”。改革开放以后,1977级的学生进校,我做了1977级的学生政治辅导员,整整四年的时间和学生学习、生活、工作在一起,回想起来非常开心,也非常甜蜜。我的学生包括郑兰荪、孙世刚、袁东星都已成长为院士、副校长、院长。但我永远也不能忘记80年代中后期,中国的大地上时不时地涌动着学潮,厦大的学潮爆发时的那种情况我希望永远都不要再发生,真是非常非常辛苦。毛泽东思想在那个时代得不到公正的对待,而西方的各种思潮无孔不入地涌进来,一直到1989年那场风波。想想看,在那种年代里当政工干部容易吗?不仅仅学生提出许许多多我们当时都还弄不清楚,而且至今都很难回答的很尖锐的问题,甚至还有西方敌对势力的煽动,很多时候青年学生的那种躁动是无法控制的。我在学校里经历了非常痛苦但又非常能够锻炼人的整整五年时间。学生要冲出校门上街游行,头上绑着白布写着红字,作为政工干部是要跟他们出去游行还是要千方百计劝阻他们?阻挡不住又要怎么办?个别青年人处于连生命都可以不要的极度冲动的情绪下,作为政工干部是多么不容易,受到围攻、嘲笑、冲击……但厦大的政工干部顶过来了!到了90年代以后,高等学校思想政治教育工作又迎来了一个春天。同志们现在从事这项工作,虽然也存在一些困难,但同学们总的思想状况是好的。我们在今天这样的情况下工作和我刚才所描述的那个年代有很大的不同,不存在当时那种没有理智的行为,但现在的学生有很深入的思考、很活跃的思想和多元的价值观,工作难度并不亚于那时的冲冲打打、吵吵闹闹,现在同志们所肩负的工作任务也是非常艰巨的。我这七八年来虽然没在第一线从事这项工作,但我一直都在关注学生的思想政治教育。我看到我们学校的学生思想政治工作情况还是好的,广大青年政工干部的成长还是健康的,感到十分欣慰。我在正式讲课之前,先讲了以上这段话,是因为我从进入这个课堂时就油然而生的一种情感,在此坦诚地告诉大家我的这一段心路历程。

我想借此机会谈两个问题:

一、为什么要举办这一期青年政工干部学习班

我觉得有以下几个原因:

(一)做好学生思想政治教育非常重要

我们学校的工作千头万绪,但有两方面的工作是最重要的:一是产、学、研,另一个就是培养人,归根结底学校是培养人才的地方。3月底,我到北京参加全国大学生思想政治教育研讨会,周济部长在会上讲了两句话我至今记忆犹新,即:"学校以学生为主体,一切为了学生的全面发展;办学以教师为主体,充分发挥教授在治学中的主导作用。"我觉得学校的主要任务是培养学生,学校的主体是学生,我们的一切工作都是为了学生的全面发展,这是我们办学的主要任务。一切为了学生的全面发展,我们要考虑的就不能仅仅是学生的专业学习,而且要明确我们培养的大学生是我们社会主义事业的建设者和接班人。不仅要有专业知识,而且还必须有政治素质方面的要求,这是由中国的国情和政体所决定的。简言之,中国的大学生与美国的大学生要求不一样,非要有思想政治教育不可。其实,那种认为"美国大学生不用接受思想政治教育"也是一种误解,美国的大学也进行思想教育,只是另一种形式罢了。世界上没有哪一个民族、哪一个国家对青年不进行思想教育的,只是方式、渠道和任务有所区别。中国的国情和我们的政体决定我们必须培养建设者和接班人,这是我们高校教育培养学生不可或缺的重要内容。要对青年学生进行思想政治教育,这个重担就主要落到党委和政工干部的身上,这是非常光荣,也是非常艰巨的任务。

(二)学生思想政治工作必须进一步加强

随着进入改革开放和全面建设小康社会的历史进程,高校学生的思想政治工作不是可以削弱,而是必须加强。这也是3月底在北京召开的全国大学生思想政治教育研讨会的主题。现在有一种误解,认为学生对政治不怎么感兴趣,工作难以开展;又强调以人为本、以学生为主体,因此一部分人质疑这项工作是否需要开展、如何开展。特别是在看到教育没有显著成效的时候,会有一种畏难情绪;社会上对这项工作的评价和理解也不完全正确,我们学生政工干部有些时候难免会产生疑惑,甚至对自己所从事工作的重要性和意义产生动摇。我觉得,既然要培养接班人就必须进行思想政治教育,而学生思想政治的成熟完全靠他自发形成是不可能的,必须得助于系统的、理论的、科学的、专业的队伍夜以继日地辛勤培育,才可能在这方面有所成就。这个道理好比一个进入专业学习的学生,不可能拿着大学课本自学成才,必须有教授的教导和学校的学习氛围的熏陶。同样地,学生在思想政治方面的成熟和业务上的成熟道理是完全一样的。而且,随着改革开放的发展,学生接触面很宽,阅历越来越广,人也越来越聪明,家庭环境、社会环境越来越好,思想越来越活跃,我们的工作内容就越来越多也越来越艰巨。当然,对从事学生思想政治教育的这支年轻政工干部的要求也就越来越高。所以,举办此次学习班是很重要和很及时的。

(三)工作在学生思想教育第一线的青年政工干部,迫切需要提高自己的能力和水平

工作在第一线的青年政工干部,首先是教育者。我平时在会议上的讲话内容,学生们不一定了解,我对他们的教育需要通过学校的中层干部,通过你们才可以传达给学生。而你们则不一样,你们整天和学生们生活工作在一起,是和他们面对面的教育者。这种教育容不得你们回去准备好后才来回答,这种要求是很高的,因为学生可以通过跟政工干部面对面的交流,来判断你们的教育水平的高低,来直接洞察你们的内心世界、精神涵养以及人格魅力。

其次,工作在第一线的青年政工干部又是组织者。学校布置的工作就是通过你们去发动和组织学生来实施,很多时候甚至还要手把手地教导学生干部如何有效地开展工作,时常还要亲临实地去组织、去处理各种各样始料不及的问题。活动成功与否,与你的现场指挥是密不可分的,在座的政工干部应该都有所体会。当你捧回一个金杯、获得一个第一名,大家都兴高采烈,然而其中的酸甜苦辣并非大家都能知晓,只有你们付出辛勤的劳动才能得到这种成绩。

再次,工作在第一线的青年政工干部还是学生的良师益友。学生调查情况显示,学生最愿意与之交谈的是"朋友"。这我相信,因为他们是同龄人,有共同语言,比较容易沟通。而学生和辅导员交谈还存在着师生关系、利害关系,因此有事不一定会最先找辅导员。而父母在儿女心中的那种崇拜,会随着年龄增

长逐渐减少,这也是很自然的。但是,青年政工干部如果做得好完全可以,而且必须是学生的良师益友,这一点我有亲身体会。学生如果真正和你成为朋友,很可能就会像崇拜一位专业知识渊博的教授那样来尊敬你,因为他们会觉得你也有学问。如果你在思想政治教育这一领域也做出成绩,他也是会崇拜你,会仰慕你的学识、人品和才华。此外,如果你能够为他们排忧解难,哪怕只是一个轻声问候、一个小小帮助,对于一个远离父母、家乡的学子来说是很亲切的。能够得到你们的帮助,我相信他们也会信赖你,你会成为他们的良师益友。当然,你如果有出众的才艺,如学生喜欢的各种活动你也了解一些,比如有好口才、能歌善舞、有各种运动技能,学生也会喜欢你。如果这些都没有但有一份真诚,我相信学生也会把你看成自己的朋友。学生怕的是我们整天事无巨细地去管他,怕我们给他讲那些他们都已知道的所谓的"正确的套话"。有的学生比较自卑,觉得自己各方面都不如人,如果得不到你的关心,他更会觉得很失落。还有的学生比较讨厌我们动辄运用行政手段来处理他们。因此我认为,你如果有一份真诚、一点本事,完全可以做到青年学生的良师益友。每个青年政工干部如果都能成为一名好的教育者,有很好的组织才能,能够真诚地对待学生,学生就会尊敬你。而你的这些行为、这些才能,对学生以后人格的形成,对他们人生观、世界观、价值观的形成,对他们待人接物、处事方法的影响是一辈子的。

很可能有的同志觉得,大学生都讨厌政治辅导员,其实不见得如此。有些学生喜欢辅导员,条件就是政治辅导员要具备本领和真诚。人们说老师最大的财富就是桃李满天下,走在路上会有学生亲切地叫一声"老师",这就感到无限满足,这一点我也深有体会。十年、二十年、三十年后如果你的学生见到你还能说起你对他的教育和帮助让他终身难忘,我想你就成功了。我就是从政治辅导员做起的,现在如果碰到学生说,老师,你在某时某地的演讲,我到现在还记得很清楚,那种满足是难以言表的。举个例子,有一个学生毕业后分配到中新社工作,现在已经是一个很不错的名记者了。这个学生很有才气,当时是新闻传播系的。他的笔名是"冷眸",就是冷眼看世界的意思。因为他是孤儿,从小受到很多不公平的待遇,所以他看问题是用冷眼来看的。他经常在校园刊物上发表文章,其言论在80年代中后期属于比较"挑刺儿"的。怎么办?封杀他、处分他、开除他,还是贴近他、了解他、关心他?有一次他和我说:"王老师,你不了解我为什么对现实不满的原因。我是一个孤儿,你知道我从小是怎么过来的吗?我甚至看到长得很帅的人都会感到愤怒。"他说:"我看到你们当官的坐着汽车从我的身边呼啸而过,车后扬起一阵尘沙,我感到无比厌恶。"后来通过交谈才感到他的那种经历确实很难不让他有这种想法。这就需要关心他,和他交心,最后成为好朋友。因为他很有才气,后来到中新社不久就成为一名出色的负责人。

还有一次经历我也是记忆深刻。当时社会上宣扬抵制日货,激动的学生要冲出校门去抢砸日货。冲到化工厂的门口时我拦住他们,一个东北籍的学生非常激动,揪着我的领子说:"王老师,我问你一个问题,如果你的爷爷死在日本人的刀枪之下,你的奶奶被日本鬼子强奸过,你今天还能心平气和地说不要去抵制日货、不要去冲击日本人吗?"我听了无言以对,心里有一种从未有过的震撼!我没有这种经历,我们只有民族仇,而他不仅有民族仇、阶级恨,还有杀父之仇。你如果能和这些学生交心,你一定会觉得这些学生是最热血的,只要你能正确引导他们,与你产生共鸣,就一定会和你成为最好的朋友。

我还可以举出很多这样的例子。比如我当他们政治辅导员的那些1977级的学生,他们那种渴望学习的心情,是现在很多有很好学习条件的大学生所不能理解的,但正是这些渴望学习的学生能够这么快就成才,正所谓"穷人的孩子早当家"。丧失了十年学习机会的学生,一旦进入学校真是如饥似渴,现在大都成才了,其中很多已是鼎鼎大名的学者。因此,做学生的良师益友,对青年政工干部来说是非常重要的。咱们肩上的担子还是很重的,既光荣而又艰巨,尤其是现在这种情况下。现在我虽然不直接接触学生,但我天天都看学校的BBS,希望能了解学生的思想动态。所以我希望各位年轻的政工干部,能够在你们有限的工作期间之内做好这份工作,这是很有意义也非常重要的。

(四)党委对青年政工干部有教育、培养、帮助其成长的责任

一个人不可能永远当政治辅导员,有的要提拔,有的要转入其他领域担任领导或者再学习而成为业务骨干。前两个星期,教育部来评估人文社会科学基地,我到国家会计发展中心,遇到了一个很有才气的

年轻教师,我听了他的讲演后觉得他的学问和口才都非常优秀。他说这全归功于那七八年的政治辅导员经验。而我们学校的很多干部也都是从政工干部做起的。我的意思就是说,现在党委除了给你们压担子、交任务,我们还负有培养、提高,让你们更快更健康成长的责任。从这个意义上讲,对你们的培养主要还是通过实践工作这一途径来培养,而像进入党校这样系统地理论学习、经验总结,更是一种有效的培养途径和方式。因此我们应该办好这期学习班,给大家精神食粮,给大家"营养",让大家能够更快地成长起来,也能够更好地工作,这与完成学校的主要任务、目标是一致的。

(五)也是为了借这个机会感谢一下全校青年政工干部

这几年来我们学校的各项事业都取得了令人瞩目的可喜成绩,学校成绩的取得有很多方面的原因,是全体厦大人的努力,但可以肯定地说,这与全体工作在第一线的政工干部的努力和辛劳是分不开的。学校之所以能取得这些成绩,是因为我们有一个很好的环境,我们也培养了一些很优秀的学生。否则,如果学校经常出现学生闹事等状况,学校怎么能安下心来认真地搞教学、科研呢?青年学生怎么能在学校健康地成长呢?而这种安定团结、奋发向上的局面,恰恰是经过在座诸位青年政工干部与全校教职员工一起努力才取得的。因此,我要代表学校党委对你们表示感谢。

二、怎样办好这期学习班

(一)要珍惜学习班的学习机会

年轻的政工干部能参加这样的学习班,是一个难得的学习机会。当然,每当参加某个学习团体或某次会议,你能够用心听讲、认真思考、钻研学习是一种状态,相反地,你人到心不到,或看看休闲杂志,或默念英语单词,甚至昏昏然打瞌睡也是一种状态。那么,你要以一种怎样的心态来对待这次学习?我认为应当珍惜这个学习机会。认真听课,积极参与,你会获得很多对你的工作很有帮助的知识。这次党校安排的"五讲"课程都是非常好的。宣传部的领导给大家讲"以人为本,树立科学的发展观",这是国家的大政方针,作为政工干部一定要学习好并在自己的实际工作中加以贯彻落实。校团委的领导给大家讲"共青团干部的责任和使命",对年轻的政工干部开展共青团的工作一定会很有帮助。学生处的领导给大家讲"目前学生思想状况的分析和思考"。我看过他们的调研报告,有2000多名学生参与,调研组的同志放弃了"五一"长假把调查结果整理出来。其中包含了2000多个学生的热情和七八个政工干部的辛勤劳动,这难道不值得我们年轻的政工干部好好听一听吗?组织部的领导还要给大家谈谈"学生党支部的特点和任务"以及"如何做好发展学生党员的工作"。这些对年轻的政工干部来说都是必不可少的基本功,应该珍惜这次学习机会。如果似懂非懂而又不认真学习,将来会吃大亏的。我提醒大家注意一个现象:当我们看一个年轻的政工干部召开学生大会做报告时,你会觉得,照本宣科是一种水平,脱稿演讲是一种水平,你布置完工作后让学生提问又是一种水平,大家应该问问自己到底是哪一层次的水平。我们年轻的政工干部如果不具备这些知识,学生就不能与你交朋友,甚至还会看不起你,那就不能怨天尤人而只能怪自己了。我再给大家举一个例子,80年代末期,我们在大礼堂给学生做报告。如果你讲不好学生不想听,他们不是从后门偷偷跑出去,而是成群结队从你的讲台前走出去!那是一种什么样的感受?虽然现在没有学生敢这样,但还是会从后门偷偷溜出去的。这就该问问我们自己,为什么会出现这种情况?为什么自己的演讲吸引不了学生?所以,应该珍惜学习机会,多听听这些报告,多参加这种学习,自然而然地就会具备这些知识,从不自觉到自觉慢慢地积累,到一定程度定能厚积薄发,成为青年学生工作的专家,这对今后转到其他领域当干部也是很有帮助的。

(二)要注意回顾和总结

回顾总结的目的在于提高。如何回顾总结呢?组织上安排我们从事学生思想政治工作,自己在心里就应当有个目标、有个追求。如果想考研究生也可以，但要安排、分配好工作和业务学习时间。年轻的政工干部如果各方面的知识都能有所涉猎那就更好了，你对学生们关注的问题能有所了解并能和学生一起探讨，学生自然就和你亲近了。因此，政工干部应该对自己的工作有个明确的定位，明确如何做好同学的良师益友，要在安排好自己的本职工作的基础上，再争取时间兼顾自己的业务学习。工作一段时间后，要善于回顾和总结。党校学习也给大家提供了这样一个回顾总结自己工作的机会。党校安排了十天左右的学习时间，你们应该好好思考，认真总结，这也是很有必要的。

（三）学以致用，指导实践

所学的东西应当用到实践中去，每个同志在本单位工作，应当结合本单位的实际，把在党校学习、交流所得的经验教训运用到实际工作中，使我们的工作少走弯路，提高工作效率，把各项工作做得更好。

青年政工干部是我们学校事业兴旺发达的希望之所在，同时也是我们目前学生思想政治工作的现实需要。没有你们这些政工干部，学校工作就难以正常进行。所以，学校党委对你们是非常关心的，将采取一切可能的措施，进一步加强对青年政工干部的培养。也希望你们虚心学习，努力工作，尽快成长起来。党委寄希望于大家！

——本文摘录自王豪杰：《梦萦南强》，厦门大学出版社，2007年3月版

抓好党建 建好学科 出好人才

——在2004年度“东山会议”上的讲话(摘要)

(2004年9月9日)

校党委书记 王豪杰

看了朱崇实校长的报告和全校有关单位的总结材料,听了16个学院的工作报告和10位代表的发言,我的思绪也不由自主地回到我们厦门大学在改革与发展过程中的日日夜夜。记得在1999年4月,我刚接任党委书记时,整个中国的高等教育形势发生了前所未有的变化:“并校”、“重点共建”、“高新技术产业化”和“后勤社会化”等改革举措不断推陈出新,高等教育领域竞争日趋激烈。此外,已有21所学校定为副部级,当时厦门大学尚未列入其中。厦大怎么办?我一直在思考着两个问题:一是如果上世纪60年代王亚南校长没把厦门大学带入“教育部重点大学”,那么不敢想象,今天的厦门大学是什么样子。同样,现在的班子如果不能把厦门大学带进“副部级学校”,也很难想象,十年、二十年之后厦门大学又将会是什么样子。二是2000年教育部通过“重点共建”向一批名校注入几十个亿的资金。如果说当时厦门大学没有争取到6个亿的“重点共建”资金,也很难想象今天的厦门大学会是什么样子。这两件事情,使我跟班子的其他成员深深地感受到,压在我们身上的是一份沉甸甸的历史责任!

我非常感谢全体师生员工,在我们当时非常困难、形势非常严峻的情况下,我们集全校师生的智慧,做了两件我们今天看来是无比正确的决定。一个是科学定位:“厦门大学不求最大,但求最好。”在当时迅猛的并校风潮中,我们没有随波逐流,盲目并校。这个决定,让我们厦门大学在那个时候站住了脚跟。二是积极争取办学资金。我校这几年的发展得益于学校发展的科学定位,得益于福建省、教育部投入6个亿共建厦门大学。此外,厦大还有80多年的办学历史,有着无比深厚的文化底蕴。我们及时提出并弘扬了厦大的“四种精神”,这是厦门大学的“魂”。这几年来,有了科学的定位,有了“四种精神”的力量,还有了6个亿的物质基础,我们坚持围绕着“211工程”和“985工程”,深化了八大方面的改革,取得了有目共睹的成就。

我们更应该感谢党中央、国务院和教育部对厦大的关怀和爱护,把厦大列入“副部级大学”。这是党中央、国务院和教育部对我们厦门大学过去一段时间以来工作的充分肯定,也是对我们的无比信任和殷切希望。

过去的都已经成为了历史,今天我们又面临新的形势和挑战:

一是党中央、国务院和教育部为我们搭建了一个更高的平台,对我们提出了更高的要求、更殷切的希望,我们的责任更大了。厦门大学如何做出更优异的成绩,才能不辜负党中央、国务院和教育部对我们的期望,这是我们必须回答的第一个问题。

二是“985工程”一期基本结束,二期正在启动。厦门大学如何才能争取到不低于一期6个亿的资金投入?“985工程”一期建设期间,国家对经费的使用比较考虑平均分配。通过“985工程”一期的建设,我们校园里的房子多了,草地绿了,教职员工的收入也比以前多了,这一切都是应该的。“985工程”二期建设则要求通过整合,构筑新的一流的学科平台。根据教育部领导的讲话精神,如果整合出来的学科没有达到全国的前三名,就很难列入二期的建设项目并争取到建设资金。因此,我们用什么去争取“985工程”二期的共建资金,这也是当前摆在我们面前严峻而紧迫的问题。

三是如何在过去工作的基础上,寻求跨越式的发展,早日实现学校的奋斗目标。

以上三个问题是我们面临的亟待解决的历史任务，也是我们召开这次“东山会议”的根本动因。针对如何出色地完成以上三个任务，在这五天的会议中，大家通过认真地总结过去，谋划未来，正逐步地达成共识。我相信，经过全体师生员工的艰苦奋斗，厦门大学的明天一定会更好！

借助这样一个机会，我还想讲两点意见：一是关于“副部级大学”，二是谈谈我参加这次会议的几点心得体会。

一、关于副部级大学

2004 年的 2 月，中组部来考核我校党政主要领导，厦门大学是新申报的十所高校中第一家接受考核的。7 月 8 日，中央政治局正式任命厦门大学等六所高校的校长、书记。在中组部的“集体谈话”会议上，教育部周济部长说，新增加的副部级大学来之不易，希望这些高校要扎实工作，来报答党中央、国务院对我们的殷切希望。这几天，有些同志向我和朱崇实校长表示祝贺，但我觉得“副部级大学”绝对不是哪个个人的事情，而是代表学校的地位和荣誉。它的意义在于，这是党中央的一个重大决策，体现了党中央对实施科教兴国、人才兴国战略，对建设一流大学的决心和举措，也是对这些学校工作的充分肯定，大大提升了这些学校的地位，有利于这些学校更好地发挥示范和带动作用。成为“副部级大学”，对我们厦门大学来说，具有里程碑意义。

二、关于参加这次会议的几点体会

(一)关于学科建设

一流的大学必须有一批一流的学科，这个道理大家都懂。周济部长强调：凝炼学科方向，构筑学科平台，汇聚学科队伍。他在谈话中多次提到，在制定学科规划的时候要遵循三个原则：世界发展趋势、国内发展需要、本校的可能性。我觉得这三个原则对我们在制定学科规划方面是很有指导意义的。

首先，是跟踪世界发展趋势。这就要求我们必须了解学科的最前沿，要求我们要有世界眼光，要有战略思维，要有前瞻性。20 世纪 40 年代的厦门大学如果没有生物、物理、化学等学科，我们可能没有办法成为一所综合性大学。20 世纪末 90 年代初，如果没有信息、计算机、软件，可能这个学校也会遇到很大的困难。那么再往后几十年，如果舍去了生命科学、生物技术等学科，可能也会像 20 世纪 40 年代没有生物学科那样不可思议。我刚才讲到了耶鲁大学那样以文科著称的大学，也非常重视搭建生物医学工程的平台。昨天有的学院院长在报告中提到，要加强生物与化学、生物与医学的整合和交叉，我觉得我们在这方面做得还很不够。在美国，校友告诉我说，从美国高校的生命学科的发展历史和趋势来看，厦门大学完全有条件得以很快发展，而且有必要将生物、化学、医学、法学、经济管理、市场营销全部整合起来。生物、化学和医学的整合大家很容易明白，但跟法学的整合大家也许就有些不明白了。其实，治病、吃药、营销过程中，常常会有麻烦的事情要打官司；再者，科技成果转化、产业做大了以后，谁来管理，谁来营销？如果有几十个亿的资产，靠科学家行吗？不行！所以，还得有其他相关学科的人才。我觉得这种理念就具有前瞻性。凡是看得到的、觉得必要的，就要坚持贯彻下去，而且一定要动作迅速，迟缓了就会贻误时机。因此，要跟踪和紧随世界发展趋势是很有道理的。

其次，是国内发展需要。我们国家正处在全面建设小康社会的快速发展阶段。我们有很多急需发展的科学和技术。我们应该瞄准国内经济建设、社会发展和国防建设的需要，调整学科结构和布局，加强学科建设。

最后，要从本校的实际出发。有一个学院是我们厦门大学的传统名牌，但是他们现在已经很深刻地意识到自己学院的“学科建构边缘化，知识结构转型滞后”。如果不迅速转变观念，而是按现在的这种思维做下去，过不了几年，这个领域将没有该学院的地位。昨天会后，我跟该学院的教授、领导谈了，他们说按现在这个思路走下去肯定不行,抱着过去的优势,想守是守不住的,非走一条跟国际接轨、跨越式发展的道路不可。其实,我们许多学科还是有基础、有优势的,根本不需要从无到有,从头做起。我觉得应从本校的实际出发,既不能妄自尊大,也不能沾沾自喜。这次的“东山会议”,说说成绩是为了鼓舞士气,但更重要的还是应该用更多的时间去思考存在的问题,找到解决问题的办法。学科建设的另一个方面是要有全局的观点。每个学院都会说我这个学科非常重要,大家都在向学校要钱要资源,心情可以理解。但是像耶鲁这样的学校都还有选择性,我们这样的学校就更要有选择性。学院的学科整合是如此,全校的学科群的整合也是如此。

(二)关于队伍建设

构成一流的研究型大学的要素有很多,但最核心的要素是杰出人才。一个杰出人才可以开发一个产品,可以救活一个企业;一个杰出的人才会办好一个专业,也会振兴一个学院,这种例子比比皆是。厦门大学确实有一大批杰出人才。但是,我同意有些院长报告当中所说的,我们厦门大学缺的是顶尖级的学术带头人。怎样才能有顶尖级的人才或者大师级的人物呢?无非有两条路:一个是引进,一个是培养。

第一,要有强烈的危机感和紧迫感。比如当一个系主任或院长,觉得现在日子还好过。有这样的想法肯定引不来人才。第二,要有事业心,有历史责任感。你当一任干部,将要给所在的院系留下什么?今天引进人才可能得罪一些人,但是今天不引进人才,明天事业就受损。没有事业心,没有历史责任感,也引不来人才。第三,要有胸怀、有眼光。在座的都是杰出的科学家、教授,究竟要引进水平高过“我”的人来合作与竞争,还是引进水平低于“我”的来做“我”的助手?如果说我们在座的都是获诺贝尔的大师级人物,那么引进一些人来做我们的助手很正常。但如果不是,比我们更有才能的人该不该来,这个问题就非常尖锐了。第四,要有积极的态度。优秀的人才不是等着自己找上门来的,应该去求、去找、去请。第五,要舍得投入。现在年薪百万聘一个顶尖级的学术带头人已经不算什么了。“十五”期间我们对人才的投入还是非常不足的,我们可以在基本建设上投下几千万,但哪一个学院在人才上面的投入超过500万?有了人就有学科、有平台。如果没有人也没有学科平台,就是有了房子也没有用。这个主次、因果关系一定要想清楚。第六,要有灵活的办法。要通过各种渠道、各种形式引进优秀人才。能全职在校工作最好。如果不能,来工作半年、三个月也行。第七,引进的人才要形成团队,有多学科的交叉。

关于培养,这次的聘任制实际上带有培养的意思。我们现在允许一部分教授两轮可以不进行严格的成果检查。我觉得这些有关政策,只能往前走,不能往后退。厦大还应该营造一个人才茁壮成长并脱颖而出的氛围和环境。没有很好的氛围和环境,人才成长不起来。青年骨干教师的培训工程可以再启动。要拿一笔钱出来,我们不但要有精神上的鼓励,还要有物质上的奖励。让这些人感到这个环境非常适合他成长,也让没有进来的人感到羡慕。

(三)关于党的建设

应该抓好以下四个重点:一是以“三个代表”理论来武装,这是根本;二是提高素质,增强能力,这是关键;三是为师生办事,加快学校的发展,这是核心;四是抓好民主作风建设,这是保障。具体说来,这四个重点分解成六方面的建设,那就是我们常说的思想建设、制度建设、作风建设、干部队伍建设、基层组织建设和党风廉政建设。要通过这四个重点建设,把学校和学院党政班子这个领导核心建设好,把党的基层组织这个战斗堡垒建设好,把党员的先进性发挥好,从而加快我们厦门大学的发展,实现我们的奋斗目标。

我重点讲其中的三个建设。

1.思想建设

作为一个领导班子成员,必须具备这样的基本内涵,缺一不可:一是一定要跟中央保持一致,要坚持正确的办学方向,培养合格的人才,处理好改革、发展与稳定的关系;二是要有世界眼光,要有战略思维,要与时俱进,要开拓创新;三是要有科学的发展观、人才观和政绩观;四是要有较高的理论素养和领导艺术。能正确地判断形势,能统揽全局,能应对各种复杂的局势,处理好各种突发事件。要依法行政,从严治校。以上这些概括成三句话:当一个领导干部第一个要头脑清醒,第二要政治坚定,第三要业务过硬。我想思想建设是很重要的,平时看不到,但是一到关键的时候,或遇到突发事件、棘手的事情,一个干部的能力、水平、魄力、立场等就全部都会体现出来。

2.制度建设

首先是党政的关系。党政一把手代表你所在单位的形象,要以一把手的人格力量及影响带领一个班子。一般说来,党政关系是否融洽、默契、协调,都可能出现在一把手的身上。实践证明:党政关系协调,大家就心情舒畅,事业兴旺。党政关系不协调或者紧张,大家心情就不好,事业也受损。我从1989年担任校党委副书记到现在,整整15个年头。我经历了四任书记、校长。这期间有非常默契的,因此事业就发展,也有党政关系不很融洽的,事业也就受损。我认为,党政关系是否融洽,是否协调,主要取决于党政一把手这两个人的政治素养、工作能力以及个人的品格。

其次是民主集中制,这是我们党的根本制度。它体现了集体领导,保证了科学决策,维护了班子的团结。一定要像爱护我们的生命一样来爱护民主集中制。民主集中制说起来容易,但在实践过程中容易出偏差。应该加强制度建设,建立严格的议事规则。如果说一把手同意,但班子一半人以上不同意,一把手就不能强行同意;班子里有个别人不同意,甚至强烈反对,可以表决决定,但允许他将自己的不同意见向上级部门汇报。当然,我也希望在座的领导班子成员,能够多理解党政一把手的责任。因为如果有荣誉,大家都很高兴,但如果有责任,党政一把手就必须负有不可推脱的责任。所以班子的成员要多给一把手提意见,多一些支持。

再次是票选制。党委组织部对这方面有严格、明确的规定。重大的决策一定要严格遵守票选制。

最后是重大事项的报告制度。只要你是班子成员,个人有什么重大事项,都必须及时向组织报告。

3.作风建设

我要强调的是求真务实的作风。知识分子比较容易做表面文章,嘴巴能说,说得多,做得少,这个不好。求真,就是动真格的;务实,就是要做得实在,求得实效。再一个就是要牢记"两个务必"。为什么提这个呢?因为现在"985二期"的工程资金还没落实,第一期钱已经基本使用完了,如果大家还觉得像以前那样钱花不完,没有牢记"两个务必",总有一天学校的财务要出问题。现在正在考虑离退休同志的补贴,考虑教职员工的住房货币化补贴,也在考虑西村、北村的改、扩建等,这些都要用大钱。现在实行聘任制、三学期制,这些改革力度都比较大,涉及方方面面,求真务实和"两个务必"如果做不好,有时候就可能会出点小麻烦。我们的党建工作一定要做实、做深、做细,要渗透到学院的各项工作中去。

——本文摘录自王豪杰:《梦萦南强》,厦门大学出版社,2007年3月版

加强党的执政能力建设　推进学校的改革与发展

(2004年10月)

校党委书记　王豪杰

党的十六届四中全会审议通过的《关于加强党的执政能力建设的决定》明确指出:"提高党的执政能力,关键在搞好党的建设。"厦门大学党委在党建工作实践中深刻认识到,党的各方面建设成效最终都要体现到提高党的执政能力、完成党的执政使命上来;深刻认识到,提高党的执政能力必须同加强党的理论武装工作结合起来,同建设一支高素质的领导干部队伍结合起来,同加强党的制度建设、不断增强党的团结和活力结合起来,同不断推进学校的改革、加快学校的发展结合起来。因此,学校党委几年来始终紧紧抓住以"三个代表"重要思想武装头脑这一根本,紧紧抓住提高干部素质这一关键,紧紧抓住执政为民、加快发展这一核心,紧紧抓住民主制度建设这一保障,不断加强学校各级党委和领导班子建设,提高党的执政能力,从而有力地推进了学校的各项改革与跨越式发展。

一、紧紧抓住以"三个代表"重要思想武装头脑这一根本,提高班子成员的思想政治素质

江泽民同志说:"要说素质,思想政治素质是最重要的。"思想政治素质建设的根本是解决好世界观、人生观问题。其核心是政治觉悟、政治水平和政治品质。厦大党委要求,作为一个领导班子成员,必须具备以下几方面的基本素质:第一,一定要和中央保持一致,要坚持正确的办学方向,培养合格的人才,处理好改革、发展与稳定的关系;第二,要有世界眼光、战略思维,要与时俱进,开拓创新;第三,要有科学的发展观、人才观和政绩观;第四,要有较高的理论素养和领导艺术,要能正确地判断形势、统揽全局,能应对各种复杂的局势,处理好各种突发的事件;第五,要依法行政,从严治校。简而言之,作为一个领导干部,一要头脑清醒,二要政治坚定,三要业务过硬。一个党员领导干部的思想政治素质如何,在关键的时刻,在处理重大的、突发的、棘手的事件时,其立场、水平、能力、魄力等全都会体现出来。

为了提高领导班子成员的思想政治素质,厦大党委认真抓好以下几项工作:

一是不断兴起学习"三个代表"重要思想的新高潮。学校党委高度重视理论武装这一根本,结合我校实际做出具体、周密的安排,扎实深入地开展学习"三个代表"重要思想活动。党员领导干部做学习的表率,并积极组织、辅导好党员、干部的学习,把通读文件与专题研讨、集中学习与个人自学结合起来,开展形式多样、内容丰富的主题实践活动和主题教育活动,认真过好专题组织生活会,取得明显实效。

二是抓好党委中心组学习。校党委不断完善中心组学习制度,党委书记亲自抓,做到保证时间、注重质量。中心组学习制度严格,两周一次,雷打不动,实行严格的考勤制度。中心组学习内容丰富,每次重点学习研究一两个专题,把理论学习同贯彻落实中央的重大决策,研究解决学校改革与发展中的新问题、新情况紧密结合起来。此外,利用学校的学科和人才优势,有计划地请一些专家学者到会做专题报告,内容包括法律法规、科技知识、人才战略、可持续发展战略等等。通过学习,使领导干部增加了一些理论和科技的前沿知识,解决了一些思想和实际问题。

三是以校党委党校为阵地,加强各级党员领导干部的培训、学习。校党委党校每年举行7~8期培训班,对领导干部进行集中学习培训,努力提高他们的理论素养,并结合学校工作实际,研究解决学校改革

发展中出现的问题。四是积极倡导理论联系实际的学风。在学习过程中，重视调查研究和理论研讨工作。党委结合党建工作实际，积极开展党建理论研究，定期召开理论研讨会，鼓励各级干部积极撰写文章参加各种理论研讨会，努力做到在党建工作实践中丰富党建理论，并用党建理论来指导党建工作。近年来，学校领导干部结合自己的工作实践，积极撰写理论文章，其中有两篇文章获全国“五个一工程奖”。

通过坚持用马克思列宁主义、毛泽东思想、邓小平理论和“三个代表”重要思想武装头脑，促使领导干部的观念不断转变，与时俱进，思想政治素质有了较大的提高，增强了驾驭学校改革与发展全局的能力。

二、紧紧抓住民主制度建设这一保障，坚持党委领导下的校长负责制和民主集中制

长期以来，厦大党委不断加强和完善学校领导班子的制度建设，制定了一系列的规章制度，切实保障领导班子正常运作，提高决策的民主化和科学化。在各项制度建设中，我们特别注重抓好“党委领导下的校长负责制”和“民主集中制”这两项制度建设。

1.坚持党委领导下的校长负责制。高等学校实行党委领导下的校长负责制，这是由我国的国体和政体所决定的，是巩固党在高等学校领导地位的需要，是加强高等学校党的建设的需要，也是在新形势下加强高校领导班子建设、提高党的执政能力的需要。

那么，如何才能正确处理好党政关系？这是大家所关心的问题。我们认为，党政关系是否融洽，直接关系到其所在学校的事业发展和整体班子的形象。厦大的实践证明，党政关系协调时，大家心情舒畅，学校事业兴旺；党政关系不协调或者紧张时，大家心情不好，学校事业受损。而党政关系是否融洽、协调，则主要取决于党政一把手这两个人的政治素养、工作能力以及个人品格。

要更好地坚持党委领导下的校长负责制，必须做到以下几点：一是党政明确职责，分工合作。党委主要管大政方针、办学方向、干部和思想政治教育、负责学校的政治稳定、校园安全等，责任重大。校长在党委的领导下，独立自主地开展各项行政工作，依法治校。二是党政互相理解，经常沟通。党委书记与校长两个人应互相支持，必要时应互相谦让。努力做到大事共商，急事共议，难事共谋。三是建立工作程序。为了保证这一制度的顺利运行，还要建立相应的会议制度、议事规则和决策程序，如《党委常委议事规则》、《校长办公会议事规则》、《党政联席会议》等，以保证党政团结合作，做到按章办事，使每个成员各司其职，各负其责，相互支持，协调一致。四是拓宽民主监督渠道。无论是党委或是行政，都要实行党务公开和校务公开，制定情况通报、征求意见等方面的制度和规范。如定期向民主党派、老干部通报学校有关情况，征求意见；凡属学校重大决策出台前，都要通过工代会、教代会等渠道收集征求师生员工的意见；凡是与学校管理、改革密切相关和直接涉及教职工切身利益的重要事项，原则上都要在全校范围内予以公开。

2.贯彻执行民主集中制。这是我们党的一项根本制度，它体现了集体领导，保证了科学决策，维护了班子团结。一定要像爱护我们的生命一样维护民主集中制。民主集中制说起来容易，但是在实践过程中容易出偏差。要贯彻好民主集中制，应该做到以下几点：一是要正确对待一把手的意见。如果一把手同意，但班子一半以上成员不同意，一把手不能强行决定或表决；如果个别班子成员不同意，甚至意见很强烈，可以通过表决来决定，但允许其将自己的不同意见向上级反映。领导班子成员要多理解党政一把手的责任，要多给他们一些支持。因为如果工作有成绩，是班子的集体荣誉；但如果工作有失误，则党政一把手，特别是党的一把手就要承担主要责任。二是要正确理解分管领导的含义。分管不是分家，也不是分割。要做到分管不分割，分工不分家。分管领导在自己所主持的工作中，如果有重大决定、重大变更、重大进展或重大失误等，都应当主动向一把手请示报告。分管领导彼此之间也要加强联系，相互支持。三是“双肩挑”的领导干部要正确处理好工作和专业的关系。专业教师走上领导岗位后，他的主要精力应放到党政工作上来，领导是一个岗位，不是兼职。四是要坚持重大问题集体讨论的原则。凡属学校的重大事项，都须经过党委常委会或校长办公会议讨论决定。如副处级以上干部任免、正高职称以上的人员

进出、百万元以上的基建投资及建设方案、百万元以上的仪器购置及财务支出、重大改革措施、个体重大事故及群体性事件的处理意见、校领导班子成员出访以及个人重大事项等问题，都须上会报告、集体讨论决定。

三、紧紧抓住执政为民这一核心，加快学校跨越式发展

厦大党委紧紧抓住执政为民这一核心，紧紧抓住发展这个第一要务，把发展作为解决学校改革中出现的一切问题的关键。近五年来，中国的高等教育形势发生了巨大的变化："合校、并校"、"重点共建"、"高新技术产业"和"后勤社会化"等改革举措不断推陈出新，高等教育领域竞争日趋激烈。在学校的发展面临前所未有的严峻挑战和历史机遇时，校领导班子凝聚全校师生员工的智慧和力量，紧紧抓住机遇，勇敢地迎接挑战，在激烈的竞争中求生存、谋发展，对一些关系到学校改革与发展全局的重大问题，党委及时做出了非常正确的决定：

一是科学定位。及时形成了厦门大学跨世纪改革与发展的战略构想和办学理念，即：厦门大学"不求最大，但求最好"。提出要以学科建设为龙头，以改革为动力，以党建和思想政治工作为保障，抓住机遇，迎接挑战，深化改革，加快发展，制定了"把厦门大学建设成为国内外知名的高水平研究型大学"的奋斗目标。正是这一科学的定位，使得我校在当时的高校布局结构调整过程中，站稳了脚跟，找准了位置。

二是积极争取重点共建。2001 年 2 月，教育部、福建省、厦门市三方签订了重点共建厦门大学协议书，决定投入 6 个亿共建厦门大学，学校获得了加速发展的巨大资金支持。

三是弘扬厦大"四种精神"。厦门大学有 80 多年的办学历史，有着非常深厚的文化底蕴。校党委及时总结提出并弘扬了厦大的"四种精神"，即：陈嘉庚倾资创办厦大的爱国精神，罗扬才烈士的革命精神，抗战时期厦大内迁闽西坚持艰苦办学的自强精神，以王亚南校长、陈景润教授为代表的科学精神。"四种精神"是厦门大学宝贵的精神财富，它的提出及弘扬，凝聚了人心，极大地鼓舞了全校师生实现学校奋斗目标的信心。

四是召开"东山会议"这两年，在学校改革和发展的关键时期，学校相继召开全校各单位的主要领导参加的"东山会议"，这是学校改革与发展的务虚会。集中几天时间，与会者集思广益，畅所欲言，就学校几年来的改革发展、目前面临的形势、学校的优势及存在的不足、学校今后的发展思路等问题，进行了广泛而热烈的讨论。会议指出影响学校发展中存在的十个问题，提出六个努力方向，制定了"三个规划"，并提出在改革与发展中要处理好十大关系，即处理好共建和贡献的关系、校本部与多校区的关系、规模与水平的关系、共性与特色的关系、学科与人才的关系、引进人才与稳定人才的关系、发展规划与实施方案的关系、资源优势与成果优势的关系、优化外部环境与争取办学资源的关系、决策与沟通的关系。"三个规划"的制定和"十大关系"的提出，为学校健康、科学、快速地发展指明了方向，把全校教职工的思想统一到"深化改革、加快发展"上来，极大地增强了实现学校发展战略目标的信心和决心。

有了科学的定位，有了"四种精神"的鼓舞，还有了国家 6 亿元的巨大投入，几年来，厦大坚持围绕着"211 工程"和"985 工程"这两大工程建设，深化了八个方面的改革，在学科建设、队伍建设、人才培养、教学科研、科技成果转化及后勤改革等方面都取得了令人瞩目的成绩和有目共睹的发展，学校的办学条件明显改善，办学效益显著提高，整体办学实力、办学水平上了一个新台阶，为建成国际知名的高水平研究型大学奠定了坚实的基础。

1.学科建设取得显著成效。厦门大学在没有并校的情况下，三年来，国家级重点学科从 7 个增加到 13 个，一级学科从 2 个增加到 10 个，博士点从 34 个增加到 87 个，硕士点从 75 个增加到 150 个，博士后科研流动站从 6 个增加到 12 个。学校现有 5 个人才培养基地，5 个国家文科重点研究中心，新增 1 个理科国家重点实验室。学校还相继获准试办示范性软件学院、生物技术与人才培养基地，依托厦大创办了"厦门国家会计学院"。

2.师资队伍规模壮大，结构优化，素质提高。在学校专任教师队伍中，有副教授以上职称的教师占

60%，留学回国人员占 35%，具有博士学位的教师占 39%。三年来，“两院”院士从 6 人增加到 9 人。新增特聘教授 6 人。尤为可喜的是，专任教师队伍平均年龄不满 40 岁，青年骨干教师队伍不断壮大，国家杰出青年基金获得者由 7 人增加至 13 人，教育部跨世纪人才由 10 人增加至 16 人。

3.教学改革不断深化，人才培养质量进一步提高。学校推出了一系列加强全面素质教育、培养学生创新意识和创造能力的新举措，取得了显著的成效，一批高质量的成果在第四届国家级高等教育教学成果评奖中获一等奖 3 项、二等奖 3 项，名列全国高校前茅。我校学生连续 3 届获得中国大学生“挑战杯”创业大赛金奖，2003 年获得全国大学生数学建模竞赛唯一一个特等奖。我校毕业生一次就业率一直保持在较高的水平，年均达 96.7%。

4.科研水平和科研能力大幅度提高。三年来，学校科研经费总量成倍增长，年年翻番。我校人文社会科学领域继续保持雄厚实力，2000 年我校发表社科论文篇数位居全国高校第 10 名，2002 年获第三次全国人文社科优秀成果奖 18 项，居全国高校第 6 名，2003 年承担国家社科基金哲社规划项目数居全国高校第 3 名。自然科学研究领域共获国家级、部省级奖 64 项，2001 年度获奖数位居全国部属高校第 18 位；2004 年，我校化学化工学院的一个科研小组“捕获 C50”，论文发表在世界顶级权威刊物《科学》上，标志着我校科研水平跃上一个新台阶。

5.科技产业化打开新局面，为国家和地方的经济发展和社会进步做出积极贡献。学校通过改革科研管理体制，建立组织机构，制定相应的配套政策，推进科技成果的转化。“艾滋病毒（HIV）诊断试剂盒”、“乙肝疫苗试剂盒”等科研成果获得新药证书并成功转化，取得了良好的社会效益和经济效益；“丙谷二肽”已获中试成功，目前正在申报新药证书，正式投产后，年产值将超过 10 亿元人民币；由学校研究人员创办的厦门三达膜科技公司在新加坡证券交易所上市，公司市值近 15 亿元人民币，是福建省首家在海外上市并获成功的高科技企业。

6.办学条件大大改善，建成一流校园。学校网络、数字图书馆等公共服务体系建设水平位居全国高校前列，师生员工的学习、工作、生活条件得到显著改善。特别是占地 2568 亩的漳州校区已经完成一期、二期共 31 万平方米的建设任务，从 2003 年新生开始入住，目前已有 12000 多名学生在此学习、生活。厦大校本部和漳州校区已成为公认的环境最优美的中国大学校园之一。

加强党的执政能力建设是党执政后的一项根本建设，是党的“十六大”提出的一项战略任务，也是一个不断探索、不断创新、与时俱进的过程。我校党委将继续坚持以邓小平理论和“三个代表”重要思想为指导，认真学习好、贯彻好、落实好党的十六届四中全会精神。继续努力加强领导班子建设，不断提高执政能力，坚持科学执政、民主执政、依法执政，更好地担负起党和国家赋予我们的执政使命，带领全校师生员工，为早日把厦门大学建设成为国际知名的高水平研究型大学而努力奋斗！

——本文摘录自王豪杰：《梦萦南强》，厦门大学出版社，2007 年 3 月版

在李长春等领导来校视察座谈会上的发言

(2004年11月23日)

校党委书记　王豪杰

今天,李长春同志和中宣部,中央台办,教育部,国家广电总局以及省、市领导到厦门大学来视察,并且召开贯彻落实中共中央16号文件的座谈会,我谨代表厦门大学三万多名师生员工对各位领导的到来表示热烈的欢迎和衷心的感谢!

因为长春同志是第一次到厦门大学,请允许我用很短的时间对厦门大学改革与发展情况做简要汇报。

厦门大学的改革与发展一直得到党中央、国务院、教育部以及省、市党委和政府无微不至的关怀。

1984年2月9日,邓小平同志视察厦大,并与师生代表合影。

1991年12月19日,江泽民同志视察厦大。这是"1989年政治风波"之后,党中央总书记首次来到青年大学生中间,并在厦大寄语全国青年学生说:"党中央国务院对青年学生寄予厚望",意义是非常深远的。2001年4月6日我校80周年校庆时,江泽民同志还直接发来了贺信。

长春同志到中央工作后,第一次来福建厦门,就到厦大来调研,给我们极大的关怀和鼓舞。

教育部以及省、市领导更是经常来校检查和指导工作,关心我们的班子建设,解决学校改革与发展的各项问题。由于时间关系不能多列举,如卢展工代书记就邀我们到福州去,询问学校的发展情况,决定重点建设福建的8所高校,这其中就包括厦大,在他任内,省委、省政府决定每年再拿出1.5个亿来支持高等教育;厦门市领导也经常到学校来调研,解决了我们很多在厦门办学的实际问题。福建省、厦门市与教育部率先共建厦门大学,这在全国高校中,早已传为佳话!

正是由于在党中央、国务院、教育部以及省市的关怀和领导下,近五年来,厦门大学进入了发展的最好历史时期。

我简单用几个数据向首长汇报一下:

今年与1999年相比,在学科建设方面,一级学科博士授予点从2个增加到10个,重点学科从7个到13个,博士后科研流动站从6个到12个,博士点从34个到95个,硕士点从75个到158个。

这五年,我们相继建成了5个人才培养基地、5个社科发展研究中心,还增加1个海洋与环境的国家重点实验室,国家财政部依托厦门大学会计系建了我国的第三家国家会计学院,更加高兴的是我们今年11个学科群全部通过专家论证,进入"985工程"二期建设。

在人才队伍建设方面,现有专任教学科研人员1900多人,平均年龄不到40岁,其中博士、硕士学历占80%多,博士学历超过40%;两院院士从6人增加到9人。

学校的教学科研是学校的中心工作,这几年来也取得可喜的成绩:从1999年到现在科研经费年年翻番,2003年首次突破一个亿,今年可以超过一个多亿;基础领域的科学研究有重大突破,郑兰荪院士领导的科研小组捕获C50,刊登在世界顶尖级的*Science*杂志上,郑教授的美国导师因为捕获C60,在90年代获得诺贝尔奖。这是一个标志性的成果。赵玉芬院士主持开发的"丙谷二肽"很快就要投产,有着数十亿的潜在市场。我校的哲学社会科学研究一直位居全国高校前列;教学成果优异,学生培养质量高,学生继去年在全国数学建模竞赛中获全国唯一的金奖后,在刚刚结束的第四届"挑战杯"全国大学创业计划大赛中获 2 个金奖，而且获得全国大学最好的综合团体奖。

我们有一个美丽的校园，我们有足够支持 21 世纪发展的空间，在省委省政府的支持下，我们在海的对面有一个 2568 亩的新校区，校本部是 2188 亩，最近厦门市委、市政府陆续在周边地带又拨给我们 300 亩，现在厦大校本部面积已经达到 2500 亩。今后厦大的发展应该是没有问题了。我们和厦门市共建的医学院、国际学院将建在厦门市开发的集美大学城。

尽管我们取得这些成绩，但是我们也强烈地感到近几年来高等教育形势的变化很大，这对我们来说是一个挑战，更是一个机遇。针对厦门大学没有并校资源的客观条件，厦门大学形成了“不求最大，但求最好”的办学理念，制定了学校三个规划，即学校发展规划、师资队伍建设规划和校园建设规划。我们的奋斗目标是“把厦门大学建设成为世界知名的高水平研究型大学”。

厦门大学是我国现代教育史上第一所由华侨陈嘉庚先生创办的大学，地处厦门经济特区，面对台湾，毗邻港澳，面向东南亚。考虑到厦大这一独特的、不可替代的“侨、台、特、海”区位优势，也考虑到我国经济比较发达的南方省区名校太少，因此，希望中央、教育部能更加重视厦大的发展，各级组织的领导尤其是福建省、厦门市的领导，能一如既往，更大地支持厦大的发展，真正把厦门大学办成“南方之强”！

下面，我就中央 16 号文件颁布后，我校在加强和改进大学思想政治教育方面有哪些新的思路、新的理念和新的举措，谈一点个人的看法：

我校的党建和思想政治工作连续两次获中组部、中宣部、教育部党组的表彰，连续两次获得“全国党建与思想政治工作先进高校”的光荣称号。我们学校有着 80 多年的办学历史，有着非常丰富的文化底蕴，因此我们总结提炼并弘扬了厦门大学特有的“四种精神”，即：陈嘉庚先生的爱国精神，罗扬才烈士的革命精神，抗战期间厦大内迁闽西艰苦办学的自强精神，以王亚南校长、陈景润教授为代表的科学精神。十几年来，厦门大学没有重大的政治事件，校园政治稳定。我们在坚持教书育人、以人为本，在发挥课堂的教育教学的主导作用，在拓展教育的途径，在发挥党团的组织政治优势，在构建健康向上、丰富多彩的校园文化以及加强政工队伍建设，提高服务，为学生办实事等各方面做了不少工作，取得了一些成绩。

我们感觉到在工作中，大学生思想政治教育工作中还有很多不尽如人意的地方。对我触动最大的是今年上半年，我们到教育部参加关于加强大学生思想教育的会议，在会上，我们看到了北京记者采写的关于大学生思想现状以及“两课”教学的现状的内参，同时还看到了中央领导同志的批示，也有长春同志的批示，思想震动非常大。这个内参所反映的一些问题在我们厦门大学的学生中都或多或少地存在着，当然程度不太一样。因此我们非常积极、勇敢地承担了教育部社政司只在全国五所高校进行的大面积的调查，开展了近十年来规模最大的一次学生思想教育工作问卷调研，包括“两课”教学部分，并写成详细报告，上报教育部，今天也送给各位领导。

从我校调查情况看来，厦门大学学生的思想特点主要有以下五个方面：

1.厦大学生的理想信念呈现以马克思主义为主体的多元化体系。调查结果显示只有 47.5％的学生信仰马列主义，20％的没有信仰，另外就是非常多元的信仰。这是值得我们教育者十分关注的。

2.学生价值观呈现多样性，趋向实用主义。有 17％的学生公然说崇尚实用主义的价值观。

3.学生的行为方式和道德认识存在一定的背离，知行不一。

4.由于地缘的原因，学生高度关注台海局势的变化。96％以上的学生反对“台独”。

5.学生踊跃要求入党，但学生党建工作有待改进和加强等等。

形成这些思想特点的原因是多方面的，在我们的调研报告中已做了分析，进行了思考，并提出了对策。特别是在 16 号文件颁布及第十三次全国高校党建会议召开后，我们分别组织校领导班子、全校中层干部、全体政工干部、学生政治辅导员认真学习领会 16 号文件和会议精神，进一步明确了 16 号文件的指导思想、基本原则、主要任务、基本要求和保障措施，通过学习有了很深刻的认识，正在形成一个全面系统、有针对性、可操作的实施方案，并准备利用 12 月 2 日马上就要开班的党校进行专题研讨，征求参加学习班的党委书记、总支书记、部处长的意见，修订颁布实施。但由于时间关系，我不能详细说明这一实施方案，我想就当前高校普遍比较关心并亟待解决的问题，谈几点看法。

一、关于研究生的思想政治教育问题

说起大学生的思想教育，人们习惯地关注的是本科生，但实际上像厦门大学这样的学校研究生规模发展非常迅速，现在厦大有18000个本科生，可是有10200个研究生。这样的情况下，我们如果不关注或不重点抓好研究生思想政治教育，可能使大学生的思想政治教育效果大打折扣。一般说来，对本科生的教育比较容易，因为有固定的班级，居住比较集中，党团组织健全，辅导员较到位，但对研究生而言，因为专业特点，不容易集中，居住分散，辅导员基本没有，主要靠导师，如果导师教书育人不到位，我们担心在某些情况下研究生的思想教育可能会失控。这就给我们提出一个非常重要的问题，做好研究生思想政治教育在做好大学生思想政治教育中是非常重要的。

但是现在的问题是研究生的教育难度更大，因为他们的学历比较高，阅历比较深。所以对研究生的教育更要投入精力，并配足优秀的政工干部来加强这方面的工作。根据这种思考，我们做了四件事：第一是原来我校每个学院党委设一个书记和一个副书记，副书记专管学生工作。这个副书记因为年轻，他管学生工作就一头栽到本科中去了，研究生基本上放空。我们现在规定学院党委设两名副书记，一个副书记抓本科生工作，一个副书记就是抓研究生工作，从组织上有一个专门的领导来抓研究生思想政治教育工作。我们已经实行一年了，效果还不错。第二是加强研究生院的力量，特别是加强研究生院的管理和教育力量，我们将多设一个科室，来总管全校的研究生教育工作。第三是狠抓师德教育，研究生的思想品德和导师密不可分，甚至导师的一言一行、风格都会传给学生，所以导师的教书育人、为人师表非常重要。第四是加强校研究生会的工作，原来只有校学生会，现在专门成立了校研究生会。这四项工作措施实施一年来，非常有效果。现在主要问题是在基层一线的、称职的、能做研究生思想政治工作的政工干部太少，还需加强。

二、关于大学生心理健康教育

我们传统的政工干部只会做思想政治工作，但是现在的大学生所承受的压力很大，比如说成长的压力，属于心理疾病，非体质性的、心理性的疾病困扰着学生。另一个是成长设计的压力，如学业、就业的压力；人际关系的压力，如交友、恋爱的压力，包括人格等等。造成这些压力的原因如下：第一，社会处于转型阶段，人的价值观、生活节奏变化；第二，应试教育的结果，中小学就是读好书，人格教育早期缺陷；第三，这也是18～22岁年龄段特有的问题。这些问题严格说起来属于思想政治教育范畴，但更属于心理健康教育的范畴。因此，我认为心理健康教育应该作为大学生思想政治教育的应有之义，重要组成部分、重要补充。现在的问题是能够做大学生心理健康辅导的教师非常短缺，对这类教师的要求高，要有博士学历，不仅要懂心理学，还要懂教育学、社会学、医学等。这方面的教师来校后，我们将其编制列入政工干部，他们不安心，为今后的发展空间担心。根据这种情况，我校党委下决心在学校非常有优势的教育研究院增设大学生心理健康辅导实证研究方向，这既可以解决教师的发展空间，又可以整合教育研究院的资源，来丰富和发展大学生心理健康教育的学科。需要说明的是，调研显示：3%～5%的学生需接受心理咨询辅导，30%的学生有必要接受团体心理健康辅导。一年来，我校学生处已经成功进行了二十几次的危机干预，挽救了3条生命。

三、关于校园网的管理问题

调查显示，学生获得信息的70%来自网络，因此校园网络管理缺失造成的危害是很大的。一般说来，学生面对面在现实中还不会乱说，而一旦匿名进入网络世界说话是很随便的。网络传播快，影响面大，稍有不慎，有些事情就会面目全非，一个小时左右就可在全国造成很大的影响。校园网络管理缺乏的主要原因,一是大学对网络管理人力的投入不到位;二是关注度不到位,很多政工干部没有这方面的意识;三是技术能力不到位,很难查出有问题的上网人员。教育部最近开会提出三条办法,我校照办。一是建立机制,责任到人;二是健全法规,完善制度;三是建立专兼相结合的、有专人负责的网络管理队伍,按照10000个学生配备1人的比例,厦大要有3～4个专职的网络管理人员,才能从源头上把握信息不要扩散。

四、关于"两课"教学

主要是如何发挥好"两课"教学的主渠道作用。现有的"两课"教学学生感觉不太理想。为什么学生感觉不理想呢?实践证明,并不是学生不喜欢"两课",好的教材、好的老师还是非常受欢迎的。现在的问题有三个:一是课程设置,二是教材建设,三是师资队伍水平。课程设置与中学衔接不是很好;另外教材很多,水平不是很高,建议教育部要有全国性的、高水平的、示范性的教材;最关键的是师资,由于历史原因,这支队伍培养、提高不够,学生不爱听,但好的课学生非常爱听。因此,我校党委决定充分发挥厦门大学综合性大学的优势,一是请名家参加教材的编写,二是遴选一批教学效果好、学生敬重的优秀的教师承担"两课"教学。

五、关于政工队伍建设

我校政工队伍现状很理想,有专职政治辅导员78人,其中有研究生背景的59人,占76%;副处级以上政工干部43人,有研究生背景的32人,占75%,其中博士13人,占1/3。这比起过去有很大的进步。这批干部工作很努力、有成效。厦门大学能有这么好的局面,应该感谢他们,他们都在第一线,很辛苦。我也是辅导员出身,我非常能够体谅他们的艰辛,但现在的问题是有些人不安心。一是大环境的问题。二是管理上的问题。我认为我校漳州校区的学生管理比校本部好,漳州校区管理集中,而且辅导员住学生公寓,24小时和学生在一起。辅导员一定要培养、使用、提拔,同时也要监督。三是个人因素,有些人思想认识不到位,当时留下来是作为过渡,想着回到教学科研的队伍中去,不会将其作为毕生的事业,因此工作不主动,比较被动,也有个别人的个人素质不适合从事党的思想政治教育工作。解决这些问题的办法:一是加强管理,二是重点培养,三是提高能力,四是适当分流,要有流动,不要因为政工干部重要就不能流动,这种稳定是动态的平衡,好的提拔,不好的要分流出去,保证这支队伍的精干、有效,使得这支队伍在大环境中能够为人师表,给学生树立好榜样,使思想政治工作更加有针对性和有效性,有感染力和感召力。

长春同志及各位领导这次到我校视察和调研,必将有力地推动我校更好地贯彻中央16号文件的精神。我们将以这次座谈会为动力,组织带领全校师生再一次兴起学习贯彻落实16号文件的热潮,切实加强和改进大学生思想政治教育,为国家培养德、智、体、美全面发展的社会主义合格的建设者和接班人。

——本文摘录自王豪杰:《梦萦南强》,厦门大学出版社,2007年3月版

认真贯彻《决定》精神 加强领导班子建设

——在党委党校第51期学习班开学式上的讲话(摘要)

(2004年12月1日)

校党委书记 王豪杰

今年9月,中共中央召开了十六届四中全会,会议审议通过了《中共中央关于加强党的执政能力建设的决定》。10月,中组部、中宣部和教育部党组在北京召开了全国第十三次高校党建工作会议及加强高校领导班子思想政治建设的座谈会。曾庆红、贺国强等领导在会上做了重要讲话。与此同时,中共中央国务院颁发了《关于加强和改进大学生思想政治教育的意见》(也就是我们所说的16号文件)。11月23日,中共中央政治局常委李长春同志来厦门大学视察,并召开了贯彻中央16号文件的专题座谈会。长春同志说,明年1月中央还要专门召开关于党建和加强大学生思想政治教育的工作会,届时,胡锦涛总书记还要作重要讲话。以上这些重要的会议、文件,以及领导同志的讲话精神都是非常重要的,是我国政治生活中的大事。我们在座的是校院两级的领导同志,理应认真学习这些会议的精神,认真学习领会这些文件和领导讲话。通过这些学习进一步贯彻落实,切实加强我校党的建设,以推进学校各项教育事业的改革与发展。这就是校党委党校举办这次学习班的目的。考虑到加强党的执政能力建设、加强大学生思想政治教育以及第十三次全国工作会议所强调的加强领导班子思想政治建设这三项内容都涉及党政领导同志,所以今天特意把学院的院长也请来共同学习。这些内容是非常重要的,书记要知道,行政领导也应该知道。今天我讲三个问题。

一、认真学习和深刻领会十六届四中全会的精神,以高度的使命感和求真务实的作风把全会的精神贯彻落实到我校党的建设和各项事业工作中去

十六届四中全会是我国在改革开放关键时期召开的一次重要会议,也是我们党执政55年来第一次就加强党的执政能力建设专题召开的大会。这是一项战略任务,也是"十六大"提出的一项任务。党的执政能力建设是我们党执政以后的一项根本建设,关系到我国社会主义建设的兴衰成败,关系到民族的前途命运,关系到党的生死存亡和国家的长治久安,具有十分重要的战略意义。我想提出以下两个方面的问题,帮助大家在学习领会十六届四中全会精神的时候,能够更加深刻领会全会精神,能够更准确、全面地掌握《决定》的主要内容。

(一)要深刻领会我们党执政55年来的主要经验

各位领导在学习《决定》的过程中,有一段话应当注意,这就是六个"必须坚持":一是必须坚持党在指导思想上的与时俱进,用发展着的马克思主义指导我们的实践;二是必须坚持推进社会主义的自我完善,增强社会主义的生机和活力;三是必须坚持发展这个执政兴国的第一要务,把发展作为解决中国一切问题的关键;四是必须坚持立党为公、执政为民,始终保持同人民群众的血肉联系;五是必须坚持科学执政、民主执政、依法执政,不断完善党的领导方式和执政方式;六是必须坚持以改革的精神来加强党的建设,不断增强党的创造力、凝聚力和战斗力。这些主要的成功经验强调我们党在执政的实践中,对指导思想的理论基础,既要坚持又要发展;强调对我国社会主义基本制度,既要坚持又要完善;强调在发展推进执

政兴国第一要务的时候，既要加快又要全面；强调在坚持党的群众观点、群众路线的时候，既要为民造福又要清正廉洁；强调在治国理政中，既要为人民执政又要靠人民执政；强调在党的自身建设上，既要抓住重点，又要全面推进。这是对六个"必须坚持"所做的解释，我认为是很好的。以上这些主要经验突出了"把握执政规律、提高执政能力、完善执政方略、改进执政方式、巩固执政基础和完成执政使命"等六个大问题，是执政经验的深刻总结，也是党的执政能力建设的重要指导原则。这点是需要大家深刻领会的。

(二)要深刻领会加强党的执政能力建设的指导思想、总体目标和主要任务

第一，要加强党的执政能力建设就必须有明确的指导思想。《决定》指出：加强党的执政能力建设必须坚持以马列主义、毛泽东思想、邓小平理论和"三个代表"重要思想为指导，全面贯彻落实党的基本路线、基本纲领、基本经验，以保持党和人民群众的血肉联系为核心，以建设高素质的干部队伍为关键，以改革和完善党的领导体制和工作机制为重点，以加强党的基层组织和党员队伍为基础，努力体现时代性、把握规律性、富于创造性。我觉得这一指导思想是我们党加强执政能力建设实践的理论概括，体现了继承性和时代性的要求。这也是应该深刻领会的。

第二，加强党的执政能力建设应该要有明确的目标。《决定》提出加强党的执政能力建设的总体目标是要通过全党的共同努力，使我们党始终成为"四个内容"的执政党：一是始终成为立党为公、执政为民的执政党，二是始终成为科学执政、民主执政、依法执政的执政党，三是始终成为求真务实、开拓创新的执政党，四是始终成为勤政高效、清正廉洁的执政党。归根结底就是要使我党始终成为"三个代表"、永远保持先进性、经受得住各种风浪考验的马克思主义执政党。这个总体目标是从我党为谁执政、怎样执政、始终保持先进性的角度所做出的精辟概括，指明了加强党的执政能力建设的奋斗目标。

第三，加强党的执政能力建设还应该有明确的任务。这就是我们通常所说的"五种能力"的建设：一要不断提高驾驭社会主义市场经济的能力，二要提高发展社会主义民主政治的能力，三是提高建设社会主义先进文化的能力，四是提高构建社会主义和谐社会的能力，五是提高应对国际局势和处理国际事务的能力。

加强党的执政能力建设是我们党一项深谋远虑的历史决策，是一项重大而紧迫的战略任务，也是一个不断探索、不断创新、与时俱进的过程，所以我们一定要以邓小平理论和"三个代表"重要思想为指导，认真学习好、贯彻好、落实好《决定》精神，从而不断提高我们学校领导班子的执政能力，更好地完成党和国家赋予我们校院两级领导班子的执政使命，带领全校师生员工早日实现我们的奋斗目标。在座都是教授、领导，自己去阅读一定也能够有深刻的体会。我只想把自己的一些学习体会和大家交流，帮助大家更好地掌握重点，深刻领会和把握四中全会的主要精神，以指导我们的工作。

二、贯彻落实全国第十三次高校党建工作会议精神，切实加强高校领导班子的思想政治建设

在党中央颁布了《决定》的这样一个大背景下，三部委随即联合召开了第十三次高校党建工作会议。这次会议的主题非常明确，就是要学习贯彻十六届四中全会的精神，切实加强高校领导班子的思想政治建设。曾庆红、贺国强、周济等国家领导人的谈话、报告也都是围绕着这个主题展开的。今天我想结合我们学校改革与发展的实际，也结合我们校院两级领导班子的思想建设实际谈几点意见。

四中全会强调指出，提高党的执政能力关键在加强党的建设。胡锦涛总书记更直接地指出，党的执政能力强不强，关键在于党的各级领导班子。中组部的贺国强同志在他的报告中进一步强调指出，思想政治建设是领导班子建设的灵魂。这些都充分体现出加强高校领导班子思想政治建设的重要性和重大意义，这也确实是我们学校实际工作的需要，也是我们校院两级领导班子自身建设的需要。

(一)加强领导班子的思想政治建设是推进学校改革、发展、稳定的迫切需要

当前,我们确实面临着许许多多的新情况、新问题和新挑战,需要我们加以解决。如何能更好地加以解决,最重要的就是提高领导班子的思想政治素质。当前我们面临的问题概括起来主要有:

从高校的外部环境看,一是办学环境发生了深刻的变化,这就对学校的资源配置方式、办学形式和人才的培养模式提出了挑战;二是社会思想文化的多样性和复杂性对校园的冲击很大,社会上各种文化思潮、价值观念都在冲击高校,高等学校是这些思潮多样性和复杂性激烈交锋的主要阵地。有人说高校是社会的"晴雨表",这是很有道理的。

从高校的内部环境看,一是高校本身的规模发展迅速。高等教育的发展,社会反映很好,但发展过程中造成的困难、形成的问题,社会又非常关注,而且提出了非常尖锐的批评意见。作为高校本身规模发展固然重要,但学校的科学定位、办学特色、社会责任以及对学生的培养质量等,校院两级的领导班子都必须做出认真的思考,给予科学的回答。二是高校的管理体制、管理方式发生深刻的变化,科学执政、民主执政、依法执政相对应的就是要依法治校。很多过去习以为常的方式方法,在今天若使用不当或者处理不当,就很可能使学校处于非常被动的地位。怎样管理好学校,提高学校的管理水平,就要把"三个执政"和依法治校相结合,从严治党,这样才能适应当今高校管理体制和管理方式的变化。三是管理的后勤化、一校多区的管理等,都带来了许许多多新的问题、新的困难。特别是一校多区,在学生的管理、排课、实验、辅导等方面都会产生许多新问题。这些问题处理得稍有不慎就会酿成一些事故,不利于学校的稳定。四是当今大学生的思想政治教育任务非常繁重,若非如此,中央也不会第一次以中共中央、国务院的名义发出一个《关于加强和改进大学生思想政治教育的意见》。我们在北京开会的时候,看到两份内参,从胡锦涛等领导人做的批示看来,有些问题是让人感到触目惊心的。这些情况在我们厦门大学尽管程度不相同,但或多或少都存在。对这些问题必须有充分的认识,加强高校领导班子建设确实是学校推进改革、发展、稳定工作实际的迫切需要。

(二)加强领导班子的思想政治建设是领导班子成员自身建设的需要

我们有幸得到组织的信任和师生员工的支持,把我们推到了领导岗位之上。但是我们在工作中不可否认地还存在着这样那样的问题,还有这样那样的不足,有时候静下心来反思自己都会觉得不安,觉得有做得不够好的地方,自己的思想觉悟不够高,表率作用还不够好。在座各位都是学校各重要岗位的领导,应该都会有这样的责任感和严格要求自己的觉悟。

1.存在的不足

认真分析自己究竟哪些做得不够,我觉得有以下几个方面还是存在不足:

第一,我们都是在高等学校工作,理论学习应该说是比较重视的,但是理论学习的自觉性和系统性还是不够。各位可能会读一两遍中央文件,但是否能够真正领会呢?是否能够系统地了解整个党建理论的基本框架和基本观点呢?这点做得还不够。当然,同志们可能会认为业务工作和日常工作比较忙,但是我们的主观努力是不是够了呢?许多同志经常是遇到自己要做报告了,才去认真阅读有关材料。我昨天一整天就反复在读这几份文件,否则今天可能就说不出这些话来。因此,这一点是应该好好检讨的。没有理论武装,缺乏理论功底,这个领导是做不好的。在座的许多同志有理论专业功底,我是非常羡慕的,像我们一些一直从事实践工作的专职政工干部,这方面就更有所欠缺,理论学习就更需要加强。

第二,我们还发现有些学院的党政关系处理得不是很好。班子的合力需要加强,这也是今天需要把书记和院长都请来的主要原因之一。总的看来是好的,但有些学院的党政关系不太理想,或者是党政关系是好的,但在某几个问题或某几个关系的处理上不太理想。在第十三次党建工作会议上,贺国强和周济同志都强调党委领导下的校长负责制,强调一定要处理好党政两者的关系,这没有谁大谁为主的问题。一般说来,院长是专家,党务干部一般是专职或者兼职的政工干部,两者的关系处理好也绝对不是要谁听谁的,而是各司其职、有分工、有合作,共同把事业做好。党政一把手之间的互相沟通、团结,是一个单位、

一项事业成败的关键。

第三,学校、学院领导处理突发事件和复杂问题的能力不强。我们厦门大学还是比较平安的,没有什么重大的动荡,但是突发事件在高等院校中是说来就来的。昨天上网看到,某高校一个后勤干部开车撞了人,四五千人从下半夜折腾到天亮,把车子砸了,最后强烈要求校长出来给个说法。校领导连夜开会发通告,整整折腾了十几个小时。这种事情处理得好就过去了,处理不好就非常糟糕。所以这方面的问题还是需要多去研究、多去了解,尽量把它解决在萌芽状态。学校的平安稳定要靠每个学院、每个部门把工作做好。我觉得从学校、学院来看对这个问题的重视程度都不太够。厦门大学这十年来比较幸运,有一两起比较危急的事件也都平安度过了,但仍不应该存有侥幸心理,要尽量把这些因素消化掉,在出现问题的时候也应该有一套办法来应对。《决定》以及贺国强同志的讲话中都提到了应对复杂局势的能力和处理突发事件的能力,在一个社会处于转型时期,各级领导班子具有这种能力是非常重要的。

第四,我们的干部和院系领导服务师生、服务教学科研的意识还不够强。最近学校党委也在加强,例如我们实施了教职员工的住房货币化补贴、启动西村北村的旧房改造、校园公共环境的改造等等,但还是不够。在这些工作中,经常是在教师和学生提出很多意见之后我们才加以处理,同样一件事情我们如果做在前面,与别人提出意见后才去做,效果是两样的。不要把理应是成绩的,变成缺点和错误。例如,研究生楼在施工,有的民工为了赶工不按作息时间开工,学生的意见就很大,连发了几十封的公开信向校领导反映,这些事情如果处理不好就容易激化矛盾。

第五,我们学校有些干部廉洁自律的意识不强。在这样的社会背景下,在学校现在的情况下,这点也是非常重要的。

以上列举的这些现象,在这里提出来希望引起大家重视。高校领导班子的思想政治建设之所以重要,就是因为我们工作实际的需要,也因为我们自身建设的需要,所以一定要重视。

2.如何才能搞好领导班子的思想政治建设

曾庆红同志在高校第十三次党建工作会议上谈了五个"紧密结合",贺国强同志也提出几点意见,这里再简单提一下:一是要坚持用"三个代表"重要思想武装头脑,提高理论水平。二是要牢固树立和落实科学发展观,推进学校事业的发展。科学的发展观要有科学的人才观来支撑,要有科学的政绩观来保证,否则也会出现短视和急功近利。三是要增强"五种能力和水平",即:增强用马克思主义统率教育教学的能力和水平、科学判断形势的能力和水平、推动学校改革发展的能力和水平、管理学校的能力和水平以及应付复杂局面、处理突发事件的能力和水平。

加强校院两级领导班子的思想政治建设,必须认真抓好以下四方面工作:

第一,要紧紧抓住以"三个代表"重要思想来武装头脑这一根本,提高班子成员的思想政治素质。

我们这次送到教育部交流的材料被选中为16份大会交流的材料之一,应该说我们的做法是被教育部党组所肯定的,因此这些成功经验我们要坚持下去。江泽民同志曾经说过,素质中思想政治素质是最重要的。贺国强同志也说,思想政治素质是各项素质的灵魂。思想政治素质要解决的是人的世界观和人生观,其核心是政治觉悟、政治水平和政治品质。党委在过去的几次会议上也多次反复强调,作为校院两级领导班子的成员必须具备以下基本素质:一是一定要与中央保持一致,坚持正确的办学方向,培养合格人才,处理好改革、发展和稳定的关系;二是要具备世界眼光和战略思维,要与时俱进、开拓创新;三是要有科学的发展观、人才观和政绩观;四是要有较高的理论素养和领导艺术,能够正确地判断形势、统揽全局,能够应对各种复杂的局势,处理好各种突发的事件;五是要依法行政、从严治校。用我们自己总结的话来说就是,作为一个校院两级的领导干部一要头脑清醒,二要政治坚定,三要业务过硬。这些都是我们党委长期工作总结出来的,在座各位领导都应努力做到。

怎样才能保证我们的领导干部的理论武装能够达到这样的水平呢?我觉得有四项工作是需要继续坚持的:一是高度重视理论武装这个根本,党委要求党员领导干部要做学习的表率,通过自己的学习来组织领导好党员、干部、师生的学习。你们在专业上可能都是很优秀的,但这些党的理论不学习也是不行的,因为一个受学生欢迎的教师也应该抓好理论武装这个根本。二是要抓好中心组的学习,有条件的学院也要仿照这种模式组织中心组学习,每两周定期或不定期地进行一次。制定这个制度后要严格执行,内容要尽可能丰富,可以充分利用我校综合大学的资源,利用我们的院长、书记以及各位教授广泛的社会联系,邀请一些对某些问题有独到见解或有精辟见解的专家、教授来进行辅导,通过组织中心组学习来提高我们的理论素养。三是以党校为阵地,加强各级党员领导干部的培训。我觉得大家来参加学习,安下心来听一听是很有好处的。党校一学期举办一两次专题辅导报告,有条件的学院也可以依托学院的党校或团校做一些这样的辅导,开一些这样的专题。四是要积极倡导理论联系实际的学风,要结合校院党建工作的实际,积极开展党建理论研究。校党委党校正在酝酿能否在理论研究的基础之上,创办一份校内党建理论研究的刊物,学院间也可相互结合,把党建理论研究兴旺起来。这些方面做得好,理论武装这个根本就容易落到实处。我们走上领导岗位,没有理论武装而单靠动动嘴皮是过不了关的。要像李长春同志那样,在厦门大学座谈会上谈到大学生思想政治教育和意识形态方面的问题时,丝丝入扣,非常准确、精彩。我们需要在党建实践中不断丰富自己的党建理论,同时用这些理论来指导我们的党建工作实践。

第二,要紧紧抓住民主政治建设这一制度保障,坚持党委领导下的校长负责制和民主集中制。

讲到党委领导下的校长负责制,在座很多领导说教育部党组对校党委做了明确的规定,而对学院的规定就不太明确。以前的党总支是起"保证监督"作用,在这点上总是弄不清楚。这次贺国强同志在第十三次党建工作会议上指出:实行党委领导下的校长负责制是在总结建国以来正反两方面教训的基础上提出的、具有中国特色的高校领导体制。党委领导和校长负责是不可分割的有机整体,要处理好两者的关系,形成党委统一领导、党政分工合作、协调配合的工作运行机制,我认为这一精神同样适用于学院。我们没有提"院党委领导下的院长负责制",但院党委和院行政也是不可分割的两个有机组成部分,两者各司其职、各有侧重,只要把这个精神带到我们的党政工作当中,就没有处理不好的问题。这也是非常重要的事情,如果能做到以下几点,党政关系就会融洽:

一是党政明确职责、分工合作。党委一般是主管一些大政方针,把握大体方向,进行干部思想政治教育,学院学校的稳定、校园的安全、师生员工的生活利益等等都是党委不可推卸的责任。而行政则在院党委的统一领导下,独立自主地开展各项行政工作,依法行政、依法办学,在教学、科研、产业、后勤、教职工的活动等方面发挥作用。当然,两者不要截然分开,是不可分割的有机整体,这与学校的体制是一样的。因为现在党要渗透到教学科研第一线,以经济建设、教学科研为中心。同时,行政领导有很多都是党员,是党委会的成员,应该为所在单位的党委贡献我们的聪明才智,履行党员的义务和责任。

二是党政要互相理解、互相沟通。我觉得并不会有什么个人恩怨或者矛盾,主要就是沟通不够,沟通不够理解就不深。有事情多沟通,了解事情的原委就很容易互相理解。沟通促进理解,理解就能够互相尊重,尊重就能互相支持,支持就能形成合力。要互相支持,有时候还要互相谦让,非原则的或一时弄不清楚的问题没必要一争到底。努力做到大事共商、急事共议、难事共谋。

三是建立工作程序。一个集体要处理的事情很多,每个人对事情的看法不同,处理的方式也不一样,所以就应该制定一些工作程序来保证党政关系、党政运作的协调。例如党委会议事规则、院长办公会议事规则等。院办公室主任、党委办公室主任就要专门安排好这些工作,必要的时候就召开党政联席会议。学校里每周都开"校长办公会",实际上就是党政联席的形式。同样的道理,院里也可以这么做,至少两个星期开一次,务虚也好,解决具体问题也好,这个制度应该建立起来,而且要严肃对待,每会必有记录。

四是拓宽民主监督的渠道。一些关系到师生员工切身利益的重大事情、重大决策,原则上都要在全校或者全院的范围内公开,争取群众舆论对我们的监督,保证党政运行朝着一个正确的方向。我认为关于领导体制只要做到以上这四点,一般就不会出现重大的问题。随着时间的推移、工作的熟悉、彼此的默契以及对彼此个性、特点的了解,我想经过一段磨合期后,党政一把手运作的关系一定会越来越融洽,事业就会越来越兴旺。

关于执行民主集中制的问题以前也多次提过,讲的是要有民主,也要有集中。在这个集中的过程中,经常会出现一把手的意见问题,我认为一些原则还是要遵守的。学院党政领导由很多成员组成,每人都分管一块事务,那么一把手就一定要宏观地去了解、协调各个成员的工作,彼此互相配合,千万不要分隔,也不要分家。学院中很多领导干部是兼职教授,有很多教学科研任务,但当党的事业与行政事业两者不能两全的情况下,可能要做一些奉献牺牲。因为作为院长、校长,这首先是一个岗位,不是一种兼职。在座的很多专业教师对这点应该考虑清楚,应该放下其他事情先来处理重要的事情,再利用节假日等休闲时间来看书、做学问,这是党的事业的需要,也是自己的一份职责。民主集中制最重要的是体现在重大事情要集体讨论,这不能有任何含糊,这实际上也是对各位领导的一种保护。越重大的事情越需要集体讨论,讨论充分,决策才能正确。如果单靠一人决定,班子的团结搞不好,出了问题就不好处理了。需要集体讨论的问题包括干部的任免、教师职称的评聘、正高级以上职称人员的进出、百万元以上基本建设的投入、仪器设备的购置、重大的改革措施、个体的重大事故以及群体性事故的处理意见、领导班子个人的重大事项等等。在制度建设保障上有很多制度,我觉得党委领导下的校长负责制和民主集中制是最重要的。以上这些都是这次被收入交流材料中的主要内容,应该说是比较成功的经验。

第三,要紧紧抓住创建依法治校"示范校"这项工作,加强管理制度建设,提高管理水平。随着我们学校的办学规模和教育事业的迅猛发展,现在对依法行政、依法治校、提高管理水平的要求越来越高。关于这个问题,教育部党组的态度是非常坚决和严肃认真的。在第十三次高校党建工作会议期间,就召开了一个关于廉政建设的会议。教育部领导通报了教育系统所发生的一些腐败现象,有些还是很触目惊心的。同时还召开了一个校长、书记的座谈会,举行一个廉政承诺书的签字仪式。各校的书记、校长都跟教育部党组签订了"廉政承诺书",保证要牢记"两个务必",严格遵守党的"四大纪律"、"八项要求",坚决执行"六个不准"。教育部还要求学校书记、校长回校后,可以与学校的各有关部门领导签订廉政承诺书。但是恰恰在这些问题上,我们还存在许多不尽如人意的地方,有些问题群众的反应还是比较强烈的。

现在学校的管理制度方面主要存在以下两个问题:一是制度不健全不完善,二是监督各项制度落实的措施不得力。最近省教育工委正在推行创建依法治校"示范校"这项工作,我们应该很好地利用这次机会加强管理制度的建设,提高我们的管理水平。我们认为加强制度建设是推进依法治校工作的重要内容,同时,还认为用制度规范管理行为是提升管理水平的根本措施。校纪委前一阶段开了几个座谈会,在广泛征求师生员工意见的基础上,结合我校的实际,经认真研究讨论后,向学校提供了一个加强管理制度建设方面的初步框架。内容包括:党内监督制度、纪检监察审计制度、干部工作、人事管理、财务管理、教学科研管理、科技成果转化管理、学生管理、招生考试工作管理、工程招投标管理以及实验设备与实验室管理等,一共52项制度。经党委讨论决定后,将在2005年全部实施。党委认为,依法治校就是要首先解决这两个主要问题,即:建立健全制度,抓好制度落实。今后学校依法行政、依法治校做得越好,我们的工作就能越有序、越健康、越轻松。否则,就会使工作越复杂、越麻烦,可能还会出大问题。在座都是校院两级的主要领导干部,一定要牢固树立科学执政、民主执政、依法执政和依法治校的观念。希望大家利用这次创建依法治校"示范校"的契机,把学校的各项制度建立好,把管理水平提上去。

第四,要紧紧抓住发展这个第一要务,推进各项教育事业的快速发展。我们在工作实践中体会到,要加强领导班子的思想政治建设,不仅要加强理论武装,不仅要建设一支高质量的干部队伍和高水平的师资队伍,不仅要加强制度建设、加强党政的团结和活力,而且还必须不断推进学校的改革,加快学校的快速发展,建设的最终目的就是能够紧紧抓住发展这个核心。回顾这五年来学校的改革与发展,全校的师生员工在校党委的带领下,勇敢地迎接挑战,抓住了机遇,发展得还是比较好的。我们在一些历史机遇面前做出了非常正确的决定:比如厦门大学的定位,不求最大,但求最好;比如弘扬厦大的"四种精神";比如积极争取到6个亿的共建经费;比如连续两次召开"东山会议",围绕"211""985"两大工程的建设,深化各方面的改革等等。正因为这样,厦大这几年来事业的改革与发展所取得的成绩是有目共睹的。很多学院的改革发展也取得了许多可喜的成绩,提升了厦门大学的影响力。例如,化学化工学院在《科学》杂志上发表科学论文,海洋与环境学院今年申报成功了一个"国家重点实验室"等。在座的院长、书记应该明白"发展才是硬道理"。认真思考以下两个问题,即:"要建设什么样的大学,怎样建设这个大学",认真思考"在自己的任期内要给师生留下点什么"。当然不能急功近利,而是要有这种责任感和使命感,使我们的事业能科学、快速和可持续地发展下去。

三、关于认真贯彻落实16号文件精神,切实加强和改进大学生的思想政治教育

一个多月以来,学校各单位按照校党委的要求组织师生员工学习16号文件精神,联系本单位的实际,就贯彻落实16号文件精神开展了各种讨论和研究,也提出了一些初步的想法和打算。这期的校报也陆续在刊登各学院贯彻16号文件精神所采取的好的举措和想法。我们校党委在学习领会16号文件和第十三次高校党建工作会议精神的基础上,也在进一步明确指导思想、基本原则、主要任务、基本要求和保障措施,正在形成一个比较全面、系统、针对性比较强、易于操作的实施方案,经讨论修订后,我将在一个专门的会议上,全面部署关于16号文件的实施和贯彻落实。今天,我简单强调以下三点:

1.要了解16号文件的指导思想、基本原则、主要任务、基本要求和保障措施。这个文件一共分九个部分,主要就是由这五个方面组成。指导思想是:以理想信念教育为核心,以爱国主义教育为重点,以思想道德建设为基础,以大学生的全面发展为目标,坚持以人为本,贴近实际、贴近生活、贴近学生,增强思想政治教育的针对性、时效性、吸引力和感染力。基本原则主要有“六个结合”:一是教书和育人相结合,二是教育和自我教育相结合,三是政治理论教育和社会实践相结合,四是解决思想问题与解决实际问题相结合,五是教育与管理相结合,六是继承优良传统与改进创新相结合。主要任务是:以理想信念教育为核心,深入解决“三观”教育;以爱国主义教育为重点,解决发扬和培育民族精神的教育;以基本道德规范为基础,解决公民道德教育;以大学生的全面发展为目标,解决大学生的素质教育。基本要求有三点:一要充分发挥课堂教育教学的主导作用,课堂教育教学又分为三个层面,包括政治理论课的主渠道作用、哲学社会科学课程的重要作用、各门课程的育人作用;二要努力拓展有效的教育途径,共有五个途径:社会实践、校园文化、校园网络、心理健康、解决学生的实际问题;三要发挥党团组织的政治优势。保障措施包括:要建好专职队伍,加强“两课”和哲学社会科学师资队伍的建设,要建设一支高水平的辅导员和班主任队伍,同时要保证周边的环境,让全社会都来关注这个问题。以上这些就是16号文件的主要内容,大家要好好总结,认真掌握。相信大家通过阅读文件会得到很多启发,找到很多办法,进行创造性的工作。

2.要克服以往把大学生的思想政治教育当成只是政工干部的任务这种片面的、孤立的、错误的认识,要把大学生的思想政治教育作为系统工程,进行全面部署。既要发挥思想政治理论课的主渠道作用,又要发挥哲学社会科学和其他课程的育人功能;既要拓展社会实践和校园文化等传统教育途径,又要拓展网络和心理健康教育等新途径;既要发挥党团组织的作用,又要发挥学生会、研究生会、班级和社团的作用;既要建好专职队伍,又要发挥全体教职员工教书育人、管理育人、服务育人的作用;既要教育部门和高校负责人,又要社会各级党委和政府加强领导、关心支持。由此可见,对大学生思想政治教育不仅仅是高校个别部门、个别课程或个别老师的事情,而是全校、全社会上上下下都要普遍关注和参与的系统工程。这也是今天请院长过来的主要目的之一,不能把思想政治工作认为是几个辅导员的事情。

3.要真正解决好政工队伍的发展方向问题。李长春同志在我校调研时也谈到这个问题,16号文件明确提出要完善大学生思想政治教育队伍的选拔、培养和管理机制,要加强学生思想政治教育的学科建设,培养从事这一学科的专门人才,要建立和完善专职队伍的激励和保障机制,建立专项的评优奖励制度,要解决好专职队伍的职务聘任问题,对在第一线工作的政工干部在政策和待遇方面要给予适当倾斜。

我今天主要讲了以上三个问题,目的是让大家重新温习十六届四中全会决定的内容和16号文件的主要内容。希望通过学习,并结合我们本校、本学院的实际,采取有效措施,思考今后如何进一步加强领导班子的思想政治建设,如何进一步加强和改善大学生的思想政治工作。

——本文摘录自王豪杰:《梦萦南强》,厦门大学出版社,2007年3月版

始终牢记母校这个温馨的驿站

——在2004届研究生毕业典礼上的讲话

（2004年6月29日）

校长　朱崇实

三年前，你们选择了厦门大学，你们在竞争中脱颖而出，满怀憧憬和期望走进了这个四季常青、鸟语花香的美丽校园，开始了新的学习和生活。三年过去了，一千多个日日夜夜，汗水、欢笑，泪水、忧愁，喜怒哀乐、酸甜苦辣，经历了奋斗与煎熬，你们获得了自己的劳动果实。今天，你们将带着自己的武艺，怀着一股新的憧憬和期望，走出这美丽的校园，投入那火热的社会，去一展自己的抱负。

亲爱的同学、亲爱的朋友，在这临别之际，我衷心地祝愿你们一帆风顺，希望你们怀念母校这个知识的百花园。在过去三年的时间里，你们像蜜蜂一样，在这个四季常青的百花园里勤奋学习，饱览群书，博采众长。今天你们就要带着自己酿造的芳香花蜜去报效祖国，去回馈社会了，但我衷心希望你们永远记住厦门大学这个百花园，这个百花园将永远为你们开放。

在这临别之际，我衷心地祝愿你们一路平安，希望你们怀念母校这个温馨的驿站。在过去三年的时间里，你们选择厦门大学作为自己人生旅途中的一个驿站，在此加水添草，稍做休养。今天你们在短暂的休息之后，补充了给养，又要踏上征程去寻觅和追求自己的理想了，但我衷心希望你们不要忘记在你的人生旅途中曾经歇过脚的驿站，你今后倘若在征程中累了，不妨再回到这里，休养生息，添草加水。

在这临别之际，我衷心地祝愿你们鸿图大展、事业有成，希望你们珍惜母校这个熔炉予你心灵的锻造。任何一个人走进厦门大学这个极具历史内涵和时代张力的校园，凝视着陈嘉庚、鲁迅、罗扬才、萨本栋、王亚南这一个个塑像，默诵着陈景润、林语堂、谢希德、卢嘉锡这一个个名字，都会有一股热流在胸中涌动。三年的时间里，你们不知多少次望着这些塑像，听着这些名字，于无形中学校的灵魂深深地植入了你的思想。你因而对人生有了更准确的认识，对幸福有了更完整的把握，在此我由衷地给你们一个小小的建议：如果你在事业的奋斗中，遇到迷茫和彷徨，不妨回到自己的校园走走，再看看这些塑像，再与他们默默地做些交流。

在这临别之际，我最后要祝愿你们满怀喜悦满面笑容地踏上征程，把一切的不满和怨恨都留在校园里，不要让这些包袱阻碍了你前进的步伐。应当承认，你的母校也是一个社会，在这个校园里有许多美好的东西，鲜花似锦，姹紫嫣红，但也有丑陋，有不卫生，有不文明，有其他令人不满和怨恨的东西。在座的每一位同学我想大概都尝过校园的人生百味，我希望你们把愉快的记忆带走，把不愉快的记忆留下，但我们在任何时候都欢迎你们对母校的建设提出宝贵的意见，我们一定会竭尽全力把我们的校园打造得更加灿烂和美好。

——本文摘录自朱崇实：《大学的进步》，商务印书馆，2019年1月版

自信、宽容、有远大理想并愿为之不懈奋斗

——在2004届本专科生毕业典礼上的讲话

(2004年7月2日)

校长　朱崇实

大前天,6月29日,我们在这里送别你们的师兄师姐——2004届的毕业研究生,在与他们告别的时候,我衷心地希望他们不要忘记母校这个知识的百花园,希望他们永无止境地追求科学,追求知识;我还衷心希望他们永远记住母校这个温馨的驿站,记住在人生旅途中曾经在此歇过脚、加过水、添过草,今后如果累了,一定再回到这里歇一歇,再加点水、添点草;我还衷心地希望他们珍惜母校这个思想的熔炉,我希望他们在事业的奋斗中如果遇到迷茫和彷徨,不妨再回到校园走走,再与我们的嘉庚老校主,再与我们的萨校长、王校长,再与我们的罗扬才老学长叙谈叙谈,听听他们对你心路的指点;我还希望他们满怀喜悦,满面笑容地离开校园,投入新生活,“君子坦荡荡,小人长戚戚”,把不满和怨恨留在校园里,不要让这些东西阻碍自己前进的步伐。

同学们、朋友们,对毕业研究生们的这些希望,也是我们对你们的希望。按理,我可以结束我的发言了,但是你们就像是要离家远行的小弟小妹、幼儿幺女,家中的父母兄姐难免有更多的话语要交代,有更多嘱咐要叮咛,所以我要再唠叨几句,不管你耐烦不耐烦。

今年4月,我们的一位校友、香港凤凰卫视台的一位主持人问我,能否用一句话来概括我最希望看到厦门大学学生是具有一个什么品质的人。这是一个很难的问题,也是一个我几乎无法回答的问题,因此当时我回答他,说我一时还真想不出这样的一句话,能否给我一点时间,我再认真想一想。几个月来,这个问题一直萦绕在我的脑中:我希望我们的学生是怎样的一个人? 我想了许多,今天我想说我希望我们的学生都能是一个自信、宽容、有远大理想并愿为理想不懈奋斗的人。

我相信厦门大学的毕业生是社会精英,社会精英应该是一个自信的人,自信自己能成为最好的,别人能做到的,我也一定能做到;自信自己是“天生我材必有用”,不要随便地怀疑自己,怀疑自己学校、怀疑自己所学,要相信厦门大学的毕业生是最有竞争力的社会群体之一,只要我们勤学明辨、慎思笃行,一定能够真正成为一个栋梁之材。

我由衷地希望厦门大学的学生都是一个宽容的人,胸怀开阔的人。人生在世,我个人认为除了爱国、爱党、爱校此类大是大非的原则问题不容妥协之外,其他的任何冲突、任何瓜葛应该都是可以妥协、可以宽容的。同学们,国家和你们的家庭投入了巨大的财力与物力来培养你们,加上你们自己的勤奋与聪颖,加上你们遇到了无数的良师益友,你们成为中国社会精英的一部分。作为社会精英,你们应该更加注意去发现周围每一个人的长处与优点,更加谦卑地去感悟此生此世你曾经接受过的每一滴恩惠,只有这样,你才能成为一个宽容的人,才有足够的胸怀去迎接每一个挑战。

同学们,朋友们,我还由衷地希望你们是一个愿为远大理想不懈奋斗的人。有人说过,一个人没有理想则形同行尸走肉,这句话对普世的人来说可能重了一点,但是作为一个社会精英则一定要具备为自己的理想不懈奋斗的品质。中国有13亿人口,厦门大学是中国最好的20所大学之一,这20所大学每年培养的毕业生大概不超过13万,你们可谓是万里挑一,如果你们都没有理想,都不愿为理想不懈奋斗,那我们这国家的前途就令人担忧了。你们一定能够感觉到社会对你们巨大的期望,可能今天与昨天相比,你都会觉得肩上仿佛突然多了一副担子,身上多了一份责任。你的这种感觉是对的,谁叫你走进厦门大学

呢？厦门大学的毕业生就是应该有这样的感觉。你们不要畏惧将要到来的无数挑战，我相信，一个人在事业上只要大处着眼、小处着手，脚踏实地，勤奋工作，他就一定能够成功。

——本文摘录自朱崇实：《大学的进步》，商务印书馆，2019年1月版

在2004年度“东山会议”上的讲话

(2004年9月17日)

校长　朱崇实

各位领导、各位代表、同志们:

学校2004年度“东山会议”今天即将圆满结束。王书记将做会议总结和重要讲话。我的发言不超过20分钟,主要谈谈我本人对这次会议的感想和体会。

一、会议的总体评价

1.与会领导和代表高度重视本次会议。本次会议是在我校改革与发展的关键时期召开的一次重要会议,学校面临着严峻的挑战,也面临着千载难逢的大好机遇,如何抓住机遇,应对挑战,加快学校及各学院、各单位的改革与发展是本次会议的主题。

2.本次会议准备充分,安排周密。校党委常委会、校长办公会多次开会讨论,为会议做了精心的谋划和周密的部署;各学院、各部处也做了认真的准备和细心的总结。从印发给与会代表的材料可以看出,各学院、各单位做了很好的会前准备,准备的材料数据翔实、内容充分。学校办公室、规划办及宣传部等有关部门对本次会议做了周到安排和精心设计;同时,会议也得到了东山县委县政府、南京军区东山训练基地以及金銮湾假日酒店的大力支持和精心服务。我借此机会向他们表示衷心的感谢!

3.本次会议虚实结合,内容丰富。会议共召开了20场报告会,9场专题座谈会,今天又有10位代表做了自由发言,等一会儿还有王书记的重要讲话和会议总结。本次会议安排了两个单位时间讨论,但很多代表都认为讨论时间还不够,还有很多的话要说。

基于讨论时间不够,不少学院和单位又另行增加了讨论时间,如经济学院、管理学院、化学化工学院、海洋与环境学院等。昨天晚上,我们还就化学学科的国家实验室和海洋环境学科的国家实验室的名称问题做了专门讨论。此外,我们还拜谒了谷文昌纪念馆,参观了东山优美的风景等。

4.在会议期间,各位领导、各位代表利用各种方式进行了充分的沟通与交流。这次会议一个非常好的现象是除了大会的各种交流外,在会后,代表们利用这次难得的机会,认真地进行沟通和交流,获得了很多的交流信息。

5.利用东山得天独厚的条件,锻炼了身体,调整了心态,让身心得到一定程度的休整。

二、会议的基本共识

1.我个人认为,这次会议很好地总结了“十五”期间三年半来的工作。代表们普遍认为,这三年半以来,学校及各学院的工作都有了长足的发展,大大地增强了实现学校发展战略目标的信心和决心。

2.认真地找出了学校及学院在改革与发展中存在的困难和不足。代表们普遍认为,这次会议谈成绩谈得到位,同时,讲问题、讲困难、讲不足也毫不含糊,认真地对学校、对学院、对各单位做了总结,特别是对困难、问题与不足做了总结。在座的代表们可能感觉到,这16个学院、3个研究院以及学校的报告共

20 个报告里还存在着一定程度的不平衡，总体来说是好的，但在某些方面，存在的困难和不足还要继续深挖，要找得更加准确、透彻，王书记的讲话将会谈到这个问题。在找到问题和困难的同时，也找到了解决这些问题、困难和不足的建议和措施。这些建议和措施都很好，有很强的操作性。我在学校工作这么多年，我个人的一个亲身体会就是我们的领导、教师和代表越来越成熟，越来越理性，在看到问题和不足的同时，也积极提出解决问题和克服不足的意见和措施，而不只是一味地指责和批评。

3.代表们普遍认为，这次会议既脚踏实地又富有前瞻性地提出了下一步的工作设想及“十一五”规划的初步蓝图。这些设想与规划务实而富有远见，如果按照这个设想，认准这些目标，继续往前走，我们深信到厦门大学 90 周年校庆时，学校一定能够以一个崭新的面貌呈现在世界面前。

三、会后工作的几点意见

1.会议以后，各学院、单位要认真地召开一次本学院、本单位的全体教职工大会，认真传达本次“东山会议”的精神，把本学院“十五”计划的执行情况与下一步的工作设想，根据这次会议的情况做一定的修改后，向本院的教职员工做一次报告，把本院教职工的思想统一到“深化改革、加快发展”这个主题上来。同时，各单位要认真总结和梳理本次会议提出的问题和不足，认真思考解决问题的办法和措施，并且尽快落实到各自的工作中去，特别是机关各部处要积极主动地帮助各学院解决在工作中遇到的困难。这次会议中，各个学院都做了很好的总结，在改革与发展中遇到的困难和问题，主要要依靠各单位自身的力量来解决，当然，还有一些问题和困难需要学校的支持和帮助。

2.这次会议有一个基本的共识就是“人是第一位的”。无论干什么，没有人不行，而且一定要有高素质的人，要有能够协同作战的人，要有能够形成团队的人。怎么建立一支高素质的队伍，有很多的困难和问题，这些问题都需要机关各部处帮助解决。在讨论中，大家明显感觉到，不少问题和困难还是由于体制、机制上的不完善而造成的。如何完善体制和机制，主要的责任在学校，各个部处是学校的职能机构，在这方面要为各学院，特别是教学第一线的单位提供支持和服务。

3.由于本次会议是学校改革与发展的一次务虚会，主题是对学校及各学院“十五”期间改革与发展做一个阶段性的总结以及对下一步的工作进行思考和规划，因此不可能面面俱到，由于时间的关系，还有许多问题没有专门讨论，如离退休工作、工会工作等等，在这里没有谈到并不是说这些工作不重要，这些工作都非常重要，这些单位也都要按照本次会议的精神，创造性地去开展工作。

4.学校事业的成功在很大程度上取决于拥有一支身心健康的教职工队伍。因此，我希望大家把本次会议所提倡和追求的“忙里偷闲、身心调整”的精神带回学校去，用各种措施和方法确实保证我校教职员工都能有一副健康的体魄和心志。

最后，我希望本次会议“严肃活泼、团结紧张”的氛围能在厦门大学无时不有，无处不在，谢谢各位！

——本文摘录自《厦门大学报》，2004 年 9 月 17 日第 607 期

·教学与科研工作·

厦门大学“大学生素质拓展计划”实施办法(试行)

(2004年1月12日)

为一步贯彻落实《中共中央国务院关于深化教育改革全面推进素质教育的决定》和团中央、教育部、全国学联《关于实施“大学生素质拓展计划”的意见》精神,切实把我校“大学生素质拓展计划”工作落到实处,抓出水平和质量,以适应我校青年学生成长成才、就业创业的迫切需要,按照学校《关于实施“大学生素质拓展计划”的通知》(厦大委综[2003]22号)精神,校大学生素质拓展认证中心特制定本办法。

一、实施内容

“大学生素质拓展计划”的基本内容是以开发大学生人力资源为着力点,进一步整合深化教学主渠道以外,有助于学生提高综合素质的各种活动和工作项目,在思想政治与道德素养、社会实践与志愿服务、科技学术与创新创业、文体艺术与身心发展、社团活动与社会工作、技能培训等六个方面引导和帮助广大学生完善智能结构,全面成长成才。主要内容如下:

1.思想政治与道德素养

(1)重点是深入开展“学习理论、坚定信念、奋发成才”主题教育活动。要以邓小平理论构筑青年学生的精神支柱,用“三个代表”的重要思想指引青年学生自觉地成为“三个代表”的实践者。

(2)使学生认识我国社会主义初级阶段的基本国情,了解改革开放的实践,充分理解邓小平理论、“三个代表”的重要思想和十六大的精神实质,引导学生积极促进改革、发展和稳定。

(3)发挥大学生业余党校、业余团校的作用,有计划、有组织地进行邓小平理论、“三个代表”的重要思想和十六大精神的学习。

(4)注重通过社会实践渠道加深学生对邓小平理论的理解,引导学生理论联系实际,增强贯彻和执行党的基本路线的自觉性和坚定性。

(5)在大学生中组建和扶持一批邓小平理论、“三个代表”重要思想和十六大精神学习研究社团,帮助学生开展深入的研讨活动。

(6)着力培养一批学生骨干,发挥他们在邓小平理论、“三个代表”重要思想和十六大精神学习活动中的示范带动作用。

(7)认真学习《公民道德建设实施纲要》,高扬爱国主义旗帜,进一步推进依法治国与以德治国相结合、促进物质文明与精神文明协调发展。

2.社会实践与志愿服务

(1)使学生通过实践增进对社会现实和需求的了解和认识,拓展运用知识解决实际问题的能力,提高综合素质。

(2)开展“职业阅历”拓展活动,为大学生到农村和城市社区、企事业单位的实际岗位上进行实践锻炼创造条件,把社会实践岗位化,丰富学生的职业阅历,为将来求职、就业做准备。

(3)开展科技文化卫生“三下乡”、社区援助、志愿讲解员等多种形式的志愿服务活动,组织学生利用所学专业知识,为农村扶贫及城市公益事业开展力所能及的服务。

(4)开展勤工助学活动,为大学生参与校内外勤工助学开辟更多渠道,使学生更多地接受实践锻炼,并实现经济上的自立。

3.科技学术与创新创业

(1)通过教育创新和知识创新来培养学生的创新能力,创新的意识和思维习惯。

(2)在掌握自身专业的基础上,立足社会需求,深入对市场和学科发展方向的观察与思考,将创造能力和创业知识转化为创业理论和创业方案。

(3)鼓励学生个性充分发展的思想和意识,使青年学生在专业学习的同时,积极投入到学生科研中来,出一批科研成果。

(4)以科技活动、学术报告、创业活动等不同形式为载体,开展科技创新意识的教育和培养。

4.文体艺术与身心发展

(1)通过各类讲座和宣传活动,引导学生关注自身健康,树立正确的健康意识和科学的养生观念。

(2)建设丰富多彩、健康向上、雅俗共赏的大学校园文化,并在建设中拓展大学生的人文素质,增强团队精神,培养综合能力。

(3)结合新时期青年学生特点和专业特点,特别是加入WTO后社会对人才需求特点,广泛开展有利于学生成长成才的校园文化活动,培养和造就一批能够适应社会需要的综合型人才。

(4)通过各种群众性体育活动,培养坚强的意志品质和良好的协作精神。

(5)了解别人的情绪,理解别人的感受,察觉别人的需要,处理与他人关系的信心和能力。

(6)正确评价自己、激励自己、调整情绪、坚定地朝着既定目标努力的能力。

5.社团活动与社会工作

(1)加强学生社团的建立、监督、管理,开展丰富多彩的学生社团活动,促进校园文化的主流方向。

(2)鼓励学生积极参与学生会、学生社团、志愿者协会等群团组织工作,在工作中丰富和锻炼自己的能力。

6.技能培训及其他

(1)职业导航设计。组织学生结合自己的兴趣爱好、家庭背景、价值追求和国情现实设计自己的职业道路和事业方向。

(2)学业进程设计。组织学生根据职业导航设计科学合理地安排在学校接受教育的内容、方式、途径和目标。

二、实施途径及步骤

(一)实施途径

大学生素质拓展计划将以活动为载体,通过活动来促进计划的实施。活动以立项的形式,通过项目申报—审批—考核—验收等方式,使学生活动在筹划、组织、运作、开展环节上更加规范。实施的主要活动如下:

1.思想政治与道德素养类活动

(1)引导青年学生深入开展邓小平理论、“三个代表”的重要思想和十六大精神的学教活动。重点抓好基层团支部学习,规范内容、提供读本,有计划地予以推进;抓好理论社团建设以及团校、学生骨干培训班建设;要抓好实践活动,将理论与实践紧密结合,巩固学习成果。

(2)主题教育活动。以“爱国、成才、奉献”为基调,结合各时期热点,每学期以一个统一的大主题贯穿各类思想教育活动,使教育活动形成合力。

(3)开展以国史国情教育、爱国主义教育、集体主义教育、职业道德教育、诚信教育等为主要内容的思想教育活动。

(4)开展提高青年学生文明道德修养的校园精神文明创建活动。

(5)突出时代主旋律,思想性强,并有一定创意和特色的班级团支部活动。

(6)文化艺术节活动。通过“高雅艺术进校园”等形式传播文明,丰富青年学生的校园文化生活,为青年学生的健康成才提供良好的环境。

2.社会实践与志愿服务类活动

(1)继续深化科技文化卫生“三下乡”活动。引导青年学生在服务社会中受锻炼、长才干、做贡献。

(2)开展以中小学教育实践、社会调查、社会服务、宣传学校、校友追踪、挂职锻炼等拓宽实践能力的活动。使社会实践活动日常化、阵地化、规范化。

(3)大力开展勤工助学活动。

(4)实施以社区援助、环保宣传、助残济困为主要内容的志愿者服务活动。

(5)建设文明校园活动。在学生中重点开展以争做文明学生、创建文明寝室,开展文明就餐活动和建设文明校区为主体的“四文明”建设活动,以“绿化、美化、净化”为主题的爱校周活动。

3.科技学术与创新创业类活动

(1)职业素质竞赛活动。广泛开展各类基础科类业务竞赛(如计算机、英语、人文社会学科等),促进学生建立宽厚的知识基础。

(2)读书计划行动。开展主题读书活动,开展读书论坛,创造相互交流、共同提高的读书氛围。

(3)建立和完善学生科技创新活动。建立大学生学术课题研究小组、各类专业协会及学科兴趣小组共同组成的科协组织,加强对学生科技活动的管理指导。

(4)进一步建立、完善专业特点突出的学生课外科技活动基地的建设。

(5)大学生课外科技作品竞赛。包括各类专业竞赛,以此竞赛为载体筛选一批优秀的学生课外科技作品,参加“挑战杯”全国大学生课外学术科技作品竞赛。

(6)学术系列活动。以科技论坛、学术交流、专题讲座等形式丰富日常校园学术活动。

4.文体艺术与身心发展类活动

(1)帮助学生树立正确的健康观念,提高学生健康水平的群众性系列活动。

(2)引导学生关注心理健康的宣传和服务活动。

(3)能唤起学生的健康意识的有创意的活动。

(4)进行科学养生和心理健康的咨询、座谈、讲座活动。

(5)群众性的体育竞赛和活动。

(6)开展有助于培养学生具有坚强勇敢,不折不挠的意志品质、协作精神、竞争精神、与人相处能力、树立自信心的班级支部、系、院活动。

(7)进一步加强学生艺术团及有关社团建设,如:舞蹈协会、吉他协会、合唱团、话剧团、礼仪队、乐队、书画协会、摄影协会等;体育类社团:围棋协会、象棋协会、武术协会、乒乓球协会、羽毛球协会、篮球协会、足球协会等;学术类社团:英语协会、邓小平理论研究会、计算机协会等;实践类社团:环保协会、演讲辩论协会,面向学生开展各类形式多样、丰富多彩的社团活动。

(8)科技文化艺术节系列活动。开展演讲、朗诵、辩论、舞蹈、校园短剧小品、校园歌手大赛、主持人大赛等活动,促进校园文化的健康发展。

(9)以弘扬民族文化、倡导高雅艺术为目的,组织开展艺术欣赏、音乐、绘画、书法、摄影、文学等讲座交流活动。

(二)实施步骤

1.项目指南

校团委每学期末在征求基层团学组织意见的基础上,根据本学期学生素质拓展的重点要求,结合社会形势和学校实际组织制定《学期项目指南》,并向全校学生公布。

2.项目申报

各团学组织在《学期项目指南》公布后一周内向校团委提交项目申报书,并附上详细的项目实施计划。

3.项目审批

重点项目由校级素质拓展认证中心审批产生并立项。一般项目由校素质拓展认证中心集中审批,审批结果以《项目手册》的形式在校大学生素质拓展网站一并公布。

4.项目考核

获得重点立项的活动,在举行活动的前两天,应通知校团委。校团委组织由素质拓展中心相关人员组织的考核组,准时参加,并对活动的对象、范围、地点、时间、主持人、出席人、参加人,活动流程、气氛、持续时间等做详细记录。采访现场参加人员和活动的对象,记录他们对活动的看法。形成书面考核意见。

5.项目验收

活动开展完后,项目负责人应对整个活动做总结,总结内容包括:活动流程,活动对象,活动效果,活动照片,经费流向,活动意义,活动报道等。在活动结束后一周内到团委递交活动报告,申请验收,结算经费。时效为两周,耽搁时间超过规定时效的,不予办理。

6.项目经费

校团委每年资助重点项目 5～10 个。立项后实行经费包干,不足部分由各申报单位自行解决。申请重点项目的单位从立项之日至项目中期检查前可报销实批经费的 50%,余下的 50%中期检查合格后方可报销。

三、证书的填写及要求

1.填写要求

(1)证书填写要坚持实事求是的原则,使用比较规范的描述性语言。填写内容主要是学生参与素质拓展的经历和取得的成绩,一般不做主观评价。

(2)参加的活动需注明是“组织”还是“参与”,获得奖励注明名称和级别,发表文章需注明报刊名称、日期及版面。

(3)证书中表格的设计以学年为单位,填写和认证以学期为单位,填写时应根据每学年的学期数适当预留空间。没有第五学年或学年没有第三学期的,要在证书相应栏目内统一加盖“空白”章。

2.填写规范

(1)首页填写

证书首页中的“证书编号”、“颁发时间”由校学生素质拓展认证中心在颁发证书时统一填写。在学生毕业学年,证书被认证后由学校团委在首页加盖钢印。

证书首页中的“证书编号”为全国统一格式的编码,编码格式为:“35-10384-×××××××××”。其中第一组数字(共 2 位)为福建省代码,第二组数字(共 5 位)为厦门大学代码,各省代码和学校代码采用教育部统一招生代码;第三组数字为该学生学号。

证书首页中“姓名”、“性别”、“民族”、“出生年月”、“出生地”、“政治面貌”、“学校”、“院(系)、专业”、

“入校时间”九项由学生本人填写。

(2)栏目填写

本证书所列大学生素质拓展的内容有六栏:思想政治与道德素养、社会实践与志愿服务、科技学术与创新创业、文化艺术与身心发展、社团活动与社会工作、技能培训及其他。学生以其所参加的活动、获得的奖励、创作的作品、参与的实践工作等来反映自己在校期间参与素质拓展的情况,素质拓展的六方面内容可能有互相交叉的地方,填写时应视活动具体侧重哪个方面选择适当栏目。

思想政治与道德素养栏主要填写学生参加党、团组织的重要活动及在思想认识、道德品质等方面的表现。举例:

①2003 年 5 月 7 日,加入中国共产党。

②2003 年 3 月起,参加校“三个代表”研究会,任副会长。

社会实践与志愿服务栏主要填写学生组织或参加的社会实践、志愿服务等活动以及在活动中的表现和取得的成果。举例:

①2003 年 7 月 12 日至 8 月 3 日,在福建省莆田市开展科技服务,任服务队队长,服务队获校“三下乡”社会实践优秀服务队。

②2003 年 4 月至 5 月,在亚泰公司实习,从事软件开发工作。

科技学术与创新创业栏主要填写学生课外从事的创新创业活动以及在参加各级各类学术、科技、创业等竞赛中取得的成绩。举例:

①2003 年 9 月,参与编撰《××××××》一书,已出版。

②2003 年 5 月,参加校大学生创业计划竞赛,获一等奖。

文化艺术与身心发展栏主要填写参与的文体艺术活动和取得的成绩,以及有益于身心健康发展的其他经历。举例:

①2003 年 6 月,参加校团委组织的心理咨询培训。

②2003 年 10 月起,加入学校舞蹈队。

社团活动与社会工作栏主要填写组织或参与的社团活动,所担任的学生干部职务及在组织、管理能力方面的锻炼,也包括在校外所兼任的社会工作。举例:

①2003 年 3 月,策划、组织学院学术论坛系列讲座。

②2003 年 9 月,协助校团委接待香港青年学生访问团。

技能培训及其他栏主要填写参加者各类技能培训及取得的成绩。未能被上述所包括的其他重要经历或成果也或在这一栏里填写。举例:

①2003 年 5 月,参加×××举办的速写记录训练班,取得结业证书。

②2003 年 4 月,通过全国律师资格考试,获得律师资格证。

(3)备注页的填写

如确有重要经历在素质拓展栏目内无法填下,填入证书的备注页,规范同上。

四、《大学生素质拓展证书》的认证

认证工作分三级进行。

一级认证:每学期末,在团支部进行。首先,学生本人向团支部提交拟在证书上填写的内容(另纸);然后,由团支部召集支部团员会议或扩大会议(可邀请班主任或辅导员及与证书认证有关的其他人员参加),以评议核实的方式,对学生拟填内容逐条进行确认;最后,正式填写(或打印),团支部书记在“团支部认证”栏中签字认证。

二级认证:由院系大学生素质拓展认证中心进行。团支部认证后,交院系学生素质拓展认证中心进行审核认证。

三级认证：校大学生素质拓展认证中心进行。在学生毕业学年，校学生素质拓展认证中心进行审核认证后填写认证页、加盖公章及首页钢印。

五、组织领导

1.校级素质拓展认证中心

主任：校团委书记

副主任：校团委副书记

办公室设在校团委

职责：

全面负责素质拓展证书试点工作在学校的实施，协调素质拓展证书试点工作在实施过程中要涉及的各部门之间的关系。根据学校实际情况，设计系统结构和可行的实施计划，维护认证体系的各种数据，审核确认各单位的认证记录，监督指导各院系认证中心及时、准确地登记认证信息，并对学生素质拓展证书进行最后的认证。

2.院系级素质拓展认证中心

主任：院系分管学生工作的党委、党总支副书记

副主任：各院系团委(团总支)书记、专兼职辅导员

办公室设在各院系团委(团总支)

职责：

负责本单位证书的及时、准确地填写，认证核实及组织管理工作，并把本单位需认证的数据规范化后，提交校级认证中心的数据库，并负责对记载内容的申诉提出处理意见。

3.团支部素质拓展认证小组

组长：团支部书记

组员：党小组、团支委、班委

职责：

负责本班级同学的素质拓展情况汇总、核实、确认及监督，联系好同学与上级团组织的联系。组织好团组织生活，做好证书填写(打印)工作。

大学生素质拓展计划是新世纪高校共青团组织服务学生成长成才的战略工程，是新时期统揽高校共青团各项工作的龙头工程，也是在素质教育中突显共青团组织先进性和群众性的亮点工程。各级团组织要高度重视、科学规划、合理安排、及时检查，把大学生素质拓展计划落到实处，让广大学生从中受益，让更多的青年学生成长为国家建设和民族复兴的栋梁之材。

注：本办法的解释权在校团委。

厦门大学大学生素质拓展认证中心

2004年1月

——本文摘录自《关于印发〈厦门大学“大学生素质拓展计划”实施办法〉的通知》，厦大团字[2004]2号，档号2004-DQ07-2

厦门大学港澳台侨预科学生学籍管理规定(试行)

(2004年2月18日)

为进一步加强和规范管理,提高预科学生的整体素质,结合本科生学籍管理的有关要求,特制定本规定:

一、我校录取的港澳台侨预科学生,须持预科录取通知书和港澳台侨有效身份证件,按期到学校海外教育学院办理入学手续。因故不能按期入学者,须提前出示有关证明,办理请假手续;请假期限一般不超过两周。无故超过两周不报到者,取消入学资格。

二、预科学习期限为一年。如有特殊原因,经海外教育学院同意,教务处批准,允许保留学籍一年。

三、预科学生在校学习期间,必须遵守我校海外学生守则和考勤制度。无故旷课超过总课时三分之一者,取消转入本科学习的资格,作自动退学处理。

四、预科生分文、理两个班。预科学习期间必须修完和通过学校规定的课程(大学英语、大学语文、生命科学导论、计算机、高等数学、中国文化概论、体育)。文科班学生可免修“高等数学”,理科班学生可免修“中国文化概论”。

五、预科生实行留级、退学和结业考试制度。预科生累计有两门(含两门)以上的课程成绩不及格者做退学处理。一门课程成绩不及格者,经补考及格后可参加预科结业考试;补考仍不及格者,做留级处理。留级期间,凡出现不及格者,做退学处理。预科课程学习全部通过后,由学校统一举行预科结业考试,文科考试科目为:大学语文、大学英语。理科考试科目为:高等数学、大学英语。预科结业考试科目全部合格者,方可取得转入本科学习的资格。凡预科结业考试出现考试科目不及格者,取消转入本科学习的资格,做退学处理。

六、预科学生取得转入本科学习的资格后,方可填报本科学习专业的志愿。每人必须填报四个专业志愿。文科学生填报范围为:人文学院、法学院、外文学院、公共事务学院、中医系、旅游系开设的专业。理科学生可选填全校的任何专业。

七、学生的学习专业由学校根据预科学生的志愿、学习成绩、考勤情况和平时表现,以及学校的教学条件确定。

——本文摘录自《关于印发〈厦门大学港澳台侨预科学生学籍管理规定(试行)〉的通知》,厦大招生〔2004〕1号,档号2004-XZ30-1

厦门大学学生勤工助学管理试行条例

（2004年2月19日）

为适应高等学校教育体制的改革，进一步加强对学生勤工助学活动的管理，有效地帮助经济上有困难的学生顺利完成学业，培养学生的工作能力和社会适应能力，全面提高学生的整体素质，根据原国家教委《关于进一步做好高等学校勤工助学工作的通知》，原国家教委、财政部《关于在普通高等学校建立勤工助学基金的通知》（教财〔1994〕35号）等有关文件的精神，结合我校实际情况，制定本条例。

第一条　勤工助学活动是指学有余力的学生利用课余时间通过自己的劳动，促进德、智、体、美等方面全面发展，增长才干，并取得一定的报酬，用以改善学习和生活条件的行为。学校提倡、支持并依法组织学生开展勤工助学活动，保护学生以诚实劳动和服务获得的收入。

第二条　勤工助学活动必须在遵守国家法规和学校规定、维护校园正常秩序又不影响学生正常学习的前提下有组织地进行。

第三条　学校要把组织学生勤工助学与贫困生资助工作结合起来，要把开辟校内勤工助学岗位同校内人事制度改革结合起来，适于长期安排学生劳动的岗位，要在合理计算工作量的基础上，核定编制，安排学生参与辅助性的工作。

第四条　勤工助学有偿劳动应与学生干部的职务行为严格区别，不允许学生干部的职务行为以勤工助学的方式获得报酬；应与学生社团、学生文艺团体、体育团体等正常活动和训练区别开来，此类活动不纳入勤工助学岗位范畴。

第五条　学校成立"厦门大学勤工助学领导小组"，学生工作处为秘书单位，负责组织协调与监督工作，不同类型的勤工助学活动按工作有利原则，由不同职能部门负责组织实施。

第六条　在校勤工助学领导小组的领导下，各类勤工助学活动的组织单位，分别负责设置校内勤工助学岗位或接受校外用人单位或个人勤工助学活动的请求，管理本校学生校内外勤工助学活动，为学生和用人单位提供服务，维护学校、学生、用人单位或个人在勤工助学活动中的合法权益。

第七条　勤工助学类型一般分为校内学生勤工助学和校外学生勤工助学，校内勤工助学岗位可以分为参加校内的助教、助研、助管，实验室、校办产业的生产活动和后勤服务及各项公益劳动的岗位等。

第八条　学校设立勤工助学基金，专门用于支付校内学生勤工助学活动的报酬；校外勤工助学活动报酬由用人单位或用工个人支付；参加校内经营性单位勤工助学活动学生的报酬由用人单位支付70%，校勤工助学基金支付30%。

第九条　勤工助学基金应专项管理，集中使用，不得挤占和挪用，不得平均发放。勤工助学基金的使用由学生工作处负责审批、监督和管理。

第十条　聘任勤工助学岗位，必须坚持适度聘用、协商一致的原则；勤工助学活动应当贯彻岗位公开、报酬公开、用工结果公开、接受监督的原则。

第十一条　勤工助学活动不得组织学生参加高空作业、严重污染、辐射等极易对人体造成伤害和危险的特殊行业和专业的劳动。

第十二条　参加勤工助学活动的学生，应以不影响学业为前提，做到"自尊、自重、自强"。学校对因参加勤工助学活动而影响专业学习或违反校规校纪以及协议的学生，有权调整或终止其参加勤工助学活动。问题严重的，取消其参加勤工助学活动的资格，并依照《厦门大学学生违纪处分条例》予以处分。

第十三条　参加勤工助学活动的学生有权拒绝用人单位或个人的协议外要求,保障自身合法权益;同时必须遵守国家法律、法规,遵守学校及用人单位的各项规章制度,认真履行协议规定的各项义务,维护学校和自身的声誉。

第十四条　对盗用厦门大学勤工助学名义组织活动,扰乱学校勤工助学活动秩序的用人单位或个人,学校给予制止;情节严重的,将依法追究其责任。

第十五条　本条例所述学生是指在本校正式注册并参加正常学习活动的专科生、本科生、硕士研究生和博士研究生。

第十六条　本条例由厦门大学学生工作处负责解释。

第十七条　本条例经2003年第36次校长办公会讨论通过,自2004年3月1日起试行。

——本文摘录自《关于印发〈厦门大学学生勤工助学管理试行条例〉的通知》,厦大学〔2004〕4号,档号2004-XZ11-2

厦门大学关于鼓励申报和承担国家重大科技项目实施细则

（2004年2月21日）

为推动我校科研工作的蓬勃发展，鼓励我校教师积极参与竞争，多渠道积极争取承担重大科技项目，努力争取获得高等级科技成果，提高我校整体科研水平和学术水平，为早日实现“把我校建设成为世界知名的高水平研究型大学”的奋斗目标。根据《厦门大学创新工程和繁荣计划基金管理办法》（厦大科〔2003〕17号）文件精神，特制定本实施细则。

第一条　总　则

为提高我校教师争取和承担各类重大科研项目的积极性，根据《厦门大学创新工程与繁荣计划基金管理办法》第五章和第六章等相关规定：

1.资助申请国家重大科技项目时必需的费用。

2.资助争取企业重大科技项目时必需的费用。

3.获批立项的重大科研项目予以配套资助。

4.经费从厦门大学创新工程与繁荣计划基金中支出。

第二条　重大科研项目组织费的资助

（一）申请条件

1.拟申报的国家重大科研项目限定为国家863项目；973项目；国家基金重大、重点项目；国家杰出青年科学基金；国家创新研究群体等项目。拟申报的项目申请经费额度一般应在100万元以上。

2.拟申请争取企业重大项目经费额度一般应在200万元以上，争取过程必须预先提交项目申请报告，并有科技处参与项目的组织攻关工作。

3.申报的上述国家重大科研项目必须通过同行专家评审，并参加国家层面上的项目答辩。

（二）经费资助范围

经费资助范围包括参加答辩的旅费、住宿费、接待费、评审费及其他相关的项目申请费等。

第三条　973、863项目配套基金

1.对获批主持973项目及其子项目、主持863项目，课题主持人均可提出申请。

2.配套比例：学校根据其到校实际科研经费（不含人工费）及学校财力给予10%～20%经费配套。

第四条　受理程序

1.每年12月1日至15日由校科技处统一集中受理。

2.项目负责人提出申请报告,其中申请重大科研项目组织费的资助还需提交支出费用的详细清单。

3.学校科技处审查后报分管校领导审批执行。

第五条　附　则

1.本实施细则由校科技处负责解释。

2.本实施细则从 2004 年起执行(2003 年参照此文件执行)。

——本文摘录自《关于印发〈厦门大学关于鼓励申报和承担国家重大科技项目实施细则〉的通知》,厦大科〔2004〕10 号,档号 2015-XZ13-60

厦门大学学生校内勤工助学管理试行办法

（2004年2月24日）

进一步规范对校内勤工助学工作的管理，促进校内勤工助学活动的健康发展，根据上级有关文件精神和《厦门大学学生勤工助学管理条例》，制定本办法。

第一章　校内勤工助学的范围和管理机构

第一条　本办法所称“校内勤工助学”，是指厦门大学学生参加校内的助管岗位、实验室劳动、校办产业的生产活动和后勤服务及各项公益劳动，并按规定领取由学校支付的勤工助学报酬的活动。

研究生兼任校内助教、助研工作，其管理办法另订，由人事处、研究生院、教务处、科技处、社科处等单位负责组织实施。

第二条　校内学生勤工助学活动由学生工作处统一组织、协调和监督。校区学生办在学生处的指导下开展本校区的学生勤工助学活动。

各学院（系）、校区学生工作站要确定专人负责，协助职能部门做好学生勤工助学工作，参与勤工助学工作的日常管理、审核和监督。

第二章　校内勤工助学基金的设立、管理和使用

第三条　学校设立勤工助学基金，专门用于支付学生校内勤工助学活动中学生的劳动报酬。勤工助学基金来源为：

1.教育部确定的学生每年学费收入的比例数额划拨；

2.上级部门下拨的勤工助学专项经费；

3.社会捐赠；

4.其他。

第四条　学校从勤工助学基金中划拨一定比例的经费额度分配至各学院（系）、校区学生工作站，用于院（系）和校区学生工作站组织的临时岗位的勤工助学。全校勤工助学的固定岗位和经学生工作处批准设立的临时岗位的经费额度，由学生工作处负责统筹安排。

校内学生勤工助学报酬的领取，均需凭学生工作处签批的《厦门大学学生校内勤工助学劳酬审批表》办理。

第五条　学生参与下列岗位的劳动，由用人单位支付其劳动报酬的70%：

1.校内部门有收费项目的劳动岗位；

2.全员工资总额总承包单位或部门的劳动岗位；

3.校办产业和后勤集团的劳动岗位；

4.其他经厦门大学勤工助学领导小组认定的须由用人单位分摊支付报酬的劳动岗位。

第三章　校内勤工助学的岗位设置和管理

第六条　校内勤工助学岗位分固定岗位和临时岗位两种。

1.勤工助学固定岗位是指相对长期固定的学生勤工助学岗位，一般在每个学年末的两周内由用工单位向学生处申请，学生处会同人事处审定设立。申请单位从学生工作处的网站勤工助学主页(以下简称“助学主页”)下载并填写《厦门大学校内勤工助学设岗申报表》，明确岗位工作内容、用工人数、用工时间、劳酬预算和技能要求。固定岗位的种类为：

(1)学生事务助理岗位，按各院(系)基数1人加辅导员缺编数设置。

(2)校部机关辅助性工作岗位，配置原则：缺编单位；新增工作职能或职责而未增加编制的单位。

学生勤工助学仅为辅助性劳动，不能用勤工助学的方式替代机关职能部门各类岗位的全职工作。

(3)公共服务部门辅助性工作岗位。

(4)学生宿舍安全协管员岗位。

(5)全校性有重要意义的纪念馆、展览室讲解岗位。纪念馆或展览室的讲解岗位学生勤工助学仅为按时讲解和看护馆(室)，馆(室)管理单位必须承诺提供开放条件和承担开放馆(室)的安全保卫、展品展物的维护等职责。

2.临时岗位是指学生临时参加的劳动岗位，一般持续时间不超过一周，由用工单位提前一周向学生工作处申请，填写《厦门大学校内勤工助学设岗申报表》，明确岗位工作内容、用工人数、用工时间、劳酬预算和技能要求。临时岗位的种类为：

(1)学校职能部门组织的全校性活动或院系组织的面向全校的大型活动的劳动岗位；

(2)专项工作的突击性、临时性劳动岗位；

(3)校园人文景观导游岗位等。

3.固定岗位和临时岗位的种类，随着学校事业的发展和客观需要，由校勤工助学领导小组决定对其增列或减少。

第四章　校内勤工助学的申请程序

第七条　学生工作处于每学年初的第一周在助学主页发布固定岗位的需求及条件的招聘通知，临时岗位将视审批情况随时予以公布。自愿参加校内勤工助学的学生，可从助学主页下载《厦门大学校内勤工助学岗位个人申请表》，填写后送所在院(系)所或园区签署意见，向学生工作处报名。学生工作处根据用工单位的要求和申请人的条件，按照一定的比例确定推荐名单，供用工单位考核录用。用工单位应在所录用的学生申请表中签署意见，交学生工作处公示。

校区学生办接受本校区学生勤工助学的报名，并负责相应的推荐、公示和建档工作。

校内勤工助学岗位原则上应优先录用家庭经济困难的学生。

第五章　校内勤工助学的计酬标准、考核和报酬发放

第八条　勤工助学的计酬标准一般为每小时7元。

特殊技能岗位计酬标准，视具体情况由学生工作处与用人单位协商决定。

第九条　勤工助学岗位的安排应充分考虑到学生的专业学习时间，避免影响学生学业。各单位聘用学生勤工助学的用工时间(每位学生参加勤工助学时间)，一天不超过6小时；一周累计不超过20小时；一个月累计不超过60小时。

第十条　学生勤工助学劳酬每月发放一次(含院系、校区学生工作站设置的临时岗位)。具体程序

是:参加勤工助学的学生由用工单位记录用工时间并进行工作考核,对考核合格者,由用工单位从助学主页下载并填写《厦门大学学生校内勤工助学劳酬审批表》书面一式二份及 Excel 电子表格文本一份,固定岗位和用工三天以上的临时岗位还需附上《厦门大学学生勤工助学工时记录表》,于每月初的前三天送学生工作处审核。校区学生办负责汇总本校区学生勤工助学劳酬审批表并送学生处审核。学生工作处将审核汇总材料于每月 10 日前送财务处。财务处于每月的 15 日之前将学生的勤工助学劳酬发至学生个人缴费银行卡中。

第六章　校内勤工助学的终止

第十一条　受聘学生出现下列情况之一者,学生工作处可终止其勤工助学,停发报酬,另行招聘:

1.责任心不强或不遵守岗位要求;

2.因特殊原因或身体健康状况,不适合继续勤工助学活动;

3.在勤工助学期间受到校纪处分或治安处罚;

4.因勤工助学严重影响学业;

5.日常生活铺张浪费;

6.有弄虚作假行为。

被终止勤工助学的经济困难学生,经考察如已符合条件的,可按审批程序重新申请参加勤工助学活动。

第十二条　对用工单位违反《厦门大学学生勤工助学管理条例》和本办法的行为,学校将采取终止勤工助学、停发和追缴劳动报酬等措施,并追究相关领导和人员的责任。

第十三条　本办法自 2004 年 3 月 1 日起施行,由学生工作处负责解释。

——本文摘录自《关于印发〈厦门大学学生校内勤工助学管理试行办法〉的通知》,厦大学〔2004〕5号,档号 2004-XZ11-2

厦门大学漳州校区"百科系列讲座"管理办法

(2004年3月2日)

一、举办漳州校区"百科系列讲座"的宗旨在于传承厦门大学八十余年的文化积淀和学术传统，扩大学生的视野，营造校园学术文化氛围。

二、本系列讲座由漳州校区教务办负责组织，各院系、研究所协办。

三、本系列讲座聘请学有专长、以中青年为主的校内外专家学者，就当今政治、经济、人文、社会、科学、技术、管理等诸多领域共同关注的课题进行探索，力求深入浅出、兼收并蓄，以期促进大学生文化素质的提高。

四、本系列讲座面向漳州校区全体学生。凡在漳州校区学习的学生都可以自由选择参加听讲。

五、本系列讲座对积极参加听讲的一年级学生给予奖励学分。学分的确认办法是：学生持本人的"百科系列讲座听讲卡"(听讲卡每学期由校区教务办制作发放)参加讲座，由现场人员在听讲卡上加盖签到章确认；一学期听讲次数累计十次以上，将听讲卡交回所在院系，经院系教务人员核实，可以获得全校性选修课程1学分，成绩为"合格"，登入学籍档案。

六、本办法由漳州校区教务办负责解释。

厦门大学教务处
2004年3月2日

——本文摘录自《关于发布〈厦门大学漳州校区"百科系列讲座"管理办法〉的通知》，(2004)厦大教8号，档号2004-XZ12-3

厦门大学研究生助学金暂行办法

（2004 年 3 月 17 日）

为了推动我校研究生质量工程建设，提高研究生的生活待遇，使他们能够更加安心在校学习和从事科学研究，根据原国家教委、财政部《普通高等学校奖学金办法》（教财字〔1994〕50 号）、《关于提高普通高等学校研究生奖学金标准的通知》（教财〔1996〕85 号）的文件精神，结合我校实际情况，制定本办法。

第一条　申请助学金的条件

厦门大学研究生助学金适用于厦门大学的全日制在校研究生，且申请者必须同时具备以下条件：

1.学习方式为全脱产。

2.没有固定工作及工资收入。

3.诚实守信、遵纪守法、无严重违纪和违法行为。

第二条　特殊情形下研究生助学金的发放办法

1.欠缴学费、住宿费的研究生，助学金暂缓发放，从缴清学费和住宿费之日起补发。

2.中期分流的研究生，根据异动情况确认身份后按相应的标准发放助学金。

3.办理休学的研究生，休学期间停发助学金，复学后继续发放。

4.因私请假或出国、时间超过一个月的研究生，请假或出国期间停发助学金，返校后继续发放。

5.超过学校规定的学习年限，延期毕业的研究生，自超出之日起停发助学金。

6.新学期未按时报到或上学期间擅自离校，且时间超过一周的研究生，停发当月助学金。

7.长期在校外兼职或打工，形成“固定收入”的研究生，从发现之日起停发助学金。

8.受学校留校察看及以上纪律处分的研究生，从处分决定正式生效之日起停发助学金。

第三条　助学金的标准

厦门大学研究生助学金每学年发 10 个月（7、8 月不发），标准为博士生每月 600 元、硕士生每月 400 元。

原研究生普通奖学金和各类相关补贴等一律纳入本助学金范畴，不再另行发放。

第四条　助学金的申请和审核程序

一、申请表的领取与填写

符合申请条件的研究生可从学生工作处主页下载或向各院（系、所）领取并填写《厦门大学研究生助学金申请表》。

申请者对自己所填写的申请资料的真实性需做书面诚信承诺。

二、助学金的审核

1.申请者在每年入学后两周内,将《厦门大学研究生助学金申请表》交所在院(系、所)。非应届考入的学生,还需提供如下证明材料:

(1)从工作单位考入的学生,应有原工作单位人事部门开具的工资关系转移单或辞职证明文件。

(2)入学前没有工作单位的学生,应有入学前档案所在机构开具的未就业、无工资收入的证明文件。

2.院(系、所)对研究生基本情况和提交申请的相关资料进行初审,并公示申请者名单;之后,编制《厦门大学研究生助学金汇总表》书面一式二份及Excel电子表格文本一份,连同学生本人提交的相关证明材料一并于每年学生入学后的第三周送学生处审核。

3.学生工作处在5个工作日内完成审核和汇总,送交校财务处发放。

4.申请者因申请材料不齐或其他个人原因,未能在规定的时间内提出申请,可在每月(7、8月份除外)第一周按上述规定办理,其助学金从申请的当月发放,之前的不再补发。

第五条　助学金的发放

助学金按月发放。财务处于新生入学的第二个月起,每月的15日之前将助学金发至学生本人申报的本地建设银行的银行卡中。

第六条　助学金的管理

1.院(系、所)为研究生助学金的直接受理单位,负责对学生申请进行初审和编制申报名册。

2.学生工作处为研究生助学金的复审单位,负责审核和编制全校受助学生名册。

3.招生办公室、研究生院负责提供学生的培养类型、学习方式、考生入学前身份、学号等资料,并于学生入学后的第二周内交学生处,供审核使用。

研究生院还负责将研究生异动情况及时书面通知学生工作处。学生工作处按本办法第二条规定,对有异动情况的受助研究生决定暂缓、停止或恢复发放助学金。

4.财务处为研究生助学金的发放单位,负责助学金的发放。

5.对隐瞒真实情况、弄虚作假的学生,受理单位将其行为记入个人诚信档案,并视情况进行处理。已领取的助学金,责令其全额退还。

第七条　本办法由学生工作处负责解释

第八条　本办法于2004年4月1日开始试行

——本文摘录自《关于印发〈厦门大学研究生助学金暂行办法〉的通知》,厦大学〔2004〕9号,档号2004-XZ11-2

关于外籍留学生、台港澳学生、华侨学生学籍管理的规定

（2004年2月修订）

2004年4月2日

为适应海外教育发展的需要，根据教育部有关文件精神，结合厦门大学实际情况，制定以下规定。

一、凡正式录取到我校全日制本科学习的外籍留学生、台港澳学生、华侨学生（指侨居国外的中国公民、经联考录取的学生，下同）的学籍管理，原则上与境内录取的学生同等对待，除本文件有专门规定之外，执行2003年版的《厦门大学本科生学籍管理实施细则》。

二、外籍留学生、台港澳学生、华侨学生经向所在学院（系）提出申请，可以免修以下部分课程：

1.由马列主义教学部负责开设的政治理论课、思想品德教育课以及军事理论课，但经济学类和管理学类《政治经济学》不能免修。

2.由学校组织的军事训练。

3.人文学院（哲学系除外）、外文学院、法学院、艺术教育学院的学生可免修《高等数学》。

4.外籍留学生可免修文化素质课《大学语文》。

三、非涉外专业的外籍留学生可以修习《现代汉语》作为第一外语。文科学生要求通过国家汉语（6级）水平考试，理工科学生通过国家汉语（4级）水平考试。

四、上述规定由教务处负责解释。

五、本规定从2004级学生起开始执行。

——本文摘录自《关于印发〈关于外籍留学生、台港澳学生、华侨学生学籍管理的规定〉的通知》，厦大教〔2004〕12号，档号2004-XZ12-1

关于进一步完善漳州校区教学和学生管理工作的意见

(2004年4月2日)

全校各单位：

为进一步完善漳州校区教学管理和学生管理工作，有效提高漳州校区本科新生的教学质量，根据2004年3月10日学校有关领导在漳州校区举行的教学管理和学生管理调研工作会议上的意见和建议，现就进一步完善漳州校区教学和学生管理工作提出如下意见，望各院系和各单位认真组织实施。

一、各院系应注意教师配备

1.随着2003级学生即将进入第二年的学习，各学院应根据其教学计划加强教师配备工作。除了学校公共教学部实施的课程外，原则上各学院在漳州校区配备任课教师中高级职称教师的比例不得低于60%。

2.为了配合2005年本科教学评估工作，各学院应该加强师资调配和管理。根据教育部颁布的评估指标要求，从2004年9月起，55岁以下的教授和副教授必须承担本科教学任务。

3.各学院及所属系领导应带头到漳州校区任课。

二、以学院为单位加强教学管理

1.各学院必须派出专人在漳州校区进行本院的教务管理工作，取消原来实行的“轮值管理”的办法，做到“专人专管、天天有人”。原则上，各学院负责漳州校区教务管理工作的秘书每天按照漳州校区上下班时间赴漳州校区教务办开展工作。对于编制有困难的学院，可以暂时采取每天上午或下午到漳州校区管理本学院的教务管理工作。

2.各学院应向学生公布本学院负责漳州校区教学管理工作秘书的工作时间。

3.各学院负责漳州校区教务管理工作的秘书应按照教务秘书的职责开展工作，尤其应注意向本学院及所属各系分管教学的院长及各系主任汇报和反馈本学院各系课程教学的执行情况、学生学习情况及学生的意见和建议。

4.各学院和公共教学部负责校本部和漳州校区教学管理工作的秘书有责任每周提前通知下周任课教师教学时间，以免教师误课。对于由于天气原因或公务活动调整教学时间或地点的，漳州教务办教学秘书必须事先通知漳州校区的学生，以免学生待课。

5.漳州校区教务办应设立学生投诉电话或电子信箱，接受学生对漳州校区教学管理工作的意见和建议。

6.校本部和漳州校区的辅导员应建立随堂听课制度，每周听课次数不得少于两次，每次的听课时间应与教师授课时间一致。

三、建立调研工作制度和学生座谈制度

1.为了解学生学习情况和对教学工作的意见及建议，为加强教务管理提供依据，各学院应建立赴漳州校区开展教学管理调研工作制度和学生座谈制度。

2.原则上，各学院及所属系分管教学的院长及系主任和负责本科生政治思想工作的党委副书记每月应不少于1次、学生辅导员每月应不少于2次到漳州校区调研，尤其在开学初、学期中和学期末，要特别关注教学的组织实施情况、学生的学习情况和学生对教学的反映。

3.漳州校区学生工作办公室应为各学院确定“固定联系的辅导员”，应积极配合各学院在漳州校区开展调研和座谈活动。

4.各学院及所属系的领导和辅导员应特别关心学习成绩出现问题的学生，了解他们的思想动态，以各种方式开展“传、帮、教”活动。

四、确定和公布各院系教学计划

1.各学院必须在第10周之前在本学院网站的专栏上将本学院修订后的教学计划予以公布，指导学生进行学习。

2.各学院应在自己的网站上开设本学院所属系或专业的学习指南或学习园地，介绍本学院的教师和课程开设情况，为学生学习和今后的选课提供依据。

五、加强漳州校区教务管理和组织工作

1.教务处应配合各学院在下个学年为漳州校区二年级学生组织160～200门次的全校性公共选修课程，每学期80～100门(可重复)。

2.各学院应组织教师为漳州校区二年级学生开设全校性公共选修课。

3.教务处应积极配合各学院并发动各研究所的师资队伍力量，组织和安排漳州校区的全校性公共选修课计划，真正落实到单位、落实到课程、落实到教师。

4.教务处应安排专项资金，配合全校性公共选修课建设，建立“厦门大学全校性公共课程开发计划”，作为“课程开发费用”对为开设优秀全校性公共选修课程的教师给予适当的资金支持。

5.漳州校区教务办应建立校区课程测评系统，并开展每学期正常的教学测评工作。在本学期第10周之前，应组织各学院驻漳州校区的教务秘书完成漳州校区2003级学生第一学期课程的测评工作。

六、加快漳州校区实验室搬迁建设工作

1.教务处必须组织专门小组，积极主动配合漳州校区建设指挥部等相关部门，负责漳州校区物理、电子、电工、生物、化学和海洋等实验室的搬迁工作，保证实验室搬迁建设工作按时有序开展。

2.根据校长办公会议精神和搬迁建设时间表，凡涉及实验室搬迁建设工作的学院的分管领导和实验室主任，必须充分认识此次实验室搬迁的艰巨性，密切配合相关部门，及时做好实验室搬迁的各项准备工作和搬迁建设工作，确保物理、电子、电工三大实验室按时完成搬迁建设；力保化学、生物、海洋、金工、音乐实验室的搬迁建设。

七、加强教师教学管理

1.各学院应以书面形式将在漳州校区调研和学生座谈中反映的教学问题,及时反馈给任课教师或相关学院、公共教学部及漳州校区教学办的负责人,以便及时采取措施解决存在的问题。

2.教师负有认真按照教学计划开展教学的责任和义务,不得无故缺课、调课或并班。因公务活动或个人重大事件需要调课的教师,必须事先以书面形式向本学院或教学部的负责人提出请假申请,获准后应将教学时间变动情况和补课安排及时通知相关教学秘书。教学秘书应及时将教学时间变动情况和补课安排通知漳州校区的学生,避免学生待课。

3.对于无故缺课、调课、并班上课或没有履行补课义务的教师,教务处将给予通报批评。

4.教师应做好本职工作,履行教师职责。充分发挥助教的作用,定期举行辅导,并定期布置、批改和点评作业;注意根据漳州校区的特点和任教课程的特点探讨各种有效的教学组织形式,可以通过"分单元教学"和"分单元总结和辅导"等形式,增加师生间的沟通和交流时间,了解学生的学习情况,倾听学生的意见和建议,以不断改进教学方法。

二○○四年四月二日

——本文摘录自《关于进一步完善漳州校区教学和学生管理工作的意见》,厦大教〔2004〕13号,档号2004-XZ12-1

厦门大学本科毕业论文规范

（2004年4月20日）

1.文科类各专业毕业论文的写作程序大体分为六个阶段：(1)确定导师；(2)与导师讨论并选题；(3)阅读文献、收集资料；(4)拟定写作提纲；(5)撰写和提交初稿，与导师讨论和修改；(6)定稿和导师审阅。

文科各专业的毕业论文要求论题明确、资料翔实、论证严谨、语言文字流畅简练、结构合理、理论联系实际、观点正确或有一定的独到见解；一律采用文内图表，引文出处和注释一律采用文尾注。毕业论文篇幅应不少于6000字(不含图表)。

2.理工科类各专业毕业论文的写作程序大体分为六个阶段：(1)确定导师；(2)与导师讨论并选题；(3)阅读文献、收集资料；(4)拟定设计或实验方案；(5)设计或实验；(6)理论分析和技术分析，撰写初稿，修改稿；(7)定稿和导师审阅。

理工科各专业的毕业论文要求设计方案合理、立论准确、理论分析和技术分析充分、实验和计算方法正确、数据准确可靠、图表规范清晰、文字表达准确、语言流畅简练；原则上采用文内图表，不能采用文内图表的制图、制表规格可根据实际需要而定，以附件的形式附在毕业论文正文后，引文出处和注释一律采用文尾注。毕业论文篇幅应不少于5000字(不含图表、程序和计算数字)。

3.学生的毕业论文格式采用学校教务处规定的统一格式：(1)题目；(2)学生(姓名、学院、系、专业、年级)；(3)指导教师(姓名、职称)；(4)中文摘要、关键词；(5)目录；(6)引言；(7)正文；(8)结论；(9)致谢语；(10)英文题目、摘要、关键词；(11)参考文献；(12)附录。

4.毕业论文的内容要求：

(1)题目：应简洁、明确、有概括性，字数不宜超过20个字。

(2)摘要：要有高度的概括，语言精炼、明确。同时有中、英文对照，字数在400字以内。

(3)关键词：从本文标题或正文中挑选3～5个最能表达主要内容的词或术语作为关键词，同时有中、英文对照。

(4)目录：目录作为论文提纲，是论文各组成部分的小标题，文字应简明扼要。目录按论文顺序分章、节二级编写，要标明页数，以便阅读。目录中的标题应与正文中的标题一致。

(5)引言：是毕业论文的开头部分，主要说明论文写作的目的、现实意义、对所研究问题的认识，并提出论文的中心论点等。引言要写得扼要，篇幅不要太长。

(6)正文：是毕业论文的主体，是对研究工作的详细表述，一般由标题、文字、图、表格和公式等部分组成。该部分要运用各方面实验结果、研究方法，分析问题、论证观点，尽量反映出学生的科研能力和学术水平。

(7)结论：结论是全文的思想精髓和文章价值的体现。应概括说明所进行工作的情况和价值，分析其优点和特色，指出创新所在，并应指出其中存在的问题和今后的改进方向，特别是对工作中遇到的重要问题要着重指出，并提出自己的见解。它集中反映作者的研究成果，表达作者对所研究的课题的见解和主张，结论要简单、明确，篇幅不宜过长。

(8)致谢语：在文章结尾处，通常以简短的文字，对工作过程中曾给自己以直接帮助的人员，表示自己的谢意。

(9)参考文献：参考文献指作者在毕业设计(论文)工作中所参考的文献，包括研究背景、研究方法、研究结果的比较等,是毕业设计(论文)不可缺少的组成部分,也是作者对他人知识成果的承认和尊重。毕业设计(论文)的引用文献必须在文中引用处体现出来,并按顺序编号。引用文献应按文中引用出现的顺序列全,附于文末。

(10)附录:附录是不宜放在正文中的资料,如调查阅卷、公式推演、编写程序、原始数据附表等等。放入设计(论文)资料袋。

5.学生的毕业论文及其外文译文统一用A4纸打印,上边距为2.5 cm,下边距为2.0 cm,左边距为2.0 cm,右边距为2.0 cm。每页须加“页眉”和“页码”。打印排版格式如下:

(1)论文封面采用学校教务处规定的统一格式。

(2)题目、摘要和关键词

论文(设计)题目为三号黑体字,可以分为1或2行居中打印。论文(设计)题目下空一行打印摘要,[摘要]二字(四号黑体),[摘要]二字后空一格打印内容(小四号宋体)。摘要内容下空一行打印[关键词]三字(四号黑体),其后为关键词(小四号宋体)每两个关键词之间空两格。英文摘要题目全部采用小四号Arial字体,摘要内容和关键词均用五号Arial字体。题目、中文摘要、关键词合打一页。英文摘要和关键词另打一页。

(3)“目录”二字(四号黑体),下空二行为章、节、小节及其开始页码,采用小四号宋体。页码放在行末,目录内容和页码之间用虚线连接。

(4)引言用小四号宋体字打印(若有标题用四号黑体字)。

(5)标题:每章标题以小三号黑体字居中打印;“章”下空二行为“节”,以四号宋体字左起打印;“节”下空一行为“小节”,以四号黑体字左起打印。换行打印论文(设计)正文。

(6)正文:采用小四号宋体字打印。

(7)文中图、表应有自明性。图、表名应附相应的英文和必要的中文图注。制图要求:半栏图宽≤7 cm,通栏图宽≤16 cm;图中曲线粗细应相当于5号宋体字的竖画,坐标线的粗细相当于5号宋体字的横画;图中文字、符号、纵横坐标标目用小五号字;标目采用国家标准的物理量(英文斜体)和单位符号(英文正体)的比表示,如c/molL-1。表格采用“三横线表”,表的内容切忌与图和文字的内容重复。

(8)公式:公式书写应在文中另起一行,居中书写。公式的编号加圆括号,放在公式右边行末,公式和编号之间不加虚线。公式后应注明编号,该编号按章顺序编排。

(9)结论二字用四号宋体字,结论内容为小四号宋体字。

(10)致谢语三字用四号黑体字,内容为小四号宋体字。

(11)参考文献的著录应执行GB7714-87《文后参考文献著录规则》及《中国学术期刊(光盘版)检索与评价数据规范》规定,采用顺序编码制,在引文处按论文中引用文献出现的先后以阿拉伯数字连续编码,序号置于方括号内。一种文献在同一文中被反复引用者,用同一序号标示,需表明引文具体出处的,可在序号后加圆括号注明页码或章、节、篇名,字体用小五宋体。

文后参考文献的著录项目要齐全,其排列顺序以在正文中出现的先后为准;参考文献列表时应以“参考文献:”(左顶格)或“[参考文献]”(居中)作为标识;序号左顶格,用阿拉伯数字加方括号标示;每一条目的最后均以实心点结束。

参考文献著录的条目以小于正文的字号编排在文末。文献的著录格式:

①专著:作者.书名[M].出版地:出版社,出版年.

②期刊:作者.题名[J].刊名,出版年,卷(期):起止页码.

③论文集:作者.论文集名[C].出版地:出版社,出版年.起止页码.

④学位论文:作者.题名[D].保存地点:保存单位,年.

⑤专利文献:专利所有者.题名[P].专利国别:专利号,出版日期.

⑥电子文献:责任者.电子文献题名[电子文献及载体类型标识].电子文献网址.年-月-日.

文献作者3名以内的全部列出;3名以上则列出前3名,后加“等”(英文加“et al”).

参考文献类型，根据GB3469-83《文献类型与文献载体代码》规定，以单字母方式标识：M—专著，C—论文集，N—报纸文章，J—期刊文章，D—学位论文，R—研究报告，S—标准，P—专利；对于专著、论文集中的析出文献采用单字母“A”标识，其他未说明的文献类型，采用单字母“Z”标识。

6.其他要求：

(1)全文内的各章、各节内的标题及段落格式(含顶格或缩进)要一致；

(2)全文内各章的体例要一致，例如，各章(节、目)是否有“导语”；

(3)时间表示：使用“2004年6月”，不能使用“04年6月”或“2004.6”；

(4)标题编号：要符合一般的学术规范，一般不能使用“半括号”、“(一)、”或“(一、)”等不规范用法，标题结束处不能有标点符号；

(5)全文错别字或不规范之处不能超过万分之二。

——本文摘录自《关于印发〈厦门大学本科毕业论文规范〉的通知》，(2004)厦大教19号，档号2004-XZ12-3

厦门大学本科全校性选修课程管理办法

(2004年5月10日)

开设全校性选修课是拓宽学生知识面,提高学生文化素质修养,培养学生创新能力的一项重要措施。为了规范我校全校性选修课管理,提高全校性选修课的课程质量,特制定本办法。

第一条　全校性选修课程设置应遵循如下原则

1.有利于学生了解各学科最基本的知识领域和思维方法;
2.有利于加强学生的人文素质、创新能力;
3.有利于促进不同学科交叉渗透;
4.有利于培养学生的思辨能力;
5.有利于引导学生了解学科前沿和新成果、新趋势、新信息;
6.有利于促进学生理解经典著作的基本精神,启迪思路;
7.有利于提高学生的思想道德水平和身体心理素质。

第二条　全校性选修课划分类别及学分要求

根据学校的实际情况,全校性选修课分为七大类别。要求学生修满所在专业类别以外12学分课程。
1.文史哲类:涵盖文学、哲学、历史学及新闻传播等学科类别;
2.法学等社会科学类:涵盖法学、政治学、社会学、心理学、教育学、军事等学科类别;
3.理学类:涵盖数学、物理学、化学、海洋学、医学、生物学等学科类别;
4.工学类:涵盖机械、电子信息、化工、材料、环境工程、建筑及土木等学科类别;
5.经济管理类:涵盖经济学、管理学等学科类别;
6.外语类:涵盖英语、日语、德语、法语等学科类别;
7.艺术类:涵盖美术、音乐等学科类别。

第三条　全校性选修课程修习对象

全校性选修课程修习对象主要为二年级、三年级学生。

第四条　全校性选修课程学分

全校性选修课程一般为2学分。为鼓励教师结合自己的科研和教学专长,也可开设1学分的短课程。在排课方法上,2学分的课程一般采用每周2课时的方法;1学分的课程可以根据需要和具体情况采取每周2学时,集中上半学期上课或下半学期上课。

第五条 全校性选修课程管理流程

1.课程申报时间:各学院于每学期期中教学检查结束后二周内,将本学院要开设的全校性选修课通过教学系统报送到教务处,教务处对申报课程进行审核后,确定可开设的课程并公布。

2.课程申报要求:在申报课程时,要求任课教师或教学秘书填写课程类别、选课年级、内容简介等课程信息,同时注明开课校区、上课时间、限选人数及教室要求等。

3.课程调整:教务处根据该学期学生预选人数和申报课程数量,对学院申报课程限选人数进行适当调整,并将结果反馈给各学院和任课教师。

4.课程选课:教务处根据所申报的课程信息编制《全校性选修课程一览》,供学生选课之用,各学院组织学生选课。

5.课程信息反馈:选课结束后,各学院教学秘书通过系统把课程的考勤表打印给任课教师。

6.课程考核:课程结束后,任课教师应组织课程考核。课程考核结束后一周内,任课教师要通过教学系统输入课程成绩,同时送交教务处一份书面课程成绩单存档。

第六条 全校性选修课选课办法

1.全校性选修课一律采用网上选课,未经网上选课或者未通过网上确认的课程,不能参加课程的学习和考试,不能取得课程学分。

2.全校性选修课选课一般分两个阶段:第一阶段为预选阶段。在该阶段安排两轮预选,时间安排在学期结束前一个月进行。第一轮预选采用随机抽取的方式进行筛选,每位同学在该轮限定的时间内任何时间选上课的机会是均等的。第二轮预选采用先报先上的原则进行筛选。预选阶段结束后人数不满20人的课程自动取消;第二阶段为改补选阶段,一般安排在开课学期的前第1～2周进行,学生在该阶段可进行课程的改选和补选,该阶段采用先报先上的原则进行筛选。

第七条 全校性选修课教学管理

1.学校负责全校性选修课教学质量的监控,各学院根据学校有关要求加强对课程的质量管理,提高全校性选修课的教学质量。

2.在申报课程时,各学院应统筹规划,根据本学院的特点和优势,确定要开设的全校性选修课,力争使开设的课程能代表本学院的最高水平。任课教师应把教学大纲上报教务处,教务处通过教学管理系统向学生公布,以使学生了解课程的主要内容及教学目的,明确课程的考核方式。

3.任课教师应严格按教学大纲要求制定教学进度表,认真备课,并根据教学进度进行授课。

4.课程一经学生选课,任课教师或学院不能无故提出停课。确因教师出国、调动或者生病等原因不能完成教学任务的,各学院必须以书面的形式提出申请,并妥善安排其他教师接替该门课程的后续教学工作。

5.任课教师应严格执行教学规范,不得无故调课。确实需要调课的,任课教师应提前1周填写调课申请单,由分管教学院长或者系主任签字后送教务处,并与教务处有关负责人协调调课的时间和地点,将结果提前通知学生。

6.任课教师应加强课堂考勤管理。凡一学期缺课三分之一者,应取消其考试资格。

7.凡是未参加考试或考试不及格,不能取得学分,下学期可以重修该课程,也可以重修其他课程,但是不能通过补考而获得学分。

8.修习全校性选修课的学生,要求有课程教材,学生可购买或通过其他方式取得教材。任课教师不得强迫学生购买自编教材。

第八条　本办法自公布之日起执行

第九条　本办法由教务处负责解释

——本文摘录自《关于印发〈厦门大学本科全校性选修课程管理办法〉的通知》,(2004)厦大教26号,档号2004-XZ12-3

关于加强厦门大学学生活动经费使用管理的若干规定

（2004 年 5 月 25 日）

各相关单位：

根据厦大办纪要[2003]36 号、厦大专纪要[2004]3 号文件精神，现将我校学生活动经费使用管理的若干事项规定如下：

学生活动经费的提取与划拨：

学生活动经费分为本专科生学生活动费和研究生活动费二类，全校各类学生经费按统一标准、统一划拨到学校学生经费专户。

各类学生活动经费按年生均 60 元标准统一提取。

学生活动经费中的 60%（即年生均 36 元，不再区分专业、层次差异）划拨到学院本专科生活动费卡和研究生活动费卡，由学院分管学生工作的副书记负责管理。

根据完费注册相关规定，学院学生活动经费总额按本学院完费注册人数划拨。学生活动经费分学期划拨（一般在 3 月底和 10 月底），均按划拨经费时的学院完费注册人数制定划拨计划，不再补发经费。请各学院在划拨日期前督促学生完费注册，以免影响活动经费总额。

按学校文件要求，学生处、财务处制定学生活动经费开支使用细则，规范学生活动经费的开支范围、报销审批程序和责任追究制度。

成人教育类学生、远程教育类学生、海外教育类学生可以参照学生活动经费的标准由各学院直接在本学院的教育成本中提取划拨学生活动费用。

附件：厦门大学学生活动经费管理细则

厦门大学学生工作处　财务处
二〇〇四年五月二十五日

附件：

厦门大学学生活动经费管理细则

学生活动经费包括本专科生活动费和研究生活动费两类。学生活动经费划拨到学院（研究院、园区）后，分别由负责本专科生或研究生工作的院党委副书记负责管理、审核，并向学院“财务一支笔”汇报经费使用情况。漳州校区由各园区学生办主任负责管理、审核，并向漳州校区学生办汇报经费使用情况。

一、开支范围。

1.学生活动经费可以用于下列开支：

与学生活动相关的办公费（笔墨、纸张、颜料、电池等）、印刷费（复印、电脑刻字、喷绘、奖状、请柬等）、演出或比赛费用（场地费、胶卷及彩扩费、磁带或 VCD 片费、矿泉水和少量点心费、演出或比赛服装费、演出用化妆品费、活动评选名次的奖金奖品费、误餐费、竞赛评委或裁判员的劳务费等）、交通费（车船票、租车船费、市内交通费等）、少量报刊及资料费、学生会活动室电费、重病学生慰问等发生的支出。

其中误餐费按每人次10元为标准且限于工作餐,凭餐费发票报销,发票需注明用餐人数及原因。演出或比赛服装需办理材料进库单,服装应重复使用,避免浪费。

2.学生活动经费禁止用于下列开支:

(1)与学生活动无关的开支。

(2)无正式票据的开支。

(3)各类罚款、滞纳金、大笔餐费(超过每人次10元)、礼品费、日用品等。

3.特殊性的开支,由学生处负责审核是否准予报销。

二、学生活动经费申请、审批、报销程序及要求。

1.学生活动经费申请、审批程序。

学生活动经费在学院二级财务(漳州校区在漳州校区财务办)报销。各学院应本着量入为出的原则管理学生活动经费,应根据全年的工作计划妥善安排经费支出。除比赛奖金、评委裁判劳务费等可以用领款清单签名领取(附获奖名单及奖励金额、评委会或裁判员名单及劳务费金额)外,其余报销必须以正式发票为据。

学生活动经费由具体负责某项活动的辅导员(或学生活动指导教师)向院党委副书记(漳州校区各园区学生办主任)提出经费申请,在获得签批后,由辅导员或指导教师向学院二级财务(漳州校区财务办)预支经费。学生不得办理预支手续。

学生活动经费的报销,需经分管学生工作的学院副书记及院"财务一支笔"共同签批。

2.财务报销的一些具体规定。

(1)禁止以白条或冒名签领方式办理报销。报销发票要有明细品名,不能笼统开办公用品。每张发票要有经办人、验收人签名。

(2)活动结束后应在二周内完成报销工作。在报销时应汇总本次活动所发生的全部费用支出,并在报销单上注明该活动项目名称。

(3)学生活动经费购置设备200元以上800元以下的,到资产处填写低值设备表,800元以上的办理固定资产入账手续。购置服装应填写材料进库单。

(4)学生可以协助办理预支及报账手续,但不能以学生姓名直接办理预支及报账手续。

(5)各类学生困难补助应专款专用,按公示程序进行评选、发放,不得变相用于学生活动费用。

三、事后监督与责任追究。

1.各单位分管学生工作的党委副书记负责本单位学生活动经费的管理、审核工作,并承担相应的领导责任,实行责任追究制度,并纳入工作考核内容。各单位的"财务一支笔"负责学生活动经费的审批、监督、管理工作。

2.各学院二级财务人员按财务制度及相关法规的规定负责对学生活动经费的支出进行审核并办理报销手续,定期向院党委汇报项目结余情况。

3.财务处按财务制度及相关法规规定对学生活动经费开支票据的合法性、手续的完整性进行审核,并定期向学生处、各学院二级财务人员提供学生活动经费开支情况及项目余额。

4.学生处负责拟定年度(学期)学生活动经费分配方案,报主管校领导审批后实施,并负责事后监督。

四、本细则由财务处、学生处负责解释,自公布日起执行。

——本文摘录自《关于加强厦门大学学生活动经费使用管理的若干规定》,(2004)厦大学6号,档号2004-XZ11-1

厦门大学科学技术协会章程

（2004 年 10 月 22 日）

第一章　总　则

第一条　本会名称：厦门大学科学技术协会[AST of XMU（Association for Science and Technology of Xiamen University），下称本会]。

第二条　本会性质：本会是在校党委领导下的科学技术工作者自愿参加的群众性学术组织，是联系广大科技工作者的桥梁和纽带。

第三条　本会宗旨：

（一）团结广大科技工作者，遵守宪法、法律、法规和国家政策，遵守学术道德规范，弘扬社会道德、风尚；

（二）坚持"百花齐放、百家争鸣"的方针，开展学术交流，举办科学家沙龙；

（三）坚持民主办会，坚持实事求是的科学态度和严谨的优良学风，倡导"献身、创新、求是、协作"和"自强不息、止于至善"的精神；

（四）促进科学技术的繁荣和发展，促进科学技术的普及和推广，促进科学技术人才的成长和提高，促进科学技术与经济的结合，为实施科教兴国和可持续发展战略，为实现我校尽快建成世界知名的高水平研究型大学的奋斗目标服务；

（五）反映科技工作者的意见，维护科技工作者的合法权益，为科技工作者服务。

第四条　本会业务上接受福建省科学技术协会指导。

第五条　本会挂靠厦门大学科学技术处，下设秘书处。

第二章　任　务

第六条　本会的主要任务：

（一）组织开展学术交流，举办科学家沙龙；

（二）普及科学知识，弘扬科学思想，提倡科学方法，推广先进技术；

（三）开展继续教育、知识更新的培训工作；

（四）开展技术咨询和技术服务；

（五）指导大学生科技活动；

（六）表彰、奖励有贡献的科技工作者，宣传科技工作者先进事迹，向有关部门推荐优秀科技工作者；

（七）维护科技工作者合法权益，反映他们的意见和要求，建立"科技工作者之家"；

（八）完成上级领导交办的其他任务。

第三章　会　员

第七条　本会的会员分个人会员和团体会员。

第八条　申请加入本会的个人会员,必须具备下列条件:

(一)在厦门大学工作、具有本科以上学历或中级以上职称、热心本会工作的科技人员和科技管理人员;

(二)拥护本会的宗旨;

(三)自愿加入本会,积极参加本会活动。

第九条　申请加入本会的团体会员,必须具备下列条件:

(一)所在团体是厦门大学校内科研单位,团体人员热心本会工作;

(二)团体拥护本会的宗旨;

(三)团体自愿加入本会,积极参加本会活动。

第十条　入会程序:

(一)提交入会申请书;

(二)经本会常委会讨论通过,由秘书处发给会员证。

第十一条　会员权利:

(一)享有选举权、被选举权和表决权;

(二)有权参加本会的活动;

(三)优先享有本会提供的服务;

(四)对本会工作的批评建议权和监督权;

(五)有入会自愿、退会自由权。

第十二条　会员义务:

(一)执行本会的决议;

(二)维护本会合法权益;

(三)完成本会交办的工作;

(四)交纳会费;

(五)向本会反映情况,提供有关资料。

第十三条　会员退会应书面通知本会,交回会员证。

第十四条　会员如有严重违反本章程的行为,经本会常委会表决通过,予以除名。

第四章　组　织

第十五条　本会实行民主办会,领导机构是本会委员会,委员会由会员代表大会产生。会员代表大会每三至五年举行一次。

第十六条　会员代表大会职责:

(一)讨论决定本会的工作方针和任务;

(二)审议批准本会委员会工作报告和财务报告;

(三)讨论通过有关决议和倡议;

(四)选举本会新一届委员会;

(五)制定和修改本会章程。

第十七条　在会员代表大会闭会期间,本会委员会负责领导本会工作,其主要职能:

(一)执行会员代表大会决议;

(二)制定工作计划,审议工作总结;

(三)领导所属组织开展各项活动;

(四)召开下届会员代表大会。

第十八条　本会委员会设常务委员会。常务委员会由主席、副主席、秘书长、常务委员组成。主席、副主席、常务委员由委员会选举产生。

第十九条　本会委员会设秘书处,秘书长由主席提名。在委员会休会期间,由秘书长负责处理日常工作。

第二十条　本会设名誉主席。

第二十一条　本会根据工作需要设立分会。

第五章　经　费

第二十二条　本会经费来源:

(一)厦门大学专项经费资助;

(二)各种科技服务的收入;

(三)社会或个人赞助;

(四)会员会费。

第六章　附　则

第二十三条　本章程经2004年10月18日会员代表大会表决通过。

第二十四条　本章程解释权属本会委员会。

——本文摘录自《关于印发〈厦门大学科学技术协会章程〉和〈厦门大学科学技术协会第一届委员会组成成员名单〉的通知》,厦大科〔2004〕55号,档号2015-XZ13-61

关于在漳州校区试行实验教学规范管理系列规定的通知

(2004 年 11 月 9 日)

各学院:

为保证实验教学质量,规范实验教学过程,我处决定在漳州校区各基础教学实验室率先试行厦门大学实验教学规范管理的系列规定。这一系列规定包括:

1.厦门大学实验教学管理规范(暂行)

2.厦门大学教学实验技术人员工作守则(暂行)

3.厦门大学教学实验教师工作守则(暂行)

4.厦门大学学生实验守则(暂行)

5.厦门大学教学实验室安全工作规定(暂行)

6.厦门大学教学实验室信息收集与档案管理规定(暂行)

请各有关单位遵照执行。

教务处

2004 年 11 月 9 日

附件 1

厦门大学实验教学管理规范(暂行)

实验教学是高等学校课程教学的重要组成部分,是培养学生动手实践能力、观察能力、分析和解决问题能力以及求实创新精神的重要教学环节。为保证实验教学质量、规范实验教学过程,特制定本规范。

一、实验教学的任务

实验教学的主要任务是使学生掌握科学实验的基本方法和基本技能,锻炼从实验角度研究自然规律或解决本学科领域工程技术问题的基本能力,并形成良好的科学作风和开拓创新的精神。

二、实验教学的组织与管理

实验教学由学校制定的教学计划统筹安排,分别由各院(系)、实验中心(实验室)负责组织、管理和具体执行。

三、实验教学大纲

1.各院(系)、实验中心(实验室)应根据教学计划和课程教学基本要求(或课程教学大纲),组织有关教师按实验课程认真制定实验教学大纲(格式见附件一)。

2.实验中心(实验室)每学期应按实验课程认真填写实验教学计划表(格式见附件二)。

四、实验教材、实验讲义

1.各实验课程都有实验教材或实验讲义。

2.教材的选择、实验讲义的编写要符合实验教学大纲的要求,对不同专业的实验课程留有充分选择的余地。

五、实验指导教师

1.实验指导教师由实验教师、有实验教学经验的实验技术人员组成。

2.实验教师主要从事实验教学与研究工作,是课程教学和教学改革的骨干,负责对其他人员的指导,对课程教学质量负有责任。鼓励理论课教师从事实验教学。

3.实验教师指导实验应遵守《厦门大学实验教师工作守则》。

4.实验技术人员主要从事实验前后的准备、实验设备的研制、实验技术开发、仪器设备的维护和实验室日常工作的管理等。

5.实验技术人员应遵守《厦门大学实验技术人员工作守则》。

六、学生实验

学生实验应遵守《厦门大学学生实验守则》认真完成实验。

七、实验教学的考试和考核

1.实验教学的考试和考核要采取平时成绩同期末考试相结合的办法,应能够客观反映学生科学实验知识和能力的培养和掌握程度,并有利于激励学生培养实践能力和创新意识。

2.实验教学的考试和考核成绩要登记、建档(格式见附件三)。

八、其他

1.实验中心(实验室)应建设自己的网站,充分运用现代化技术及先进的实验教学手段教学。对于必要的实验,鼓励虚拟、仿真实验与实际实验结合。

2.实验中心(实验室)要积极创造条件,逐渐做到从实验时间、实验内容上向学生全面开放,学生可以充分利用实验室的条件来进行课外学习、实验研究和科技制作活动,使实验室成为培养学生创新精神和实践能力的基地。

3.本规范自学校批准之日起执行,由教务处负责解释和组织实施。

附件一:厦门大学本科实验教学大纲

附件二:厦门大学实验教学计划表

附件三:厦门大学本科实验教学考试(考核)记录表

(附件一、二、三略——编者)

教务处

2004 年 10 月 15 日

附件 2

厦门大学教学实验技术人员工作守则(暂行)

一、遵守和贯彻学校和实验室关于实验室的各项管理规定。

二、熟练掌握实验室各项教学实验的原理和实验技术,掌握实验仪器的性能、使用方法及操作步骤,能够迅速、熟练地排除实验所需的实验装置的小故障。努力学习新的实验技术、新器件的使用,尽快掌握本实验室新购进的设备的使用方法。

三、做好实验室仪器设备的日常管理、维护工作,定期检查仪器设备的工作状况,发现仪器设备运行不良时应马上采取措施并及时报告、维修。

四、负责实验室的安全、环境卫生工作。

五、实验前按照实验要求准备实验所需的仪器设备和各种消耗材料,认真检查实验所用仪器是否完好,确保仪器能够正常工作。

六、实验中积极协助实验教师辅导学生实验,发现问题及时解决或反馈实验教师。

七、实验后应整理好设备,关闭仪器,关好门窗、水、电。

八、做好实验室工作档案的收集、整理、存档、上报等工作。

九、积极参加实验教学改革和研究,按照实验任务的需要,开展实验装置的研制工作。

附件 3

厦门大学教学实验教师工作守则(暂行)

一、遵守和贯彻学校和实验室关于实验室的各项管理规定。

二、备课

1.实验教师上课前应明确实验教学大纲和实验教材内容的要求,预做所有开出的实验项目,写出备课实验报告和实验教案。

2.实验教师应预先熟悉实验所需的仪器设备的性能、使用方法以及操作步骤。

三、上课

1.实验教师上课应严格遵守学校的作息时间,不得迟到、早退。

2.在第一次实验前应向学生讲解《厦门大学学生实验守则》和安全操作规程。

3.每次实验前认真检查学生的预习情况,并对实验要求及注意事项等做必要的讲解。

4.要认真辅导学生实验,及时检查、记录每个学生的操作情况及学习态度;注意培养他们实事求是的科学作风及爱护仪器、遵守纪律的自觉性。

5.对不同程度的学生,应努力做到因材施教。

6.学生实验完毕,实验教师应认真检查实验数据、实验结果。达到要求后,教师应在实验报告原始数据上签字,并要求学生整理好实验装置后方可离开实验室。

7.课后应协助值班人员做好清点、实验室整理工作。

四、批改实验报告

1.教师必须认真、及时地批改实验报告,登记成绩。对不合格的报告必须退回,要求学生重做。

2.教师应根据学生实验操作、实验能力、实验结果及实验报告是否准确、规范给予恰当的评语和评分,并签署批改人姓名。

3.每学期末应协助实验中心(实验室)收回学生实验报告,交实验中心(实验室)集中保管。

附件 4

厦门大学学生实验守则(暂行)

一、遵守学校和实验室关于实验室的各项管理规定。

二、上课前必须充分预习,并按实验教师要求完成实验报告内容第 1～5 项目。经实验教师检查合格后,方可进行实验。

三、进入实验室应服从教师指导,在指定位置做实验,不得在室内喧哗、打闹、不得吸烟、饮食、随地吐痰、乱扔纸屑和其他杂物。不得将与实验无关的物品带入实验室,未经允许不得将实验室物品带出实验室。

四、爱护仪器设备,遵守操作规程。实验过程中若仪器设备发生故障或损坏时,即时报告指导教师进行处理。因违反操作规程或不听从指导而损坏仪器设备的应按学校有关规定处理。

五、实验时要独立操作、注意观察、认真分析、准确记录实验原始数据,按时、按质、按量完成实验。实验数据应由实验教师检查签字。

六、实验结束后,将实验仪器设备、用具等放回原处,整理干净实验场地周围环境,及时关闭水、电、门、窗,经指导教师检查合格后,方可离开实验室。

七、按时、独立、按学校统一规范完成实验报告,不抄袭、臆造实验报告,批阅后的实验报告应妥善保管,每学期末根据实验教师要求上交全部实验报告存档。

附件5

厦门大学教学实验室安全工作规定(暂行)

一、实验室实行实验室主任领导下的安全岗位责任制。实验室主任应指定专人担任各个实验室的安全员,并且要经常对有关人员进行安全教育、检查安全情况,提高防范事故发生的能力。

二、安全员在实验室主任的直接领导下负责本实验室安全工作,并建立安全教育制度、安全责任制度和安全报告制度。

三、保持室内外环境的文明整洁,桌面、地面、门窗和设备无积灰与蛛网等污物、杂物。不得将与实验无关的物品带进实验室。实验室的仪器、设备、实验台、橱柜等安放规范、布局合理、摆放整齐。实验室内不得吸烟、饮食、随地吐痰、乱扔纸屑和其他杂物。

四、实验室工作人员应会正确使用消防器材。消防器材要醒目易于提取,严禁挪做他用,要按照要求定期检查更换。

五、实验室人员应严格遵守技术安全操作规程,禁止违章上岗操作,实验完成后认真清理实验场地,及时切断水源、电源、气源、熄灭火种,关好门窗。

六、大型仪器设备、电气焊接以及特种作业的人员必须经过技术培训考试合格后方可上岗操作。

七、从事放射性工作的人员要按照有关规定持证上岗,工作时要做好安全防护并按照有关规定定期进行体格检查。

八、做有毒性实验时,实验室必须具备良好的通风、排风设施和相应的急救处理办法。严禁倾倒未经处理的有毒和污染环境的废弃物。

九、禁止超负荷用电,不准乱拉乱接电线,确实需要临时接拉的电线应注意安全,用毕后立即拆除。

十、易燃易爆品、腐蚀性物品、毒品、危险品、菌类、组织材料、动物等要指定专人负责管理。腐蚀性物品要避开易腐蚀性物品存放。

十一、实验室要采取有效措施防止仪器设备的丢失和损坏。丢失和损坏仪器设备按照《仪器设备损坏赔偿处理办法》处理。

十二、实验室发生安全事故必须及时上报院(系)主管领导、保卫处、教务处及学校主管领导。严禁隐瞒虚报事故。各个实验室应建立适合自己应对事故的方案和措施。

十三、对严格遵守实验室安全管理规章制度、实验室安全工作成绩显著的单位和个人,学校将予以表彰。对违反安全制度和实验操作规程、玩忽职守造成种类事故,学校将按照有关规定追究事故责任人和有关领导的责任,并给予相应的处理。

附件6

厦门大学教学实验室信息收集与档案管理规定(暂行)

为做好教学实验室的信息收集整理工作,加强实验室档案的管理,使之规范化、制度化,以提高实验室管理水平和工作效益,特制定本规定。

一、教学实验室基本信息的主要内容及档案材料分类

1.体制与管理

(1)国家及国家教育部与各部委、省教育厅等有关实验室工作的法规文件。

(2)学校有关实验室的各项规章制度。

(3)学校有关实验室发展建设与改革等文件。

(4)实验室建制审批(含实验室建立、合并、调整、撤销、改造等)文件。

(5)实验室历年工作计划、执行情况、工作总结。

(6)其他材料。

2.实验教学

(1)教学过程中的各种文件。

(2)实验教学大纲。

(3)教材、讲义、实验指导书。

(4)实验教学计划表。

(5)实验课表。

(6)教师备课教案。

(7)学生实验报告。

(8)考试试卷。

(9)实验项目更新、改造与淘汰等资料。

(10)实验研究材料。

(11)实验项目数据。

(12)实验室开放情况记录,包括内容、时间、学生、实验人员等。

(13)其他材料。

3.仪器设备

(1)仪器设备和低值耐用品的账、卡、物文字资料和技术资料,设备配置清单及状况、更新情况、利用率、完好率,仪器使用维修记录、设备领用和材料消耗记录。

(2)大型精密贵重仪器设备技术档案。包括每台仪器设备申购时的可行性论证报告、订货合同、装箱单、使用说明书、技术资料、验收报告及其履历本、降等降级报告和仪器设备的报损报废等资料(其中使用说明书和技术资料经校档案室建档后可由实验室借用保管)、使用情况等。

(3)其他材料。

4.实验队伍

(1)历届实验室主任、实验室各类人员情况,个人履历表。

(2)有关实验室人员岗位职责的材料,如岗位责任文件、岗位日志等。

(3)有关实验室人员聘任、考核的材料。

(4)有关实验室人员培训情况的材料,如培训计划,实施情况等。

(5)其他材料。

5.环境与安全

(1)实验室基础设施材料,如实验用房平面图,水、电、气布置图及技术资料。

(2)实验室改造记录。

(3)防火、防爆、防破坏、防盗措施及记录。

(4)实验室三废处理措施及记录。

6.实验室基本信息报表

(1)实验室基本情况。包括实验室建立年份、使用面积、投入经费、占有设备总额、人员总数、实验教学、科研项目数、获奖等级等。

(2)实验室任务及人员情况表。

(3)实验室人员数据表。

(4)实验室实验项目表。

(5)学校各实验室教学科研仪器设备年度数据表(单价为800元及其以上之设备)。

(6)学校各实验室教学科研仪器设备增减情况表。

(7)学校各实验室教学、科研精密贵重仪器设备年度使用情况数据表[单台(套)价为20万元及其以上之设备]。

二、教学实验室基本信息收集与档案管理要求

1.教学实验室基本信息收集与档案管理实行主任负责制,主任应指定专人管理实验室档案。

2.基本信息的收集整理工作,是实验室日常工作的一项重要内容,在实验室工作的专职人员、教师和研究人员都有义务、有责任向档案管理人员提供有关信息资料。

3.实验室工作人员应及时填写有关各类记录,仪器设备、安全检查等表格和账、卡,收集有关资料,做好实验室专职人员工作日志记录,为基本信息的收集提供更为全面的原始依据。

4.基本信息收集应逐步实行计算机管理。

5.各实验室每学年度或每年度应按要求按时上报有关档案资料,材料要保证完整、准确、系统,并进行科学分类。

6.单位或个人因工作需要查阅或借用有关档案资料者,均按学校档案管理的有关规定办理查阅或借用手续并按时归还。

——本文摘录自《关于在漳州校区试行实验教学规范管理系列规定的通知》,[2004]厦大教50号,档号2004-XZ12-4

·管理与服务工作·

厦门大学防治传染性非典型肺炎应急预案

(2004年1月5日)

为了进一步做好传染性非典型肺炎(以下简称非典型肺炎)的预防和控制工作，切实有效地防止非典型肺炎疫情反复，实现可持续控制，根据厦门大学具体情况，特制定本预案。

一、指导思想和工作原则

(一)指导思想

以"三个代表"重要思想和十六大精神为指导，认真贯彻落实《中华人民共和国传染病防治法》、《突发公共卫生事件应急条例》和《传染性非典型肺炎防治管理办法》，总结学校防治非典型肺炎工作中行之有效的经验和做法，以构建预防为主、防治结合的非典型肺炎长效管理与应急处理机制为根本；以保证今冬明春不出现反复为目标，全面落实"早发现、早报告、早隔离、早治疗"的工作要求，提高快速反应和应急处理能力，确保广大师生的身心健康，维护学校稳定。

(二)工作原则

预防为主，依法管理，统一领导，快速反应。

二、日常预防控制措施

1.学校各单位严格按照卫生部《关于2003—2004年传染性非典型肺炎防治工作方案》的要求，落实各项日常防控措施。

2.从2003年11月1日开始执行疫情日报告和"零"报告制度，校医院负责落实疫情专、兼职报告人向厦门市有关部门报告。

3.校医院成立非典防控领导小组，根据本预案制定医院今冬明春防治非典型肺炎工作应急预案，做出人员、物资、设备的详细测算和需求计划，并加强人员培训。

校医院门(急)诊建立预检分诊制度，设立发热门诊、隔离病房，做好发热病人的接诊、分诊工作，对怀疑病例视情况送隔离病房或联系120专用车辆运送至厦门市指定医院观察治疗。救护车24小时待命。

4.对所有新招用人员实行健康体检制度，取得健康凭证后方可办理务工手续。定期对出租房屋、地下空间进行检查整治，落实外来人员登记制度。

5.各类公共场所必须保持良好的通风换气，定期对公共设施和用具进行消毒。医院负责向学校各有关部门介绍消毒剂的使用并发放消毒及防护用品。在食堂及其他公共卫生场所完善洗手设备，提供流动水、洗手液、消毒肥皂。

6.加大健康教育宣传力度。对广大师生进行非典预防知识的宣传和教育，发放非典预防知识宣传材料和个人卫生消毒指南等，并通过学校的广播、电视、报纸、网络等各种媒体进行专题讲座。

7.组织开展全校性爱国卫生运动，搞好校内环境卫生。引导师生树立良好的卫生意识，克服随地吐痰、乱扔垃圾等陋习，养成良好的卫生习惯。

三、预警与应急

(一)预警分级

1.一级预警：境外(与我省有固定交通工具往来的)或外埠出现局部暴发或流行；本省出现疑似病例，但无确诊病例时。

2.二级预警：本省出现输入性非典确诊病例时。

3.三级预警：本省出现二代感染的新发确诊病例时。

(二)预警应急

	领导指挥	校外人员流动控制	校内集体活动控制	校内卫生消毒	后勤保障	校医院救治
一级预警	1.根据教育部、省、市政府的统一部署，启动学校的工作预案。 2.召开全校动员大会，各单位启动工作预案。 3.校非典办集中开展工作，值班室24小时值班。 4.在校园网转发全国疫情报告，发布我校的疫情报告。	1.建议师生员工尽量避免出访发生疫情的省区，确需出访的，需经本单位非典防控小组审批。 2.校外旅游团体经校非典办审批后方可入校。发生疫情省区来访的旅游团体谢绝入校。	尽量避免组织出省的旅游、社会实践、会议等集体活动，确需组织的，需经本单位非典防控小组审批。	定期进行全校性爱国卫生活动。	检查、配备各种医疗、卫生物资。	参照校医院的工作预案执行。
二级预警	1.校非典防控领导小组定期召开工作会议，研究处理各种问题。 2.定期召开全校各单位非典防控小组负责人工作会议，研究处理各种问题。 3.各单位向校非典办进行疫情日报告、“零”报告。	1.建议师生员工尽量避免出访厦门市、漳州市以外的地区，确需出访的，需经校非典办审批。 2.谢绝校外旅游团体入校。 3.校外车辆经消毒后方可入校。 4.从疫区返校人员、来访人员经体检合格后方可入校。	取消全校性集体活动。	1.校内人员每日定时测量体温，报告身体健康状况。 2.密切关注有咳嗽、发烧等症状的人员，督促其及时就诊。 3.对人员集中的地区进行定期消毒。 4.在公共场所工作的职工佩戴口罩。	1.补充各种医疗、卫生物资。 2.向在公共场所工作的职工发放口罩。	参照校医院的工作预案执行。

续表

	领导指挥	校外人员 流动控制	校内集体 活动控制	校内卫生消毒	后勤保障	校医院救治
三级预警	校非典防控领导小组成员、各单位非典防控小组成员手机 24 小时开机,随时准备处理各种突发事件。	1.建议师生员工尽量避免出校活动,确需出校的,需经校非典办审批。 2.校外来访人员、岛外返校人员经体检合格后方可入校;从疫区返校、来访人员需进行留院观察或居家观察或跟踪观察。	取消大型活动,只能以班级为单位进行教学及其他集体活动。	1.校内人员每日定时测量体温,报告身体健康状况。 2.密切关注有咳嗽、发烧等症状的人员,督促其及时就诊。 3.消毒工作小组待命。	1.校医院准备足够数量的隔离观察病房。 2.征用"华侨之家"楼作为隔离观察区。 3.救护车、车队待命。	参照校医院的工作预案执行。

四、疫情应急

(一)领导机构

调整厦门大学非典防控工作领导小组,由校党委书记任组长,分管学生工作的副书记和分管后勤工作的副校长任副组长。在厦门大学非典防控工作领导小组下,成立厦门大学非典防控工作办公室,由学校办公室、宣传部、学生处、保卫处、资产与后勤事务管理处、校医院、后勤集团及漳州校区管委会等单位有关人员组成,非典防控办公室具体负责各项防控工作的协调实施和信息的收集、汇总及报送工作。

一旦出现疫情,各单位非典防控领导小组立即恢复工作。

(二)防控措施

1.将校医院住院部四个房间隔离作为"症状疑似者"观察区,收治"症状疑似者"。

2.医院发现"症状疑似者",立即进行隔离,同时向院长报告,由院长向厦门市卫生防疫站和学校非典防控工作领导小组报告。

3.校医院落实厦门市卫生防疫站指派专家来我校会诊,经鉴定为"非典疑似病人"的,在第一时间联系转往厦门市指定医院。

4.对暂时在校医院留观的"症状疑似者",按"住院病人"进行管理,由校医院指定医护人员负责,并配备隔离衣、帽、鞋、眼罩等防护设施。

5.在校医院留观后经专家鉴定不是"非典疑似病人"的,由校医院安排转入正常治疗程序。

6.由校医院做好隔离区的消毒工作。

7.由后勤集团对"非典疑似病人"或"症状疑似者"的活动区域,包括其所住宿舍和近期到过的校内公共场所,进行全面消毒。

8.在校师生中发现疑似病例时,根据其活动范围,相应调整教学方式,暂时避免集中上课;发现 1 例临床诊断病例,对其所住公寓的楼层采取隔离控制措施;同一公寓楼内发现 2 例以上临床诊断病例,对整个公寓实行隔离控制。校内发现可疑病例后,校医院除要做好留观工作,同时必须通知思明区疾病控制部门到现场做出处理。

9.采取停课措施的班级或学校,应合理调节教学计划、课程安排和教学形式,做到教师辅导不停、学生自学不停、师生不离校园,实行封闭式的校园管理,严格控制外来人员进出校园,明确要求师生减少外出。

五、保障措施

学校集中人力、财力、物力,保证防治工作的顺利开展。

(一)财力支持

学校财务部门要为防治工作提供充足而合理的资金保障。

(二)物资保障

1.校医院和后勤部门要分别建立防治非典型肺炎物资储备库。
2.所有物资的使用实行审批制,专人负责,严格审批。

(三)人力资源保障

1.校医院组织非典型肺炎防病、治病知识宣传及人员技术培训。对医务人员进行《中华人民共和国传染病防治法》、《突发公共卫生事件应急条例》、《传染性非典型肺炎防治管理办法》等法律、法规、规章及疫病情监测信息报告工作流程等专业知识和技能的培训。

2.全校开展一次疫情应急模拟综合演练,检验并提高应急指挥体系、信息报告体系、疾病预防控制体系和应急救治体系的应急处理能力。

(四)科研保障

学校的有关科研部门要加快传染性非典型肺炎临床诊断试剂和治疗药物的研制,为临床诊断、治疗提供指导。

(五)社会动员与舆论支持

1.按照《突发公共卫生事件应急条例》的规定,依法及时公布疫情,保持信息透明度,避免因群众猜疑引起恐慌。

2.进一步开展科普和普法工作,提高师生预防意识和防护能力。

3.及时报道优秀人物和先进事迹,为抗非典工作提供舆论支持。

(六)学校开通非典防控值班电话和专用电子信箱,及时接受非典信息报告

校总值班室电话:2186110(24小时)
校医院电话:2186120(24小时)
专用电子信箱:FFD@xmu.edu.cn(各单位需通过专用信箱报送)

——本文摘录自《关于印发〈厦门大学防治传染性非典型肺炎应急预案〉和〈厦大医院2003—2004年度防控非典工作预案〉的通知》,厦大综〔2004〕2号,档号2004-XZ09-8

厦大医院2003—2004年度防控非典工作预案

(2004年1月5日)

根据省市"关于2003—2004年防治传染性非典型肺炎工作方案"精神,本院制定该预案。

一、组织机构

1.成立防控非典领导小组,成员如下:
组长:吕俊忠
副组长:李智、汪宝琴
成员:郭玉宝、洪碧珍、洪晓翔、洪雪筠、姜建书、杨红云、杨晓健、王华、李孝统、叶柏青
2.成立院内防控非典专家组,成员如下:
组长:汪宝琴
副组长:郭玉宝
成员:洪晓翔、吕俊忠、李智、李孝统、王华
3.成立院感管理领导小组,成员如下:
主任:汪宝琴(总负责)
理论组组长:杨红云
合理用药组组长:杨晓健
细菌组组长:杨天赐
专职人员:曾鹤敏
副组长:傅萌花、林丽华、郭晓云、苏宁、林萍、叶桂香、李迎、高立萍
4.成立防治SARS后备人员队伍,成员如下:
蔡仲达、陈茂林、卢毅卓、马琳、傅萌花、王怀蓉、王秋端、林萍

二、工作方案

1.设立发热门诊,重点接诊呼吸道发热病人,地点在病房楼前,简易搭盖专用房,做好首诊负责制,认真填写接诊记录,对发热病人及陪送人员由导诊员先测体温,37.5℃以上者应给予戴口罩并陪送至放射科拍肺部平片,再请检验科人员前来查血常规,可疑者在发热门诊留观并立即报院防控非典办公室,组织院内专家会诊,如不能排除则于半小时内立即报区、市防疫站,请市防非典专家组到院会诊,需转定点医院者通过网络系统上报,以上工作争取在接诊病人后2小时内完成。

2.符合卫生部新定的非典病人诊断标准或疑似病人诊断标准者联系120专用车辆转送至海沧医院隔离治疗,院内做好消毒工作,并报校防控非典办公室追查密切接触者,做隔离留观工作,报市、区防疫站、疾控中心做接触者隔离留观。

3.对来自疫区的人员按上级指示精神进行居家隔离或集中隔离观察措施按原定方案进行。

4.派专门医务人员每天到隔离区巡诊,并督促消毒工作。

5.隔离病房医生、护士的工作安排由郭玉宝主任、杨红云护士长负责，人员不足时由全院抽调骨干力量支持。

6.后勤供应保障由专人负责，目前按市卫生局要求储备的药品和防护用品不得随意动用，注意有效期，必要时可更换。采购物品要附带三证。

7.全院及全校的消毒工作由院感领导小组负责，指导本院消毒员及学校各院系、后勤集团消毒员按卫生局要求配药及消毒。出现一级预警时：医院的发热门诊每天消毒一次；出现二级预警时：有病人的隔离病房、发热门诊每天上下午各消毒一次；出现三级预警时：有病人的隔离病房、发热门诊每天上下午各消毒一次并对普通病房、门诊急诊每天消毒一次，医院其他场所定期消毒。

8.救护车随时待命，服从防控非典工作的需要。

9.做好漳州校区师生的卫生宣传工作，有发热病人立即先经新校区门诊部测体温，查血常规及胸透，疑似病人由救护车送至校医院再按工作流程处理。

10.保持与校、市防控非典办公室的信息畅通，及时贯彻上级指示并上报有关疫情及做好日报告和零报告工作。

24小时值班电话：2186120，有情况及时通知总值班。

——本文摘录自《关于印发〈厦门大学防治传染性非典型肺炎应急预案〉和〈厦大医院2003—2004年度防控非典工作预案〉的通知》，厦大综〔2004〕2号，档号2004-XZ09-8

厦门大学各类学生完费注册管理暂行规定

(2004年2月6日)

高等教育阶段,各类学生缴费(学费、培养费、住宿费等)上学是国家法律、法规规定的。按规定缴费,是学生诚信的一个重要体现。教育收费是高等学校办学经费的重要来源,收费项目经物价部门批准并执行。为了加强各类学生的完费注册管理,根据《中华人民共和国高等教育法》及有关法规,特制定本规定。

一、各类学生每学年应缴的费用

1.各类学生每学年应按物价部门批准我校的收费项目和收费标准交缴学费(培养费)。

2.由学校安排住宿的本专科生及需学校安排住宿的研究生应按入住的宿舍类型及标准缴交住宿费。

二、各类学生应按学校规定的注册时间完费注册

1.各类学生注册、入住按照"先缴费,后注册,后入住"等原则进行管理。

2.各类学生各学年应缴的费用项目和金额,在入学前或上学期末由校财务处发文,通过各学院(系、所)通知学生本人或学生家长(新生由招生办负责通知)。学生或其家长应在每学年的第一学期学校规定的注册时间的10天前,将本学年应缴的学费(培养费)、住宿费存入银行缴费卡中,由校财务处通知银行代扣应缴费用。校财务处向银行索取收费票据及缴费清单,各学院(系、所)负责办理学生注册工作的责任人凭学院(系、所)的证明于注册前一天到财务处领取代扣收费票据及清单。此后的收费票据及清单由财务处通知学院(系、所)领取。

3.各类学生缴费后应在规定时间内向学院(系、所)办理注册手续。各学院(系、所)负责办理学生注册手续的教学秘书应凭财务处出具的收费票据予以注册,并将收费票据("交款人"联)交给学生。需由学校安排住宿的学生须持住宿费收费票据到物业管理部门或曾厝垵学生公寓办办理入住手续。

4.各类学生在注册前未足额缴清学费或培养费的,不予办理注册手续,其所修课程暂不予确认成绩,待缴清后确认;未足额缴清住宿费的,学校暂不予办理入住手续。

5.确实由于经济条件困难无法按时足额缴清学费(培养费)住宿费等的学生,可按照规定程序申请办理"绿色通道"相关手续后,方可办理注册、入住等手续。

6."绿色通道"包括申请缓交费用、申请国家助学贷款两种方式。

(1)"申请缓交费用"通道:是学校为因一时筹不到钱无法及时足额缴清学费、培养费、住宿费的学生开通的,缓交费用期限最长为三个月,学生在自己承诺的期限内须足额缴清应缴费用。超过规定缓交期限仍未缴清的,学校可采取必要手段予以催缴。

(2)符合国家助学贷款条件的学生经本人申请和相关部门审批可获得国家助学贷款(按规定国家助学贷款的申请额最高为6000元/每年、人)。但学生如因证明手续不完备及其他原因无法取得国家助学贷款时,必须承诺在当年度内缴清应缴费用,并同意学校将其所获得奖学金、补助及勤工助学等款项优先用于偿还学费(培养费)、住宿费。在毕业之前仍未缴清在校期间的学费(培养费)、住宿费,则不能进行毕业论文答辩,暂不予确认毕业论文成绩。超过期限仍未缴清的,学校可采取其他必要手段予以催缴。

7.学生缴费情况作为学生在校期间诚信记录的重要组成部分，对恶意拖欠学费（培养费）、住宿费的学生，学校可通过校内外报刊等媒体予以曝光、通报批评。必要时可通过法律渠道予以起诉。

8.各类学生若欠缴学费、住宿费等，却又不办理绿色通道手续的，不予参加各种评奖活动。

三、为确保学生完费注册工作顺利进行，各单位应各司其职，互相配合，共同做好学生收费注册工作

1.注册工作是学校收费工作的第一道屏障，也是最关键的一道。各学院（系、所）应按学校的规定严格把好这一关，确保学校学费（培养费）、住宿费等各项费用及时足额收缴。

（1）各学院系（系、所）单位要凭财务处出具的收费票据办理学生注册手续；对于经济确实有困难的学生，应指导学生办理绿色通道手续，并凭绿色通道手续办理注册。但若学生欠费又不办理绿色通道申请，学院（系、所）却给予办理注册报到手续的，或学生没有办理注册手续就让其选课并给成绩的，学校将按欠费数额暂缓下拨、抵扣学院相关的办学运行等经费。

（2）各学院（系、所）应把催缴学生欠费作为一项重要工作来抓，指定专门领导，专人负责，对财务处提供的学生欠费情况应及时反馈、及时催缴。为了使学生下一学年的注册顺利进行，各院系应在每学年末将学生的欠费情况及下一学年的收费情况通知学生本人及其家长。

（3）各院系应积极配合财务处，做好已缴费学生的收费票据发放和登记工作，并交代学生妥善保管好自己的收费票据。

2.教务处作为全校本专科学生学籍及教学管理工作的职能部门，对各类本专科生的完费注册工作的全过程应负起监督、协调责任。

（1）督促各院（系、所）做好学生完费注册工作，检查各院（系、所）对学生完费注册工作的进行情况。对学生无故欠费、又不办理绿色通道申请，院（系、所）却给予办理注册报到手续的，或学生没有办理注册手续就给成绩的，教务处应给予制止、通报批评，并根据财务处提供的欠费情况暂缓核拨各院（系、所）的办学运行等相关经费。

（2）为了使新生的收费管理及时到位，教务处应及时根据招生办提供的招生信息，编好新生的学号，并将编好的学号、学生姓名、考生号、准考证号、身份证号、院系、专业等相关信息提供给财务处，以便财务处及时核对并接入收费系统。学生在学期间如发生学籍变动，应以书面形式及时通知财务处更改收费信息。

（3）为确保各类本专科学生应缴学费、住宿费的及时足额缴齐，对于未缴清学费、住宿费的学生，教务处还应负责制定相关的完费毕业论文成绩评定等规定，协调各学院（系、所）共同做好本专科生的缴费工作。

3.研究生院作为全校研究生学籍及教学管理工作的职能部门，对各类研究生的完费注册工作的全过程应负起监督、协调责任。

（1）督促各学院（系、所）做好学生完费注册工作，检查各院（系、所）对学生完费注册工作的进行情况（为了便于检查监督，各院、系、所的完费注册情况应于注册结束后次日将研究生的报到、注册登记表报送研究生院）。对学生欠费又不办理绿色通道申请，而学院（系、所）却给予办理注册报到手续的，或学生没有办理注册手续就让其选课并给成绩的，研究生院应给予制止、通报批评，并根据财务处提供的欠费情况暂缓或扣拨相关的办学分成经费。

（2）为了使新生的收费管理及时到位，研究生院应积极配合财务处做好研究生收费系统的建立，及时提供新生的学号和相关资料。研究生院应定期与财务处核对学生的人数及性质，研究生在学期间如发生学籍变动，应以书面形式及时通知财务处更改收费信息。

（3）为确保各类研究生应缴培养费、住宿费的及时足额缴齐，对于未缴清培养费、住宿费的研究生，研究生院还应负责制定相关的完费分配导师、完费答辩等相关规定，协调各学院（系、所）及导师共同做好研

究生的缴费工作。

4.成人教育学院作为学校成人教育管理的职能单位,应按学校的有关规定督促各院(系、所)做好夜大、函授及脱产等成教学生的注册工作。

(1)成人教育学院认真检查各学院(系、所)"先缴费、后注册"规定的落实情况,对违规的学院(系、所)应及时予以纠正、通报批评,并以书面形式及时通知财务处暂缓或扣拨分成经费。

(2)成人教育学院应积极配合财务处做好成教学生的收费系统的建立工作,及时提供成教学生的变动情况,定期与财务处核对学生人数和收费情况;了解各学院(系、所)成教生的欠费情况,并检查各学院(系、所)的催缴工作。

5.职业技术学院、网络教育学院等独立管理相应类别学生学籍及教学工作的学院,其完费注册管理职责比照上述相关规定执行。

6.资产与后勤管理处、物业管理部门及曾厝垵学生公寓管理处等学生住宿管理部门(以下简称住宿管理部门),应严格按学校"先缴费,后入住,没有足额缴清住宿费,暂缓办理入住"的原则执行。

(1)住宿管理部门应凭财务处出具的收费票据或办理绿色通道手续办理入住。对于没有足额缴清住宿费,又没有办理绿色通道手续的,且已安排入住宿舍的学生,住宿管理部门应负责催缴这些学生的住宿费。

(2)住宿管理部门应积极配合财务处做好各类学生的住宿费管理工作,提前做好各类新生的住宿安排,并于新生注册前10天向财务处提供新生住宿安排情况及收费标准等资料,以便财务处及时建立新生住宿费收费系统,及时通知银行代扣学生的住宿费,保证学生顺利办理入住手续。住宿管理部门应将学生的住宿变动情况以书面形式及时通知财务处,以便财务处及时更改住宿费收费系统,及时向学生收费。

7.财务处作为学校收费管理职能部门,应负责做好各类学生学费(或培养费)、住宿费等收费组织、协调、管理工作。

(1)财务处应在各相关单位提供的学生信息资料的基础上,负责建立各类学生收费系统,并管理和维护好该系统。根据各职能部门提供的学生学籍变动情况,及时修改学生收费系统。

(2)为方便学生的缴费,保证学生的现金安全,财务处应根据学校的招生情况及时通知相关的商业银行办理好新生的银行缴费卡,并在招生办的协助下随同新生录取通知单一并寄给学生或学生家长。

(3)为了保证学生的注册顺利进行,财务处应在学校规定的注册时间内提前5天通知相关的商业银行代扣学生的应缴费用,并及时向银行索取收费票据及清单,于注册日前一天将收费票据及清单发给各院(系、所)。此后的收费票据及清单将根据银行的扣费情况再通知学院(系、所)来领取。

(4)财务处应分阶段将学生的收费情况上报学校,并将学生的具体缴、欠费情况反馈给各学院(系、所)及各相关部门,并向各学院(系、所)提供详细的缴费汇总表、明细表及欠费清单。

(5)财务处应随时为各学院(系、所)及相关管理部门或学生提供缴费、欠费等有关收费方面的咨询服务。

8.学生工作处负责国家助学贷款的初审及与银行的联系工作。

(1)协助财务处与各学院(系、所)做好各类学生应缴费用的缴交事宜。

(2)为了使学生的国家助学贷款及时发放,学生处应及时通知各学院(系、所)办理学生国家助学贷款申请工作,及时初审学生的申请条件,督促银行及时审查并下放国家助学贷款。

本规定自公布之日起执行。

——本文摘录自《关于印发〈厦门大学各类学生完费注册管理暂行规定〉的通知》,厦大财〔2004〕6号,档号2004-XZ18-1

厦门大学关于职员聘任工作的补充规定

（2004年2月10日）

1.《厦门大学职员制度实施方案（试行）补充规定》（厦大人〔2002〕4号）第五条（附则）第一款中所指该规定所适用的过渡时期均定为5年，即自2001年1月1日至2005年12月31日止。

2.在上述过渡期内，2003年校职员聘任委员会议定的有关初中及以下学历的初级职员工龄男满30年、女满25年可晋升一级职员职务的新补充规定，亦仍然有效。

3.过渡期结束后，除引进人才家属和转系列从事职员工作的人员首次套聘职员职务外，所有职员的聘任和晋升均只按《厦门大学职员制度实施方案（试行）》（厦大人〔2000〕97号）执行。

4.过渡期结束后，职员所任党政领导职务不再与职员职级挂钩，《厦门大学职员制度实施方案（试行）》（厦大人〔2000〕97号）第五条第六款和《厦门大学职员制度实施细则（试行）》（厦大人〔2000〕98号）中有关现任党政职务与职员职务的对应办法的规定不再执行。

——本文摘录自《关于印发〈厦门大学关于职员聘任工作的补充规定〉的通知》，厦大人〔2004〕3号，档号2004-XZ10-2

厦门大学漳州校区货物采购与管理暂行规定

(2004年2月25日)

为了加强厦门大学漳州校区货物采购与管理,根据《中华人民共和国政府采购法》、《高等学校仪器设备管理办法》、《厦门大学专项资金及校拨经费的使用问题会议纪要》的有关规定,结合漳州校区具体情况,制定本暂行规定。

一、货物购置

(一)采购预算金额小于1000元(含)的仪器设备、家具、材料、化学药品(压缩气体、剧毒化学药品、放射性元素等物品除外),且采购经费源自各使用单位的切块经费,由各使用单位自行采购。

(二)采购预算金额大于1000元小于10000元的,由各使用单位填写《厦门大学漳州校区货物申购清单—乙》,单位负责人签批后,由资产后勤办、财务办提出购置意见后,报校区管委会主任审批。

经校区管委会主任同意后,由资产后勤办负责采购事宜。

若各办确需自行采购,须在《厦门大学漳州校区货物申购清单》中,说明自购理由。

(三)采购预算金额大于10000元的,由各使用单位填写《厦门大学漳州校区货物申购清单—甲》,单位负责人签批后,由资产后勤办、财务办提出购置意见后,报校区管委会主任审批。

经校区管委会主任同意后,由资产后勤办负责采购事宜。资产后勤办报校资产与后勤事务管理处提出采购意见及实施采购。

单台件大于10万元(含)的或学校有特殊规定的从其规定。

(四)学校专项资金的采购项目按学校的有关货物采购规定执行。

(五)按财政部、教育部规定纳入政府采购范围的物品,无论金额大小,应严格按有关程序办理。

二、货物验收与报销办法

(一)根据教育部对固定资产的管理规定,学校列入固定资产管理范围的各种仪器设备的价格标准将适时做相应调整,但管理模式保持不变。

1.单价800元以上(含800元)、使用年限一年以上的仪器设备为校固定资产,列入学校固定资产的管理。

2.单价200元以上(含200元)、不足800元、使用年限一年以上、能单独使用的仪器设备,列入学校低值设备的管理。

3.单价40万元以上(含40万元)的仪器设备属教育部统管的贵重仪器设备,列为校重点管理;学校贵重仪器管理起点为10万元以上(含10万元)。具体管理办法按《贵重仪器设备管理办法》执行。

(二)仪器设备到货并安装到位后,各使用单位应在规定时间(含合同约定)内进行技术验收,验收合格后,根据仪器设备价值大小和管理要求,按规定分别填写相应的《厦门大学固定资产——设备验收单》或《厦门大学低值设备验收单》和《固定资产增加报告表》,经资产后勤办入账后,财务办方可给予报销。

(三)家具到货并安装到位后,各使用单位应在规定时间(含合同约定)内进行验收,验收合格后,按规定填写《固定资产增加报告表》,经资产后勤办入账后,财务办方可给予报销。

(四)非固定资产和家具类的材料,各单位按规定填写《厦门大学材料验收入库单》后,财务办方可给予报销。

三、货物管理

货物管理的主要任务是指货物从申请、审批、购置、验收、入账建卡、使用、维护、维修直至报废等各个环节全过程的管理工作。

(一)所有购置、调入、自制、接受捐赠的固定资产(含家具,下同),不论何种经费来源,产权都归属学校,都必须及时入账,由学校统一管理。

(二)由资产后勤办统一到校资产与后勤事务管理处进行固定资产登记,同时负责管理校区固定资产分类账,每年对各使用单位进行一次固定资产抽检核对账目。

(三)各使用单位都应建立固定资产分类账,或计算机数据库,建立相应的管理制度,有计划地进行账、物的清点、核实,并配有专人负责(固定资产管理员)。

(四)人员变动(调离、出国、退休、辞职等)必须进行货物移交,经使用单位固定资产管理员及单位领导认可签字后,方可办理相关手续。各单位固定资产管理员的调动,必须和资产后勤办核对账目,做好本单位账、物移交并经接收人签字认可后,方可办理相关手续。

(五)单位更换办公地点,原固定使用的固定资产,如:空调等,如不需要随单位搬迁,应及时向资产后勤办办理移交手续。

(六)多余不用的仪器设备,可在各单位之间调拨使用。

1.校区内之间的调拨,一律不计费,由调入单位填写《厦门大学设备、材料调拨单》一式三份,经调出单位签署意见后,报资产后勤办审核,办理财产调拨手续。

2.进口物资在海关五年监管期内不许外借、外拨。

(七)仪器设备的报废,必须由技术人员、仪器设备管理人员组成鉴定小组,认真对仪器设备的技术指标进行鉴定后,并填写相应的报废审批表格,经单位负责人审核签章后,报校区管委会审批。

经校区管委会批准后,由资产后勤办统一报校资产与后勤事务管理处复核鉴定,并按学校有关程序执行。

(八)仪器设备的报失,使用单位应填写相应的报失审批表,详细说明原因并附相关证明材料,经单位负责人审核签章后,报校区管委会审批。

经校区管委会批准后,由资产后勤办统一报校资产与后勤事务管理处复核鉴定,并按学校有关程序执行。

(九)报废的仪器设备统一由校资产与后勤事务管理处回收,任何单位和个人不得擅自处理。经批准报废后的仪器设备,原使用单位如需利用零配件,可在回收前按有关规定办理留用手续。

四、附　则

本规定仅为漳州校区内部货物采购与管理的暂行规定,本规定自颁发之日起生效,未尽事宜参照厦门大学的有关规定执行。

——本文摘录自《关于印发〈厦门大学漳州校区货物采购与管理暂行规定〉的通知》,厦大漳综〔2004〕3号,档号2004-XZ36-1

厦门大学加强校内各类科研机构建设管理条例

(2004年3月19日)

第一章　总　则

第一条　为了进一步提升我校科研实力和创新能力,推进学科建设和学科交叉,加强我校校内各类科研机构的规范管理,特制定本条例。

第二条　校内各类科研机构指我校批准建设的各类研究中心、实验室、研究所、工程中心等。校内各类科研机构是学校为加强学科建设和科学研究、促进科技成果转化、对外交流合作和人才培养的重要基地,是学校科技创新体系的重要组成部分。

第三条　校内各类科研机构的任务是根据国家及地方经济、社会和科技发展的需要,开展创新性研究,培养创新性人才,为经济建设和社会发展提供强有力的智力支持。

第四条　校内各类科研机构主要在二级学科、国际学科前沿或有重大产业化前景的基础上设立,一般必须依托一个一级学科,鼓励多个学科或跨学科的交叉。

第五条　校内各类科研机构实行定期评估,优胜劣汰,动态发展。

第二章　申报条件和审批程序

第六条　申请建立校内各类科研机构须具备以下条件:

1.研究方向和目标明确。所从事的研究工作在本学科研究领域属国内先进水平,具有明显特色;研究方向为社会急需、经济效益明显或跨学科研究,具备承担国家、省市重大科研任务或工程项目能力,能够开展跨学科综合研究和高层次人才培养。

2.学术带头人在国内外有较大的学术影响,有一支团结协作、学术梯队比较合理、有良好科研传统和学术氛围的研究队伍。专兼职研究人员数文科不得少于3人,理工科不得少于5人;研究人员中教授文科不得少于1人,理工科不得少于3人,45岁以下研究人员中具有博士学位的人数达40%以上。

3.正在承担一项以上的国家级或省部级重大科研项目或多项重点纵、横向科研项目,三年内年平均科研经费一般文科不少于10万元,理工科不少于100万元,并有相关的重要研究成果或在国内外高水平的杂志上发表重要论文。

4.所在单位能够提供科研基地必需的科研场所,并愿意履行管理责任(跨学科的须落实研究场所,管理由依托单位负责)。

第七条　申请建立校内各类科研机构的审批程序

符合申报条件的单位,可由该科研机构筹备负责人首先提出书面申请报告,并获得所在学院学术委员会和行政的批准,再报学校社会科学研究处或科学技术处。申报单位应提供相关证明复印件和其他资料,包括:该科研机构建设的必要性和可行性,国内外相关领域研究发展概况、目标、队伍、成果、项目、经费、人才培养、发展趋势、建设时间、可验收可评估的指标,以及国内同行的定量比较和自我评估。

第八条　申请建立校内各类科研机构的经费支持程序

符合申报条件的单位，可由该科研机构筹备负责人向学校提出申请经费额度、使用计划、建设进度以及完成目标（如 3 年内到位科研经费、论文、专利以及奖励项目等）

第九条　申请书上必须注明项目资助期满（一般文科二年，理工科三年）提交的成果方式。提交成果方式分为在国内外核心刊物发表论文、争取到的科研经费、获省部级及以上各类奖励、获授权专利和科技成果转化的成果等五种方式。提交的成果方式将作为项目立项和考核的重要依据。

社会科学研究处或科学技术处对申请材料进行初审，并将初审意见呈报主管副校长。

主管副校长组织专家进行可行性论证。

校长办公会审议并做出决定。

第三章　运行与管理

第十条　校内各类科研机构实行主任负责制。

第十一条　校内各类科研机构负责人由校长聘任。

第十二条　校内各类科研机构根据工作需要和实际规模，可聘任 1～2 名副职。校内各类科研机构一般不定级别，不另增编制，日常管理工作由所依托的院（系、所）负责，财务上实行“项目管理制”。

第十三条　校内各类科研机构每年须填写年度科技统计，报告年度的科研项目、经费、成果、人员、活动等情况。

第四章　考核与评估

第十四条　校内各类科研机构的考核与评估事宜由社会科学研究处或科学技术处在主管副校长领导下具体负责。

第十五条　校内各类科研机构实行定期评估制。文科每两年组织一次考核评估，理工科每三年组织一次考核评估。

文科的考核评估标准为：人均在研课题 1 项，拥有经费 2 万元；人均在核心刊物上发表学术论文 4 篇；至少出版学术著作 2 部或提交 2 份有重要价值的咨询报告（须附采纳单位证明）；至少召开一次具有相当规模的学术会议。

理工科根据申请书提出的指标进行考核。

第十六条　对于校内各类科研机构建设和管理成绩突出者，学校将在政策和经费投入上给予支持，并作为学校各项评优的依据，同时推荐升格为省部级乃至国家级研究中心；对于评估未达标的，学校提出整改措施，限期达标，对连续两次考核评估未合格的，学校将予以撤销。

第五章　附　则

第十七条　学校原有规定如与本条例不一致，以本条例为准。

第十八条　本条例自公布之日起施行，其解释权归社会科学研究处和科学技术处。

——本文摘录自《关于印发〈厦门大学加强校内各类科研机构建设管理条例〉的通知》，厦大综〔2004〕33 号，档号 2004-XZ09-9

漳州校区学生活动场地使用管理办法

（2004年6月16日）

为了丰富校园文化，提高学生的综合素质，本着方便工作、提高效率和有利于监督管理的原则，制定《漳州校区学生活动场地使用管理办法》，请遵照执行。

一、校区学生活动归属学生办、团工委管理，每项学生活动要做到三个必须：内容必须健康向上；必须有专人负责；必须落实安全保卫措施。三个必须缺一不可。

二、在园区内举行各类学生活动，由所在园区学生工作站负责审批。

三、在教学楼举行各类学生活动，活动的组织者是园区的，包括园区学生工作站、园区团委、园区学生组织，由园区学生工作站负责签署意见，报教务办审核安排教室并报校区团工委备案；活动的组织者是校区学生会、校区青年宣传中心、校区学生艺术团、校区社团联合会、校区社团等机构的，由校区团工委负责签署意见，报教务办审核安排教室；凡需要使用多媒体设备的，应当由具有多媒体使用证的人员在现场操作。

四、在校区食堂或由学校后勤集团经营的场所举行的学生活动，校区团工委负责签署意见，学校后勤集团校区服务办协调落实安排。

五、在校区内其他公共场所举行的学生活动，包括田径场、篮球场、排球场、网球场、商场前的广场、园区与园区之间等公共场所，由校区团工委审批。

六、校本部学院或部门单位到校区开展学生活动需用场地的，由组织者提供活动方案，校区各部门单位须予以密切支持配合，具体由校区团工委协调安排。

七、校本部的学生机构到校区开展学生活动需用场地的，报校区团工委审批并做协调安排。

八、凡大型活动需要使用场地的，不论所需用场地在园区以内或者园区以外，一律先报校区保卫办审批并落实安全保卫措施后，再报校区团工委审批，以便做好相关协调工作。

九、校区内的学生活动场所不得用于商业行为。

十、凡经批准使用的场地需要变更活动内容的，应当重新办理手续，未重新办理手续前不得变更使用。

十一、学生活动需要申请场地的，应当提前3天提出申请，以便于统筹安排。

——本文摘录自《关于印发〈漳州校区学生活动场地使用管理办法〉、〈漳州校区海报、横幅管理办法〉的通知》，厦大漳综〔2004〕7号，档号2004-XZ36-1

漳州校区海报、横幅管理办法

（2004年6月16日）

为了规范校区张贴海报、悬挂横幅的行为及其内容表述，制定本办法，本办法所称的海报包括海报、标语、广告等张贴物。

一、排球场北侧的校区海报栏的东侧第一个板块属校区党工委、管委会专用，其余归属校区团工委管理使用；学生园区门口的海报栏和园区内的广告栏由园区学生工作站负责管理使用；教学楼内的广告栏由教务办管理使用，未经教务办批准，学生和学生组织不得在教学楼张贴海报；食堂门口的广告栏由食堂管理使用，学生张贴寻物启事应当张贴在寻物启事专栏。

二、张贴海报应当经过批准，按照指定的范围张贴，不得张贴在海报栏以外的地方。需跨范围张贴海报的，应当经审批部门同意。

三、园区学生工作站、园区团委和校区青年宣传中心、校区学生艺术团需要张贴海报应当经校区团工委审批。

四、校区学生会、校区学生社团联合会、各园区学生会、各社团等学生组织需要张贴海报应当经校区学生会督导部审批，报校区团工委备案。

五、海报栏不得张贴商业性广告。校区内部门或学生机构举办学生活动张贴的海报确需出现赞助商的名称或产品名称的，从严审批。

六、海报栏不得张贴老乡会、同乡会等名义的海报。

七、校本部各学院、部门、单位到校区张贴海报的，由校区团工委协调安排；校本部学生机构到校区张贴海报，由校区团工委审批并协调安排。

八、在学生园区内悬挂横幅，由园区学生工作站审批，报校区团工委备案。

九、学生活动在学生园区以外、校区内悬挂横幅，由校区团工委提出意见，校区办审批。校区围墙外横幅的悬挂由校区保卫办提出意见，校区办审批。其他活动或其他单位在校区悬挂横幅由校区资产后勤办提出意见，校区办审批。

十、海报、横幅的制作必须做到内容健康，杜绝违反国家法律法规，以及学校（包括校区）规章制度的内容；张贴、悬挂应当规范、美观、大方，为整洁美丽的校园添色。

十一、未经审批张贴海报、悬挂横幅或张贴海报、悬挂横幅不符合规定的，管理部门有权责令当事人改正；违反国家法规、校纪校规的，依照有关规定处理。

十二、有关海报、横幅的管理办法与本办法不一致的，依照本办法的规定执行。

——本文摘录自《关于印发〈漳州校区学生活动场地使用管理办法〉、〈漳州校区海报、横幅管理办法〉的通知》，厦大漳综〔2004〕7号，档号2004-XZ36-1

厦门大学保密要害部门(部位)及涉密场所保密管理规定

(2004年6月17日)

为加强学校保密要害部门(部位)及涉密场所的保密管理,确保国家秘密的安全,根据《中华人民共和国保守国家秘密法》和上级有关保密规定,结合我校实际,制定本规定。

一、学校保密要害部门(部位)及涉密场所的保密管理贯彻"积极防范、突出重点,既确保国家秘密又便利各项工作"的方针和"业务谁主管,保密谁负责"的原则。

二、学校内部工作中经常或大量涉及机密级以上国家秘密的部门,应当确定为保密要害部门。集中存放、保管机密级以上国家秘密载体的场所和涉及机密级以上国家秘密的研制生产试验场所,应当确定为保密要害部位。

三、各单位对涉及保密要害部门(部位)的工程项目及涉密实验室建设,必须同步落实保密技术防范措施,与基本建设同计划、同预算、同建设、同验收。

四、保密要害部门(部位)防范措施的基本要求:

1.保密要害部门(部位)必须有安全保密隔离措施,安装防盗门窗和防盗报警装置。

2.存放国家秘密载体,必须配备密码文件柜和文件粉碎机;存放绝密级国家秘密载体,还必须配备密码保险柜。

3.涉及绝密级国防科技秘密的保密要害部门(部位)须安装电子监控装置,进入该区域的门控系统采用IC卡或生理特征进行身体鉴别,并根据实际需要配备警卫人员。

4.承担国家统一考试任务的保密要害部门(部位),在考试试卷封存保管期间,对保管场所应当采取24小时两人值勤守卫。对于保管场所和保险柜的钥匙应由指定的两人分开保管。试卷的存取必须有两人同时在场的情况下进行。

五、学校各单位的涉密项目实验室等涉密场所应参照保密要害部门(部位)防范措施的基本要求,采取相应的保密防范措施,配备必要的保密防盗设备。

六、保密要害部门(部位)及涉密场所保密管理要求:

1.各涉密单位、场所负责人要定期研究和布置保密工作,针对业务工作中涉及国家秘密的情况及各个环节,制定严格的保密管理制度措施,并认真组织落实。

2.建立保密工作岗位责任制,将保密工作任务落实到具体人员。

3.经常进行保密教育和保密检查,发现问题及时解决。

4.对于承担涉密任务、进入涉密岗位的人员要进行严格审查,对不适宜在保密要害部门(部位)及涉密场所工作的人员应及时调离。

5.严禁无关人员进入保密要害部门(部位)等涉密场所;涉密实验室未经科技处同意不得擅自对外接待、参观;宣传报道必须遵守保密规定。

6.对涉密场所内的通信、计算机、传真机、复印机等电子设备和涉密载体,也要建立和落实严格的保密管理措施。

七、各有关学院、部处、单位对本部门所属的保密要害部门(部位)和涉密项目实验室要加强管理、落实安全保密责任,及时解决保密工作中存在的问题。保卫处和科技处要加强对保密要害部门(部位)和涉密项目实验室等涉密场所安全保密的监督、检查、指导，并定期向学校保密委报告有关情况。

八、对于认真履行保密职责，积极落实保密要害部门（部位）及涉密场所保密管理规定的单位和个人，学校应给予表彰；未认真落实保密管理规定，造成泄密的，除追究有关泄密人员的责任外，还要追究有关单位领导的责任。

九、本规定由学校保密委员会负责解释。

十、本规定自印发之日起执行。

——本文摘录自《关于印发〈厦门大学保密要害部门（部位）及涉密场所保密管理规定〉的通知》，厦大委综〔2004〕15 号，档号 2004-XZ09-3

厦门大学教师职务聘任条例(试行)

(2004年6月29日)

第一章 总 则

第一条 为进一步深化我校教师聘任制度改革,规范教师职务聘任工作,加强教师队伍建设,提高学校的教学科研工作水平,根据《中华人民共和国教育法》、《中华人民共和国高等教育法》、《中华人民共和国教师法》、《中华人民共和国劳动法》以及有关法律法规,制定本条例。

第二条 本条例适用于厦门大学专任教师。厦门大学专任教师指在厦门大学专门从事教学科研工作的专业技术人员。

第三条 教师职务聘任制遵循按需设岗、公开招聘、平等竞争、择优聘任的原则,学校与教师通过平等协商、双方自愿签订聘用合同的方式建立聘任关系。

第四条 教师职务聘任制坚持尊重劳动、尊重知识、尊重人才、尊重创造的方针,保障教师的劳动积极性和学术创造力得以充分发挥。

第二章 岗位设置

第五条 厦门大学教师职务设教授、副教授、讲师、助教。其中,教授、副教授为高级职务,讲师为中级职务,助教为初级职务。

第六条 教师职务岗位根据教学科研和学科建设的需要设置,一般按二级学科或本科专业设置。

第七条 岗位设置在结构上必须符合教育发展规律和教学科研工作及学科建设的需要,原则上高级职务岗位数占教师职务岗位总数的60%(其中正高职务岗位数占高级职务岗位总数的40%),中级职务岗位数占教师职务岗位总数的30%,初级职务岗位数占教师职务岗位总数的10%。

第八条 学校鼓励教师资源在全校范围内得以充分共享,相关学院(直属教学科研单位,以下简称"单位")可以联合聘用或复聘教师,一个教师在同一聘期最多可以接受3个单位的聘任。凡实行教师合聘或复聘的学院(单位),其合聘或复聘的教师按其实际承担的工作量比例计算所占相应职务岗位数。

第九条 学校保障担任管理职务的教师认真履行管理职责,受聘教师担任学校机关部处正职以上管理职务或担任各学院副院长、副书记以上职务的,不占本学院教师岗位数。

教师担任学校其他管理职务,通过减免教学科研工作量或配备教学科研助手的办法予以鼓励。

第十条 根据国家及地方省一级政府规定年满60周岁可不办理退休手续的教师,受聘教师职务可不占本学院(单位)的教师岗位数。

第十一条 学校鼓励优秀人才的引进,凡有岗位空缺,必须面向国内外公开招聘,同等条件下,优先聘用校外应聘人员。

学校根据事业整体发展的需要,在全校专任教师编制总数中划出5%的机动编制,用以保证各学院(单位)在没有空缺岗位的情况下满足学科发展对于特别优秀人才的聘用需要。各学院(单位)占用学校的机动编制数,应在5年内归还。

第三章　岗位职责与任职条件

第十二条　受聘教师应当依法取得中华人民共和国高等学校教师资格，符合国家和学校规定的有关任职条件，遵纪守法，热爱教育工作，具有良好的职业道德，履行相应的岗位职责。

尚未取得中华人民共和国高等学校教师资格的应聘人员，应满足学校按照国家的有关法律法规所规定的有关条件，并在规定的时间内依法取得中华人民共和国高等学校教师资格。

第十三条　学校鼓励教师同时承担教育教学和科学研究双重任务。所有受聘教师均须承担本科生课程的教学任务。

第十四条　教授岗位的基本职责：

1.承担教育教学工作，指导研究生和本科生的学习，每学年至少完成3门课程（其中2学分以上的课程至少2门）的主讲任务（其中至少1门是本科生的课程），或者完成不低于8学分的教学工作（仅限于本科生基础课和公共课教学）；

2.承担科研工作，组织、领导或作为主要成员参加科研团队完成重要科研项目，或完成重大科研成果转化工作，并在3年的时间内至少有1项得到同行专家认可的高水平科研成果（独立完成或者第一作者或通讯作者署名）；

3.指导教育教学改革、课程建设或实验室建设，领导本学科、专业的建设与发展，并做出显著成绩；

4.指导本学科的教师队伍建设和高级研修人员，帮助并督促本学科副教授及以下职务的教师不断提高自己的学术水平；

5.积极参与学校及所在学院（单位）的各类活动，对学校及所在学院（单位）的建设与发展提出自己的意见和建议；

6.完成学校和学院（单位）规定的其他工作。

第十五条　担任教授职务，应当具备下列基本条件：

1.具有博士学位或本学科最高学位，担任副教授岗位工作5年以上，年度考核没有不合格的记录；

2.具有较高学术造诣，在国内学术界有较大的影响；

3.具有良好的教育教学能力，系统地讲授过3门以上的课程（其中至少1门为本科生课程），完成学校和学院（单位）规定的教育教学任务，教学效果良好；

4.具有较强的科研能力，主持过省部级以上科研课题或重大横向科研课题或作为主要成员参与过国家级科研课题的研究，取得过代表国内先进水平的科研成果，可以提供3篇以上本人独立或为主完成的在本学科一类核心学术刊物（以下凡“核心学术刊物”均简称“核心刊物”）上发表（在担任副教授职务期间或最近5年内）的学术论文或同等水平的其他学术成果（但至少有1篇本人独立完成或以第一作者且同时作为通讯作者署名的发表在一类核心刊物上的学术论文）以证明自己的科研能力；

5.在教育教学改革、课程建设或实验室建设及人才培养方面，或者在科研成果转化方面，或者在学校或社会的发展方面做出显著成绩；

6.能熟练地运用1门外国语进行学术研究和交流；

7.具备学校和学院（单位）规定的其他任职条件。

第十六条　副教授岗位的基本职责：

1.承担教育教学工作，指导研究生和本科生的学习，每学年至少完成3门课程（其中2学分以上的课程至少2门）的主讲任务（其中至少1门为本科生课程），或者完成不低于8学分的教学工作（仅限于本科生基础课和公共课教学）；

2.承担科研工作，组织、领导或参加科研团队完成科研项目，或完成重要科研成果的转化工作，并在3年的时间内至少有1项得到同行专家认可的高水平科研成果（独立完成或者第一作者或通讯作者署名）；

3.参与并协助指导教育教学改革、课程建设或实验室建设，在本学科、专业的建设和发展中起骨干作

用,并做出突出成绩;

4.参与并协助指导本学科的教师队伍建设,帮助并督促本学科讲师和助教不断提高自己的学术水平;

5.积极参与学校及所在学院(单位)的各类活动,对学校及所在学院(单位)的建设与发展提出自己的意见和建议;

6.完成学校和学院(单位)规定的其他工作。

第十七条　担任副教授职务,应当具备下列基本条件:

1.具有博士学位或本学科最高学位,其中具有博士学位者担任讲师岗位工作3年以上或从事博士后研究2年以上且已出站,其他人员担任讲师岗位工作6年,年度考核没有不合格的记录;

2.具有较高的学术水平,在国内学术界有一定的影响;

3.具有良好的教育教学能力,系统地讲授过2门以上的课程,完成学校和学院(单位)规定的教育教学任务,教学效果良好;

4.具有较强的科研能力,组织、领导或参与过省部级以上的科研课题或重大横向科研课题的研究,取得过在本学科领域有较大影响的科研成果,可以提供2篇以上本人独立或为主完成的在本学科一类核心刊物上发表(在担任讲师职务期间或最近5年内)的学术论文或同等水平的其他学术成果(但至少有1篇本人独立完成或以第一作者署名的发表在一类核心刊物上的学术论文),以证明自己的科研能力;

5.在教育教学改革、课程建设或实验室建设及人才培养方面,或者在科研成果转化方面,或者在学校或社会的发展方面做出突出成绩;

6.能熟练地运用1门外国语进行学术研究和交流;

7.具备学校和学院(单位)规定的其他任职条件。

第十八条　讲师岗位的基本职责:

1.承担教育教学工作,指导本科生或研究生学习,每学年至少完成2门课程(每门2学分以上)的主讲和辅导任务,或者完成不低于6学分的教学工作(仅限于本科生基础课和公共课教学);

2.承担科研工作,参加科研团队完成科研项目,在3年的时间内至少参与完成了1项得到同行专家认可的高水平科研成果,或在核心刊物上至少发表2篇学术论文(独立完成或者第一作者或通讯作者署名);

3.参与教育教学改革、课程建设或实验室建设,参与本学科、专业的建设和发展;

4.帮助并督促助教不断提高自己的学术水平和教学能力;

5.积极参与学校及所在学院(单位)的各类活动,对学校及所在学院(单位)的建设与发展提出自己的意见和建议;

6.完成学校和学院(单位)规定的其他工作。

第十九条　担任讲师职务,应当具备下列基本条件:

1.具有硕士以上学位或本学科最高学位,仅具有硕士学位者担任助教岗位工作3年以上,仅具有学士学位者担任助教岗位工作6年以上;年度考核没有不合格的记录。

2.具有合格的教育教学能力,完成学校和学院(单位)规定的教育教学任务(新聘教师要求有过教学实践),教学效果良好。

3.具有独立开展科学研究的能力,参与过科研课题或教改项目的研究工作,可以提供1篇以上本人独立完成或以第一作者署名的在本学科核心刊物上公开发表(在担任助教期间或最近3年内)的学术论文以证明自己的科研能力。

4.可以运用1门外国语进行学术研究和交流。

5.具备学校和学院(单位)规定的其他任职条件。

第二十条　助教的基本职责:

1.承担教育教学工作,辅导本科生学习,每学年至少完成3门本科生课程的辅导任务或实验指导工作;根据需要,经学校教务处批准,可承担部分课程内容的主讲工作。

2.参与科研工作,完成科研项目负责人或指导教师交给的各项科研任务。

3.参与教育教学改革、课程建设或实验室建设,参与本学科、专业的建设和发展。

4.积极参与学校及所在学院(单位)的各类活动,对学校及所在学院(单位)的建设与发展提出自己的意见和建议。

5.完成学校和学院(单位)规定的其他工作。

第二十一条　担任助教职务,应当具备下列基本条件:

1.具有硕士学位或本学科最高学位;

2.具有合格的教育教学能力,通过学院(单位)教学委员会组织的教育教学能力考察;

3.具有一定的科研能力,学位论文得到优秀的评价;

4.可以运用1门外国语进行学术研究和教学资料的搜集;

5.具备学校和学院(单位)规定的其他任职条件。

第二十二条　各学院(单位)聘任委员会应根据学校关于各级教师职务岗位基本职责和任职条件的规定,按照不同学科岗位的要求,制定各学科教师职务聘任的具体岗位职责和任职条件,并报学校专业技术职务聘任委员会审批。

专任公共课(限外语、体育、思政)副教授以下职务教师超额完成学校和学院(单位)规定的教育教学任务,教学效果良好,在岗位职责及竞聘条件上可以放宽对科研任务的要求,具体放宽标准另定。

第二十三条　新聘教师一般应具有博士学位或本学科最高学位。除特殊学科外,原则上不选聘本校毕业的硕士和学士直接留校任教;除非有特殊的需要,原则上不选聘本院(系、所)毕业的单一学缘的博士直接留本单位任教。

经学校专业技术职务聘任委员会认定的特别优秀人才可以不受学历、学位、履职年限等条件的限制予以破格聘用。

第四章　聘任组织与聘任程序

第二十四条　学校专业技术职务聘任委员会(以下简称“学校聘委会”)负责学校教师职务聘任工作。其主要职责是:组织制定并实施学校教师职务聘任各项规章制度;组织审定教师编制和岗位设置方案;审批各类中、初级职务教师聘任人选;研究决定各类高级职务教师聘任人选;研究决定与教师职务聘任有关的各项政策。

学校人事处为学校聘委会办事机构,负责学校教师职务聘任工作的有关具体事宜。

第二十五条　学校按一级学科成立各学科教师职务聘任评议组。学科评议组一般由7～9名本学科教授组成。本校全职教授人数不足的学科,可以聘请兼职教授参加学科评议组。学科评议组设组长1人,副组长1～2人。学科评议组成员由学校聘委会研究确定。

学科评议组负责对本学科的教师选聘候选人的学术水平和能力进行评议,并提出具体的聘任意见或建议。

第二十六条　学院(单位)聘任委员会(以下简称“学院(单位)聘委会”)负责本学院(单位)教师职务聘任工作。其主要职责是:根据学校有关规定制定本学院(单位)教师职务聘任工作细则和岗位设置方案,报学校备案并组织实施;组织本学院(单位)应聘教师的考核评议工作;根据考核评议结果,向学校聘委会推荐副高级职务以上的拟聘人选;确定中级职务以下的聘任人选,报学校聘委会审批;负责本学院(单位)与教师职务聘任相关的其他工作。

第二十七条　教师职务聘任的基本程序:

1.学校公布教师职务岗位及其职责、聘任条件等信息。

2.个人申请应聘。申请新聘和高聘教师职务者须提供可证明符合聘任条件的有效材料。校外申请人还须提供2位以上专家的个人推荐信。

3.各学院(单位)聘委会对应聘人员的资格条件进行审议,初定候选人名单,并在本学院(单位)进行公示。

4.各学院(单位)聘委会对公示后确定的候选人组织同行专家对其学术水平和能力进行评审。候选人须提供本人符合条例要求的正式发表或出版的能证明自己学术水平和能力的代表作。

对申请高聘高级职务的候选人进行评审的专家(必须是教授)至少要5位,其中3位以上是校外专家;对申请高聘中级职务的候选人进行评审的专家至少要3位,其中1位以上是校外专家。

代表作送审以匿名方式进行。

5.各学科评议组根据申请材料和专家评审意见对候选人的学术水平和能力进行评议,必要时可请候选人到场回答学科评议组成员提出的问题。

学科评议组成员以记名投票方式表明自己的评议意见,评议意见分为优先推荐、一般推荐、不予推荐。学科评议组必须有三分之二以上成员出席方可开会,候选人得到学科评议组二分之一以上(不含二分之一)与会成员推荐的,方可提请学院(单位)聘委会审议。

6.各学院(单位)聘委会根据同行专家和学科评议组的意见,按照岗位要求对候选人的应聘申请进行讨论研究,各位委员独立地以记名投票的方式表明同意或不同意聘任中级及以下职务教师人选和推荐或不推荐高级职务教师聘任人选的意见。

学院(单位)聘委会必须有三分之二以上成员出席方可开会;应聘人员获得到会成员的三分之二以上同意票方为通过。

7.学校聘委会对各学院(单位)聘委会报批的聘任人选和推荐的拟聘人选开会讨论研究,以举手表决方式审批中级及以下职务聘任人选,以记名投票方式表决决定高级职务聘任人选。

学校聘委会必须有三分之二以上成员出席方可开会;应聘人员获得到会成员的三分之二以上同意票方为通过。

所有表决通过的聘任人员名单均在人事处网页进行公示。

8.学校公布教师聘任名单,校长与受聘教师签订聘用合同,并颁发聘书。

第二十八条　学校急需引进的高层次特殊人才,必要时可以简化考核评议程序,由学院(单位)聘委会讨论确定拟聘后,提请学校聘委会研究决定。

第五章　聘用合同与合同管理

第二十九条　受聘教师须与学校签订聘用合同。有关聘用合同的条款和聘用合同的订立等事宜,按《厦门大学教职员工聘用制度试行办法》的相关规定执行。

第三十条　教师聘用合同分为固定期限合同和无固定期限合同。

中级及以下职务教师的聘用合同为固定期限合同,每一聘期一般为3年。中级及以下职务教师在3个固定期限合同聘期内未能受聘高一级职务岗位,学校不再续聘。

高级职务教师固定期限合同,每一聘期一般为3年。担任副教授职务的教师在3个固定期限合同聘期内2次应聘教授职务岗位未获通过,若非岗位限制,学校不再续聘;因岗位限制无法竞聘高一级职务但每年均圆满完成各项教学科研任务,在3个固定期限合同聘期结束后,经考核合格,可以与学校签订无固定期限合同。担任教授职务连续受聘2个以上聘期的教师,经考核合格,可以与学校签订无固定期限合同。无固定期限合同的期限从签约之日起至受聘教师按国家规定的法定退休年龄止。

凡工作累积已满25年(其中须在本校工作5年以上)或者在本校连续工作已满10年且年龄距国家规定的退休年龄已不足10年的教师,均可与学校签订无固定期限合同。

学校需要的优秀特殊人才,可以直接与学校签订无固定期限合同。

第三十一条　新招聘的教师,一般须经过3～6个月的试用期。试用期包括在聘任合同期限内。在试用期满之前,用人单位应按岗位要求,对受聘人员是否胜任岗位要求进行考评。经确认能够胜任岗位要求的,按规定程序上报学校确认其相应教师职务。

第三十二条　受聘教师在聘期内每学年与所在学院(单位)签订一次年度岗位任务书,根据聘用合同约定本学年本岗位工作的具体任务。

第三十三条　受聘教师在聘期内承担国家重大科研课题项目或重大横向科研课题,科研任务特别繁重的,可向所在学院(单位)提出适当减少教学工作量的申请,学院(单位)聘委会审议同意后报学校聘委会研究决定。

教师个人或团队对于聘期内的科研任务的完成方式有特别要求的,可以向所在学院(单位)聘委会提出申请,学院(单位)聘委会审议同意后报学校聘委会研究决定。此类特别要求通常最高只能放宽到6年有1项重大的高水平的科研成果。

第三十四条　学校和各学院(单位)根据聘用合同对受聘教师履行合同的情况进行考核。

考核分为年度考核和聘期考核。年度考核由各学院(单位)组织实施,考核结果报学校人事处备案;聘期考核由学校人事处组织实施。与学校签订无固定期限合同的教师,每4年由学校人事处组织一次综合考核。

受聘教师在聘期内可以就聘用合同约定的学校义务履行的情况提出意见与建议,学校认真对待受聘教师提出的意见与建议,严格履行义务,保障教师完成任务所需的基本的工作与生活条件。

第三十五条　学校与受聘教师通过聘用合同明确双方的权利义务关系,在学校依约履行了各项义务为受聘教师提供了所需的基本工作条件后,受聘教师没有依约履行义务要承担违约责任,年度考核1次不合格,学校提出警告,累计2次不合格,学校可以解聘。

第三十六条　双方签订固定期限合同的,对下一个聘期双方可自主选择续聘或不续聘;学校若选择不续聘,应在合同到期之前的6个月通知教师本人;教师若选择不续聘,应在合同到期之前3个月通知所在学院(单位)和学校人事处。

双方签订无固定期限合同,若一方违约,另一方可以责成对方纠正自己的违约行为严格履约,在合同期限内若有3次以上违约,另一方可以中止合同,并依法追究违约责任。

第三十七条　双方签订固定期限合同,在合同期内,受聘教师不得提出应聘另一职务或高一级职务的要求,若受聘教师对此有特殊要求,应在签订合同前与学校协商,经双方同意后在合同中做特别约定。

双方签订无固定期限合同,受聘教师可以在合同签订1年后提出应聘另一职务或高一级职务的要求。

第六章　附　则

第三十八条　鉴于我国学位制度建立时间不长及我校师资队伍的现实,对于2004年7月31日以前已在厦门大学工作的没有博士或本学科最高学位且在1964年7月31日以前出生的教师在教师职务聘任上可放宽对学位的要求,1964年8月1日以后出生的教师在学位的要求上给予6年的过渡期,即在2010年7月31日以前该部分教师受聘各级教师职务可放宽对学位的要求。

第三十九条　本条例中所称"(一类)核心学术刊物"的目录由学校另行公布。"核心学术刊物"包括"一类核心学术刊物"和"二类核心学术刊物"。

第四十条　本条例中所称"以上"、"以前"、"以后",如无特别说明,均含其本数。

第四十一条　本条例中关于教师职务聘任、聘任期间的待遇、合同管理和解聘、辞聘等规定的未尽事宜,均按《厦门大学教职员工聘用制度试行办法》及本条例配套文件的相关规定执行。

第四十二条　本条例自公布之日起试行,学校此前颁布的有关教师职务评审文件同时废止。学校此前颁布的其他相关文件中有与本条例不符的,以本条例为准。

第四十三条 本条例由学校人事处负责解释。

——本文摘录自《关于印发〈厦门大学教师职务聘任条例(试行)〉的通知》,厦大人〔2004〕79 号,档号 2004-XZ10-4

厦门大学升降国旗管理办法(试行)

(2004年7月2日)

第一条　为维护国旗尊严,规范国旗升降,加强对师生员工的爱国主义教育,根据《中华人民共和国国旗法》,制定本办法。

第二条　共青团厦门大学委员会负责厦门大学国旗升挂的管理工作。

第三条　厦门大学国旗日常升挂地点:嘉庚广场、漳州校区主楼前广场。

第四条　升挂国旗应当早晨升起,傍晚降下。如因天气原因或其他特殊情况,可以不升挂。

第五条　国庆节、元旦及举办全校性重大活动时,举行全校升旗仪式。仪式举行时,在国旗升起的过程中,参加仪式的人员及观众应当面向国旗肃立,行注目礼,并奏唱国歌。

第六条　升挂国旗应当徐徐升降。升起时,必须将国旗升至杆顶;降下时,不得使国旗落地。

第七条　学校组建校国旗班,负责全校性升旗仪式国旗升挂事宜;各院系组建院系国旗组,负责日常升旗仪式国旗升挂事宜。仪式的具体事项由共青团厦门大学委员会负责组织、安排。

第八条　各单位必须严格按照要求完成国旗升降。对认真完成国旗升降任务、表现突出的集体和个人,学校给予表彰和奖励;对不能按规定履行职责的集体和个人,学校给予处罚。

第九条　国旗班(组)的选拔、培训及奖惩的具体措施另行制定实施细则。

第十条　本办法自公布之日起施行。

——本文摘录自《关于印发〈厦门大学升降国旗管理办法(试行)〉的通知》,厦大委综〔2004〕16号,档号2004-XZ09-3

厦门大学基本建设管理费的使用与管理暂行规定(试　行)

(2004年7月8日)

遵循严格管理、合理使用的原则,对基建处建设管理费的使用与管理,制定如下规定:

一、办公费

1.邮费:由分管副处长签批后实报实销;

2.电话费、水电费:由综合管理科按月统一办理结算;

3.书报费:由综合管理科统一订阅;

4.进行建设宣传所产生的宣传费用:包括录像带、胶卷、冲洗相片、材料设计、资料印刷、网页制作等费用;

5.办公用品:由综合管理科统一采购,各部门根据实际需要向综合管理科登记领用;

6.市内交通费:因公务确需乘坐公交车、轮船或出租车,每趟公务完毕须填写交通费清单,每月各部门汇总一次,由部门负责人签字,分管副处长审批后报销。

二、旅差费

各类人员出差,其乘坐的交通工具、住宿标准和住勤补贴按学校现行标准执行。

三、专项设备购置费

各部门需购置专业用固定资产及家具需报经基建处办公会议研究同意并经基建处财务“一支笔”签批,报分管校领导审批,根据学校有关货物采购的管理规定办理采购手续,并办理固定资产报增手续;各部门使用的低值易耗品和用具(价值在200～800元),由综合管理科统一配置,并按照学校规定办理报增手续,金额在200元以下的低值易耗品及材料需要办理入库手续,并造册登记。

四、接待费

凡基建处外联接待,应报处领导同意,由综合管理科统一安排,外出联系工作,确需接待的另行报批。

五、车辆运行费

按《漳州校区建设指挥部车辆管理暂行规定》标准执行。

六、人员经费

1.跨地区建设期间的生活补贴、误餐补贴:参照漳州校区一期工程建设过程中的做法。

2.工地野外及跨地区移动通讯补贴:参照漳州校区一期工程建设过程中的做法。

3.工地补贴:参照漳州校区一期工程建设过程中的做法。

4.加班补贴:各部门应严格控制加班,因工作需要确需加班,又无法安排补休,应事先向综合管理科报备,加班费每月由综合管理科汇核后统一发放。根据《劳动法》并参照厦门市事业单位现行的规定,结合我校实际情况,其标准如下:

寒暑假期间加班,按厦门大学(2002)厦大人15号《关于规范加班管理的通知》执行;

在法定节假日、公休日期间加班,按本人日工资100%计算加班补贴,工资标准根据[厦财(1996)22号]文件精神执行,加班不满3个小时(包括白天加班、夜间加班)的参照非法定节假日和非公休日加班的补贴执行标准执行,夜间加班满六个小时的另外增计加班半天;

在夜间、非法定节假日和非公休日加班,满3个小时不满6个小时的按半天计算,加班满6个小时的按一天计算,加班费按本人日工资100%标准计算,当日加班不满3个小时的,其补贴标准按夜餐费和误餐补贴执行,根据不同情况,每班按10~15元标准计算补贴;

加班时间以天为单位计算,当日内的予以累加,当天加班时间超过6小时的,非法定节假日、非法定公休日的按一天计算,法定节假日、公休日按一天半计算。

5.校外聘用人员工资:因校区建设需要,从校内独立核算的企业单位或校外聘请部分工程技术人员,其待遇如下:

(1)根据其所从事岗位参照学校现行同岗位工资待遇执行;按照国家和厦门市政府的有关规定为其支付基本养老保险、失业保险、工伤保险、基本医疗保险、计划生育保险等。

(2)如系校区建设急需,又属社会上紧缺的专业人才,其待遇由基建处与应聘人协商后报学校分管领导审批。

6.校内借调人员工资:因校区建设需要,从校内其他单位借调人员,其待遇如下:

(1)根据其所从事岗位参照学校现行同岗位工资待遇执行;

(2)按照其原所在单位为其缴纳的标准为其支付基本养老保险、失业保险、工伤保险、基本医疗保险、计划生育保险、住房公积金,但所有的数据应经过基建处确认后方有效。

七、劳动保护费

安全帽、工作服、工作鞋、雨衣、雨鞋及手电筒、电池、手套、毛巾、肥皂等劳保用品由综合管理科负责采购后统一发放。

八、其他费用

因公受伤后由于客观原因无法使用公费医疗IC卡进行治疗,所产生的医疗费经基建处财务“一支笔”签批后给予适额报销;

由于工地现场的危险系数高于一般工作环境,给予基建处工作人员适额的补充保险;

按国家有关规定工作人员享有探亲假的权利,外聘人员及借调人员可按国家有关规定报销往返路费;

在建设过程中所必需的房屋租赁费用,以及因此产生的卫生费、水电费等;

因为工作需要购置的图书、资料费用,租赁必要的设备、器材所产生的租赁费用;

因为工作需要聘请专家、评审员费用,其他专门人员的咨询费用;
因为工作需要制作有关存档性材料所产生的费用;
因为工作需要进行专门培训所产生的费用。

九、各类经费预支手续

1.差旅费预支:出差人员填写“出差审批表”,表内应注明乘坐的交通工具(汽车、火车、飞机等),如乘坐飞机应注明是否往返,经基建处财务“一支笔”审批后,填写“厦门大学暂付款凭单”后办理旅差费预支,回校后一周之内办理报销。

2.设备、零星采购等预支:填写“暂付款凭单”,由部门负责人签批,并按《现金管理条例》规定,采购金额1000元以上应办理转账或者汇款,如特殊情况需领取现金支票的,5000元以下的由基建处财务“一支笔”审批,5000元以上的由财务处分管处长审批。

3.日常备用金预支:基建处综合管理科负责外联接待任务及大部分零星采购任务,核定综合管理科备用金定额为10000元;预支时由经办人员填写“暂付款凭单”,经基建处财务“一支笔”审批后办理。年终12月15日之前交回。

十、各类经费报销手续

1.严格按照学校的有关规定办理相关报销手续。属于《季度用款计划》内的各项预支及报销经基建处财务“一支笔”审批,确实因客观原因事先无法列入《季度用款计划》的各项开支需经分管校领导审批。

2.差旅费报销:如出差前已预支旅差费,出差人员应填写《差旅费报销单》,并将全部发票单据粘贴在《单据粘贴单》上,经基建处财务“一支笔”审批后,由财务部门审核报销;如未预支旅差费的还应附上“出差审批表”。

3.设备、家具零星采购等报销:如属固定资产或低值易耗品,经办人应先办理固定资产或低值易耗品报增手续并填写《经费报销单》,并将发票粘贴在《单据粘贴单》上,经部门负责人签字,由基建处财务“一支笔”审批后予以报销;如属200元以下的材料,应填写“材料入库单”在本单位办理入库,由基建处分管副处长签批。

4.图书资料报销:购买图书资料,应先填写《图书资料申购单》,经图书馆分管领导同意后才可以自购。购入后按册填写《厦门大学固定资产增加表》,经图书馆有关人员签字后方可办理报销手续。

十一、基建处应根据工作需要,按季度编制《季度用款计划》,于上一季度末25日之前报分管校领导审批

——本文摘录自《关于印发〈厦门大学基本建设管理费的使用与管理暂行规定(试行)〉的通知》,厦大基〔2004〕25号,档号2004-XZ17-1

厦门大学核心学术刊物目录

（2004年8月17日）

一、文科核心学术刊物

（一）文科一类核心学术刊物

1.以下刊物为文科一类核心学术刊物（共93种）：

序号	刊物名称	序号	刊物名称
1	*CHINA DAILY*（理论版学术类）	21	国际问题研究
2	北京大学学报（哲社版）	22	国外社会科学
3	北京师范大学学报（人文社科版）	23	吉林大学社会科学学报
4	北京体育大学学报	24	教育研究
5	比较教育研究	25	教育与经济
6	财政研究	26	金融研究
7	当代外国文学	27	近代史研究
8	当代亚太	28	经济管理
9	读书（学术类）	29	经济学动态（学术类）
10	法律科学	30	经济学家
11	法学研究	31	经济研究
12	复旦学报（社科版）	32	考古
13	高等教育研究	33	会计研究
14	高校理论战线	34	历史研究
15	古汉语研究	35	马克思主义与现实
16	管理科学学报	36	民族研究
17	管理世界	37	南京大学学报（哲学、人文、社科版）
18	光明日报（理论版学术类）	38	南开管理评论
19	国际金融研究	39	南开学报（哲社版）
20	国际贸易问题	40	农业经济问题

续表

序号	刊物名称	序号	刊物名称
41	求是	68	心理学报
42	人口研究	69	新华文摘(全文转载)
43	人类学学报	70	新美术
44	人民日报(理论版学术类)	71	新闻大学
45	社会学研究	72	新闻与传播研究
46	审计研究	73	戏剧
47	史学理论研究	74	学术月刊
48	世界经济	75	音乐研究
49	世界历史	76	哲学动态(学术类)
50	世界民族	77	哲学研究
51	世界宗教研究	78	政法论坛
52	数量经济技术经济研究	79	政治学研究
53	税务研究	80	中共党史研究
54	台湾研究	81	中国法学
55	体育科学	82	中国工业经济
56	统计研究	83	中国广播电视学刊(理论栏学术类)
57	投资研究	84	中国经济史研究
58	外国文学评论	85	中国军事科学
59	外国语	86	中国人民大学学报
60	外语教学与研究	87	中国社会科学
61	文史哲	88	中国史研究
62	文学评论	89	中国行政管理(理论栏学术类)
63	文学遗产	90	中国音乐学
64	文艺研究	91	中国语文
65	厦门大学学报(哲社版)	92	中国哲学史
66	现代法学	93	自然辩证法通讯
67	心理科学		

2.被SSCI(《社会科学引文索引》)、A&HCI(《艺术与人文科学引文索引》)、ISSHP(《社会科学及人文科学会议录索引》)和SCI(《科学引文索引》)、EI(《工程索引》)、ISTP(《科学技术会议录索引》)收录的学术论文,亦为文科一类核心学术刊物论文。

(二)文科二类核心学术刊物

1.未被收进一类核心学术刊物的CSSCI(《中文社会科学引文索引》)期刊均为文科二类核心学术刊物(共328种)。列表如下:

序号	刊物名称	序号	刊物名称
1	安徽大学学报(哲社版)	35	道德与文明
2	百年潮	36	地理与地理信息科学
3	保险研究	37	地域研究与开发
4	北京电影学院学报	38	电化教育研究
5	北京社会科学	39	电视研究
6	比较法研究	40	电影艺术
7	编辑学报	41	东北师大学报(哲社版)
8	编辑之友	42	东北亚论坛
9	编辑学刊	43	东南亚研究
10	财经科学	44	敦煌研究
11	财经理论与实践	45	俄罗斯研究
12	财经论丛	46	俄罗斯中亚东欧研究
13	财经问题研究	47	法商研究
14	财经研究	48	法学
15	财贸经济	49	法学家
16	长白学刊	50	法学评论
17	长江流域资源与环境	51	法制与社会发展
18	成都体育学院学报	52	方言
19	城市发展研究	53	妇女研究论丛
20	城市规划	54	改革
21	城市环境与城市生态	55	干旱区资源与环境
22	大学图书馆学报	56	高等工程教育研究
23	当代财经	57	高等理科教育
24	当代电影	58	管理工程学报
25	当代经济科学	59	管理现代化
26	当代经济研究(中国“资本论”研究会会刊)	60	广西民族学院学报(哲社版)
27	当代世界与社会主义	61	广西民族研究
28	当代思潮	62	贵州民族研究
29	当代语言学	63	国际经济合作
30	当代中国史研究	64	国际经济评论
31	当代作家评论	65	国际经贸探索
32	档案学通讯	66	国际贸易
33	档案学研究	67	国际商务研究(上海对外贸易学院学报)
34	党的文献	68	国际新闻界

续表

序号	刊物名称	序号	刊物名称
69	国外理论动态	102	经济问题
70	国外文学	103	经济问题探索
71	河北大学学报(哲社版)	104	经济与管理研究
72	和平与发展	105	江海学刊
73	黑龙江民族丛刊	106	江汉论坛
74	宏观经济研究	107	江淮论坛
75	红楼梦学刊	108	江苏高教
76	湖北大学学报(哲社版)	109	江苏社会科学
77	华东师范大学学报(教科版)	110	开发研究
78	华东师范大学学报(哲社版)	111	抗日战争研究
79	华南师范大学学报(社科版)	112	考古学报
80	华侨华人历史研究	113	考古与文物
81	华夏考古	114	科技管理研究
82	华中师范大学学报(人文社科版)	115	科技进步与对策
83	环境保护	116	科技与出版
84	回族研究	117	科学管理研究
85	暨南学报(哲社版)	118	科学技术与辩证法
86	教师教育研究	119	科学·经济·社会
87	教学与研究	120	科学社会主义
88	教育发展研究	121	科学学研究
89	教育科学	122	科学学与科学技术管理
90	教育理论与实践	123	科研管理
91	教育评论	124	课程·教材·教法
92	教育信息化	125	孔子研究
93	教育研究与实验	126	拉丁美洲研究
94	金融论坛	127	兰州大学学报(社科版)
95	经济纵横	128	理论前沿
96	经济地理	129	理论探讨
97	经济科学	130	理论学刊
98	经济理论与经济管理	131	理论与改革
99	经济评论	132	历史档案
100	经济社会体制比较	133	林业经济
101	经济体制改革	134	鲁迅研究月刊

续表

序号	刊物名称	序号	刊物名称
135	旅游学刊	168	人文杂志
136	马克思主义研究	169	日本学刊
137	毛泽东邓小平理论研究	170	山西大学学报(哲社版)
138	毛泽东思想研究	171	陕西师范大学学报(哲社版)
139	美国研究	172	上海大学学报(社科版)
140	民国档案	173	上海教育科研
141	民族文学研究	174	上海金融
142	民族语文	175	上海经济研究
143	明清小说研究	176	上海体育学院学报
144	南方人口	177	社会科学
145	南开经济研究	178	社会科学辑刊
146	南京社会科学	179	社会科学研究
147	南京师大学报(社科版)	180	社会科学战线
148	南亚研究	181	社会主义研究
149	内蒙古大学学报(人文社科版)	182	涉外税务
150	农村生态环境	183	生产力研究
151	农业技术经济	184	生态经济
152	欧洲研究	185	史林
153	齐鲁学刊	186	史学集刊
154	青年研究	187	史学史研究
155	清华大学教育研究	188	史学月刊
156	清华大学学报(哲社版)	189	世界汉语教学
157	清史研究	190	世界经济文汇
158	情报科学	191	世界经济研究
159	情报理论与实践	192	世界经济与政治
160	情报学报	193	世界宗教文化
161	情报杂志	194	市场与人口分析
162	情报资料工作(中国社会科学信息学会会刊)	195	书法研究
163	求索	196	数理统计与管理
164	全球教育展望	197	税务与经济
165	人口学刊	198	思想战线:云南大学人文社会科学学报
166	人口与经济	199	四川大学学报(哲社版)
167	人文地理	200	台湾研究集刊

续表

序号	刊物名称	序号	刊物名称
201	体育与科学	234	现代图书情报技术
202	天津社会科学	235	现代外语
203	天津师范大学学报(社科版)	236	现代哲学
204	天津体育学院学报	237	消费经济
205	图书馆工作与研究	238	心理发展与教育
206	图书馆理论与实践	239	心理科学进展
207	图书馆论坛	240	心理学探新
208	图书馆杂志	241	新疆大学学报(社科版)
209	图书情报工作	242	新视野
210	图书情报知识	243	新文学史料
211	图书与情报	244	新闻记者
212	外国教育研究	245	新闻界
213	外国经济与管理	246	行政法学研究
214	外国文学	247	戏剧艺术:上海戏剧学院学报
215	外国中小学教育	248	学前教育研究
216	外交学院学报	249	学术研究
217	外语学刊	250	学位与研究生教育
218	未来与发展	251	学习与探索
219	文物	252	亚太经济
220	文学自由谈	253	研究与发展管理
221	文艺理论研究	254	音乐艺术:上海音乐学院学报
222	文艺争鸣	255	应用心理学
223	武汉大学学报(人文科学版)	256	语文建设
224	武汉体育学院学报	257	语文研究
225	西北大学学报(哲社版)	258	语言教学与研究
226	西南师范大学学报(人文社科版)	259	语言文字应用
227	西亚非洲	260	语言研究
228	西域研究	261	预测
229	西藏研究	262	云南民族大学学报(哲社版)
230	现代财经:天津财经学院学报	263	云南社会科学
231	现代传播:北京广播学院学报	264	战略与管理
232	现代国际关系	265	浙江大学学报(人文社科版)
233	现代日本经济	266	浙江社会科学

续表

序号	刊物名称	序号	刊物名称
267	浙江学刊	298	中国社会经济史研究
268	政治与法律	299	中国社会科学院研究生院学报
269	郑州大学学报(哲社版)	300	中国史研究动态
270	知识产权	301	中国书法
271	中共中央党校学报	302	中国特殊教育
272	中国版权	303	中国统计
273	中国比较文学	304	中国投资
274	中国边疆史地研究	305	中国图书馆学报
275	中国出版	306	中国图书评论
276	中国大学教学	307	中国土地科学
277	中国道教	308	中国文化研究
278	中国地方志	309	中国现代文学研究丛刊
279	中国电化教育	310	中国心理卫生杂志
280	中国翻译	311	中国音乐
281	中国高等教育	312	中国藏学
282	中国管理科学	313	中国宗教
283	中国国情国力	314	中国资产评估
284	中国环境科学	315	中南财经政法大学学报
285	中国教育学刊	316	中南民族大学学报(人文社科版)
286	中国经济问题	317	中山大学学报(社科版)
287	中国科技论坛	318	中外法学
288	中国科技期刊研究	319	中央财经大学学报
289	中国历史地理论丛	320	中央民族大学学报(哲社版)
290	中国流通经济	321	中央音乐学院学报
291	中国农村观察	322	中州学刊
292	中国农村经济	323	周易研究
293	中国青年研究	324	资源科学
294	中国青年政治学院学报	325	自然辩证法研究
295	中国人口科学	326	自然科学史研究
296	中国人口・资源与环境	327	自然资源学报
297	中国软科学	328	宗教学研究

2. 增列以下刊物为文科二类核心学术刊物(共 4 种):

序号	刊 物 名 称	序号	刊 物 名 称
1	美术研究	3	现代广告
2	外语与外语教学	4	装饰

二、理工科核心学术刊物

(一)理工科一类核心学术刊物

1.被 SCI、EI、ISTP 和 SSCI、A&HCI、ISSHP 收录的学术论文,均为理工科一类核心学术刊物论文。

2.增列以下刊物为理工科一类核心学术刊物(共 13 种):

序号	刊 物 名 称	序号	刊 物 名 称
1	城市规划汇刊	8	中国中药杂志
2	哈尔滨建筑大学学报	9	中华病理学杂志
3	建筑学报	10	中华微生物学和免疫学杂志
4	解剖学报	11	中华预防医学杂志
5	细胞生物学杂志	12	中华医学杂志
6	药学学报	13	中医杂志
7	中国中西医结合杂志		

(二)理工科二类核心学术刊物

1.未被收进一类核心学术刊物的 CSCD(《中国科学引文数据库》)中文核心库期刊均为理工科二类核心学术刊物(共 585 种)。列表如下:

序号	刊物名称	序号	刊物名称
1	癌症	12	北京师范大学学报
2	安徽农业大学学报	13	北京医科大学学报
3	白求恩医科大学学报	14	北京中医药大学学报
4	半导体学报	15	冰川冻土
5	爆炸与冲击	16	兵工学报
6	北京大学学报	17	兵器材料科学与工程
7	北京工业大学学报	18	病毒学报
8	北京航空航天大学学报	19	波谱学杂志
9	北京科技大学学报	20	材料工程
10	北京理工大学学报	21	材料科学与工程
11	北京林业大学学报	22	材料研究学报

续表

序号	刊物名称	序号	刊物名称
23	草业学报	56	地震研究
24	测绘学报	57	地质地球化学
25	长春科技大学学报	58	地质科技情报
26	长江流域资源与环境	59	地质科学
27	沉积学报	60	地质论评
28	成都理工学院学报	61	地质学报
29	重庆大学学报	62	地质与勘探
30	传感技术学报	63	第二军医大学学报
31	传感器技术	64	第三军医大学学报
32	催化学报	65	第四纪研究
33	大地构造与成矿学	66	第四军医大学学报
34	大豆科学	67	第一军医大学学报
35	大连理工大学学报	68	电工技术学报
36	大连水产学院学报	69	电化学
37	大气科学	70	电力系统自动化
38	低温物理学报	71	电网技术
39	低温与超导	72	电源技术
40	地层学杂志	73	电子技术应用
41	地理科学	74	电子科技大学学报
42	地理科学进展	75	电子科学学刊
43	地理学报	76	电子显微学报
44	地理研究	77	电子学报
45	地球化学	78	东北大学学报
46	地球科学	79	东北林业大学学报
47	地球科学进展	80	东北师大学报
48	地球物理学报	81	东南大学学报
49	地球物理学进展	82	动力工程
50	地球学报	83	动物分类学报
51	地学前缘	84	动物学报
52	地震	85	动物学研究
53	地震地质	86	动物学杂志
54	地震工程与工程振动	87	发光学报
55	地震学报	88	纺织学报

续表

序号	刊物名称	序号	刊物名称
89	非金属矿	122	工程力学
90	分析测试学报	123	工程热物理学报
91	分析化学	124	工程数学学报
92	分析科学学报	125	功能材料
93	分析试验室	126	功能高分子学报
94	分子催化	127	古脊椎动物学报
95	粉末冶金技术	128	古生物学报
96	福建林学院学报	129	固体电子学研究与进展
97	福建农业大学学报	130	固体力学学报
98	辐射防护	131	管理工程学报
99	辐射研究与辐射工艺学报	132	光电工程
100	腐蚀科学与防护技术	133	光电子·激光
101	复旦学报	134	光谱学与光谱分析
102	复合材料学报	135	光散射学报
103	干旱地区农业研究	136	光学精密工程
104	干旱区地理	137	光学学报
105	干旱区研究	138	光子学报
106	干旱区资源与环境	139	广西农业生物科学
107	感光科学与光化学	140	广西植物
108	钢铁	141	硅酸盐通报
109	钢铁研究学报	142	硅酸盐学报
110	高等学校化学学报	143	国防科技大学学报
111	高等学校计算数学学报	144	哈尔滨工业大学学报
112	高分子材料科学与工程	145	海洋地质与第四纪地质
113	高分子通报	146	海洋工程
114	高分子学报	147	海洋环境科学
115	高技术通讯	148	海洋科学
116	高能物理与核物理	149	海洋通报
117	高校地质学报	150	海洋学报
118	高校化学工程学报	151	海洋与湖沼
119	高校应用数学学报	152	焊接学报
120	高压物理学报	153	航空动力学报
121	高原气象	154	航空学报

续表

序号	刊物名称	序号	刊物名称
155	河北农业大学学报	188	化学研究与应用
156	河海大学学报	189	环境化学
157	河南农业大学学报	190	环境科学
158	核电子学与探测技术	191	环境科学学报
159	核动力工程	192	环境科学研究
160	核化学与放射化学	193	环境污染技术与设备
161	核技术	194	机器人
162	核聚变与等离子体物理	195	机械工程材料
163	核科学与工程	196	机械工程学报
164	核农学报	197	机械科学与技术
165	红外与毫米波学报	198	基础医学与临床
166	湖泊科学	199	激光技术
167	湖南大学学报	200	激光杂志
168	湖南医科大学学报	201	吉林大学自然科学学报
169	华北农学报	202	吉林农业大学学报
170	华东理工大学学报	203	极地研究
171	华东师范大学学报	204	计量学报
172	华南理工大学学报	205	计算机辅助设计与图形学学报
173	华南农业大学学报	206	计算机工程
174	华西口腔医学杂志	207	计算机工程与应用
175	华西医科大学学报	208	计算机集成制造系统
176	华中理工大学学报	209	计算机学报
177	华中农业大学学报	210	计算机研究与发展
178	华中师范大学学报	211	计算机应用
179	化工进展	212	计算机与应用化学
180	化工学报	213	计算力学学报
181	化学反应工程与工艺	214	计算数学
182	化学工程	215	计算物理
183	化学进展	216	暨南大学学报
184	化学试剂	217	建筑结构
185	化学通报	218	建筑结构学报
186	化学物理学报	219	江苏农业学报
187	化学学报	220	江苏农业研究

续表

序号	刊物名称	序号	刊物名称
221	结构化学	254	煤炭学报
222	解放军医学杂志	255	煤炭转化
223	解剖学杂志	256	棉花学报
224	金属热处理	257	免疫学杂志
225	金属热处理学报	258	模糊系统与数学
226	金属学报	259	模式识别与人工智能
227	精细化工	260	膜科学与技术
228	军事医学科学院院刊	261	摩擦学学报
229	菌物系统	262	内蒙古大学学报
230	科学通报	263	内燃机学报
231	科学学研究	264	南京大学学报
232	科研管理	265	南京航空航天大学学报
233	空间科学学报	266	南京林业大学学报
234	空气动力学学报	267	南京农业大学学报
235	控制理论与应用	268	南京气象学院学报
236	控制与决策	269	南开大学学报
237	矿床地质	270	泥沙研究
238	矿物学报	271	农村生态环境
239	矿物岩石	272	农业工程学报
240	昆虫分类学报	273	农业环境保护
241	昆虫学报	274	农业机械学报
242	昆虫知识	275	农业生物技术学报
243	兰州大学学报	276	农业系统科学与综合研究
244	离子交换与吸附	277	气象
245	力学季刊	278	气象学报
246	力学进展	279	强激光与粒子束
247	力学学报	280	青岛海洋大学学报
248	量子电子学报	281	清华大学学报
249	林业科学	282	情报学报
250	林业科学研究	283	燃料化学学报
251	临床检验杂志	284	热带海洋
252	临床心血管病杂志	285	热带气象学报
253	流体力学实验与测量	286	热带亚热带植物学报

续表

序号	刊物名称	序号	刊物名称
287	热带作物学报	320	石油地球物理勘探
288	人工晶体学报	321	石油化工
289	人类工效学	322	石油勘探与开发
290	软件学报	323	石油实验地质
291	色谱	324	石油学报
292	山地学报	325	石油与天然气地质
293	山东大学学报	326	实验力学
294	山东农业大学学报	327	实验生物学报
295	陕西天文台台刊	328	食品科学
296	上海第二医科大学学报	329	兽类学报
297	上海交通大学学报	330	数理统计与管理
298	上海免疫学杂志	331	数学季刊
299	上海天文台年刊	332	数学进展
300	上海医科大学学报	333	数学年刊.A
301	上海医学	334	数学物理学报
302	沈阳农业大学学报	335	数学学报
303	生理科学进展	336	数学研究与评论
304	生理学报	337	数学杂志
305	生命的化学	338	数值计算与计算机应用
306	生态农业研究	339	水产学报
307	生态学报	340	水处理技术
308	生态学杂志	341	水动力学研究与进展·A
309	生物多样性	342	水科学进展
310	生物工程进展	343	水力发电学报
311	生物工程学报	344	水利学报
312	生物化学与生物物理进展	345	水生生物学报
313	生物化学与生物物理学报	346	水土保持通报
314	生物数学学报	347	水土保持学报
315	生物物理学报	348	四川大学学报
316	生物医学工程学杂志	349	四川大学学报.工程科学版
317	生殖与避孕	350	台湾海峡
318	声学学报	351	太阳能学报
319	石油大学学报	352	特种铸造及有色合金

续表

序号	刊物名称	序号	刊物名称
353	天津大学学报	386	西北植物学报
354	天然产物研究与开发	387	西南交通大学学报
355	天然气化工	388	西南农业大学学报
356	天体物理学报	389	西南师范大学学报
357	天文学报	390	稀土
358	天文学进展	391	稀有金属
359	铁道学报	392	稀有金属材料与工程
360	通信学报	393	系统仿真学报
361	同济大学学报	394	系统工程
362	同济医科大学学报	395	系统工程理论方法应用
363	土木工程学报	396	系统工程理论与实践
364	土壤	397	系统工程学报
365	土壤通报	398	系统工程与电子技术
366	土壤学报	399	系统科学与数学
367	推进技术	400	细胞与分子免疫学杂志
368	微生物学报	401	厦门大学学报
369	微生物学通报	402	现代地质
370	微体古生物学报	403	小型微型计算机系统
371	卫生毒理学杂志	404	新型碳材料
372	无机材料学报	405	信息与控制
373	无机化学学报	406	畜牧兽医学报
374	武汉测绘科技大学学报	407	压电与声光
375	武汉大学学报	408	岩矿测试
376	武汉植物学研究	409	岩石力学与工程学报
377	物理	410	岩石学报
378	物理化学学报	411	岩土工程学报
379	物理学报	412	岩土力学
380	物理学进展	413	研究与发展管理
381	西安电子科技大学学报	414	遥感学报
382	西安交通大学学报	415	药物分析杂志
383	西北大学学报	416	仪器仪表学报
384	西北工业大学学报	417	遗传
385	西北农业大学学报	418	遗传学报

续表

序号	刊物名称	序号	刊物名称
419	应用概率统计	452	植物病理学报
420	应用化学	453	植物分类学报
421	应用基础与工程科学学报	454	植物生理学报
422	应用激光	455	植物生理学通讯
423	应用科学学报	456	植物生态学报
424	应用力学学报	457	植物学报
425	应用气象学报	458	植物学通报
426	应用生态学报	459	植物研究
427	应用数学和力学	460	植物营养与肥料学报
428	应用数学学报	461	质谱学报
429	应用与环境生物学报	462	中草药
430	营养学报	463	中国病毒学
431	油田化学	464	中国病理生理杂志
432	有机化学	465	中国草地
433	宇航材料工艺	466	中国超声医学杂志
434	宇航学报	467	中国地方病学杂志
435	预测	468	中国地震
436	园艺学报	469	中国电机工程学报
437	原子能科学技术	470	中国纺织大学学报
438	原子与分子物理学报	471	中国腐蚀与防护学报
439	云南大学学报	472	中国给水排水
440	云南天文台台刊	473	中国公共卫生学报
441	云南植物研究	474	中国公路学报
442	运筹学学报	475	中国管理科学
443	浙江大学学报・工学版	476	中国环境科学
444	浙江大学学报・理科版	477	中国机械工程
445	浙江大学学报・农业与生命科学版	478	中国激光
446	浙江林学院学报	479	中国寄生虫学与寄生虫病杂志
447	针刺研究	480	中国抗生素杂志
448	振动工程学报	481	中国科学・A
449	振动与冲击	482	中国科学・B
450	植物保护	483	中国科学・C
451	植物保护学报	484	中国科学・D

续表

序号	刊物名称	序号	刊物名称
485	中国科学·E	518	中国药理学与毒理学杂志
486	中国科学基金	519	中国药学杂志
487	中国科学技术大学学报	520	中国医科大学学报
488	中国空间科学技术	521	中国医学科学院学报
489	中国矿业大学学报	522	中国医药工业杂志
490	中国老年学杂志	523	中国医院药学杂志
491	中国临床解剖学杂志	524	中国应用生理学杂志
492	中国免疫学杂志	525	中国油料作物学报
493	中国农业大学学报	526	中国有色金属学报
494	中国农业科学	527	中国预防兽医学报
495	中国农业气象	528	中国造船
496	中国区域地质	529	中国肿瘤临床
497	中国人兽共患病杂志	530	中华传染病杂志
498	中国软科学	531	中华创伤杂志
499	中国沙漠	532	中华儿科杂志
500	中国神经精神疾病杂志	533	中华耳鼻咽喉科杂志
501	中国生物防治	534	中华放射学杂志
502	中国生物化学与分子生物学报	535	中华放射医学与防护杂志
503	中国生物医学工程学报	536	中华放射肿瘤学杂志
504	中国实用内科杂志	537	中华妇产科杂志
505	中国实用外科杂志	538	中华骨科杂志
506	中国兽医科技	539	中华核医学杂志
507	中国兽医学报	540	中华检验医学杂志
508	中国水稻科学	541	中华结核和呼吸杂志
509	中国塑料	542	中华精神科杂志
510	中国图象图形学报	543	中华口腔医学杂志
511	中国稀土学报	544	中华劳动卫生职业病杂志
512	中国心理卫生杂志	545	中华老年医学杂志
513	中国新药与临床杂志	546	中华流行病学杂志
514	中国循环杂志	547	中华麻醉学杂志
515	中国药科大学学报	548	中华泌尿外科杂志
516	中国药理学报	549	中华内分泌代谢杂志
517	中国药理学通报	550	中华内科杂志

续表

序号	刊物名称	序号	刊物名称
551	中华皮肤科杂志	569	中华整形外科杂志
552	中华器官移植杂志	570	中华肿瘤杂志
553	中华烧伤杂志	571	中南工业大学学报
554	中华神经科杂志	572	中南林学院学报
555	中华神经外科杂志	573	中山大学学报
556	中华肾脏病杂志	574	中山医科大学学报
557	中华实验和临床病毒学杂志	575	中文信息学报
558	中华实验外科杂志	576	肿瘤
559	中华外科杂志	577	铸造
560	中华物理医学与康复杂志	578	资源科学
561	中华显微外科杂志	579	紫金山天文台台刊
562	中华消化杂志	580	自动化学报
563	中华小儿外科杂志	581	自然科学进展
564	中华心血管病杂志	582	自然科学史研究
565	中华胸心血管外科杂志	583	自然灾害学报
566	中华血液学杂志	584	自然资源学报
567	中华眼科杂志	585	作物学报
568	中华医学遗传学杂志		

注:理工科二类核心学术刊物目录中凡属高校学报,未做注明的,均为自然科学类刊物。

2.增列以下刊物为理工科二类核心学术刊物(共8种):

序号	刊物名称	序号	刊物名称
1	重庆建筑大学学报	5	中国针灸
2	数学研究	6	中国中医骨伤科
3	新建筑	7	中国中医基础医学杂志
4	中国医药学报	8	中药药理与临床

——本文摘录自《关于印发〈厦门大学核心学术刊物目录〉和〈厦门大学关于核心学术刊物的若干规定〉的通知》,厦大人〔2004〕99号,档号2004-XZ10-4

厦门大学关于核心学术刊物的若干规定

(2004年8月17日)

1.《厦门大学教师职务聘任条例(试行)》所规定的"本学科核心刊物",既指《厦门大学核心学术刊物目录》所列的本学科领域的核心学术刊物,也指《厦门大学核心学术刊物目录》所列的与本学科有关的跨学科或交叉学科的核心学术刊物。

2.高聘教师职务(在任现职务期间或最近5年内),在我校主办的一类核心学术刊物上发表的学术论文,最多只能计算1篇为一类核心学术刊物发表的学术论文,其余只能作为二类核心学术刊物发表的学术论文计算。

3.《厦门大学教师职务聘任条例(试行)》第十五条第4款和第十七条第4款所规定的高聘教授或副教授职务须"至少有1篇本人独立完成或以第一作者(且同时作为通讯作者)署名的发表在一类核心刊物上的学术论文",均要求为在校外一类核心刊物上发表的学术论文。

4.高聘教授职务要求的学术论文至少应有二分之一发表在校外核心学术刊物上;高聘副教授职务要求的学术论文至少应有三分之一发表在校外核心学术刊物上。理工科教师高聘教授职务应至少有1篇学术论文发表在国外发行的外文刊物上。

5.文科在《人民日报》(理论版)、《光明日报》(理论版)、*CHINA DAILY*(理论版)上发表的学术论文(非学术性论文不计为一类核心刊物论文)要求不低于2500字,在其他刊物上发表的及被《新华文摘》转载的学术论文要求不低于4000字。

6.文科在国外学术刊物上用外文发表的学术论文(被接受为学术类论文刊载或3000个单词以上的学术论文),若该刊物经(1)校外本学科学术权威2人认可、(2)学院(单位)学术委员会表决通过、(3)学校聘委会最后审定已达到国内一类或二类核心学术刊物水准的,可相应视同在一类或二类核心学术刊物上发表的学术论文。理工科在国外学术刊物上用外文发表的学术论文,若该刊物经过上述三个程序认定已达到国内二类核心学术刊物水准的,可相应视同在二类核心学术刊物上发表的学术论文。台港澳地区学术刊物的认定参照国外学术刊物的认定办法执行。

7.在被撤销的原我校权威和核心学术刊物上发表的学术论文有效期截至2005年6月30日。凡在此日期之前在这些刊物上发表或提交正式录用通知的学术论文,仍相应视同在一类或二类核心学术刊物上发表的论文,但作为考核和应聘条件时,须提交正式出版物。

8.列入《厦门大学核心学术刊物目录》的刊物将根据CSSCI和CSCD收录期刊的变动实行动态调整。凡被撤销的刊物,所发学术论文的有效期均截至下一年的6月30日。

9.本规定自公布之日起开始实行,学校原有的相关规定不再执行。

10.本规定由学校人事处负责解释。

——本文摘录自《关于印发〈厦门大学核心学术刊物目录〉和〈厦门大学关于核心学术刊物的若干规定〉的通知》,厦大人〔2004〕99号,档号2004-XZ10-4

厦门大学教职工申诉办法

（2004年8月20日）

第一条 为维护教职工合法权益，根据《中华人民共和国教育法》第四十二条和《中华人民共和国教师法》第三十九条的规定，特制定本办法。

第二条 本办法适用于学校在编的教职工对下列情况提出的申诉：

（一）教职工认为学校及其所属的职能部门侵犯《中华人民共和国教育法》、《中华人民共和国教师法》规定的以及《教职工聘用合同》约定的合法权益的；

（二）教职工不服学校及其所属的职能部门做出的行政处理决定的。

第三条 学校成立申诉委员会，负责受理、审查教师员工提出的申诉事项。申诉委员会由学校有关领导，纪检监察部门、组织人事部门及其他有关部门负责人和教职工代表组成。

第四条 教职工自知道（或应当知道）自己的合法权益受到侵犯，或者自知道（或应当知道）学校及其所属职能部门做出的行政处理决定之日起一年内，向申诉委员会提出申诉申请，逾期视为自动放弃申诉权利。

教职工自动撤回申诉或者在申诉委员会已经做出处理决定后，不得就同一事实和理由再次提出申诉申请。

第五条 教职工提出的申诉，应当以书面形式向申诉委员会递交申诉书。申诉书应载明以下事项：

（一）申诉人的基本情况；

（二）被申诉人的基本情况；

（三）申诉请求；

（四）申诉理由；

（五）其他有关情况。

第六条 申诉委员会应当确定专职或兼职人员负责受理教职工申诉工作。

第七条 申诉委员会应就申诉的事实和理由进行审查，并在自收到申诉书的次日起30日内对申诉作出处理决定。

第八条 申诉委员会做出处理决定后，应在5日内向申诉人送达书面决定。如申诉人仍不服处理决定，可以向厦门市劳动人事争议仲裁委员会提起仲裁。

符合申诉情形的教职工也可以不经校申诉委员会而直接向厦门市劳动人事争议仲裁委员会提起仲裁。

第九条 申诉委员会的主办人员对教职工提出的申诉不得拖延推诿。对故意拖延推诿情节严重或造成严重后果的，由其所在单位或者上级主管部门追究责任人的行政责任。

第十条 本办法执行中的具体问题，由厦门大学人事处负责解释。

第十一条 本办法自2004年9月1日起施行。

——本文摘录自《关于印发〈厦门大学教职工申诉办法〉的通知》，厦大人〔2004〕138号，档号2004-XZ10-7

厦门大学学院教务人员到漳州校区工作制度(试行)

(2004年10月8日)

第一条　根据学校对漳州校区的功能定位,漳州校区主要作为一、二年级本科生的学习、生活园区。漳州校区的教学管理实行"统一领导、职能延伸、条块结合、校区统筹、高效创新"的模式。

第二条　每个学院根据本单位在漳州校区教务工作业务量的大小,指派至少一名教务人员固定到漳州校区工作。到漳州校区工作的教务人员可以实行"学期"轮换,即每位教务人员至少必须在漳州校区全时工作一个学期。院系教务人员在漳州校区工作期间接受所在院系领导,处理本学院在漳州校区的教务业务,同时接受漳州校区教务办的工作指导。

第三条　漳州校区教务人员实行工作例会制度。每星期五上午为例会时间。漳州校区教务办负责工作例会的组织。工作例会内容包括:交流、研究近期教务工作;业务学习和研讨等。

第四条　院系教务人员到漳州校区工作的任务:

1.落实本学院教学计划在漳州校区的实施;

2.开展教学过程的运行管理;

3.组织教学质量的监控,包括期中和期末的教学座谈会、教学评估和不定期访谈;

4.为本学院在漳州校区学习的学生办理注册、学籍管理、考务工作;

5.为漳州校区学生办理教材征订与发放;

6.协助院系做好学生专业教育工作;

7.为本学院到漳州校区工作的教师提供教学管理服务。

第五条　院系指派到漳州校区工作的教务人员必须于开学前一周到位。到漳州校区工作的院系教务人员上班地点在院系办公室。院系教务人员到漳州校区工作执行漳州校区的工作时间表。

第六条　院系教务人员要建立与本院系在漳州校区的学生建立通畅的联络渠道,及时地为本院系学生提供学习指导,办理选课、请假等与学习有关的事务。

第七条　院系教务人员在漳州校区工作期间要及时认真收集漳州校区的教学信息,针对教学工作中的问题,及时提出解决意见和建议,并向有关领导报告。

——本文摘录自《关于印发〈厦门大学学院教务人员到漳州校区工作制度(试行)〉的通知》,厦大教〔2004〕33号,档号2004-XZ12-2

厦门大学专业技术人员职务外语考试实施办法

（2004年10月14日）

为规范教师及其他各类专业技术人员职务聘任工作，根据有关文件和我校专业技术人员任职条件要求，对本办法进行修订，现规定如下：

一、考试范围、对象与内容

申报高聘高、中级职务的专业技术人员，除符合本办法规定的免试外语条件外，均需按以下规定参加外语考试：

1.除体育、音乐、美术专业的教师外，凡年龄在35周岁以下的教师申报高聘（转聘）高、中级职务均须参加全国外语水平考试（WSK）或全国公共英语等级考试5级（PETS5）。

2.下列人员申报高聘高、中级职务时，可选择参加WSK（或PETS5）或全国专业技术人员职称外语等级统一考试（以下简称“全国职称外语等级考试”）：

（1）从事体育、音乐、美术专业教学工作的教师；

（2）所有专业年龄在35周岁以上的教师；

（3）从事工程技术、实验技术、卫生技术、图书资料、档案、编辑、翻译工作的专业技术人员。

3.我校无审定权学科申报高聘高级职务的教师，按福建省有关规定参加外语考试。

二、免试条件

1.在国外获得博士学位或进行博士后研究的教师，或在国内外获得博士学位的教师以外其他专业技术人员，申请高聘高级职务时可免于外语考试；

2.WSK（PETS5）成绩达到国家规定的公派出国分数线标准且已公派出国留学1年以上或TOEFL考试成绩在550分以上或雅思考试成绩在5.5分以上（有效期6年），申请高聘高级职务时可免于外语考试；

3.在国外留学并获得硕士学位的教师，申请高聘中级职务时可免于外语考试；

4.大学外语六级水平考试合格或TOEFL考试成绩在500分以上或雅思考试成绩在5分以上（有效期6年）或获得硕士学位的教师以外其他专业技术人员，申请高聘中级职务时可免于外语考试；

5.受聘副高级职务时外语考试合格，申请高聘正高级职务时，男年满55周岁、女年满50周岁的人员，可免于外语考试；

6.转聘职务系列的人员，受聘原职务任职资格时外语考试成绩合格，且与所转聘职务系列同级职务任职资格外语要求相同时，可免于相应等级的外语考试；

7.任现职以来用外文在SCI、EI收录的国际学术刊物或国外著名的本专业外文学术刊物上发表学术论文或被ISTP收录用外文撰写和发表的学术论文共5篇以上（均为本人独立撰写或本人执笔且第一作者署名），晋升高级职务时可免于外语考试。

符合以上免试外语条件者，须填写《免试外语审批表》。

三、外语考试成绩要求和有效期

1.参加全国外语水平考试(WSK)或全国公共英语等级考试5级(PETS5)者,高聘(转聘)高、中级职务成绩标准如下:

(1)参加PETS5和WSK法语考试,高聘高级职务笔试总成绩50分以上,高聘中级职务笔试总成绩45分以上。

(2)参加WSK德语考试,高聘高级职务笔试总成绩55分以上,高聘中级职务笔试总成绩50分以上。

(3)2002年以前(含2002年)参加WSK日语、俄语考试(总分160分),高聘高级职务笔试总成绩90分以上,高聘中级职务笔试总成绩85分以上。从2003年开始参加日语、俄语考试(总分100分)的人员,高聘高级职务笔试总成绩50分以上,高聘中级职务笔试总成绩45分以上。

2.全国职称外语等级考试的等级划分和适用人员:

(1)全国职称外语等级考试分为三个等级,即:A、B、C级。

(2)考试等级对应的适用人员:

①除体育、音乐、美术之外其他专业年龄在35周岁以上的教师申报高聘高级职务,考A级;

②体育、音乐、美术专业的教师和工程技术、实验技术、卫生技术、图书资料、档案管理、编辑、翻译人员申报高聘高级职务,以及除体育、音乐、美术之外其他专业年龄在35周岁以上的教师申报高聘中级职务,考B级;

③体育、音乐、美术专业的教师和工程技术、实验技术、卫生技术、图书资料、档案管理、编辑、翻译人员申报高聘中级职务,考C级。

(3)参加全国职称外语等级考试人员取得国家人事部统一印制的《职称外语等级考试合格证书》,全国有效。

3.任现职以来,教学、科研成绩特别突出,达到破格聘任高级职务任职条件且符合高聘高一级职务所规定的履职年限要求的教师,或从事马列主义理论和外语等全校性公共课教学的教师,申报高聘高级职务时,参加全国职称外语等级考试或PETS5或WSK考试的成绩可酌情降低5分(其中总分为160分的,可酌情降低10分)。

4.以上各级各类外语考试合格成绩有效期均为6年。

四、附　则

1.本办法中所称"以上"均含其本数。

2.本办法从颁布之日起执行。学校原有文件规定如与本办法不一致的,以本办法为准。

3.本办法由学校人事处负责解释。

——本文摘录自《关于修订〈厦门大学专业技术人员职务外语考试实施办法〉的通知》,厦大人〔2004〕120号,档号2004-XZ10-6

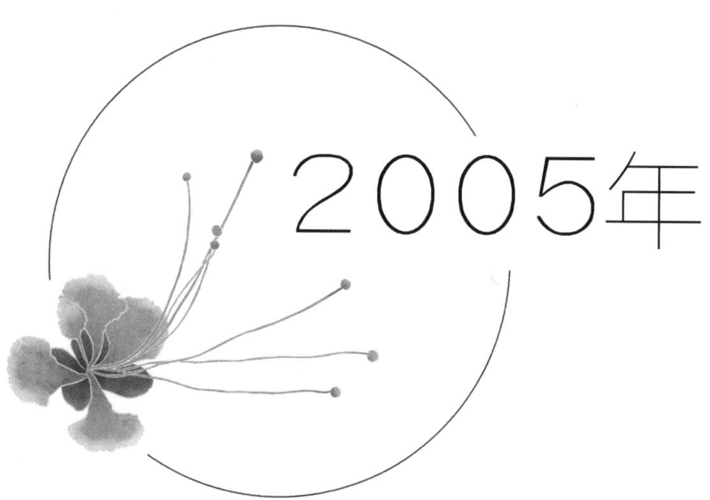

2005年

·特　载·

深化改革　加快步伐　努力实现跨越式发展

——2005 年新年献词

（2004 年 12 月 31 日）

校党委书记　王豪杰　校长　朱崇实

硕果累累辞旧岁，歌声阵阵庆新年。不知不觉间，2005 年的脚步声已经在我们的耳边响起。在这辞旧迎新之际，我谨代表校党委、校行政向全校师生员工、离退休同志们以及各界人士致以亲切的问候，恭祝大家新年愉快、身体健康、学习进步、工作顺利！同时也向遍布世界各地的厦大校友们致以新年的祝贺！

一分耕耘一分收获，我们脚踏实地走过了并不平凡的 2004 年，向着世界知名的高水平研究型大学的宏伟目标又迈出了坚实的一步。

回首 2004 年，我校的各项工作硕果累累：经中央批准，我校跨入中管高校行列，成为全国 31 所中管高校之一；学科建设发展加快，学校“985 工程”二期建设项目顺利通过教育部、财政部的立项审核、答辩和评估；科学研究成果喜人，《活泼 C_{50} 的捕获》等 2 篇论文发表在世界顶尖级刊物《科学》杂志上，《透视中国东南》和《中国词史》两本著作获第 14 届中国图书奖；“近海海洋环境科学国家重点实验室”顺利通过科技部的立项论证并获准建设；“丙谷二肽”喜获国家药监局颁发的药品生产许可证并正式投产；我校福建省医学分子病毒研究中心研究出世界首个戊肝疫苗；在 2004 年国家社科基金项目评审中，我校获立项 28 项，立项数居全国高校第三位；全年学校科研经费继去年后再次超过亿元；对外交流与合作得到进一步加强，对外开放程度进一步扩大。学校与韩国、美国、法国、以色列、澳大利亚的七所高校签订了“全球七校联盟”合作协议，建立了七所大学之间的多边合作关系。2004 年，学校再次召开“东山会议”，对 2001 年以来的事业发展状况进行全面总结与回顾，分析了存在问题和困难，提出了下一步改革与发展思路和具体措施以及“十一五”规划的初步设想。学校各项改革不断深化，实行了教师职务聘任制和三学期制；校园文化更加丰富，我校承办了第四届“挑战丰富杯”中国大学生创业计划竞赛决赛，取得两金一银的骄人成绩，我校还首次组队参加 2004—2005 中国大学生男子篮球超级联赛。总之，即将过去的一年，在“三个代表”重要思想指导下，在上级部门和校党委的正确领导下，全体师生员工解放思想、深化改革、兢兢业业、辛勤工作，使我校的各项事业都取得了新的成绩，为学校实现跨越式发展奠定了坚实的基础。

同志们，同学们，党的十六届四中全会和《中共中央关于加强党的执政能力建设的决定》明确提出要“牢固树立抓住机遇，加快发展的战略思想”。2005 年是我国全面建设小康社会重要的一年，也是圆满完成“十五”计划的最后一年。在新的一年里，我们将面临新的机遇和挑战，因此我们一定要树立科学发展观,紧紧围绕学校建设与发展的总体目标,积极推进“985工程”二期建设,启动厦门大学“216工程”建设(“2”指漳州校区和集美校区两个校区建设,“1”指西村北村拆迁改造工程,“6”指校本部六大建设项目),增强办学实力,积极推进各项改革,争取取得更大的成绩;要进一步加强和改进党建与思想政治工作,为学校的改革、发展和稳定提供强大的精神动力和坚强的组织保证;要实施人才培养“质量工程”,切实加强素质教育,优化人才培养结构,确保顺利通过教育部本科教学工作优秀评价;要实施“科技创新工程”和“哲学社会科学繁荣计划”,提升科研创新能力;要抓紧、抓好科技成果的产业化工作,力争社会服务上新台阶;要加强队伍建设,汇集优秀人才,打造一流队伍;要狠抓学科建设,稳步地提升学校的整体实力和核心竞争力;要加强国内外学术交流与合作,让更多的教师和学科走向世界;要加快基本建设速度,提供优质的后勤服务,营造优良的办学环境;要以改革促发展、以管理增效益,全方位提高学校的管理水平。

新的一年就要到来,让我们以邓小平理论和“三个代表”重要思想为指导,认真落实党的十六届四中全会精神,与时俱进,开拓创新,深化改革,加快步伐,努力实现学校的超常规、跨越式发展,努力实现创建国际知名的高水平研究型大学的宏伟目标。

回首过去,学校发展中的每一个闪光总是令我们欣慰和自豪;展望未来,宏伟的目标和历史的重托令我们深感肩头重任。在这辞旧迎新的喜庆时刻,让我们共同祝愿,我们祖国的明天更美好,我们民族的明天更富强,我们厦门大学的明天更辉煌!

——本文摘录自《厦门大学报》,2004年12月31日第623期

厦门大学2004—2005学年第二、三学期工作计划要点

（2005年2月28日）

第二、三学期学校工作的指导思想是：以邓小平理论和“三个代表”重要思想为指导，深入贯彻党的十六大和十六届三中、四中全会及全国加强和改进大学生思想政治教育工作会议精神，以树立和落实科学发展观，构建社会主义和谐社会，加强党的执政能力建设，做好开展保持党员先进性教育活动准备工作，实施“985工程”二期建设和“216工程”建设为重点，围绕深化改革、加快发展两个主题，继续深入贯彻落实“东山会议”精神，与时俱进，开拓创新，努力实现创建国际知名的高水平研究型大学的宏伟目标。为此，本学期要重点做好以下工作：

一、深入学习、贯彻十六届三中、四中全会，全国加强和改进大学生思想政治教育工作会议及第十三次全国高等学校党的建设工作会议精神，充分做好保持共产党员先进性教育的各项准备工作，努力加强和改进党建与思想政治工作，为学校的改革发展提供强有力的政治保障。

1.充分做好保持共产党员先进性教育的各项准备工作。在全党开展以实践“三个代表”重要思想为主要内容的保持共产党员先进性教育活动，这是坚持用“三个代表”重要思想武装全党的重要举措，是提高党的执政能力、巩固党的执政基础、完成党的执政使命的重要举措。要认真学习《中共中央关于开展保持党员先进性教育活动的意见》和胡锦涛同志在保持党员先进性专题报告会上的重要讲话精神，按照中央的要求，通过各种方式，全面摸清我校党组织建设情况和党员的思想、作风现状，做好党员先进性教育相关党课的筹备和建设，为下学期开展保持共产党员先进性教育活动做好组织上和思想上的准备。

要认真学习、贯彻落实第十三次全国高等学校党的建设工作会议精神，加强党的思想政治建设。在党内开展执政能力教育活动；继续开展党支部工作“立项活动”，推广“立项活动”的先进经验，把党支部工作“立项活动”作为基层党建工作的一项常规性工作；切实加强和改进党员发展工作，制定并贯彻落实我校发展党员工作规划；做好迎接福建省党的建设和思想政治工作先进高等学校检查评估工作。

2.大力加强和改进大学生思想政治工作。要认真学习贯彻中共中央16号文件及全国加强和改进大学生思想政治教育工作会议精神，对有关工作重点进行深入分析和研究，认真制定学校加强和改进大学生思想政治教育的贯彻落实意见，建立思想政治教育的长效工作机制；加强和改进思想政治理论课的建设，充分发挥课堂教学的主导作用。深入推动邓小平理论和“三个代表”重要思想进教材、进课堂、进大学生头脑；加强师德建设，加强辅导员和班主任队伍建设；加强学生心理健康教育，加快学校心理咨询与教育中心的建设；不断拓展思想政治教育的有效途径，大力推进大学生社会实践活动；积极推进校园文化建设，继续做好思想政治进网络、进公寓、进社团工作。同时，以全面实施“大学生素质拓展计划”为重点，努力提高学生综合素质，培养优秀人才；全面做好2005年毕业生就业指导工作。

3.加强各级领导班子建设，不断提高领导干部的领导能力和管理水平。要坚持和完善党委领导下的校长负责制，认真贯彻民主集中制。本学期重点是对各学院领导班子的思想政治建设情况进行认真调研，了解和掌握各学院领导班子成立一年来的工作情况，发挥学院解决自身问题的主观能动性，不断提高学院班子的领导水平和管理水平。

要认真抓好党风廉政建设。认真贯彻中纪委五次全会精神，继续深入学习《中国共产党纪律处分条例》、《中国共产党党内监督条例（试行）》、《中国共产党党员权利保障条例》和《建立健全教育、制度、监督并重的惩治和预防腐败体系实施纲要》；根据高校的特点和党风廉政教育的要求，建立党风廉政教育的工

作机制和教育制度;进一步推动“党风廉政建设责任制”和“校务公开”工作的开展,做好两项评估工作的相关准备工作;认真实施“阳光收费工程”和“阳光招生工程”;开展专题治理,加大执法监察工作力度,坚决处理和纠正违纪违规行为。

二、以加强“985 工程”二期科技创新平台和哲学社会科学创新基地建设为核心,狠抓学科建设和人才队伍建设,大力提升学校的科研水平。

1.以加强创新平台和创新基地建设为重点,进一步推进“985 工程”二期建设,促进各类平台的交叉整合,推动新兴学科发展,催生各类科技创新群体的形成与发展,为建设高水平研究型大学构筑创新平台和基地;做好“211 工程”二期验收的各项准备工作,认真制定“十一五”期间“211 工程”建设规划;认真做好第十批博士点申报工作,争取在一级学科和博士点数量上有较大突破。

2.实施人才强校战略,造就一支可持续发展的优秀人才队伍。继续实施“高层次创造性人才计划”,进一步完善高层次人才的引进和创新团队建设培养工作;继续实施“新世纪优秀人才支持计划”和“青年骨干教师培养计划”,使学校培养高素质人才的能力不断得到提升;深化用人制度的改革,继续做好教师和教师以外其他专业技术职务的聘任工作;做好党政、工勤人员的聘任和培训工作。

3.认真贯彻学校第二次科研工作会议精神,加快出台《厦门大学创新发展团队实施条例》、《厦门大学科技评价指标体系》、《厦门大学科技创新项目评审及管理办法》等有关文件;认真准备迎接国家有关部门对“近海海洋环境科学国家重点实验室”的评估工作,力争顺利通过;加强教育部文科重点研究基地的建设;做好其他各类研究机构的组织申报工作;采取有力措施,提高科研产出能力,加强科研成果和知识产权的保护工作;做好大型仪器设备的开放和资源共享工作,加强规范化、制度化建设;组织好 2005 年度各类科研基金和项目的申报工作,力争使学校科研经费再上新台阶。

三、全面推动“216 工程”建设,改善办学条件,提升学校的影响力,为创建“国际知名的高水平研究型大学”奠定坚实的基础。

1.“216 工程”是构筑学校发展的物质基础,是拓展更大办学空间的支持体系。“216 工程”的“2”指漳州校区和集美校区建设工程;“1”指西村、北村教职工住宅改造工程;“6”指化学大楼、海洋大楼、曾厝垵学生公寓二期、博士生公寓、中美合作富邦医院、海韵二期大学科技园等六大项目。

2.为加强对“216 工程”建设工作的领导,保证“216 工程”的各项任务的顺利进行,协调、解决建设过程中涉及的相关问题,学校成立“厦门大学‘216 工程’领导小组”,具体实施“216 工程”的各项任务。“厦门大学‘216 工程’领导小组”由学校党政主要负责人任组长和副组长。

“216 工程”领导小组下设综合办公室、专家咨询组、招标工作组、施工管理组、拆迁售房组、财务管理组、监察审计组等工作部门,具体负责和实施工程建设中的相关工作。

3.本学期要完成以下任务:在今年校庆期间举行集美校区的奠基仪式;推进漳州校区学生活动中心、学院大楼、南部嘉庚学院学生公寓、公共教室等项目的建设;完成西村、北村搬迁方案;加快化学实验大楼的建设,同时对化学大楼进行改造装修;启动海洋楼扩建工程;启动西边社拆迁工作,推动厦门大学国家大学科技园的基本建设工作;力争使四万平方米的博士公寓在九月份大部分交付使用;继续推进曾厝学生公寓二期建设,力争于“五一”正式开工。

4.“216 工程”是事关学校发展能否再上一个新的台阶、学校总体目标能否实现的大事,是学校今后一段工作的重中之重。建设一流的大学,要求我们既要有一流的学科,也要有一流的资源保障。“216 工程”的建设,就是为了学校高水平持续、快速、健康、协调发展的需要;就是为了发挥学校优势,不断提高学校综合实力的需要;就是为了培养一流人才,创造一流成果,营造一流环境,以优越条件汇聚人才的需要。因此,要争取在几年内,通过全校上下一致的努力,一手抓“985 工程”二期建设,一手抓“216 工程”建设,为早日实现我校的人才队伍建设和学科建设目标奠定基础,实现学校的全面协调可持续发展。

四、认真做好迎接教育部“本科教学工作水平评估”的各项工作,加大教学改革力度,提高人才培养质量。

1.“本科教学工作水平评估”是对学校本科教学工作,对教职员工精神风貌、改革意识、工作水平和对校风学风的一次全方位检阅。迎评工作是一项艰巨的工程，要举全校之力，全力配合。在迎评工作中要贯彻“以评促改，以评促建，以评促管，评建结合，重在建设”的原则，扎扎实实做好各项准备工作，并以此为契机，加强教学基本建设，强化教学管理，规范教学秩序，深化教学改革，切实提高教学质量和办学效益。

2.加大教学改革力度，启动三学期制、双学位制度和主辅修制；继续实施“精品课程建设计划”和“双语课程建设计划”，做好2005年国家级精品课程和省级精品课程的申报和建设工作，启动双语教学试点班教学改革试点工作；进一步推动部分公共课的改革。

3.进一步推进“研究生教育创新与质量工程”，改革和创新研究生的培养体制，切实提高研究生的培养质量。完善研究生培养资助制和导师负责制，推进研究生教育与科研的结合，鼓励和资助研究生进行科研创新；改革研究生招生和选拔制度，完善“硕博连读提前攻博”选拔机制；启动优秀博士论文培育工程二期项目。

五、加快科技成果的产业化步伐，促进科技产业的规模发展和快速发展。

1.加强科技成果转化和产业化平台建设。继续按照国家大学科技园评估指标，高标准、严要求，争取获准启动国家大学科技园建设；积极打造科技成果转化与产业化的发展平台，做好“化工清洁生产技术与装备国家工程研究中心”和“国家基因工程疫苗工程技术研究中心”的申报工作。

2.继续跟踪有开发前景的科技成果项目，筛选部分项目进行转化，近期要尽快将“丙谷二肽”等产品推向市场。

六、加强国内外学术交流与合作，加快学校国际化步伐。

1.进一步推动以学院为重心的国际合作与交流工作，重点组织8个学院（系、所、研究中心）与国外知名高校的相关院系或科研单位开展合作与交流；加强教师与学生的对外交流，选择国外著名高校或优势学科，选派骨干教师和优秀学生进行深造。

2.规范学校对外合作与交流工作，制定《厦门大学对外合作与交流工作管理条例》。

3.办好在我校举行的“全球七校联盟”会议；举办好东海与南海海洋法律问题学术研讨会和中马关系国际学术研讨会两个学术会议。

4.举办光前学院，专门从事国际合作办学，并于今年开始正式招生。

上述所列六项工作，是学校近期的重点工作，为保证其顺利完成，学校要求全校教职工尤其是党员干部必须做到以下几点：

一、统一思想，提高认识，努力加快学校发展步伐。目前，我校正处在发展的关键时期，全校上下特别是各级干部必须统一思想和认识，牢牢抓住机遇期，紧紧围绕学校建设与发展的总体目标，努力加快学校发展步伐。

首先，要增强危机感与责任意识。这几年正是我国高等教育发展难得的机遇期。抓住了机遇就能赢得历史性的发展；失去了机遇，发展前景就可能变得艰难。为此，要努力克服固步自封，自我感觉良好，小进则满等思想观念；要面对现实，承认差距，同时要振奋精神，又不甘落后，积极进取，争创一流。

其次，要牢固树立大局观和全局观。要摆正本部门、本单位工作和学校整体工作这一大局、全局的关系，把局部工作放到全局工作之中。

最后，要牢记“两个务必”，要以艰苦奋斗的作风去创业，努力实现学校的超常规、跨越式发展，努力实现创建国际知名的高水平研究型大学的宏伟目标。

二、更新理念，坚持以教学科研为中心，强化“人才是第一资源”的观念。学校的一切工作都要围绕教学科研这个中心工作来开展，在对待教学科研的主体上要坚持“以人为本”的理念，以求贤若渴的胸怀和唯才是举的气度来吸引人，用事业留人、感情留人、待遇留人、环境留人，营造使人才脱颖而出和健康成长的良好环境。

三、依法治校，规范管理，努力提高学校的管理和服务水平。继续建设“依法治校示范校”，推动依法治校工作的深入实践，把学校的教育活动和办学活动纳入法制轨道，规范管理；要对学校现有的管理制度进一步规范;进一步完善教代会制度,加强校务公开,民主管理,在学院全面推行二级教代会和院务公开。

四、振奋精神,以昂扬的斗志投入学校的各项工作。全体教职工要继续大力弘扬学校的“四种精神”,以饱满的精神、昂扬的斗志,全身心地投入到学校的建设之中,党员干部要在各自的工作岗位上发挥模范带头作用。宣传部门要进一步加强舆论宣传工作,展示学校改革和发展的新成就,营造学校发展良好的舆论环境,大力弘扬正气,鼓舞士气。

五、加强服务,各项工作的开展要围绕保证学校中心工作而进行。各部门要瞄准学校发展的目标,树立强烈的服务意识。财务部门要积极拓宽渠道,做好资金筹措和资金调度工作,为学校事业的发展提供保障;加强绩效管理,提高办学资源的使用效益;进一步调整学校有关经济政策;启动并完成校本部“校园一卡通”工程;继续推进后勤社会化改革,推动后勤服务的质量和水平更上一层楼,营造优良的办学环境;认真组织,确保2003级学生顺利搬回校本部。

六、以人为本,建立更有利于学校事业全面发展的工作和生活环境。要从制度上、条件上保证教职工能更广泛地投入到全民健身运动中去;建立工作午餐制度,为教工免费提供午间工作餐;加强学校安全保卫工作和环境整治工作。本学期重点是抓好校内车辆停放的管理工作、校内交通问题和校内垃圾管理。

——本文摘录自《关于印发〈厦门大学2004—2005学年第二、三学期工作计划要点〉的通知》,厦大委综〔2005〕4号,档号2005-XZ09-6

厦门大学2005—2006学年第一学期工作计划

（2005年9月16日）

2005—2006学年第一学期学校工作的指导思想是：以邓小平理论和“三个代表”重要思想为指导，全面贯彻党的十六大和十六届三、四中全会和即将召开的十六届五中全会精神，紧紧抓住建设创新型国家和国家创新体系（大学）的重大历史机遇，坚持以人为本，树立和落实科学发展观，以科学编制“十一五”规划和2021年远景规划，迎接本科教学评估，深入开展保持共产党员先进性教育活动，推进“985工程”二期建设和“216工程”建设为重点，认真贯彻落实“东山会议”精神，与时俱进，深化改革，加快发展，务求实效，努力实现创建国际知名的高水平研究型大学的宏伟目标。为此，本学期要重点做好以下工作：

一、以深入开展保持共产党员先进性教育活动为契机，以改革的精神和时代发展的要求推进学校党的建设工作，为学校的改革发展提供强有力的政治保障

1.按照中央、省、市有关要求，继续深入开展保持共产党员先进性教育活动。结合“党员争先进、学校创一流”，加强组织领导，掀起先进性教育学习的新高潮，深入开展共产党员保持先进性具体要求的大讨论，扎实推进分析评议阶段和整改提高阶段的各项工作，严格按计划完成好所有规定动作，确保各项制度落实到位，在认真开展批评与自我批评、群众评议等活动的基础上，坚持边学边议边改，务求实效，切实解决党员和党组织在思想、组织、作风及工作方面存在的突出问题，加快解决影响我校改革、发展、稳定和涉及师生员工切身利益的实际问题的步伐，探索永葆共产党员先进性的长效机制和具体措施，不断增强党员队伍和党组织的创造力、凝聚力和战斗力，展现共产党员的精神风貌，树立共产党员的良好形象，确保圆满完成保持共产党员先进性教育活动，并真正使之成为群众满意工程。

2.大力加强和改进师生员工的思想政治工作。要继续认真贯彻中共中央16号文件及全国加强和改进大学生思想政治教育工作会议精神，加强党的领导，坚持以理想信念教育为核心，以爱国主义教育为重点，以基本道德规范教育为基础，以大学生全面发展为目标，坚持教书与育人相结合、教育与自我教育相结合、政治理论教育和社会实践相结合、解决思想问题与解决实际问题相结合、教育与管理相结合、继承优良传统与改进创新相结合，发挥党组织、共青团组织和学生会及学生社团的作用，不断拓展思想政治教育的有效途径。

要在哲学社会科学学科教师中深入开展“三项学习教育”活动，增强用“三个代表”重要思想统领哲学社会科学的自觉性和坚定性；增强用马克思主义指导教学、科研工作的自觉性和坚定性，增强马克思主义文风、学风、作风建设；大力加强教师队伍的师德师风建设，积极倡导良好的职业精神和学术道德。

加强新形势下政工队伍建设和班主任队伍建设，在调研、总结已有经验的基础上，创新工作机制和方式，充分挖掘学校现有人力资源，摸索出一套适合我校本科生管理实际的导师制度，并制定相应的导师制管理办法，逐步在全校范围内推广；进一步重视网络思想教育工作，组建专兼职相结合的网络思想教育管理队伍，落实责任制，探索建立畅通的学生沟通反馈机制的途径和方式；积极推进校园文化建设，继续实施“大学生素质拓展计划”，努力提高学生综合素质。

3.加强领导班子和干部队伍建设。要坚持和完善党委领导下的校长负责制，认真贯彻民主集中制，

继续坚持和完善重大事项集体决策制度。加快配齐各级领导班子,要围绕转变观念、提高素质、增强责任感和事业心,切实加强干部队伍建设。

要认真抓好党风廉政建设,深入学习贯彻中共中央《建立健全教育、制度、监督并重的惩治和预防腐败体系实施纲要》和教育部《关于贯彻落实〈实施纲要〉的具体意见》,在10月份制定好学校的实施办法上报教育部,重点要加强对基本建设、财务管理、阳光招生等方面工作的监督。要进一步推动"党风廉政建设责任制"和"校务公开"工作的开展,做好"党风廉政建设责任制实施办法"的责任分解,落实校、院以及各单位领导班子成员党风廉政建设岗位责任。

二、科学编制"十一五"规划和2021年远景规划,构建学校新时期发展蓝图,为学校实现可持续、跨越式发展指明方向

1.根据"东山会议"期间形成的共识,通过征求各方面提出的意见和建议,对学校"十一五"规划草案进行认真的修订。要贯彻"巩固、深化、提高、发展"的八字方针,按照"重点突破、整体推进、协调发展、全面提高"的要求,处理好规模、质量、结构、效益之间的关系,务求指标更加合理,措施更加到位。

2.各单位要结合学校的规划修订,在客观分析自身学科特点、发展现状、力量资源及存在问题等实际情况的基础上,科学定位,找准方向,认真谋划,切实做好本单位"十一五"规划编制工作。

三、统一认识,齐心协力,确保本科教学工作评估取得优秀,并以此为契机,不断深化教学改革,优化人才培养体系,提高人才培养质量

1.在前一阶段卓有成效的工作基础上,对照评估指标体系,继续坚持"以评促改,以评促建,以评促管,评建结合,重在建设"的原则,进一步查摆问题,寻找差距,消除应付和侥幸的心理,做好本科教学评估的宣传和教育工作,采取切实有效的措施,确保在11月19日—24日进行的本科教学工作评估中取得"优秀"的成绩,并进一步完善教学管理的长效机制。

2.深入教学改革,切实提高教学质量和办学效益。继续完善"双校区"教学管理制度,完善"学分制""三学期制"和"主辅修暨双学位制"等,全面推进选课制度;继续实施"精品课程建设计划"和"双语课程建设计划",采取措施加强教师课程开发能力,深化基础课程改革,改革和完善实验课程,进一步完善课程评价体系;加大力度推进名师和教授上讲台,进一步落实教授为本科生讲授大学基础课和专业基础课程,通过提高思想认识、优化课程设置、改进教学方式等途径,确保各学院每年95%以上、每三年100%的55岁以下正副教授为本科生上课。

3.进一步推进"研究生教育创新与质量工程"。加强优秀博士论文培育工程的质量管理;进一步完善研究生课程资源平台建设;加强基础性强、受益面大的研究生公共实验平台建设,分别依托物理与机电工程学院、化学化工学院、生命科学学院、信息科学与技术学院、数学科学学院、海洋与环境学院等6个学院,建设好现代物理实验方法、研究生综合化学实验、现代生物学大实验、嵌入式系统与应用实验、数学建模与数学实验、仪器分析及实验技术6个公共实验平台;开展研究生网上选课系统试运行工作;进一步加强促进研究生参加学术活动与科技创新的制度建设;改革与完善研究生奖学金奖励机制;做好2004级硕士生提前攻博选拔与硕博连读研究生博士生资格认定工作,推动研究生招生选拔制度与研究生培养方式的改革;进一步加强学科建设工作,争取在第十届博士授权点评审中取得预期成效。

四、围绕国家创新体系(大学)建设,以推进"985工程"二期科技创新平台和哲学社会科学创新基地建设为重点,不断提高自主创新能力

1.积极跟踪、准确把握即将颁布的《国家中长期科学和技术发展规划纲要》的内涵和即将召开的全国

科学大会的精神，抓住机遇，切实加强“985 工程”二期建设，提高自主创新能力，努力促使科技创新平台和哲学社会科学创新基地成为国家创新体系的重要节点；促进各类平台的交叉整合；积极促进教育部与福建省、厦门市签订厦门大学“985 工程”二期共建协议；做好“十五”“211 工程”的验收工作，着手“十一五”“211 工程”的建设规划。

2.深化科研体制和管理机制改革，探索适合我校科技创新的学科组织结构和科研组织模式，认真贯彻落实《厦门大学“创新团队发展计划”实施办法》，推动创新团队的建设，进一步落实科研管理改革的各项措施。

3.积极组织、争取国“863”、“973”和地方重大项目，力争 2005 年科研经费达到 1.5 亿元。

4.继续组织好 2005 年度福建省理科重点实验室和文科重点研究基地的申报工作；继续加强教育部文科重点研究基地建设；力争人类博物馆进入国家大学数字博物馆建设行列；力争“国家传染病诊断与预防工程技术研究中心”获准建设。

五、根据“积极发展、规范管理、改革创新”的十二字方针，加快科技成果的产业化步伐，促进科技产业的规模发展和快速发展，力争社会服务上新台阶

1.加强科技成果转化及产业化平台建设。继续按照国家大学科技园评估指标，高标准、严要求，争取尽早获准启动国家大学科技园建设。要力争“醇醚酯化工清洁生产技术国家工程研究中心”申请立项成功。

2.继续跟踪有开发前景的科技成果项目，并逐步形成成果转化或产业化方案，做好“丙谷二肽”等成果的市场推广工作。

3.贯彻落实全国高校第二次科技产业工作会议精神，完善我校科技成果转化及产业化管理体制。做好学校全资企业改制的前期准备工作。

六、坚持引进和培养并重，加强队伍建设，打造一流队伍

1.继续完善聘任制度，探索以分类指导、灵活高效为特征的学科评价体系和人员聘任考核体系，努力实现“人尽其才、才尽其用”。大力推进“学科带头人＋创新团队”的模式，鼓励校内互聘、复聘，最大限度地实现学科交叉和人才资源最佳组合与共享。

2.正确处理引进人才与用好现有人才的关系。继续实施“高层次创造性人才计划”，进一步完善高层次人才的引进和创新团队建设培养工作；继续实施“新世纪优秀人才支持计划”和“青年骨干教师培养计划”，使学校培养高素质人才的能力不断得到提升。注重引进国外优秀人才，特别是重视引进优秀校友和成长型人才。

3.改善现有人才的生活待遇和教学科研条件，特别要关心青年教职工的工作和生活，积极采取措施，改革和完善相关制度，将引进人才租住学校过渡房的期限延长半年，帮助他们缓解住房方面的困难，在事业留人、感情留人的基础上更好地做到待遇留人。

七、积极探索国际交流与合作的新思路、新办法，以国际化为切入点，推动学校的改革与发展，推动国际化建设进程

1.要继续有重点地作好学校层面上的国际合作与交流，积极采取措施，开展务实有效的工作，推动国际交流与合作向全方位、多领域、高层次发展，努力提高学校的国际知名度。要认真做好建校 85 周年庆祝活动的各项筹备工作，争取邀请更多的国外知名大学的校长和知名学者前来参加校庆论坛、中外校长论坛等校庆活动，使其成为我校扩大对外交流和联系，提升国际知名度的新契机。

2.继续推动以学院为重心的国际合作与交流工作,充分调动各学院、各系所和学科带头人在国际合作与交流方面的积极性,进一步推进学院、系所和教师与国外知名高校的相关院系或科研单位开展实质性的合作与交流,8个开展国际合作与交流的试点学院(系、所、研究中心)要落实院长出国访问工作,并在本学期末将合作交流成果上报学校;继续做好选派骨干教师、管理干部和优秀学生到国外深造或培训的工作,努力提高师生员工的对外交往能力。

3.加强"泰国孔子中文学院"建设,办好留学预科学院、争取创立光前(国际)学院。

八、坚持依法治校,树立"绩效管理"观念,推进制度化建设

1.加强现代大学管理制度建设,继续规范学校的教育活动和办学活动。

2.千方百计扩大办学资源;树立并宣传成本效益、投入产出观念;认真研究绩效预算框架,探索适应不同学科领域和不同研究方向的绩效评价体系;按照绩效管理的要求,量化办学和研究资源耗费,优化资源配置方式与手段,提高办学资源的使用效益,努力实现资源的充分共享,减少重复配置和浪费;强化责任,提高管理绩效。

3.继续完善校院二级管理体制,坚持管理重心下移;进一步完善教代会制度,加强校务公开,推进二级教代会建设和院务公开,本学期要开好五届四次教职工代表大会。

4.加强管理队伍建设,提高服务意识和服务水平,提供优质服务,以管理增效益。

九、构建"平安、优美、节约、文明"和谐校园,为学校发展提供强有力的条件支撑

1.大力推进"216工程"建设,继续加强学校硬件设施建设,加强对在建工程项目的建设质量和建设进度的管理与监督,适时启动新的基本建设项目。全校师生员工都应发挥主人翁意识,顾全大局,克服困难,齐心协力,确保"216工程"建设各项工作顺利开展,尤其要坚定不移地推进西、北村旧房改造工程;办好西边社用地手续和征地拆迁工作;争取尽快启动集美校区的建设;完善漳州校区的服务体系。

2.继续加强校园信息化建设,进一步完善办公自动化系统和"一卡通"工程建设,抓紧管理数据库系统建设工作,推动电子档案建设。

3.继续推进后勤社会化改革,为学校教学科研和师生生活提供优质服务;在逸夫楼扩建工程中建立便于教工午餐和交流的教工俱乐部;扩大工会的教工健身场所。

4.继续加强学校安全保卫工作和环境整治工作,做好饮食卫生管理与卫生防病工作;加强全校危险品的集中存放和管理。

——本文摘录自《关于印发〈厦门大学2005—2006学年第一学期工作计划〉的通知》,厦大委综〔2005〕21号,档号2005-XZ09-6

·专　文·

发挥优势　再创辉煌

——厦门大学建校 84 周年校庆献词

（2005 年 4 月 5 日）

校党委书记　王豪杰　校长　朱崇实

在全国人民努力构建社会主义和谐社会不断迈向前进的脚步声中，厦门大学迎来了她的 84 华诞。

厦门大学是由著名爱国华侨领袖、被毛泽东主席誉为“华侨旗帜　民族光辉”的陈嘉庚先生于 1921 年创办的，1937 年改为国立。目前是我国唯一地处经济特区的教育部直属综合性大学，也是国家跨世纪重点建设的高水平大学之一。厦大曾被誉为加尔各答以东最完善的大学。林语堂、顾颉刚、鲁迅、孙伏园、王亚南、傅鹰、郭大力等著名学者曾在厦大执教。厦大学生在 1940 年、1941 年连续两届取得全国国立大学学生学业竞试第一名，因而使厦大获誉“南方之强”。陈景润、谢希德、卢嘉锡、曾呈奎、张克辉、蔡启瑞、吴亮平、黄克立、邓子基、潘懋元等是优秀毕业生的代表。在厦大学习、工作过的两院院士达 50 多人。

84 年来，厦门大学始终秉承陈嘉庚先生立下的“自强不息，止于至善”的校训，为民族和国家的富强而不懈地努力。经过几代厦大人的辛勤创业，学校积累了丰富的办学经验，形成了爱国爱校的光荣革命传统、“侨、台、特、海”的鲜明办学特色和众多领先、多科交叉的学科优势，已经成为一所“学科门类较为齐全，办学特色鲜明，基础研究力量和师资队伍较强，在国际上有影响的高水平的国家重点大学”，在海内外享有良好的声誉。

党和国家领导人邓小平、江泽民等先后来校视察，带来了亲切的关怀和巨大的鼓舞。去年 11 月 23 日，中央政治局常委李长春来校视察和调研，这是对厦大师生又一极大的鼓舞和鞭策。

本世纪头 20 年是我国全面迈入小康社会进而走向发达富强的关键时期，全国人民正在齐心协力努力构建社会主义和谐社会，国家正在实施“科教兴国”伟大战略，高等学校重任在肩，义不容辞。全体厦大人将继续高举邓小平理论伟大旗帜，努力实践“三个代表”重要思想，紧密团结在以胡锦涛为总书记的党中央周围，发挥已有优势，加快发展步伐，为早日实现把厦大建成为世界知名的高水平研究型大学的奋斗目标，为实现中华民族的伟大复兴做出更大的贡献！

——本文摘录自《厦门大学报》，2005 年 4 月 5 日第 634 期

弘扬厦大精神　立志成才报国

——寄语厦门大学2005级新同学

(2005年9月15日)

校党委书记　王豪杰　校长　朱崇实

在火红的凤凰花盛开的季节,厦门大学这所有着80多年悠久历史的东南学府以她博大的胸怀迎来了你们——2005级莘莘学子,我们谨代表学校向你们全体新同学及你们的家人表示衷心的祝贺和热烈的欢迎!

厦门大学是由著名爱国华侨领袖、被毛泽东主席誉为"华侨旗帜　民族光辉"的陈嘉庚先生于1921年创办的,素有"南方之强"的美誉。林语堂、鲁迅、王亚南等著名学者曾在厦大执教。学校1963年被列为全国重点大学,是我国唯一地处经济特区的教育部直属综合性大学,也是国家跨世纪重点建设的"211工程"和"985工程"大学之一,2004年学校被列为中管大学。

建校84年来,厦门大学形成了"侨、台、特、海"的鲜明办学特色和众多领先、多科交叉的学科优势,师资力量雄厚。在长期的追求光明、探索真理的奋斗历程中,厦大人形成了厦大特有的"四种精神",这就是陈嘉庚先生的爱国精神,罗扬才烈士的革命精神,抗战时期内迁闽西艰苦办学的自强精神和以王亚南校长、陈景润教授为代表的科学精神。"四种精神"激励着厦大师生不断奋发进取,为国家和地方的经济建设和社会发展不断做出应有的贡献。学校迄今已培养了15万名本专科生和2万名研究生,这里走出了著名科学家陈景润、谢希德、卢嘉锡……。在厦大学习、工作过的两院院士达50多人,各个不同时期也都涌现了一批人文社会科学著名学者和领导人、社会活动家。国家建设的各条战线上都活跃着厦大毕业生的身影。

党和国家领导人邓小平、江泽民等先后来校视察,带来了亲切的关怀和巨大的鼓舞。去年11月23日,中共中央政治局常委李长春来校视察和调研,这是对厦大师生又一极大的鼓舞和鞭策。今天,全体厦大人高举邓小平理论伟大旗帜,努力实践"三个代表"重要思想,紧密团结在以胡锦涛为总书记的党中央周围,正在为早日实现把厦大建成为世界知名的高水平研究型大学的奋斗目标而努力。

同学们,大学生活是美好的,大学的生活充满着挑战,大学的生活昭示着希望。你们朝气蓬勃、风华正茂,正是学习知识、掌握本领的大好年华。当前,知识经济时代正在来临,经济全球化日益显现,以经济和科技为中心的综合国力的竞争更趋激烈,本世纪头20年是我国全面迈入小康社会进而走向发达富强的关键时期,年轻一代将大有作为。学校衷心地希望你们继承和发扬厦大"四种精神",牢记"自强不息,止于至善"的校训,树立崇高志向,珍惜宝贵时光,努力学习,奋发向上,把自己锤炼成一个国家需要的德智体全面发展的栋梁之材,为全面建设社会主义小康社会和和谐社会,为建设创新型国家,为实现中华民族的伟大复兴奉献智慧和力量!

今天,你们以厦大为荣耀;明天,厦大以你们为骄傲!

——本文摘录自《厦门大学报》,2005年9月15日第652期

缅怀嘉庚先生　弘扬"嘉庚精神"

——在厦门大学陈嘉庚纪念堂开馆典礼仪式上的讲话

（2005 年 4 月 6 日）

校党委书记　王豪杰

今天是厦门大学建校 84 周年的喜庆日子，我们在这里隆重集会，举行厦门大学陈嘉庚纪念堂开馆典礼，深切缅怀我校的创办人陈嘉庚先生光辉灿烂的一生和爱国兴学的丰功伟绩，表达对校主嘉庚先生的深深怀念和无限景仰之情。

陈嘉庚于 1874 年 10 月 21 日出生在福建省同安县集美村一个侨商家庭。1891 年前往新加坡从父经商，后独立经营实业获得巨大成功，成为驰名海内外的大实业家。

陈嘉庚先生从小接受中华传统文化教育，具有强烈的社会责任感和爱国奉献的高尚情操，虽身居异邦，仍心怀祖国，他深感祖国积弱乃国民缺乏文化素质教育所致，故而抱着"教育救国""教育强国"的信念，立志报效祖国，倾资兴办教育等公益事业，以尽国民天职。早在 1913 年，他就在家乡创办集美小学，后又增办师范、中学、水产、航海、商业、农业等校，统称为"集美学校"。1921 年，陈嘉庚先生创办厦门大学，亲自选择校址、校长，主持建筑校舍，高薪聘请名师。在侨居地新加坡亦倡办和赞助许多学校，形成陈嘉庚广泛的开放型教育体系。尽管遭遇世界经济危机，外国银行停止贷款，企业经营陷入困境，但他仍多方筹措经费，百折不挠地维持集美学校和厦门大学办学。1932 年，对外国财团答应以停止支持厦门大学和集美学校为条件保护其企业经营，陈嘉庚先生均断然予以拒绝，他说："企业可以收盘，学校绝不能停办！"为了支撑厦大办学，陈嘉庚先生想尽各种方法筹集经费，直至变卖了橡胶园、陈嘉庚公司股本和在新加坡的三幢大厦。1937 年，陈嘉庚先生把厦门大学无条件献给国民政府。1950 年，陈嘉庚先生回国定居集美后，立即投入厦门大学和集美学校的扩建、发展事业中。从 1951 年到 1955 年，由陈嘉庚先生主持，其女婿李光前先生捐献巨款进行厦大扩建工程，共建新校舍 24 幢，建筑面积近 6 万平方米，使厦大建筑面积扩大了一倍。直到晚年，陈嘉庚先生仍雄心勃勃，为国事操劳，奔波于厦门、北京之间，到全国各地参观视察，建议和参与落实鹰厦铁路的设计和建设工程。临终前仍念念不忘台湾回归，呼吁国人要为实现祖国的统一大业努力奋斗。

陈嘉庚先生一生致力于实业救国、教育兴邦的伟大事业。他倾尽资财兴办教育，呕心沥血培养人才，自己却生活节俭，衣着朴实，临终还将仅余的产业和银行存款全部捐献给国家。陈嘉庚先生这种牺牲自我、爱国奉献的精神，得到党和国家领导人以及社会各界的高度评价。1945 年，毛泽东称赞他为"华侨旗帜　民族光辉"，并写成条幅送给他；1984 年，邓小平为《陈嘉庚画册》的出版题字"华侨旗帜　民族光辉——陈嘉庚"；江泽民说，"陈嘉庚先生报效祖国的赤子之心令人敬佩，他热心办教育令人称颂、敬仰"，并号召"弘扬嘉庚爱国精神，振兴中华教育事业"。陈嘉庚先生这种牺牲自我、爱国奉献的精神，为我们树立了光辉的典范，给祖国和人民留下了宝贵的精神财富，早已成为厦门大学爱国主义教育的特色教材。

为了无限的缅怀，为了永远的铭记，1981 年 60 周年校庆，学校即在建南大会堂四楼建立"陈嘉庚纪念堂"，展示陈嘉庚先生的生平事迹，供全校师生、校友和社会各界参观瞻仰；由于重修建南大会堂，2001 年 80 周年校庆，学校临时将"陈嘉庚纪念堂"迁至嘉庚楼群颂恩楼三楼展出。去年，为纪念陈嘉庚先生诞辰 130 周年，学校决定将"陈嘉庚纪念堂"建在陈嘉庚先生亲自奠基、设计和督建的厦大第一幢大楼，并对展览内容作了进一步的充实和完善，把展出的 133 幅图片分为"出洋经商、倾资兴学""团结华侨、抗日救亡”“赤诚爱国、反对独裁”“兴国兴校、鞠躬尽瘁”和“嘉庚精神、光耀千秋”五个专题,比较全面地展示这位伟大的爱国主义者光辉灿烂的一生,以及“嘉庚精神”在国际社会尤其在华人华侨社会中产生的极其广泛而深远的影响。

今天,我们徜徉在“南方之强”的光荣与希望之中,步入陈嘉庚纪念堂所展现的波澜壮阔的历史画卷中,倍感“嘉庚精神”的崇高和伟大。“陈嘉庚”这个响亮的名字,就像闪耀苍穹的陈嘉庚星一样永放光芒,将同伟大的“嘉庚精神”一样代代相传,永远激励着我们自强不息,止于至善。

我们深信,在党的正确领导下,在“嘉庚精神”的感召和鼓舞下,全校师生员工团结奋斗,学校确立的要在本世纪初把厦门大学建设成为世界知名的高水平研究型大学的奋斗目标就一定能够早日实现!

——本文摘自王豪杰:《梦萦南强》,厦门大学出版社,2007 年 3 月版

深入学习16号文件精神　真心真情尽职尽责做好学生工作

——在党校第53期学习班上的讲话(摘要)

(2005年5月9日)

校党委书记　王豪杰

去年9月,党中央召开十六届四中全会,做出了《中共中央关于加强党的执政能力建设的决定》,召开中央全会专门就党的执政能力做出决定,这在建党以来是第一次;10月,党中央、国务院又联合颁发了16号文件——《加强和改进大学生思想政治教育工作的若干意见》,并配套下发了17个文件,这也是建国以来的第一次;今年1月,党中央、国务院在北京召开了全国大学生思想政治教育工作会议,胡锦涛总书记在会上做了重要讲话,在京的中央政治局常委全部出席会议,这也是我参加工作以来第一次遇到这么重视学生思想政治教育工作的会议。胡锦涛同志在会上阐述了加强大学生思想政治教育工作的重要性和紧迫性,明确提出了加强和改进大学生思想政治工作的指导思想、基本原则和工作任务,他在会上号召全党、全国人民和全国的高等院校共同努力,把大学生培养成社会主义事业的合格建设者和可靠接班人。我认为,胡锦涛总书记的重要讲话具有很强的理论性、政治性、指导性、针对性和可操作性,是全面加强和改进大学生思想政治教育工作的行动纲领和指导方针,是全面开创大学生思想政治教育新局面的强大动力。因此,应该认真学习、深刻领会16号文件和胡锦涛总书记的重要讲话,结合我校实际认真加以贯彻落实,通过学习和贯彻落实来进一步加强我校各级党组织的建设,进一步加强和改进我校的思想政治工作,从而保障和推进我校各项事业的快速、健康发展,实现厦门大学的奋斗目标,这也是校党委党校举办本期学习班的主要目的。我谈以下四个问题:

一、提高对加强和改进大学生思想政治教育重要性和紧迫性的认识,增强作为一名大学生思想政治教育工作者的使命感和光荣感

今天,厦门大学思想政治工作的环境比起过去已经大有改善,特别是16号文件颁发以及全国大学生思想政治工作会议召开、胡锦涛同志做重要讲话之后,厦门大学的政工干部,特别是在座的同志们都有一种责任感和使命感,大家的工作都非常努力。但是,同志们是否具有光荣感?是否决心把这份职业作为终生的职业?也许有一小部分同志会这么想,并且朝这个方向努力;但也有一些同志仅把这当作一个岗位、一份责任,是否以此作为终生的职业,恐怕还很难下结论;有一小部分同志由于种种原因走上这个岗位,但还不能非常安心地工作,对此我可以理解。这个工作在我们那个年代是很光荣、很权威,甚至很神圣的,但经过时代的演变、观念的转变和大环境的影响,人们的看法发生了变化,当然还有导向政策方面的原因以及个人的志向、理想、素质、能力等种种原因,造成一些同志不很安心工作,这是客观存在的。如何才能安心、尽职地从事这份工作,甚至感到光荣和神圣?首先就必须深刻认识到大学生思想政治教育工作在当前具有重要的战略意义,显得极端重要和紧迫。如果我们能够深刻认识这项工作的深远意义,那么随着自己工作的深入、阅历的增长、成绩的取得、人格的完善以及各方面的成熟,我相信会有越来越多的同志立志做好这份工作,并创造出一流的业绩。

(一)如何认识加强和改进大学生思想政治教育的重要性和紧迫性

1.16 号文件从三个层次来论述大学生思想政治教育工作的重要性和紧迫性。

第一,文件指出大学生是十分宝贵的人才资源,是民族的希望,是祖国的未来。目前全国有 2000 多万大学生,把他们培养成社会主义事业的合格建设者和可靠接班人,对实施"科教兴国"和"人才强国"战略具有重大而深远的战略意义,对确保全面建设小康社会具有重大而深远的战略意义,对加快实现社会主义现代化的宏伟目标具有重大而深远的战略意义,对确保中国特色社会主义事业的兴旺发达、后继有人具有重大而深远的战略意义。

第二,16 号文件指出,当前国际国内形势的深刻变化,使大学生思想政治教育既面临着有利条件但也面临着严峻挑战。挑战体现在以下三个方面:一是西方敌对势力与我争夺下一代的斗争更加尖锐复杂;二是大学生面临西方文化思潮和价值观念的冲击影响不可低估;三是国内经济发展的黄金期也是矛盾的凸显期,大学生思想政治教育还存在许多问题。

第三,面对新情况、新形势我们的思想政治工作还不够适应,还存在许多薄弱环节。前两项是针对教育对象而言,这一点是针对教育工作者而言。因为教育层面上存在许多不适应,还有许多薄弱环节,因此更显示出加强这项工作的重要性和紧迫性。

2.胡锦涛总书记在全国工作会议上的讲话中指出,培养社会主义建设者和接班人,造就数以亿计的高素质劳动者,造就数以千万计的专门人才和造就一大批拔尖创新人才,是从党和人民事业的长远发展出发而提出来的一项战略任务。

第一,培养什么人、如何培养人,是我国社会主义教育事业发展过程中必须解决的根本性的问题。这个问题关系到党和国家的长治久安,关系到中华民族的前途命运。

第二,实现全面建设小康社会的宏伟目标、实现中国特色社会主义既是伟大而光荣的任务,又是艰巨而长期的事业,需要一代又一代中华儿女为之不懈奋斗。我们必须把培养和造就中国特色社会主义建设者和接班人作为一项关系全面发展的战略任务来抓紧抓好,而培养德才兼备的大学生则是这项战略任务的重要组成部分。

第三,加强大学生的思想政治教育工作,也是提高党的执政能力、巩固党的执政地位的重要要求。胡锦涛总书记说,能不能不断培养和造就政治坚定、知识丰富、能力胜任、作风优良的党政干部队伍,是关系到能否提高党的执政能力、巩固党的执政地位的根本性问题。而大学生是高层次人才和党政干部队伍的一个重要来源,把大学生培养好,就能够为党政干部队伍源源不断地提供、输送优秀人才。同时,切实把大学生培养好也是我们实现好、维护好、发展好最广大人民根本利益的重要体现,是关系到亿万家庭的"民心工程"。

第四,在对外开放和市场经济条件下,在各种思想文化相互激荡的环境中,大学生思想活动的独立性、选择性、多变性、差异性明显增强,受到各种思想文化的影响明显增多。目前在部分大学生中也存在着一些突出的思想问题,而与此同时,我们的教育工作也还面临着与新形势、新任务不相适应的问题,也存在着不少薄弱环节。

(二)增强大学生思想政治工作者的使命感和光荣感

同志们在实践工作中也还会从许多方面深切地体会到加强和改进大学生思想政治教育工作的重要性和紧迫性。对在座从事大学生思想政治教育的党委副书记们来说,应该会感到我们所从事的工作是神圣的,有一种使命感和光荣感,用李长春同志的话说就是"责任重大,使命光荣"。

李长春同志在去年 10 月 23 日来厦门大学调研,在谈到政工干部时说了一番很风趣的话。他说,在他上大学的时候都是挑选一些又红又专的人担任政工干部,这批人中很多后来都当了大学的书记、校长,甚至是省长、部长,包括胡锦涛同志和吴邦国同志也当过政治辅导员,他们的发展空间大得很,比专业人员的发展空间还大呢,当时大家都开心地笑了。长春同志还说,知道我也是辅导员出身他感到很欣慰,他相信我会带着感情来抓好这项工作。因此,从事思想政治工作的同志们一定要有一种责任感、使命感,同时要感到无上光荣,这样才能坚定信心、鼓舞斗志,才能看到自身工作的价值所在,也才有可能做出一流的业绩。

应该说厦门大学的政工干部发展空间还是挺大的,在政工队伍的建设方面取得了一定的成绩,是值得欣慰的。但这还不够,离长春同志提出的"带着感情做工作"还有一段距离。现任党委领导中就有 3 人以前都当过党总支副书记。学校主要部处的现任领导例如办公室主任、组织部部长、宣传部部长、学生处处长等都当过党总支副书记,现在大多数学院的党委书记也曾经是党总支副书记。我们曾对政工干部进行管理、提拔和分流,有些同志因为有较高的政治觉悟、有较强的工作能力和较丰富的工作经验,因此形成较好的工作方式和思维方法,转到业务上也同样十分优秀,甚至是出类拔萃。比如转到会计系和艺术学院的几位年轻的政工干部,他们既具备政工干部的工作经验,又有较强的专业素质,完全可以把工作做得很好。还有一些同志在担任总支副书记的时候也获得了博士学位。因此,我校从事思想政治工作的政工干部发展态势是很好的,前景是光明的。

现在我们学校有专职的辅导员 76 人,有研究生学历的占 75%左右,全校 43 个副处级以上的政工干部中,有研究生学历的 32 人,也占 75%,其中 13 人还是博士研究生。对此我感到很高兴,一方面大家从事繁重的、重要的大学生思想政治教育工作,一方面还在努力学习、充实自己,这支政工干部队伍的素质与过去相比完全不同。这些政工干部多数是非常努力工作的,取得的成绩也非常显著,党委非常满意。同时,党委对同志们也给予厚望,希望同志们能够珍惜这样的机会、珍惜这样的舞台,在做好一流工作的同时,锻炼自己,将来担当更加重要的工作。

二、充分肯定当前大学生思想政治教育的主流,清醒认识当前大学生思想政治教育存在的主要问题

要加强和改进大学生思想政治工作,一定要对当前这项工作所处的形势以及现状做出科学的分析和正确的估价,这是开展工作的基础,也是一种工作方法和思维方式。

(一)充分肯定当前大学生思想政治教育的主流

1.对当今大学生的思想政治工作,不同的人站在不同角度会有不同的认识,但是一定要充分肯定主流和取得的成绩。胡锦涛同志在全国大学生思想政治工作会议上曾简明扼要地指出,大学生的思想状况是积极、健康、向上的,这是十分中肯、准确、鼓舞人心的。在开这个会议之前,厦门大学的学生工作部门接受了中组部、中宣部和教育部党组的一项任务,就是进行大学生思想政治工作状况调查。我们学生工作部门做了近十年来最大的一次学生思想政治工作现状调查,形成了几万字的调查材料,反映了我校当前的学生思想政治工作现状,较好地完成了三部委的任务并被采纳。调查结果充分显示,我校的大学生思想政治工作成绩是应该充分给予肯定的,主流也是积极、健康、向上的。16 号文件中也提到,现在的大学生是热爱党、热爱祖国、热爱社会主义的,他们拥护党的路线、方针、政策,高度认同邓小平理论和"三个代表"重要思想,充分信赖以胡锦涛为总书记的党中央,对建设中国特色社会主义道路和全面建设小康社会充满信心,自强、自立、富有创新精神、乐于接受新鲜事物。这些情况大家在工作中都有所体会,这些主流不应该被一些次要的枝节所掩盖。

2.从学校的层面来看,从党委的领导、思想政治工作队伍以及工作的体制机制来看,成绩也是应该充分肯定的,主流也是好的,可以用"八个有"来形容:一是有基础,我校的思想政治工作历来有好的传统,连续两次获得中组部、中宣部和教育部党组先进高校的表彰,连续两次获得省检查的表彰;二是有合力,现在的思想政治工作得到学校各部门强有力的配合和支持,我们工作在第一线,但仍需要其他部门的支持;三是有成效,在此要感谢大家,取得的成效离不开大家的努力;四是有作为,大家做的工作为学校争光,为学校赢得荣誉,受到社会的赞誉,这些就是有作为的体现;五是有制度,党委有一套学生思想政治工作的

制度,学院也有相应的制度;六是有机制,各学院也许不太相同,但都有行之有效的、适合本单位情况的工作机制;七是有队伍,学校有一支队伍,各学院也有学生工作队伍;八是有领导。这“八个有”是学校开展思想政治教育工作的主流,也是应该予以充分肯定的。

(二)清醒认识大学生思想政治工作存在的问题

1.从学生的层面来看,存在着一些比较突出的问题。16号文件和胡锦涛总书记的讲话中都有提到,有的学生政治信仰迷茫、理想信念模糊,有的学生政治责任感不强、团结协作意识较差,有的学生艰苦奋斗精神不足、心理素质脆弱,有的学生受到拜金主义、享乐主义、极端个人主义的影响较深,有的学生价值取向扭曲、诚信意识淡薄、社会责任感缺乏。这些问题在我们的教育对象身上都会或多或少、或深或浅、或轻或重地体现出来,我们学校大规模的调查也显示出,我们的学生存在上述的问题。

2.从工作的层面来看,主要表现为胡锦涛同志所说的“十个如何”,这是一个向教育工作者提出的崭新课题,教育工作者如果不能很好地认识这十个问题,就无法开展好教育工作。我们的工作实际中存在着“八个不足”:一是工作思路还不够宽,这种感觉在参加全国高层次名牌大学的相关会议时就很强烈。二是合力还不够强。虽然有合力,但还不符合16号文件的要求,尤其是周边社会环境的合力不够。三是氛围还不够浓,还没有营造出浓厚的加强和改进思想政治教育的工作氛围。四是体制还不够顺,要破除旧的体制,确立新体制,这是一项很艰巨的工程。五是机制还不够活,同志们在工作中会受到较多的约束和牵扯。六是办法还不够新,我们要在继承优良传统的基础上创新,探索思想工作的新办法,增加工作的亮点。七是队伍还不够强,尽管我们有一批专职的政工干部,但数量和素质都还不够。八是保障还不够有力,你们在开展学生工作,后方的保障还不够。

希望同志们既能够充分地看到主流,又能够清醒地认识到存在的问题,这是我们加强和改进大学生思想政治工作的前提。

三、落实16号文件和全国工作会议精神,切实加强和改进大学生思想政治工作

(一)16号文件和胡锦涛同志讲话的主要内容

在这次的全国大学生思想政治教育工作会议上,李长春同志讲了五句话,基本上概括了16号文件和胡锦涛同志的讲话精神:

1.完成好四项主要任务——以理想信念教育为核心,以爱国主义教育为重点,以基本道德规范教育为基础,以大学生全面发展为目标;

2.把握好六项重要原则,即“六个相结合”——教书与育人相结合,教育与自我教育相结合,政治理论和教育与社会实践相结合,解决思想问题与实际问题相结合,教育与管理相结合,继承优良传统与改进创新相结合;

3.拓展好五大途径——社会实践、校园文化、校园网、心理健康和解决学生的实际困难;

4.发挥好三大优势——党组织、共青团、学生会和学生社团的优势;

5.构筑好三大保障——党的领导、政工队伍建设和良好的社会环境。

(二)在全国大学生思想政治教育工作会议上,李长春同志强调当前要突出“七个重点”

1.要加强和改进思想理论课教学,加强形势政策教育;

2.要用马克思主义指导高校哲学社会科学的教学;

3.要大力加强师德建设;

4.要深入开展社会实践;

5.要大力加强校园文化建设；

6.要充分发挥高校党团和学生组织的重要作用；

7.要切实加强大学生思想政治教育工作队伍建设。

李长春同志还强调，做大学生思想政治教育的人既要教育人、引导人，还要帮助人、关心人，重点要做好"四项工作"：

1.帮困助学工作；

2.就业指导工作；

3.管理服务工作；

4.心理健康咨询工作。

上述内容把大学生思想政治教育的主要任务、原则、方法都描述清楚了，大学生思想政治教育的大政方针，16号文件和胡锦涛同志的讲话都已经明确阐述了，关键是我们如何认真学习、深刻领会这些精神，并结合我校实际加以贯彻落实。

（三）如何贯彻落实16号文件精神和胡锦涛同志的重要讲话精神

作为各位分管学生工作的党委副书记或奋战在大学生思想政治教育第一线的同志们，应该做到以下三点：

1.提高认识。大家首先应明确自己的责任和使命，进而感到所从事的工作无比光荣，树立自豪感和信心。现在的工作环境与从前大不相同，我们迎来了一个很好的工作时期，我们应该认识到自己工作的重要性，这是由我国的国体、政体以及伟大的中国特色社会主义事业所决定的。如果没有坚定的理想信念，没有清楚地认识到这份工作的重要性，就不可能有责任感和使命感，更不会以此为荣。同时，还要认识到现在中央已经明确指出了大学生思想政治工作的办法、原则、指导思想、方针政策，并且不仅是面对全体政工干部，还面对全国大学生、全社会各级领导干部，体现了中央的重视程度，这就为我们的工作提供了难得的机会和环境。因此，我们要把各项工作与中央保持一致，把认识统一到中央对当前大学生思想政治现状的科学判断和工作部署上来。

2.负起责任。一名政工干部完成本职工作可分为三个层次：一是履职，即在自己的岗位上完成应该做的工作，但比较被动；二是尽职，主观上很努力地工作，但效果不能肯定；三是称职，努力地做好工作，取得良好的效果。现在学生工作有一个很好的工作时机，组织上给予充分信任，提供了良好的工作平台，大家又具备良好的工作基础，都应该往称职的层面去努力，在尽职的基础上不断发展，看到成效、取得良好的业绩，争取称职。

3.工作到位。这一点也有三个层次：一是率先垂范，同志们作为学院的党委副书记，是在大学生思想政治教育第一线的组织者和领导者，你们言行举止和人格会给教育对象留下难忘的印象，甚至会影响他们终生。因此，应该要具备一种引导示范的人格魅力，也只有率先垂范才能够深入到学生中去。二是真心真情，我们教育的对象是大学生，对他们的关心是否出自真心，对他们的引导是否体现真情，他们都能够体会得出，只有真心真情才能取得良好的教育效果。三是尽心工作、尽力而为、力争一流、止于至善。

对党委而言，应当重点抓好两项工作：

1.把大学生思想政治教育作为系统工程进行全面部署。

2.真正解决好政工干部的发展和前途问题，可在四个方面抓好这项工作：一要加强大学生思想政治教育学科建设，要把综合性大学的优势体现出来，培养这方面的专门人才；二要像关心业务学术骨干成长那样关心政工干部的成长，对政工干部进行培养；三要进一步完善政工干部的选拔、培养和管理机制，对政工干部的发展前途与相应的使用、培养、管理、选拔、分流这五大机制是分不开的；四是政策要进一步向在第一线工作的政工干部倾斜。通过做好这四方面的工作，做到李长春同志在厦大调研时所说的，使政工干部"无后顾之忧、办事有平台、发展有空间"。

四、注重个人修养,提高领导能力,加强班子建设,推进事业发展

1.在座各位既是分管学生工作的副书记,同时又是所在单位党政领导班子的成员。虽然组织上安排各位主管学生思想政治教育,但不能只管学生工作而不参与本单位的其他工作,要积极参与单位各项工作的讨论和决策,要负有一份领导责任。不能因为自己年轻或分管某一项工作就对其他工作不了解、不深入研究、不发表意见,一定要明确自己的角色定位和担负的领导责任。

2.要注意学习、提高、作为和成长。要善于学习,除了学习本职工作外还要学习本单位的其他情况,逐步了解掌握本单位的思想工作、党建,各项教育事业的基本情况、发展规律、发展目标以及途径和手段;要有所提高,在工作过程中,在与班子成员的交流过程中,在处理问题的过程中,不仅要提高做好学生工作的能力,还要提高党建、领导驾驭本单位教育事业发展的能力;还要有作为,在了解本单位的情况、发展思路以及人财物的配置情况后,能够提出精辟、中肯的意见被单位采纳,能够得到别人的尊重,在单位中发挥作用;只有学习、提高、有所作为,才有可能更好地发展,促进个人的成长。

3.妥善处理正副关系和党政关系。领导班子的架构中有正副之分,对正职干部提出的对的意见应该配合实施并加以完善,不对的可以提出意见,但要注意方式方法,不要过分争论,要正确处理正副职的关系。此外,党政关系也要处理好,经常与行政部门沟通,促进党政关系的融洽,相互支持和帮助,有利于各项工作的顺利开展。

——本文摘自王豪杰:《梦萦南强》,厦门大学出版社,2007 年 3 月版

以科学发展观指导我校的改革与发展

——在2005年度“东山会议”上的总结讲话(摘要)

(2005年9月8日)

校党委书记　王豪杰

经过整整五天全体与会同志的共同努力,2005年东山会议已经圆满完成了全部议程。在这次会议上,大家听取了朱崇实校长关于“十五”计划执行情况和“十一五”规划草案的报告,听取了八位副校长、副书记就分管工作所作的专题报告,听取了吴世农副校长关于本科教学工作评估的报告,听取了陈力文副书记关于保持共产党员先进性教育活动的报告。大家围绕着会议的三个主题,认真地进行了分组讨论和分专题讨论,提出了共同关注的十二个方面的富有建设性的意见和建议。

校党委十分重视这十二个方面的问题,我们将在返校后进行专题研究,提出切实可行的工作方案。现在,我针对以上十二个方面的问题先谈三点意见。

一、以科学发展观来指导我校的改革与发展

(一)要科学分析高校发展的大好形势和存在的困难

国务委员陈至立同志指出:“我们在分析形势的时候,一定要抓住重点,充分肯定主流,同时也要重视存在的问题。”我认为这是很中肯的,因为只有看到主流才能振奋精神、鼓舞士气,只有重视问题才能保持清醒头脑,避免盲目乐观。当前高等教育发展的大好形势主要有以下三个方面:

一是高等教育大发展。在人均GDP达到1000美元的基本国情下,中国高等教育的规模翻了两番,高等教育已经完成了从精英化向大众化的转变,取得了了不起的成就,这在世界各国都是少有的。现在学校的学科建设、教学科研水平、师资队伍建设和校园硬件建设的经费投入是过去任何年代所不可比拟的。特别是教育部决定重点建设一批高水平大学,开展“211工程”和“985工程”建设,都取得了很大成绩。

二是高等教育改革大突破。高校的改革除了管理体制改革,还包括人事分配、教学、科研、产业化改革以及后勤改革等方面。这些改革出台了许多卓有成效、有很强激励作用的举措,在座的各位领导对这些都能深切体会到,厦大的发展离不开这些改革。现在还进行了办学体制的改革,办学体制改革促进了各种类型的学校应运而生,而且发展壮大。像厦大这样一所国立重点学校也创办了嘉庚学院,这就是办学体制改革所催生出来的成果。此外还有中外合作办学的成果,这种改革也是过去所没有的。

三是高等学校为经济发展和社会进步的服务、贡献能力进一步增强。当今中国许多高新技术成果,一半以上都是由高等学校完成的,对国家的贡献很大。因此全社会对高等学校也给予了前所未有的重视,尤其是高等教育已经从精英化转化为大众化教育,牵动着千家万户的心,很自然地,高校也就成为社会关注的热点问题。

当然高等教育在发展的同时,其外部和内部都存在一些困难和问题,必须引起高度重视。

就外部环境而言,有两个问题:(1)总体看来,还没有真正把教育放在优先发展的地位,对教育的投入还是不足。有数据显示,2004年对教育的经费投入在国民经济总额中的比例与2003年的3.32%相比,

下降了0.04%,这是近十年以来第一次出现投入下降的情况。(2)从外部舆论环境来看,对高等学校的议论过于偏激,显得不太公正,教育部及高等院校为此承受很大压力。大家时常看到媒体曝光对高等教育的批评,例如有人冒充北京航空航天大学的名义招生,弄得北京从中央政治局到大街小巷都在议论大学乱收费、乱招生。舆论环境偏激主要体现在以下几个方面:对高校发展规模的议论。一方面所有人都希望自己的孩子能上大学,而且要上名牌大学;另一方面又指责高等教育规模发展太快,说教育致贫,又有的说现在大学的门槛太低。但是我想如果提高门槛,又回到精英化教育,对社会发展、全面建设小康社会又有什么好处呢?如果大学不能满足千家万户对子女上大学这一日益旺盛的需求,很多子女上不了大学,这将会是一种什么样的情形呢?还有一段时间对大学拓展办学空间也颇有微词,认为高校恶性贷款、借钱建校,不负责任。大学生就业难成为关注的另一焦点。就业是双向选择的问题,与经济发展、个人素质、企业需求等种种因素相关,不是仅仅由高校来决定的。对于高校的收费、招生问题,社会上有些舆论断章取义,夸大其词。目前从总体上看,高等学校招生还是比较有序的,相对其他行业而言还是比较公道的。现在又在炒大学教师高收入问题,有媒体公布,几大高收入单位和人群,高校教师榜上有名!

就高等教育的内部而言,有三个问题:一是科学定位。很多学校都希望建成综合的、高水平的大学,这个愿望是好的,但是必须根据实际一步步发展,不可能把所有学校都办成像北大、清华那样的一流大学,因此各个学校的科学定位非常重要,要找准发展的方向和目标,办出自己的特色。若存在浮躁的心理,想要一步登天,马上把学校建成高水平的大学,这是不现实的。二是数量和质量的关系。现在的普遍情况是重数量、轻质量。高等学校的主要任务是培养人才,这一行业特征恰恰决定了要先注重质量。高校重视学生的能力培养,不仅要培养纯理论研究的学生,还应该注重培养解决实践问题的学生,这是由我国当前经济、社会发展水平所决定的。同时,还因为学生是要毕业走上社会的,如果学生的能力强,能为科技进步、经济社会的发展做出贡献,那么学生以及其所在学校的价值就能够得到社会的肯定,学校就能得到发展。三是学校内部的规范管理,尤其是基本建设和财务管理的问题。现在很多学校都在大发展,建校园、招人才,用的钱也比较多,有的学校没有很冷静地、实事求是地思考这一问题,造成了比较大的财务风险。学校进行大规模的基本建设,进行大笔行政经费运作,如果管理不规范就可能引发很多问题。此外,也存在各类收费问题,虽然收到的钱不多,但引起的影响很大。

总的看来,当前高等教育发展的形势主流是好的,但遇到的问题也必须认真面对,并采取切实有效的措施加以解决。在大发展的过程中会出现许多新的矛盾、新的问题,也会碰到很多过去没有遇到的困难。专家提出,当GDP发展到人均1000～3000美元时,既是发展的黄金期也是矛盾的凸显期,现在我们就是处在这个时期,我们一定要清醒认识,高度重视,要妥善地解决发展中产生的问题。

(二)要善于抓住机遇,发挥高校自身优势

周济部长说过,抓住机遇一直是我们高等学校的优势。一是共建的机遇。二是实施“211工程”和“985工程”的机遇。三是并校的机遇。并校是否正确还将进一步接受历史的检验,但是其优势随着时间的推移正在不断凸显,因为并校可以整合办学资源。四是分配制度改革,发放岗位津贴的机遇。正是抓住了这一机遇,才较大地提升了教师的待遇,稳住了高等教育的师资队伍,避免人才的流失。五是新校区建设的机遇,加上全校师生员工的努力,我们学校才能进入跨越式的发展时期。

今天,我国正处在一个快速发展的机遇期,党中央提出建设创新型国家,出台了国家中长期科技发展规划,我们又迎来了一个难得的历史机遇。下一阶段我们的发展潜力和空间还是很大,因此,我们应当充分利用自身优势,抓住机遇,坚持以服务求支持,以贡献求发展。

(三)要进一步明确我们的历史任务

大学是经济建设、科技进步和社会发展的不竭动力源,也是创建创新型国家的重要组成部分。我认为,大学的重要性甚至可以提高到加强党的执政能力,巩固党的执政地位的高度来认识。因此,我们应该明确我们所担负的历史任务,重视和了解国家和社会的需求,应该特别注意把社会的、经济的、科技的、政

治的问题作为自己的研究重心，我们的教学、科研和人才培养都应该围绕这个重心，跟上时代的节奏，与时代的要求合拍。作为一所高水平的大学，应该如何承担起这一历史任务，如何走在时代前列，怎样做出高校应有的贡献，这些问题都是我们应该正确面对并认真思考的。一所高校的发展节奏如果游离于时代发展之外，就无法担负起这一历史任务，从而很可能就会被边缘化，被社会所遗忘。

教育部明确指出，今后一阶段要把工作重心转移到提高质量上来。我们应该深刻理解，正确把握国家对高等教育发展的节奏。高水平的大学代表国家的水平，能极大增强国家的核心竞争力，建设这样一批高水平大学是党中央高瞻远瞩，符合国家利益。因此，我们要有世界眼光，要瞄准科学前沿和科技顶峰，为完成这样一个光荣而艰巨的历史任务而努力奋斗。

(四)要明确科学发展观的核心内容

对高等教育而言，科学发展观的核心内容包括两个方面：一是要以人为本，二是要协调发展。

1.关于以人为本，在高等学校主要体现在两个方面，即教育以育人为本，以学生为主体；办学以人才为本，以教师为主体。

一方面是，教育以育人为本，以学生为主体。人才培养是学校的根本任务，学校的一切工作都是为了学生的全面发展。我认为，我们这次“东山会议”的一个议题——也就是我们正在紧锣密鼓地迎接教育部本科教学评估的工作，正是体现“坚持教育以人为本，以学生为主体”的一个重要内容和具体举措。

昨天上午，我们听取了吴世农副校长所作的《统一认识，顾全大局，齐心协力，确保本科教学优秀》的报告。吴副校长对评估指标体系作了详细的解读，分析了我校在本科教学中所取得的成绩与差距、亮点与难点、优势与劣势，介绍了迎评工作的进展情况和工作中取得的成效与存在的不足，部署了迎评前的准备工作，明确提出了六项具体要求，对下一步开展迎评工作做了再动员、再部署，朱崇实校长也对迎评工作提出了四点要求和意见，我完全同意。值得一提的是，昨天下午，16位院长还在誓师大会上做出了郑重的承诺和明确的表态：无论是翁君奕的严谨，陈振明的激昂，还是朱水涌的诙谐，苏力的幽默，甚至是王斌的忐忑不安，我都十分高兴地听到和强烈地感受到同志们在迎接本科教学评估工作中所表现出来的高度政治热情和历史责任感！我希望并完全可以相信全校各单位一定会借本次“东山会议”的东风，结合本单位实际，对照评估指标体系，继续理思路、想办法、提问题、找差距、订措施、出实招，认认真真、扎扎实实地做好各项迎评工作，真正做到：重视、重视、再重视！认真、认真、再认真！落实、落实、再落实！彻底消除应付和侥幸心理，不放过任何细节，确保教学“优秀”志在必得！

如果是这样，待到迎评结束后，我们再开这样一个规模的大会，不过，那时大会的名称不叫“誓师大会”，而叫“表彰大会”。

另一方面是，办学以人才为本，以教师为主体。现在学校面临许多重要的任务，加强师资队伍建设则是重中之重。有人才就有学科，有学科、有平台、有人才才会出成果，否则一切都是空谈。建设一支一流的教师队伍是建设一所一流的大学必须解决的首要任务。如果说我国高校与世界高水平大学有差距，我认为最主要的差距就是我们高水平的一流的师资比人家少。因此，校长、校党委书记，院长和院党委(总支)书记都应该把建设一支一流的师资队伍作为头等大事抓紧抓好，必须实施“人才强校”战略，以巨大的热情和足够的投入来抓好这项工作。

这次会议上，大家提出引进与培养“并重”，我完全同意。人才从哪里引进？一是从国外引进，如财务管理与会计研究院、医学院、微机电中心等，我们都从国外引进了非常优秀的人才；二是从校友中引进，如嘉庚学院的王瑞芳、“王亚南经济研究院”的洪永淼等，都是非常优秀的人才。当然，我们要花大力气真正解决好本校现有人才的培养，提高待遇，这是厦大明天希望之所在。

2.关于协调发展，我认为要做到统筹协调、突出重点、整体推进、跨越发展。

第一，是发展，下一阶段高等教育要从规模的发展转移到提高质量上来，这种转移不是否定过去的工作，而是现实的需要。不同的时代有不同的工作重点，会提出不同的要求。数量和质量是发展的两个不同侧面，扩大规模是发展，提高质量更是发展！现在世界各国的高等教育都存在数量和质量上的矛盾，都在寻找合适的发展道路。教育部提出四句话:前一阶段的发展是正确的,成绩是巨大的;今后还会持续发展;过去在规模发展的情况下,质量还是有保证的;今后要更重质量,求特色,上水平。教育部要求高水平大学要努力做到"顶天立地"。"顶天",就是有一流人才,出一流成果;"立地",就是能提供一流的服务。

第二,是建设,就是要建设一流的学科、一流的队伍、一流的平台。要统筹协调好这三项建设。这三项建设都需要资金,学科建设需要资金购买大量的仪器设备,队伍建设需要资金吸引人才,科研平台也要大笔资金才能建设。我认为这三项建设中要以人才建设作为重中之重,如果发生矛盾要以人才为先。过去,高等教育处于大发展时期,需要拓展空间,建了不少房子,这件事情引起不同看法。但根据时代发展的需求,这还是必要的。周济部长就说:"大师我要,大楼我也要!"学校建大楼,拓展发展空间,在一定程度上对学校的发展有利。以我校为例,开始建设漳州校区时很多人极力反对,听说我们已经破土动工了,很多人对此不屑一顾,后来在一年零四个月后完工、招生,很多人都等着看笑话,听说工程进展顺利都表示怀疑,看到新生按时入住后,这些人都大吃一惊,现在开始逐渐接受甚至喜爱漳州校区了。这都是思想观念的转变问题。今后,我们要更加珍惜学校的资源,科学合理地配置资源,首先保证人才队伍建设。

第三,要突出"一个重点",实现"三个突破"。"一个重点"是指创新。"三个突破",即:一是人才制度和政策的创新和突破;二是学术组织的机构改革创新和突破;三是要实现研究生教育的创新和突破,要把研究生作为科技创新的重要力量。

第四,要依法治校,规范管理,构建和谐校园。加强规范,从严管理,是为了让学校更好地发展。现在我们学校在管理方面还存在不少问题,对管理投入的精力不够,在管理的过程中出现许多不容忽视的问题,例如少数管理人员的冷漠,让人心寒,过多的表格让人不胜其烦等等,应引起我们的高度重视。要加强管理,通过管理和优质服务来凝聚人心。

我们还要坚持依法治校,一方面要继续完善重大事项的集体决策制度和个人重大事项的报告制度,重大决策一定要经过集体协商决定,坚持民主集中制原则;另一方面要建立健全学校内部的各项规章制度,特别要加强学校的财务管理、基本建设管理和实施"阳光工程"招生,建立监督机制,对违法违纪行为进行惩处。

构筑和谐校园,我希望做到一要平安,二要优美,三要节约,四要文明。

二、以国际化为切入点,来推动我校的改革与发展

在本次会议上,许多同志都谈到了加快我校的国际化进程这个问题。通过学习、讨论,我也认为,以国际化为切入点,积极开展国际合作与交流,提升我校的国际知名度,这是建设世界知名的高水平研究型大学的必由之路。

大家知道,高等教育国际化是当今高等教育发展的大趋势。许多世界知名大学都把国际化程度作为衡量学校水平的重要标志。我认为加快国际化进程对于我们今天的厦门大学来说,显得尤为重要和迫切。这是因为:第一,加快学校国际化进程,能提高我校的国际知名度;第二,加快国际化进程能够最大限度地拓宽业务教师和管理干部的国际视野;第三,国际合作与交流有利于学校的学科建设和人才队伍建设;第四,加强国际交流与合作可以获得更多良好的办学资源。

但是,我校国际交流与合作的现状可以说是喜忧参半。

近几年来,我校推行国际化进程应该说是有进展、有效果、有亮点的。例如,我校参与发起的"七校联盟"在国际上的影响力越来越大。我校与许多世界知名大学有了较深层次的交流与合作。但是,存在以下四方面的不足:

一是重视不够,宣传推介不力;二是广度与深度不够;三是传统优势正在减弱;四是办法不多。

我认为今后的工作重点是:一方面,要继续有重点地做好学校层面上的国际合作与交流,竭尽全力去争取、去高攀优秀的合作伙伴;另一方面,国际合作与交流工作的重心今后将放在学院、系,或者著名学科带头人和科研课题组上。如果能充分调动起各学院、各系所、学科带头人在国际合作与交流方面的积极

性，相信取得的实际效果将比学校单纯出访和签订协议要好得多。

在听院长发言时，了解到有些学院担心经费问题而无法走出去开展国际合作与交流。我想学校既然把奋斗目标定在“世界知名的高水平研究型大学”上，既然把加快国际化进程作为实现这一目标的切入点，相信学校党委一定会以高度的重视和足够的投入来推动这项工作的。也请徐梦秋教授放心，今后您如果需出国开展国际学术交流，不一定要选择伊拉克或阿富汗，你大可东选日本，西选美加，南选澳大利亚，北选欧洲和俄罗斯！

三、以开展保持共产党员先进性教育为契机，加强党建和思想政治工作，来保证我校的改革与发展

1.当前我校在开展保持共产党员先进性教育活动。党委在先进性教育活动的动员大会上明确指出：“开展先进性教育活动，对于促进我校奋斗目标的早日实现具有重大作用。”先进性教育活动要求我们在解决实际问题上下功夫。党委经过研究，认为从我校实际出发，当前需要解决的突出问题就是：党员如何争先进，进一步发挥先锋模范作用；学校如何创一流，学校如何早日实现奋斗目标。基于这样的认识，党委决定把先进性教育作为这次“东山会议”的重要议题。

上午，我们听了陈力文副书记所做的《再接再厉，切实做好先进性教育》的报告，大家又进行了认真、热烈的讨论。刚才又听了19位书记的大会发言，使我们对开展保持共产党员先进性教育的重大意义有了进一步的认识，对下一阶段的先进性教育工作安排有了更清晰的思路，对如何解决好“党员争先进、学校创一流”这一突出问题更有信心和把握。

我们希望通过这次“东山会议”对先进性教育的再学习、再动员、再部署，回校后能立即掀起先进性教育学习的新高潮，开展共产党员保持先进性具体要求的大讨论，使广大党员在下一阶段的分析评议时有具体标尺，在整改提高时有明确方向，在日常工作生活中有行为准则，从而进一步展现共产党员的精神风貌，树立共产党员的良好形象。

我校党建工作有着良好的基础，在这次先进性教育活动中，广大党员也表现出较高的政治觉悟和巨大的政治热情，校党委对这次先进性教育活动也给予了高度重视，进行了精心的组织，再加上有市委派出的督导组的指导，相信我们一定能开展好先进性教育活动，达到让群众满意的教育效果。

这次先进性教育活动的目的要求是：提高党员素质，加强基层组织，服务人民群众，促进各项工作。

周济部长在全国高校保持共产党员先进性教育视频会议上指出，这次先进性教育，对高校来说重点是加强对党员，尤其是青年教师党员和青年学生党员的先进性教育，加强基层党组织建设，加强各级领导班子建设。这次来参加“东山会议”的同志都是我校各级领导干部，因此，我想讲讲加强领导班子建设这个问题。

校党委在多次会议上指出：要充分认识加强领导班子建设的重要性。加强领导班子建设，既是推进学校改革、发展、稳定的迫切需要，也是领导班子成员自身建设的迫切需要。党委认为，作为一个领导班子的成员，必须具备以下几方面基本素质：一是要和党中央保持一致，要坚持正确的办学方向，培养合格的人才，处理好改革、发展、稳定的关系；二是要有世界眼光和战略思维，要与时俱进，开拓创新；三是要有科学的发展观、人才观和政绩观；四是要有较高的理论素养和领导艺术，要能正确判断形势，统揽全局，能应对各种复杂局势，处理好各种突发事件；五是要依法治校，清正廉洁。总而言之，作为一名领导干部，一要头脑清醒，二要政治坚定，三要业务过硬。一个党员领导干部的素质如何，在关键的时刻，在处理重大的、突发的、棘手的事件时，其立场、水平、能力、魄力等全都会体现出来！因此，党委希望在座的各位领导同志，一定要珍惜这次先进性教育活动的机会，认真学习，提高素质，严格剖析自己，边学、边议、边改，努力使自己成为一名称职的领导干部，为我们党的教育事业做出自己应有的一份贡献。

2.在思想政治教育方面，听了大家的发言，联系我校的实际，我认为，教师主要是解决好师德师风问题；学生的思想政治教育，则应该按照中央16号文件和胡锦涛总书记的讲话精神，认真完成好“四项任

务”,坚持好“六个原则”,拓展好“五大定位”,发扬好“三大优势”,构筑好“三大保障”,创造性地开展我校的学生思想政治工作。

3.要注意抓好党风廉政建设。党中央已颁布了《建立健全教育、制度、监督并重的惩治和预防腐败体系实施纲要》,教育部党组也下发了贯彻意见,并在8月25日召开全国高校视频会议。周济部长要求我们充分认识《实施纲要》的重大意义,要准确把握《实施纲要》的核心和要点,要切实抓好教育部党组的“贯彻意见”的落实,指出要与当前的先进性教育结合起来。党委将在开学后,对这一专题进行一次认真的研究和全面的部署。

总之,我们要通过开展好先进性教育活动,进一步加强党建和思想政治工作,来为我校的改革与发展,为实现我校的奋斗目标提供坚强的组织和思想保证。

这次“东山会议”,使我们对学校今后五年的发展思路更明确了,措施更具体了,信心也更足了。会议之后,最重要的就是抓落实,要以我们的实际行动,创造性地开展工作,来共同推进我校的新一轮跨越式发展。

——本文摘录自王豪杰:《梦萦南强》,厦门大学出版社,2007年3月版

跟随岚清同志步入如诗如画的音乐殿堂

——在李岚清同志"音乐·艺术·人生"讲座上的主持词

（2005年10月17日）

校党委书记　王豪杰

（一）

金风送爽，凤凰花红，共和国的十月喜讯频传，党的十六届五中全会描绘宏伟发展蓝图，"神舟六号"续写中华民族飞天新篇章。在这举国同庆的时刻，我们特别崇敬和爱戴的岚清同志在福建省委常委、厦门市委书记何立峰，福建省委常委、教育工委书记唐国忠，福建省副省长叶双瑜，厦门市市长张昌平，教育部高教司副司长杨志坚等领导同志的陪同下，又一次来到美丽的厦门，来到厦门大学、集美大学和厦门理工学院师生中间。让我们以热烈的掌声，向我们敬爱的岚清同志致以最崇高的敬意和最热烈的欢迎！

今天，岚清同志的夫人章素贞老师也来到了我们学校。陪同岚清同志前来的还有部、省、市有关领导同志。让我们同样以热烈的掌声欢迎他们的到来，并感谢他们长期以来对我们厦门地区高校事业发展所给予的关心、支持和帮助！

岚清同志是我们党第三代领导集体的重要成员，曾任中央政治局常委，两届政府的国务院副总理，长期分管我国的科学教育文化等方面工作。在担任国务院副总理的10年里，岚清同志倾情教育，心系师生，领导我国的教育事业取得了举世瞩目的成就，为中国的教育事业做出了不可磨灭的历史性贡献。

岚清同志一直对厦门地区高校的改革与发展给予无微不至的关怀和支持，他曾分别于1993年、1995年和2001年先后三次莅临厦门大学视察。特别令我们激动不已的是，1999年9月23日岚清同志在中南海他的办公室里亲切接见了我校的领导，并就素质教育、科技创新、高新技术转化和办好厦门大学做出重要指示；还有让我们深受感动的是同年的10月9日，当岚清同志获悉我校遭受14号特大台风袭击时，立即让教育部打电话给我校领导，转达他对厦大师生员工的亲切慰问，并批示国家有关部门拨出专款支持厦大的救灾工作；2001年12月22日，岚清同志兴致勃勃地登上主楼21层鸟瞰厦大全景，高兴地说："我觉得厦大真的是太美了！"我们也清楚地记得，1993年11月30日，岚清同志视察我校和集美学村后，曾谆谆教导我们说：厦门大学和集美各院校都凝聚着陈嘉庚先生一生的心血，我们应继承陈嘉庚先生的事业，把厦门大学和集美学村办得更好。集美大学就是在岚清同志的亲切关怀和直接指导下组建起来的。如今，这一幕幕感人至深的画面依然历历在目，那一句句亲切关怀的话语至今仍然萦绕耳边。岚清同志的谆谆教诲和殷切期望，成为我们改革与发展的巨大动力。今天，岚清同志的再次到来，是对我们又一次新的鼓励和关怀。请允许我借此机会，代表厦门大学近四万名师生员工以及集美大学、厦门理工学院的全体师生员工，向岚清同志表示衷心的感谢！

岚清同志十分重视素质教育，他强调美育和艺术教育在素质教育中的作用，他的这一观点始终贯穿于他的教育思想和教育实践中。在他离开党和国家领导岗位之后，仍然一如既往地关心他所热爱的教育事业。在完成《李岚清教育访谈录》的编撰工作后，又推出了辛勤耕耘八年的力作——《李岚清音乐笔谈》，这是一部可读、可看、可听、可品味、引人入胜的跨媒体经典音乐著作，全书仿佛是一部如歌的行板，通过陈述50位经典音乐大师的心路历程,展示了欧洲经典音乐300年的辉煌历史。这部书的札记部分获得了中国作家协会颁发的首届"郭沫若散文随笔奖"。更让我们感动的是,岚清同志把这两本书的稿酬全部捐献给了我国的教育事业,这充分体现了岚清同志作为一个老共产党员对国家的赤子之心,对教育的至真至爱,使我们深深感受到他无私奉献的高尚风格和清明高远的人格魅力。让我们以热烈的掌声,再次向岚清同志表示崇高的敬意!

大家都知道,岚清同志作为党和国家一位卓越的领导人,有着广博的知识和深厚的文化艺术修养,对于他在音乐特别是欧洲经典音乐上的深入研究和独到见解,厦门地区高校的学子心仪已久,热切期盼能亲耳聆听岚清同志的教诲。今天,岚清同志为我们带来一场关于"音乐·艺术·人生"的精彩讲座。下面,就让我们跟随岚清同志步入那如诗如画的音乐殿堂,来感悟音乐、感悟艺术、感悟人生的真谛吧!让我们以最热烈的掌声,欢迎岚清同志给我们做讲座。

(讲座结束)

(二)

老师们、同学们,岚清同志深受全国教育工作者及广大青年学生的尊敬和爱戴。得知岚清同志要来校作报告,广大同学都翘首以待,更有许多问题想求教于岚清同志,下面,留出一些时间,请同学们提问。

(现场问答)

虽然同学们还有许多问题要请教岚清同志,但由于时间的关系,提问只能告一段落。我们一定要加倍努力工作和学习,决不辜负岚清同志的期望。让我们再次以热烈的掌声向岚清同志表示感谢!

(学生代表献花)

(三)

音乐是心灵之歌,艺术是智慧之泉,岚清同志为我们谱写了一部音乐、艺术与人生的交响诗,带着我们徜徉在音乐的历史长河中,追随着音乐巨人的脚步,触摸伟大心灵的血脉,点燃思想的火花,领悟人生的真谛。岚清同志的精彩演讲,让我们领略到他的博学才智、儒雅风度、深邃思想和丰富情感,他对于音乐与人生、音乐与工作、音乐与教育之间关系的深刻理解,使我们受益匪浅。岚清同志在《音乐笔谈》中说,"不管你学什么、做什么,音乐都有助于提高人的全面素质和修养,培养高尚情操,激发灵感,增强创意思维能力,对做好本职工作都有帮助",岚清同志的谆谆教诲,我们一定牢记在心,让音乐使我们的生活更有情趣,思维更有创意,工作更有激情,领导更有艺术,人生更加丰富。

岚清同志的精彩演讲,使我们经受了一次音乐艺术的洗礼,让我们再一次以热烈的掌声表示感谢!

(四)

为表达对岚清同志的崇高敬意和深深谢意,下面请厦门大学朱崇实校长、集美大学辜建德校长代表厦门地区高校全体师生员工向岚清同志赠送图书。

(赠书)

岚清同志对厦门地区高校师生无比关爱并寄予厚望,今天,他还把一些书籍赠送给厦门大学和集美大学图书馆,请厦门大学朱崇实校长、集美大学辜建德校长接受岚清同志赠送的图书,让我们以热烈的掌声表示感谢!

(赠书)

（五）

今天能亲身感受岚清同志的亲切教诲，在座的每个人都受益良多，更希望得到岚清同志的亲笔签名，作为珍贵的纪念。下面，欢迎岚清同志给我们的学生代表签名留念。

（签名完毕）

（六）

老师们，同学们，今天是厦门地区高校一个值得纪念的日子，我们与岚清同志共度了一段美好的时光，为记住这个特殊的时刻，我提议，请岚清同志与厦门大学的学生合唱团共唱一首《蓓蕾之歌》，这是岚清同志在第三届全国教育工作会议期间，亲自谱曲填词，献给广大教育工作者的一曲赞歌。今天的合唱指挥：中国著名合唱指挥家、厦门大学兼职教授娅伦·日格勒，钢琴伴奏：厦门大学音乐系教师徐琳，大家欢迎！

（演唱）

（七）

厦门素有"音乐之岛"的美称，当前正全力推进艺术之城建设，厦门大学是我国近现代教育史上第一所由华侨创办的大学，也是我国第一所在综合性重点大学里设立艺术教育学院的大学。厦门地区高校具有独特的、不可替代的"侨、台、特、海"区位优势，我们一定要办好艺术教育，为国家培养更多的高素质艺术人才，为素质教育、为海峡西岸经济区建设做出应有的贡献。我们衷心希望岚清同志能常来厦门，多给我们指导和教诲。最后，请章素贞老师和部、省、市领导以及厦门地区学校领导一起上台，让我们全场师生和岚清同志一起，共同高唱《歌唱祖国》。

（演唱完毕）

（八）

艺术的光芒照亮成才的道路，永恒的旋律回荡在思想的天空，让我们再一次以热烈的掌声，感谢岚清同志对我们的关怀和爱护，衷心祝愿岚清同志及章素贞老师身体健康，永远年轻！

今天的讲座到此结束，谢谢大家！

——本文摘自王豪杰：《梦萦南强》，厦门大学出版社，2007年3月版

党员先进性教育取得显著成效

——在先进性教育活动总结大会上的讲话第二部分(摘要)

(2005年12月27日)

校党委书记　王豪杰

如果说我校本科教学评估取得全优,代表着社会和专家对厦门大学的一种外部评价,那么,我校先进性教育活动100%的满意率则体现了广大师生员工对于学校各项工作的理解、支持、认可和信任,这也是我校先进性教育活动取得明显成效的最有力证明。这些实际效果主要体现在以下五个方面:

一、党员思想政治素质普遍提高,党的观念和党员意识进一步增强

第一,通过先进性教育活动,广大党员进一步增强了学习实践"三个代表"重要思想的自觉性和主动性,加深了对"三个代表"重要思想的理解和领会,共产主义理想和中国特色社会主义信念更加坚定。

第二,通过先进性教育活动,尤其是通过深入开展共产党员先进性具体要求的大讨论,广大党员对"什么是新时期共产党员的先进性"有了更深刻的理解和认识,从而进一步明确了努力的方向。

第三,经过先进性教育活动严格的党内生活锻炼,广大党员党的观念和党员意识普遍增强。广大党员深刻认识到党的先进性必须依靠每个党员的先进性来体现,从而能够更加主动地投身到学校改革和建设中,更加自觉地发挥先锋模范作用。比如,我们的2005级新生党员一进校就投入到迎新工作之中就是一个很好的例证。

二、党的组织建设得到加强,尤其是基层党组织的凝聚力、创造力和战斗力进一步增强

通过先进性教育活动,学校各级党组织建设得到了有力推动:

首先,各级领导班子思想认识上更加一致,奋斗目标更加明确,统揽本单位改革、发展、稳定全局的能力进一步提高。

其次,基层党组织的设置得到优化,党的工作覆盖面进一步扩大。通过先进性教育活动,我校"支部建在班上"的工作得到大力推进,对在学生社团建立党组织的探索也有所突破,党支部的影响力扩大了,战斗堡垒作用得到进一步发挥。

再次,党的理论联系实际、密切联系群众、批评与自我批评的优良传统得到了发扬,主题实践活动不断深入,党内组织生活更加健全,形式更加多样,党的凝聚力和战斗力进一步增强。

最后,党支部书记通过动员和组织本支部党员的学习、交流和讨论,广泛征求意见,开展谈心活动,组织召开民主生活会,提高了政治理论水平,加强了自身的党性修养,锻炼了党务工作能力。一批政治觉悟高、综合素质优、工作能力强的党员骨干正在健康成长。

三、服务师生员工取得了新的进展

第一，通过先进性教育活动，广大党员特别是党员领导干部为人民服务的宗旨意识得到了进一步增强。我校始终把坚持开门搞教育贯穿于先进性教育活动的全过程，充分听取师生员工的意见，依靠师生员工找准问题，把解决师生员工反映的突出问题作为教育活动取得实效的重要标准，以师生员工最希望办、当前具备整改条件的问题为切入点，抓整改、抓落实，为师生办实事、办好事。一些事关学校发展大计和师生切身利益的重大问题，在先进性教育活动的推动下，深化了认识，得到了进一步的推进，诸如教职工福利待遇、住房、校园管理、后勤服务、青年教师的培养、师生健康、扶贫帮困等问题已经或正在得到解决。

第二，通过先进性教育活动，党组织和党员为师生员工服务的水平进一步提高，工作作风进一步改进。通过征求意见和分析评议，广大党员查找到了自身在理想信念、宗旨观念、组织纪律、思想作风、工作作风、生活作风等方面存在的不足和差距，明确了整改方向，提出了有针对性的整改方案和整改措施。党组织和党员的工作能力和服务水平不断提高，工作状态和精神面貌焕然一新。如，机关、学院行政单位的支部活动一律利用工余时间进行，以方便师生员工前来办事；生命科学学院通过设立"学生党员服务监督岗"，强化党员意识，密切联系群众，真诚服务师生。

第三，通过先进性教育活动，党群、干群关系进一步密切，校园氛围更加和谐。我校的民主党派、团体和各界党外群众也积极主动地参与到先进性教育活动中来，通过加强沟通，消除了误解，形成了共识，增进了团结，促进了共同进步。特别是通过这次先进性教育活动，有力地推动了各学院二级教职工代表大会制度的全面实施。近期以来，物理与机电工程学院、经济学院、化学化工学院、法学院、外文学院、软件学院都纷纷召开了教代会，充分调动广大教职工积极参与学院建设和管理的积极性，保证了教职工对学院工作行使民主参与、民主管理和民主监督的权利，促进学院的重大决策和管理进一步民主化、科学化和规范化，广大教职工热情高涨，更加关心学院的建设和发展，呈现出和谐团结的氛围。

四、学校目标更加明确，各项工作得到大力推进

我校自觉把开展先进性教育活动与提高党的执政能力结合起来，坚持树立和落实科学发展观，将开展先进性教育活动同促进工作紧密结合，同发挥党员先锋模范作用、争创一流业绩紧密结合，提出"党员争先进，学校创一流"的目标，处理好开展先进性教育活动和做好教学、科研、管理等各项工作的关系，用推动学校各项工作的实际成果来衡量和检验先进性教育活动的成效。

通过先进性教育活动，学校各级党组织和领导班子对自身存在的问题有了更加深刻的认识，掌握政策、判断形势、把握全局以及解决存在问题的能力等方面得到进一步提高，学校的目标更加明确，各项工作稳步发展。

例如："十一五"规划编制工作进展顺利；大学科技园通过科技部、教育部组织的专家评估，进入国家大学科技园行列；本科教学水平工作评估以全优的成绩通过了教育部专家组的评审；学科建设工作又获佳绩，在全国第十批学位授权审核工作中，我校增加了4个一级学科、1个二级学科；师资队伍建设又结硕果，新增一名中科院院士；学生素质不断提高，在第九届"挑战杯"全国大学生课外学术科技作品竞赛中，我校取得历史最好成绩，此外，我校今年还有1篇博士论文入选了"全国百篇优秀博士论文"；西村、北村旧房改造工程克服重重困难，顺利完成拆除工作，已进入挖掘地基和钻探阶段；5周年校庆各项筹备工作正在有条不紊地展开。

五、建立健全长效机制得到有力推动

校党委认真总结“十五”党建和思想政治工作的经验，分析存在的差距和问题，结合先进性教育的经验，将制定党建和思想政治工作规划，作为学校“十一五”规划的重要内容，建立健全包括党员学习机制、党员教育机制、党员管理机制、发展党员机制、党员联系群众机制、党内民主参与机制和反腐倡廉机制，科学决策机制、群众利益表达机制、特困学生救助机制、干部激励奖惩机制和群众监督评判机制等长效机制的工作得到有力推动；学校贯彻落实《建立健全教育、制度、监督并重的惩治和预防腐败体系实施纲要》的具体办法已制定完成；《中共厦门大学委员会关于基层党组织设置的若干意见》《厦门大学关于进一步加强师德师风建设的意见》《中共厦门大学委员会关于学院党委、党总支工作的暂行规定》《中共厦门大学委员会关于党支部工作的暂行规定》《厦门大学党委党校“十一五”发展规划》等规章制度的制定或修订工作已经纳入学校的整改工作；各院党委、党总支在开展先进性教育活动的过程中，也注意总结在基层党组织建设、师德师风建设、学生管理等方面好的经验和有效做法，将整改与建章立制紧密结合起来，建立健全符合自身实际的长效机制，真正做到群众满意。

——本文摘录自王豪杰：《梦萦南强》，厦门大学出版社，2007 年 3 月版

研究型大学更应重视本科教育

（2005年4月1日）

校长　朱崇实

建设高水平的研究型大学是我国高等教育的发展目标，培养一批具有国际竞争力的人才就成为每一所研究型大学责无旁贷的任务。研究型大学如何进行本科教育随之成为高等教育教学改革的一个重大课题。世界研究型大学发展的成功经验启示我们，研究型大学人才培养离不开本科教育，本科教育是构成研究型大学的重要组成部分，研究型大学的成功之道首先是必须抓好本科教育。

一、本科教育是研究型大学的基石

纵观世界研究型大学的发展轨迹，不难发现，几乎所有的研究型大学都是靠本科教育扬名于世。例如，牛津、剑桥大学在成立之初形成的导师制，19世纪30年代哈佛大学的选课制和学分制，芝加哥大学的“百科全书式教学计划”等，都直接指向本科教育，并直接催生了这些大学成为世界一流大学。即使是在高等教育的层次分化、上移之后，本科教育依然是整个高等教育的基石。因为在整个高等教育系统中，本科生始终具有量上的优势。

其次，研究生质量的高低直接取决于本科生的培养质量。因此，在西方的大学理念中，最初就已经形成了“只有本科教育才是大学教育”的观念。直到今天，这一观念依然具有很大的市场。正是在这一观念下，国外的许多大学并不把教授指导研究生纳入工作量范畴，而把带研究生看成是教授行有余力的事情——有经费、有精力，就可以由自己选择带或不带，带多或带少。这样的制度设计是防止或唯恐冲击本科教学。

在我国，人们不自觉地形成一种思维模式，似乎研究型大学就是研究生教育，又把研究生数量和硕士、博士学科点数量的多少作为衡量研究型大学的一项重要指标。这一思维模式直接造成了研究型大学工作重心的上移，造成了研究生教育与本科教育之间的矛盾，加剧了本科教学资源的紧张，实际上是一种不可取的发展观和大学理念。人才培养是一个持续不断的过程，从国外研究型大学研究生教育与本科教育关系来看，研究型大学并不排斥本科教育，而是研究生教育与本科教育有机融合在一起。厦门大学在长期的办学实践中，从自身的区域特点出发，注重规模、结构、质量和效益的协调发展，统筹考虑学校各个层次的发展规模。在新的时代背景下，学校及时更新教育观念，克服单纯的数量发展观，坚持“不求最大，但求最好”的科学发展观，在适度发展本科教育的基础上，大力发展研究生教育，坚持严格意义上的继续教育，坚决从低层次的办学领域退出来，从而把学校的精力从对教育“量”的关注真正转入到对教育“质”的关注。

二、坚持正确的教育质量观　确立多元的精英教育质量标准

传统研究型大学是培养学科型精英人才的大学。但是，随着近年来学校办学规模不断扩大，这种以学科型为主的精英教育不断受到挑战，如何保护大众化背景下的精英教育的质量是提高研究型大学教育质量的关键。按照美国学者马丁·特罗高等教育发展三阶段理论，在精英高等教育阶段，一般设有共同

和相对较高的学术标准，而在大众高等教育阶段，学术标准趋向多样化，在不同的机构和系统中其标准的严密性和特点均各不相同。

显然，马丁·特罗关于高等教育大众化教育质量标准多元化的预见，对于研究型大学保持精英教育质量标准具有重要的启发意义。这种意义在于研究型大学应在坚持精英教育办学层次的基础上，突破单一的学科型为主的精英教育模式，而从学科发展和社会实际需求出发，设置多元化的精英教育质量标准。所以，无论在本科教育还是在研究生教育层次上，均应打破单一狭隘的数量比例，而从本科教育与研究生教育的内在的相互衔接来考虑本科教育与研究生教育改革，以研究生教育提升本科教学水平，以本科教育确保夯实研究生教育的基础。在人才培养体系构建上，本科教育应改变以培养学科型为主的思路，树立学科研究型、实际应用型以及复合型等多元化的人才类型理念，研究生教育也应改变单纯的培养学科理论研究型人才的模式，突出了实际应用型，大力发展专业学位，从而构建本科教育与研究生教育互通，相互衔接的多元化的人才培养体系。

三、坚持以学生为本的教育观　构建灵活弹性的人才培养机制

就思想渊源而言，以学生为本的教育观源于西方古典的自由教育，这一教育思想核心就是充分尊重学生的个性、兴趣、爱好、能力、特长的差异，因材施教，为世界课程改革提供了一个成功典范，并为各国高等教育广泛吸收和借鉴。当今，凡是世界著名的研究型大学，无不在学生的自由学习上下功夫，为学生自由学习创造充分的空间。

作为有着80多年历史的大学，厦大同样有着尊重学生个性发展的传统。在近几年的办学实践中，学校以推进素质教育为指导思想，树立以学生为本的教育观，尊重学生个性，积极引导，在人才培养模式以及人才培养方式上进行了有效的改革。1998年厦门大学尝试按大类招生的人才培养实践;2003年全面推行大类招生，分类培养。本科课程体系以大类平台设计为主干，除少数专业外，均按大类招生，大类制订教学计划，允许学生在学习学科类通修课程的基础上选修不同方向课程组。同时在学制上推行弹性学制，允许毕业生提前或推迟毕业。与此同时，为鼓励优秀学生进一步提高学习兴趣，学校近期又启动了三学期制、主辅修制以及双学位制，这些方面改革为学生的自主学习创造了一个充分的空间，也为学生个性合理充分发展提供了一个广阔的舞台。

四、坚持以教师为主导的师生观　推进教学运行机制改革

在教育教学过程中，教师处于主导地位，如何充分发挥教师在教育教学过程中的积极性、主动性和创造性，构建良好的师生关系，是推进教学改革、提高教育教学质量的关键。梅贻琦先生曾对师生关系做了精彩的比喻:“学校犹水也，师生犹鱼也，其行动犹游泳，大鱼前导，小鱼尾随，是从游也，从游即久，其濡染观摩之效，自不求而致，不为而成。”

综观世界研究型大学，无不在发挥教师的指导作用方面不遗余力，就是推行以学年制为主的普林斯顿大学，仍然以其极至关怀的导师制而著称于世。所以，在当前的教育教学改革中，如何充分调动教师对学生学习的引导作用，鼓励老师热爱教学，尽职尽责，真心实意地引导本科生尽早进入科研训练，成为研究型大学本科教育质量的关键之关键。这不仅需要从师德上大力提倡教授、副教授为本科生上基础课，而且必须从机制上建立必要的竞争和约束机制。

围绕着这一中心问题，厦门大学把教授、副教授为本科学生上课作为一项基本制度，连续两年不讲授本科课程的，不再聘任其担任教授、副教授职务。学校进一步打破平均主义，以构建本科教学运行机制为契机，鼓励“一人多课”和“多人一课”，鼓励教师尽量压缩课时，增加课程门数，提高课堂教学效果，这一改革取代过去以课时数而以课程门数作为衡量教师工作量考核的依据，为教师自我创造研究争取更多的时间，促进教师正确处理科研与教学的关系，正确处理课内教学与课外指导的关系，引导教师更加关注科技

发展和社会发展动态，重视教学改革实践，自觉地把自身科研的优势转化成为教学的优势，吸引本科生主动参与科学研究和创业活动。

显而易见，研究型大学处于现代大学体系中的“金字塔”塔尖的地位。在经历了近几年扩招和就业政策的市场化改革的阵痛和困惑后，应当树立以培养社会精英、培养和造就高素质创造性人才为己任的理念。

——本文摘录自朱崇实：《大学的进步》，商务印书馆，2019 年 1 月版

国际化是一流大学的基本特征

(2005年6月6日)

校长 朱崇实

今天很高兴有这个机会在此和大家交流,在学校工作这么多年,还没有遇到一届校党委如此重视学校的国际交流与合作,把国际化当作学校的一个战略措施来实施。我校的发展目标是建设成为世界知名的高水平研究型大学,要实现这个目标就必须要推进国际化,要成为世界知名就必须在世界舞台上有所作为。下面我将就国际化的一些问题谈谈个人的观点,着重谈国际化是一流大学的基本特征。

一、科学没有国界,这一特性决定了一流大学必须是国际化大学

无论是自然科学还是社会科学,都是人们对客观规律的认知与总结,是属于全人类的。自然科学所探索的是自然的奥秘,所追求的是如何揭示自然规律。客观世界作为研究的客体是没有阶级性的,不受到国界、地域的限制。几个月前,李长春同志到我校调研工作,他问及我校郑兰荪教授率领的科研小组所发现的C_{50}有没有可能获得诺贝尔奖时,郑教授回答说不可能,因为发现C_{60}已经获得了诺贝尔奖,发现C_{50}只是在此基础上做了进一步拓展和探索的工作。由此可见,科学研究在自然科学领域里是没有国界的。在社会科学领域内也如此。社会科学的本质是探索社会发展规律,同样是一个客观规律,不同阶级对其有不同的解释,但其中只有一种是真理。

文化是人们对外在世界的认识和表现,均有地域性和民族性,甚至有阶级性,但是优秀的文化是属于全人类的。虽然不同地方有不同的文化,不同阶级对外部世界的认识也不同,但是不可否认,优秀的文化是全人类所共有的。因为优秀的文化是把人们在内心中最人性化、对客观世界最感性最直接的东西表现出来。有很多作家出身于富贵人家,但恰恰是他们,把世界最真实的一面反映出来。他们告诉世人世界上还存在不公平、不自由,存在剥削和掠夺;也有很多作家出身卑微,在贫困中度过一生,但在他们的作品中没有怨恨,他们也用笔墨将世界上美好的东西理智地描绘出来。这样的文化就是非常优秀的、属于全人类的文化。

大学是科技与文化的传播中心,更是科技与文化的创造中心。从根本上看,大学是属于全人类的,因为大学的重要使命就是要理性地、客观地去探索自然界的奥秘、揭示客观的规律,探求人与自然如何和谐相处、人与人之间如何建立和谐关系,这也是大学这一社会组织数百年来常青的缘由。大学从何时开始创办存在争议,有人说中国的书院是最早的大学,但现在普遍认可的观点是,牛津大学是最早的大学,她标志着近现代意义大学的开端。牛津大学建立至今已有800多年之久,在这段时间内,许许多多社会组织产生、发展又消亡,只有大学这一社会组织始终保持着青春活力,而且越来越充满生命力。在当今社会,如果一个国家(或地区)对大学不重视,那么治理这个国家(或地区)的政治家一定是位短视且短命的政治家,因此,大学受到社会前所未有的重视和关注。

二、一流大学都是国际化大学

一流大学中无论是教学成果还是科研成果,都将由全世界共享,并得到全世界的认同。我在一个文献上看到,无论是在自然科学、工程技术领域,还是哲学社会科学领域,作为教学蓝本的教科书的内容都越来越趋同。但是在哲学社会科学领域内,有很多教科书的内容带有很强的阶级性,在探求社会规律过程中会带有很多主观的、有阶级偏见的东西,因此我们不能照搬西方的教科书内容。另外,我们一直把三大检索作为衡量科研人员科研成果的重要指标,从某种意义上说,也就是看这些科研成果在世界范围内得到的认同度。许多教授、教育科研行政主管反对把这三大检索作为反映科研人员优秀程度的主要标准,究其原因,主要是,他们反对衡量标准绝对化,但作为一般标准还是应当予以承认的。因为到目前为止,还没有别的方法可以证明科研成果是否已经在国际上得到广泛的认同。目前,教育部也很重视这项工作,不仅在自然科学和工程技术方面鼓励、提倡引进国外先进教材,而且在哲学社会科学领域,如在经济学、管理学、法学等方面也鼓励引进国外先进教材。陈至立同志曾专门强调提出,要把这项工作作为一项工程来抓,要组织一批专家翻译外国在哲学社会科学方面先进的教材。目前,在引进国外好教材的周期已经大大缩短。

当今在高校中,无论是教师还是学生,均跨越了国别(地区)的限制,来自世界各地,依照同一标准被聘用或录取。美国2001年外国留学生(本科以上)数量达55万人,2002年达58万人。这两年美国的大学生数量为500多万,也就意味着留学生占全美学生的比例超过了10%。1999—2000年,我在波士顿大学和哈佛大学访问时了解到,波士顿大学是美国招收留学生占比最高的学校之一,2000年全校学生是2万多,外国留学生就有4500人,占全校学生将近1/4。外籍教师的占比情况也一样。法学院教师中非美国籍的较少,但其他基础学科领域内的外聘教师的比重就很高。

当今高校,无论是课程还是实验室,都是开放的,欢迎全世界学者或学生来使用。早在1999—2000年,美国一些高校就将他们的电子课件和多媒体课件免费对外开放,做到资源共享。学校的文化与理念包含国际化这一要素,以推动世界的进步和发展为使命。加拿大著名的滑铁卢大学推行“无国界工程师”项目,把为世界培养人才作为自己的使命,积极把学校的文化和理念推向世界各地。哥伦比亚大学在新加坡开发一个项目,也产生极大的影响,这所学校对东南亚具有传统的影响力,包括我国最早的一批留学生都是在哥伦比亚大学留学的。耶鲁大学校长去年在北京中外大学校长论坛上说,中国第一位留学生毕业于耶鲁大学,该校希望与中国保持传统的联系,与中国教育部联合举办中外大学高级人才进修班,并对此项工作加以高度重视。此外,英国牛津、剑桥等高校的情况也是如此。所以,作为一流大学,一定会把这方面作为学校的目标之一。

三、我们所面临的机遇和挑战

当今时代,经济全球化以前所未有的速度向前迅猛发展。经济全球化呼唤科技和教育全球化。经济全球化是一种社会现象,也是社会发展的客观必然,而经济全球化要靠科技全球化和教育全球化来支撑。如果没有科技和教育的全球化,就很难实现经济全球化。

二十多年来,我国在改革和开放这两台发动机的牵引下,整个社会的发展速度是前所未有的。中国经济的外向度不断提高,无论哪个行业都离不开世界市场。近日,美国商务部部长来中国谈判,很重要的议题就是目前中国很多产品在美国市场占有很高份额,这种状况已经对美国的经济社会产生了巨大的影响。因此,美国商务部长这次就提出要限制中国纺织品的出口。

中国经济外向度的提高对我们而言,也将面临严峻的挑战。中国社会必将进一步开放,WTO的过渡期已所剩不多,客观形势要求我们高等教育必须更加适应全球经济一体化的要求。中国需要更多的国际化人才。面对这样的挑战,最根本最关键的是要培养应对挑战的合格人才。美国商务部部长两天前在清华大学与学生座谈时,同学们提出了很多尖锐的问题,而这位商务部长事先没有做好充分的思想准备,面对学生提出的许多很有依据的问题都无法做出合理的解释,只好很尴尬地草草收兵。这也说明,在目前的形势下,我们如何培养出适应形势变化需要的人才是非常关键的。

中国的一流大学都在认真地应对这一挑战,国际化普遍成为一流大学的发展目标。"985 工程"是国家的一项重要战略工程,目标是要建设若干所世界一流的大学和一批国内外知名的高水平大学。这是我们所处时代提出的客观要求。现在国内各高校都在认真思考和实践如何让学校更加适应客观时代发展的要求,如何实现"985 工程"提出的奋斗目标。全国各所名校在这方面都发展得很快,例如上海交大在提高学校国际化水平的具体措施与我校很相似,要求每个学院至少要与国际上一两所一流大学建立密切的合作关系,要求每个系(所)都要有若干个实质性的交流合作项目,要求每一位教授都要有一位能够合作交流的国际伙伴。那么,厦门大学应该怎么办?答案只有一个:要顺应潮流,决不能落后,而且要力争站在前列。如果我们不能顺势而上,不能抓住发展机遇、顺应发展的潮流,就要落后,甚至被淘汰,根本无法成为一流大学。

四、我们的应对措施

我校党委高度重视,经过反反复复地讨论,明确提出学校的定位:厦门大学要成为一所世界知名的高水平研究型大学,在此基础上朝着世界一流大学的目标迈进。要实现这一目标就必须推动学校的国际化。如何加强我校的国际交流与合作,我个人认为要强调以下二十四字方针,即:统一思想,明确目标;制度创新,增强激励;加大投入,务求实效。

统一思想,明确目标。全校师生员工要把思想统一到校党委的战略决策上来,深刻认识国际化是一流大学的基本特征。不仅仅学校,各学院(系、所)均要明确自己的发展目标;院长、院党委书记要亲自抓规划。今年学校要编制"十一五计划",要在建设世界知名高水平研究型大学的目标中制定具体的发展措施。校党委在这个方面的决策和思路非常清晰,学院要在这个框架中明确自己的发展方向,明确自己的定位。例如,化学化工学院目前在国内是一流的,但不能仅保持现有的水平,应该向世界知名甚至世界一流方向努力,这是学院领导和学术带头人应该思考的问题。经济学院也一样,目前共有四个国家级重点学科,在国内是一流的,但仍应该思考现有学科建设水平和学术研究水平与世界一流是否还存在差距,要达到世界一流还有那些工作需要做。学校目前有十六个教学科研学院,如果要把厦门大学建成世界知名的高水平大学,十六个学院中就必须有一部分学院是世界知名的。因为大学是由各个学院、各个学科组成的,学科、学院的水平提高了,学校的整体水平才能有所提高。

制度创新,增强激励。制度创新的关键是要建立完善校、院两级的国际交流合作制度,一个重点是学校要继续加强在学校层面上的国际交流与合作,另一重点就是要把国际交流合作的重心下移至学院。学校要把这方面工作做好,主要是架桥铺路,实质性的国际交流与合作在学校层面上做是有限的,要把工作落到实处必须依靠学院。如果学院没有主动性就无法推动国际合作与交流。目前,我们已经确定了八个学院为试点,每个学院都要紧紧抓住一两所国外高水平大学作为自己的合作伙伴,例如化学化工学院与国外交流很多,许多教授都与国外知名学者保持密切联系。此外,经济学院、管理学院、人文学院、南洋研究院等与国外许多知名大学都有很密切的联系,我们要继续发展这种合作关系,进一步拓展交流的广度和深度。印尼国立大学校董会主席李文振先生多次要求与厦门大学合作,帮助印尼国立大学更好地发展,这说明了厦门大学在东南亚具有一定的影响力。如果我们能以这样的态势发展,一流大学这一发展目标就能落到实处。此外,我们要增强对外交流与合作的激励,要使人人勇于、乐于、敢于承担这一艰苦的任务。学校应不断改革有关方面的政策,建立健全有效的工作机制,保证对外合作与交流的便利。

加大投入,务求实效。校、院两级都要从人、财、物各方面加大投入,力求实效。学校这两年在国际合作交流方面的投入明显加强,以前国际处的经费很紧张,但目前已经有所改善,已经有能力也有条件按照国际上通行的规则开展国际交流与合作。但其中很关键的任务是要务求实效。要体现投入的效益和作用，这就需要在管理的方法和制度上有所创新。例如，按惯例，外国学者来访都是住在我校专家楼，这方面的政策是否可以有所变通，把这笔经费用预算的形式拨给国际处，国际处按照有关标准，把经费发给来访的专家，让他们自主选择居住场所。此外，除了要勇于承担这一艰苦的任务，还要善于完成这一艰苦的任务，通过对外交流与合作，全面提高教学和科研水平。我们既要走出去，还要请进来。很多专家学者在参观厦门大学之后，观念都发生了根本性的改变。这次“七校联盟”会议在我校召开，以色列大学的一位代表对此就深有感触。明年我校将举行八十五周年校庆，主题是“厦门大学走向世界”，我们将利用这一契机邀请国际知名大学的校长、国际知名的学者（包括诺贝尔奖获得者）来厦门大学，与他们进行进一步的交流与合作。

最后，很高兴能有这个机会与大家就国际化的问题进行交流探讨。让我们共同努力，把厦门大学建设成一所世界知名的高水平研究型大学，并在此基础上向世界一流大学迈进！

——本文摘录自朱崇实：《大学的进步》，商务印书馆，2019 年 1 月版

把远大的理想与抱负跟脚踏实地的实干精神相结合

——在2005届研究生毕业典礼上的讲话

(2005年7月1日)

校长　朱崇实

前几天，我刚从法国和德国访问回来。我每次出国回来，都会有一种感觉，感觉中国发展很快，但是与人家相比还是差距很大。每次出国我都会增加一份自豪感，为什么？因为每次出去觉察到中国的地位在提高，中国人在与外国人打交道时更加平等也更加自信；但每次出国，我也会增添一份不安与忧愁，为什么？因为出国以后，你走的地方越多，你会越发感受到中国与发达国家的差距还是很大，这种差距表现在方方面面，有物质的，有非物质的，有硬件的，更有软件的。因此，我每次从国外回来，确实都有一种紧迫感，都有一股时间不够，要赶快奋起直追的感觉。我要把我的这种感觉传递给你们，因为你们是中国社会的精英：中国有13亿人口，中国有多少博士和硕士？中国有上千所大学，然而重点大学还不够多，因此，你们作为重点大学厦门大学的博士和硕士，必须要有更强的使命感和责任感，要把民族的复兴、国家的富强作为自己的使命。社会精英的特征在于有远大的理想和抱负，并愿意为实现自己的理想和抱负奋斗终身。我由衷地希望你们能成为中国当之无愧的一代精英！

我到过德国三次，我每次到德国，不论住在什么房子，都对房子的一切感兴趣，稍有空闲我总是认真地观察和研究屋子里的每一件东西。为什么？因为我觉得德国人做事情确实是认真、高质量、一丝不苟。他们做的每件东西都会让你产生一种信任感、安全感，好像永远也用不坏。我这次在德国住的旅馆里，对门上的把手产生了兴趣，为什么？因为这个把手一关上门后，你怎么拧都丝毫不动，除非用钥匙才能打开，才能转动。当时我就想，我们中国人做事情如果都能这么认真，这么一丝不苟、讲求质量就好了。中国农业社会的历史特别长，直到今天，农业社会的比重还很大。农业作为一个生产部门，它不要求太精细，究竟是今天开始插秧好，还是明天开始插秧好，没有太大的差别；种豆子，一个坑里丢3颗，还是丢5颗，也没有太大的差别。农业生产给人们观念和行为的一个影响就是“马马虎虎”“大概”即可。今天，我们社会正处于一个农业时代向工业时代，甚至直接向信息时代转变的过程中，能否实现这样的一个转变，最关键的是我们的社会能否产生出一批率先适应这种转变的社会精英。因此，我由衷地希望在座的各位不仅有远大的理想和抱负，而且有脚踏实地，从小事做起的实干精神。眼高手低，做事马虎，将会阻碍你们的理想与抱负的实现。我由衷地希望你们每一位都成为真正的成功者！

今天的毕业典礼，还令我感动的是，你们有这么多的亲人、朋友来参加你们的毕业典礼，来分享你们的成功喜悦，来为你们的幸福增添一份温馨和友情。我知道，你们能在厦大苦读三年，完成学业，这与你们亲人的理解和支持是分不开的。按照我们国家的习惯与发展程度，一个人大学四年毕业就应该是一个家庭的顶梁柱或经济的主要来源了。在座的各位能在厦大如此美丽的校园里安心求学，确实应该很好地感谢你们的亲人对你们的支持和理解。我提议，在座的所有同学都站起来，以你们最喜欢的方式向你们的亲人或朋友表示感谢！我由衷地希望你们不论走到哪里都不要忘记自己的父母和亲人！

同学们,朋友们,厦门大学是一所优秀的大学,也是一所发展中的大学,在你们的求学过程中,她给了你们许多帮助,同时她也有很多无法满足你们要求的地方。我由衷地希望你们走出校园之后仍然能够不断地关注、支持自己的母校,始终如一地热爱自己的母校,从而使得自己的母校能以更高的品质为中国乃至世界做出更大的贡献。

——本文摘录自朱崇实:《大学的进步》,商务印书馆,2019年1月版

敢于竞争,善于合作

——在2005届本专科生毕业典礼上的讲话

(2005年7月7日)

校长　朱崇实

在今天毕业的4423名本专科毕业生中,有本科毕业生3544人,高职专科毕业生411人,其他各类学生468人。截至6月28日,本科毕业生就业率95.15%,高职专科毕业生就业率为80.29%,但我知道,无论是本科毕业生还是高职专科毕业生尚未就业的部分同学中,有相当一部分是想继续求学,我在此首先预祝这部分同学心想事成、万事如愿!

在已经就业的毕业生中,有62.66%的同学在厦门、深圳、北京、上海、福建、广东、江苏和浙江这几个中国最具竞争力的城市和地区找到了自己的工作岗位。这一事实说明,厦门大学的毕业生是最具社会竞争力的一个群体,也是最受社会欢迎的一个群体。同学们,你们是敢于竞争的一个群体,我由衷地希望你们充满自信,希望你们永不言败,相信自己是最优秀的一分子,不输任何人!但我更加希望你们能够善于竞争,希望你们千万记住竞争不是对抗,重竞争更重合作,因为只有善于合作的人,才更有可能在竞争中获胜。我由衷地希望你们在厦大的4年理解了竞争的真正含义。

在今天已经就业的毕业生中,有125名本科生在祖国的西部,也是祖国最艰苦的地区找到了自己报效祖国的位置。在厦门这样一个最温馨的花园城市生活了4年的年轻人,在大学毕业后毅然到祖国的西部地区去工作,我完全可以想象你们更有多大的努力和抱负。因为我到过西部的很多城市和地区,我知道西部与东部的差别或差距。虽然在这125位同学中,有相当部分同学是回到自己的家乡去工作,但这也需要极大的勇气。我由衷地钦佩这些同学不畏艰苦、立志报国的精神,我由衷地钦佩这些同学远行千里,不忘家乡的情怀,这种精神和情怀正是厦大所要弘扬的传统和追求的目标。今年厦大到西部去奋斗的毕业生共有211位,其中研究生86位、本科生125位。与2004届相比,共增加了119位。我非常希望厦大到西部去建功立业的同学能越来越多,我衷心祝愿这些同学能在祖国西部广阔的土地上一展自己的抱负与才华。

在今天已经就业的毕业生中,有7位同学选择了自主创业,自己给自己当老板,自己为自己开工资!人数不多,只有7位,但确实让我感到非常高兴。因为这是一种观念的突破,这是一种真正的当家作主!我知道,在座的很多是独生子女,即使不是独生子女,也一样是父母视为明珠的宝贝——从小都在呵护中成长。当今世界有很多人为中国的新新一代感到担忧,担忧他们由于受到太多的呵护而无法自立。这7位同学用自己的选择告诉世界,不用担忧,我们不仅仅可以自立,而且可以自己去创造世界!我衷心地祝愿这7位同学一路走好,早日取得人生和事业的成功,用自己的智慧和辛勤的劳动报效祖国和社会。当然,我由衷地希望在座的每一位同学,不论在哪里建功立业,都别忘了自己的母校。

在今天已经毕业的同学中,还有8位国防生,他们从明天开始就将成为一个真正的军人。厦门大学诞生在中国最黑暗、最苦难的年代,厦门大学从陈嘉庚创办她的那一天起就把强国富民作为自己的奋斗目标。80多年来,一代又一代的厦大学子为民族解放、祖国富强贡献了自己青春、力量甚至生命。奔走军营,在任何国家都是勇敢者的选择,厦大是一所英雄的学校,厦大自然有这样的勇敢者,这8位同学是勇敢者的代表,我在这里向他们表示崇高的敬意,衷心祝愿他们在军队这个大熔炉里百炼成钢。

在今天已经毕业的同学中,还有895位本科生同学考取了国内外各大学的研究生,占本科毕业生的

25.25%,有58位专科生考取了本科,占高职专科毕业生的14.11%。这么多的同学选择了继续学习深造,确实是让我作为一个教师、作为一个校长感到非常愉快的一件事情。因为这让我体会到知识的力量,体会到学习对年轻人的吸引力。毋庸讳言,在选择读研或继续升学的同学中,有相当重要的一个因素是由于寻求合意的就业机会不容易的压力,但应该承认,起决定作用的因素是知识的力量和它的诱惑力。科学知识是一个如此神奇的东西,你越是接触它,你就越感觉它风光无限、深不可测,它能带给你无穷的智慧和力量。当今的社会,是一个知识就是力量的社会。我由衷地希望所有的同学——不论你今天是选择工作,还是选择继续升学,都要把学习当作一个终身的任务,一定要有活到老、学到老的毅力和精神。我要告诉大家,厦门大学永远欢迎你们选择她作为自己的课堂。

——本文摘录自朱崇实:《大学的进步》,商务印书馆,2019年1月版

·党建与思想政治工作·

中共厦门大学委员会2005—2007年发展党员工作规划

(2005年4月14日)

为贯彻党的十六大、十六届四中全会精神和中共中央、国务院《关于进一步加强和改进大学生思想政治教育的意见》以及全国发展党员工作会议精神,按照《中国共产党章程》的要求,切实加强和改进我校发展党员工作,特制定《中共厦门大学委员会2005—2007年发展党员工作规划》。

一、指导思想

以马克思列宁主义、毛泽东思想、邓小平理论和"三个代表"重要思想为指导,遵循"坚持标准、保证质量、改善结构、慎重发展"的十六字方针,着眼于始终保持党的先进性,坚持不懈地做好发展党员工作,突出重点,抓好在大学生和教师中发展党员工作,优化党员队伍的构成,扩大党的工作覆盖面,增加党的新鲜血液,增强党的阶级基础,扩大党的群众基础,提高党在广大知识分子中的影响力和凝聚力,充分发挥共产党员的先锋模范作用,为学校各项事业持续健康发展提供坚强的组织保证。

二、目标要求

(一)总体要求

加强宏观调控,保持党员队伍的合理分布和适度规模。坚持标准,积极培养,严格程序,确保发展党员工作质量,努力实现质与量的统一。

加大在学生中培养入党积极分子和发展党员的工作力度,加强在青年教师和教学科研骨干中发展党员的工作。做到本科生班级"低年级有党员,高年级有党支部",青年教师发展党员工作无盲点,使发展党员工作均衡、健康发展。

(二)具体目标

1.增长速度:

近三年来,我校党员在各类人员中的平均比例为:本科生党员数占本科生总数的比例为8.38%,三年级以上本科生党员比例为14.89%,研究生党员比例为35.26%,在职教职工党员比例为42.02%。

根据省委教育工委制定的《福建省高等学校 2004—2006 年发展党员工作规划》(闽委教〔2004〕26 号)对高校发展党员工作提出的目标要求,争取到 2007 年 6 月底,我校发展党员工作在保证质量的前提下,党员比例在原有的基础上稳中有升。其分年度目标是:

类型 \ 日期	2005 年 6 月	2006 年 6 月	2007 年 6 月
本科生党员比例	10%	10.5%	10.8%
三年级以上本科生党员比例	18%	19%	20%
研究生党员比例	38%	39%	40%
在职教职工党员比例	44.2%	45%	45%

2.质量要求:

树立质量意识,科学处理质量与数量的关系。以保证质量为核心,把那些思想素质好,自觉实践“三个代表”重要思想,胸怀共产主义远大理想,学习努力,入党动机端正,在广大学生中起到表率作用的优秀青年学生,以及带头执行党和国家的各项方针政策,勇于开拓,积极进取,在教学、科研工作岗位上做出突出成绩的优秀中青年骨干教师、学科带头人,在管理、服务岗位上围绕中心,服务大局,开拓创新,勇于奉献的干部、职工吸收到党内来。

3.结构要求:

要形成党员队伍合理的梯度分布。博士、硕士研究生经过高校多年的教育培养,已具有较好的基础,条件一旦成熟即应积极发展,及时吸收到党的队伍中来。本科学生是发展党员工作的重点,原则上应做到一年级择优发展,二年级稳步发展,三年级重点发展,四年级工作重心由发展党员向预备党员再教育转移。发展教工党员的工作,重点放在吸收优秀中青年教师、学科带头人入党上。

三、主要措施

1.要抓好入党积极分子队伍建设,把入党积极分子的培养教育贯穿于发展党员的全过程。各院党委、党总支要建立健全党章学习小组,在学生中以团支部为单位,在各团支部建立若干个党章学习小组,同时抓好教工党章学习小组的建设,把党章学习小组活动制度化、规范化。充分发挥党委党校、党章学习小组等教育培训阵地的作用。

2.要不断加强和完善制度建设,做好推优工作。推优工作必须在广泛听取群众意见的基础上,经过班级全体团员(参加推荐的团员必须占班级团员的五分之四以上)投票推荐、党员集体讨论、学院发展党员工作小组的集体研究后报院党委审查,并在一定范围内公示,促进发展党员工作程序的科学化、规范化、制度化,切实保证新党员的质量。

3.要把发展党员工作与加强党员教育管理结合起来。开好支部接收新党员大会,要有针对性地提出发展对象存在的不足,支部党员要对发展对象进行教育帮助,并以发展党员会议作为契机,加强党员的党性教育;规范预备党员的考察转正工作,加强对预备党员的教育管理;重视基层党组织建设,规范党支部的工作制度,必须坚持健全“三会一课”制度,不断改进内容和形式、注重质量、避免流于形式;通过开展党支部工作“立项活动”等、不断提高党员队伍的素质,保持党员队伍的先进性,充分发挥党员的先锋模范作用和支部的战斗堡垒作用,提高党在广大知识分子中的影响力和凝聚力。

4.要切实加强组织领导,进一步落实发展党员工作领导职责。各院党委、党总支书记要强化发展党员工作第一责任人意识,健全和落实发展党员工作责任制。各院党委、党总支要把发展党员工作摆上重要议事日程,根据学校总体要求和本单位实际情况,把发展党员规划的实施、检查作为日常工作的一项重要内容。

——本文摘录自《关于印发〈中共厦门大学委员会2005—2007年发展党员工作规划〉的通知》,厦大委组〔2005〕11号,档号2005-DQ02-13

厦门大学举报工作管理办法

（2005年6月30日）

第一章　总　则

第一条　为保障举报人依法行使检举、控告的权力，健全举报制度，促进党风廉政建设，加强内部监察工作，依据《中华人民共和国行政监察法》和《中国共产党党内监督条例（试行）》、《中国共产党党员权利保障条例》的有关规定，结合我校工作实际，制定本办法。

第二条　学校纪委、监察审计处是校内受理举报、控告事项的管理机构，负责接受、处理对学校各级党政领导干部、党员及工作人员违反国家法律、法规、党纪、政规等行为的检举、控告（以下简称举报），承办上级纪检监察机关交办的举报事项。

第三条　校纪委、监察审计处应当认真受理举报，严密组织对举报事项的调查处理，切实保护举报人和被举报人的合法权益。

第四条　受理举报工作人员必须忠于职守、廉洁奉公、遵守工作纪律，严格保守秘密。

第五条　举报工作应当遵循以事实为根据，以法律和党纪、政规为依据，依靠群众，方便群众，并接受群众监督。

第二章　举　报

第六条　举报人可以采用电话、电报、信函、电子邮件、当面举报等方式，也可委托他人举报。

第七条　举报人应当如实提供被举报人的姓名、单位、地址及其违法违纪的事实，并尽可能提供具体情节和证据。

第八条　提倡署名举报，鼓励举报人使用自己的真实姓名、地址和联系方式。纪委、监察审计处对署真实姓名举报的举报人，将以适当的方式回访或回函告知其举报事项的处理结果。

第九条　举报人应当依法行使举报权力，对利用举报故意捏造事实、伪造证据、诬告陷害他人的，经纪委、监察审计处查明，将依法依纪严肃处理。

第三章　举报处理

第十条　纪委、监察审计处举报电话为2186219，举报电子信箱为xmujw@jingxian.xmu.edu.cn，并在学校西校门信箱入口处和建文楼门口设置举报箱，举报接待室设在嘉庚主楼15层纪委办公室。

第十一条　纪委、监察审计处工作人员接受举报人举报，应当遵守以下规定：

（一）接受当面举报应当分别单独进行，接待人员应做好笔录，必要时可以录音。

（二）接受电话举报，必须认真接听、询问清楚、如实记录。

（三）对举报信函、电子邮件、书面举报等材料，要逐件拆阅、登记、编号，并存档。

（四）接待人员不得自行处理举报事项，所有举报必须及时向纪委书记、副书记或监察审计处处长报告。重要的举报事项,应直接向纪委书记报告,纪委书记不在时,可向副书记或监察审计处处长报告,并根据领导的处理意见办理。

(五)不属于纪委、监察审计处受理范围的当面或电话举报,应当告知举报人向有处理权的部门反映,并做好解释工作。

(六)不属于纪委、监察部门受理范围的信函举报,转交有处理权的部门处理,并酌情予以回复。

第十二条　对属于纪委、监察审计处受理的举报,纪委、监察审计处应对举报事项进行初步审查,并根据不同情况做如下处理:

(一)经初步审查认为需要立案调查的,依照案件办理工作制度的有关规定办理;

(二)经初步审查,认为被举报人的行为不需进行政纪处理的,应当做出初步审查报告,提出处理意见,并以适当方式回复举报人。

第十三条　对上级纪检、监察机关交办的举报事项,纪检、监察部门做出处理后,应及时向交办机关报告处理结果。

第四章　保　护

第十四条　纪委、监察审计处保护举报人依法行使举报权,维护举报人的合法权益。

第十五条　举报人认为受理举报的工作人员与被举报人有亲属或利害关系,可能影响举报事项的公正处理的,可以向纪委、监察审计处提出回避请求,情况属实的,纪委、监察审计处应当做出回避决定。

第十六条　纪委、监察审计处工作人员处理举报事项,应遵守以下规定:

(1)接受当面举报应单独进行,无关人员不得在场。

(2)举报信函的收发、拆阅、登记,当面或电话举报的接待、接听、记录、录音等工作,应严格按照规定的要求办理,严防泄密或遗失举报材料。

(3)对举报人的姓名、工作单位、家庭住址等有关情况及举报的内容必须严格保密,严禁将举报人的有关情况以及举报的内容透露给被举报单位和被举报人,以及其他单位和人员,严禁将举报材料转给被举报单位或被举报人。

(4)举报材料列入密件管理,不得私自摘抄、复制、扣压、销毁。

(5)除查处案件工作需要外,举报材料不得向他人出示,因查处案件工作需要出示的,必须经校纪委书记批准,并隐去可能暴露举报人身份的内容。

(6)核实情况必须在不暴露举报人的情况下进行。

(7)未经举报人同意,不得公开举报人的姓名、工作单位及其他情况。

(8)纪检监察工作人员无意或故意泄漏举报情况的,应追究责任,严肃处理。

(9)任何单位和个人不得擅自追查举报人,对匿名举报材料不得擅自核对笔迹或进行文检。对确属诬告陷害,需要追查诬告陷害者的,必须报学校党委批准,由校纪委、监察审计处实施。

第十七条　任何单位和个人不得以任何借口和手段打击报复举报人及其亲属或假想举报人。

第十八条　指使他人打击报复的,或者被指使人、被指使单位的主要负责人和直接负责人员明知实施的行为是打击报复的,以打击报复论处。

第十九条　打击报复举报人、证明人、承办人的,纪委、监察审计处应分别不同情况给予处理:

(一)对于正在实施的打击报复行为,纪委、监察审计处应在职权范围内采取措施及时制止,并予以处理,或者及时移送有关部门予以处理。

(二)举报人因被打击报复而受到错误处理的,纪检监察审计处应在职权范围内依照有关规定予以纠正,或者建议有关部门予以纠正。

(三)举报人因被打击报复而造成人身伤害及名誉损害、财产损失的,纪委、监察审计处应在职权范围内负责处理,或者移送有关部门予以处理。举报人也可以依法向人民法院起诉,请求损害赔偿。

第二十条　本办法于厦门大学党委通过并公布后施行。

——本文摘录自《厦门大学举报工作管理办法》，档号2005-DQ06-1

中共厦门大学委员会
关于开展保持共产党员先进性教育活动的实施方案

(2005年7月15日)

开展以实践"三个代表"重要思想为主要内容的保持共产党员先进性教育活动,是坚持用"三个代表"重要思想武装全党,提高党的执政能力、巩固党的执政基础、完成党的执政使命,实现全面建设小康社会宏伟目标,推进中国特色社会主义伟大事业的重要举措。全校各级党组织和全体党员要从全面贯彻"三个代表"重要思想的政治高度,从推进党的建设新的伟大工程的内在要求,从全面建设小康社会和落实科教兴国的战略高度,增强搞好先进性教育活动的责任感和使命感。根据党的十六大和十六届三中、四中全会精神,以及《中共中央关于在全党开展以实践"三个代表"重要思想为主要内容的保持共产党员先进性教育活动的意见》(中发〔2004〕20号)、《中共福建省委关于开展保持共产党员先进性教育活动的实施意见》(闽委发〔2005〕3号)和《厦门市第二批保持共产党员先进性教育活动实施意见》(厦先组〔2005〕19号)的精神,结合学校实际,提出如下实施方案。

一、开展先进性教育活动的指导思想和目标要求

坚持以邓小平理论和"三个代表"重要思想为指导,认真贯彻党的十六大和十六届三中、四中全会精神,树立和落实以人为本、全面协调、可持续的科学发展观,围绕发展这个党执政兴国的第一要务,按照立党为公、执政为民的要求,坚持党要管党、从严治党的方针,紧密联系我校改革、发展、稳定工作的实际和党组织、党员队伍建设的现状,以学习实践"三个代表"重要思想为主要内容,引导全校党员认真学习党章,坚定理想信念,牢记党的宗旨,增强党的观念,发扬优良传统,认真解决党员和党组织在思想、组织、作风以及工作方面存在的突出问题,促进影响我校改革、发展、稳定,涉及师生员工切身利益的实际问题的解决。不断增强党员队伍和党组织的创造力、凝聚力、战斗力,为实现把我校建成世界知名的高水平研究型大学的目标而努力奋斗,为全面建设小康社会做出更加积极的贡献。

开展先进性教育活动要达到以下要求:

1.提高党员素质。党员学习实践"三个代表"重要思想的自觉性、坚定性进一步增强,对新时期保持共产党员先进性的要求进一步明确,理想信念进一步坚定,先锋模范作用进一步发挥。

2.加强基层组织。党的组织在成为贯彻"三个代表"重要思想的组织者、推动者和实践者上取得新进展,战斗堡垒作用进一步发挥,党执政的组织基础进一步巩固。

3.服务人民群众。党员全心全意为人民服务的宗旨观念进一步增强,作风进一步改进,组织群众、宣传群众、教育群众、服务群众的本领进一步提高,党群、干群关系进一步密切,真正做到为民、务实、清廉。

4.促进各项工作。党的路线方针政策在我校进一步贯彻,科学发展观和正确政绩观进一步树立和落实,各项工作取得新的进展。

开展先进性教育活动,要在解决实际问题上下功夫,把是否解决了群众反映强烈、通过努力能够解决的突出问题和群众是否满意作为衡量先进性教育活动成效的重要标准。

二、开展先进性教育活动的指导原则

1.坚持理论联系实际,务求实效。大力弘扬求真务实精神,用科学理论武装头脑、指导实践、推动工作。把先进性教育活动与促进改革发展稳定紧密结合起来,与推动学校的各项工作紧密结合起来,不搞形式主义,不做表面文章,切实做到学习教育和推动工作两不误、两促进。

2.坚持正面教育为主,认真开展批评与自我批评。树立和宣传先进典型,弘扬正气。引导党员提高学习的自觉性,主动查找和切实解决自身存在的问题,同时互相帮助、共同进步。开展主题实践活动,为党员加强党性锻炼、发挥先锋模范作用创造条件。

3.坚持发扬党内民主,走群众路线。尊重党员的民主权利,调动党员参加先进性教育活动的积极性。坚持从群众中来、到群众中去,广泛听取群众意见,自觉接受群众的评议和监督。

4.坚持领导干部带头,发挥表率作用。各级党员领导干部都要以普通党员的身份参加先进性教育活动,带头参加学习,带头查找问题,带头制定和落实整改措施。党员领导干部尤其要认真解决理想信念、廉洁从政、求真务实、联系群众等方面存在的问题。党员领导干部还要认真负责地抓好本单位的先进性教育活动。

5.坚持区别情况,分类指导。根据学校各方面党员的不同情况,有针对性地提出党员保持先进性的具体要求,确定各自的重点学习内容和重点解决的问题。对离退休教职工党员,可在坚持先进性教育活动基本要求的前提下,采取切合实际的方式方法,开展有效的教育活动。

三、开展先进性教育活动的范围和对象

先进性教育的范围为中共厦门大学委员会所属各级党组织。对象为正式组织关系和临时组织关系在我校各级党组织的全体党员。党员领导干部以普通党员的身份参加所在支部的活动。在学校开展先进性教育活动期间出国、出境、长期出差在外的党员(包括在外实习的学生党员),由各院党委、党总支负责统一补课。按规定应转出党组织关系而没有转出的党员,由离校前所在单位的党组织负责其教育活动。预备党员参加教育活动的全过程。在教育活动中,凡符合党员条件的先进分子,应及时吸收到党内来,并参加所在党支部的教育活动。

四、开展先进性教育活动的安排和方法步骤

全校保持共产党员先进性教育活动从 2005 年 7 月开始,12 月中旬基本结束,为期半年。集中教育活动的时间不少于三个月。集中学习教育分三个阶段进行:

第一阶段:学习动员(7 月 15 日至 9 月 21 日)

这个阶段是搞好先进性教育活动的基础。通过学习,使广大党员进一步深化对邓小平理论和“三个代表”重要思想的理解,深化对党的十六大和十六届三中、四中全会精神的理解,提高对加强党的执政能力建设的认识,明确新时期保持共产党员先进性的基本要求。这个阶段重点抓好以下几个环节的工作:

1.举办骨干培训班。7 月 12 日学校举办骨干培训班,培训对象包括各院党委、党总支书记、副书记,巡回检查组成员,“先教办”全体工作人员。各院党委、党总支就本单位的实际情况开展各党支部书记和骨干的培训工作。

2.召开全校保持共产党员先进性教育活动动员大会。7 月 15 日上午,学校召开全校保持共产党员先进性教育活动动员大会,王豪杰书记代表校党委做动员报告,对教育活动进行部署。市委督导组组长曾国玲同志还将对我校的先进性教育活动提出指导意见。之后,各院党委、党总支组织本单位全体党员收

看动员大会录像,开展先进性教育活动的动员工作。

3.推进理论学习。在学习内容方面,以学习《保持共产党员先进性教育读本》为主,重点学习党章。各院党委、党总支要按照领导小组提出的五个专题学习要求、学习内容和思考题以及学习时间安排,认真组织各党支部做好自学和集中学习。在学习要求上,应做好读书笔记,写好学习体会和发言提纲。对离退休教职工党员以及年老体弱的党员,在坚持总的要求的前提下,视其身体情况区别对待,在方式方法上灵活安排。

4.做好学习小结。在学习动员阶段最后三天要认真进行"回头看",检查学习人员、学习时间和学习内容是否落实,对学习的收获、学习的效果以及好的经验和做法进行认真总结,没有达到学习要求的,必须认真"补课",确保质量。

本阶段的时间安排为:

7月15日—7月22日集中学习3个单位时间,

7月23日—9月9日自学和各级党组织安排主题实践活动(其中中层党员干部利用东山会议期间进行专题学习),

9月10日—9月18日集中学习3个单位时间,

9月19日—9月21日学习小结。

第二阶段:分析评议(9月25日至10月30日)

这个阶段是对前段集中学习效果的检验,又是搞好整改的前提。在本阶段,通过广泛征求意见、党员自我剖析和党内开展批评与自我批评,找准自己在保持先进性方面的差距,促使党员自我认识问题、自我解决问题,加强党性锻炼,提高党性修养,增强党员意识。这个阶段重点抓好六个环节:

1.广泛征求意见。各级党组织要通过召开座谈会、个别访谈、设立意见箱、发放征求群众意见表等方式,广泛征求党员和群众的意见。党员个人尤其是党员领导干部,要多渠道、多形式主动征求和听取群众的意见,包括身边群众和服务对象的意见。

2.开展谈心活动。党员之间要广泛开展谈心活动,党员领导干部要带头。通过开展谈心活动沟通思想,相互提醒,增进团结和理解,为开展批评和自我批评作必要的准备,创造良好的氛围。

3.撰写党性分析材料。对照党章规定的党员标准和党员领导干部的基本条件,按照"两个务必"和"八个坚持、八个反对"的要求,全面总结自己近年来思想、工作和作风等方面的情况,重点检查存在问题,并根据征求到的群众意见,从世界观、人生观、价值观上剖析思想根源,领导干部还要从权力观、地位观、利益观上剖析思想根源,形成党性分析材料。党性分析材料要实事求是、客观准确,既要看到优点和成绩,也要反映自己的不足和缺点,重点要寻找思想根源。

4.开好民主生活会。民主生活会一般以党支部为单位召开,党员人数较多的,可以党小组为单位召开。每个党员按照准备好的党性分析材料,进行对照检查、自我批评。党员之间相互评议、开展批评。支部民主生活会应提前向上级党组织报告,上级党组织应派人参加。处级以上领导班子成员还要召开党员领导干部专题民主生活会。民主生活会后,党员要根据评议意见,再次认真修改自己的党性分析材料。

5.召开支委会。党支部根据民主评议的情况、征求到的群众意见和党员的一贯表现,提出对每个党员的评议意见。

6.向党员反馈意见。党支部向每个党员反馈评议意见,指出存在的问题。对不履行党员义务、不具备党员条件的党员,要进行批评教育,促进他们尽快转化为合格的共产党员。

第三阶段:整改提高(11月5日至12月15日)

这一阶段是先进性教育活动取得实效的关键。通过制定整改措施,明确整改责任,落实整改方案,达到提高党员素质、加强基层组织、服务人民群众、促进各项工作的目的。这个阶段重点抓好三个环节:

1.制定整改方案。针对征求意见、自我剖析中查找出的问题和民主评议中要解决的问题,全校各级党组织和全体党员要分别制定整改方案，提出整改的目标和措施，明确整改的重点和时限。整改方案要紧密联系实际，突出针对性、计划性和可操作性。

2.认真进行整改。要建立科学有效的整改工作责任机制。党员领导干部和领导机关的整改要为党员和下级机关做出表率。落实整改措施要列出时间表，以利于加强督促检查，确保整改工作落到实处。要结合主题实践活动，继续推进机关作风与效能建设，服务基层、服务群众。要从群众最不满意的、最关注的事情改起，让群众切身感受到教育活动带来的实实在在的成效。

3.向群众公布整改情况。各级党组织和党员制定的整改方案和进行整改的情况要向群众公布，充分听取群众意见，自觉接受群众监督。

集中学习教育基本结束后，要用一定的时间，切实做好巩固和扩大整改成果的工作。对应当解决而没有解决的问题，要集中力量切实解决；对暂时解决不了的问题，要向群众做出说明；整改效果不好、多数群众不满意的，要重新进行整改。要搞好建章立制，建立健全党员教育管理常抓不懈的工作机制。各院党委、党总支对优秀党员要进行表扬。校党委在活动结束后表彰一批先进基层党组织、优秀共产党员。要按照发展党员工作规划要求，加强我校的党员发展工作，把那些符合党员条件的先进分子及时吸收到党内来，壮大党员队伍。

这次教育活动，不单独搞一个组织处理阶段。对那些不履行党员义务、不具备党员条件的，要多做教育工作，促使他们尽快转化为合格的共产党员。对经教育不改、不符合党员条件的，要根据党章和有关规定，按照正常程序进行处理。对违纪党员，要按照《中国共产党纪律处分条例》的规定，给予纪律处分。

五、加强对先进性教育活动的组织领导

开展保持共产党员先进性教育活动，是全党政治生活中的一件大事，是当前我校党建工作的头等大事。我校各级党组织要以高度的政治责任感、良好的精神状态和务实的工作作风，统筹安排，精心组织，真正做到认识到位、组织到位、工作到位，把加强领导贯穿始终。

1.建立健全有效的工作保障机制，确保先进性教育活动扎实推进。

一要建立领导责任制。整个教育活动实行校党委全面负责，一级抓一级，层层抓落实的领导体制。校党委成立保持共产党员先进性教育活动领导小组，王豪杰同志任组长，朱崇实、陈力文同志任副组长。先进性教育活动领导小组根据中央和福建省委、厦门市委的统一部署，在厦门市委督导组的指导下，领导全校保持共产党员先进性教育活动。领导小组下设办公室，负责对先进性教育活动的具体工作。各院党委、党总支应成立先进性教育活动领导机构和工作班子。全校各级党组织负责人是先进性教育活动的直接责任人，要切实负起责任。

二要建立领导联系点制度。校级党员领导将分工负责联系基层单位，各院党委(党总支)委员分工负责联系党支部，以及时了解、研究、指导基层工作，要帮助联系点进一步找出工作差距，理清工作思路，解决实际问题。

三要建立督促检查制度。校党委将派出保持共产党员先进性教育活动巡回检查组。巡回检查组的职责：一是对各单位开展先进性教育活动的情况进行检查督促，并同各院党委、党总支交换意见；二是进行调查研究，发现好的做法、经验以及带有苗头性、倾向性的问题；三是及时向学校先进性教育活动领导小组和市委督导组反映情况、提出建议。

四要建立群众监督评价制度。先进性教育活动的有关情况要及时向群众公布，广泛征求和听取群众意见，充分吸收群众参与，主动接受群众监督。在先进性教育活动结束前，采取群众代表评议和在群众中随机抽样调查等形式，进行群众满意度测评。多数群众不满意的，必须及时“补课”。

五要建立严格的学习考勤制度和请销假制度。各级党组织要严格执行请销假制度，认真做好考勤记录。党员尤其是党员领导干部要科学安排时间，解决好工学矛盾，在集中教育阶段，一般不安排其他活动。处级以上党员干部外出要向学校保持共产党员先进性教育活动领导小组请假，其他党员外出要向所

在院党委(党总支)请假,报请学校保持共产党员先进性教育活动领导小组办公室备案,因事请假外出的要主动补课。

六要建立信息报送制度。编印《厦门大学保持共产党员先进性教育活动工作简报》,反映我校各级党组织开展先进性教育活动的情况、经验和成效。各级党组织要把保持共产党员先进性教育活动作为下半年党建工作的重中之重,在坚持基本要求的前提下,结合本单位实际,积极探索,精心设计,组织开展各具特色的主题实践活动,增强先进性教育活动的针对性和实效性。各院党委、党总支应将开展先进性教育活动的情况及时报送学校先进性教育活动领导小组办公室。

2.要做好宣传工作,加强舆论引导,营造良好氛围。学校宣传部门、各院党委、党总支要充分利用报纸、有线电视、广播、互联网、简报、宣传栏等,采取丰富多彩的形式,大力宣传先进性教育活动的重要意义,宣传党员和党员领导干部中的先进典型,宣传先进性教育活动的做法、经验和成效,为先进性教育活动营造良好氛围。

3.坚持两手抓,处理好工作和学习的关系,做到"两不误,两促进"。先进性教育活动的成效如何,师生员工是否满意,最终要看是否把坚持党的先进性,落实到学校改革发展的事业上来,最终要用是否推进各项工作来检验。各级党组织和广大党员要正确处理开展先进性教育活动与做好各项工作的关系,把先进性教育活动与促进学校改革发展紧密结合起来,与推动本单位、本部门的各项工作紧密结合起来,做到围绕中心,服务大局,统筹兼顾,合理安排,切实做到学习教育和推动工作"两不误、两促进"。通过先进性教育活动,真正把广大党员的先锋模范作用体现到实现学校更快更好地发展上来,把广大党员的智慧和力量凝聚到加快学校建设的任务上来,把学校各项事业全面推向前进。

——本文摘录自《关于印发〈中共厦门大学委员会关于开展保持共产党员先进性教育活动的实施方案〉的通知》,厦大委组〔2005〕16 号,档号 2005-DQ02-13

厦门大学信访工作规定

（2005年11月28日）

第一章　总　则

第一条　为保持学校各级党政部门和领导与师生员工的密切联系，保证信访渠道畅通，保护信访人的合法权益，维护学校稳定，促进教学科研及其他各项工作的顺利进行，依据国务院《信访条例》，结合学校工作实际，制定本规定。

第二条　本规定所称信访，是指公民、法人或者其他组织采用书信、电子邮件、传真、电话、走访等形式，向学校有关单位反映情况，提出建议、意见或者投诉请求，按照规定和职权范围需要由学校有关部门处理的活动。

第三条　信访工作应建立统一领导、部门协调，统筹兼顾、标本兼治，各负其责、齐抓共管的工作格局，通过联席会议、建立排查调处机制、建立信访督查工作制度等方式，有效地开展工作。

第四条　学校及各单位主要领导和工作人员要高度重视信访工作，畅通信访渠道，为信访人提供便利条件；认真处理来信，接待来访，听取师生员工的意见、建议和要求，及时化解矛盾和纠纷，不断提高管理能力和服务水平。

第二章　信访工作机构及职责

第五条　学校信访工作在校党委的领导下，坚持按照“分级负责，归口管理”的原则处理信访事项，由一名校领导分管信访工作，学校办公室主管信访工作，并设立信访办公室具体负责日常信访工作。

第六条　学校信访办公室设主任一名，由学校办公室主任或副主任兼任，并配备专职工作人员处理信访有关事宜。信访办公室履行下列职责：

（一）承办上级单位和学校领导交办的信访事项，协调处理涉及多个部门之间的信访问题以及应由学校信访办公室直接受理的信访事项。

（二）负责向学校有关单位交办、转送信访人提出的信访事项，并督促、协调、检查信访事项的落实情况和信访工作情况。

（三）及时研究、分析群众信访中带有倾向性、苗头性、政策性的问题，对重大信访事项进行调查研究，并提出建议和处理意见，报告校领导和有关部门。

（四）及时、妥善地处理突发事件和集体上访事件，并采取措施，有效地劝阻和疏导上访人员。

（五）主持全校信访工作联席会议，统筹协调全校信访工作。

（六）每学期对信访工作进行总结，并报告学校主管领导和上级有关部门。

（七）根据学校领导和上级部门要求，定期上报全校信访统计数据和其他工作材料。

（八）认真做好信访材料的档案管理工作。

第七条　学校各单位应指定一位负责人分管本单位的信访工作。具体职责是：

（一）负责本单位信访工作，建立必要的信访工作制度，保证本单位信访工作顺利进行。

(二)承办上级交办的信访事项并报告处理结果。

(三)阅批信访件,接待来访,处理一般信访事项。

(四)对重要信访事项或重要信访信息及时上报学校相关职能部门或学校信访办公室,必要时可直接报校领导。

(五)协助相关部门对信访事项进行调查。

(六)做好信访的答复及相应的教育疏导工作。

第八条　学校各单位应确定一名兼职信访工作人员处理信访事项,以确保来信来访得到及时、妥善的处理。其主要职责是:

(一)处理日常信访工作,受理信访件,接听记录信访电话,接待信访人。

(二)根据上级领导或本单位信访负责人的批示处理信访事项。

(三)收集、记录、整理并妥善保管信访材料,按规定和要求上报重要信访信息、信访统计数据。

第九条　学校成立信访协调小组。协调小组成员由学校信访办公室、法律事务办公室、人事处、学生处、监察审计处、保卫处、资产与后勤事务管理处、工会等部门负责人组成。信访协调小组成员每学期召开一次会议,对信访情况进行分析,研究信访处理中的问题,遇有重大、复杂、疑难的信访事项可随时召开会议进行研究讨论。

第三章　信访渠道及信访事项的提出

第十条　学校信访办公室、各职能部门、各学院应通过校园网或本单位网站、校务公开栏或院务公开栏等方式公布本单位信访通信地址、电子信箱、投诉电话、信访接待的时间及地点等相关信息,为信访人提供方便。

第十一条　学校的集体办公时间(原则上为单周的星期二下午,以学校会议表为准)为学校领导、职能部门负责人的信访接待日。

第十二条　信访人提出信访事项,可采用书信、电子邮件、传真等书面形式;提出投诉请求的,应当载明信访人的姓名(名称)、联系方式、请求、事实、理由。

信访人如采取口头或电话形式提出投诉请求,信访接待人应当记录信访人的姓名(名称)、联系方式、请求、事实和理由。

多数人反映共同意愿和要求的,应当采取书信等方式提出;需要采用走访形式的,应当推选代表提出,代表人数不得超过5人。

第十三条　信访人提出信访事项,应当客观真实,并对其所提供材料内容的真实性负责,不得捏造、歪曲事实,不得诬告、陷害他人。

第十四条　信访人在信访过程中应当遵守法律、法规和学校的有关规章制度。不得损害国家、社会、学校、集体的利益和他人的合法权利,自觉维护学校正常工作秩序和公共秩序,不得侮辱、威胁、殴打信访工作人员。

第四章　信访事项的受理、办理和督办

第十五条　信访工作人员收到信访事项后,应登记编号,及时送交本单位信访工作负责人阅示。单位信访工作负责人根据信访事项的内容、本单位的职责分别按以下方式处理:

(一)信访事项或处理权限属于本单位的应由本单位信访负责人提出处理意见。单位信访负责人无法处理的应报本单位党政主要负责人,集体讨论决定处理意见。

(二)信访事项涉及下属单位或其工作人员的,可以送交有权处理的部门办理,并要求其在指定办理期限内反馈结果,提交办结报告。

(三)如信访事项处理权限不属本级或本单位的,经分管领导批准、登记后转送上一级信访部门,或告知信访人向有处理权限的单位或部门提出。

第十六条 信访事项涉及两个或者两个以上单位或部门的,应由相关单位或部门协商处理。因职责不清、受理有争议的,报学校信访办公室协调解决。

第十七条 办理信访事项,应当听取信访人陈述事实和理由,必要时可以要求信访人提供进一步的书面材料。

第十八条 信访事项应当自受理之日起60日内办理完毕。情况复杂的,应报有关领导批准后,适当延长办理期限,但延长期限不得超过30日。延期办理的应告知信访人延期的理由。

第十九条 信访事项办理后,应将处理意见书面或口头答复信访人。口头答复信访人处理意见的,应将答复意见记录在案。信访人姓名(名称)、联系方式不清的可不必答复。

第二十条 信访人对处理决定不服的,可以自收到答复30日内向学校信访办公室书面提出复查请求,学校信访办公室应在30日内提出复查意见,并书面答复信访人。如需提交学校相关委员会(领导小组)研究决定的,相关职能部门或学校信访办公室应在相关委员会(领导小组)做出决定后尽快书面答复信访人。

信访人如对复查意见不服,可以向上一级信访机构提出复核请求。

信访人如仍然以同一事实和理由向校内信访机构提出投诉请求的,各信访单位可以不再受理,但相关单位(包括信访人所在单位)要认真做好信访人的教育疏导工作。如信访人复查请求的事项涉及重大问题、政策性问题,受理单位应书面报告分管校领导及学校信访办公室。

第二十一条 各单位工作人员办理信访事项,应当恪尽职守、秉公办事,查明事实、分清责任,宣传法制、教育疏导,及时妥善处理。对信访人的合理要求,能够解决的要及时给予解决;一时不能解决的要讲清道理,耐心说明;对于不合理的要求应做好说服教育和思想疏导工作。对于可能造成社会影响的重大、紧急信访事项和信访信息,应立即报告主管领导和上级信访部门。同时应在职权范围内及时采取措施,防止事态的扩大。

第二十二条 学校信访办公室发现各单位在处理信访事项有下列情形之一的,应当及时督促提醒,并提出改进建议:

(一)无正当理由,未按规定的办理期限办结信访事项的;

(二)未按规定反馈信访事项办理结果的;

(三)未按规定程序办理信访事项的;

(四)办理信访事项推诿、敷衍、拖延的;

(五)不执行信访处理意见的;

(六)其他需要督办的情况。

收到改进建议的单位应当在10日内书面反馈情况;未采纳改进建议的,应当说明理由。

第五章 信访工作纪律

第二十三条 任何单位和个人不得打击报复信访人,不得隐匿、篡改或扣押信访材料。

第二十四条 信访工作人员不得将信访人的检举、揭发材料及有关情况向外泄漏或者传给被检举、揭发的人员或单位。

第二十五条 各单位要严格执行信访事项处理时限的规定,对信访事项不得推诿、敷衍、拖延;对可能造成不良社会影响的重大、紧急信访事项和信访信息,要及时上报,不得隐瞒、谎报、缓报。

第二十六条 各单位工作人员与信访事项或信访人有直接利害关系的,应当回避。

第二十七条 保守信访工作秘密,加强对信访资料、信息的管理,防止信访资料、信息的遗失,不得私自复印、保存、销毁信访材料。

第二十八条　信访工作中因失职、渎职、侵害信访人合法权益导致严重后果的，学校将依法追究有关责任人的法律责任。

第六章　附　则

第二十九条　本规定由学校信访办公室负责解释。

第三十条　本规定自发布之日起施行。

——本文摘录自《关于印发〈厦门大学信访工作规定〉的通知》，厦大综〔2005〕115号，档号2005-XZ09-5

中共厦门大学委员会关于贯彻落实《建立健全教育、制度、监督并重的惩治和预防腐败体系实施纲要》的具体办法

（2005年）

为了建立健全与高等学校改革发展相适应的教育、制度、监督并重的惩治和预防腐败体系，确定当前和今后一个时期我校反腐倡廉工作的基本要求、主要目标、工作原则和工作重点，全面推进党风廉政建设，现根据中共中央和教育部党组关于贯彻落实《建立健全教育、制度、监督并重的惩治和预防腐败体系实施纲要》（以下简称《实施纲要》）的要求，制定以下具体办法。

一、贯彻落实《实施纲要》的基本要求和主要目标

1.深刻认识贯彻落实《实施纲要》的重要意义。全校各级党组织要从政治和全局的高度，全面把握《实施纲要》的基本精神和主要内容。要深刻理解加强教育、完善制度、强化监督和以改革统揽预防腐败各项工作的深刻内涵，把广大党员干部的思想和行动统一到《实施纲要》的精神上来，不断增强贯彻落实《实施纲要》的自觉性和责任感。

2.党委（党总支）书记对本单位贯彻落实《实施纲要》负全面责任。学校党委要把贯彻落实《实施纲要》作为重要工作列入议事日程，统一组织，统一部署，统一实施。根据任务分解，校党政领导成员对职责范围内的党风廉政建设和分管部门落实《实施纲要》的工作负责。学院党委和各单位党组织要把贯彻落实《实施纲要》作为一项重要任务纳入本单位日常工作加以安排，确定一名党员领导干部具体抓，其他领导分工负责。

3.要坚持正确的指导思想和党反腐倡廉的基本经验，在落实《实施纲要》中始终把握以下原则：

（1）坚持党风廉政建设必须服务学校中心工作的原则。要紧紧围绕加强党的领导和学校改革发展稳定工作的大局，完善反腐败领导体制和工作机制。要树立科学发展观，正确把握反腐倡廉与发展的关系，着力解决影响学校改革和发展的突出问题，为实现学校跨越式发展和构建"和谐校园"提供有力的政治保证。

（2）坚持求真务实、开拓创新的原则。在确定和落实《实施纲要》的各项任务时，既要立足现实，又要着眼长远，不断研究新情况，总结新经验，探索新思路，寻求新途径，从抓好重点工作入手，全面落实惩治和预防腐败的各项工作，逐步形成长效机制。

（3）坚持以改革统揽预防腐败各项工作的原则。要以改革的办法和发展的思路分析腐败现象发生的深层次原因，通过创新体制、机制和加强制度建设，提高科学管理各种办学资源的水平，堵塞可能出现的漏洞，加强工作中的薄弱环节。

（4）坚持对党员领导干部严格要求、严格管理、严格监督的原则。建立惩治和预防腐败体系的主要目的，是为了更加有效地预防领导干部犯错误，因而要立足教育、着眼防范，坚持惩治腐败与保护党员干部权利并重，正确运用政策和策略，宽严相济，区别对待。

（5）坚持以党员和教职工的满意程度作为检验落实《实施纲要》成效的原则。要形成《实施纲要》各项任务落实情况的考核机制，规范考核程序、严格评价标准和评价办法。要通过制度确定党员群众参与评

议活动的方式,通过党员的广泛参与,有效保证考核、评议的真实性和公开性。

4.建立健全惩治和预防腐败体系的主要目标和工作任务。按照近期目标具体、长远规划清晰的思路,今后十年分三步走,各个阶段的主要目标和工作任务是:

第一阶段:2005—2007年,初步建立教育、制度、监督并重的工作格局和工作机制。

抓好落实《实施纲要》的基础工作:从构建教育模式、进行制度设计、落实监督措施三方面入手,制定实施方案,分解细化任务,落实责任单位。初步建立贯彻落实《实施纲要》的责任机制、督查机制、奖惩机制、测评机制和保障机制。

第二阶段:2008—2010年,按《实施纲要》的要求,建成有学校自身特点的惩治和预防腐败体系的基本框架。

抓好落实《实施纲要》的深化工作:以提高领导干部政治思想素质为主要目标,推动全校性的反腐倡廉理论研究和教育活动,提高教育的总体水平;以促进改革发展为思路,按现代大学制度建设的要求,加快管理部门职能的转变,创新一批反腐倡廉的工作制度;以权力的科学配置和有效监督为重心,抓重点、攻难点,强化对主要领导干部的监督,促使上级监督、内部监督、社会监督形成合力,同步推进。

第三阶段:2011—2015年,建立思想道德教育的长效机制、反腐倡廉的制度体系和权力运行的监控机制。形成教育、制度、监督、改革、惩处相互协调,各方面都较为完善的有高校特点的惩治和预防腐败模式。

抓好落实《实施纲要》的巩固工作:全面总结前五年落实《实施纲要》的工作,根据《实施纲要》的要求和高校改革的目标取向,将预防腐败的有效机制和高等学校的改革结合起来,通过阶段性推进,积累式发展,为实现《实施纲要》确定的长期任务打下坚实的基础。

二、不断创新党风廉政教育体制

1.党风廉政教育的基本要求。党风廉政教育是构建惩防体系的基础性工作。要很好把握我校开展党风廉政教育的优势,把反腐倡廉教育贯穿于学校工作的各个方面。教育必须突出重点、丰富内容、改进方法,经常性教育与适当集中教育相结合。要整合教育资源,提高宣传教育的效果,建立廉政教育的长效机制,营造健康、和谐的校园文化环境。

2.建立校党委统一领导和协调的教育体制和工作机制。校党委对廉政教育实行统一领导、统一部署。2006年,按三个阶段确定的工作任务,制定《厦门大学党员与党员领导干部廉政教育规划》,编印适合干部党员、教师党员、学生党员学习的《廉政教育手册》。

从2006年起,每年2月对全校党风廉政教育进行总体部署,按照党中央、中央纪委对一年工作的总体要求,结合学校实际,精心谋划、统筹安排全校党风廉政教育计划和工作方案。党委召开由纪委、组织部、宣传部、学生工作处、党校等单位参加的全校党风廉政教育工作协调会,根据不同的教育重点,确定教育方式和工作步骤,合理分工,责任到位。在各学院设置党风廉政教育信息员,由纪委负责联系,及时掌握学习动态。

组建全校党风廉政建设理论研究队伍,2006年建立一支10人左右的专兼职结合的党风廉政理论研究和宣讲队伍,每年在全校开展2～3次宣讲活动。

3.突出教育重点。2006年要进一步完善校院两级理论学习中心组制度。校党委理论学习中心组每年安排两次以上反腐倡廉的专题学习,各单位党政领导班子也应安排1～2次以党风廉政建设为主要内容的集中学习。校党委书记和各单位党委(党总支)书记每年至少讲一次廉政党课。

校党委对处级以上领导干部教育,每年开展3次:年初,结合工作部署,进行党风廉政的形势、任务教育;年中,结合党员领导干部民主生活会,开展从政道德和廉洁自律教育;年终,针对领导干部述职述廉的要求和节假日多的特点,进行党纪法规教育。每项教育的内容由校党委统一安排,并由学校党政主要负责人和纪委书记动员或进行专场辅导。2006年开始,每年年底校纪委要结合党纪法规教育,邀请地方纪委和检察院领导到校做以预防职务犯罪为主的专场报告。

党委党校每年举办一期新任中层干部党风廉政建设培训班。

4.开展专题教育。在全校党员中开展反腐倡廉的专题教育,2006 年开始,要把形势教育、党纪法规教育、师德师风教育、学术道德教育、诚信教育和典型案例教育作为党员教育的专题内容,根据工作需要每学期选择 1～2 个重点内容组织集中学习,时间一般为两周。

组织教工党支部和学生党支部开展以党风廉政教育为专题的"支部立项"试点活动,2007 年,将试点活动推向全校,每年召开 1～2 次交流汇报会或宣讲活动。

对人、财、物管理单位的工作人员开展主题鲜明的专项教育。2006 年起,做好《会计法》《招投标法》《政府采购法》等重要法律条规颁布纪念日活动,并以此为契机,开展财经纪律教育(7 月 1 日)、基建招投标法教育(8 月 30 日)和政府采购法教育(6 月 29 日)、企业廉洁诚信教育(12 月 12 日),由此形成制度,成为每年教育的一种固定形式。专题教育由校党委确定内容,校纪委组织实施,各单位党组织具体落实。

2007 年要结合"两课"教材改革,在大学生德育教育中开展廉洁、诚信为主的专题教育。

5.大力推进校园廉政文化建设。2006 年上半年由纪委、校办、组织部、宣传部、学生工作处、离退休处、工会、团委等部门共同提出校园廉政文化综合建设方案,充分利用校园文化周、社团活动节、老年大学系列活动等多种形式和校史纪念馆、陈嘉庚纪念堂等场馆开展廉政文化宣传教育活动。

2006 年,要把优化校园廉政文化环境作为一项工作认真加以实施,设立廉政文化宣传专栏,营造"以廉为荣"的校园氛围。漳州校区,要以学生园区为主,开展丰富多彩的园区廉政文化活动。各学院可结合专业特点,通过学生自我教育活动和"廉政文化网上谈"等形式,进行廉政教育。全校在《实施纲要》颁布纪念日(1 月 3 日),每两年举办一次"构筑反腐惩防体系,树立文明和谐新风"为主题的宣传教育周活动。

每年校庆期间,通过宣传我校的"四种精神",大力弘扬廉政思想、增强廉政意识、倡导廉政道德。2006 年,结合福建省第一个党支部(厦门大学支部)建立 80 周年开展革命传统教育。2007 年以罗扬才烈士牺牲 80 周年为专题,开展系列纪念活动。

发挥学校多学科优势,由公共事务学院、人文学院、经济学院承担"马克思列宁廉政思想""中国廉政文化""惩治腐败对策研究"等专题,在全校开展"廉政文化系列讲座"。至 2007 年,要使系列讲座拓展为 10 个专题。

6.创新教育形式和方法。2005 年继续完善学校有线电视节目的"廉政教育周"和纪委网站的警示教育栏目、警示教育专用通道的建设,在图书馆开辟党风廉政理论研究和动态网页,在党委宣传部、组织部、党校和研究生院、招生办、资产与后勤事务管理处、基建处等部门的网页上建立与业务工作相结合的廉政建设专栏。

2005 年开始在校报开辟廉政宣传专版,2006 年起学校有线电视新闻专栏每年一期"领导干部廉洁自律谈话"节目(6 月)和一期"纠风专栏"(12 月)。各单位应在 2006 年设立党风廉政建设的宣传场所,开展专题教育活动,在学生刊物上开辟"廉政之页"。

三、健全完善反腐倡廉基本制度

1.制度建设的基本要求。制度是惩治和有效预防腐败的前提和保证。制度建设要紧跟教育发展和教育体制改革的形势,不断完善、不断创新,逐步形成科学、稳定的体系。制度设计要体现法制、透明度和问责制等原则,每项管理制度都应明确规定检查办法和检查结果的报告方式,不断完善制度执行情况的督查机制。

2.建立反腐倡廉领导体制和工作机制的有关制度。2006 年着手制定《厦门大学党风廉政建设规划》,建立党风廉政建设领导小组联席会议制度。完成《党风廉政建设责任制实施细则》《党风廉政建设责任制检查办法》和《责任追究办法》等主要制度的制订工作,形成党风廉政建设监督、检查的工作机制和考评体系。

2006年形成《纪委协助党委协调反腐败工作的实施意见》《纪委、监察审计处加强重点领域和关键环节监督的试行办法》等工作制度。

3.制定和完善党委会工作制度。2006年,出台健全民主集中制的各项具体制度,抓紧修订《党委常委会议事规则》,制订《党委常委会向党委会报告工作办法》《领导干部述职述廉实施办法》以及《领导干部民主生活会通报的有关规定》和《关于推进调查研究工作规范化、制度化的意见》等制度。

2007年将出台“党务公开”和“党内情况通报和答复”等多项规定,拓宽党员和群众反映意见和建议的渠道。

4.建立和完善行政决策制度。2006年至2007年,健全群众参与、专家论证和领导班子集体决定相结合的行政决策机制,建立《重大事项议事规则》《重大事项专家咨询论证办法》等制度,做到学校主要规划、重大建设项目和学科建设的重大事项,由校务委员会或专家咨询委员会进行评估和论证。涉及师生切身利益的决策,必须在一定范围内听取意见和公示。通过《决策听证制度》《决策公示制度》《决策后评价制度》和《决策责任追究制度》,形成科学决策和决策失误纠错机制。

2006年上半年,各单位都应建立“党政办公会议制度”和“行政事务公开制度”。

5.完善领导干部廉洁自律的各项制度。2006年要根据教育部党组的要求,细化《领导干部重大事项报告的有关规定》和《领导干部收入申报实施和检查办法》。制定领导干部廉洁自律规范,新任领导干部任职前签定《廉洁自律承诺书》。2007年,建立《领导干部职务消费的有关规定》《领导干部回复组织函询的规定》和党组织廉政谈话、诫勉谈话诸项制度。

2006年,经营投资公司党工委要根据《国有企业领导人员廉洁从业若干规定(试行)》的要求建立健全企业领导人员廉洁从业的具体规定和职务消费规定,试行领导人员述职述廉制度。

6.深化干部制度改革。2005年至2007年,要逐步完善干部推荐、选举、招考、考核、任免、轮换、任期、辞职、罢免等各项具体制度,明确规定每一项工作的程序和方法。进一步探讨建立体现科学发展观和正确政绩观的干部实绩考核评价体系,制定调整不称职党政领导干部的办法。

2006年完善《领导干部任前谈话的有关规定》和试行《部处学院领导干部任职试用期暂行规定》等制度。

2007年要重点抓好各单位党政正职领导的选配工作,实行正处级干部由党委委员全体会议无记名推荐人选制度和党委常委会确定正处级干部采用差额“票决制度”。建立《用人失察失误责任追究办法》,制定干部引咎辞职制度、责令辞职制度和干部任期制度。

7.建立行政管理和监督制度。继续做好现有52项管理制度的修订工作,对每一项制度的检查方式作出具体规定。对已经建立但尚不完善的制度,在进一步调研的基础上修改补充,使之更加实用可行。

2006年要把建立健全财务管理制度作为重点,形成《经费预算编制与执行办法》《财务内部控制办法》《收费公示的有关规定》《重点资金使用监控办法》《科研经费管理办法》和《财会人员从业工作纪律》等系列制度,完善对经费运作的监管体系。

2007年要把完善人事管理制度作为重点,建立《行政人员竞争上岗工作暂行规定》等制度,深化行政人员考核工作,积极推行优胜劣汰的用人机制。继续推动内部分配制度改革,制定《劳务分配的有关规定》,处理好公平与效益的关系。

在此基础上,2007年以后结合建立现代大学制度,逐步推进其他方面制度的建设,形成公平、公正、公开的管理制度和评价监督机制。

8.规范工程建设招标投标、政府采购和企业经营管理等制度。2005年要修订我校《建设工程招标投标办法》《招投标监督办法》,推行和规范工程建设项目经评审低价中标办法。2006年逐步推行《政府采购预算制度》,建立《物资采购监督办法》《物资采购结果公示的规定》和《采购人投诉办法》等多项制度。

2006年要建立网上发布招标信息、网上公布中标结果的网络公开体系,建立校内综合招投标专家评委库。

2007年按照国有企业转制的有关规定，制定和推行《企业经营责任制》和《企业领导任期业绩考核责任制》。

9.完善行政部门效能建设制度。继续做好机关部处办事一次性告知制、限时答复制、服务承诺制等规定的实施，出台《机关工作人员十项守则》。为了推动学校重大改革决定和措施的落实，2006年试行《学校重大专项工作落实情况的督查办法》，建立《行政信息通报规定》等制度。对重要的人、财、物管理制度的调整，实行事前通报制度。同时推出效能投诉办法，完善效能告诫制度，2007年完善考评办法，对行政部门工作实行绩效评估。

10.健全办事公开制度。编制校、院两级事务公开内容的详细目录，分类向社会或在校内公布。2006年在校园网建立行政事务公告专页，以制度规范行政审批的内容、条件、程序、方式、时限、结果、责任以及监督方式，建立反馈、备案制度。

2007年，建立《办事公开评议制度》，对各单位公开的内容是否真实、准确、全面，公开的时间是否及时，公开的程序是否符合规定，公开的制度是否落实等项目，组织教职工代表进行评议。

四、提高监督工作的整体水平

1.加强监督的基本要求。有效的监督是教育、制度各项工作得以落实的必需条件。防止权力的失控和滥用，关键在于实现监督关口前移和监督工作制度化、规范化、法制化。要建立反腐倡廉组织协调机制，加大各种监督的力度，形成监督合力。纪委等专门的监督部门要改进监督手段，拓展监督领域，拓宽监督渠道，提高监督效率和整体水平。

2.加强和改进党内监督。2005年至2006年上半年，开展对发展党内民主、拓宽党内监督渠道的专项调研，探索党员民主监督的有效途径和办法，提出保障党员知情权、参与权和监督权的工作思路和具体方案。2007年，建立党内舆情收集和反馈机制。

2006年实行校党委主要领导与学院领导班子成员特别是主要负责人的谈话制度，通过听取学院领导班子成员的思想、工作以及廉政方面的情况汇报，检查党风廉政建设责任制的落实情况。2007年实施《党委(党总支)书记年度总结报告》制度，各单位党委主要领导既向学校党委报告工作，同时又向所在单位党员汇报党风廉政建设工作和个人廉洁自律情况。

3.重点开展对党政领导班子的监督。以检查“三项制度”(领导班子议事规则、集体领导和个人分工负责制、党风廉政建设责任制)落实情况为重点，抓好对各单位领导班子的监督。2006年上半年由校党委统一布置、提出要求，各单位开展“三项制度”执行情况的自查自纠，下半年由校党委组织人员对各单位履行“三项制度”的情况进行检查并在一定范围内通报。2007年以后作为一种常规工作，“三项制度”检查每两年进行一次，并以检查结果作为衡量各单位领导班子廉政情况的主要指标。

校党政领导班子成员要通过听取干部群众的意见和参加领导干部民主生活会、查阅领导班子会议记录等方式，每年对分管部处执行“三项制度”的情况进行一次检查。发挥工会、教代会和广大教职工对学校和各单位“三项制度”执行情况的监督作用，具体办法由纪委、工会等部门确定。

4.强化对领导干部廉洁自律行为的监督。2006年在全校党员领导干部中推行廉洁自律“十不”承诺制度，每年结合民主生活会对廉洁承诺进行自查和互评，检查结果向本单位教职工公开。

2006年下半年，开展对领导干部个人“三项制度”(重大事项报告、职务消费、公务活动礼品登记)执行情况的监督检查试点工作，由党委部门、人事部门、审计部门选择6～8个单位，对“三项制度”履行情况进行检查，通过试点，向校党委提出开展“三项制度”检查的方案。2007年开始，每两年在全校开展一次专项检查，检查结果作为对领导干部考核的内容之一。

2007年，开发计算机应用软件，建立领导干部廉洁自律情况的网上考评系统，通过网络对评价数据进行收集、分析。考评结果将反馈给各单位领导班子和领导干部，作为领导干部自查自纠进行整改的参考。

5.创建重要事项监督工作平台。按照高等院校加快改革、严格管理的要求,2006年至2007年,每年集中抓若干个监督平台的建设工作。计划三年时间共构建10个"监督平台",即:干部选拔任用监督平台、人才管理监督平台、行政管理监督平台、行政效能监督平台、招生考试监督平台、财务管理监督平台、企业经营监督平台、建设工程招标投标监督平台、物资设备采购监督平台、行政监察投诉监督平台。通过对每个平台涉及的重大事项的决策程序和执行环节的跟踪了解,公开信息,公正管理,建立《行政行为运行工作规范》和《重要行政行为运行情况登记》制度,形成内部监督机制。

2006年开始,每年对其中2～3个平台,组成由校领导、纪委监察等部门负责人、专家、特邀监察员组成的检查小组,对平台开展专项监督,进行综合考评,形成考评意见。

6.强化行政监察部门的监督职能。2006年要按照教育部《直属高校内部监察工作暂行规定》的要求,组建厦门大学监察委员会。制定《内部监察工作实施细则》,建立以监察部门为主的监督体系,采取听取汇报、检查书面材料、组织专项督查等方式,对学校重要决策的执行情况和各部门履行制度情况进行监督检查,必要时做出监察建议或向学校提出专门报告。

2006年,继续加强审计队伍建设,成立学校财经纪律检查领导小组,实行审计工作联席会议制度,确定审计项目,对财务收支、基建修缮、重点项目建设、领导干部经济责任和企业经营等审计建议的执行情况进行督查。

2007年,实行审计项目事前公布制度,形成对重点资金、重点部门和领导干部任期和离任审计监督的机制,公开审计和监督的结果。

7.支持和保证民主党派监督。切实发挥民主党派的监督作用,学校每学期向民主党派、无党派人士通报工作,征询意见。统战部门应建立与党派联系制度,接受党派有关廉政建设的提案,认真做好提案的回复和反馈工作。2006年继续聘任第三批特邀监察员,组织特邀监察员参与收费、招生、机关作风建设的专项检查活动。

8.加强群众监督。积极支持教代会对重大问题进行审议和对执行情况进行监督的工作。2006年,由教代会代表组成民主监督评议机构,授予必要的监督权和评议权,定期对学校重要工作和有关制度执行情况进行检查评议。

全面执行《信访工作的暂行规定》和《举报工作办法》,建立信访工作联席会议制度和重要信访督查制度,定时收集信访件处理的反馈意见。从2006年开始,设立专用举报电话,完善信访件登记、报审、督办、保密等措施。每半年召开一次全校信访件处理的报告会。

五、坚决惩治违法违纪的腐败行为

1.惩治腐败的基本要求。严肃查处腐败案件,为有效遏制腐败现象创造前提条件。对任何组织和个人的违纪违法行为,都必须依纪依法严肃处理。要通过惩治腐败,严肃党的纪律,使广大党员干部受到教育。同时要以惩促防、以惩促建,针对案件中暴露出来的问题和薄弱环节,及时采取措施堵塞漏洞,发挥查办案件的综合效应。

2.要认真研究和把握案件发生的特点和规律。2005年,纪委要初步建立与地方纪委、检察机关的业务联系制度,沟通信息,共同分析高等学校职务犯罪的新情况,提高预警能力。2006年校纪委要与10所左右的重点大学纪委建立查办案件信息网络,交流情况,掌握动态,商讨预防对策。

纪委要围绕当前高校容易出现的经济案件、损害群众利益案件、谋取非法利益案件和失职渎职案件,每年进行一次专题分析。纪委办案工作情况和下一年预防职务犯罪和查办案件的工作思路,年终形成专项报告报送学校党委。

3.建立案件线索排查制度。2006年,建立纪委干部定人定期定点到基建、财务、招生、采购、校办产业等部门走访的制度,听取群众反映,掌握工作进展情况。

对《信访举报件处理办法》进行任务分解。凡涉及违纪违法行为的举报或线索,纪委要立即组织强有力的班子负责对案件线索进行分析和处理，需要进一步查证的，要在 3 日内形成工作方案，选好办案人员。纪委全委会每半年召开一次会议听取案件线索查询情况汇报，对案件办理情况进行研究分析。

4.落实办案责任制。2006 年开始严格实行办案工作责任制，分管案件领导、案件调查组负责人、案件调查人分级负责。根据管理对象和案件性质，建立案件报告制度，明确查办案件的工作责任和程序。涉及重要干部的案件由校党委向教育部纪检组和省纪委报告。其他重要案件由校纪委向校党委报告，一般案件可视情况，由纪委交相关单位党委（党总支）调查处理。

2005 年，继续完善办案责任制，每件案件要由一名纪委主要领导负责，要按照中央纪委《关于纪检监察机关严格依纪依法办案的意见》，重点抓好以下措施的落实工作：建立综合运用多种方式和手段查办案件的工作机制；严格办案程序，强化办案过程的内部监督；严格按立案、调查、处分、执行等环节规范办案行为。

5.发挥查处案件的治本功能。在办案工作中做到以查促教、以查促管、以查促建，发挥“一案二通报”“一案一整改”的作用。案件查处后要在一个月内进行大会通报，同时要形成书面材料通报全校。要通过剖析发案原因，向发案单位提出改进意见，督促单位制定整改方案。对案件反映出来的带有普遍性的问题，要立即开展相关调查，在结案后一个月内形成调查报告，提出建议，进行专项治理。

六、以改革推动《实施纲要》的全面落实

1.改革的基本要求。以改革统揽各项工作是治理腐败问题的治本之策。要用改革的办法和发展的思路解决导致腐败现象发生的深层次问题，形成协调有效的预防机制。要根据当前高等学校改革的总体思路，很好把握改革的时机和力度，推动党风廉政建设各项措施的稳步实施。

2.积极推进领导体制改革。认真实行党委领导下的校长负责制，理顺学校党委和行政的工作关系，充分发挥党的决策机制和行政管理体制的作用，保证党政机构各负其责又互相协作。以落实“十一五规划”各项任务为抓手，促使各个业务部门明确责任，协调运转、有效制衡，形成学校长期稳定发展的良好运行机制。研究并落实党政领导班子在贯彻《实施纲要》中各自的职权和任务，深入推进学校的反腐倡廉工作。

3.大力抓好管理体制改革。积极主动地改革和完善现行管理体制，健全有效工作机制。2006 年至 2007 年，要以建立现代大学制度为核心，通过管理体制和运行机制的创新，健全咨询、决策、执行、监督等环节，增强学校办学活力，推进管理体制的创新，重点是：

继续推进我校的机构改革，加快行政职能转变，促成机关部处下放权力，推进机关绩效管理。

进一步深化人事制度改革，建立激励竞争和淘汰更新机制，完善公开选拔、竞争上岗等措施，优化教师职务评聘制和职员职级制，促进各类专业队伍的建设。

加大招生考试改革的力度，改进研究生招生考试办法。全面推进大学生的素质教育，形成科学的学生综合素质的评价体系。

改革现行财务制度，严格预算制度，逐步形成预算编制、预算执行、预算监督分离操作、相互制约、协调运行的管理机制。规范资金筹措和收费办法，完善专项资金的审核，增强收支的透明度。

4.改革创新纪检工作。纪委要强化预防腐败的各项措施，逐步实现反腐倡廉工作由三项工作格局向“三项主要任务、五项经常性工作”的转变。2006 年要围绕学校重大的改革举措，进一步拓宽工作领域，主动跟进，把科学发展观和构建和谐社会的要求贯穿到反腐倡廉的全过程。要根据贯彻落实《实施纲要》的需要，合理调整和配置现有的监督资源，科学地确定学校纪委和监察、审计部门的工作职责，在合署办公的前提下，保证监察和审计部门独立开展工作。要建立党风廉政检查制度，每年有重点地对各单位党风廉政建设情况进行检查。

要健全学院一级党组织的纪检队伍，明确他们在落实《实施纲要》中的职责和任务，聘请学院纪委委

员为校纪委党风党纪监督员，对学院重大事项的研究和讨论、招生考试录取的情况和每年的财务检查实施监督检查。

5.将先进性教育和落实《实施纲要》统一起来，形成党建工作的长效机制。以保持共产党员先进性教育活动的长效机制来推动《实施纲要》各项任务的落实。2006 年，各级党委要发挥基层组织和党员在反腐倡廉中的积极作用，在先进性教育长效机制的建设中，抓好惩治和预防腐败体系各项具体任务的分解工作，制定方案，周密部署，明确任务，落实责任。及时研究、解决落实《实施纲要》中的各种问题，提出对策和建议，做好事前谋划和组织协调工作。

要建立落实《实施纲要》的督查机制和测评机制，制定考核评估办法，通过《实施纲要》工作简报沟通信息、推动工作。2006 年，承担《实施纲要》各项任务的单位要根据本“具体办法”对任务进行分解，制定具体的实施步骤，并于年底由牵头单位负责、其他部门配合，自行评估任务完成情况。2007 年，学校党委将对第一阶段的任务完成情况进行检查和评价，通过总结经验，完善措施，细化 2008 年至 2010 年的工作计划，不断推动《实施纲要》提出的各项长期任务的全面完成。

——本文摘录自《中共厦门大学委员会关于贯彻落实〈建立健全教育、制度、监督并重的惩治和预防腐败体系实施纲要〉的具体办法》，厦大委综〔2005〕27 号，档号 2005-DQ06-1

·教学与科研工作·

关于进一步强调保留课程试卷的通知

（2005 年 1 月 10 日）

各学院、各教学部、各教学有关单位：

根据教育部本科教学评估的程序要求，对被评学校必须全面抽查近三年各门课程试卷。所以，要求各单位将目前不完整的试卷收集补充完整。对本学期所有的课程试卷（包括小论文）及试卷分析应及时整理清楚，交给系里保存。其中，试题、试卷分析、典型试卷存于课程档案。

为方便届时评估专家进校抽查，要求各单位统一装订试卷，以系为单位，将每学期各门课程试卷装订成册，并加上学校统一制作的封面（向印刷厂领取）。

装订顺序：课程试卷装订封面、试题和学生答题卷（按学号顺序排序）。

——本文摘录自《关于进一步强调保留课程试卷的通知》，(2005)厦大教 04 号，档号 2005-XZ12-5

关于进一步强调保存课程档案的通知

(2005 年 1 月 15 日)

各学院、各教学部及有关单位：

课程档案是记录课程发展历史轨迹和检查教学过程的重要依据。保存课程档案应做到资料完整、管理规范、手段先进、便于查询。为了迎接教育部组织的本科教学评估，现对保存课程档案重新强调如下要求：

1.课程档案必须有专柜、专盒存放，并有专人管理。

2.自 02 学年开始，所有开过课的课程都应有课程档案。

3.为便于专家进校检查，每门课程档案都必须注明课程名称、课程编号、编制单位、编制时间等信息。

4.每门课程档案都应有档案目录(见附件)。

附件：厦门大学本科课程档案目录(附件略——编者)

——本文摘录自《关于进一步强调保留课程档案的通知》，(2005)厦大教 05 号，档号 2005-XZ12-5

厦门大学本科教学实习基地建设与管理规定

（2005年2月22日）

本科教学实习基地是指具有一定实习规模并相对稳定的本科生校内外实习和社会实践的重要场所。实习基地建设直接关系到本科教学实习质量，对培养本科生的实践能力、创新能力和创业能力有着积极的作用。为加强、规范我校本科教学实习基地的建设、管理，特制定本规定。

一、建立本科教学实习基地的途径

1.学校与政府机构、社会有关企事业单位协商建立校外本科教学实习基地。

2.学院(系)根据各专业、学科性质特点，有目的、有计划、有步骤地选择、依托能够满足本科教学实习条件的企事业单位，共同建立学院(系)校外本科教学实习基地。

3.根据有关专业实践教学需要和校内条件可能，学校、学院可建立校内本科教学实习基地。

二、建立本科教学实习基地的基本条件

1.能满足完成本科教学实习任务的要求。

2.本着双方互利互惠、义务分担原则建设基地。

3.就近就地、相对稳定、节约实习经费。

4.能满足实习学生必需的食宿、交通、学习、安全、卫生等基本条件。

5.尽可能与“产、学、研”项目相结合。

三、本科教学实习基地的类型

1.学校、学院(系)与企业、集团公司、研究机构等社会单位建立“产、学、研”联合体的综合型校内外本科教学实习基地。

2.学校、学院(系)与国家、省市机关、团体等事业单位建立的校外本科教学实习基地。

3.学校、学院(系)建立的校外、校内本科教学实习基地。

四、学校与实习基地共建单位承担的义务

1.本科教学实习基地根据学校本科实习计划，妥善安排学生实习的各项工作。

2.学校提供本科教学实习期间必需的实习经费、根据双方协商意见投入实习基地的相关建设经费。

3.学校在人才培训、委托培养、进修、咨询服务、信息交流等方面对实习基地共建单位优先予以考虑。

4.在国家高校毕业生就业政策允许范围内，毕业生本人同意，实习基地共建单位可优先选聘有关毕业生。

5.实习基地共建单位对实习学生收费应予优惠。

6.实习基地应积极创造条件使本科教学实习与“产、学、研”项目相结合,产生经济效益和社会效益。

7.实习基地共建单位应妥善提供实习师生必需的生活后勤条件。

五、本科教学实习基地协议书的签订

1.本科教学实习基地共建双方有合作意向,在符合建立本科教学实习基地条件的基础上,经协商可由学校(教务处)或学院(系)与基地共建单位签订建立本科教学实习基地协议书一式三份,由教务处、本科教学实习基地共建单位、有关学院(系)各执一份。

2.本科教学实习基地协议合作年限根据双方需要协商确定,一般为 3～5 年,协议期满后,双方如无异议可继续生效。

3.实习基地合作协议需变动,可由一方提前半年提出,经双方协商后签订新的条款或停止实施。

4.协议书应包括以下内容:(1)双方合作目的、意义;(2)基地建设目标与受益范围;(3)双方权利和义务;(4)实习师生的食宿、学习、交通等必需的生活后勤条件的安排;(5)协议合作年限;(6)其它。

六、本科教学实习基地挂牌

1.学校或学院(系)与本科教学实习基地共建单位签订合作协议后,本科教学实习基地必须挂牌,具体名称由实习基地共建双方协商确定。

2.本科教学实习基地名称可参照:

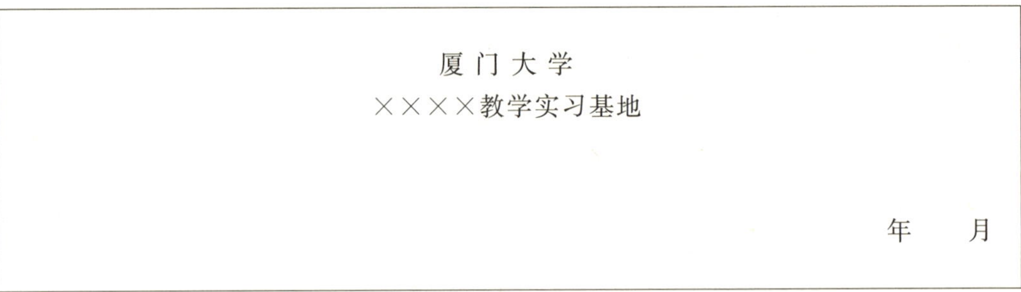

厦门大学

××××教学实习基地

年　　月

或:

厦门大学××××学院

××××教学实习基地

年　　月

七、本科教学实习基地的检查与评估

为加强、规范本科教学实习基地的建设、管理,教务处应会同有关学院(系)不定期到实习基地检查、评估本科教学实习情况。对优秀实习基地给予表彰、表扬。对不合格实习基地,学校可做出整改直至撤销意见。

八、本规定由教务处负责解释

九、本规定自公布之日起施行

——本文摘录自《关于印发〈厦门大学本科教学实习基地建设与管理规定〉的通知》,厦大教〔2005〕8号,档号2005-XZ12-1

关于试行“双学位教育(主辅修制)”的通知

(2005年3月7日)

全校各单位：

为了充分发挥综合性大学学科优势，探索跨学科组织教学模式，促进复合型人才培养，经研究，决定自2004—2005学年起，在我校本科教育中试行双学位教育(主辅修制)。

现将《厦门大学关于双学位教育(主辅修制)的试行办法》予以公布，并将今年推行双学位教育(主辅修制)的有关工作安排通知如下：

一、2005年开设专业及招生数

序号	开设学院	专业名称	招生计划数
1	人文学院	汉语言文学	60
2	人文学院	广告学	60
3	人文学院	哲学	60
4	外文学院	英语	60
5	外文学院	法语	60
6	公共事务学院	行政管理学	60
7	法学院	法学	60
8	经济学院	经济学	120
9	数学科学学院	数学与应用数学(经济数学)	60
10	生命科学学院	生物科学	60
11	信息科学与工程学院	计算机科学与技术	60

二、申请对象

03级、04级在校学生，主修专业课程无不及格，学有余力，自愿申请者。

三、报名和录取程序

1.学生自行上网、进入厦门大学教务处主页、点击“下载中心”下载打印《厦门大学本科生修读双学位(辅修本科专业)申请表》，本人填写表格，交给所在学院教务人员。

2.学生所在学院分管教学院长审核批准，由学院教务人员汇总交给教务处(或漳州校区教务办)。

3.教务处分别与各开办辅修本科专业的院系研究，主要参照计划招生数、学生本人总体学习成绩及相关课程成绩，择优确定录取名单。如报名人数较多，同等情况下，则参考二年级学生可优先于一年级学生、目前比较冷门专业学生可优先于比较热门专业学生等因素予以录取。

四、工作时间安排

1.3月10日前，学校根据教务处的调研结果，确定开设若干辅修本科专业和计划招生数，发布《厦门大学关于双学位教育(主辅修制)的试行办法》。

2.3月18日前，设置辅修本科专业的院系在教务处指导下制订辅修本科专业教学计划。

3.4月4—8日，各院系组织本院系学生报名、审核资格。

4.4月11—15日，教务处配合各开办辅修本科专业的学院录取辅修本科专业学生，发放《录取通知书》。

5.4月27—29日学生凭录取通知书向开办辅修本科专业的学院办理注册、缴交学费手续。

6.5月7日起正式上课。

辅修本科专业课程全部安排在短学期、周末或晚上上课。由于本学期辅修本科专业推迟开课，本学期的课程将顺延至短学期。即：本学期上课6周、短学期上课6周(含考试周1周)，各门课程本学期安排1/3课时、短学期安排2/3课时，短学期最后一周为考试周。

五、学费

每学期注册时按实际注册修读课程学分数收取。暂定收费标准如下：

学科门类	收费标准
文、理科	100元/学分
工科、经济类、管理类、医学类、建筑学	120元/学分

六、几点说明

1.试行双学位教育(主辅修制)是一项探索性改革措施。实施过程中还需要根据实际情况做适当的调整和进一步的完善。因此，招生规模不宜过大。

2.双学位教育(主辅修制)有它的优越性，主要是有利于培养跨专业的复合型人才。但是对培养本专业高精尖人才是否有利；在什么情况下，对哪一类学生有利、对哪一类学生不利等还有待于在实践中进行探讨。因此，务必提醒学生，报名前一定要思考清楚：一是对本人今后的发展方向应有一个初步的定位；二是要量力而行，本人确实学有余力。切忌盲目从众心理。

3.目前实行的收费标准属暂定标准。最终应以省物价部门批准为据。如高于审定的标准，学校保证将超出部分如数退还学生。

二〇〇五年三月七日

——本文摘录自《关于试行“双学位教育(主辅修制)”的通知》，厦大教〔2005〕13号，档号2005-XZ12-1

厦门大学双学位教育(主辅修制)试行办法

(2005年3月7日)

第一条　双学位教育(主辅修制)属于本科教育的范畴。厦门大学在本科教育中推行双学位教育(主辅修制)是为了充分发挥综合性大学学科优势,探索跨学科组织教学模式,促进复合型人才培养而实施的一项教学改革措施。

第二条　双学位教育的培养模式是:本科学生在学有余力情况下,在主修一个本科专业之外,跨学科门类(哲学、经济学、法学、教育学、文学、历史学、理学、工学、农学、医学、管理学)辅修另外一个本科专业,完成辅修本科专业教学计划规定的所有课程、毕业论文和其它教学环节,总学分不低于45学分,考核成绩合格,在获得主修专业学士学位前提下,经学校核准、颁发辅修本科专业的学士学位证书。

第三条　主辅修制的培养模式是:本科学生在学有余力情况下,在主修一个本科专业之外,跨一级或二级学科辅修另外一个本科专业,完成辅修本科专业教学计划规定的主要课程30学分以上,经学校核准、颁发辅修本科专业证书。

第四条　申请修读双学位(辅修本科专业)的资格:

1.入学满一学期的在校本科生;

2.主修专业课程无不及格者。

第五条　申请修读双学位(辅修本科专业)的程序:

1.开设辅修本科专业的学院提出招生计划,并经学校批准;

2.学生在规定的时间内向所在学院提出申请,经学院领导批准后,以学院为单位统一向教务处报名;

3.教务处与招生学院根据招生计划对学生进行择优录取,公示录取名单,发放录取通知书;

4.学生凭录取通知办理选课手续,缴纳辅修本科专业学费,参加课程学习即取得辅修本科专业学籍。

第六条　辅修本科专业实施专门的教学计划。学习周期一般安排2年。辅修本科专业的课程设置以学科类通修课程和学科专业类课程为主。辅修本科专业的教学计划由开设专业的学院组织制订,教务处批准实施。学生可以根据本人能力和时间许可,安排每学期选修辅修本科专业开设的全部或部分课程。

第七条　辅修本科专业设置的课程与主修专业相同、或要求低于主修专业的,学生可以申请免修。

辅修本科专业设置的课程学分、程度要求高于主修专业的,学生不能免修。但学生可于学期初向任课教师书面申请部分免听,经过批准、并参加课程考核、成绩及格以上者可获得该门课程学分。

第八条　辅修本科专业课程要进行考核。课程不及格要进行重修。考核及重修办法参照《厦门大学本科生学籍管理实施细则》(2003年版)第十条的规定。

第九条　辅修本科专业须与主修专业同年结业。学生在主修专业学制年限内未能完成辅修本科专业教学计划的,如本人愿意,可以提出延迟本科毕业的申请,以继续完成辅修本科专业。学生因为辅修本科专业申请延迟本科毕业以一年为限,而且不能超出本科生在校的最高年限(四年制为六年、五年制为七年)。

第十条　符合下列条件者可颁发辅修本科专业的学士学位证书(不另颁发辅修本科专业证书):

1.获得主修专业授予学士学位的资格;

2.完成辅修本科专业教学计划规定的全部课程、毕业论文(毕业设计)和其它教学环节(总学分不低于45学分)，成绩合格。

第十一条　符合下列条件者可颁发辅修本科专业证书：

1.获得主修专业的毕业资格；

2.未能达到第十条规定要求、但完成辅修本科专业教学计划规定的主要课程学分(不低于30学分)，成绩合格。

第十二条　修读双学位(辅修本科专业)的学生毕业时未能达到颁发辅修本科专业证书要求的，已获得的辅修本科专业课程学分可作为主修专业任选课的学习成绩载入学籍档案。

第十三条　辅修本科专业课程成绩不及格，不影响主修任业毕业和学位授予。

第十四条　凡出现下列情形之一者，应中止辅修本科专业学习资格：

1.主修专业课程累积达到6学分需要重修者(已经重修合格的课程不计算在内)；

2.有考试作弊记录者。

第十五条　课程组织与编班：

1.申请辅修本科专业的学生人数达20人者，采取单独开班的形式；申请辅修本科专业的学生人数不足20人者，采取插班的形式、或不开班。

2.为避免主修专业与辅修本科专业课程时间冲突，辅修本科专业上课时间一般安排在短学期、周末或晚上。

3.辅修本科专业于每学期末组织下学期的选课。选课管理由开设辅修本科专业的学院负责。

4.学生须按辅修本科专业教学计划规定顺序和要求选课，未经办理选课而参加听课、考核者，成绩无效。

第十六条　辅修本科专业的学籍管理由开设辅修本科专业的学院负责。

第十七条　学生应于本科毕业前一个学期递交授予学位或辅修本科专业证书、或结业的申请。开设辅修本科专业的学院接到学生申请后，应组织对学生辅修本科专业的学业成绩进行审查，并提出授予学位或辅修本科专业证书、或结业的意见，教务处进行复核，学校批准。学校向符合规定者颁发辅修本科专业证书或辅修专业学士学位证书。

第十八条　本办法自公布之日起执行。

第十九条　本办法由教务处负责解释。

——本文摘录自《关于试行“双学位教育(主辅修制)”的通知》，厦大教〔2005〕13号，档号2005-XZ12-1

厦门大学2005年普通高等教育招生章程

(2005年3月)

第一章　学校概况

第一条　厦门大学位于我国经济特区、“国际花园城市”——福建省厦门市，是教育部直属的全国重点综合性大学、国家“211工程”和“985工程”重点建设的高水平大学。现有校本部和漳州校区。

第二章　招生层次和计划

第二条　我校全日制普通高等教育共有48个本科专业类(涵盖72个专业或方向)分别面向全国31个省(市、区)招生;1个高职高专专业面向福建省招生。

第三条　我校全日制普通高等教育招生总数为5040人。其中本科生5000人，专科生40人。具体有关分省分专业招生人数详见各省(市、区)招生办编印的考生填报志愿手册。

第三章　招生模式

第四条　采用除少数院、系按专业招生外，大部分院、系按专业类招生的模式。各专业类的专业(方向)设置及分流情况请参阅我校《2005年本科招生目录》。

第四章　培养与管理模式

第五条　实行“厚基础、宽口径、多样化”的人才培养模式，招收的学生均按专业类进行培养。即一、二年级学生一般按照专业类学习通修课程，二、三年级通过选修方向性课程进行专业分流、确定专业方向。方向性课程的选定根据学生个人的特点，在学校的指导下进行。

第六条　录取的新生全部入住依山傍海，环境优美，拥有全国一流的教学和生活配套设施，管理和服务规范的漳州校区。经第一、二学年的学习和生活后，回到校本部继续完成学业。准予毕业的学生，由厦门大学颁发国民教育系列普通高等教育本科毕业证书。符合学位授予条件的，由我校授予学士学位。

第五章　招生要求

第七条　除外语类专业和国防生仅招英语语种的考生外，其余专业(类)均无外语应试语种要求。我校主要以英语作为公共基础外语安排教学。报考英语专业的考生，须参加当地招生办组织的口试。

第八条　报考非师范艺术类专业的考生，须参加我校组织的专业考试，且取得专业考试合格通知书。艺术类学生入学后，我校将根据招生政策和录取标准进行专业水平复查，凡不符合录取条件的，取消入学资格。

第九条　各专业(类)不限男女比例(国防生除外)。考生的高考单科成绩一般应达到及格以上水平。考生身体健康状况的要求按《普通高等学校招生体检工作指导意见》的有关规定执行。新生入学后，须进行身体健康复检，凡不符合录取要求或弄虚作假的，取消入学资格。

第六章　录取原则

第十条　坚持贯彻公平竞争、公正选拔，德智体美全面考核、综合评价、择优录取的原则。

第十一条　根据各省的生源情况确定调档比例，一般控制在招生计划数的120%以内。

第十二条　原则上执行考生所在地省级招生委员会制订的有关加分或降分政策。专业(类)录取以考生的投档分(高考分加照顾分)进行投档。

第十三条　维护第一志愿填报我校的考生利益。若第一志愿生源不足，可接收非第一志愿的考生。

第十四条　专业(类)投档采取“分数级差”方式，级差总分值为10分。即第一和第二专业志愿分数级差为5分，第二和第三专业志愿分数级差为2分，第三和第四(含第四及其之后的所有排序志愿)专业志愿分数级差为2分，第四(含第四及其之后的所有排序志愿)与调剂专业志愿分数级差为1分。

第十五条　获得我校自主选拔录取资格和艺术特长生资格的考生的录取原则分别按照《2005年厦门大学本科生自主选拔录取工作实施办法》和《2005年厦门大学艺术特长生招收简章》的有关规定执行。

第十六条　考生获我校推荐录取资格、具有突出表现、或与填报专业(类)相关的考试科目成绩优秀等情况，可优先录取，原则上分数差不超过10分。

第十七条　面向全国招收非师范艺术类专业的录取原则：在专业和文化考试成绩合格的考生中，根据考生填报的志愿，以专业考试成绩为主，并结合文化考试成绩、业务素质与德智体等方面情况，全面考核，择优录取。报考艺术类专业考生的高考数学成绩是否计入总分，原则上参照考生所在地省级招生委员会制订的相关政策。

第七章　收费标准

第十八条　学费收费标准

1.人文学院、外文学院、法学院、公共事务学院、经济学院、管理学院、数学科学学院、物理与机电工程学院(飞行器动力工程专业除外)、化学化工学院、生命科学学院、海洋与环境学院、信息科学与技术学院、建筑与土木工程学院所属各专业，每人每学年5460元；

2.医学院各专业、飞行器动力工程专业，每人每学年6760元；

3.软件工程专业一、二年级每人每学年5460元，三、四年级按学分收费，每学分每学年400元，每学年约为40学分；

4.艺术学院各专业(含师范类与非师范类)每人每学年9360元；

5.航空机电设备维修专业每人每学年6000元。

第十九条　学生公寓住宿收费标准(人/学年)：住宿费1200元，物业管理费120元。

第八章　奖、贷、助、补、减制度

第二十条　优秀新生奖学金制度

1.凡高考总成绩名列所在省份前30名的文、理科考生，第一志愿填报我校且被录取者，给予免交四年学费，并一次性分别给予2万元(第1～10名)、1.5万元(第11～20名)和1万元(第21～30名)的奖励。

2.凡第一志愿填报我校，文或理科高考总成绩(原始分)超过所在省份本一批分数线80分以上，且名列我校在其省份文或理科计划前5%的新生,给予2000元奖励。

第二十一条　国家助学贷款制度:全校每年贷款额度约为3100多万元。

第二十二条　奖、贷、助、补、减制度:我校每年拨专款2300多万元用于奖、贷、助、补、减。

第二十三条　"绿色通道"制度:新生入校期间学校开通"绿色通道",特困生持乡(镇)以上政府出具的家庭经济贫困证明,可现场申请缓交学费、国家助学贷款。

第二十四条　社会资助:由社会团体、人士专为特困生设立的奖、助学金每年约为200多万元左右。

第九章　就业情况

第二十五条　我校毕业生就业率位居全国高校前列。2004届为97.4%,2003届为96.1%,2002届为97.5%。2004届毕业生就业单位性质流向依次为:企业、录取研究生、金融单位、事业、机关单位、高校、其他教学单位和科研设计等单位。就业单位地区流向依次为:厦门、福建(不含厦门)、深圳、广东(不含深圳)、浙江、上海、北京、江苏等省份和城市。

第十章　附　则

第二十六条　我校定向为西藏培养人才招收的非西藏生源省份的应届高中毕业生,其招生计划属国家定向就业招生计划。录取标准执行教育部规定的有关照顾录取分数。学生在校期间享受国家有关的学费、教材、伙食、住宿等补助,毕业后充实到西藏县以下基层干部队伍,在藏工作时间原则上不少于15年。上述学生入学注册前须与西藏人事厅签订定向就业协议,否则,取消录取资格。

第二十七条　咨询、查询、联系方式:欲了解我校招生资讯,可上网查阅或电话咨询。网址:zsb.xmu.edu.cn,电话:0592—2188888。录取结果可登录上述网页查询。

第二十八条　本章程由厦门大学招生办公室负责解释。

——本文摘录自《厦门大学2005年普通高等教育招生章程》,档号2019-XZ30-002

关于厦门大学科研奖励的补充规定

（2005年4月21日）

第一条　为了加速建设世界知名高水平研究型大学的步伐，根据《厦门大学创新工程与繁荣计划基金管理办法》（厦大科〔2003〕17号文），制定本补充规定。

第二条　本规定适用范围为教学科研单位和在编教学科研人员。

第三条　本规定所称到校科研经费是指到校科研经费数扣除外拨合作单位经费后余下的经费数。

第四条　学校每年对完成学校核定科研经费任务且人均科研经费增长幅度最大的文科或理工科前3名的单位予以奖励。奖励设一等奖20000元，二等奖10000元。

第五条　理工科教师本年度到校科研经费达到下列标准的，均可获得奖励。1000万元的，奖励40000元；500万元的，奖励20000元；100万元的，奖励10000元。在上述标准基础上，每增加100万元按最低档奖励标准的20%累计奖励。

第六条　文科教师本年度到校科研经费达到下列标准的，均可获得奖励。100万元的，奖励40000元；50万元的，奖励20000元；25万元的，奖励10000元。在上述标准基础上，每增加5万元按最低档奖励标准的20%累计奖励。

第七条　本规定从发布之日起施行。

第八条　本规定由科技处或社科处负责解释。

——本文摘录自《关于印发〈厦门大学科研项目配套基金补充规定〉等的通知》，厦大科〔2005〕15号，档号2015-XZ13-56

厦门大学优秀博士学位论文培育实施办法补充条例

(2005 年 5 月 9 日)

优秀博士论文是博士生培养质量的一个重要标志。同时,通过优秀博士论文的培育,发现人才,培养人才,促进我校高层次人才队伍的建设,也具有积极的意义。为了进一步完善我校优秀博士学位论文培育工程项目的立项与管理,促进我校优秀博士论文的培育与人才队伍建设,根据《厦门大学优秀博士学位论文培育与评选方法》(2003 年 9 月 19 日)有关优秀博士学位论文培养措施的规定及其实施过程中出现的情况,并结合学校"高层次创新人才计划",提出本补充条例。

一、关于选拔类别的补充规定

选拔类别分 A、B 两类。A 类主要从二年级博士生中选拔,B 类从三年级博士生中选拔。已入选 A 类者还可继续申报 B 类。具体办法按《厦门大学优秀博士学位论文培育与评选方法》(2003 年 9 月 19 日)和本补充条例的规定进行。

二、关于指导教师资格的补充规定

优秀博士学位培育工程候选人的指导教师必须是国家级重点学科的学术骨干,是在研国家社科、自然科学基金项目、或教育部重大项目的主持人,同时,原则上还应至少满足以下基本条件中的一条:

(1)院士;(2)国内外较高知名度的专家;(3)国家重点学科带头人;(4)国家杰出青年基金获得者;(5)指导的博士生已获得过国家优秀博士论文奖或国家优秀博士论文提名奖;(7)已取得学术界公认的高水平的科研成果。

三、B 类选拔条件和程序

1.指导教师提名。符合上述第二条资格的指导教师可以在本人指导的优秀博士生中提名。被提名的博士生必须具备下列条件:在学三年级博士生,思想品德好,学风端正,已在本学科高水平学术期刊上发表创新性研究成果,且正在从事的博士论文研究有望再经过半年到一年(或更长的时间)的深入研究,取得重大的突破,达到国家优秀博士论文水平。

2.各院(系、所、中心)学位评定分委员会审核有关申请材料,提出初步名单,并组建考核小组(5~7 名教授组成)负责对被提名博士生的考核。

3.被提名博士生向考核小组作博士学位论文预答辩,并就今后的研究工作计划和预期的研究成果作报告。考核小组对被提名博士生的思想品德、学风、学位论文的创新性、学术水平及预期研究成果、科学研究的潜质等做出评议,表明推荐意见。学院(系、所、中心)将通过考核的博士生名单上报研究生院学位与学科建设办公室。

4.研究生院对候选人进行审核,确定入选者名单。

四、B类入选者的培养措施

1.入选B类优秀博士论文培育工程者，根据科研需要，延长学制，继续从事博士论文研究。入选的博士研究生及其导师须与学校签订合同。

2.学校将入选B类优秀博士论文培育工程的博士研究生的培养纳入"高层次创造性人才计划"。

3.B类入选者除了可获得与A类入选者同等金额的科研经费支持外，在延长学制期间，还享受3万元/年津贴的待遇。

4.学校鼓励各院(系、所、中心)和导师对入选者提供配套经费支持。

5.履行合同、成果突出并申请留校工作的博士毕业生，可优先享受留学基金出国进修，如属非同一学缘的博士毕业生也可直接留校工作，并在人事聘任等方面享受适当的政策倾斜。

五、关于经费管理的补充规定

为了调动指导教师在优博培养中的积极性，发挥指导教师在优博培养中的主导作用，从今年起，A、B类入选者的科研经费和津贴将拨给入选者的导师，由导师支配。

研究生院

2005年5月9日

——本文摘录自《厦门大学优秀博士学位论文培育实施办法补充条例》，厦大研字[2005]12号，档号2005-XZ28-3

厦门大学本科课程考核管理办法

(2005年5月10日)

课程考核是帮助和督促学生系统地复习和巩固所学知识,检查教学效果,培养学生自学能力和创新精神,促进教学质量提高和树立良好的学风的重要手段。

课程考核包括期末考核、期中考核、阶段(或单元)考核等。为了使课程考核尽可能做到公平公正、规范操作,特制定本办法。

一、课程考核范围

凡纳入培养计划的课程和各种教育教学环节(包括实验、实习、课程设计、毕业设计、毕业论文等实践性教学环节)(以下统称课程)都要进行考核。

二、课程考核方式

课程考核一般分闭卷和开卷两种,也可采用口试、笔试相结合的方式。学科主干课程、核心课程必须采用笔试。其它类型课程的考核方式应由任课教师提出、教研室主任或课程负责人同意、系主任批准后执行。

毕业设计、毕业论文、课程设计、教学实习、生产实习等环节一般采用评阅或答辩方式考核。

三、成绩评定办法

课程总成绩由期末考试成绩(一般占70%左右)和平时成绩等综合评定。任课教师必须按照教学大纲规定各类成绩比例并计算学生的课程总成绩。

平时成绩主要根据学生平时听课、完成实验、课外作业、习题课、课堂讨论的情况以及平时测验成绩(期中考、阶段考或单元考)等综合评定。

课程成绩采用百分制或四级制(优秀、良好、及格、不及格)记分,百分制与四级制的换算标准是:优(85～100)、良(70～84)、及格(60～69)、不及格(60以下)。

制图、绘图、单独开设的实验课程、教学实习、生产实习、课程设计、毕业设计(论文)、学年论文、小课题科研训练等按四级计分制(优秀、良好、及格、不及格)评定。

不宜采用上述记分方法的课程,可采用合格、不合格两级记分制,但必须在记分时标明“两级记分制”。

课程考试应认真制定和严格掌握评分标准,评分标准应与试题同时拟定,不得随意改动。

四、命　题

凡同一类型的基础课、专业基础课,其试题由授课系根据教学大纲统一拟定。其它课程的试题,由任课教师拟定,经教研室讨论确定,并经系主任(或教研室主任)审阅。

必要时,可以组织助教或1～2个可靠的优秀学生试答,然后修改确定试题。参加试答的学生名单须经教研室主任或系分管教学主任批准,并向试答学生宣布保密纪律。任课教师有权根据试答学生的考试结果,决定其是否参加正式考试或直接根据试答结果登记其成绩。

命题应反映课程基本要求,引导学生把精力放在分析问题和解决问题上。试题中应有适当比例难度较大的题目,力求通过考试鉴别出学生的理解程度以及实际运用的能力。含有实验的课程在命题时,实验内容须占一定比例。

各门课程的试题应同时出两套,一套供正式考试用,一套备用。

要做好试题的保密工作,命题教师及接触试题人员,不得以任何方式向学生泄漏试题。如发生泄漏或变相泄漏试题时,要追究责任,情节严重者要给以纪律处分。

五、考试时间

课程考试既要按照教学大纲要求严格组织,同时要平衡各门课程的考试时间和考试形式,避免学生学习负担过重。

期末考试一般安排两周时间,在考期内考试课程一般为四门,最多不超过五门,有些课程及任选课,可在平时或考期前进行。

公共基础课、专业主干课程或核心课程一般应进行期中考试。其它课程由任课教师决定在期中或分阶段进行期中测验。

笔试时间一般不超过2小时。未经批准,教师不得自行延长考试时间。学生超过考试时间仍不交卷者,教师可以宣布答卷无效。

口试:口试试题应抽签决定,每个学生只抽签一次,抽签和准备时间不超过40分钟,口答时间由教师规定,但一般不宜超过30分钟。

六、严格考试纪律

一学期内缺课(获准免听或部分免听除外)或缺课程作业或实验报告超过三分之一者,不得参加该门课程的考试。

学生因病因事不能按期参加考试者,必须事先持有关证明向学院办公室申请,经院长批准后可以缓考。缓考学生一般随下一年级重修,可不参加听课,但必须参加考试。

各学院和各系要负责配齐监考人员,主考人员由任课教师担任。学生50人以下安排1名监考人员,50人以上安排2名或2名以上监考人员。

学生必须严格遵守考试纪律,不得作弊。凡擅自缺考或考试作弊者,该课程成绩以零分计,作弊行为严重的,应视情节轻重给予纪律处分。考试作弊的学生不得评优秀生,不得参评奖学金,不准转专业和报双学位(主辅修)、不准报考本校研究生。作弊行为严重的班级,当年不得参评先进集体。

七、免听考试

经过自学,认为已掌握了某门课程(政治理论课、军训、体育、实验课、实习、毕业设计、毕业论文除外)。可以在前一学期末向学院办公室申请该课程全部或部分免听,并交自学笔记及作业,经有关教研室审查,院长批准参加免听考试。

免听考试由开课教研室负责组织,一般随前一学期相同课程班级考试,也可以在开学后两周内举行,考题的难度和内容应与期末考试的要求相同。跨学期的课程每个学期都作为一门课程分别进行免听考试。

八、成绩管理

考核结束后1周内,任课教师应及时批改试卷、统计课程成绩、并将结果录入成绩系统(亦可由教学秘书录入),然后将成绩单打印出来,签字以示负责,并由教研室主任审核签字盖章后送学院办公室。报告表送交后,任课教师不得随意到有关学院更改成绩。各院办公室应在考试结束后2周内将课程成绩通知学生本人,有不及格的学生要做好重修准备。

学期试卷不发给学生,由教师汇总后交给所在学院,保存在学院办公室定期销毁(一般保存四年)。学生如对评分有意见,可向院办公室提出书面报告(口头报告不受理),由院办公室转呈有关教研室代为查阅。学生本人不得直接找教师查阅。如确有错误,任课教师要有正式文字报告说明原因,并经系主任(或教研室主任)签字,方可更改。

九、未按照本管理办法组织对培养计划内的各类课程进行考核、且没有报经批准变更考试方式方法,视为教学责任事故

十、本办法由教务处负责解释

——本文摘录自《关于印发〈厦门大学本科课程考核管理办法〉的通知》,厦大教〔2005〕21号,档号2005-XZ12-2

厦门大学关于遴选聘任硕士生指导教师的试行办法

（2005年5月修订）

（2005年5月16日）

按照国务院学位委员会和国家教育部有关规定的精神，决定每年进行一次硕士生指导教师的遴选和聘任。

一、硕士研究生指导教师应具备以下基本条件

1.必须是我校全职教师或各院聘请的兼职教师。

2.一般应具有高级职称，具有博士学位的优秀讲师也可申请。

3.政治思想好，治学严谨，作风正派，工作认真负责，重视教书育人，能认真履行导师职责。

4.有在研科研项目（必须是主持人）和科研经费（文科余额不低于1万元，理工科不低于3万元）；或近3年来有较重要的科研成果（在二类核心以上学术刊物上发表3篇以上学术论文，或有15万字以上学术著作正式出版，或有20万字以上教材、译著正式出版）；或近3年获得副省级以上教学、科研成果奖。专业学位硕士生的指导教师在科研方面的条件可适当放宽。

5.有教学经验，能承担一门以上硕士生课程。

6.年龄符合校内管理体制的有关规定，身体健康，能胜任指导研究生的工作。

二、选聘程序

1.申请者向学位评定分委员会提出申请。不论是否首次聘任，所有拟聘者都应于每年规定期限登录研究生院网站的导师系统，录入或更新硕士生导师信息，并打印出申请表，签名后交学位评定分委员会。

2.学位评定分委员会应根据申请者基本条件和岗位需要进行评审，确定聘任的人选名单，并报研究生院学位与学科建设办审批。

3.研究生院学位与学科建设办经审核后确定并公布聘任名单。

4.各单位获聘导师数将成为制定硕士生招生计划的主要依据之一。

三、质量保证和约束机制

遴选和聘任硕士生指导教师必须坚持公平、公正和公开的原则，坚持标准，宁缺毋滥。为此，应健全质量保证和约束机制。

1.如实填报有关材料

申请人必须正确对待遴选和聘任工作，务必实事求是地填报有关材料。申请人所在院（系、所）和学位评定分委员会必须认真审核有关材料和数据。

2.受理异议

校研究生院有责任受理个人或组织对选聘硕士生指导教师工作过程或结果提出的异议，对有关异议

调查核实的结果做出合理仲裁。

四、附　则

本实施细则自发布之日起生效。本实施细则由研究生院负责解释。

研究生院
2005 年 5 月 16 日

——本文摘录自《厦门大学关于遴选聘任硕士生指导教师的试行办法(2005 年 5 月修订)》,厦大研字[2005]15 号,档号 2005-XZ28-3

厦门大学本科教学基本规范(试行)

(2005 年 6 月 10 日)

一、总　则

第一条　为了进一步提高我校本科教学质量,加强本科教学各个环节的质量管理,特制定《厦门大学本科教学基本规范》(试行)。

二、教师任课的基本条件和管理

第二条　任课教师必须持有教师资格证书(外国专家和教师另行规定);尚未办理教师资格证书的新教师必须经过学院组织的试讲和考核合格方能试用;担任助教的研究生必须经过学院或学校组织的助教培训,并履行约定的岗位职责。

第三条　严禁安排教学不合格或不具备该专业领域教学能力的教师任课。对学生反映教学水平低、质量不高而又无明显改进的教师,学院必须停止安排其担任主讲教师,改安排其进修或担任助教工作。经过重新组织试讲和考核,合格后重新安排课程教学,不合格者应予辞退或改聘其他工作。

第四条　教授和副教授必须承担本科生课程。

三、教学大纲的制定和管理

第五条　每门课程都必须制定教学大纲。每次修订教学计划或对课程内容作较大变动时,必须相应修订课程教学大纲。

第六条　制订教学大纲的原则是:(1)必须按照专业教学计划对本门课程规定的要求制订;(2)学科基础课、专业基础课和专业课应参照教育部学科教学指导委员会的规定要求制订;(3)要努力反映本学科的最新发展;(4)要妥善处理与相邻课程的分工与合作,循序渐进;(5)贯彻“少而精”原则,注重知识点及相互关系;(6)注重通过课程教学培养学生的专业能力和综合素质。

第七条　教学大纲经系级教学学术机构审定、并报系主管教学主任批准后严格执行。执行过程中,允许教师根据教学情况适当加以变动和修正,但须报系教学学术机构审定和系主管教学主任批准。系定期、不定期检查任课教师执行教学大纲情况。

第八条　任课教师在每学期上课前,应依照教学大纲要求和教材内容,认真备课,写好教案。既要反对不按大纲要求,随意安排教学进度和教学内容的做法,也要反对备课一次用几年的僵化应付的做法。教师要逐轮备课,及时更新教学内容和改革教学方法,努力增进教学效果。教研室(或研究室)主任要定期检查本教研室(或研究室)教师的备课和教学执行情况。

第九条　任课教师必须在上课前 2 周上网填写《厦门大学本科课程信息及教学进度安排表》,内容包括:(1)教学基本信息(课程名称、类型、主讲教师姓名、职称、联系电话或 EMAIL 地址、办公室时间、起始时间和课时、授课地点);(2)教学目标;(3)教学方法、主要内容和安排;(4)教材和参考资料;(5)实验和作业要求和说明;(6)考试方式;(7)课程学习成绩的评分标准;(8)助教的姓名和联系方式。

第十条　任课教师填写《厦门大学本科课程信息及教学进度安排表》后,通过教学信息管理系统提交给教学秘书,由教学秘书统一打印交系主管教学的主任审批。审批后的《厦门大学本科课程信息及教学进度安排表》要归入课程档案,同时上网公布供学生查看。

四、教材的选用和管理

第十一条　课程必须选择使用体现本学科高水平的最新教材。任课教师选用教材要经系教学学术机构审定并报系主管教学主任批准。

第十二条　由本院、系(所)教师开设同一门课程原则上必须使用同一教材。同时,学校也鼓励教师遵循教学改革方向,选用不同的高水平教材开展教学试验。

第十三条　学校鼓励教师采用国际通行教材、教育部推荐的国内重点大学编写的全国优秀教材或名师编写的教材。教师自编出版的教材必须符合教材的规范和教学要求。

第十四条　任何单位或个人不得以各种名义强制学生购买自编教材。

五、教学考勤要求和管理

第十五条　任课教师必须按照学校安排的教学时间认真教学,不得随意"调课""并课";不得"迟到"或"早退";未经批准不得随意"减少课时";严格禁止私自安排其他人员代课。

第十六条　任课教师因公差、出访、参加学术会议或意外事情需要调课或请人替课,必须经系主任批准。教学秘书有责任及时将调课或替课的时间和地点通知学生。教师返校后必须根据调课计划安排补课。

第十七条　任课教师负责对学生进行考勤。可以结合课程教学,采取点名、签到或抽查点名方式等。对于缺勤超过1/3的学生,按规定不允许其参加课程考试。对于经常迟到的学生,应给予批评教育或将情况上报院、系(所)分管学生工作的领导。

六、课堂教学要求和管理

第十八条　每学期开课前1周,教学秘书应将课表和《课程和成绩考核登记表》等资料交给任课教师。任课教师必须按照安排课表准时到位上课。

第十九条　每学期开课之初任课教师应向学生介绍本课程的教学安排和要求,包括:教学目标、主要教学内容和安排、作业和实验要求、考试的要求、教材和参考资料、相关专业网站、课件网址和下载方法、学习注意事项等。

第二十条　每次上课前,任课教师应保证教学提纲、教材、作业、课件到位,即:教师应当把教学提纲、课件、练习思考题、经典文献等阅读材料印发或通过网站公布给学生。使用多媒体教学的教师应提前调试设备及课件,做好课前准备工作。

第二十一条　任课教师要积极改进教学方法,认真上好每一堂课。上课时,任课教师要衣冠整洁,用语规范。鼓励任课教师应用多媒体等现代教育技术手段,增进上课效益和教学效果。

第二十二条　任课教师应坚持教书育人。要教育和帮助学生树立正确的世界观和人生观,培养学生遵守纪律、勤奋学习、献身社会主义现代化建设和为人民服务的崇高思想品德。要求每位教师每学期定期举行"沙龙"或小型的座谈会,收集和了解学生的学习困难和意见,及时帮助学生解决思想疑难问题,从思想上、学习上、生活上关心和爱护学生。

七、作业和实验的要求和管理

第二十三条 任课教师必须根据课程教学目标和要求布置一定量的作业或实验，并及时批改和进行课堂讲评。原则上，任课教师在每个教学单元应布置1～2次作业，并在两周内完成批改，返还给学生。由本院、系(所)教师在同一学期开设同一门课程，原则上应有统一的作业要求和作业量(教学试点班可另行要求)。

第二十四条 学生平时作业或实验必须评分，并在学生成绩单上登记为平时成绩。平时成绩作为评定学生课程总成绩的一个部分、按预先规定的比例计入课程总成绩。

第二十五条 对于作业量特别大的课程，可以为任课教师配备助教，由助教批改作业。但任课教师必须抽改或抽查作业批改结果，同时向助教了解学生完成作业情况，并进行讲评。

八、课程考试和管理

第二十六条 所有的课程都必须进行考核。课程考核应根据课程大纲规定的教学目标和要求确定。课程考核方式一般分为"闭卷"和"开卷(或半开卷)"两种，也可采用口试或笔试、口试相结合，也可以采取"研究报告"或"期末论文"等考查形式。每门课程的考核方式由任课教师提出，系主任审定、每门课程的笔试时间一般不超过2小时。

第二十七条 公共基础课和专业基础课程，一般应进行期中考试。各个单位根据课程特点决定是否采取统考形式，或由任课教师自行确定考试形式、命题和批改。期中考试成绩按比例计入课程总成绩。其他课程则根据课程特点采用不同的考核形式。由本院、系(所)教师在同一学期开设同一门课程，原则上应统一期末考试形式、试卷和批改标准(教学试点班可另要求)。

第二十八条 建立课程考试命题审题制度，严防出现"误题"。任课教师具有命题权，但命题之后的试卷必须经过教研室(或研究室)主任审定、系分管教学主任批准。必要时，可以组织助教或1～2个可靠的优秀学生试答，然后修改确定。参加试答的学生名单须经教研室(或研究室)主任或系分管教学主任批准，并向试答学生宣布保密纪律。任课教师有权根据试答学生的考试结果，决定其是否必须参加正式考试或直接根据试答结果登记其成绩。

第二十九条 全校采用统一试卷格式和答卷格式。每门课程必须准备两套期末考试试卷，从中抽取一卷作为考试试卷，另一卷作为备用。考试时，主考和监考教师必须提前到位。监考教师应遵守"监考教师守则"，认真监考。

第三十条 课程成绩评定一般采用百分制或四级制(优秀、良好、及格、不及格)记分，由期末考试成绩(一般应占70%左右)和平时成绩包括作业和实验成绩、期中考试成绩等综合评定。任课教师必须按照教学大纲规定各类成绩比例计算学生的课程总成绩。百分制与四级制的换算标准是：优(85～100)，良(70～84)，及格(60～69)，不及格(60以下)。不宜采用上述记分方法的课程，可采用合格、不合格两级制，但必须在记分时注明两级记分制。

第三十一条 考试结束1周内，教师应将考试成绩录入并打印一份纸质报表，签名以示负责，报经教研室主任审核签字、加盖公章送学院办公室存档。任课教师应对期末考试试卷及时分析，针对教学存在的问题提出今后改进本课程教学、提高教学质量的措施。

第三十二条 课程结束后，任课教师应主动配合教务人员，做好课程档案的建设工作。把教学大纲、教学进度表、讲义、辅导材料、教材、习题集、考试试题、典型试卷、考试试卷分析、课程总结以及课程相关材料及时交给教务管理人员归档。

九、教学研究和管理

第三十三条　各个院、系(所)应结合本学科的发展和实际情况,组织和推动精品课程和双语课程建设,积极开展教学法研究。每学年组织一次全院的教学经验交流会,总结成果,提出下一学年教学改革计划和实施方案,鼓励和表彰优秀教师。

第三十四条　任课教师要加强普通话训练和教学法研究,努力提高教学水平;要注重研究讲课艺术,避免照本宣科、语言枯燥、言不达意;要注重课程组织方式的选择,注意调动学生参与教学过程或课堂教学,推动"师生互动",避免"满堂灌";要注重课程教学中的知识点,授课内容要系统、重点突出;要合理使用多媒体技术和板书;要根据教学实践中出现的问题及时修改和更新教学课件。

第三十五条　各院、系(所)要制订对年轻教师的培训和培养的规划和计划。要通过"传、帮、带"等形式,开展教材研究、探讨教学方法、分析疑难问题,以及开展读书报告、学习动态分析、听课等活动,指导年轻教师尽快适应教学工作。

十、课程的教学效果评价和管理

第三十六条　各院、系(所)必须建立"课程教学质量监控和评价制度",课程教学质量的监控和评价方法包括:(1)听课;(2)期中教学检查;(3)期末教学评价;(4)领导约谈等。

第三十七条　各院、系(所)必须建立和落实听课制度。主管教学的院长和系主管教学主任必须聘请有经验教师组成听课小组。对于新教师的课程和学生意见较大的课程要专门进行听课,并填写课程教学改进建议书;还可以通过听课,组织观摩优秀课程的教学,推广先进经验。

第三十八条　各院、系(所)必须建立和完善"期中教学检查制度"。由院、系党政领导、教研室主任(或研究室主任)和教师代表组成期中教学检查小组,组织学生代表召开小型座谈会或问卷调查,了解任课教师的教学质量,向任课教师反馈教学意见和提出建议。

第三十九条　各院、系(所)必须建立和完善教学评价制度。评价工作由主管教学的院长和系主管教学主任负责,每学期期中教学检查时,系里应组织学生对教师进行教学质量及效果测评。每学期结束前,由任课教师通知学生在考试结束后通过教学管理系统对教师进行匿名测评。

第四十条　各院、系(所)必须建立和落实"领导约谈制度"。当学生对任课教师有较多意见时,主管教学的系主管教学院长或系主任应约见任课教师,反馈教学意见和提出建议。

第四十一条　各院、系(所)应将各类教学评价结果作为任课教师和教学管理人员职称提升、职务晋升、岗位聘任和岗位津贴的评定依据。

第四十二条　凡教学达不到基本要求,或者教学效果特别差,学生反映特别强烈而又不加以改进,或者出现重大教学事故者,在职称评聘、岗位聘任以及表彰先进时将对其施行教学一票否决制。

十一、规范的实施和解释

第四十三条　各院、系(所)可以根据本规范,结合本单位实际情况制定相关实施管理细则。

第四十四条　本规范经2005年第10次学校办公会讨论通过。本规范自公布之日起实施,原《厦门大学教师教学规范》同时停止执行。

第四十五条　本规范由教务处负责解释。

附表:厦门大学本科课程信息及教学进度安排(附表略——编者)

——本文摘录自《关于印发〈厦门大学本科教学基本规范(试行)〉的通知》,厦大教〔2005〕26号,档号2005-XZ12-2

厦门大学本科教材出版管理办法

（2005 年 6 月 30 日）

第一条　教材是体现教学内容的载体，是教学的基本条件之一。为进一步加强教材建设工作，有计划地出版一批高质量的精品教材，特制定本条例。

第二条　校、院（系）要定期组织制定中长期规划和近期教材出版计划。要充分发挥我校的学科优势和特色，依托具有师资力量强、教学科研水平高的学科专业，优先资助学校精品课程、已立项的教学改革项目、新兴交叉学科专业、多次重版修订反复使用或已有成熟讲义的教材。

第三条　申请立项的教材一般必须通过两届以上（含两届）讲义的试用。国内没有同类教材，但教学急需且已有完整体系并经过课堂试用效果好的，亦可以申请立项。凡申请的教材必须是本科教学计划内课程所需的教材。

第四条　凡我校从事教学、科研、实验第一线工作的能单独或合作完成教材编写的教师均可申报。学校基于对教材质量和课程建设连续性的考虑，鼓励本课程的学科带头人、中青年教师、科研骨干教师申报编写，同时欢迎已退休的著名教授担任主编。

第五条　教材的理论与知识体系必须能为受教育者提供正确的、科学的世界观和方法论。教材的观点一般采用本学科已定论的观点，力求学科知识体系具有系统性、科学性和先进性。

第六条　教材编写体例一般应有内容简介、概念、知识点、复习思考题等，在章节前要有学习目的，章节后要有本章提要、概念与术语、复习与练习、参考读物。要求概念清晰、准确，理论论述简明扼要、深入浅出、逻辑清楚。篇幅根据课程时数而定，字数一般在 30 万字以下。

第七条　申请立项的教材，必须由教研室和编者提出申请，各院（系）根据第二条、第三条、第四条、第五条、第六条，负责审查推荐并交学校教务处，学校组织专家评审立项。对已立项的教材，各院（系）要定期督促检查。对未能及时完稿的教材，自立项批准之日算起两年内未完成的视为自动放弃。本着编用结合的原则，院（系）要负责协调教材的选用工作，原则上与本系列教材同类的课程要使用本系列教材。

第八条　教务处对完成的书稿组织 2～3 位同行校外专家进行评审，包括对书稿的思想性、科学性、先进性以及实用性做出客观公正的评价。审稿人由学术造诣深、教学经验丰富的专家教授担任，并认真写出评审意见。凡书稿业已达到或超过现行市面上已有的教材水平或具有我校优势特色的教材，准予正式出版。未经审定的书稿，不得出版。

第九条　教材列入出版计划后，编写者要按规定与出版社签订合同并对合同条款承担责任。本着文责自负原则，编写者对教材的观点承担责任。

第十条　学校成立教材建设基金，经费由学校或社会单位提供。教务处负责基金的筹措和管理，并根据学校教材出版计划，每年资助部分教材出版。每种教材资助额度根据经费情况及出版需求情况确定。

第十一条　本办法自公布之日起施行。已有文件规定有与本办法不一致的，以本办法为准。

第十二条　本办法由教务处负责解释。

——本文摘录自《关于印发〈厦门大学本科教材出版管理办法〉的通知》，（2005）厦大教 40 号，档号 2005-XZ12-5

厦门大学本科教材选用管理办法

(2005年6月30日)

第一条　教材是教学内容的载体,教材选用是提高教学质量的重要前提。为进一步做好教材的选用工作,使之规范化、科学化,特制定本办法。

第二条　本着优选劣汰的原则,课程必须选择使用体现本学科高水平的最新教材。学校鼓励教师选用国际通行教材、教育部推荐的国内高水平大学编写的全国优秀教材或名师编写的教材。未有优秀教材的应考虑选用正式出版的教材,也可适当自编讲义或编写补充讲义,杜绝使用包销质劣的教材。

第三条　任课教师选用教材要经系教学学术机构审定并报系主管教学主任批准。各单位的教学学术机构应根据教学计划和教学大纲的要求,认真选用教材,保证教材的质量、先进性和适用性。教材选用要保持相对的连续性,不得因任课教师临时变动或其他原因随意更换教材。由本院、系(所)教师开设同一门课程原则上必须使用同一教材。同时,学校也鼓励教师遵循教学改革方向,选用不同的高水平教材开展教学试验。

第四条　为及时用上较新的版本的教材,各院(系)每年要认真选定教材和确定教材数量。凡每年重版的教材,一般限购一届学生用量书籍。隔几年重版的教材,视情况可考虑订购2～3届学生用量书籍。

第五条　教材选用应考虑学生的经济承受能力,一门课程一般选用一种教材,特殊情况可考虑辅助教材或补充讲义。学生使用的教材,一般由学生购买。对于一些质量较高而价格较贵的国外原版教材,可根据实际情况由学生、院(系)和学校共同承担,具体办法另行规定。任何单位和个人不得以各种名义强制学生购买自编教材。

第六条　教师使用的教材从院(系)教学经费中支付。

第七条　各院系每年必须做好教材的征订工作,保证课前发教材到学生手里。凡上课二周后教材仍未发给学生视作教学事故。

第八条　本管理办法自公布之日起施行,其他有关文件规定有与本办法不一致的,以本办法为准。

第九条　本办法由教务处负责解释。

——本文摘录自《关于印发〈厦门大学本科教材选用管理办法〉的通知》,(2005)厦大教41号,档号2005-XZ12-5

厦门大学“创新团队发展计划”实施办法

（2005年7月27日）

第一章　总　则

第一条　为加快我校高层次创新人才的培养和创新团队的建设，凝聚、稳定一批优秀的创新团队，保证学校科学研究持续快速地发展，提升厦门大学科研队伍的创新能力和竞争实力，推进高水平研究型大学的建设，根据教育部《“长江学者和创新团队发展计划”创新团队支持办法》、《厦门大学“高层次创造性人才计划”实施方案》《厦门大学科技创新工程》《厦门大学哲学社会科学繁荣计划》和《厦门大学创新工程与繁荣计划基金管理办法》等文件精神，制定本办法。

第二条　创新团队发展计划重点支持我校以优秀中青年学者为学术带头人和骨干的研究群体，为其开展某一重要方向的研究创造良好的科研条件，并推动更多优秀的科研团队进入国家级和教育部层次的创新团队行列。

第三条　每年共遴选各级创新团队8个左右，学校对入选的创新团队给予一定的经费支持，资助期限为3年。对入选校级“创新团队发展计划”的，自然科学类每个团队资助100万元，人文社会科学类每个团队资助30万元；对入选福建省“高等学校科技创新团队培育计划”的，每个团队资助100万元；对入选教育部“创新团队发展计划”的，每个团队资助300万元；对入选国家自然科学基金委员会资助的“创新研究群体”，学校按1∶1比例提供科研配套经费。

第四条　各级“创新团队发展计划”实施工作由学校人才工作领导小组秘书组牵头负责，科技处、社科处等职能部门具体负责计划实施的有关工作。

第二章　申报条件

第五条　创新团队的研究方向应属于国家、教育部或福建省中长期科学和技术发展规划与发展繁荣哲学社会科学的重点领域，主要从事重大基础理论方面的开创性、探索性研究；对经济增长、社会进步和国家安全有重要战略意义的基础性、前瞻性研究；自然科学和社会科学交叉的前沿研究；有明确的技术路线、能产生重大经济或社会效益的关键技术创新和集成创新。

第六条　创新团队成员应具有相对集中的研究方向和共同研究的科学问题，团队应是在长期合作的基础上自然凝聚而成的研究群体（一般应为10人左右）。

第七条　创新团队的学术水平在国内同行中具有一定优势，研究工作已取得突出成绩，或活跃在某一基础研究或工程研究领域的前沿并具有明显的创新能力和发展潜力。

第八条　创新团队的学术带头人原则上应具有较高的学术造诣（如两院院士、“长江学者”特聘教授、“百人计划”入选者、国家重大或重点项目主持人或首席科学家等中青年专家、“闽江学者”特聘教授、厦门大学特聘教授、国家“百千万人才工程”入选者、教育部“新世纪”优秀人才培养计划人选等）和较强的组织协调能力，在创新团队中具有较强的凝聚力。学术带头人年龄一般不超过60岁。

第九条　创新团队应具备合理的专业结构、年龄结构。团队中应至少有50%的成员为45岁以下的青年研究骨干,其中80%以上应具有博士学位;创新团队成员应具有勇于探索、敢于创新和团结协作精神,具有较强的研究能力和学术发展潜力。

第十条　创新团队中应有在研的国家级科研项目、省部级重点科研项目或重大横向科研项目5项以上。

第十一条　创新团队已指导过博士研究生且已毕业,目前在读的博士研究生人数不少于10人。

第十二条　创新团队一般以国家、省部级重点学科、重点实验室和工程研究中心、文科重点研究基地、"985工程"科技创新平台或哲学社会科学创新基地等为依托,具备良好的工作氛围和环境条件,团队带头人及成员有充分的时间和精力从事本计划资助的研究工作,由本校人员组成,鼓励跨学科、跨院(系、所)申报。

第三章　申报与评审程序

第十三条　各级创新团队根据有关申报要求和本办法规定的申报条件由学院(研究院)组织申报。申请者需填写《厦门大学创新团队发展计划创新团队申请书》,由学院(研究院)学术委员会对申请团队的科研业绩、创新潜力和拟开展的研究工作进行评议,并提出推荐意见,学院(研究院)对是否同意申报,及就申请团队的工作条件保障等提出具体意见。

第十四条　学校科技处、社科处对申报材料进行资格审查后,以函审的方式送专家进行同行评议。

第十五条　学校学术委员会组织专家组,根据申报材料、专家意见和答辩情况对申报团队进行评审,并差额遴选,获推荐团队至少要获得与会专家三分之二以上的同意票。校人才工作领导小组秘书组对推荐提案进行讨论,提出具体意见。

第十六条　学校人才工作领导小组召开会议,对推荐的创新团队进行审议,并以记名投票方式进行表决,获与会成员三分之二及以上同意票方为通过。

获通过的创新团队,申报省部级"创新团队发展计划"和国家自然科学基金委员会"创新研究群体"的,由学校推荐上报相应主管部门;申报校级创新团队发展计划的,在科技处网页进行公示,公示期15天,如无异议,正式公布获资助的校级创新团队名单。

第四章　实施与管理

第十七条　各级创新团队在接到批准通知后,由创新团队带头人组织填写相应的《创新团队研究计划》,科技处或社科处送校学术委员会审查批准后,报校人才工作领导小组秘书组备案,校级以上的分别按国家自然科学基金委员会、教育部、省教育厅要求报送,校级的送学校有关部门备案。

第十八条　获资助的各级创新团队应按年度由创新团队带头人组织填写相应的《创新团队年度进展报告》,并于每年12月30日前报科技处或社科处,科技处或社科处送校学术委员会审查同意后,报校人才工作领导小组秘书组备案,校级以上的分别按国家自然科学基金委员会、教育部、省教育厅要求报送审查。

第十九条　创新团队的资助期限为3年,各级创新团队资助期结束后,应由创新团队带头人组织填写相应的《创新团队总结报告》,并在3个月内,接受各级创新团队计划组织的专家对创新团队执行情况进行考核。考核内容主要包括:创新团队的凝聚力和学术风气,团队的研究方向和进展情况,团队对外合作和学术交流情况,团队产生的高水平科研成果、承担的国家级和省部级的重大和重点项目、获得的国家级和省部级奖励以及国内外核心刊物发表论文等方面。对考核优秀的团队,将继续列入下一期的校级"创新团队"计划,给予相应的经费资助,同时积极推荐申报高一级"创新团队"或"创新研究群体"计划。

第二十条　在资助期内,学校将遴选部分优秀创新团队的成员赴国外高水平大学进行合作研究。

第二十一条　创新团队成员发表、出版与本资助有关的论文、著作、学术报告及申报成果奖励等,均应按要求标注相应层次“创新团队发展计划资助”字样。校级创新团队要求标注“厦门大学创新团队发展计划资助”(英文为:Supported by Program for Innovative Research Team of Xiamen University,英文缩写为“IRTXMU”)字样。

第二十二条　创新团队带头人若因特殊原因不能继续履行职责,应及时向校人才工作领导小组提出书面报告,由学校根据具体情况作出处理。

第五章　经费管理

第二十三条　资助经费专款专用,主要用于创新团队所需科研条件的建设和学术交流的开支,任何单位和个人不得克扣和挪用。

第二十四条　创新团队资助采用分年度拨款的方式,未上交年度进展报告或进展情况不佳的团队将暂停资助,限期整改。

第二十五条　资助结束后,创新团队要做好财务总结,经校财务处审核后,送学校人才工作领导小组备案。

第六章　附　则

第二十六条　本办法自发布之日起施行。

第二十七条　本办法由校人才工作领导小组秘书组负责解释。

——本文摘录自《关于印发〈厦门大学创新团队发展计划实施办法〉的通知》,厦大科〔2005〕25 号,档号 2015-XZ13-57

厦门大学学生申诉办法

(2005年8月12日厦门大学2005年第16次校长办公会议通过)
(2005年8月16日)

第一章 总 则

第一条 为保障学生的合法权益,规范学生的申诉行为,根据教育部《普通高等学校学生管理规定》和有关法律法规,制定本办法。

第二条 本办法所称的申诉,是指学生对学校作出的取消其入学资格、退学处理或者违规、违纪处分的决定(以下简称"处理或处分决定")不服,向学校提出复查的行为。

第三条 本办法适用于校内接受学历教育的各类学生。

第二章 申诉机构

第四条 学校成立专门的学生申诉处理委员会(以下简称"申诉委员会"),负责受理和处理学生的申诉。

第五条 申诉委员会由有关校领导、学校法律事务办公室和监察审计处(以下简称"监察处")负责人以及有关教师、学生代表组成,组成人员必须是单数。

第六条 申诉委员会主任由学校有关领导担任。

第三章 申诉的提出和受理

第七条 申诉委员会授权监察处受理学生的申诉。

第八条 学生对学校的处理或处分决定有异议的,可以在学校送达处理或处分决定书之日起5个工作日内向监察处提出申诉。

学生在申诉期内未提出申诉的,学校不再受理其提出的申诉。

第九条 学生提出申诉时,应当递交书面的申诉书。申诉书应载明下列内容:

1.申诉人的姓名、所在院系、专业和年级、住所、联系方式、通信地址及其他基本情况;

2.申诉的请求和所根据的事实与理由;

3.证据和证据来源。

第十条 监察处应当在收到申诉书之日起5个工作日内决定是否受理,并将受理决定告知申诉人:

1.如申诉人、申诉事项和期限均符合本办法第二条、第三条和第八条的规定,予以受理;

2.如申诉人、申诉事项或期限不符合本办法第二条或第三条或第八条的规定,不予受理。

第十一条 申诉人未按本办法第九条规定准备申诉材料的,可以要求申诉人限期补正。申诉人补正材料之日为申诉受理之日。申诉人未按期补正的,视为自动撤回申诉。

第四章　申诉的处理

第十二条　申诉委员会应当对申诉进行复查。复查一般以书面审查为主，必要时，申诉委员会可以采用以下方式对有关问题进行复查：

1.向申诉人和有关部门及人员询问，要求申诉人和有关部门及人员做进一步的书面说明或提交证据材料；

2.自行组织调查；

3.其他必要的方式。

第十三条　申诉委员会对于申诉案件，经过复查，按照下列情形分别处理：

1.原处理或处分决定认定事实清楚、适用规章制度正确的，做出维持原处理或处分决定的复查决定。

2.原处理或处分决定有下列情形之一，申诉委员会认为需要变更原处理或处分决定的，提交学校重新研究决定。学校重新做出的决定即是复查决定：

(1)适用规章制度错误；

(2)认定事实错误或者事实不清、证据不足；

(3)严重违反处理或处分程序。

如上述需要变更的原处理或处分决定属于退学处理或开除学籍情形的，应提交校长办公会议研究决定。

第十四条　申诉委员会应当在申诉受理决定之日起10个工作日内作出维持或变更原处理或处分决定的复查决定，并将复查决定书送达申诉人。

第十五条　申诉人对复查决定有异议的，可以在接到学校复查决定书之日起15个工作日内向福建省教育厅提出书面申诉。

第十六条　在申诉期内，不停止原处理或处分决定的执行。

第十七条　在复查决定作出之前，申诉人可以向监察处书面要求撤回申诉。撤回申诉的，视为未提出申诉。

第五章　附　则

第十八条　虽然学生未受学校处理或处分，但学生认为学校、教职工的其他行为侵犯其人身权、财产权等合法权益的，可以向监察处提出申诉。

此类申诉的提出、受理和处理参照本办法执行。

第十九条　对接受成人高等学历教育的学生、接受非学历教育的学生、港澳台侨学生、留学生的申诉参照本办法执行。

第二十条　本办法由监察处负责解释。

第二十一条　本办法自2005年9月1日起施行。

——本文摘录自《关于印发〈厦门大学学生申诉办法〉的通知》，厦大办〔2005〕36号，档号2005-XZ09-12

厦门大学学生违纪处分规定

(2005 年 8 月 12 日厦门大学 2005 年第 16 次校长办公会议通过)
(2005 年 8 月 16 日)

第一章 总 则

第一条 为推进依法治校,维护学校正常的教学秩序和良好的学习、生活环境,保护学生合法权益,促进学生身心健康全面发展,根据《中华人民共和国教育法》、《中华人民共和国高等教育法》和教育部《普通高等学校学生管理规定》及相关法律法规,结合我校实际,制定本规定。

第二条 本规定适用于在厦门大学接受普通高等学历教育的研究生和本科、专科(高职)学生的管理。

第三条 学校加强日常的法律、法规和纪律教育。对有违法、违规、违纪行为的学生,在处理时应当坚持以教育为主的原则。

第四条 给予学生的纪律处分,应当坚持公开、公平、公正的原则,做到程序正当、证据充分、依据明确、定性准确、处分适当。

第二章 纪律处分的种类和运用

第五条 纪律处分的种类如下:

(一)警告;

(二)严重警告;

(三)记过;

(四)留校察看;

(五)开除学籍。

第六条 留校察看期限一般为一年。由学生所在学院(研究院、教学部、园区学生工作站)负责考察。

在察看期间表现良好者可按期解除察看;在察看期间有突出表现的,可申请提前解除察看,但察看时间不得少于六个月;在留校察看期间又因违法、违规、违纪应当受到学校纪律处分的,给予开除学籍处分。

毕业班学生受到留校察看处分的,察看时间不得少于六个月。

第七条 触犯国家法律,构成刑事犯罪,受到刑事处罚的,给予开除学籍处分;免于刑事处罚的,视情节轻重,给予留校察看以上处分。

触犯《中华人民共和国治安管理处罚条例》的,视情节轻重,给予严重警告以上处分;性质恶劣的,给予开除学籍处分。

第八条 有下列情形之一的,应当从轻或者免于处分:

(一)情节轻微的;

(二)主动承认错误并及时改正的;

(三)由于他人胁迫或诱骗的;

(四)在共同违纪中起次要或辅助作用的。

第九条　有下列情形之一的,应当从重处分:

(一)后果特别严重或性质特别恶劣的;

(二)拒不承认错误的;

(三)胁迫、诱骗他人或者教唆他人违纪的;

(四)在共同违纪中起主要作用的;

(五)伪造、销毁、藏匿或阻止他人揭发、检举、提供证据的;

(六)对检举人、证人打击报复的;

(七)屡犯不改的。

第十条　受纪律处分的学生,自处分决定生效之日起一年内取消其评定奖学金和各种荣誉称号的资格。受留校察看处分的,在察看期间,应当撤销其学生干部职务。

第三章　违纪行为及纪律处分

第一节　扰乱社会秩序的行为

第十一条　违反宪法,反对四项基本原则,破坏安定团结、扰乱社会秩序的,视情节轻重,给予记过以上处分。

第十二条　泄漏国家秘密的,视情节轻重,给予记过以上处分。

第十三条　有下列扰乱公共秩序行为之一的,分别给予相应处分:

(一)不听劝阻,组织、参加未经批准的集会、游行、示威的,视情节轻重,给予严重警告以上处分;

(二)组织、利用、参加会道门、邪教组织或利用迷信扰乱公共秩序的,视情节轻重,给予记过以上处分。

第十四条　有下列妨害社会管理秩序行为之一的,分别给予相应处分:

(一)制作、出售、出租或传播淫书、淫画、淫秽录像等淫秽物品的,视情节轻重,给予留校察看以上处分;

(二)从事卖淫、嫖娼等色情活动的,视情节轻重,给予留校察看以上处分;

(三)吸食、注射毒品的,视情节轻重,给予留校察看以上处分。

第十五条　组织、胁迫、诱骗他人参加传销或者变相传销活动的,视情节轻重,给予记过以上处分;参与传销或者变相传销的,给予警告处分。

第二节　侵犯人身权利的行为

第十六条　有故意伤害他人身体的行为,未造成伤害后果的,给予记过以下处分;造成伤害后果的,视情节轻重,给予留校察看以上处分。

第十七条　过失伤害他人身体,尚未触犯法律的,视后果严重程度,给予记过以下处分。

第十八条　隐匿、毁弃或私自开拆他人邮件的,视情节轻重,给予记过以下处分。

第十九条　窃取、偷窥、偷拍他人隐私的,视情节轻重,给予记过以下处分。

第二十条　调戏、侮辱他人或捏造事实诽谤、诬告陷害他人的,给予严重警告处分;后果严重或性质恶劣的,给予记过以上处分。

第二十一条　以写恐吓信等方法威胁他人安全或干扰他人正常生活的,给予严重警告处分;后果严重或性质恶劣的,给予记过以上处分。

第三节　侵犯公私财产的行为

第二十二条　盗窃公私财物,案值不足600元的,视情节轻重,给予记过以下处分;案值在600元以上不足2000元的,视情节轻重,给予记过或留校察看处分;案值在2000元以上的,视情节轻重,给予留校察看以上处分。

多次盗窃公私财物的,应当从重处分。

第二十三条　抢夺、敲诈勒索、诈骗公私财物的,给予记过以上处分。其中,抢夺财物案值在1000元以上、敲诈勒索财物案值在2000元以上、诈骗财物案值在3000元以上的,视情节轻重,给予留校察看以上处分。

第二十四条　明知是赃物而窝藏、销毁、转移的,视情节轻重,给予严重警告以上处分。

第二十五条　侵吞或挪用公款,案值不足600元的,给予严重警告以下处分;情节严重的,给予记过以上处分。

第二十六条　故意损坏公私财物,视情节轻重,给予警告以上处分;过失损害公私财物,后果较为严重的,给予记过以下处分。

第四节　扰乱学校教育教学秩序的行为

第二十七条　一学期旷课累计达三十学时的,给予警告处分;达四十学时的,给予严重警告处分;达五十学时的,给予记过处分。学时按教务部门规定的实际开课计划计算。

第二十八条　在考试中作弊的,视情节轻重,给予留校察看以上处分。其中,由他人代替考试或代替他人考试、组织作弊、使用通讯设备作弊及其他作弊行为严重的,给予开除学籍处分。

有其他违反考场纪律或扰乱考场和考试工作场所秩序行为的,给予记过以下处分;后果严重或性质恶劣的,给予留校察看处分。

第二十九条　剽窃、抄袭他人研究成果的,给予记过以上处分。其中,情节严重的,给予开除学籍处分。

第三十条　由他人代替或代替他人撰写毕业论文、学年论文等学业考核材料的,视情节轻重,给予严重警告以上处分。

第三十一条　违反课堂、实验室、图书馆和计算机房管理规定,经劝阻不听,妨害他人学习、工作等活动,未造成严重后果的,给予警告处分;后果严重的,给予记过以上处分。

第五节　扰乱学校生活秩序的行为

第三十二条　有下列扰乱学校公共秩序行为之一的,分别给予相应处分:

(一)寻衅滋事、斗殴或聚众斗殴的,不论以何种方式,引起事端或激化矛盾,造成打人、打群架等后果的肇事者,视情节轻重,给予严重警告以下处分;动手打人未伤他人的,给予记过以下处分;致他人受伤者,给予记过以上处分。

策划者、为首者、纠集校外人员到校内打架者,从重处分。

(二)组织、煽动罢课、闹事的,视情节轻重,给予记过以上处分。

(三)赌博的,视情节轻重,给予严重警告以上处分。

(四)在校园内酗酒闹事、起哄、喧哗、摔砸物品的,视情节轻重,给予警告以上留校察看以下处分。

(五)有其他扰乱学校公共秩序行为的,视情节轻重,给予警告以上处分。

第三十三条　违反学校学生住宿管理规定,扰乱学生宿舍管理秩序,有下列情形之一的,给予严重警告以下处分;后果严重的,给予记过以上处分:

(一)学校要求集中住宿的学生未经批准夜不归宿或是在校外租房居住,经告诫不改的;

(二)将宿舍床位出租或转让,经告诫不改的;

(三)擅自留宿校外人员,经告诫不改的;

(四)在宿舍区违章接拉电线、使用明火、使用大功率或发热元件外露电器,经告诫不改的;

(五)违反学校作息制度,在宿舍区扰乱他人正常生活秩序,经告诫不改的;

(六)在宿舍区从事营利性活动,扰乱宿舍管理秩序和他人正常生活秩序,经告诫不改的。

第三十四条　对计算机信息系统功能进行非法删除、修改、增加、干扰,造成计算机信息系统不能正常运行的;对计算机信息系统中存储、处理或者传输的数据和应用程序进行非法删除、修改、增加的操作的;故意制作、传播计算机病毒等破坏性程序,影响计算机系统正常运行的,视情节轻重,给予记过以上处分。

第三十五条　捏造、散布虚假、不良信息的,视情节轻重,给予严重警告以上留校察看以下处分。

第三十六条　违反学校学生团体管理规定,未经批准的学生团体或经批准成立的学生团体,从事违法、违规和违纪活动的,视情节轻重,对其组织者、策划者,给予记过以上处分;对参与者,给予记过以下处分。

第三十七条　冒用学校或校内单位的名义从事各类活动,侵害学校利益,给学校造成不良影响或损失的,视情节轻重,给予严重警告以上留校察看以下处分。

第三十八条　伪造、变造、买卖或者非法取得学校公文、证件、证书、证明、成绩单、印章、保密文件材料和个人档案的,视情节轻重,给予严重警告以上留校察看以下处分。

第三十九条　妨碍学校管理人员依照学校规定执行公务的,视情节轻重,给予记过以下处分。

第四十条　在学校内组织宗教活动,经告诫不改的,视情节轻重,给予严重警告以下处分。

第四十一条　在建筑物、公用设备上乱涂、乱写、乱画、污损墙壁以及违章张贴、悬挂条幅、攀折花木,经告诫不改的,给予警告处分。

第四十二条　在公共场所或学生宿舍内,观看带有淫秽内容的文字或音像制品,经告诫不改的,给予警告处分;对集体观看的组织者,给予记过处分。

第四十三条　在学生集体宿舍内留宿异性或在异性学生集体宿舍内留宿的,视情节轻重,给予记过或留校察看处分。

第四十四条　与他人发生不正当性行为,造成不良影响或其他严重后果的,视情节轻重,给予严重警告以上处分。

第四十五条　学生违反社会实践或实习单位所属行业职业道德的,视情节轻重,给予记过以下处分。

第四十六条　从事或参与其他有损大学生形象、有损社会公德的活动,后果严重或性质恶劣的,给予严重警告以上留校察看以下处分。

第四章　违纪处分程序

第四十七条　学院(研究院、教学部、园区学生工作站)发现学生违纪行为,由其学生工作组负责调查并核对事实,收集证据,经院务委员会或学生工作组会议研究,于10个工作日内提出初步处理意见,并将学生违纪处分材料送交学生工作处。

学校职能部门和相关单位在其管辖范围内发现学生违纪行为,应当及时收集现场证据,将相关证据材料移交相关学院(研究院、教学部、园区学生工作站)学生工作组,并协助做好其他调查取证工作,学院(研究院、教学部、园区学生工作站)按前款规定程序办理。

学生工作处、教务处、研究生院、保卫处在必要时,可直接组织调查学生违纪事件,收集证据,于10个工作日内提出初步处理意见。教务处、研究生院、保卫处须将学生违纪处分材料送交学生工作处。

第四十八条　学生违纪处分材料应包括以下内容:

(一)违纪事实的调查结果及处分意见材料;

(二)当事人询问笔录;

(三)其他旁证材料(书证、物证、证人证言等)。

对当事人和证人的询问应当至少有两名以上工作人员在场,并制作询问笔录。

第四十九条　学生工作处接到学生违纪处分材料后,应当进行审查,必要时组织相关单位进行讨论审查,在5个工作日内提出拟处理意见。对拟给予处分的,委托学生所在学院(研究院、教学部、园区学生工作站)或直接听取学生或其代理人的陈述和申辩。

在听取陈述和申辩后,由学生工作处提出处理意见,报分管校领导批准。对拟给予开除学籍处分的,应当提交校长办公会议研究决定。

学生或其代理人的陈述和申辩,可以采用书面形式,也可以采用口头形式。采用口头形式的,应当至少有两名以上工作人员在场,并做好记录。

第五十条　学校做出处分决定后,应当出具处分决定书,处分决定书的内容应当包括处分的对象、事实、依据、结果和学生申诉的权利、期限。

第五十一条　处分决定书由学生所在学院(研究院、教学部、园区学生工作站)送交学生本人,由学生本人签收,签收日期为送达日期。

学生本人拒绝签收处分决定书的,由学院(研究院、教学部、园区学生工作站)负责送达的工作人员邀请二名以上的教师或学生到场作为见证人,在送达回证上记明拒收事由和日期,由送达人、见证人签名,把处分决定书留置学生本人宿舍或其他经常居住地,即视为送达。

以上送达方式仍无法送达的,在学校公告栏公布处分决定。自公布之日起经过15日,即视为送达。

处分决定自送达之日起生效。

第五十二条　处分决定在学校范围内公布,并书面通知学生家长,涉及个人隐私、国家秘密等情况的除外。开除学籍的处分决定书应当报福建省教育厅备案。

第五十三条　学生对学校的处分决定有异议的,可以在学校处分决定书送达之日起5个工作日内,向学校学生申诉处理委员会提出书面申诉。

学生的申诉按照《厦门大学学生申诉办法》处理。

学生申诉期间,不停止处分的执行。

第五十四条　被开除学籍的学生,由学校发给学习证明。学生按学校规定期限离校,档案、户口退回其家庭户籍所在地。

第五十五条　对学生的处分材料,应当真实完整地归入学校文书档案和本人档案。

第五章　附　则

第五十六条　对接受成人高等学历教育的学生、接受非学历教育的学生、港澳台侨学生、留学生的违纪处分参照本规定实施。

第五十七条　本规定所称"以上""以下",包括本级、本数。

第五十八条　学校可依据本规定制定相关实施细则,学校其他规定与本规定相抵触的,以本规定为准。

第五十九条　本规定由学校学生工作处负责解释。

第六十条　本规定自2005年9月1日起施行。原《厦门大学学生违纪处分条例》同时废止。

——本文摘录自《关于印发〈厦门大学学生违纪处分规定〉的通知》,厦大学〔2005〕25号,档号2005-XZ11-1

厦门大学考试纪律及违规处理办法

（2005 年 8 月 12 日厦门大学 2005 年第 16 次校长办公会议通过）
（2005 年 8 月 16 日）

第一章　总　则

第一条　为严肃厦门大学考试纪律，规范厦门大学考试违规行为的认定与处理，维护考试的公平、公正，制定本办法。

第二条　本办法所称考试包括各类国家教育考试、学校教育教学计划规定的课程和各种教育教学环节的考试。

第三条　监考教师负有监督考试纪律的责任，必须在规定时间到达考场，宣布考试纪律，维护考场秩序，履行监考职责。发现考生有违规动向要坚持教育为先的原则，及时给予劝阻。

第四条　学生参加考试，应当遵循诚实信用、公平竞争的原则，遵守考试纪律。考生必须在规定时间到达考场，保持考场肃静，服从监考教师的指令、监督和劝告。

第二章　学生考试违规行为的认定

第五条　学生有下列行为之一的，应当认定为考试违纪：

（一）携带考试禁带物品进入考场或者未放在指定位置的；

（二）未在规定的座位参加考试的；

（三）在考试开始信号发出前答题或者在考试结束信号发出后继续答题的；

（四）在考试过程中旁窥、交头接耳、互打暗号或者手势的；

（五）在考场或者考场周围，喧哗或者实施其他影响考场秩序的行为的；

（六）未经监考教师同意在考试过程中擅自离开考场的；

（七）将试卷、答卷（含答题卡、答题纸等，下同）、草稿纸等考试用纸带出考场的；

（八）用规定以外的笔、纸答题或者在试卷规定以外的地方书写姓名、考号或者以其他方式在答卷上标记信息的；

（九）有其他违反考场规则但尚未构成作弊的行为的。

第六条　学生有下列行为之一的，应当认定为考试作弊：

（一）由他人冒名代替或代替他人参加考试的；

（二）组织作弊的；

（三）在考试过程中使用通讯设备的；

（四）携带与考试内容相关的文字材料或者存储与考试内容相关资料的电子设备参加考试的；

（五）事先将与考试内容有关的文字抄写在桌椅、衣服、文具、身体上等的；

（六）抄袭或者协助他人抄袭试题答案或者与考试内容相关的资料的；

（七）抢夺、窃取他人试卷、答卷或者强迫他人为自己抄袭提供方便的；

(八)考试时虽经允许离开考场,但在考场外偷看有关资料,或与他人交谈考试内容的;

(九)考试时向他人示意,或与他人核对考题答案的;

(十)在考场内朗读考试内容的;

(十一)在答卷上填写与本人身份不符的姓名、考号等信息的;

(十二)传、接物品或者交换试卷、答卷、草稿纸的;

(十三)评卷教师在考试结束后评卷过程中发现同一科目同一考场有两份以上(含两份)答卷答案雷同的;

(十四)有其他作弊行为的。

第七条　学生不服从监考教师和其他考试工作人员的管理,有下列行为之一的,应当认定为扰乱考场及考试工作场所秩序:

(一)故意扰乱考点、考场、评卷场所等考试工作场所秩序的;

(二)拒绝、妨碍考试工作人员履行管理职责的;

(三)威胁、侮辱、诽谤、诬陷监考教师和其他考试工作人员或其他考生的;

(四)有其他扰乱考试管理秩序的行为的。

第三章　学生考试违规行为的处理

第八条　学生有第五条、第六条、第七条所列行为之一的,按《厦门大学学生违纪处分规定》第二十八条之规定给予纪律处分,并取消该科目的考试成绩。

第九条　监考教师和其他考试工作人员在考试过程中发现学生实施本办法第五条、第六条、第七条所列行为之一的,应当及时予以纠正并如实记录;对学生用于作弊的材料、工具等,应予暂扣。学生考试违规记录作为认定学生违规事实的依据,应当由两名以上(含两名)监考教师或其他考试工作人员签字确认。监考教师或考试工作人员应当向违纪学生告知违规记录的内容,对暂扣的学生物品应填写收据。

第十条　考试结束后,监考教师、考试工作人员或违规学生所在学院(研究院、教学部、学生园区工作站)应立即将学生考试违规记录和证据材料移送教务处或研究生院,并协助做好调查取证工作;教务处或研究生院按《厦门大学学生违纪处分规定》规定的违纪处分程序办理。

第四章　附　则

第十一条　本办法所称考场是指实施考试的封闭空间;所称考点是指设置若干考场独立进行考务活动的特定场所。

第十二条　本办法自2005年9月1日起施行。原《厦门大学考场纪律及违纪处分办法》同时废止。

——本文摘录自《关于印发〈厦门大学考试纪律及违规处理办法〉的通知》,厦大学〔2005〕26号,档号2005-XZ11-2

厦门大学本科生学籍管理规定

（2005年7月8日经厦门大学2005年第14次校长办公会议通过）

（2005年8月16日）

第一章　总　则

第一条　为了贯彻国家的教育方针，维护正常的教学秩序，保证本科生的培养质量，促进本科生德、智、体、美全面发展，根据《中华人民共和国教育法》《中华人民共和国高等教育法》和教育部《普通高等学校学生管理规定》及相关法律法规，结合我校实际，制定本规定。

第二条　本规定适用于在厦门大学接受普通高等学历教育的全日制本科生。

第二章　入学与注册

第三条　凡我校录取的新生，须持录取通知书和有关证件，按期到校办理入学手续。因故不能按期入学者，必须向学院书面请假并附相关证明。请假时间一般不得超过两周。未经请假、或请假未被批准、或请假逾期两周的，除因不可抗力等正当事由以外，视为放弃入学资格。

第四条　新生入学后，学校在三个月内按照国家招生规定对其进行复查。复查合格者予以注册，取得学籍。复查不合格者，由学校区别情况，予以处理，直至取消入学资格。

凡属弄虚作假、徇私舞弊取得学籍者，一经查实，取消其学籍。情节恶劣的，应当请有关部门查究。

第五条　患有疾病的新生，经学校指定的二级甲等以上医院（下同）诊断不宜在校学习的，经教务处批准，可以保留入学资格一年，离校治疗。保留入学资格者不具有学籍，不享受在校生待遇。在保留入学资格期内经治疗康复，可以向学校申请入学，由学校指定医院诊断，符合体检要求，经学校复查合格后，可重新办理入学手续。复查不合格或者逾期不办理入学手续者，取消入学资格。

第六条　学生有缴纳学费的义务。每学年第一学期开学时，学生必须按其专业年级的缴费标准，按照一学年（只需注册一学期者按一学期）额度缴纳学费。家庭经济困难的学生可以申请贷款或者其他形式资助，办理有关手续后注册。

第七条　每学期开学时，学生必须按校历规定日期到学院办理注册手续方可取得本学期学习资格。注册手续不得由他人代办。因故不能如期注册者，应当向学生所在学院履行暂缓注册手续。未按学校规定缴纳学费或者其他不符合注册条件的不予注册。

第三章　学制与在校年限

第八条　本科学制由国家统一规定，一般为四年，少数专业为五年。

第九条　学生可以分阶段完成学业。学校允许学生提前一年或推后1～2年毕业，允许学生申请保留学籍1～2年从事创业等活动，但在校年限（含休学、保留入学资格和保留学籍）不得超出其学制两年（即四年制本科生不超出六年、五年制本科生不超出七年）。

第四章　课程修读

第十条　学生应遵照循序渐进的原则,按照教学计划规定的顺序和要求修课。

学生应当按照学校和学院的规定,在指导教师的指导下,办理选课手续。凡规定有先修课程的,必须取得先修课程学分后方可继续修习后续的课程。

经过院系批准,学习能力强的学生可以提前修习某些后续课程;学习有困难的学生可以推后缓修某些课程。

学生可以根据自己的兴趣、爱好和特长,经所在院系和开课院系的同意,选修其他专业的课程。

学有余力的学生可以按照学校规定的办法申请辅修其他专业。

学生可以根据校际协议跨校修读课程。在他校修读的课程成绩(学分)由所在学院根据校际协议审核后予以承认,并且确定其可以替代或免修教学计划规定的相应课程和学分。

未经办理修课手续而参加听课、考核者不能取得该课程的成绩和学分。

第十一条　学生有正当理由可提出申请免修某些课程(政治课、体育课、实验课除外),但须经学院批准。

学生因生理缺陷或患某种疾病,由学校指定医院出具证明,学院审批,可以申请免于或暂缓参加军事训练;体育课可转修"保健体育课"。

学业优秀、学习能力强的学生,经本人申请和学院批准,某些课程(政治课、体育课、实验课除外)可以全部或部分免听。经过考核,成绩在及格以上者可获得该课程学分。

申请免听课程考试一般与上届学生的课程考试同时进行,难度一致。免听课程的考试必须按照教学大纲的要求考核全部内容,试题由任课教师拟定,系主任核准。

第十二条　课程考核不及格必须重修。

学生不能按时参加课程考核,该课程必须重修。确有不可抗力正当理由的可以向所在学院申请参加该课程下一轮的考试。

一门课程缺课的学时累计达到该门课程总学时数的 1/3 者(获准部分免听者除外),或者实验课缺做实验达 1/3 者,该门课程必须重修。

重修课程可以与下一年级一起修读,也可以及时选读其他班级的相同课程。如课程停开,学院可以指定学生修读学分相同、要求相近的其他替代课程。

学生可以根据对重修课程的掌握程度申请部分免听,经任课教师同意、报院系备案后,可不必全程听课而参加课程考试。

同一门课程重修不得超过两次。

第五章　考核与成绩记载

第十三条　学生应当参加学校教育教学计划规定的课程和各种教育教学环节(以下统称课程)的考核,考核成绩记入学生学籍总登记卡。课程不及格成绩可以先行记入,待重修及格后以重修的成绩予以替换、并正式记入学籍总登记卡。学籍总登记卡在学生毕业时归入学生个人档案。原件存校档案馆。

第十四条　考核方式根据课程特点,分别采用笔试(闭卷或开卷)、口试,或口笔试结合等多种形式,一般由任课教师提出、系主任审定、报开课系备案。每门课程笔试时间一般不超过两小时。

第十五条　课程成绩采用百分制或四级制(优秀、良好、及格、不及格)记分,由期末考试成绩(一般占60%～70%)和平时测验成绩(一般占 30%～40%)等综合评定。实验课、生产实习、学年论文和毕业论文(或科研训练)等成绩采用四级制记分。百分制与四级制的换算标准是:85～100 分为优秀(A);70～84分为良好(B);60～69 分为及格(C);未达 60 分为不及格(F)。有些不宜采用上述记分办法的教学环节,可采用合格、不合格两级记分,但必须在记分时标明为“两级分制”。

第十六条　体育课的成绩要以考勤、课内教学和课外锻炼活动的情况综合评定。某些实践性课程(如实验、实习)的成绩可根据课内外作业、平时测验、实习和实验报告及实际表现综合评定。

第十七条　学生严重违反考核纪律或者作弊的,该课程考核成绩记为无效,并按《厦门大学考场纪律及违规处理办法》给予批评教育或纪律处分。

第十八条　学生不能按时参加教育教学计划规定的活动,应当事先请假并获得批准。未经批准而缺席者,根据学校有关规定给予批评教育,情节严重的给予纪律处分。

第六章　转专业与转学

第十九条　学校根据社会对人才需求情况的发展变化,经学生同意,必要时可以适当调整学生所学专业。

结合国家人才需求计划和学校现有教学资源条件,学校每年确定可以接收学生转专业的专业目录及计划接收学生人数。

第二十条　学生有下列情况之一者,可以申请转专业:

(一)在某一学科方面有特长的学生。例如:发表论文、著作、作品,或在省级以上学科竞赛获奖,或提供确凿证明证实申请者转到相应专业能进一步发挥其特长。

(二)因为身体健康原因,经学校指定医院检查证明不能在原专业学习、但尚能在本校其他专业学习者。

(三)通过转专业能有利于学生自主学习成才,转专业前在本专业所修的公共基础课程(包括政治理论课、思想品德课、外语课、计算机基础课等),以及与申请转入专业相同的课程绝大多数达到良好(70分)以上成绩的。

第二十一条　有以下情况之一者不能申请转专业:

(一)新生入学未满一学期者;

(二)三年级以上者(除学校统一安排学科分流的情形之外);

(三)各类委培、代培生未经委托单位同意转专业者;

(四)无正当理由者。

第二十二条　转专业应依下列程序进行:

(一)学生转专业每学年集中审批一次,时间在每学年结束之前。

(二)学生本人向所在系提出申请,并提交转专业申请表、学习成绩单和符合转专业的相关证明材料。

(三)学生所在学院主管教学院长审核批准是否同意转出。

(四)接收转专业学生的学院召开院务会,根据事先公布的本学院各专业接收转专业计划人数,审核批准接收名单,并由主管教学的院长签字,报教务处处务会通过。

(五)当申请转入的学生数超出本专业接收转专业计划人数较多时应当组织转专业学生进行与转入专业相关的主要基础科目的考试,并按考试总成绩及每门课程成绩分数线划定初选名单。然后,召开院务会审核批准接收名单,并由主管教学的院长签字,报教务处处务会通过。

(六)每个学生在学期间只能申请办理一次转专业。

第二十三条　转专业后的学籍管理:

(一)学生转入新的专业,原则上依照入学时的年级所适用的学籍管理细则进行管理。

(二)学生转入新的专业后,必须完成转入专业的教学计划方能毕业和获得学士学位。

(三)转专业前已修习的课程,与转入专业相同、其学分数与要求高于转入专业、或相同的可以相抵、不必重修;与转入专业相同、其学分数与要求低于转入专业的应当重修,但可以根据本人对课程的掌握程度申请部分免听;其余的作为已取得的任意选修课学分载入学籍总卡。

第二十四条　学生一般应在被录取学校完成学业。如患有疾病或者确有特殊困难，无法继续在本校学习的，可以申请转学。

第二十五条　学生有下列情形之一，不得转学：

(一)入学未满一学期的；

(二)非同类学校转入本校、由专科转入本科的；

(三)招生时确定为定向、委托培养的；

(四)应予退学的；

(五)其他无正当理由的。

第二十六条　学生转学，经两校同意，由转出学校报所在地省级教育行政部门确认转学理由正当，可以办理转学手续；跨省转学者由转出地省级教育行政部门商转入地省级教育行政部门，按转学条件确认后办理转学手续。须转户口的由转入地省级教育行政部门将有关文件抄送转入校所在地公安部门。

第七章　休学与复学

第二十七条　学生有下列情况之一者应予休学：

(一)因病经学校指定医院诊断，须停课治疗、休养时间占一学期总学时三分之一以上者；

(二)在一学期内请假、缺课时间达到该学期总学时三分之一者(获准部分免听者除外)；

(三)因某种特殊原因，本人申请或学校认为必须休学者。

第二十八条　学生申请休学应填写休学申请表，并附相关证明，经所在学院签署意见，报教务处批准。

第二十九条　学生休学一般以一年为期。因病经学校批准，可连续休学两年，但累计不得超过两年。休学后复学的学生，未修满一学期又休学应视为连续休学。未办理休学手续而擅自离校者，视为自动退学。

第三十条　休学学生的有关问题，按照下列规定办理：

(一)休学学生不享受贷学金。原来享受专业奖学金的，按最低等级发放。

(二)因病休学的学生，应回家疗养。病休期间享受公费医疗一年。连续病休超过一年，从第二年起停止公费医疗，医疗费用自理。享受公费医疗期间，应在当地公立医院就诊，凭医院正式单据向学校报销。

第三十一条　学生因特殊困难等原因，经本人申请、学校批准，可保留学籍一年。经有关部门批准出国或到港澳地区定居或自费留学的学生，由本人申请、学校批准，可保留学籍一年。保留学籍期满不办理复学手续者，视为自动退学。保留学籍的学生不享受在校生和休学生待遇。

第三十二条　学生应征参加中国人民解放军(含中国人民武装警察部队)，学校保留其学籍至退役后一年。

第三十三条　学生复学按下列规定办理：

(一)学生休学(保留学籍)期满，应于开学前一周填写《复学申请书》，经学院签署意见，报教务处批准，在注册前办理复学手续。因病休学的学生，申请复学时，须由学校指定医院诊断，证明已恢复健康，并经校医院复查合格，方可复学；其他原因休学(保留学籍)的学生，须持有关证明，方准申请复学、办理注册手续。

(二)要求复学的学生，由学院、教务处进行复查。休学(保留学籍)期间，如有违法行为者，取消复学资格。

第三十四条　学生申请复学时，若原专业已调整、合并或中断招生，可安排到其他相近专业学习。

第八章　退　学

第三十五条　学生有下列情形之一，应当退学：

（一）学业成绩未达到学校要求，一学期未能获得该专业教学计划8个学分、或相连两个学期未能获得该专业教学计划20学分者。

对一学期未能获得该专业教学计划8学分者，经过本人申请、所在学院分管教学负责人批准，可以缓期一学期合并处理。

（二）休学期满，在学校规定期限内未提出复学申请、或者申请复学经复查不合格者。

（三）经学校指定医院诊断，患有疾病或者意外伤残无法继续在校学习者。

（四）未请假离校、连续两周不参加学校规定的教学活动者。

（五）超过学校规定期限未注册而又无正当事由者。

（六）本人申请退学者。

因上述（一）至（五）项原因退学的由学生所在学院提出报告，并附相关材料，报送教务处；学生本人申请退学的由本人填写退学申请表、学院签署意见，报送教务处。

第三十六条　对学生的退学处理，由校长办公会议研究决定。

第三十七条　对退学的学生，学校应出具退学决定书。

第三十八条　退学决定书由学生所在学院（研究院、教学部、园区学生工作站）送交学生本人，由学生本人签收，签收日期为送达日期。

学生本人拒绝签收退学决定书的，由学院（研究院、教学部、园区学生工作站）负责送达的工作人员邀请二名以上的教师或学生到场作为见证人，在送达回证上记明拒收事由和日期，由送达人、见证人签名，把退学决定书留置学生本人宿舍或其它经常居住地，即视为送达。

以上送达方式仍无法送达的，在学校公告栏公布退学决定。自公布之日起经过15日，即视为送达。

退学决定自送达之日起生效。

退学决定书应当报福建省教育行政部门备案。

第三十九条　学生对退学处理有异议的，可以在接到学校退学决定之日起5个工作日内，向学校学生申诉处理委员会提出书面申诉。

学生的申诉按照《厦门大学学生申诉办法》处理。

第四十条　退学的学生，应在两周内办理退学手续离校，档案、户口退回其家庭户籍所在地。逾期办理离校手续的，学校不予负责。

第九章　奖励与处分

第四十一条　对在德、智、体、美等方面全面发展或者在思想品德、学业成绩、科技创造、锻炼身体及社会服务等方面表现突出的学生，给予表彰和奖励。

第四十二条　对学生的表彰和奖励可以采取授予“三好学生”称号或者其他荣誉称号、颁发奖学金等多种形式，给予相应的精神鼓励或者物质奖励。

第四十三条　对违法、违规、违纪行为的学生，给予批评教育，或者按照学生违规处分办法和程序，给予与学生违法、违规、违纪行为的性质和过错的严重程度相适应的纪律处分。

第四十四条　纪律处分的种类分为：（一）警告；（二）严重警告；（三）记过；（四）留校察看；（五）开除学籍。

第四十五条　学生对学校的处分决定有异议的，在学校处分决定书送达之日起5个工作日内，可以向学校学生申诉处理委员会提出书面申诉。

学生的申诉按照《厦门大学学生申诉办法》处理。

学生申诉期间,不停止处分的执行。

第四十六条　被学校开除学籍的学生,学校发给学习证明。

第四十七条　学生的奖励与处分材料归入学校文书档案和本人档案。

第十章　毕业、结业与肄业

第四十八条　学生在规定最长在校年限(四年制本科生为六年、五年制本科生为七年)之内,修满教学计划规定的学分,德、智、体达到毕业要求,准予毕业,发给毕业证书。符合学士学位条件的可以获得学士学位。

第四十九条　学生提前修满教学计划规定的学分,德、智、体达到毕业要求,经本人申请,学院和教务处审核,校长批准,准予提前毕业。提前毕业学生待遇与其他毕业生相同。

第五十条　学生在规定最长在校年限(四年制本科生为六年、五年制本科生为七年)之内,所获学分达到教学计划总学分数90%者准予结业。未修、或已修不及格课程在结业后一年内可申请自费重修或补考一次,合格者可以换发毕业证书。对合格后颁发的毕业证书,毕业时间按发证日期填写。符合学士学位条件的可以申请学士学位。

第五十一条　学满一学年以上退学的学生,或者在校时间(含休学、保留入学资格和保留学籍)已达规定最长在校年限(四年制本科生为六年、五年制本科生为七年)、所获学分未达到教学计划总学分数90%者,按其实际完成的学业年限发给肄业证明书,以后不再换发毕业证书或毕业证明。

第五十二条　学校执行高等教育学历证书电子注册管理制度,每年将颁发的毕(结)业证书信息报福建省教育行政部门注册,并由福建省教育行政部门报国务院教育行政部门备案。

第五十三条　学生完成本专业学业、同时辅修其他专业并达到该专业辅修要求者,学校发给辅修专业证书。

第五十四条　违反国家招生规定入学者,学校不得发给学历证书、学位证书;已发的学历证书、学位证书,学校应当予以追回并报教育行政部门宣布证书无效。

第五十五条　毕业、结业、肄业证书和学位证书遗失或者损坏,经本人申请,学校核实后出具相应的证明书。证明书与原证书具有同等效力。

第十一章　附　则

第五十六条　留学生、港澳台侨学生的学籍管理参照本规定施行。

第五十七条　本规定所称“以上”“以下”,包括本级、本数。

第五十八条　本规定由学校教务处负责解释。

第五十九条　本规定从2005年9月1日起施行,原《厦门大学本科生学籍管理实施细则》同时废止。

——本文摘录自《关于印发〈厦门大学本科学生学籍管理规定〉的通知》,厦大教〔2005〕38号,档号2005-XZ12-3

厦门大学研究生学籍管理规定

（2005 年 7 月 22 日厦门大学 2005 年第 15 次校长办公会议通过）
（2005 年 8 月 16 日）

第一章　总　则

第一条　为了贯彻国家的教育方针，维护正常的教学秩序，保证研究生的培养质量，促进研究生德、智、体、美全面发展，根据《中华人民共和国教育法》、《中华人民共和国高等教育法》和教育部《普通高等学校学生管理规定》及相关法律法规，结合我校实际，制定本规定。

第二条　本规定适用于在厦门大学接受普通高等学历教育的研究生。

第二章　入学与注册

第三条　凡我校录取的新生，须持录取通知书和有关证件，按期到校办理入学手续。因故不能按期入学者，必须向学院或研究院（以下简称学院）书面请假并附相关证明。请假时间一般不得超过两周。未请假，或请假未被批准，或请假逾期两周者，除因不可抗力等正当事由以外，视为放弃入学资格。

第四条　新生入学后，学校在三个月内按照国家招生规定对其进行复查。复查合格者予以注册，取得学籍。复查不合格者，由学校区别情况，予以处理，直至取消入学资格。

凡属弄虚作假、徇私舞弊取得学籍者，一经查实，取消其学籍。情节恶劣的，应当请有关部门查究。

第五条　患有疾病的新生，经学校指定的二级甲等以上医院（下同）诊断不宜在校学习的，经研究生院批准，可以保留入学资格一年，离校治疗。保留入学资格者不具有学籍，不享受在校生的待遇。在保留入学资格期内经治疗康复，可以于下学年开学前向所在学院提出入学申请，经学院同意后，到学校指定的医院复查。复查合格者，经研究生院批准，可重新办理入学手续。复查不合格或者逾期不办理入学手续者，取消入学资格。

第六条　按规定必须缴纳学费的研究生每学年应当按一学年额度缴纳学费。

家庭经济困难的研究生可以申请贷款或者其他形式资助。

第七条　每学期开学时，所有在学研究生必须在学校规定日期内到学院办理报到注册手续，方可取得本学期学习资格。

未按学校规定缴纳学费或者其他不符合注册条件的不予注册。

因故不能按时到校者，必须事先向学院书面请假并附相关证明。请假时间一般不得超过两周。不请假或未准假而不按时注册者，视不同情况予以通报批评，超过学校规定期限未注册而又无正当事由的予以退学处理。

第三章　考核与成绩记载

第八条　研究生必须按各学科专业培养方案的要求学习课程，完成各培养环节，通过相关考核，达到应修学分数的要求。考核成绩记入成绩总表,并归入研究生本人档案。

第九条 考核分为考试和考查两种。学位课程考核原则上采用考试方式。选修课程及实践环节、专题讨论、文献综述或其他研究型课程等,可以采用考查方式。

考试方式可采用笔试(开卷或闭卷)、口试,或口笔试结合等。具体形式由任课教师根据课程特点确定。

第十条 研究生课程及其他培养环节的考核成绩须按百分制。百分制与四级制的换算标准是:85～100分为优秀(A);70～84分为良好(B);60～69分为及格(C);未达60分为不及格(F)。

学位课程以70分以上为合格,其他课程及培养环节以60分为合格。达到合格要求的方可获得学分。

考核不合格的课程应当重修。同一门课程重修不得超过两次。

如因课程设置调整无法重修同一门课程的,可修读同类或高一级课程代替。

凡一门课程旷课学时数累计达三分之一者,该课程不予评定成绩。

第十一条 研究生因病或其他特殊原因不能参加考试者,必须事先办理缓考申请,经任课教师同意,学院主管领导批准(研究生公共课须经研究生院批准)后,方可缓考。

缓考研究生只能参加该课程下一轮次的考试,不能提前或单独考试。

擅自缺考者,该课程成绩以零分计。

第十二条 研究生可以根据学校签订的校际协议或经研究生院核准跨校修读课程,在他校修读的课程成绩(学分)可以承认。

第十三条 研究生严重违反考核纪律或者作弊的,该课程考核成绩无效,并按《厦门大学考场纪律及违规处理办法》给予批评教育或纪律处分。

第十四条 研究生必须按时参加培养方案规定的各项活动。因故不能参加者,应事先向学院请假。未请假或请假未经批准而缺席者,给予批评教育,情节严重的给予纪律处分。

第四章 转专业与转学

第十五条 研究生一般不得转专业。如因特殊情况本专业不能继续培养的,可以申请转专业。转专业只能在同一学科或相关专业内进行。

二年级以上研究生不可以申请转专业。

第十六条 申请转专业的研究生应当向所在学院提出申请,并征得转出与拟转入学院及导师同意,经研究生院审核后报主管校长批准。

第十七条 研究生一般应当在本校完成学业。如患病或者确有特殊困难,无法继续在本校学习的,可以申请转学。

第十八条 研究生有下列情形之一,不得转学:

(一)入学未满一学期的;

(二)非同类院校转入本校的;

(三)招生时确定为定向、委托培养的;

(四)应予退学的;

(五)其他无正当理由的。

第十九条 研究生转学,须经两校同意后,由转出学校报所在地省级教育行政部门确认转学理由正当,可以办理转学手续;跨省转学者由转出地省级教育行政部门商转入地省级教育行政部门,按转学条件确认后办理转学手续。须转户口的由转入地省级教育行政部门将有关文件抄送转入校所在地公安部门。

转入研究生必须交纳修读期间所需的学费。

第五章　学制与在校年限

第二十条　研究生的学制：硕士研究生 2～3 年；博士研究生 3～4 年；硕博连读与本直博研究生 5～6 年。

第二十一条　研究生的在校年限(含休学、保留学籍)：硕士生 2～5 年；博士生 3～7 年；硕博连读与本直博研究生 5～8 年。

第二十二条　研究生因客观原因在学制规定年限内无法完成学业的，应在每年 6 月份之前，由研究生本人提出延长学习年限的申请，经导师、学院签署意见后报研究生院审批。

研究生超过学制年限三个月未办理延长学习年限申请者，视为自动退学。

第六章　休学与复学

第二十三条　研究生因病不能坚持学习，但在短期内可以治愈的，可以申请休学。研究生因病申请休学应填写相关表格并附学校指定医院诊断证明书，经研究生导师和所在学院签署意见后，报研究生院批准。

研究生因病不适宜在校学习的，经学校指定医院诊断证明，应当办理休学。

因病休学的研究生应当离校治疗。

第二十四条　研究生因创业需要或其他特殊原因需要申请休学的，应填写相关表格，经研究生导师和学院签署意见后报研究生院批准。

第二十五条　研究生休学期满，应于开学前一周向所在学院申请复学，报研究生院批准。研究生因病休学期满，申请复学时，须由学校指定医院诊断，证明已恢复健康，并经校医院复查合格，方可复学。

第二十六条　研究生休学一般以一学期为限，休学累计不得超过两年。

第二十七条　研究生在申请休学前应缴清在学修读期间的学费。

第二十八条　休学期间不享受在校研究生奖助学金。医疗费用按学校有关规定办理。

第七章　退　学

第二十九条　研究生有下列情形之一，应予退学：

(一)一门学位课程重修两次仍不合格的；其中专业学位研究生两门核心课程或学位课程或必修课程重修两次仍不合格的。

(二)硕士生在校年限(含休学、保留学籍)超过 5 年；博士生超过 7 年；硕博连读生、本直博生超过 8 年未完成学业的。

(三)休学期满，在学校规定期限内未提出复学申请或者申请复学经复查不合格的。

(四)患有严重疾病或者意外伤残无法继续在校学习的。

(五)未请假离校连续两周未参加学校规定的教学活动的。

(六)超过学校规定期限未注册而又无正当事由的。

(七)本人申请退学的。

凡因上述(一)至(六)项原因退学的研究生，由研究生所在学院提出报告并附相关材料，经导师、学院签署意见后报送研究生院。研究生本人申请退学的须填写相关表格经导师、学院签署意见后报送研究生院。

研究生申请退学应缴清在学修读期间的学费。

第三十条　对研究生的退学处理，由校长办公会议研究决定。

第三十一条　对退学的研究生,学校应出具退学决定书。

第三十二条　退学决定书由研究生所在学院送交研究生本人,由研究生本人签收,签收日期为送达日期。

研究生本人拒绝签收退学决定书的,由学院负责送达的工作人员邀请二名以上的教师或学生到场作为见证人,在送达回证上记明拒收事由和日期,由送达人、见证人签名,把退学决定书留置研究生本人宿舍或其他经常居住地,即视为送达。

以上送达方式仍无法送达的,在学校公告栏公布退学决定。自公布之日起经过15日,即视为送达。

退学决定自送达之日起生效。

退学决定书应当报福建省教育行政部门备案。

第三十三条　研究生对退学处理有异议的,可以在接到学校退学决定之日起5个工作日内,向学校学生申诉处理委员会提出书面申诉。

研究生的申诉按照《厦门大学学生申诉办法》处理。

第三十四条　退学的研究生,按已有毕业学历和就业政策可以就业的,由学校报福建省毕业生就业部门办理相关手续;在学校退学决定批准之日起一年内没有聘用单位的,档案、户口退回其家庭户籍所在地。

第八章　奖励与处分

第三十五条　学校对思想品德、学业成绩、科技创新、实践活动等方面表现突出的研究生,给予表彰和奖励。

第三十六条　对违法、违规、违纪行为的研究生,给予批评教育,或者按照学生违规处分办法和程序,给予与学生违法、违规、违纪行为的性质和过错的严重程度相适应的纪律处分。

第三十七条　纪律处分的种类分为:(一)警告;(二)严重警告;(三)记过;(四)留校察看;(五)开除学籍。

第三十八条　研究生对学校的处分决定有异议的,在学校处分决定书送达之日起5个工作日内,可以向学校学生申诉处理委员会提出书面申诉。

研究生的申诉按照《厦门大学学生申诉办法》处理。

研究生申诉期间,不停止处分的执行。

第三十九条　被学校开除学籍的研究生,由学校发给学习证明。

第四十条　研究生的奖励与处分材料归入学校文书档案和本人档案。

第九章　毕业、结业与肄业

第四十一条　研究生在学校规定的在校年限内,按照培养方案的规定,修满应修学分,完成必修环节,通过毕业论文答辩,德、智、体达到毕业要求,准予毕业,由学校发给毕业证书。符合学位授予条件者,由学校颁发学位证书。

第四十二条　研究生在学校规定的在校年限内,按照培养方案的规定,修满应修学分,完成必修环节,但毕业论文答辩未通过,准予结业,由学校发给结业证书。

研究生结业后,但仍在学校规定在校年限内,符合学校学位授予条件者,可以申请重新答辩。通过答辩者,准予毕业和换发毕业证书。毕业时间按发证日期填写。符合学位授予条件者,由学校颁发学位证书。

第四十三条　学满一学年以上退学的研究生,由学校颁发肄业证书。

第四十四条　研究生的学历证书、学位证书严格按照招生时确定的学制、培养类型和学习形式填写。

第四十五条　研究生必须严格执行高等教育学历证书电子注册管理制度，积极配合做好毕(结)业证书信息填报等工作。

第四十六条　毕业证书、结业证书、肄业证书和学位证书遗失或者损坏，经研究生本人申请并办理相关手续后，由学校出具相应的证明书。证明书与原证书具有同等效力。

第十章　附　则

第四十七条　港澳台侨研究生、留学研究生及在职攻读专业学位等研究生的学籍管理参照本规定实施。定向、委培研究生除执行本规定外，必须执行定向、委培合同的规定。

第四十八条　本规定所称"以上""以下"，包括本级、本数。

第四十九条　本规定由学校研究生院负责解释。

第五十条　本规定自2005年9月1日起施行。原《厦门大学研究生学籍管理实施细则》同时废止。

——本文摘录自《关于印发〈厦门大学研究生学籍管理规定〉的通知》，厦大研〔2005〕017号，档号2005-XZ28-1

厦门大学硕士学位和博士学位授予工作细则

(2005年6月27日校学位评定委员会修订)

(2005年8月29日)

第一章　总　则

第一条　根据《中华人民共和国学位条例暂行实施办法》和国务院学位委员会《关于做好博士研究生学位授予工作的通知》,结合我校的实际情况,制定本工作细则。

第二条　经国务院批准,我校有权授予硕士、博士两级学位,按哲学、经济学、法学、教育学、文学、历史学、理学、工学、医学、管理学十个学科门类授予。

第二章　学位评定委员会

第三条　学校成立学位评定委员会。校学位评定委员会,由校主要领导和教授(研究员)共二十五人组成,任期三年。校学位评定委员会设主席一名,副主席两名。主席由学校具有高级职称的主要负责人担任。校学位评定委员会名单由研究生院提名,经主席同意,报国家教育部批准,国务院学位委员会备案。

校学位评定委员会履行以下职责:

(一)作出授予硕士学位和博士学位的决定;

(二)通过授予名誉博士学位的人员名单;

(三)作出撤销违反规定而授予学位的决定;

(四)遴选、聘任博士生指导教师,认定引进博士生指导教师资格,取消博士生指导教师资格;

(五)审批申请博士学位人员免除部分或全部课程考试的名单;

(六)研究和处理授予学位的争议和其他事项。

第四条　学位评定分委员会协助校学位评定委员会工作。学位评定分委员会原则上按一级学科设立,同时兼顾校院两级管理体制的运作。分委员会由七人至十五人组成,应有一定数量的、符合条件的中青年教学、科研骨干参加。分委员会一般设正、副主席各一名,主席由学校学位评定委员会委员或该学科的学术带头人担任,委员以教授为主(其中教授须占2/3以上),任期二至三年。

分委员会的组成由学院提名、研究生院学位与学科建设办初审、报学位评定委员会主席批准。

以院运作的学位评定分委员会可根据工作需要,在所属单位设立若干学位评定小组。学位评定小组由五至七人组成,负责初审本单位的学位授予工作。学位评定小组成员名单须报研究生院学位与学科建设办备案。

分委员会履行以下职责:

(一)审定本学科、专业的研究生培养方案和教学计划,并检查其执行情况;

(二)确定硕士学位和博士学位的考试科目以及基础理论课和专业课的考试范围,审批主考人、考试委员会成员名单;

（三）审查接受硕士学位和博士学位的申请，审批硕士学位和博士学位答辩委员会成员名单，审查硕士学位论文答辩和博士学位论文答辩送审材料并批准举行答辩，审核答辩委员会的决议；

（四）初审授予硕士学位和博士学位人员名单；

（五）完成校学位评定委员会交给的其他任务。

第三章　学位学术水平和学位申请办法

第五条　学位申请人通过硕士或博士学位的课程考试和论文答辩，成绩合格，达到以下学术水平，方可授予学位：

一、硕士学位

1.掌握有关学科坚实的基础理论和系统的专门知识；

2.具有从事科学研究或担负专门技术工作的能力。

二、博士学位

1.掌握有关学科坚实宽广的基础理论和系统深入的专门知识；

2.具有独立从事科学研究的能力，在学术或专门技术上做出创造性的成绩。

第六条　凡是遵守中华人民共和国宪法、法律、法规的中国公民和外国公民，并具备以下条件者，均可按本细则的规定，向我校申请相应的学位：

1.完成培养方案规定的学习项目，经考核合格，取得规定的学分。

2.导师或推荐人认为论文质量符合申请条件。

3.我校研究生在攻读学位期间，必须有科研成果。具体要求另行规定。

第七条　申请学位者应在学校规定的期限内提交申请书和学位论文等材料。

第八条　在职人员申请学位，按国务院学位委员会正式公布的实施办法和《厦门大学授予具有研究生毕业同等学力人员硕士、博士学位的实施细则》办理。

第四章　学位课程和考试办法

第九条　硕士学位课程有：(1)政治理论课；(2)基础理论课和专业课，一般为三至四门；(3)外国语一门。学位课程考试成绩70分(百分记分制)以上(含70分)方为合格。

学位课程考试成绩合格，其他课程考试成绩及格，取得规定的学分后方可进行学位论文答辩。

第十条　博士学位课程有：(1)政治理论课；(2)基础理论课和专业课，至少有两门；(3)一门外国语(各学科专业可根据本学科专业实际情况将第二外国语列为必修或选修课程)。

博士学位课程考试成绩70分(百分记分制)以上(含70分)方为合格。全部学位课程成绩合格并取得规定的学分者，通过综合考试方可进行博士学位论文答辩。

第十一条　博士生综合考试委员会成员由本学科和相关学科专业具有高级职称的专家组成，名单由学位评定分委员会审核确定。

第五章　学位论文的基本要求

第十二条　学位论文应在导师指导下，由研究生独立完成。

第十三条　硕士论文的基本要求是：(1)基本论点、结论和建议应有理论意义或实际价值；(2)论文内容应能反映作者掌握本学科坚实的基础理论和系统的专业知识；(3)表明作者已掌握本研究课题的研究方法和技能，具有从事科学研究或担负专门技术工作的能力；(4)应有新的见解，取得一定的科研成果。

第十四条　博士论文的基本要求是：(1)基本论点、结论和建议应具有较大的理论意义和实际价值；

(2)论文内容应能反映作者已掌握本学科坚实宽广的基础理论和系统深入的专业知识;(3)应能反映作者已独立掌握本研究课题的研究方法和技能,具有独立从事科学研究工作的能力;(4)有创造性的见解,取得一定的科研成果。

第十五条　论文用中文撰写(特殊专业除外)。凡用非中文撰写的论文,必须同时提交中文译文。论文一般包括序言、实验与计算、事实与理论分析、总结、参考文献等部分,此外应附中文和外文摘要和关键词。科学论点要有理论论证或实验验证,对所用研究方法的可行性要加以严谨的说明。引用别人的资料要忠于原著原文,并以明确方式标明。利用合作研究成果时要加附注。词句力求精练通顺,条理分明,文字图表清晰整齐。硕士论文一般不少于三万字,博士论文一般不少于五万字。

第十六条　论文经系(所)审查和同意推荐答辩后付印。导师对论文的评语和推荐意见,应密封传递,注意保密。

第六章　论文评阅

第十七条　答辩前两个月,由系(所)提名,经学位评定分委员会同意后,由所在学院(研究院)聘请相关学科的专家评阅论文。论文原则上实行"双盲"评审,具体办法由研究生院学位与学科建设办公室制定。硕士学位论文评阅人不少于两名,其中校外的教授、副教授至少一名。博士学位论文评阅人不少于三名,其中校外的评阅人至少二名。评阅人应是责任心强,学风正派,学术造诣较深,近年来在相关领域的科学研究中有成绩的专家。

博士论文评阅人一般应为博士生导师,或为处于本学科前沿的专家,或参与指导过博士生的专家。

硕士论文评阅人应具有高级职称或硕士生导师资格。

第十八条　评阅人应对论文写出详细的学术评语,并按百分制评定分数,供答辩委员会参考。评阅人可参照下列几个方面审查论文质量:(1)研究成果的理论意义和实际价值;(2)论文的观点、结论是否正确,论据是否充分、可靠;(3)论文的学术水平和创造性;(4)论文的主要优点(包括研究方法、写作技艺和逻辑性等);(5)论文的不足之处。

论文评阅人的姓名和学术评语应对学位申请人保密,并密封传递。

第七章　论文答辩委员会和答辩规则

第十九条　硕士学位论文答辩委员会由三或五位具有高级专业技术职务或硕士生导师资格的专家组成;其中至少有半数以上是研究生导师。指导教师不参加答辩委员会。委员会设秘书一人。新设和薄弱专业,硕士学位论文答辩必须请校外专家参加。

博士学位论文答辩委员会由五或七位具有高级职称的专家组成,其中博士生导师占半数以上,且至少有两位校外博士生导师或专家。指导教师不参加答辩委员会。论文答辩委员会主席一般由教授或相当职称的专家担任。委员会设秘书一人。

学位申请者在答辩前不得接触答辩委员。

第二十条　论文答辩前应先审阅论文评语;未收齐评阅意见书一般不得进行答辩。多数评阅人的评语是肯定的方可进行答辩。

第二十一条　答辩以公开方式进行(须保密除外)。论文答辩的程序一般是:(1)主席宣布开会;(2)导师(或答辩秘书)介绍研究生课程学习成绩和论文工作情况;(3)学位申请人报告论文的主要内容(不超过一小时);(4)委员提问(可休会15～20分钟让申请人准备,也可以不休息),申请人答辩;(5)休会,委员举行会议,由秘书宣读指导教师和评阅人的学术评语,商定评价论文的标准,并对论文做出评价,对是否通过论文答辩和建议授予学位进行表决;(6)主席宣布答辩委员会对论文的评语、评分等级和投票结果。

为保证有充分的时间进行论文答辩,博士学位论文答辩一般在一个单位时间(4小时左右)只答辩一至二篇论文,硕士学位论文答辩一般在一个单位时间(4小时左右)只答辩三至四篇论文。答辩时要详细记录或录音,博士论文答辩须有录音。

第二十二条　答辩委员会必须坚持学术标准,坚持实事求是的科学态度。论文答辩委员会采取不记名投票方式,作出论文的评分等级和是否建议授予学位的决议,做出建议授予学位的决议须有三分之二以上委员同意方为通过。

第二十三条　硕士学位论文答辩不合格的,经答辩委员会半数以上委员同意,可做出在一年内修改论文、重新答辩一次的决议。博士学位论文答辩不合格的,经不记名投票,获半数以上委员同意,可做出在两年内修改论文、重新答辩一次的决议。

除答辩委员会做出决议外,校学位评定委员会及其授权机构之外的任何个人和组织无权同意重新组织答辩。

第二十四条　硕士学位申请人的论文,如已达到博士学术水平,答辩委员会在做出授予硕士学位的决议的同时,还可推荐授予博士学位,并按本工作细则中有关博士学位的规定办理。

博士学位申请人的论文虽未达到博士学术水平,但已达到硕士学术水平,且申请人尚未获得该学科硕士学位的,答辩委员会可以做出建议授予硕士学位的决议。

第八章　学位授予

第二十五条　学位申请者经学位评定分委员会初审通过,并经我校学位评定委员会表决通过,方可授予相应学位。校学位评定委员会表决以不记名投票方式进行,经全体成员过半数同意方为通过。

研究生院学位与学科建设办公室每年将授予硕士学位和博士学位的名单及有关材料,报主管部门和国务院学位委员会办公室备案。

研究生院学位与学科建设办公室在校学位评定委员会做出决议后,应将授予硕士学位和博士学位的人员名单通过一定的方式公布,对于不授予学位的人员一般应将决议送达本人。

第二十六条　校学位评定委员会做出授予学位的决议后,发给学位获得者相应的学位证书。各级学位授予时间为校学位评定委员会会议批准授予学位之日。

校学位评定委员会每年在6、9、12月份召开授予学位的例会3次。博士学位证书在经过三个月争议期后颁发。

在争议期,如有异议者应通过书面形式,向研究生院学位与学科建设办公室反映。由研究生院学位与学科建设办公室提交校学位评定委员会或其授权机构进行处理。

第九章　其　他

第二十七条　对于国内外卓越的学者或著名的社会活动家,经校学位评定委员会提名,报国务院学位委员会批准,可以授予名誉博士学位。

第二十八条　在我校学习的外国留学生和台港澳地区学生申请学位,参照本细则办理。具体实施细则另行规定。

第二十九条　论文答辩结束后,各系(所)应将学位申请书、课程成绩表、论文的全文和摘要、导师评语、论文评阅书、专家推荐书、答辩委员会决议和答辩记录、录音磁带、表决票、以及毕业研究生登记表(毕业鉴定、或申请人所在单位党组织意见)、博士论文的中英文摘要和科研成果等有关材料整理立卷,送校档案馆存档。

学位申请者须将学位论文送学校图书馆存档(一本纸质加电子版),并按规定数量将学位论文和相应的电子版提交研究生院学位与学科建设办公室,按规定报送有关机构。

第三十条　本细则由校学位评定委员会负责解释。

第三十一条　本工作细则自公布之日起施行。原《厦门大学硕士学位和博士学位授予工作细则》(2002 年 6 月 25 日校学位评定委员会审议通过)同时废止。

——本文摘录自《关于印发〈厦门大学硕士学位和博士学位授予工作细则〉的通知》,厦大研〔2005〕18 号,档号 2005-XZ28-1

关于我校硕士、博士研究生在学期间发表学术论文的规定

（2005年6月27日校学位评定委员会修订）

（2005年8月29日）

为了进一步规范学位授予工作，不断提高研究生的培养质量，根据《厦门大学硕士学位和博士学位授予工作细则》及我校研究生教育和学位工作的实际情况，对我校硕士、博士研究生在学期间发表学术论文的要求，做如下规定：

一、硕士、博士研究生在学期间发表学术论文的规定

1.我校博士研究生获得博士学位之前，必须在全国核心刊物或国际同级学术刊物上，以第一作者（导师为第一作者的，第二作者视同第一作者，下同）以“厦门大学”为第一署名单位发表2篇以上与其学位论文相关的学术论文。

2.我校硕士研究生获得硕士学位之前，必须以第一作者以“厦门大学”为第一署名单位在公开发行的学术刊物（有正式刊号）上发表1篇以上与其学位论文有关的学术论文，或取得经过鉴定的科研成果。

3.专业学位硕士研究生暂不要求发表学术论文。

4.特殊学科、专业及其他特殊情况经学位评定分委员会提出，研究生院审批后可以适当调整发表论文的要求。

5.已完成培养方案规定的学习项目，考试考核成绩合格，取得规定的学分，并通过学位论文答辩的研究生，可以按时毕业，并取得毕业证书。但未达到以上发表论文要求者不授予学位。

硕士研究生在通过答辩后的一年内达到发表学术论文标准的，可向研究生院学位与学科建设办提出授予硕士学位的申请。

博士研究生在通过答辩后的二年内达到发表学术论文标准的，可向研究生院学位与学科建设办提出授予博士学位的申请。

二、核心刊物的认定

核心刊物的认定以经我校研究生院认定的最新版的《中文核心期刊要目总览》为准，旧版在研究生院公布新版后的一年内仍有效。

目前采用北京大学出版社2004年版的《中文核心期刊要目总览》。

三、本规定是《厦门大学硕士学位和博士学位授予工作细则》的补充规定，自公布之日起开始执行

——本文摘录自《关于印发〈关于我校硕士、博士研究生在学期间发表学术论文的规定〉通知》，厦大研〔2005〕19号，档号2005-XZ28-1

厦门大学授予具有研究生毕业同等学力人员硕士、博士学位实施细则

(2005年6月27日校学位评定委员会修订)

(2005年8月29日)

第一章　总　则

第一条　为了多渠道地促进我国高层次专门人才的成长,适应社会主义现代化建设的需要,做好授予具有研究生毕业同等学力人员硕士、博士学位的工作,根据《中华人民共和国学位条例》《中华人民共和国学位条例暂行实施办法》《国务院学位委员会关于授予具有研究生毕业同等学力人员硕士、博士学位的规定》(一九九八年六月十八日国务院学位委员会第十六次会议审议通过),特制订本实施细则。

第二条　凡是拥护《中华人民共和国宪法》,遵守法律、法规,品行端正,在教学、科研、专门技术、管理等方面做出成绩,具有研究生毕业同等学力,学术水平或专门技术水平已达到学位授予标准的人员(以下简称同等学力人员),均可按照本实施细则,向我校申请硕士、博士学位。

第三条　凡我校已授予毕业研究生学位的学科、专业,由学位评定分委员会申请,经校学位评定委员会同意,报国务院学位委员会办公室批准后,可接受同等学力人员申请本学科专业硕士、博士学位。

第二章　硕士学位的申请与授予

第四条　资格审查

(一)申请人必须已获得学士学位,并在获得学士学位后工作三年以上,在申请学位的专业或相近专业做出成绩。

(二)申请人应在我校第一、二学期开学的头两周内,通过学院(研究院)向研究生院学位与学科建设办公室提出申请,并提交以下材料:

1.学士学位证书(原件和复印件);

2.最后学历证明(原件和复印件);

3.在有正式刊号的学术刊物上(不含增刊和论文集)已发表或出版的与申请学位专业相关的学术论文、专著;

4.申请人所在单位向学位授予单位提供的申请人的简历、思想政治表现、工作成绩、科研成果、业务能力、理论基础、专业知识和外语程度等方面情况的材料(加印密封)。

申请人不得同时向两个及以上学位授予单位提出申请。

(三)研究生院学位与学科建设办公室在收齐上述材料的两周内对申请人进行资格审查。对确定具有申请资格的申请人,按本规定第五条的要求进行同等学力水平的认定。

第五条　同等学力水平认定

研究生院学位与学科建设办公室从以下三个方面认定申请人是否具备硕士研究生毕业同等学力水平。

（一）对申请人在教学、科研、专门技术、管理等方面做出成绩的认定。

（二）对申请人专业知识结构及水平的认定。

1.我校组织的课程考试。

学院（研究院）负责组织对已经资格审查合格的申请人，按我校相应专业硕士研究生培养方案规定的课程进行考试。考试应严格按相同专业在校研究生的考试要求和评卷标准进行。

2.国家组织的水平考试。

（1）申请人应通过同等学力人员申请硕士学位外国语水平全国统一考试（成绩单由考试部门直接提供）；

（2）申请人应通过同等学力人员申请硕士学位学科综合水平全国统一考试（成绩单由考试部门直接提供）。

申请人自通过资格审查之日起，必须在四年内完成我校组织的全部课程考试和国家组织的水平考试，且成绩合格。四年内未通过课程考试和国家组织的水平考试者，本次申请无效。

（三）学位论文水平的认定。

学院（研究院）应指定指导教师对申请人的论文进行必要的指导。申请人应在通过全部考试后的一年内提交学位论文，并于我校第一、二学期开学的头两周内通过学院（研究院）向研究生院学位与学科建设办公室提出答辩申请，同时提交以下材料：

在职人员以同等学力申请硕士学位资格审查表；

准备申请硕士学位的学位论文一式 15 份；

课程考试成绩单、外语统一考试合格证、学科综合考试合格证。

研究生院学位与学科建设办公室在收齐上述材料的两周内，对申请人进行审查。审查通过后，由学院（研究院）组织论文的评阅和答辩。论文答辩应在申请人提交论文后的半年内完成。

1.论文要求。

申请人提交的论文应对所研究的课题有新见解，表明作者具有从事科学研究、管理工作或独立担负专门技术工作的能力。

申请人同他人合作完成的论文、著作或发明、发现等，对其中确属本人独立完成的部分，可以由本人整理为学位论文，并附送该项工作主持人签署的书面意见或共同发表论文、著作的其他作者的证明信，以及合作完成的论文、著作等。

论文用中文撰写，论文要有中文和外文摘要。

2.论文评阅。

（1）论文评阅人：学院（研究院）应聘请至少三名具有高级专业技术职务的专家为论文评阅人。论文评阅人应是责任心强，学风正派，在相应学科领域学术造诣较深，近年来在科学研究中有成绩的专家。聘请的论文评阅人中至少有一位是我校和申请人所在单位以外的专家。学院（研究院）不得聘请申请人的导师作为论文评阅人。

学位论文应在论文答辩日期二个月以前，由学院（研究院）送交论文评阅人。

（2）论文评阅：论文评阅人应根据学位论文要求对论文是否达到硕士学位水平进行认真、细致的评阅，提出评阅意见及对论文的修改要求。论文实行双向匿名评审，评阅意见应密封传递。

3.论文答辩。

（1）论文答辩委员会组成：论文答辩委员会由不少于五名具有高级专业技术职务的专家组成，其中至少有三人是研究生导师、一人是我校和申请人所在单位以外的专家。申请人的导师不能聘为论文答辩委员会成员。论文答辩委员会的组成人选应先得到学位评定分委员会的认可。

学院（研究院）应在论文答辩日期半个月以前，将学位论文送交论文答辩委员会成员。

（2）论文答辩：论文答辩委员会根据答辩的情况，就是否建议授予硕士学位做出决议。决议采取不记名投票方式，经全体成员三分之二以上同意，方为通过。决议经论文答辩委员会主席签字后，报送学位评定分委员会审议。论文答辩应有详细的记录。论文答辩应公开举行。

(3)论文答辩未通过,本次申请无效。论文答辩未通过,但论文答辩委员会建议修改论文后再重新答辩者,可在半年后至一年内重新答辩一次,答辩仍未通过或逾期未申请者,本次申请无效。

第六条　学位授予

申请人通过同等学力水平认定,经学位授予单位学位评定分委员会同意,报学位评定委员会批准,授予硕士学位并颁发学位证书。

第三章　博士学位的申请与授予

第七条　资格审查

(一)申请人必须已获得硕士学位,并在获得硕士学位后工作五年以上。

(二)申请人应在教学、科研、专门技术领域做出突出成绩,近五年必须在国内外公开发行的学术刊物上发表十篇以上(含十篇)与学位论文有关的署名为独立完成或第一作者的学术论文。国内刊物必须为核心以上刊物,且理科至少有一篇在SCI刊物上发表(或独立撰写出版一本高水平专著或教材);文科至少有一篇在本学科权威刊物上发表(或独立撰写出版一本高水平专著或教材)。

(三)其科研成果必须至少获得一项省部级以上奖励,文科必须为独立完成或第一完成者(二等奖),或者为第二完成者以上(一等奖),理工科必须为第三完成者以上(二等奖)。

(四)具备上述基本条件的同等学力人员,应当在我校第一、二学期开学的头两周内,通过学院(研究院)向研究生院学位与学科建设办公室提出申请,并提交以下材料:

1.硕士学位证书(原件和复印件);

2.最后学历证明(原件和复印件);

3.公开发表的有关学术论文,出版的专著,以及科研成果获奖的证明材料;

4.申请人所在单位向学位授予单位介绍申请人的简历、思想政治表现、工作成绩、科研成果、业务能力、理论基础、专业知识和外语程度等方面情况的材料(加印密封);

5.两位教授或相当专业技术职务专家的推荐书(加印密封),其中至少有一名博士生指导教师。

申请人不得同时向两个及以上学位授予单位提出申请。

研究生院学位与学科建设办公室在收齐上述材料的一个月内,组织专家小组对申请人进行资格审查后,报校学位评定委员会审议通过,主席批准,方可受理申请。对已确定具有申请资格的申请人,由有关学位评定分委员会组织本专业或相关专业三名以上具有博士生导师资格的教授组成专家小组,按本规定第八条的要求进行同等学力水平的认定。

第八条　同等学力水平认定

我校从以下三个方面认定申请人是否具备博士研究生毕业同等学力水平。

(一)对申请人完成本职工作,在教学、科研、专门技术等方面做出成绩的认定。

(二)对申请人专业理论基础、知识结构及水平的认定。

学院(研究院)对已经资格审查合格的申请人,按博士研究生培养方案规定的课程组织考试,第一外国语考试由研究生院学位与学科建设办公室组织考试。申请人自通过资格审查之日起,必须一年内完成全部课程考试,且成绩合格。未通过课程考试者,本次申请无效。

对于在科学或专门技术上有重要的著作、发明、发现或发展者,经两名以上本专业或相近专业具有博士生导师资格的教授推荐,专家小组审查通过,学位评定分委员会同意,报校学位评定委员会批准,可以免除部分或全部课程考试。但国内申请者第一外国语不免考。

(三)学位论文水平的认定。

学位授予单位应指定博士生指导教师对申请人的论文进行必要的指导。申请人应在通过全部课程考试后的9个月之内向学院(研究院)提交学位论文并申请答辩。博士学位论文答辩应在申请人通过全部课程考试后的一年内完成。

1.论文要求及科研工作。

(1)申请人提交的博士学位论文,应是在工作实践中由本人独立完成的成果,表明作者具有独立从事科学研究工作的能力,在科学或专门技术上做出创造性的成果。

(2)申请人同他人合作完成的论文、著作或发明、发现等,对其中确属本人独立完成的部分,可以由本人整理为学位论文提出申请,并附送该项工作主持人签署的书面意见和共同发表论文、著作的其他作者的证明材料,以及合作完成的论文、著作等。

(3)论文用中文撰写,论文要有中文和外文摘要。

(4)申请人必须到我校在学院(研究院)指定的博士生指导教师的指导下,参加为期不少于三个月的与论文相关的科学研究工作。申请人应在我校相应学科专业学位授权点报告其论文工作情况并接受质疑。

2.论文评阅。

(1)论文评阅人:学院(研究院)应聘请不少于五名教授或相当专业技术职务的专家为论文评阅人,其中我校和申请人所在单位以外的专家至少三名。论文评阅人应是责任心强,学风正派,在相应学科领域学术造诣较深,近年来在科学研究中有突出成绩的专家。申请人的导师、推荐人不能聘为论文评阅人。

学位论文应在论文答辩日期三个月以前,由学院(研究院)送交论文评阅人。

(2)论文评阅:论文评阅人应根据学位论文要求对论文是否达到博士学位水平进行认真、细致的评阅,提出评阅意见及对论文的修改意见。论文实行双向匿名评审,评阅意见应密封传递。

3.论文答辩。

(1)论文答辩委员会组成:论文答辩委员会由不少于七名具有高级专业技术职务的专家组成,其中至少有四人是博士生导师、二人是学位授予单位和申请人所在单位以外的专家。申请人的推荐人、导师不能聘为论文答辩委员会成员。论文答辩委员会的组成人选应先得到学位评定分委员会的认可。

学院(研究院)应在论文答辩日期一个月以前,将学位论文送交论文答辩委员会成员。

(2)论文答辩:论文答辩委员会根据答辩的情况,就是否建议授予博士学位做出决议。决议采取不记名投票方式,经全体成员三分之二以上同意,方为通过。决议经论文答辩委员会主席签字后,报送学位评定分委员会。论文答辩应有详细记录。论文答辩应公开举行。

(3)论文答辩未通过,本次申请无效。论文答辩未通过,但论文答辩委员会建议修改论文再重新答辩者,可在半年后至二年内重新答辩一次;答辩仍未通过或逾期未申请者,本次申请无效。

第九条　学位授予

申请人通过同等学力水平认定,经学位评定分委员会同意,报学位评定委员会批准,做出授予博士学位的决定;授予学位人员的姓名及其博士论文题目等应及时向社会或申请人所在单位公布,并经三个月的争议期后颁发学位证书。

第四章　组织和管理

第十条　各学位评定分委员会和学院(研究院)在审查同等学力人员申请硕士、博士学位过程中,应严格执行审批程序,认真履行职责。学院(研究院)应配备专职人员,处理日常工作。

第十一条　申请人在办理申请手续时应缴纳一定的费用。具体收费标准和缴纳办法详见《厦门大学关于同等学力人员申请博士、硕士学位经费问题的暂行规定》。

第十二条　博士学位申请人应到我校参加为期不少于三个月的与论文有关的科学研究。

第十三条　我校向同等学力人员颁发学位证书和向有关单位送交学位论文,均按照国务院学位委员会的有关规定执行。学位证书需单独编号。

第十四条　在整个申请过程中,申请人一旦弄虚作假,其本次申请无效。从资格审查不通过之日起,需间隔两年后我校才受理其再次申请,前次申请中已获得的研究生课程成绩一律无效。申请人所提交的假证件,包含原件及复印件,一律不予退还,并通报所在单位或主管部门,若触犯法律者,移交司法机关处理。

第五章　附　则

第十五条　授予同等学力人员专业学位的办法,参照本实施细则另行制订。

第十六条　本细则由校学位评定委员会负责解释。

第十七条　本细则自公布之日起生效。原《厦门大学授予具有研究生毕业同等学力人员硕士学位的实施细则》《厦门大学授予具有研究生毕业同等学力人员博士学位的实施细则》同时废止。

——本文摘录自《关于印发〈厦门大学授予具有研究生毕业同等学力人员硕士、博士学位实施细则〉通知》,厦大研〔2005〕20号,档号2005-XZ28-1

厦门大学研究生学位论文规范的通知

（2005年6月修订）

（2005年9月1日）

为使我校研究生学位论文格式规范化，参照学位管理的有关规定，现将有关事项通知如下，请各有关单位遵照执行。

一、学位论文的组成

研究生学位论文一般应包括以下部分，并按以下顺序装订：

1.封面。

2.学位论文原创性声明。

3.学位论文著作权使用声明。

4.中文摘要。

5.英文摘要。

6.关键词。

7.论文目录。

8.论文正题：(1)序言；(2)实验与计算、或事实与理论分析；(3)总结。

9.附件。

10.参考文献。

11.致谢。

12.封底。

二、论文格式

研究生学位论文按“厦门大学研究生学位论文格式规范”的要求排版（见附件1），论文封面按研究生院规定的统一格式（见附件2），学位论文原创性声明按研究生院规定的统一格式（见附件3），学位论文著作权使用声明按研究生院规定的统一格式（见附件4）。

三、论文字数

按规定，硕士学位论文的字数一般不少于三万字；博士学位论文的字数一般不少于五万字。

四、论文份数

硕士学位论文打印20本。

博士学位论文打印40本，其中简装本32本、精装本8本。

附:1.厦门大学研究生学位论文格式规范

2.厦门大学研究生学位论文封面格式

3.厦门大学学位论文原创性声明

4.厦门大学学位论文著作权使用声明

研究生院

2005 年 9 月 1 日

附件 1:

厦门大学研究生学位论文格式规范

为使我校研究生学位论文格式规范化,现将学位论文规范要求如下,望各有关单位遵照执行。

学位论文的规范化要求:

1.论文的打印和印刷纸张的规格标准为 A4。

2.论文封面的要求

(1)颜色:浅色(白、浅黄、浅绿、浅蓝);

(2)封面的字体、字号和排版要求见厦门大学研究生学位论文封面格式;

(3)封面的论文题目需要中、英文,英文题目在中文题目之下。

3.论文书脊的要求(如右图)

(1)在论文的书脊以紧排依序打印中文:论文名称、作者姓名、指导教师、×××、厦门大学

(2)字号字体:小五号宋体。

社会发展动力研究 张三 指导教师 李四 厦门大学

4.论文封面后依序加《厦门大学学位论文原创性声明》《厦门大学学位论文著作权使用声明》。

5.论文目录的要求

(1)中英文各一份;

(2)至少要示明“章和节”的标题、页码;

(3)章的标题的字号:四号黑体加重;

(4)节的标题的字号:小四黑体加重;

(5)目的标题的字号:小四宋体。

6.论文摘要的要求

(1)文字:中文和英文各一份;中、英文摘要及其关键词分别各置一页内;字号小四宋体。

(2)字数:中文 600 字左右;英文 3500 字符左右。

(3)内容:重点概述本文研究的问题、意义、创新之处和主要观点、结论。

7.论文关键词的要求

(1)关键词数量:不超过 3 个,能体现论文的主要内容,词组符合学术规范。

(2)每个关键词字数:不超过 5 个字。

(3)字号字体:小四号宋体。

(4)多个关键词之间用分号隔开。

(5)格式例示:关键词:资产重组;市场反应;实证研究

Key Words: Capital Reorganization; Market Reaction; Empirical Study.

8.论文正文排版的要求

(1)字体字号:小四号、宋体;

(2)行距:1×1.5;

(3)每页须加“页眉”和“页码”。

9.论文中的标题格式和排版的要求

(1)章的标题:小三号加重黑体;

(2)节的标题:四号加重黑体;

(3)目及子目以下的标题:小四号加重黑体;

(4)标题一般要简明扼要,体现阐述内容的重点,无标点符号;

(5)全文各部分或章节的题目的“编号”要尽量一致。

10.表格的要求

(1)表格要有:编号,表名(小四号宋体加重),单位;表号和表名要居表上方正中,单位在表右上方;

(2)表格中要注明“项目”(例如,数据的名称、时间);

(3)资料来源要标明“作者、资料来源名称、时间”用小五宋体,置表格左下方;

(4)表与上下正文之间各空一行。

表 1　1995—1998 年工商银行资产负债情况

单位:亿元

时间	1995	1996	1997	1998
总资产				
净资产				
总负债				

资料来源:中国人民银行:《1999 年年鉴》,中国统计出版社,2001 年 5 月。

11.制图的要求

(1)图要有:编号,图名(小四号宋体加重),单位;图号和图名要居图上方的正中;

(2)图形要标明计量单位;

(3)图的资料来源要示明“作者、来源名称、时间”,用小五宋体,置图左下方;

(4)图与上下正文之间各空一行。

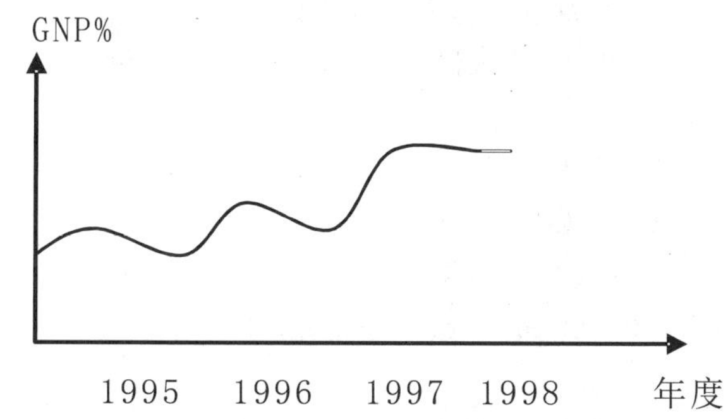

图 1　厦门地区 1995—2000 年 GNP 增长状况

12.注释

注释主要用于对文章篇名、作者及文内某一特定内容做必要的解释或说明。篇名、作者注置于当页地脚;对文内有关特定内容的注释可夹在文内(加圆括号),也可排在当页地脚。序号用带圆圈的阿拉伯数字表示。

13.参考文献

(1)参考文献的著录采用顺序编码制,根据GB7714-87《文后参考文献著录规则》及《中国学术期刊(光盘版)检索与评价数据规范》规定,在引文处按论文中引用文献出现的先后以阿拉伯数字连续编码,序号置于方括号内。一种文献在同一文中被反复引用者,用同一序号标示,需表明引文具体出处的,可在序号后加圆括号注明页码或章、节、篇名,字体用小五宋体。

(2)文后参考文献的著录项目要齐全,其排列顺序以在正文中出现的先后为准;参考文献列表时应以“参考文献:”(左顶格)或“[参考文献]”(居中)作为标识;序号左顶格,用阿拉伯数字加方括号标示;每一条目的最后均以实心点结束。

(3)参考文献著录的条目以小于正文的字号编排在文末。其格式为

A专著、论文集、学位论文、研究报告——[序号]主要责任者.文献题名[文献类型标识].出版地:出版者,出版年.起止页码(任选).

例:

[1]周振甫.周易译注[M].北京:中华书局,1991.

B期刊文章——[序号]主要责任者.文献题名[J].刊名,年,卷(期);起止页码.

例:

[2]何龄修.读顾城《南明史》[J].中国史研究,1998,(3):167-173.

C报纸文章——[序号]主要责任者.文献题名[N].报纸名,出版日期(版次).

例:

[7]谢希德.创造学习的新思路[N].人民日报,1998-12-25(10).

D电子文献——[序号]主要责任者.电子文献题名.[电子文献及载体类型]电子文献的出版或可获得地址,发表或更新日期/引用日期(任选).

例:

[8]王明亮.关于中国学术期刊标准化数据库系统工程的进展[EB/01].http://www.cajcd.cn/pub/wml.txt/980810-2.html,1998-08-16/1998-10-04.

E各种未定型的文献——[序号]主要责任者.文献题名[Z].出版地:出版者,出版年.

例:

[11]张永禄.唐代长安词典[Z].西安:陕西人民出版社,1990年.

F参考文献类型,根据GB3469-83《文献类型与文献载体代码》规定,以单字母方式标识:M—专著,C—论文集,N—报纸文章,J—期刊文章,D—学位论文,R—研究报告,S—标准,P—专利;对于专著、论文集中的析出文献采用单字母“A”标识,其他未说明的文献类型,采用单字母“Z”标识。

14.其他要求

(1)全文内的各章、各节内的标题及段落格式(含顶格或缩进)要一致;

(2)全文内各章的体例要一致,例如,各章(节、目)是否有“导语”;

(3)时间表示:使用“1999年10月”,不能使用“99年10月”或“1999.10”;

(4)标题编号:要符合一般的学术规范,一般不能使用“半括号”、“(一)、”或“(一、)”等不规范用法,标题结束处不能有标点符号;

(5)全文错别字或不规范之处不能超过万分之二。

附件 2:厦门大学研究生学位论文封面格式

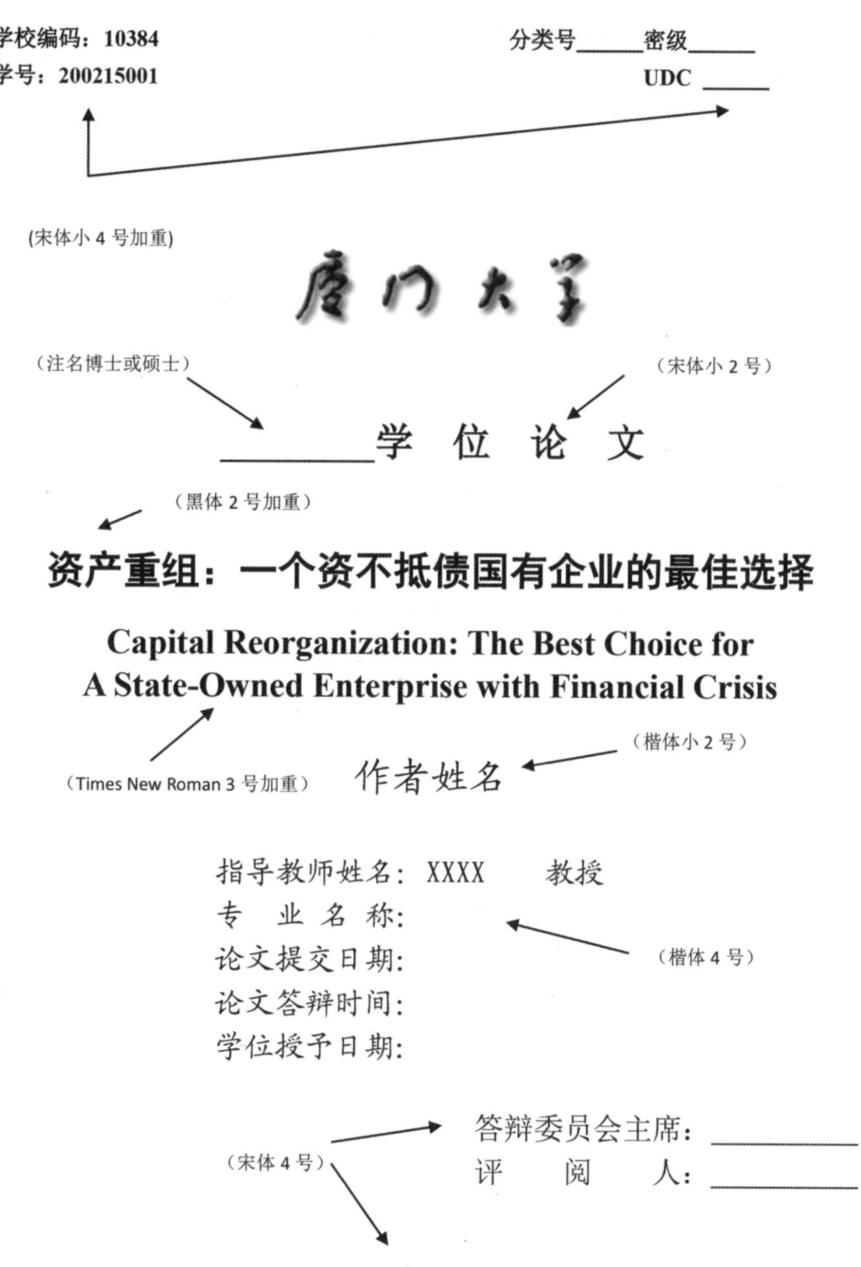

附件3：

厦门大学学位论文原创性声明

兹呈交的学位论文，是本人在导师指导下独立完成的研究成果。本人在论文写作中参考的其他个人或集体的研究成果，均在文中以明确方式标明。本人依法享有和承担由此论文产生的权利和责任。

声明人(签名)：

年　月　日

附件4：

厦门大学学位论文著作权使用声明

本人完全了解厦门大学有关保留、使用学位论文的规定。厦门大学有权保留并向国家主管部门或其指定机构送交论文的纸质版和电子版，有权将学位论文用于非营利目的的少量复制并允许论文进入学校图书馆被查阅，有权将学位论文的内容编入有关数据库进行检索，有权将学位论文的标题和摘要汇编出版。保密的学位论文在解密后适用本规定。

本学位论文属于

1.保密(　)，在　　　年解密后适用本授权书。

2.不保密(　)

(请在以上相应括号内打“√”)

作者签名：　　　　　日期：　　年　月　日

导师签名：　　　　　日期：　　年　月　日

——本文摘录自《厦门大学研究生学位论文规范的通知(2005年6月修订)》，厦大研字[2005]28号，档号2005-XZ28-4

厦门大学博士、硕士学位论文“双盲”评审工作细则

（2005年9月1日）

为实施“厦门大学研究生教育创新与质量工程”，进一步完善质量保证和监督机制，提高研究生培养质量，学校从2004届研究生毕业论文开始，开展研究生学位论文“双盲”评审工作。为了做好这项工作，根据福建省学位办《关于开展博士、硕士学位论文抽查工作的通知》（闽学位[2004]05号）和《厦门大学硕士学位和博士学位条例》（2005年6月27日修订）的精神，特制定本工作细则。

一、学位论文抽查“双盲”评审比例

1.毕业博士研究生学位论文原则上不低于50%（每专业至少抽查1人）；

2.毕业硕士研究生学位论文原则上不低于30%；

3.专业硕士研究生学位论文原则上不低于30%；

4.在职人员以同等学力申请博士、硕士学位的论文100%。

二、学位论文“双盲”评审办法

1.学位论文“双盲”评审工作由各院组织，按系、所抽查。有关材料由学院领导指定专人保管和办理。

2.各院在每年3月，一次性对当年拟参加答辩的所有研究生，按类型按专业及学号组织随机抽查。抽中的学位论文，须送到省外同类高校或科研院所进行双盲评审。

3.抽查的每篇博士学位论文送3位省外同类高校或科研院所同专业博士生导师评阅，以同等学力申请博士学位的论文每篇送5位省外和申请人所在单位以外同专业博士生导师评阅；每篇硕士学位论文送2位省外具有高级技术职称的同行专家评阅，以同等学力申请硕士学位的论文每篇送3位省外和申请人所在单位以外具有高级技术职称的同行专家评阅。

4.论文送审要求

各院在送审前应将学位论文中的作者、导师姓名及有关反映作者和导师的相关信息隐去。

送审的论文评阅书仍用我校博士、硕士论文评阅书。但应在论文评阅书封面及研究生基本信息栏中隐去对应的研究生姓名、学号、指导教师姓名，栏内只填上相应的编号。

5.评阅专家的选择

各学院学位评定分委员会根据学位论文工作所属学科领域和专业确定评阅人。

为了避免出现不公正的评审情况，导师可于事先提出3名要求回避的评阅专家名单。

对要求保密的学位论文，由导师及所属院提出送审的范围。

6.评审时间要求

硕士学位论文应在论文答辩日期一个月以前，博士学位论文应在论文答辩日期一个半月以前，同等学力申请硕士学位的论文应在论文答辩日期二个月以前，同等学力申请博士学位的论文应在论文答辩日期三个月以前，按有关规定格式打印装订，由各院将学位论文直接送交评阅人。申请人未按规定时间及时提交学位论文“双盲”评审材料，由此造成学位论文答辩延期的后果由申请人承担。

7.论文评阅书由评阅专家用专用信封封存直接返回各院。

8.评阅意见返回后,由各院主管领导指定专人拆封并做隐名和保密处理,以保证评阅人的隐名权益,同时向学位论文作者及导师反馈评阅结果,但不得出现评阅专家的单位和姓名。

三、专家评阅意见处理

1.博士学位论文答辩条件的认定

(1)在3份学位论文评阅意见中所有评分都不低于70分以上且至少2个不低于75分者,可直接参加论文答辩。

(2)在3份学位论文评阅意见中所有评分都不低于70分但未达到上条规定者,须按专家意见进行修改后,方可参加论文答辩。

学位论文答辩由各学院学位评定分委员会审批时,须检查以上评阅意见。

(3)凡未达到上述评阅意见的学位论文,须重新修改或撰写并推迟参加学位论文答辩。答辩前仍须进行双盲评审。

2.同等学力申请博士学位论文答辩条件的认定

(1)在5份学位论文评阅意见中所有评分都不低于70分且至少3个不低于75分者,可直接参加论文答辩。

(2)在5份学位论文评阅意见中所有评分都不低于70分但未达到上条规定者,须按专家意见进行修改后,方可参加论文答辩。

学位论文答辩由各学院学位评定分委员会审批时,须检查以上评阅意见。

(3)凡未达到上述评阅意见的学位论文,须重新修改或撰写并推迟参加学位论文答辩。答辩前仍须进行双盲评审。

3.硕士学位论文答辩条件的认定

(1)在2份学位论文评阅意见中所有评分都不低于75分者,可直接参加论文答辩。

(2)在2份学位论文评阅意见中所有评分不低于70分,但未达到上条要求者,须按专家意见进行修改后,方可参加论文答辩。

学位论文答辩由各学院学位评定分委员会审批时,须检查以上评阅意见。

(3)凡未达到上述评阅意见的学位论文,须重新修改或撰写并推迟参加学位论文答辩。答辩前仍须进行双盲评审。

4.同等学力申请硕士学位论文答辩条件的认定

(1)在3份学位论文评阅意见中所有评分都不低于70分且至少2个不低于75分者,可直接参加论文答辩。

(2)在3份学位论文评阅意见中所有评分都不低于70分但未达到上条规定者,须按专家意见进行修改后,方可参加论文答辩。

学位论文答辩由各学院学位评定分委员会审批时,须检查以上评阅意见。

(3)凡未达到上述评阅意见的学位论文,须重新修改或撰写并推迟参加学位论文答辩。答辩前仍须进行双盲评审。

5.各学院每年抽查评审结果须填写汇总表,于当年11月15日报研究生院学位与学科建设办,并由研究生院统一报福建省学位办。

四、其它说明事项

1.博士生及其他相关人员不得干扰学位论文“双盲”评审工作的正常进行,如有违反,将严肃处理,直至取消学位申请资格。

2.为避免出现不公正的评阅情况,除导师可于事先提出3名要求回避的评阅专家名单外,学院分委会将以适当的方式对评阅者的评价客观性进行评估,对不公正评阅做出适当处理。

本工作细则自发布之日起生效。本工作细则由研究生院学位和学科建设办负责解释。

附件:1.《厦门大学博士、硕士学位论文抽查结果汇总表》

2.《厦门大学博士学位论文评阅书》

3.《厦门大学硕士学位论文评阅书(教科类)》

4.《厦门大学硕士学位论文评阅书(专业学位)》

注:以上各表格可在研究生院主页学位与学科建设办栏目下载

——本文摘录自《厦门大学博士、硕士学位论文"双盲"评审工作细则》,厦大研字[2005]29号,档号2005-XZ28-4

厦门大学研究生课程教学基本规范(试行)

(2005年9月1日)

一、总　则

第一条　为优化课程体系,规范研究生课程管理,进一步提高研究生培养质量,特制定《厦门大学研究生课程教学基本规范》。

二、教师任课的基本条件

第二条　研究生课程(包括全校性公共学位课、专业学位课和选修课)的任课教师必须是教学、科研经验较丰富的高级职称人员或具有博士学位的优秀讲师。

第三条　对连续两年研究生反映教学水平低、质量不高的教师,学院必须停止安排其担任研究生课程主讲教师。

三、课程设置要求

第四条　各学院或研究院(下同)应根据学科专业研究生培养目标的要求,推进在一级学科范围内设置研究生课程,拓宽研究生的培养口径;突出课程设置的基础性、系统性及前瞻性;优化课程体系,体现学科水平与我校特色。

研究生课程设置与教学内容安排应在兼顾不同教育层次(本科、硕士、博士)教学衔接性的同时,体现不同教育层次的特点与要求。

第五条　专业学位课程与选修课程的设置,需经学院学位评定分委员会审核通过。每门研究生课程的简介都必须录入研究生院在线办公系统。

四、教学大纲与教学计划的制定和管理

第六条　研究生课程必须按照学科专业培养方案制订相对稳定和较为详细、系统的教学大纲与教学计划。

教学大纲与教学计划由任课教师在研究生院在线办公系统课程系统中提交,由研究生秘书统一打印交学院分管研究生教学的领导审批后上网公布。

第七条　教学大纲内容应包括:1.课程名称(中英文)、课程编号;2.开课对象;3.课程目标;4.章节内容提要;5.教材及主要参考书;6.授课周学时、总学时、课程学分;7.先修课程或预备知识要求。

教学计划内容应包括:1.课程名称(中英文)、课程编号;2.开课时间;3.授课周学时、总学时、学分;4.教学方式、考核方式;5.教学进度。

第八条　任课教师应按教学大纲与教学计划开展教学活动。在执行过程中,允许教师根据教学情况

适当调整，但需报学院分管研究生教学的领导批准。

五、教材、主要参考书与选读文献

第九条　任课教师应结合不同层次、不同类型研究生教学的特点，以研究生为教学主体，更多地采用启发式、研讨式或其他有利于研究生主动参与的教学方式。不仅要注重传授知识和技能，更要注重研究生科研基本素质和创新能力的培养。

鼓励教师创造性地借鉴、引进、吸收国内外先进的教学理念、教学模式、教学内容和方法。

第十条　研究生课程必须有相应的教材。选用的教材应是高水平、有特色的，有利于研究生掌握坚实的基础理论、系统的专门知识，接触该学科的发展前沿，充分了解国内外最新研究成果，训练科学思维，培养创新能力。

研究生课程的教材可以是正式出版的教材，也可以是最新文献资料选编的胶印本或文印本。文献选读应选用国内外一流的学术期刊的原文。

鼓励教师采用国际通行教材、教育部推荐的全国研究生教学用书。

第十一条　鼓励教师编写和出版反映学科发展水平和学校特色的教材。

第十二条　任何单位或个人不得以各种名义强制研究生购买自编教材。

六、考勤要求和管理

第十三条　任课教师必须按照教学大纲、教学计划及课程表认真组织教学，保证正常教学秩序和教学进度。不得无故停课、缺课，或增减课时。

第十四条　如因故确实需要请假调课时，任课教师必须提前提出书面申请，请假一次报学院研究生秘书备案并由研究生秘书及时通知研究生；一次以上须经院系分管领导批准；全校研究生公共课若遇特殊情况，需要调课或代课时，须报研究生院审批。因调课所缺课时任课教师应当为研究生及时补上。

第十五条　任课教师应当掌握研究生的考勤情况。对于缺勤率超过1/3的研究生，不得准予参加课程考试。

七、课程考核

第十六条　研究生每一门课程都必须进行考核。考核分考试和考查两种。学位课程考核原则上均采用考试方式。社会调查、教学实践、专题研讨课及实验课、选修课，可以采用考查方式。

第十七条　考试方式有笔试、口试或口笔试结合。笔试可以开卷和闭卷。任课教师可以根据课程特点确定考试方式。

第十八条　研究生课程的笔试必须采用统一答卷纸格式。

第十九条　任课教师在课程的笔试考试时应按“监考教师守则”的要求严格执行考场纪律，并及时报送监考报告。在课程考核结束后应及时批改考卷和评定成绩，成绩评定时应当实事求是和公正合理。

第二十条　课程成绩应当根据课程结束时的考试结果和平时成绩综合评定。平时成绩包括作业、课堂讨论、文献选读报告、实验报告、课程论文与课程学术报告等。

第二十一条　所有研究生课程考核成绩按百分制评定。百分制与四级制的换算标准是：85～100分为优秀(A)；70～84分为良好(B)；60～69分为及格(C)；60分以下为不及格(F)。公共学位课程、专业学位课程以70分为合格，其他课程以60分为合格，达到合格要求的方可获得学分。

第二十二条　任课教师应在新学期开学一周内(第二学期研究生课程成绩任课教师可在第三学期第三周内)，通过研究生院研究生成绩系统录入研究生成绩，并将成绩表打印签名后交本单位研究生秘书备案。各学院研究生秘书应核查学生的成绩是否正常转入研究生个人学籍总卡。

第二十三条　研究生考试试卷应由任课教师交学院安排保存至研究生毕业后三年。

八、教学质量评价

第二十四条　任课教师应不断总结教学经验,改进教学工作,同时应积极配合学院和学校进行教学质量的检查和评估。

第二十五条　任课教师应认真做好学位课程的考试分析与教学总结。内容包括研究生课程成绩构成及比例、成绩分布情况及教学总结。

第二十六条　各学院(研究院)应建立课程教学质量评价与反馈制度。每学期应当组织随堂听课、召开任课教师和研究生座谈会及组织研究生进行课程教学质量测评,掌握各门课程的教学情况。各学院(研究院)应将质量评价信息反馈给相关任课教师,并帮助教学质量评价不高的教师改进教学工作。

第二十七条　学校聘请一批有丰富教学经验和较高水平的教师组成研究生教育指导小组,对研究生课程教学情况进行调研、督导、指导,各学院应予以积极配合。

第二十八条　各学院应将各类教学评价结果作为任课教师岗位聘任和岗位津贴的评定依据。

对于教学工作出色、教学成果显著的教师,可优先推荐参评优秀教学成果奖、优质研究生课程立项建设及全国研究生教学用书等。

第二十九条　任课教师在教学活动中因直接或间接责任导致影响正常教学秩序和教学质量的,研究生院将取消研究生课程任课教师与研究生指导教师资格。

九、教学档案管理

第三十条　任课教师应积极配合本单位研究生秘书做好研究生课程教学档案的收集与归档工作。研究生课程教学档案主要包括:1.学科专业培养方案;2.主要教学用书及资料;3.研究生开课计划、课程表;4.课程教学大纲、教学计划;5.课程试题样卷;6.课程学生成绩登记表;7.课程考试分析与教学总结;8.教学检查材料、听课记录及课程教学质量测评结果;9.反映课程改革与建设的典型性经验总结材料、教学研究论文、获奖材料复印件;10.课程相关课件与多媒体资料;11.优质课程及双语课程建设材料等;12.实验课程建设相关材料与实验室管理相关文件。

第三十一条　研究生公共课程教学档案由课程主要任课教师负责收集、归档,教学档案材料保存在承担研究生公共课程教学单位;研究生专业课程教学档案由课程任课教师负责收集、归档,教学档案材料由学院研究生秘书负责保存在学院。

十、附　则

第三十二条　本《课程教学基本规范》自 2005 年 6 月公布起试行,其解释权归厦门大学研究生院。

厦门大学研究生院

二〇〇五年九月一日

——本文摘录自《厦门大学研究生课程教学基本规范(试行)》,厦大研字[2005]30 号,档号 2005-XZ28-4

厦门大学关于外籍研究生培养工作的规定

（2005 年 9 月 1 日）

为促进我校研究生教育的国际交流合作，保证外籍研究生的培养质量，特对外籍留学研究生培养与学籍管理做如下规定：

一、总体要求：外籍研究生在校期间必须遵守我国法律、法规和我校的规章制度与纪律，执行我校学位与研究生教育的有关规定。

二、注册报到

海外教育学院是学校外籍学生统筹协调管理部门。外籍研究生须在每学期学校规定时间内到海外教育学院和所在学院注册报到，如因特殊情况，不能按时报到注册者，应向海外教育学院与所在学院请假，否则按《厦门大学研究生学籍管理规定》做出相应处理。

三、学制与在校年限

外籍研究生的学制及在校年限与我校同类研究生相同。即硕士生的学制 2～3 年，在校年限 2～5 年；博士生学制为 3～4 年，在校年限 3～7 年。

四、学分要求与课程设置

（一）硕士研究生部分

按二年制计的文科硕士生应修读至少 32 学分，理工科硕士生应修读至少 30 学分。按三年制计的文科硕士生应修满 36～40 学分，理工科硕士生应修满 32～36 学分。

课程设置要求如下：

1.《汉语通论》和《中国概况》：要求具有使用生活用语和阅读专业汉语资料的能力，并对中国历史与文化有一定的了解。其中《汉语通论》为 4 学分、《中国概况》为 4 学分，此两门课程由校海外教育学院组织授课和考试。个别特殊专业或本科在中国修读者，可免修此两门课程。

2.专业学位课

专业学位课程 5～8 门，每门一般为 3 学分。

3.选修课

A.各专业至少须开设 8 门选修课，每门 2 学分。文科硕士生至少修读 10 学分，理工科硕士生至少修读 8 学分。

B.鼓励跨学科、跨专业选修研究生课程。修读跨学科课程的学分一般不超过选修课总学分的 30%，但每位学生至少修读一门跨学科课程，记 2 学分。

具体专业课程设置与其他培养环节要求详见各学科培养方案。

外籍硕士研究生是否安排社会实践活动可根据专业学习的需要由各学科确定。

（二）博士研究生部分

博士研究生应修满 12～14 学分，一般在第一学年内完成。

课程设置要求如下：

1.《汉语通论》和《中国概况》：要求具有使用生活用语和阅读专业汉语资料的能力，并对中国历史与文化有一定的了解。为与同类博士研究生公共课程学分安排对应，《汉语通论》为 2 学分，《中国概况》为 2 学分，此两门课程由校海外教育学院组织授课和考试。个别特殊专业或硕士学位在中国获得者，可免修此两门课程。

2.专业课程

A.基础理论课和专业课(6～9 学分)

每个专业应开设 2～3 门的基础理论和专业课,提倡按一级学科或按学科群设立共同的基础理论课程。

B.专业选修课(2～4 学分)

根据专业需要设置 1～2 门选修课。

3.第二外国语(2 学分)

第二外国语是博士生的选修课。各学位分委员会可根据具体情况确定对博士生第二外国语的选修要求。

具体专业课程设置与其他培养环节要求详见各学科培养方案。

五、外籍硕士、博士研究生撰写学位论文和进行学位论文答辩一般应使用中文(特殊专业除外)。凡用非中文撰写的论文,必须同时提交中文译本。

六、其他要求参照我校同类研究生的有关规定执行。

七、校招生办每年 8 月份负责将外籍研究生基本信息报送研究生院。

八、海外教育学院协助研究生院共同做好外籍研究生的培养与管理工作。

九、本规定 2005 年 9 月起施行,并由研究生院负责解释。

厦门大学研究生院

二〇〇五年九月一日

——本文摘录自《厦门大学关于外籍研究生培养工作的规定》,厦大研字[2005]31 号,档号 2005-XZ28-4

厦门大学提前攻博研究生选拔工作试行办法

（2005年9月1日）

为了激励在校硕士研究生，保证优秀博士生生源，提高博士生培养质量，根据教育部相关文件精神，结合我校实际情况，特制定本办法。

一、选拔对象与要求

（一）选拔对象与要求：接受学历教育的二年级硕士研究生。

1.研究生课程成绩优良。

2.研究生具有科学研究培养潜质。

3.委培生和定向生必须提供原单位同意其"提前攻博"的有效证明。

（二）学科专业与导师要求：

1.具有博士毕业生的学科专业。

2.拟招生的博士生导师已列入当年的博士生招生简章。

二、考核程序与要求

在研究生第二学年第一学期至第二学期，各学院组织对申请"提前攻博"研究生进行考核，考核分两阶段进行。

1.第一阶段考核

申请"提前攻博"研究生须填写《厦门大学在校硕士生提前攻读博士学位申请书》中的有关个人基本信息，经本专业两名专家（其中一名为拟招生的博士生导师）推荐，提交院系考核小组考核。

各院系由主管领导和博士生导师组成考核小组（一般由五人组成）。考核小组对初选人的思想品德、业务能力、科研潜能与综合素质进行考核。考核可以采取笔试与面试相结合的方式进行。

考核结果以专业知识、外语水平、综合素质分类量化，综合打分（以百分制评分，各部分比例由各学科自定）。综合考试成绩填入《厦门大学在校硕士生提前攻读博士学位申请书》。笔试试卷和面试录音要存档备查。

考核结束后，各学院将考核合格的研究生名单与相关材料报送研究生院。研究生院、校招生办、考试中心联合审核提前攻博研究生候选人复试资格。

通过研究生候选人复试资格审核候选人名单在研究生院主页公示一周。

2.第二阶段考核

第二阶段考核与当年统考博士生入学复试一并进行，考核办法与程序依照博士生入学复试办法进行。各学科根据所有考生复试成绩排序，确定计划内与计划外名单。

未能进入计划内招生的在学研究生，有选择放弃"提前攻博"的权利，改为继续完成硕士学历教育。

三、选拔人数

通过“硕博连读”博士生资格认定和“提前攻博”选拔第一阶段考核的研究生总数,原则上不超过本学科当年博士招生计划的50%。

厦门大学研究生院
二〇〇五年九月一日

——本文摘录自《厦门大学提前攻博研究生选拔工作试行办法》,厦大研字[2005]33号,档号2005-XZ28-4

厦门大学"硕博连读"研究生选拔工作试行办法

(2005年9月1日)

为保证优秀博士生生源,提高博士生培养质量,根据教育部相关文件精神,结合我校实际情况,特制定本办法。

一、选拔对象与要求

(一)选拔对象与要求:接受学历教育的一年级硕士研究生。

1.研究生课程成绩优良。

2.研究生具有科学研究培养潜质。

3.委培生和定向生必须提供原单位同意其"硕博连读"的有效证明。

(二)学科专业与导师要求:

1.具有博士毕业生的学科专业。

2.拟招生的博士生导师已列入当年的博士生招生简章。

二、选拔与考核

(一)初选阶段

各院系在硕士研究生第一学年第一学期,进行"硕博连读"研究生初选工作。选拔工作的方式、程序、名额由学院根据学科研究生培养的具体情况自主制定,研究生院不统一组织。初选名单于第一学期末报研究生院备案。

初选进入"硕博连读"计划的研究生执行"硕博连读"培养方案。

(二)考核阶段

在初选研究生第二学年第一学期至第二学期,各学院组织对初选入"硕博连读"研究生的博士生资格认定考核,考核分两阶段进行。

1.第一阶段考核

列入初选名单的研究生须填写《厦门大学"硕博连读"博士生资格认定申请表》中的有关个人基本信息,经本专业两名专家(其中一名为拟招生的博士生导师)推荐,提交院系考核小组考核。

各院系由主管领导和博士生导师组成考核小组(一般由五人组成)。考核小组对初选人的思想品德、业务能力、科研潜能与综合素质进行考核。考核可以采取笔试与面试相结合的方式进行。

考核结果以专业知识、外语水平、综合素质分类量化,综合打分(按百分制评分,各部分比例由各学科自定)。综合考试成绩填入《厦门大学"硕博连读"博士生资格认定申请表》。笔试试卷和面试录音要存档备查。

考核结束后,各学院将考核合格的研究生名单与相关材料报送研究生院。研究生院、校招生办、考试中心联合审核"硕博连读"研究生候选人复试资格。

通过"硕博连读"研究生候选人复试资格审核候选人名单研究生院主页公示一周。

2.第二阶段考核

第二阶段考核与当年统考博士生入学复试一并进行,考核办法与程序依照博士生入学复试办法进行。各学科根据所有考生复试成绩排序,确定计划内与计划外名单。

未能进入计划内招生的在学研究生,有选择放弃“硕博连读”的权利,改为继续完成硕士学历教育。

已通过初选进入硕博连读培养计划的研究生所修的博士学位课程和选修课程可记同类硕士学位课程和选修课程的学分。

三、选拔人数

通过“硕博连读”博士生资格认定和“提前攻博”选拔第一阶段考核的研究生总数,原则上不超过本学科当年博士招生计划的50%。

四、学制和学籍管理

硕博连读研究生学制为5～6年。前两年按硕士生进行学籍管理,享受硕士生待遇;通过博士生资格认定后,从第三年开始转入按博士生进行学籍管理,享受博士生待遇。

厦门大学研究生院
二〇〇五年九月一日

——本文摘录自《厦门大学“硕博连读”研究生选拔工作试行办法》,厦大研字[2005]34号,档号2005-XZ28-4

厦门大学非英语专业研究生英语课程成绩登记管理办法

（2005年9月1日）

随着我校研究生规模的不断扩大，同时由于研究生入学前英语水平参差不齐，为了更好地实施因材施教的原则，更加合理使用教学资源，同时进一步提高研究生基础英语的教学效果，现对《厦门大学非英语专业研究生英语课程成绩登记管理办法》（2004年版）进行修订。

一、关于免修免考资格

博士研究生免修免考资格：

当年我校博士生入学统一考试英语成绩排名前30%（含）者具备免修免考资格（注：排名时扣除英语外其他小语种学生）

硕士研究生免修免考资格：

1.硕士研究生：

(1)推优免试入学的硕士生

通过国家英语6级考试者具备免修免考资格

(2)参加入学统一考试的硕士生

当年我校硕士生入学考试英语成绩排名前30%（含）者具备免修免考资格

注：①排名时扣除以下部分学生：

a.单独考试学生

b.英语外其他小语种学生

c.工商管理硕士专业、法律硕士专业的学生

②单独考试学生不享有免修免考资格

③当年我校工商管理硕士、法律硕士各自专业入学统一考试英语成绩排名前30%（含）者具备免修免考资格

2.硕士专业学位研究生：

当年我校入学考试英语成绩排名各自专业前30%（含）者具备免修免考资格

3.高校教师在职攻读硕士学位生：

当年我校高校教师入学考试英语成绩排名前30%（含）者具备免修免考资格

4.中职教师在职攻读硕士学位生：

当年我校中职教师入学考试英语成绩排名前30%（含）者具备免修免考资格

二、关于免修免考申请程序

根据本管理办法获得免修免考资格的各类学生需进行如下申请：

1.研究生本人登录研究生院研究生公共英语课程申请系统，在网上办申请手续。

2.培养与管理办审核通过。

3.受理申请时间在入学后一个月之内,逾期研究生院关闭系统不再受理申请。

三、关于免修免考研究生英语课程成绩登记

获准免修免考的博士生,其英语课程成绩按入学考试英语成绩乘以1.1登记,但最高不超过95分。成绩将加注“免修”标记。

获准免修免考的硕士生研究生,其英语课程成绩按入学考试英语成绩乘以1.2登记(其中推免生以国家六级考试成绩获准免修免考的,按折算成百分制后的六绩成绩乘以1.2登记),但最高不超过95分。成绩将加注“免修”标记。

获准免修免考的硕士专业学位研究生,其英语课程成绩按入学考试英语成绩乘以1.2登记,但最高不超过95分。成绩将加注“免修”标记。

获准免修免考的高校教师攻读硕士学位生,其英语课程成绩按入学考试英语成绩乘以1.2登记,但最高不超过95分。成绩将加注“免修”标记。

获准免修免考的中职教师攻读硕士学位生,其英语课程成绩按入学考试英语成绩乘以1.2登记,但最高不超过95分。成绩将加注“免修”标记。

四、关于国家英语四、六级考试

研究生是否参加国家英语四、六级考试由研究生自行决定。

五、关于英语课程成绩管理

任课教师在新学期开学一周内(第二学期应在第三学期第三周内),应将学生的成绩通过研究生院学生成绩系统将学生成绩登录,并妥善保存试卷等有关记录。各院系研究生秘书应核查学生的英语成绩是否正常转入学生个人学籍总卡。

厦门大学研究生院

二〇〇五年九月一日

——本文摘录自《厦门大学非英语专业研究生英语课程成绩登记管理办法》,厦大研字[2005]35号,档号2005-XZ28-4

厦门大学研究生科研成果奖评审办法(试行)

(2005年9月30日)

设立厦门大学研究生科研成果奖是为了激励我校学生在科学研究、开拓创新等方面取得优异成绩,全面提高我校研究生的创新素质。本办法适用于研究生科研成果奖的评审,研究生科研成果奖的获得者应是我校研究生中品学兼优、业绩突出者。

一、研究生科研成果奖的申请者必备以下基本条件

1.厦门大学注册研究生;

2.爱国爱校,品行端正,具有团队合作精神,且无违法违纪行为;

3.科研成果突出,创新能力强;

4.本校教职工在职攻读研究生者,纳入教师评奖体系,不参加研究生科研成果奖评选。

二、评分办法

申请评奖的所有科研成果,第一署名单位都必须是厦门大学。申请一等奖及以上奖项者,应具有高水平研究成果(人文与社科类二类以上论文、理工与管理类3区以上论文、获得国家发明专利等)。

(1)科研论文计分方法

①论文分数=Σ(权重因子×合作因子),包括评奖期间发表的各类科研论文。

②权重因子计算方法:

人文、社科类(管理类除外)论文权重因子的数值为:一类刊物每篇40,二类刊物每篇20,其它CN刊物每篇2。一类、二类核心学术刊物的认定参见厦大人事处《厦门大学核心学术刊物目录》及相关规定。

理工、管理类论文权重因子的数值为:依据"JCR期刊影响因子和分区情况"表(参见研究生院网站),在1区刊物发表论文的,每篇权重因子为80;在2区发表的,每篇为60;在3区发表的,每篇为40;在4区发表的,每篇为20;在没有进入分区的CN刊物上发表的,每篇为2。

在交叉学科或跨学科学术刊物上发表的论文,学生可以按照学术刊物的学科属性计分。

③合作因子数值计算方法为:

按论文署名顺序分摊记分,其中合作者人数中应先扣除参与署名的导师人数。

扣除导师后只有一位研究生署名的,合作因子为1。

扣除导师后由二人合作的,按6∶4分摊,第一作者的合作因子为0.6,第二作者的合作因子为0.4,以下类推。

三人合作5∶3∶2分摊。

四人合作4∶3∶2∶1分摊。

五人以上合作的,按第一作者:第二作者:其余作者总和=4∶3∶3分摊。

(2)论著计分方法

①专著:每万字1分。②编著:每万字0.8分。③译著:每万字0.5分。

字数计算以版权说明为准,未说明的可以平均计算。

(3)发明专利,艺术、建筑作品,应用成果等计分方法

①国家发明专利每项40分;实用新型专利每项20分。

②建筑类公开发表作品,每项15分。

③艺术类公开发表作品,每项8分。

若成果是合作完成的,按论文分摊方式进行分摊。

(4)其他成果计分方法

参加国家级研究生学术类竞赛获得一、二、三等奖,分别为30分、20分、10分。省部级研究生学术类竞赛获得一、二、三等奖,分别为20分、10分、5分。非竞赛类学术奖励,国家级10分,省部级5分。获团体奖励的,按论文分摊方式进行分摊,署名不分先后的可以均摊。

三、评选程序

1.由学校发布评奖通知,包括各学院、研究院候选名额安排。

2.研究生个人按规定时间向学院、研究院提交申请,不申请者不予受理。

3.以学院为单位进行资格预审,按规定名额进行预评,面向本单位公示候选人。

4.研究生院汇总,院务会进行评审,将所有评审结果公示5个工作日,无异议后上报学校批准后进行颁奖。

四、本办法自公布之日起执行,原有评奖办法同时废止。本办法由研究生院负责解释

厦门大学研究生院

二〇〇五年九月三十日

——本文摘录自《厦门大学研究生科研成果评审办法(试行)》,厦大研字[2005]36号,档号2005-XZ28-4

厦门大学研究生校级奖学金评审办法(试行)

(2005 年 10 月 8 日)

校级奖学金指由厦门大学奖学金评奖委员会组织评审的奖学金。设立厦门大学校级奖学金是为了激励我校学生在课程学习、科学研究、开拓创新等方面取得优异成绩,全面提高我校研究生的创新素质。本办法适用于校级奖学金中研究生奖学金的评审,研究生奖学金获得者应是我校研究生中品学兼优、业绩突出者。

一、校级奖学金申请者必备的基本条件

1.厦门大学在校注册研究生,符合所申请奖学金条例的规定。本校教职工在职攻读研究生者,纳入教师评奖体系,不参加本奖评选。

2.爱国爱校,品行端正,具有团队合作精神。无违法违纪行为。

3.课程成绩优良,科研成果突出,创新能力显著。无不合格课程。

二、评分办法

总分由课程成绩分和科研成绩分两部分构成。申请嘉庚、本栋、亚南奖学金者,必须具有高水平科研成果[人文与社科类发表二类以上论文、理工与管理类发表 3 区以上论文(JCR 期刊评价指标)、获得国家发明专利等]。

1.课程成绩分(一年级申请者满分为 50 分,二年级申请者满分为 40 分,三年级申请者满分为 30 分)。

计算公式为:

课程成绩分=Σ(百分排位×学分)/总学分×P

其中百分排位是指研究生以课程班级为单位,在所修读课程班级中的成绩排名分。分值为 100 至 0,所学课程班级第一名的百分排位为 100,最后一名为 0。该百分排位的分值在任课教师或研究生秘书把全班成绩输入研究生院的学籍管理系统后,由系统自动生成。一年级申请者课程成绩的 P 值为 0.50,二年级申请者课程成绩的 P 值为 0.40、三年级申请者课程成绩的 P 值为 0.30。

2.科研成果分:

申请评奖的所有科研成果,第一署名单位都必须是厦门大学。

(1)科研论文计分方法

①论文分数=Σ(权重因子×合作因子),包括评奖期间发表的各类科研论文。

②权重因子计算方法:

人文、社科类(管理类除外)论文权重因子的数值为:一类刊物每篇 40,二类刊物每篇 20,其他 CN 刊物每篇 2。一类、二类核心学术刊物的认定参见厦大人事处《厦门大学核心学术刊物目录》及相关规定。

理工、管理类论文权重因子的数值为:依据“JCR 期刊影响因子和分区情况”表(参见研究生院网站),在 1 区刊物发表论文的,每篇权重因子为 80;在 2 区发表的,每篇为 60;在 3 区发表的,每篇为 40;在 4 区

发表的,每篇为 20;在没有进入分区的 CN 刊物上发表的,每篇为 2。

③合作因子数值计算方法为:

按论文署名顺序分摊记分,其中合作者人数中应先扣除参与署名的导师人数与排名。

扣除导师后只有一位研究生署名的,合作因子为 1。

扣除导师后由二人合作的,按 6∶4 分摊,第一作者的合作因子为 0.6,第二作者的合作因子为 0.4,以下类推。

三人合作 5∶3∶2 分摊。

四人合作 4∶3∶2∶1 分摊。

五人以上合作的,按第一作者:第二作者:其余作者总和=4∶3∶3 分摊。

(2)论著计分方法

①专著:每万字 1 分。

②编著:每万字 0.8 分。

③译著:每万字 0.5 分。

字数计算以版权说明为准,未说明的可以平均计算。

(3)发明专利,艺术、建筑作品,应用成果等计分方法

①国家发明专利每项 40 分;实用新型专利每项 20 分。

②艺术作品在评奖委员会认定的国家级高水平艺术展览中展出的,每项 15 分。在核心刊物公开发表作品或在省级以上正式参展的,每项 7 分。在一般 CN 刊物公开发表作品的,每项 1 分。若同期刊物或同次展览有多个作品入选的,最高按单项的双倍计分。

③其他应用成果可参照计分,具体分数由研究生院提出意见。

若成果是合作完成的,按论文分摊方式进行分摊。

(4)其他成果计分方法

参加国家级研究生学术类竞赛获得一、二、三等奖,分别为 30 分、20 分、10 分。省部级研究生学术类竞赛获得一、二、三等奖,分别为 20 分、10 分、5 分。非竞赛类奖励,国家级 10 分,省部级 5 分。各类校内奖励和市级奖励均不计入。获团体奖励的,按论文分摊方式进行分摊,署名不分先后的可以均摊。

三、评选程序

1.由学校发布评奖通知,包括各学院、研究院候选名额安排。

2.研究生个人按规定时间向学院、研究院提交申请,不申请者不予受理。

3.以学院为单位进行资格预审,按规定名额进行预评,面向本单位公示候选人。

4.研究生院汇总,院务会初评、调整,报学校奖学金评奖委员会秘书组进行资格复审。

5.学校奖学金评奖委员会评审、将所有评审结果公示 5 个工作日、无异议后由学校组织颁奖。

四、本办法自公布之日起执行,原有评奖办法同时废止。本办法由研究生院负责解释

——本文摘录自《关于印发〈厦门大学研究生校级奖学金评审办法(试行)〉的通知》,厦大研〔2005〕22 号,档号 2005-XZ28-2

厦门大学授予成人高等教育本科毕业生学士学位实施细则（修订稿）

（2005 年 12 月 27 日）

第一条　为贯彻执行《中华人民共和国学位条例》和《中华人民共和国学位条例暂行实施办法》，保证我校授予成人高等教育本科毕业生学士学位的质量，根据国务院学位委员会《关于授予成人高等教育本科毕业生学士学位暂行规定》和福建省教委《关于进一步加强和改进普通高校授予成人高等教育本科毕业生学士学位工作的通知》等文件精神，制定本实施细则。

第二条　我校成人高等教育培养的本科毕业生，系指具有我校正式学籍的函授、夜大、网络教育和我校主考的自学考试本科毕业生，符合本实施细则规定条件者可授予学士学位。

第三条　根据《中华人民共和国学位条例》第二条、第四条以及《中华人民共和国学位条例暂行实施办法》第三条规定，达到下述条件者，可申请授予学士学位。

（一）通过学习教学计划规定的政治理论课程，能够掌握马克思主义的基本理论，并具有运用马克思主义的立场、观点和方法认识、分析问题的初步能力。

（二）完成教学计划规定的课程和其他教学环节，成绩良好，毕业论文（毕业设计）通过答辩并获得良好以上（含良好）成绩。各类学生的成绩具体要求如下：

1.自学考试（参加由我校主考的自学考试本科毕业生）：(1)参加自学考试各科成绩均达到及格以上；(2)毕业日期前二年内参加全国公共英语等级考试（笔试）三级（或三级以上）或者全国大学英语四级（或六级）考试成绩合格（或成绩超过厦门大学划定的合格线）。

2.网络教育、函授、夜大学：(1)在校学习期间经补考的课程累计少于 12 学分；(2)非英语专业在毕业日期前二年内参加全国公共英语等级考试（笔试）三级（或三级以上）或者全国大学英语四级（或六级）考试成绩合格（或成绩超过厦门大学划定的合格线）；英语专业在毕业日期前二年内参加全国公共英语等级考试（笔试）五级或者全国大学英语六级考试成绩合格（或成绩超过厦门大学划定的合格线）。

第四条　学生有以下情况之一者，不授予学士学位：

（一）学习期间触犯国家法律，构成刑事犯罪者。

（二）在职学习者在学期间受到工作单位行政处分或有考试作弊行为的。

（三）未获得本科毕业证书者。

第五条　我校授予成人高等教育本科毕业生学士学位工作，由继续教育与职业教育学院主管，校学位委员会审核通过。

第六条　授予成人高等教育本科毕业生学士学位工作，按下列程序进行：

1.符合本实施细则规定条件的学生必须在毕业当年（年底毕业的在次年）的 9 月 20 日之前向继续教育与职业教育学院提出书面申请（填写《厦门大学继续教育与职业教育学院本科生学士学位申请表》），并提供全国公共英语等级考试（笔试）或者全国大学英语考试合格证书（或者成绩证明）原件。

2.将符合学位授予初审条件的学生名单等材料汇总，形成审查汇报材料送主管校长审核。

3.每年 10 月 30 日前公布当年学士学位授予初审合格的学生名单。

4.学士学位授予初审合格的学生必须参加本专业的一门专业基础课和一门专业课的学位课程抽查考试（具体考试课程、时间、地点另行通知），考试不及格者不能补考，有一门不及格者即不授予学士学位。

5.将符合学位授予条件的学生名单等材料汇总,形成审查汇报材料送主管校长审核。

6.经主管校长审核的拟授予学士学位的毕业生名单等材料,提交学校学位委员会,并由继续教育与职业教育学院有关负责人直接向学校学位委员会会议做汇报说明。

7.学校学位委员会根据继续教育与职业教育学院提供的名单等材料和有关汇报说明,审核通过授予学士学位名单。

8.符合本实施细则规定的毕业生应在毕业当年(年底毕业的在次年)9 月 20 日前按规定提出授予学士学位申请,未按时提出申请或申请学士学位未获学校学位委员会审核通过者,不再接受授予学士学位申请。

第七条　获得学士学位者,由学校颁发《学士学位证书(成人高等教育本科毕业生)》,证书应注明学位获得者通过何种办学形式获得某学科门类的学士学位。

第八条　本《实施细则》自公布之日起实施。《厦门大学授予成人高等教育本科毕业生学士学位工作细则》(厦大教[1998]19 号)同时停止执行。

——本文摘录自《关于印发〈厦门大学授予成人高等教育本科毕业生学士学位实施细则〉(修订稿)的通知》,厦大继教〔2005〕13 号,档号 2005-XZ37-1

厦门大学选聘博士生指导教师工作实施细则(试行)

(2005年12月26日校学位评定委员会修订)

(2005年12月30日)

根据国务院学位委员会《关于改革博士生指导教师审核办法的通知》(学位〔1995〕20号文件)和《关于进一步下放博士生指导教师审批权的通知》(学位〔1999〕9号文件)及其附件《关于选聘博士生指导教师工作的几点原则意见》的精神,经校学位评定委员会研究决定,制定我校选聘博士生指导教师工作实施细则。

第一条　选聘博士生指导教师的基本原则

博士生指导教师是指导、培养博士生的重要工作岗位。选聘博士生指导教师必须坚持以下基本原则:

1.有利于学科建设和调整学科结构,有利于发挥指导集体的作用,有利于培养国家经济建设、科技进步和社会发展所需要的高层次创新型专门人才。

2.尊重专家评审意见和发挥学位评定委员会的作用,在具体的申请、送审和评审工作中应遵循诚信原则和严格执行自我约束制度。

3.必须坚持标准,严格要求,保证质量,公正合理。

第二条　申请博士生指导教师资格的基本条件

申请博士生指导教师资格必须具备以下基本条件:

1.热爱研究生教育事业,熟悉国家有关研究生教育的政策法规,能教书育人,为人师表,具有高尚的科学道德,严谨的治学态度。

2.1953年1月1日以后出生的一般应具有博士学位。

3.应是我校博士学位授予学科、专业范围内(含具有博士学位授予权的一级学科覆盖的博士点专业)的在岗教授(研究员或相当职称)或者教学与科研成果特别突出的在岗副教授(或相当职称),并能够真正担负指导博士生的实际工作。

4.年龄一般在55岁以下。学科建设特殊需要的,年龄可适当放宽,但原则上不得超过60周岁。

5.有较高的学术造诣和丰富的科研工作经验,学术水平应居国内本学科的前列,能及时掌握学科的前沿领域及发展趋势,有重要的科研成果(具体指标见附件)。

6.所从事的研究方向有重要的理论意义或实际应用价值。正在承担国家或省部级科研项目或其他有重要价值的项目,有较充足的科研经费(具体指标见附件)。

7.已完整培养过一届硕士研究生,或参加过博士生指导小组工作完整地协助培养过一届博士生,培养质量良好,能胜任研究生的教学和培养任务。

作为人才引进的教师(含国外引进人才)在原所在院校已具有博士生指导教师资格的,可直接申请确认博士生指导教师资格,其申请经所在学科的学位评定分委员会审核后,报送校学位评定委员会批准。

凡在我校申请兼职博导的,必须是我校的兼职教授,并对我校相应学科建设及博士生培养有重大支持。

第三条　博士生指导教师资格遴选程序

一、资格审查

申请人可向所在学科学位评定分委员会提出申请,填报《博士生指导教师资格申请表》及附录(一式十份),并附送代表性成果三件(包括这些成果的学术评价、鉴定材料及使用部门意见的复印件,每件一式三份)以及有关科研课题立项通知书和获奖证书复印件(一式三份)交所属学位评定分委员会,由学位评定分委员会委托申请人所在学院(研究院)组织审核,并将每位申请人的《博士生指导教师资格申请表》及附录在其所在学院(研究院)内公示一周。

凡通过有关审核的申请人,应向学位评定分委员会报告本人近5年来取得的主要科研成果,当前从事的科研工作(项目、经费和重要性等)和培养研究生等方面的情况,并回答分委员会委员提出的问题。

学位评定分委员会根据遴选博士生指导教师的条件对申请人资格进行审查,并采取无记名投票的方式进行表决。获得分委员会参会委员半数以上(含半数)同意者方为通过。分委员会应从通过审查的申请人中,根据学科建设实际需要和校学位评定委员会限定的名额,择优向校学位评定委员会推荐候选人。

在国家新增博士点的年份,各新增博士点的主要学术带头人申请博士生指导教师工作岗位的,只要其符合我校博士生指导教师的选聘条件,可简化审核和表决程序,由学位评定分委员会审核直接向校学位评定委员会推荐。

对于教学科研成果特别优秀者,可由校学位评定委员会主席提名,直接报送校学位评定委员会审议。

学位评定分委员会针对其审查通过并向校学位评定委员会推荐的候选人的学科、专业领域(限于二级学科),向校学位评定委员会至少推荐5位校外有指导博士生经验且学风端正、治学严谨的同行专家,供校学位评定委员会选聘作为进行通讯评议的专家。校外同行专家推荐名单应保密。

二、同行专家通讯评议

校学位评定委员会聘请校外同行专家对学位评定分委员会推荐的候选人的学术水平及指导博士生的能力进行全面评议,专家人数应不少于3人。

三、校学位评定委员会审定

校学位评定委员会对各分委员会推荐的申请人名单逐个进行审查,并根据校外同行专家通讯评议的结果,采取无记名投票方式进行表决,就申请者是否具有指导博士生的资格做出决议。获出席会议2/3以上(含2/3)委员同意者为通过。

四、公示征询意见

凡经过校学位评定委员会表决通过确定博士生指导教师资格的申请人名单由校研究生院在校内公示,征询意见。自名单公布之日起,一个月内无异议者,由校学位评定委员会主席批准,确认其博士生指导教师资格。存在异议者按本细则第七条“质量保证和约束机制”之四“受理异议”处理。

五、复议

校学位评定委员会的审定为最终审定。对未通过博士生指导教师资格审定的申请者提出的复议要求,除非事实证明在审议程序上有错误,并经有关职能部门认定事实存在的可以提请复议,其余一概不进行复议。

第四条 博士生指导教师的聘任条件

具有博士生指导教师资格的教师在受聘博士生指导教师工作岗位后方可享受博士生指导教师待遇。受聘博士生指导教师工作岗位应具备如下基本条件：

一、具有我校博士生指导教师资格，能认真履行导师职责，每年保证有半年以上的时间在国内指导博士生，身体健康情况良好。

二、由校学位评定委员会确认导师资格的博士生指导教师，年龄一般不应超过57周岁；学科建设特殊需要，年龄可适当放宽，但原则上不得超过62岁；由国务院学位委员会确认导师资格的博士生指导教师，根据年龄、身体和工作情况分别确定受聘年龄。

三、有充足的科研经费，有重要的科研成果。学位评定分委员会可根据各学科的具体情况，制定该学科博导聘任具体科研指标，报研究生院学位与学科建设办备案。学位评定分委员会制定的博导聘任科研指标，不得低于教授聘任标准。

具备下述条件之一的具有博士生指导教师资格者，可从具备条件当年算起，连续4年自动获聘：(1)其培养的博士生获国家百篇优秀博士学位论文奖；(2)其培养的博士生在学期间或毕业后两年内获国家级科研奖(排序前三名，含国家社科奖)；(3)本人学术成果获国家级二等奖以上奖励(排序前两名，含国家社科奖)；(4)总理基金获得者；(5)国家“百千万人才”入选者；(6)教育部“新世纪人才”入选者；(7)获得特聘教授资格的“长江”学者、“闽江”学者等。

第五条 博士生指导教师的聘任程序

一、申请者向拟受聘学科学位评定分委员会提出申请，并填报《厦门大学博士生指导教师工作岗位受聘申请表》。为了鼓励交叉学科发展，支持新兴学科，学校允许申请者最多同时向两个二级学科申请受聘。但该申请者受聘后的招生限额将分解给两个二级学科。

二、学位评定分委员会对申请招生的指导教师工作条件和能力进行综合评议，并根据本学科的招生计划和申请人的条件进行初选，将推荐名单报送研究生院。

三、研究生院根据本实施细则附件规定的条件进行形式审查及复核，并确定受聘名单。学校招生办公室据此编制招生目录。

四、已经纳入聘任名单并列入招生计划，但计划年度未能招生者，且无在学博士生者，列入未上岗名单，不享受博士生导师待遇。

第六条 博士生指导教师资格的取消

有下列情况，校学位评定委员会可以取消其博士生指导教师资格：

一、凡连续3年未招生或5年内未能培养出1名博士。如拟继续招生，则需重新申报参加新增博士生指导教师遴选，并经评审通过，重新获得博士生指导教师资格后方可纳入聘任程序。

二、违反我国法律，并受到刑事处罚者。

三、严重违反教师职业道德者。

四、因其他原因，校学位评定委员会作出取消决定者。研究生院在校学位评定委员会作出取消博士生指导教师资格的决议后，应将决议送达当事人。

第七条　质量保证和约束机制

遴选和聘任博士生指导教师必须坚持公平、公正和公开的原则，坚持标准，宁缺毋滥。为此，应健全质量保证和约束机制。

一、如实填报有关材料

申请人必须正确对待遴选和聘任工作，务必实事求是地填报有关材料。申请人所在学院(研究院)和学科学位评定分委员会必须认真审核有关材料和数据。

二、妥善推荐同行专家评审名单

同行专家评议是保证遴选质量的关键环节，各学位评定分委员会应审慎对待，推荐学术水准高、坚持原则、作风正派、治学严谨的相同或相近领域的专家。同时应注意回避原则。

三、实行回避制度

凡申请参加遴选博士生指导教师资格的人员，不得参与涉及本人及本人同批申报的其他申请人的评议或审批工作和有关的组织领导工作。学位评定委员会和分委员会成员要自觉遵守回避制度，不得参与对自己或亲属的有关评议或审批工作。

四、受理异议

研究生院学位与学科建设办公室负责受理个人或组织对遴选和聘任博士生指导教师工作过程或结果提出的异议。

异议应以书面形式具名提出。

异议处理，对于申请者本人提出的异议按上述第三条之五“复议”规定处理；对于非申请者本人提出的异议，校学位评定委员会正、副主席应通过组织集体讨论，对有关异议调查核实的结果作出合理仲裁。对因学术问题提出的异议，可根据情况采取扩大同行评议范围或组织专家小组审查的方式进行认定。

五、纪律约束

学位评定委员会和分委员会委员必须从学校发展和学科建设的大局出发，坚持原则，出以公心，认真负责，坚决遏止不正之风。申请者不得以任何方式向有关评审人员施加影响。

第八条　时间安排

遴选博士生指导教师资格工作一般每两年(逢双年)举行一次。结合国家新增博士点评审工作和学科建设需要，可以由校学位评定委员会主席提出动议，增加博士生指导教师的遴选次数，但每年最多一次。

博士生指导教师聘任工作每两年(逢双年)举行一次。

附　则

第九条　本实施细则由校学位评定委员会负责解释。

第十条　本实施细则自发布之日起生效。原《厦门大学选聘博士生指导教师工作实施细则(试行)》(厦大研〔2005〕21号)同时废止。

附件：

厦门大学遴选博士生指导教师科研工作具体指标

<table>
<tr><th colspan="2">学科类别</th><th>科研工作具体指标</th></tr>
<tr><td rowspan="2">理工科</td><td>理科或基础研究</td><td>1.近5年来在SCL、EI刊物上作为第一作者或通讯作者至少发表论文5篇。
2.近5年来曾获省部级及以上科技奖或取得发明专利。
3.近3年至少主持一项国家级或省部级科研项目，总经费不少于15万元；或近3年主持横向课题，总经费不少于30万元。</td></tr>
<tr><td>工科或应用研究</td><td>1.近5年来在EI、SCI上作为第一作者或通讯作者至少发表论文3篇。
2.近5年来曾获省部级及以上科技奖或取得发明专利。
3.近3年至少主持一项国家级或省部级科研项目，总经费不少于15万元；或近3年主持横向课题，总经费不少于50万元。</td></tr>
<tr><td colspan="2">文科</td><td>1.近5年来在一类核心学术刊物上作为第一作者或通讯作者至少发表论文3篇或出版高水平学术专著2部。
2.近5年来曾获省部级及以上科研成果奖。
3.近3年来至少主持一项国家级或省部级科研项目，总经费不少于5万元；或近3年主持横向课题，总经费不少于20万元。</td></tr>
<tr><td colspan="3">注：一般应同时满足三项，但如果其中某项条件特别突出，可以提请校学位评定委员会讨论。</td></tr>
</table>

——本文摘录自《关于印发〈厦门大学选聘博士生指导教师工作实施细则（试行）〉（修订稿）的通知》，厦大研〔2005〕35号，档号2005-XZ28-2

·管理与服务工作·

厦门大学关于加强"216"工程建设工作的若干意见

(2005年)

为进一步加强学校基本建设工作,改善办学条件,提升学校的影响力,为我校创建"国际知名的高水平研究型大学"奠定坚实的基础,学校决定启动"216"工程建设项目。通过全校上下一致的努力,争取在几年内,一手抓"985工程"二期建设,一手抓"216"工程建设,实现学校的全面协调可持续发展。

"216"工程是事关学校发展能否再上一个新的台阶、学校总体目标能否实现的大事,是学校今后一段工作的重中之重。为了保障"216"工程建设的顺利进行,现提出如下意见:

一、抢抓机遇,乘势而上,努力把"216"工程建设成为学校全面发展的新平台

进入新世纪,我国高等教育迎来难得的发展机遇,面对巨大的机遇和严峻的挑战,如何下大决心,谋划长远的发展战略,全面推进"985工程"和"216"工程建设,是学校在新的发展起点上的重大战略举措。

学校认为,办学思想的创新决定着学校的发展,建设一流大学的任务,要求我们既要有先进水平的一流学科,也要构筑一流大学的雄厚资源,"216"工程建设是促进学校高水平持续、快速、健康、协调发展的需要;是发挥学校优势,不断提高学校综合办学实力的需要;是培养一流人才,创造一流成果,营造一流环境,以优越条件会聚人才的需要。

全面推进"216"工程建设,关系学校的千秋大业,是集成各方面力量的宏伟工程,因而,学校要求全校师生扩大视野,更新观念,以"216"工程建设为契机,齐心协力谋发展;要求举全校之力,建立工作机制,努力实现建设的总体目标;要求坚持内涵发展的需要,统筹做好三个校区建设的协调发展;要求参加"216"工程建设的全体人员树立强烈的责任意识,知难而进,全面完成"216"工程建设任务。

二、全面规划,精心设计,全面实现"216"工程的各项任务

"216"工程是构筑学校发展的物质基础、拓展更大办学空间的重要举措。"216"工程的"2"指漳州校区和集美校区建设工程;"1"指西村、北村教职工住宅改造工程;"6"指化学大楼、海洋大楼、曾厝垵学生公寓二期、校本部博士生公寓、富邦医院、海韵二期大学科技园等六大项目。

“216”工程的建设任务十分艰巨，为了实施这一战略目标，建设部门要对“216”工程各个建设项目的整体规划、设计方案、工程进度等进行认真设计、安排，并认真组织施工，确保建设任务保质、按时完成，努力把“216”工程建设成极具品位、特色鲜明的现代化校园的标志性建筑。

三、严格执法，依法治校，把“216”工程建成优质、高效、廉洁的全优工程

“216”工程管理必须执行国家有关法律条规和本省、本市的有关规定，严格依法行事。对建设中的各个重要环节，要建立健全内部管理和监督的各项具体工作制度，并认真组织实施。

落实“216”工程建设的责任。“216”工程建设，校党政主要领导是第一责任人，要建立项目责任制，明确各个部门的管理责任和项目责任人的职责。要严格遵照《中共中央关于党风廉政建设责任制的意见》《中国共产党党内监督条例(试行)》和教育部党组的要求，建立严格的管理制度和运行机制：工程管理要贯彻民主集中制原则，实行集体研究、民主决策制度；建立决策和具体实施相分离的工作机制；工程项目实行独立管理、资金封闭运行的办法。

加强“216”工程招投标管理。要严格执行《中华人民共和国招标投标法》《中华人民共和国政府采购法》的规定，根据学校的实际情况，制定和实施《厦门大学建设工程项目招标审批办法》和《厦门大学建设工程项目招标管理办法》和厦门大学对招标、投标中的环节，制定明确的标准和严格的工作规范和具体的操作程序。

加强“216”工程建设的过程管理。要严格执行国家有关规定和《厦门大学施工管理办法》，明确职能部门和项目负责人在建设过程中的具体管理职责和具体工作要求，对重要工作环节制定具体的制度和严格规范的操作程序，对项目负责人履行职责实行监督。

加强“216”工程的经费管理。要严格执行国家有关预算管理和财务管理的规定，制定《厦门大学建设经费管理办法》，加强对建设经费的管理。“216”工程项目的经费实行统一管理，设立专用账户，专款专用。

严格按工程进度、质量和合同约定预付或支付工程款，按审计报告进行决算。

加强“216”工程的审计工作。严格按照教育部关于《教育系统内部审计工作规定》和《关于进一步加强建设工程、修缮工程项目审计的通知》的精神，制定《厦门大学建设工程项目审计实施办法》，完善建设项目审计规范，对重大项目进行预审和阶段性审计，对资金使用情况进行监督，以确保投资效益，防止建设资金损失和浪费。

参与工程管理的全体人员要严格要求自己，全面履行职责，根据工作职责和权限开展工作，要积极落实党风廉政的各项要求，自觉抵制各种不正之风。

四、加强领导，健全机构，完善工程建设的组织保障

为加强对“216”工程建设工作的领导，保证“216”工程的各项任务的顺利进行，协调、解决建设过程中涉及的相关问题，学校成立“厦门大学‘216’工程领导小组”，具体实施“216”工程的各项任务。

“厦门大学‘216 工程’领导小组”由学校党政主要负责人任组长和副组长，成员包括分管基建、修缮、设备、财务、监审的校领导和主要工作部门的负责人。

领导小组的主要职责是：研究决定“216”工程建设项目、建设规模以及其他重大问题；研究批准拆迁和售房方案，及时解决拆迁售房中出现的问题；批准筹措建设资金；组织领导基本建设过程中的规划和设计。

建设工程领导小组会议的议题和召开时间由组长、副组长商定，由综合办公室负责筹备会议。领导小组成员三分之二(含三分之二)以上到会方可开会。重要事项必须集体讨论决定，同意人数超过应到会人数的三分之二(含三分之二)视为通过，必要时可采用票决制。

建设工程领导小组下设综合办公室、专家咨询组、招标工作组、施工管理组、财务管理组、监察审计组等工作部门，具体负责和实施工程建设中的相关工作。

五、明确职责，落实责任，全面推进“216”工程的制度化管理

根据教育部党风廉政建设会议精神，学校在基本建设过程中要建立决策系统、咨询系统、执行系统和监督系统等四个系统。为此，“216”工程领导小组下设的六个机构要明确职责和权利，从制度上保证“216”工程健康、快捷地运作。

1.综合办公室：综合办公室由4～5人组成，设主任1人。主要负责工程建设项目的申报、工程建设过程的组织协调和工程档案管理等工作；协调各项制度建设工作，提供政策法规的咨询；处理校领导小组交办的工作，根据校领导小组的安排以及工作的需要准备会议讨论研究所需的文字材料，做好会议记录并送会议主持人审阅。

2.专家咨询组：专家咨询组由5～7人组成，设组长1人，其成员聘请校内具有建筑设计、工程技术等专业特长的专家担任。主要是为学校建设领导小组决策提供建设性的意见。就重大工程的整体规划、设计方案、工程变更等方面的问题接受咨询和出具专家意见。

3.招标工作组：招标工作组由5～7人单数组成，组长由学校法人代表委托人担任，成员包括工程技术、工程预算审核、招标管理等专职人员；招标工作组负责基建(修缮)项目和负责与基建(修缮)工程相关的设备、材料等的招标采购工作；编制招标文件，组织招标活动，主持开标、评标会议并向学校领导小组报告评标结果；负责将招标文件、投标报价书、投标单位考察报告、评标报告、开标评标会议纪要等相关资料整理后送综合办公室存档；负责专家库的建立和管理。

4.施工管理组根据工程性质分别设立基建工程管理组和修缮工程管理组，成员由基建处和资产与后勤事务管理处行政负责人和专业人员5人组成，组长由处长兼任。施工管理组应根据学校建设工程领导小组的决定，按招标合同的规定，组织施工的全过程；就工程建设中的重大问题提出建议并向学校领导小组报告；对跨年度的建设项目，及时报告工程进度和年度计划安排，以保证建设工程保质、按时交付使用。

5.财务管理组由专职财会人员3人组成，设组长1人。财务管理组应做好年度建设经费的预算，多途径筹措资金，根据工程需要预付或支付经费。

6.监察审计组由纪委、监察、审计和工会等部门5～7人组成，设组长1人。监审工作组参与建设项目招标过程并进行监督，受理招投标中的有关申诉，开展调查和提出处理建议。实施工程决算审计，对重大项目开展必要的预审和阶段性审计，进行投资效益评估，及早纠正资金损失、浪费的问题。

7.拆迁售房组：专门负责西村、北村教职工住宅拆迁的改造工程工作，主要职责是：制订拆迁方案、安置搬迁职工、制订售房方案、确定购房对象。

六、严格要求，加强监督，建设一支高水平的管理队伍

“216”项目工程浩大，为了保证工程顺利进行，必须选用思想政治素质好、业务能力强的人员组成精干的工作队伍。

参与学校“216”工程建设的部门和工作人员应当认真履行工作职责，按照岗位职责和要求开展工作。不能正确履行职责又没有正当理由的属不作为，应追究部门或个人责任。

职能部门之间要协调工作，相互支持，严格遵守工作制度和操作程序。凡不按规定办理的事项，相关部门可以拒绝接受；符合规定而部门不予办理或因拖延办理时间耽搁工作的，应追究当事人的责任。

建设工程实行利益回避制度，工作人员在工作中有需要回避的事项必须主动报告，对不宜担任基建(修缮)管理工作的人员要及时调离岗位。

在工程项目建设过程中，任何人不得进行可能影响公平竞争的活动。从事“216”工程的人员在工程建设中，不准以各种名义、形式向施工单位、监理单位、材料和设备供应单位索要和收受回扣、中介费、好处费；不准接受各类礼金、有价证券和物品；不准参加可能对公平执行公务有影响的宴请和娱乐活动；不准要求和接受施工单位为自己和家属提供利益；不准向施工单位介绍家属或亲友从事与学校工程有关的材料设备供应、工程分包等经济活动或介绍家属和亲友参与施工单位承建的其他工程的经济活动；不准在招标中私下与投标人接触，泄露应当保密的招标资料或提供其他有失公允的信息，为他人谋取不正当利益。

学校纪委和监察部门对建设的重要过程及工作程序、经济活动进行监督。对在建设工程项目中不按规定办事、玩忽职守、弄虚作假以及违反纪律的行为，要严格按照有关规定给予严肃查处，并按党风廉政建设责任制的规定追究相关人员的责任。

——本文摘录自《厦门大学关于加强“216”工程建设工作的若干意见》，档号2005-DQ06-1

厦门大学“高层次创造性人才计划”实施方案

(2005 年 1 月 5 日)

为培养和汇聚一批真正能站在世界科学技术前沿的学术带头人，形成一批优秀创新团队，造就一支高素质、高水平的教师队伍，推进人才强校战略，把厦门大学建设成为一所世界知名的高水平研究型大学，根据全国人才工作会议精神和《教育部关于印发〈高等学校“高层次创造性人才计划”实施方案〉和有关实施办法的通知》(教人〔2004〕4 号)等文件精神，学校决定结合贯彻落实教育部《高等学校“高层次创造性人才计划”实施方案》，实施“厦门大学高层次创造性人才计划”。

一、总体目标

厦门大学“高层次创造性人才计划”旨在构建定位明确、层次清晰、衔接紧密、促进优秀人才可持续发展的培养和支持体系；培养和汇聚一批具有国际领先水平的学科带头人、一批具有创新能力和发展潜力的青年学术带头人和学术骨干，带动我校教师队伍整体素质的提升；积极探索以重点学科、创新平台、重点科研基地为依托，以学科带头人为核心，围绕重大项目凝聚学术队伍的人才组织模式，形成一批优秀创新团队，促进学科交叉融合和集成发展；支持优秀人才在关键领域取得重大标志性成果，提高我校的人才培养质量、创新能力和核心竞争力，为我校实现建设世界知名的高水平研究型大学的战略目标和国家与地方的社会经济发展提供强大的人才支持，做出重要的知识贡献。

二、基本原则

1.牢固树立千秋大业、教育为本，教育大业、人才为本的观念，坚持把人才资源作为振兴教育的第一资源，大力实施人才强校战略。

2.扩大视野，拓宽渠道，挖掘潜力，发挥优势，抢抓机遇，乘势而上，切实抓好培养人才、吸引人才和用好人才三个环节。

3.凝炼学科方向、汇聚学科队伍、构筑学科基地，使人才队伍建设与创新平台和重点科研基地建设、国家重大科研项目和重点学科、新兴交叉学科建设紧密结合，实现设岗、选人与做事的有机统一，促进人才培养、科学研究和社会服务协调发展。

4.坚持德才兼备原则，以提高创新能力和弘扬科学精神为核心，以高层次人才队伍建设为战略抓手，大力推进创新团队建设，注重青年人才培养，加大人才资源整合力度，加快人才队伍建设步伐，促进人才可持续发展。

5.以超常规的热情、超常规的努力、超常规的举措，努力营造人才队伍建设的良好制度和政策环境，创新人才工作机制，加大人才队伍建设的力度，全面贯彻实施教育部和福建省“高等学校高层次创造性人才计划”。

三、计划体系

根据教育部和福建省“高等学校高层次创造性人才计划”，厦门大学“高层次创造性人才计划”主要包括三个层次的人才培养与支持体系。

第一层次：实施教育部“长江学者和创新团队发展计划”、福建省“闽江学者奖励计划”和“高等学校科技创新团队培育计划”与“厦门大学特聘教授和创新团队发展计划”，着眼于吸引、遴选和造就一批具有国际领先水平的学科带头人，形成一批优秀创新团队。

第二层次：实施教育部“新世纪优秀人才支持计划”、福建省“高等学校新世纪优秀人才支持计划”和“厦门大学新世纪优秀人才支持计划”，着眼于培养、支持一批学术基础扎实、具有突出的创新能力和发展潜力的优秀青年学术带头人。

第三层次：根据教育部“青年骨干教师培养计划”和我校师资队伍建设的中长期规划，实施“厦门大学青年骨干教师培养计划”，着眼于培养一批青年骨干教师，带动教师队伍整体素质的提升。

（一）特聘教授和创新团队发展计划

1.特聘教授招聘计划

紧紧围绕国家重点科研领域、重点学科发展方向、重点科技创新平台或科研基地，围绕我校发展战略目标，结合学校学科建设规划，分期分批地设置长江学者与闽江学者特聘教授和厦门大学特聘教授、讲座教授岗位（含王亚南经济学特聘教授、讲座教授岗位，卢嘉锡化学特聘教授、讲座教授岗位，萨本栋物理学特聘教授、讲座教授岗位，陈景润数学特聘教授、讲座教授岗位，林语堂文学特聘教授、讲座教授岗位及其他重点建设学科的特聘教授、讲座教授岗位），面向海内外公开招聘在国际学术界有一定影响，具有创新性构想和战略性思维，能带领本学科跟踪国际科学前沿并赶超国际先进水平的学科带头人，开展原创性、重大理论与实践问题研究和关键领域攻关，力争取得重大标志性成果。

2.创新团队发展计划

按照教育部“创新团队发展计划”和福建省“高等学校科技创新团队培育计划”的要求，以“985 工程”科技创新平台、重点科研基地为依托，着力建设以两院院士、长江学者和闽江学者特聘教授等拔尖创新人才为核心、从事国家重点发展领域或国际重大科学与技术前沿研究的优秀创新团队，在“985 工程”二期建设期间，争取每年有 2～4 个团队列入教育部“创新团队发展计划”，4 年中争取 2 个以上团队列入福建省“高等学校科技创新团队培育计划”。同时，根据我校学科发展规划，参照教育部“创新团队发展计划”关于创新团队的遴选条件，每年遴选和资助 3～6 个校级优秀创新团队。在“985 工程”二期建设的 4 年中，拟重点资助建设 32～35 个创新团队。通过创新团队建设，充分发挥优秀人才的团队效应，促进学科的交叉融合，帮助优秀人才在关键领域取得重大标志性成果，提升学校的创新能力和竞争实力，推动高水平大学和重点学科建设。

入选教育部、福建省创新团队和校级创新团队的资助期限均为 3 年。每个入选教育部“创新团队发展计划”的团队，3 年资助经费合计 300 万元；入选福建省“高等学校科技创新团队培育计划”的团队，3 年资助经费合计 100 万元；入选校级“创新团队发展计划”的团队，自然科学类 3 年资助经费合计 100 万元，人文社会科学类 3 年资助经费合计 30 万元。在资助期内，遴选部分创新团队成员赴国外高水平大学进行合作研究。学校将为入选的创新团队创造良好的工作条件和制度环境，积极支持和推荐符合高一级创新团队入选条件的团队申报高一级创新团队乃至国家优秀创新研究群体。

（二）新世纪优秀人才支持计划

本项计划旨在对具有较高学术水平、突出的创新能力和发展潜力的优秀青年学术带头人给予资助，支持其开展创新性研究工作，承担国家重大科研任务，为培养他们成为优秀学科带头人搭建台阶、创造条件。

参照教育部和福建省"新世纪优秀人才支持计划"的条件要求,结合学校学科建设规划和创新团队发展计划,每年遴选50名左右(2004年为40名左右)自然科学和人文社会科学领域的优秀青年学术带头人,在经费上给予一定的资助。在"985工程"二期建设期间,共计划遴选支持190名左右优秀青年学术带头人。其中,特别优秀者推荐申报教育部和福建省"新世纪优秀人才支持计划"的资助,其余入选者列入"厦门大学新世纪优秀人才支持计划"予以资助。

对"新世纪优秀人才支持计划"入选者的资助期限均定为3年。教育部"新世纪优秀人才支持计划"入选者3年资助经费总额为自然科学类每人50万元,人文社会科学类每人20万元。福建省"高等学校新世纪优秀人才支持计划"和"厦门大学新世纪优秀人才支持计划"入选者3年资助经费总额为自然科学类每人30万元,人文社会科学类每人10万元。在资助期内,选派部分入选者赴国外高水平大学进行合作研究。符合高一级支持计划遴选条件的入选者,可推荐申报高一级支持计划的资助。

(三)青年骨干教师培养计划

在全面提高教师队伍整体素质的基础上,加强青年骨干教师的培养,鼓励和支持青年骨干教师在职提升学位层次、进入国内外高水平大学和重点科研基地研修学习、努力钻研学术、开展经常性的学术交流活动,不断提高学术水平、创新能力和教育教学能力,成为教学、科研和学科建设的重要力量。

1.青年骨干教师重点培养项目

继续实施"青年骨干教师重点培养项目",设立专项基金,鼓励和支持青年骨干教师参加科研团队,承担科研课题,深入钻研学术,参加学术交流活动,撰写出版学术专著,为他们成长为学校各学科的学术带头人或学术骨干搭建台阶、创造条件。

在前五批重点培养的基础上,在"985工程"二期建设期间,分两批再遴选200名40岁以下青年骨干教师,给予一定的经费支持,予以重点培养。2004年和2006年各遴选一批,每批100名,资助期限为3年。资助每人每年参加国内学术会议1次,每人每年书报费教授1500元、其他人员1000元,以及资助出版具有较高水平的学术专著;培养对象应邀出席重要国际学术会议,经学校审核批准,在3年培养期内可获资助1次单程国际旅费和国内往返旅费。纳入重点培养的对象,在学位提升、出国研修、国内访问和参加高级研修班等方面,予以优先考虑和推荐。经过培养,取得突出成果,符合"新世纪优秀人才支持计划"入选条件者,也予以优先考虑和推荐。

2.青年教师在职学位提升项目

鼓励和支持青年教师在职提升学位。根据我校教师职务聘任条例,1964年8月1日以后出生的教师,未达到应聘相应教师职务所要求的学位层次,均须在规定时间内取得相应的学位。为减少近亲繁殖和接受最好的研究生教育,学校鼓励教师到国内外高水平大学攻读博士学位或硕士学位。计划在今后6年内,每年选送60~80名青年教师在职攻读博士或硕士学位,争取到2010年基本完成青年教师的学位提升工作。对在职攻读学位的教师在学费上给予50%的资助。

3.全国优秀博士学位论文作者资助项目

支持来我校任教的全国优秀博士学位论文作者申报教育部"高等学校全国优秀博士学位论文作者资助项目",并按教育部规定的比例给予配套支持,鼓励、支持其不断做出创造性成果。根据教育部该项目的实施办法,教育部设立专项资金予以资助,每个资助项目的年资助金额一般为5至15万元,资助期为5年,由教育部和高等学校按1∶1比例配套支持。具体资助金额按申请项目的性质、申请资助金额预算和专项资金资助能力确定。

4.高层次引进人才和留学回国人员科研启动支持项目

对于引进来我校任教的具有博士学位或受聘副教授及以上职务的国内外高层次优秀人才,提供一次性科研启动经费,吸引和鼓励更多的优秀高层次人才尤其留学回国人员来我校从事教学科研工作。科研启动经费的资助金额,自然科学类教授为5万至10万元,博士或副教授为2万至5万元;人文社会科学类教授为3万至5万元，博士或副教授为1.5万至3万元。学科建设特殊需要的或特别拔尖的人才，经个人申请和专家论证后，其科研启动经费可根据需要作专门安排。

本校教师在国外留学3年以上并在外获得博士学位、或在国内获得博士学位后在国外做博士后研究1年以上并取得优异成果且按期回国的，给予一次性科研启动经费资助，支持和鼓励更多的优秀留学人员回校工作。资助金额为自然科学类2至5万元，人文社会科学类1.5至3万元。

符合教育部"留学回国人员科研启动基金项目"资助条件的优秀留学回国人员，学校将积极推荐申报。获得教育部"留学回国人员科研启动基金项目"资助的留学回国人员，学校将不再另行资助。

5.青年骨干教师出国研修项目

实施教育部"高等学校青年骨干教师出国研修项目"，扩大教师出国研修的规模，通过"访问学者"、"研究生"、"博士后研究"等项目及各类国际合作和校（院）际交流项目，加大力度选派青年骨干教师到国外高水平大学进修学习和合作研究，跟踪学科发展前沿，提高学术水平、创新研究能力和教育教学能力。每年选送130名左右骨干教师通过国家留学基金的资助或学校与留学基金联合资助的方式到国外高水平大学进行访问学者研究、博士后研究、攻读博士学位或从事其他合作项目的研究。其中，争取40名由国家留学基金全额资助，30名由国家留学基金和学校配套资助，60名以国家留学基金名义派出并提供旅费，学校资助其他部分费用或争取对方免费。

为更好地开展双语教学和加强骨干教师的对外交流能力，每年继续组织选派部分骨干教师赴国外高水平大学进行专业研修和外语强化培训。学校鼓励并支持各学院（研究院）与国外著名大学相关院系或研究机构进行强强合作和强项合作等实质性的合作与交流，通过合作交流项目，选派骨干教师赴国外一流大学研修学习。

6.青年骨干教师国内访问学者项目

实施教育部"高等学校青年骨干教师国内访问学者项目"。一方面积极配合教育部的计划，组织重点科研基地、优势学科和专业申报作为访问学者的接收单位，另一方面认真遴选和推荐青年骨干教师申报教育部资助赴国内一流大学做访问学者，参与高水平的科研工作，跟踪学术前沿，促进学术交流。争取每年选拔20名左右青年骨干教师推荐教育部访问学者项目。对入选教育部项目的访问学者，学校将按教育部的要求，给予一定的经费资助。

7.青年骨干教师高级研修班

实施教育部"高等学校青年骨干教师高级研修班"项目。依托国家重点学科、重点实验室和人才培养基地举办"学科前沿和专业知识高级研讨班"。同时，选送青年骨干教师参加其他重点高校举办的相应学科和专业的高级研讨班。每年培训青年骨干教师20人左右。

结合学校精品课程、骨干课程和"两课"建设，通过本校组织培训或选派参加教育部组织的培训（讲习）班，每年培训20名左右青年骨干教师，使之系统掌握现代教育理论、现代教学内容、方法和手段或"两课"教学内容和方法等方面的知识，进一步提高教育教学能力。

四、政策措施

1.统筹规划，整合资源。统筹协调学科建设、人才培养、科技创新、队伍建设和国际交流合作等各方面工作，充分发挥人才、基地、项目、资金和政策的综合效益。"高层次创造性人才计划"要与"985工程"、"211工程"、"高等学校科技创新计划"、"高等学校哲学社会科学繁荣计划"、"研究生教育创新计划"等密切配合，整体实施，大力推进高水平大学和重点学科建设。

2.调整投入使用方向，加大人才投入力度。学校队伍建设经费主要用于"高层次创造性人才计划"的实施。根据我校"高层次创造性人才计划"实施方案，学校将提高发展性投入中用于人才队伍建设的比例，在"985工程"二期建设中，对人才工作的投入作为重要组成部分，其经费不低于总经费的20%，且根据实际建设需要，尽可能增加更多的投入；"211工程""十五"期间建设经费中用于人才队伍建设的部分也一并投入到“高层次创造性人才计划”的实施中,以确保各项人才计划配套经费的落实。各学院(单位)也要加大对人才队伍建设的投入力度,在重大建设和科研项目经费中,尤其“985”二期各项目建设经费中要划出一定份额用于人才开发和人才队伍建设。

3.充分利用国内、国外两种人才资源,继续加大力度抓紧抓好高层次优秀人才的引进工作。根据学校战略规划所提出的2010年全职教师达到3000人规模的目标,在未来的6年内,每年平均要补充200多名新教师。在新教师的补充上,应注重一流的学科带头人、优秀拔尖人才、青年学术带头人和具有良好发展潜力的优秀人才的引进,尤其应注重并大力吸引优秀留学人才回国来校工作。

创新引进机制,做好出国招聘留学人才工作,积极探索团队引进、核心人才带动引进、创业引进、智力引进等灵活多样的形式。为引进的高层次人才和留学回国人才提供科研启动经费,并通过实施“高层次创造性人才计划”项目,以及积极争取教育部“春晖计划”和相关留学回国人才工作项目的资助,吸引和鼓励海内外高层次优秀人才来校工作。建立优秀留学人才库,通过多种途径加强与优秀留学人才的联系,制定并实施留学人才回归计划。做大做强学科平台,提供充分的发展空间,创造良好的制度环境和学术氛围,为吸引高层次优秀人才打造坚实的学科基础。

4.改革教师职务聘任制度和分配制度,完善人才激励与约束机制。从本学年起,全面试行教师职务聘任制度,真正做到科学设岗、公开招聘、竞争上岗、择优聘用、严格考核、合同管理,实现设岗、选人与做事的有机统一。通过改革聘任制度,激活竞争激励机制,调动广大教师的积极性和创造性,为高层次人才的创造性工作和优秀拔尖人才的脱颖而出提供充分的空间和良好的制度条件。改革岗位津贴制度,收入分配政策要重实绩、重贡献。积极探索生产要素按贡献参与分配的实现形式。坚持精神奖励与物质奖励相结合,对做出突出贡献的优秀人才给予大力表彰和重奖。进一步强化监督指导,加强评估检查和考核,规范合同管理,对未按聘用合同履行职责的个人,坚决按照合同和有关规定取消资格或停止资助。

实行全职教师和非全职教师相结合的教师聘用制度,不求所有,但求所用,转变观念,拓宽渠道,吸引和用好非全职教师。要特别注重非全职高层次人才的聘用,吸引国内外学术大师和优秀学科带头人来我校从事短期的教学科研工作,并为他们提供优越的条件,充分发挥其在学科建设中的组织指导作用。

5.创新人才组织模式,深化管理体制改革。积极改革教学科研组织形式,打破人才组织上的体制性障碍,进一步深化校院二级管理体制改革,废除影响团队形成和发展的体制和制度,充分发挥多学科优势,以“985工程”科技创新平台和哲学社会科学创新基地、重点科研基地或重大科研项目为载体,以学科带头人为核心,构建和扶持一批结构合理、优势互补、团结协作、具有凝聚力和战斗力的创新团队和学术梯队,赋予团队负责人以更大的管理权限。对涉及学科较多的团队,建立相对独立的交叉学科研究基地,并配置固定与流动相结合的教学科研人员编制。

6.改革人才评价标准,创新人才遴选评价机制。实施人才分类管理,探索和制定基础学科、应用学科、人文社会学科等不同类型的学科的评价指标,建立以业绩为核心,由品德、知识、能力、水平等要素构成的人才评价体系。严把人才遴选质量,注重思想政治素质、学风和科学精神、学术水平和科技创新能力、团结协作精神等方面素质。在实施“高层次创造性人才计划”中,要坚持公开遴选、平等竞争、择优支持、合同管理的原则,充分发挥同行专家在人才学术评价中的作用。

7.创新留学工作机制,扩大教师出国留学规模。抓住教育部“高等学校青年骨干教师出国研修项目”实施的机遇,多方筹措留学资金,拓宽渠道,加大学术带头人和学术骨干的选派力度。对入选创新团队和“新世纪优秀人才支持计划”的部分人员,推荐申报教育部出国留学项目赴国外高水平大学和科研机构进行合作研究。进一步加强与国外高水平大学和科研机构的“强强合作”、“强项合作”,积极争取国外的支持和资助,通过联合培养博士生、合作研究、参加国际学术交流等方式,打通开放式培养人才的绿色通道,力争做到青年学术骨干都有在国外高水平大学或科研机构研修的经历。

8.解放思想,更新观念,努力营造人才辈出、人尽其才的良好环境和氛围。坚持科学的发展观和人才观,坚持党管人才的原则,树立人才资源是第一资源、以人为本、人人都可以成才的观念,努力营造一个鼓励人才干事业、支持人才干成事业、帮助人才干好事业的良好制度环境,大力营造有利于人才成长和发挥作用的良好的工作环境、和谐融洽的人际环境、民主活泼的学术环境、比较体面的生活环境和相互尊重理解的社会环境，提高对优秀人才的吸引力和感召力。要鼓励探索，鼓励创造，鼓励冒尖，鼓励一马当先、当领头雁的精神，使优秀人才有用武之地而无后顾之忧，有苦练“内功”的动力而无应付“内耗”的压力，有专心谋事的成就感而无分心谋人的疲惫感，从而最大限度地发挥个人潜能，变人才拥有优势为人才产出优势。

五、组织领导

坚持党管人才原则，把高层次人才队伍建设放在事关学校发展全局的战略位置，纳入学校领导班子工作目标责任制，作为“一把手工程”来抓。按照教育部的要求，成立由学校主要领导任组长的人才工作领导小组，定期研究人才队伍建设中的重大问题，加强统筹协调，整合工作力量，完善工作机制，形成有关部门各司其职、协调高效的人才工作新格局。学校人才工作领导小组的主要任务是结合学校实际，研究制定学校高层次人才队伍建设发展战略和规划，研究制定促进人才队伍建设的有关政策和重大人才计划项目的实施方案，做好宏观指导和统筹协调工作。

为了整合学校各方面的力量，协调各项人才计划的实施，形成有关部门各司其职、协调高效的人才工作新格局，在学校人才工作领导小组下设立秘书组。秘书组由分管人事工作的校领导和学校办公室、校党委组织部、学校人事处、发展规划办公室、教务处、科学技术处、社会科学处、研究生院、国际合作与交流处、财务处、资产与后勤事务管理处等职能部门的负责人组成，主要负责各项人才计划实施方案的草拟，人才计划实施过程中的具体协调，申报或应聘人员的条件审核和初选。各项人才计划由学校有关职能部门分别牵头组织实施，相关职能部门予以配合，人事处为学校各项人才计划组织实施的总牵头单位。各学院(单位)负责落实本单位高层次创造性人才队伍建设的具体任务，做好高层次创造性人才的招聘、遴选、推荐、服务和跟踪管理等工作。厦门大学“高层次创造性人才计划”各层次计划和项目的具体实施与管理均同时按各相关实施办法执行。

——本文摘录自《关于印发〈厦门大学“高层次创造性人才计划”实施方案〉的通知》，厦大人〔2005〕1号，档号2005-XZ10-1

厦门大学青年骨干教师重点培养项目实施办法

(2005年1月5日)

第一章　总　则

第一条　为了更好地贯彻实施教育部和厦门大学“高层次创造性人才计划”,加快我校青年骨干教师队伍建设步伐,根据教育部《“青年骨干教师培养计划”实施办法》和《厦门大学“高层次创造性人才计划”实施方案》,制订本办法。

第二条　通过选拔和培养有志于厦门大学教育事业的优秀青年骨干教师,带动教师队伍整体素质的提升。

第三条　学校将加大青年骨干教师的培养力度,划拨专项经费支持青年骨干教师培养工作,鼓励和支持青年骨干教师参加科研团队,承担科研课题,深入钻研学术,参加学术交流活动,撰写出版高水平的学术著作,为他们成长为各学科的学术带头人或学术骨干搭建台阶、创造条件。

第四条　青年骨干教师培养工作要注重教师潜力的提升,注重学科建设的协调和平衡发展并适当向重点学科和拟重点发展的学科倾斜,注重创新团队建设并适当向创新团队倾斜,注重培养工作有步骤、有计划地持续进行并与其他层次创造性人才支持计划相衔接。

第五条　选拔和培养工作要严格把握德才兼备的标准;要采取切实可行的培养措施,以达到预期的培养目标。

第六条　选拔和培养工作应引入竞争机制与激励机制,要遵循精选、重用、厚待的原则。

第七条　本办法适用于厦门大学青年专任教师。

第二章　推荐选拔条件

第八条　坚持四项基本原则,热爱社会主义祖国,拥护改革开放的方针政策,忠诚党的教育事业,有良好的职业道德,教书育人成绩突出。

第九条　具有扎实的理论基础和较强的科研能力及发展潜力;具有严谨求实的治学态度和良好的团结协作精神;具有一定的组织能力和领导能力。

第十条　必须具有博士学位或具有硕士学位且担任副教授及以上教师职务,熟练掌握1门及以上外语。

第十一条　年度考核合格及以上,年龄在40周岁以下,身体健康。

第十二条　特别引进的高层次优秀人才,符合上述条件,经审批可直接列为培养对象。

第三章　推荐选拔程序

第十三条　青年骨干教师重点培养人选实行限额申报。学校根据各学院(单位)人才队伍状况和学科建设需要,下达给各学院(单位)申报名额。

第十四条　青年骨干教师重点培养对象实行公开遴选、择优推荐的原则，由个人向所在学院（单位）申请，或由单位推荐，经学院（单位）学术委员会和教学委员会评议通过后，由学院（单位）聘任委员会研究确定推荐人选，统一报送学校人事处。德才兼备、业务突出同时又承担学生思想政治工作的优秀青年骨干教师可予以优先推荐。

第十五条　学校人事处根据选拔条件，对各学院（单位）推荐人选进行审核，汇总后报学校人才工作领导小组秘书组研究确定初选名单。

第十六条　学校人才工作领导小组秘书组确定初选名单后，报学校人才工作领导小组审批并进行公示。公示期过后，如无异议，正式公布入选名单。

第十七条　对已入选者，如发现其实际情况与选拔条件不符，经核实后取消其入选资格。

第四章　培养措施

第十八条　学校采取分批培养方法，根据学校人才队伍规划，每批遴选100名左右优秀青年教师进行重点培养，资助期限为3年。

第十九条　学校设立"青年骨干教师培养基金"。入选重点培养对象的青年骨干教师，可获得"青年骨干教师培养基金"资助。资助项目为：资助每人每年参加国内学术会议1次；资助每年书报费教授1500元、其他人员1000元；限额资助出版学术专著；培养对象应邀出席重要国际学术会议，经学校审核批准，在3年培养期内可获资助1次单程国际旅费和国内往返旅费。

第二十条　纳入重点培养的对象，在学位提升、出国研修、国内高访和参加高级研修班等方面，予以优先考虑和推荐，以促进他们密切追踪国内外最新科研学术动态，提高创新能力和学术水平。

经过培养，取得突出成果，符合教育部和福建省"新世纪优秀人才支持计划"或"厦门大学新世纪优秀人才支持计划"入选条件者，予以优先考虑和推荐。

第二十一条　入选者所在学院（单位）对重点培养对象要委以重任，在推荐担任硕士生导师或博士生导师及其他重要教学科研工作等方面给予优先考虑，让他们在实践中增长才干。要为重点培养对象的成长创造各种有利条件，及时帮助他们解决工作中遇到的困难和问题。

第二十二条　科技处和社科处在申报、争取各类科研课题时及时提供信息并给予具体的指导和帮助，对争取校外科研经费确有困难的学科，校级科研项目应优先考虑该学科青年骨干教师重点培养对象的申请。

第二十三条　校党委党校为青年骨干教师举办专门的培训班，帮助他们不断提高思想理论水平，积极创造有利条件促进青年骨干教师成长为德才兼备的优秀人才；校党委宣传部及其他有关部门对青年骨干教师所取得的成绩应及时进行宣传报道，提高他们的社会知名度，鼓励他们更好地完成教学、科研任务，为他们尽快成长为学术带头人铺路开道。

第五章　管理办法

第二十四条　学校人事处负责青年骨干教师重点培养项目的具体组织实施及培养经费的日常管理工作。科技处、社科处、教务处、研究生院等职能部门和入选者所在学院（单位）负责对入选者在科研、教学等方面工作进行指导和跟踪管理。

第二十五条　入选者所在学院（单位）要为青年骨干教师制定培养目标和培养计划，在年度考核中根据培养计划和培养要求对骨干教师进行认真考核。凡当年考核基本合格及以下者自动取消其重点培养资格。

资助期满，学院（单位）须根据培养目标和要求对培养对象进行考核和评估。考核和评估结果报学校科技处、社科处、教务处、研究生院等相关职能部门审核后报人事处备案，作为遴选和推荐更高层次培养对象的重要依据。

第二十六条　入选者若调离学校或未经批准出国逾期未归，自动退出青年骨干教师重点培养项目及其他青年骨干教师培养计划。

第六章　附　则

第二十七条　本办法自颁布之日起施行，《厦门大学中青年骨干教师选拔和培养暂行条例》(厦大师职〔1993〕59号)文件同时废止。

第二十八条　本办法由学校人事处负责解释。

——本文摘录自《关于印发〈厦门大学青年骨干教师重点培养项目实施办法〉的通知》，厦大人〔2005〕2号，档号2005-XZ10-1

厦门大学干部保健管理暂行规定

（2005年1月6日）

为加强我校干部的医疗保健管理，保障干部保健对象的医疗需求，规范管理，根据《中共厦门市委关于厦门市干部医疗保健管理暂行规定》（厦委发[2004]9号），《关于印发〈厦门市干部保健管理暂行规定实施细则〉等四个配套文件的通知》（厦健委[2004]2号）等文件精神，结合我校实际情况，制定本规定。

第一章　干部保健对象保健证及医保IC卡的管理

第一条　干部保健对象保健证的发放和使用：

1.保健证由厦门市干部保健委员会办公室（以下简称“市保健办”）负责颁发。

申领：我校按规定程序统一为符合市干部保健对象条件的人员填报《厦门市保健对象登记表》、花名册，收集干部保健对象办证所需照片、身份证复印件、行政职务或技术职务的任职证明及其他有关身份证明，向市保健办申领保健证。

变更：凡持本市保健证者，在厦门市区工作调动、职务变动、保健证失效或需变更保健证上相关内容的，我校必须及时重新填报相关登记表，并附上干部保健对象原保健证和与变更内容相关的证明材料及照片等，向市保健办申请变更。

干部保健对象的保健证如遗失，应立即报告市保健办，并由当事者个人在《厦门日报》上刊登遗失声明。补发保健证需持刊登声明、单位介绍信、照片到市保健办办理。

注销：凡干部保健对象因被解聘、降职、撤职等原因而不再享受保健对象待遇，或调离厦门辖区、出国定居、死亡，我校必须在五个工作日内将情况报告市保健办，办理注销手续。

年审：我校应于每年12月1日至12月31日持干部保健对象的保健证到市保健办办理年审，未经颁证机关年审盖章的保健证无效。

2.干部保健对象保健证的使用：

干部保健证是保健对象享受医疗保健待遇的身份证明，保健对象应妥善保管，不得转借他人使用。

第二条　干部保健对象就诊卡的管理：

1.列入全市干部保健统筹经费管理的干部保健对象，其医保IC卡中增加保健结算功能。

2.医保IC卡是干部保健对象就医和结算医疗费用的专用卡。干部保健对象就医时，应出具本人保健证和医保IC卡。

3.医保IC卡遗失或损坏，干部保健对象按医保规定到医保经办机构办理挂失补办手续，挂失期为10天，挂失期满仍未找到，应重新办理医保IC卡。医保IC卡遗失未挂失或损坏未补办期间发生的医疗费用，干部保健基金不予支付。挂失期间在干部保健定点医疗机构发生的医疗费用，先由本人垫付，再凭补办后的IC卡到医保经办机构及市保健办审核结算。

第二章　干部保健对象的保健待遇及管理

第三条　干部保健对象因病住院可住干部病房，由干部保健基地医院根据可能提供：一级保健对象可安排住套间;二级干部保健对象可安排住单间;三级干部保健对象可安排住标准间。

第四条　干部保健对象的医疗费用,属本市范围内就医的,所发生的属于医保及保健用药、诊疗项目范围内的医疗费用,凭医保 IC 卡直接与定点医疗服务机构结算。

第五条　一级保健对象发生的医药费用,属于基本医疗保险和市保健委新增的药品目录和诊疗项目范围内的,除由医保支付和补充医疗保险赔付外,其余均直接通过在定点医疗机构刷卡从干部保健基金中支付。

一级保健对象因病情需要使用超过基本医疗保险和市保健委新增的药品目录和诊疗项目范围的治疗必需的各种药品和各项诊疗项目,须由经治科室副主任以上医师填写《厦门市干部保健对象目录外用药、诊疗项目审批表》,经治科室主任和定点医院医务科审核盖章,报市保健办批准后使用的方可报销(急诊抢救时可先口头报告),未经批准的,费用由医疗机构自行承担。

一级保健对象的家庭病房、巡诊及预防保健费用,经市保健办审核后予以报销。

第六条　二、三级保健对象就医所发生的基本医疗保险和补充医疗保险支付范围内个人现金自付的,或属于市保健委新增的药品目录和诊疗项目范围内的医药费用,二级保健对象现金自付10%,三级保健对象现金自付25%,其余通过刷卡从干部保健基金中支付。

第七条　离休干部和5.12退休干部的医疗费用按原规定执行。

第八条　二、三级干部保健对象就医所发生的超过基本医疗保险和补充医疗保险最高赔付限额以上、且属于基本医疗保险和市保健委新增的药品目录和诊疗项目范围内的医药费用,由保健对象提出申请,并提供发票及住院费用清单,经批准后予以报销。

第九条　二、三级保健对象门诊所发生超过基本医疗保险及市保健委新增的药品目录和诊疗项目范围以外的医药费用,由保健对象个人负担。

第十条　干部保健对象确因病情需要转移到市外就医的(本市医院无法解决其诊疗问题的),须经我市三级以上的医院医务科出具转院意见书,本人申请、单位同意、市保健委批准后,方可转诊。因病情危急,来不及办理手续的,须于转诊之日起5个工作日内补办。

转外就医、异地长期居留(工资关系在学校的)、外出急诊就医的,医药费用先由保健对象垫付后,凭有效证明(三级以上医疗机构出具)和相关凭据先到市社保中心按医保规定报销后,其余部分到市保健办审核报销。异地就医超过基本医疗保险及市保健委新增的药品目录和诊疗项目范围以外、且未按规定程序批准的医药费用,由保健对象个人负担。异地就医的床位费不能超过干部保健对象享受的市内相应级别的病床费用,超过部分个人自付。

干部保健对象未经市保健办批准而自行转往非定点医院诊治,在非定点医院发生的医疗费用,以及自请医生、自购药品和卫生耗材等费用,不予报销、费用自付。

干部保健对象在境外(包括香港地区、澳门地区、台湾地区和国外)就医所发生的所有医疗费用,按规定不属报销之列。

干部保健对象凡因意外事故就医,其医疗费用当涉及可向肇事者索赔时,保健对象应据理索赔,索赔范围内的医疗费用不属报销之列。

第十一条　干部保健对象需审核报销相关医药费用时,应由我校派人持保健对象保健证、医保 IC 卡、用药清单、住院费用明细单、正式发票、病历和医保报销单等相关证明,到市保健办填写申报单,市保健办工作人员接单后按相关规定审核并报市保健委批准后,再通知我校进行结算。

第十二条　符合会诊条件的干部保健对象因病情需要可享受会诊。

1.会诊形式主要包括以下几种:

(1)一级会诊(省内、国内会诊,包括远程会诊):病人发病急,病情危重、复杂,本市不能解决或急需的,须请省内、外专家共同探讨,以确定最佳治疗方案。

(2)二级会诊(院外市内会诊):a.病人病程长,治疗效果不明显,须请院内、外专家共同会诊;b.手术病人确定手术方案,肿瘤病人确定治疗方案,重点保健对象及重要外宾治疗方案的确定,须请院内、外专家共同会诊;c.特殊疾病的检查、诊断和治疗,须请院外专科医院专家会诊确定诊疗方案。

(3)三级会诊(院内会诊):院内本科(室)以外的科(室)、专家会诊。危重病人的会诊可由医院医务科领导组织进行,特殊情况由医务科领导或分管干部保健的院长亲自主持,随时召集各科大会诊。

2.会诊费用的支付按以下规定执行:

(1)会诊费:会诊费(专家会诊补贴)按相关规定执行。一级会诊专家会诊费在每次会诊结束时支付,二级、三级会诊费按有关规定执行。

(2)一级会诊接送专家的车辆(或交通费用)以及省内、外会诊专家在厦门期间的接待工作(包括食宿等费用)由我校负责解决。

(3)医生认为本市内专家即可解决的问题,保健对象或家属坚持要请市外(省内、外)专家会诊的,会诊所需全部费用由保健对象个人支付。

(4)未经市保健办批准,保健对象就诊医院组织的会诊,会诊所需全部费用由医院负责解决。

第十三条　干部保健对象在就医和结算医疗费用过程中,不得有下列行为:

1.将本人的医保IC卡转借他人就医。

2.冒用他人的医保IC卡就医。

3.伪造或涂改处方、医疗费用单据等凭证,虚报冒领医疗费。

第十四条　干部保健对象每年进行一次健康体检,由市保健办统一组织安排;一级保健对象可住院体检;体检中,如发现干部保健对象身体有突出疾病的,应及时指导治疗。

第十五条　干部保健对象可享受疗养,一级保健对象每年10个工作日,二级保健对象每年7个工作日,三级保健对象每年5个工作日。

疗养的组织形式有:省外疗养、省内疗养、本市周末度假疗养。疗养的交通费用由干部保健对象原单位报销,疗养费用由干部保健专项经费支付。

干部保健对象的年度疗养原则上安排在本市相对固定的干部疗养院;组织到省外疗养时,一级保健对象每年可享受一次,二级保健对象二年一次,三级保健对象三年一次。本市疗养与市外疗养时间合并计算。

干部保健疗养采取本人报名与组织安排相结合的办法,由市保健办统筹安排全年干部疗养工作。疗养时间计作当年休假时间,当年疗养时间未满的不转下年度累加。

第三章　保健经费管理

第十六条　我校与市保健办签订代管协议书,委托其统一管理我校干部保健对象的保健经费。每年年初,我校根据市保健办规定的缴费标准,将我校需要缴纳的干部保健经费差额缴给市保健办统一管理。

第十七条　组织部、人事处、离退休处、财务处和医院等相关部门应根据我校干部保健对象所发生的每笔医疗费用,定期或不定期与市保健办进行明细账核对,以便清楚地掌握我校干部保健经费的使用情况。

第四章　责任追究

第十八条　保健对象违反本通知第二章第十四条规定情形之一的,市保健办将暂停其保健待遇2个月以上6个月以下;造成学校保健基金损失的,学校将依法追回经济损失。

第十九条　违反本规定,构成犯罪的,将依法追究刑事责任。

第五章　附　则

第二十条　本规定由人事处负责解释。

第二十一条　本规定自2005年1月1日起执行。

——本文摘录自《关于印发〈厦门大学干部保健管理暂行规定〉的通知》，厦大人〔2005〕10号，档号2005-XZ10-1

厦门大学"新世纪优秀人才支持计划"实施办法

（2005年1月10日）

第一章 总 则

第一条 为进一步加强我校青年学术带头人队伍建设，加速培养造就一批拔尖创新人才，大力增强我校原始性创新能力，持续提升我校的学术水平和人才培养质量，推进高水平大学和重点学科的建设，学校决定结合实施教育部"新世纪优秀人才支持计划"、福建省"高等学校新世纪优秀人才支持计划"，设立和实施"厦门大学新世纪优秀人才支持计划"。现根据教育部《"新世纪优秀人才支持计划"实施办法》、福建省教育厅《福建省高等学校新世纪优秀人才支持计划实施办法》和《厦门大学"高层次创造性人才计划"实施方案》等文件精神，制定本实施办法。

第二条 本办法适用于我校所实施的教育部、福建省和厦门大学的"新世纪优秀人才支持计划"。实施"新世纪优秀人才支持计划"，旨在支持本校优秀青年学术带头人开展教学改革，围绕国家重大科技和工程问题、哲学社会科学问题和国际科学与技术前沿开展创新研究。

第三条 各级"新世纪优秀人才支持计划"每年均评审一次。评审工作坚持尊重劳动、尊重知识、尊重人才、尊重创造的方针，遵循依靠专家、发扬民主、择优支持、公正合理的原则。

第四条 各级"新世纪优秀人才支持计划"的支持范围包括自然科学和哲学社会科学，资助规模为每年50名左右(2004年为40名左右)。学校每年根据教育部和福建省教育厅下达的申报名额和入选人数，具体确定校级"新世纪优秀人才支持计划"的资助规模。

第五条 各级"新世纪优秀人才支持计划"具体实施工作由学校人才工作领导小组秘书组牵头负责，人事处、科技处、社科处等职能部门具体负责计划实施的有关工作。

第二章 支持条件

第六条 本计划资助对象应具备以下条件：

1.热爱社会主义祖国，坚持四项基本原则，道德高尚，治学严谨，具有强烈的事业心和团队精神；

2.在教学改革、科学研究和高新技术工程化、产业化方面取得同行公认的创新性成果；

3.具有较大的发展潜力，拟开展的研究工作有创新性构想，并有充分的时间和精力从事本计划支持的研究工作；

4.在本校教学和科研第一线工作，并受聘副教授及以上的专业技术职务；

5.一般应具有博士学位；

6.在申报当年1月1日，自然科学领域申请者年龄一般不超过40周岁，哲学社会科学领域申请者年龄一般不超过45周岁。

第三章 申报与评审

第七条 学校各级“新世纪优秀人才支持计划”均实行限额申报。学校每年根据各级支持计划的申报总额和支持规模及学校教学科研与学科建设需要，按学院(单位)下达申报名额。学院(单位)统一组织申报、遴选和推荐，学校原则上不受理个人申报。

第八条 已获得或当年申报“长江学者特聘教授”,“国家杰出青年科学基金”,国家“百千万人才工程”一、二层次，教育部“跨世纪优秀人才培养计划”,“高校青年教师奖”,“闽江学者特聘教授”,“厦门大学特聘教授”资助者，不再申请本计划。

第九条 学院(单位)根据核定的申报名额、本办法规定的申报条件和本单位教学科研与学科建设需要，组织本单位优秀教师进行申报，经学科评议组评议、推荐后，由学院(单位)学术委员会进行研究，确定推荐人选，并形成书面推荐意见，自然科学类的报科技处，哲学社会科学类的报社科处。

第十条 科技处、社科处对申请人的申请资格进行审核，并对申请材料进行初审，分别汇总后报学校人才工作领导小组秘书组审核、研究。秘书组按当年拟上报和支持人数的 1∶1.5 左右确定候选人名单，报校学术委员会。

第十一条 校学术委员会对候选人的学术水平、科研能力进行评审，提出审核、推荐意见，报学校人才工作领导小组审定。

第十二条 学校对入选者进行公示。公示期过后，如无异议，推荐申报教育部和福建省“新世纪优秀人才支持计划”的，由学校签署意见后按规定时间向教育部和福建省教育厅申报；入选校级支持计划的，由学校正式公布支持名单。

第四章 支持措施

第十三条 各级“新世纪优秀人才支持计划”资助期限为 3 年。资助强度，入选教育部支持计划的，自然科学类为 50 万元，哲学社会科学类为 20 万元；入选福建省和校级支持计划的，自然科学类为 30 万元，哲学社会科学类为 10 万元。资助经费主要用于资助期内的科研工作和学术活动，一次核定，分年度拨款。

第十四条 符合教育部或福建省“新世纪优秀人才支持计划”及其他相关人才资助计划资助条件的校级支持计划入选者，申报上述计划时，学校予以优先推荐。

第十五条 学校优先推荐各级“新世纪优秀人才支持计划”入选者作为国家公派出国留学“高级研究学者”选派计划候选人，支持其赴国外高水平大学从事合作研究。

第五章 实施管理

第十六条 获资助者应按要求填写《新世纪优秀人才支持计划任务书》(以下简称《任务书》),经学院(单位)审核后，自然科学类报科技处审定，哲学社会科学类报社科处审定，作为今后履职考核的基本依据。其中，获“福建省高等学校新世纪优秀人才支持计划”资助者，其《任务书》需报福建省教育厅审定。

第十七条 获资助者在资助期内每年年底须填写《新世纪优秀人才支持计划年度进展报告》(以下简称《年度进展报告》),并附相关材料，经学院(单位)认真考核后，自然科学类报科技处审查，哲学社会科学类报社科处审查，审查情况报送学校人才工作领导小组。其中，获福建省支持计划资助者，其《年度进展报告》经科研管理部门审查并签署意见后同时报送福建省教育厅；获教育部支持计划资助者，其《年度进展报告》经科研管理部门审核后同时报校学术委员会审查，校学术委员会签署审查意见后向教育部科技司报送当年计划的执行情况。

第十八条 在资助期结束后3个月内(教育部支持计划为资助期结束的下一年度3月31日前),获资助者须填写《新世纪优秀人才支持计划总结报告》(以下简称《总结报告》),并附相关材料,经学院(单位)认真考核后,自然科学类报科技处审查,哲学社会科学类报社科处审查。其中,获福建省和校级支持计划资助者,其《总结报告》经科研管理部门审查并签署意见后,报学校人才工作领导小组审定并签署意见,其中获福建省支持计划资助的,最后须报送福建省教育厅;获教育部支持计划资助者,其《总结报告》经科研管理部门审核后报校学术委员会审查,校学术委员会签署审查意见后报学校人才工作领导小组审定并签署意见,最后报送教育部科技司。

第十九条 有关学院(单位)应大力支持获资助者开展教学和创新性科研工作,加强跟踪管理,严格考核,努力营造优秀创新人才脱颖而出的氛围和环境,让获资助者尽快成长和发挥重要作用。

第二十条 严格执行有关财务管理规定,资助经费单独建账,由获资助者支配,专款专用,任何单位、个人不得克扣或挪用。资助期结束后3个月内,由学校科研管理部门会同财务处单独编制《新世纪优秀人才支持计划经费决算汇总表》,经学校人才工作领导小组审核后,属于教育部和福建省支持计划的,分别报送教育部科技司和福建省教育厅。

第二十一条 凡在"新世纪优秀人才支持计划"资助下取得的成果,在发表论著和成果鉴定时,必须标注资助项目名称。属于教育部支持计划的,须标注:"新世纪优秀人才支持计划资助"(英文为:Supported by Program for New Century Excellent Talents in University,英文缩写为"NCET");属于福建省支持计划的,须标注:"福建省高等学校新世纪优秀人才支持计划资助"(英文为:Supported by Program for New Century Excellent Talents in Fujian Province University,英文缩写为"NCETFJ");属于厦门大学资助计划的,须标注"厦门大学新世纪优秀人才支持计划资助"(英文为:Supported by Program for New Century Excellent Talents in Xiamen University,英文缩写为"NCETXMU")。

第二十二条 对未能正常履行工作职责或调离学校教学、科研岗位的获资助者,以及违反职业道德、弄虚作假或触犯法律的获资助者,学院(单位)应及时以书面形式报学校人事处。经核实后,获校级支持计划资助者,学校将中止或撤销其资助;获教育部和福建省支持计划资助者,学校将按规定向教育部和福建省教育厅提交书面报告,由教育部和福建省教育厅决定中止或撤销其资助。

第六章 附 则

第二十三条 本办法自公布之日起施行。

第二十四条 本办法由学校人才工作领导小组秘书组负责解释。

——本文摘录自《关于印发〈厦门大学"新世纪优秀人才支持计划"实施办法〉的通知》,厦大人〔2005〕6号,档号2005-XZ10-1

厦门大学境外办学实施办法

(2005年3月2日)

第一条　为了促进学校对外交流与合作,并规范我校境外办学活动,依据教育部《高等学校境外办学暂行管理办法》,结合本校实际情况,特制定本实施办法。

第二条　本办法所称境外办学,是指我校独立或者与境外具有法人资格并且为所在国家(地区)政府认可的教育机构合作,在境外举办以境外公民为主要招生对象的教育机构或者采用其他形式开展教育教学活动,实施高等学历教育、学位教育或者非学历高等教育。不论何种形式的教育都应由学校与外方合作者签约,各单位不得单独签约。

第三条　境外办学应当坚持积极探索,提高层次,量力而行,保证质量,规范管理,依法办学的方针。

境外办学应符合我国的相关规定,坚决贯彻教育部《高等学校境外办学暂行管理办法》的精神。遵守所在国家(地区)的法律、法规,并取得相应的合法资格,独立承担相应的法律责任。

第四条　境外办学应当优先考虑我校比较优势或者特色的学科,并充分考虑所在国家(地区)的需求及发展特点。

第五条　境外办学授予我校学历、学位的,其专业设置、学制应当符合我国及我校的有关规定,切实维护我国高等教育的质量标准和我校的声誉。办学层次以本科、硕士研究生为主。

第六条　学校指定国际合作与交流处具体分管境外合作办学工作。学校办公室参与有关管理协调工作;教务处及研究生院分别参与学位与研究生教育相关项目立项的审核,同时负责学位与研究生教育相关培养环节及学位授予质量的监控;招生办参与协议内容的审核及境外招生工作;财务处参与协议内容的审核,同时对办学成本及有关效益进行测算;办学单位负责合作办学内容的确定、相关专业的教学安排和组织实施等。

第七条　我校申请境外合作办学之前,必须由学校有关职能部门及院系相关人员组成专门小组,通过适当的途径,对外方合作者的办学资格、资信进行调查,并了解所在国家(地区)的相关规定。

第八条　我校境外合作办学实施本科或者本科以上学历教育的,按隶属关系应由省政府或者学校主管部门审核后,报教育部审批。

实施专科教育或者非学历高等教育的,按隶属关系应由省政府或者学校主管部门审批,并由审批机关报教育部备案。

第九条　我校有关职能部门应组织和指导各学院准备和编写申报境外办学项目所需文件和材料,材料包括:

(一)办学申请书。申请书应包括以下内容:

1.境外办学的目的

2.办学条件

3.合作方式(合作期限、各方的权利与义务、管理方式)

4.入学标准、修业年限及学位授予方法

5.师资和生源预测

6.财务运营状况预测

7.外方合作者的基本情况以及与所在国家(地区)的相关法律规定有无冲突

另外，申请者应提交以下附件：

附件一：培养方案和教学计划、人才培养目标及模式、课程设置、教学条件等有关教学的基本文件。

附件二：外方合作者有效的办学资格和资信证明。

（二）中外方合作者拟签署的合作协议中外文本。合作协议严格遵守教育部《高等学校境外办学暂行管理办法》规定，内容应包括：

1.机构名称及性质

2.课程设置、入学标准、师资与材料

3.合作期限、各方的权利和义务

4.学位授予、管理方式

5.财务安排、争端解决办法、清算办法等

合作协议在境外办学申请获得批准后方可执行。

（三）申请举办独立设置的教育机构的，学校相关职能部门应当组织报送机构章程。机构章程应当规定以下事项：

1.机构名称和地址、办学宗旨

2.办学规模、生源预测

3.学科门类的设置、教育形式、内部管理体制

4.经费来源、财务运营状况预测、财产和财务制度

5.举办者与教育机构之间的权利和义务

6.章程修改程序及其他必须由章程规定的事项

第十条　我校境外办学可以由我校与境外办学机构依照有关规定联合或者分别颁发相应的学业证书。

经批准实施高等学历教育或者学位教育的，可以依照有关规定颁发我校相应的学历文凭。对由中外双方联合授予学位或者由中方单独授予学位的，应当符合中国学位的有关规定。

实施非学历高等教育的，可以根据实际情况颁发写实性证书。

第十一条　办学单位须每年向国际合作与交流处、研究生院、教务处、招生办、财务处提交一份项目总结报告，由各职能部门进行评估后报校领导。

第十二条　凡未按本规定的程序审核、报批的项目和承诺一律无效，由此产生的后果由责任方和责任人承担。

第十三条　赴香港、澳门特别行政区办学适用本办法。

赴台湾地区办学的有关事宜，另行规定。

学校通过校际交流或者其他途径派遣教师赴境外教育机构的讲学活动，不适用本办法。

第十四条　本办法自颁布之日起施行。

第十五条　本办法由国际合作与交流处负责解释。

——本文摘录自《关于印发〈厦门大学境外办学实施办法〉的通知》，厦大外〔2005〕10 号，档号 2005-XZ22-3

厦门大学2005年度职员培训计划

(2005年3月10日)

为加强我校管理队伍建设,提高我校职员的整体素质、业务水平和服务质量,使之更好地适应学校发展的需要,现制定2005年度职员培训计划。

一、培训目的

建设世界知名的高水平研究型大学是我校本世纪初的发展目标。要实现这一目标,不仅需要培养和造就一支实力强大的教学科研队伍和技术支撑队伍,而且还需要培养和造就一支高素质的专业化管理队伍。对现有职员进行有计划的培训,不断提高职员的思想道德素质和业务能力,强化责任意识和服务意识,是建设一支高素质、专业化的管理队伍的重要途径。

二、培训对象

本次培训的对象为:

1.各学院(研究院、直属教学部)办公室全体职员(含辅导员)和漳州校区各园区辅导员;

2.机关各部处(含漳州校区)和直属单位2004—2005年新聘职员。

三、培训内容

本次职员培训主要以授课方式进行。培训课程分为以下三类:

1.思想教育课程。主要包括思想政治教育、职业道德教育、机关作风与效能建设等方面的课程。

2.公共业务课程。主要包括行政管理、行政法规等基础知识和公文写作、办公自动化应用等工作技能方面的课程。

3.部门业务课程。与各部门、各岗位系列的工作相关的业务培训课程。

具体培训内容和课时安排如下:

<table>
<tr><th>类别</th><th>组织实施负责单位</th><th>培训内容</th><th>课时</th><th>培训对象</th></tr>
<tr><td rowspan="3">思想
教育</td><td rowspan="3">党委党校
人事处</td><td>思想政治教育</td><td>2～4</td><td rowspan="7">本次参训的全体对象</td></tr>
<tr><td>职业道德教育</td><td>2～4</td></tr>
<tr><td>机关作风与效能建设</td><td>2～4</td></tr>
<tr><td rowspan="4">公共
业务
培训</td><td rowspan="4">人事处
党委党校</td><td>行政管理学</td><td>6～8</td></tr>
<tr><td>行政法规</td><td>6～8</td></tr>
<tr><td>公文写作</td><td>8～10</td></tr>
<tr><td>办公自动化</td><td>6～8</td></tr>
<tr><td rowspan="8">部门
业务
培训</td><td>学校办公室</td><td>办公室工作业务培训</td><td>4～6</td><td>院(部)办主任、副主任、行政秘书</td></tr>
<tr><td>人事处</td><td>人事工作业务培训</td><td>4～6</td><td>人事秘书</td></tr>
<tr><td>教务处</td><td>教务工作业务培训</td><td>4～6</td><td>本科教学秘书</td></tr>
<tr><td>研究生院</td><td>研究生工作业务培训</td><td>4～6</td><td>研究生秘书</td></tr>
<tr><td>科技处、社科处</td><td>科研管理工作业务培训</td><td>4～6</td><td>科研秘书</td></tr>
<tr><td>学生处、党委党校</td><td>学生工作业务培训</td><td>4～6</td><td>辅导员</td></tr>
<tr><td>财务处</td><td>财务工作业务培训</td><td>4～6</td><td>财务人员</td></tr>
<tr><td>资产与后勤事务管理处</td><td>资产与后勤工作业务培训</td><td>4～6</td><td>后勤管理人员</td></tr>
</table>

培训时间及地点将另行通知。

四、培训要求

职员培训要坚持理论联系实际、思想教育与业务培训相结合和按需施教、讲求实效的原则。

通过有计划的组织培训,对职员进行思想道德教育和机关作风教育,提高职员的思想道德素质,增强责任意识和服务意识;组织职员学习管理科学化必须具备的理论知识、业务知识、管理技能和行为规范,加深对行政管理、政策科学的理解,增强法律意识,熟练掌握管理技能,提高政策读解能力、工作效率和管理服务水平。

职员培训是职员聘用制度的一项重要内容,接受培训是每个职员的权利与义务。每个职员都必须重视自身素质和能力的提高,积极参加培训,努力提高自身的思想道德素质和业务素质,增强责任意识和服务意识。

职员在接受培训后取得合格成绩,学校将发给培训合格证书。职员在培训期间的学习成绩和鉴定作为其任职和竞聘高一级职员岗位的依据之一。

五、培训工作的组织

本次职员培训由学校人事处和学校党委党校牵头,组织协调各有关职能部门共同做好培训工作。思想教育和公共业务课程的培训由学校人事处和学校党委党校负责组织实施,部门业务课程的培训由学校各有关职能部门和学校党委党校具体负责组织实施。

各学院、各有关单位要高度重视职员培训工作，协助组织本单位培训对象参加培训，确保培训任务的完成并取得良好的效果。

——本文摘录自《关于印发〈厦门大学2005年度职员培训计划〉的通知》，厦大人〔2005〕35号，档号2005-XZ10-2

厦门大学教职员工聘用制度试行办法

(2005 年 4 月 18 日)

为深化我校人事制度改革,建立适合社会主义市场经济体制要求和高等教育发展需要的人事管理制度,经学校研究,决定从 2003 年起逐步试行教职员工聘用制度。为了规范我校教职员工聘用工作,保障学校和教职员工的合法权益,根据《国务院办公厅转发人事部关于在事业单位试行人员聘用制度意见的通知》(国办发〔2002〕35 号)、《中共中央组织部、人事部、教育部关于印发〈关于深化高等学校人事制度改革的实施意见〉的通知》(人发〔2000〕59 号)、《人事部关于印发〈事业单位试行人员聘用制度有关问题的解释〉的通知》(国人部发〔2003〕61 号)、《人事部关于印发〈关于事业单位试行人员聘用制度有关工资待遇等问题的处理意见(试行)〉的通知》(国人部发〔2004〕63 号)和《福建省人民政府办公厅转发省人事厅关于在事业单位试行人员聘用制度的实施意见的通知》(闽政办〔2002〕162 号)等文件精神及有关教育法律、法规,结合我校实际情况,制定本办法。

第一章　试行聘用制度的指导思想和基本原则

第一条　随着我国社会主义市场经济体制的建立和高等教育在现代化建设及综合国力的竞争中的地位和作用的大幅提升,迫切要求转换高等学校用人机制,建立充满生机和活力的用人制度。试行教职员工聘用制度,是我校用人制度的一项重要改革,是建立适应社会主义市场经济体制要求和高等教育发展需要的人事制度的重要措施,对激活人才竞争和激励机制,加强教职员工队伍建设和管理,提高队伍整体素质,调动教职员工的积极性和创造性,增强学校活力,促进教学、科研、学科建设等各项事业的发展,具有十分重要的意义。

教职员工聘用制度是我校的基本用人制度,主要包括公开招聘、签订聘用合同、定期考核、解聘辞聘等制度。实行这一制度,学校与教职员工在平等自愿、协商一致的基础上,通过签订聘用合同,明确学校和教职员工个人与工作有关的权利与义务。通过实行教职员工聘用制度,转换学校用人机制,实现人事管理由身份管理向岗位管理转变,由行政任用关系向平等协商的聘用关系转变,建立一套符合社会主义市场经济体制要求和高等教育发展需要的人事管理制度和分配制度。

第二条　实行教职员工聘用制度要贯彻党的干部路线,坚持党管干部原则;坚持尊重知识、尊重人才的方针,树立人才资源是第一资源的观念;坚持平等自愿、协商一致的原则;坚持按需设岗、公开招聘、平等竞争、择优聘用、合同管理、严格考核的原则;坚持人员聘用、职务聘任与岗位聘任三者统一的原则;坚持走群众路线,保证教职员工的参与权、知情权和监督权。

第二章　聘用制度的实施范围与对象

第三条　自 2003 年 1 月 1 日起,除教学科研人员以外的其他新进人员均按本办法规定实行聘用制,其人事关系实行代理制。

自 2003 年 8 月 1 日起,工程技术、实验技术、图书资料、档案管理、编辑、翻译、卫生技术、幼儿园教师等 8 个系列的专业技术人员和学校工勤人员按本办法规定实行聘用制。

自2004年8月1日起,教学科研人员按本办法规定实行聘用制。

自2005年1月1日起,2002年12月31日以前任用现在岗的党政管理人员按本办法规定实行聘用制。

学校各级领导人员的任用,按干部管理权限和有关规定办理。

第四条　校资产经营有限公司和校后勤集团及其下属各单位人员的聘用由校资产经营有限公司和校后勤集团制定实施办法,经学校批准后自主进行聘任。其中,原学校事业编制人员的聘任情况报学校人事处备案。

第三章　聘用组织及其职责权限

第五条　学校成立专业技术职务聘任委员会和职员聘任委员会(以下统一简称学校聘委会),分别负责全校教师及其他各类专业技术职务和职员的聘任工作。每个聘任委员会一般由9～13人组成,设主任1人、副主任2～3人。

学校专业技术职务聘任委员会由学校党政主要领导,分管人事、教学、科研工作的校领导,及相关职能部门的负责人等组成,主任由校长担任。

学校职员聘任委员会由学校党政主要领导,分管组织、人事、学生工作的校领导及相关职能部门的负责人等组成,主任由校长担任。

学校聘委会具体人选由校长办公会议研究确定。

第六条　学校聘委会的主要职责:

1.依照国家法规及上级有关文件要求,结合本校的实际,制定本校教职员工聘用制度和职务聘任的实施办法;审批各单位人员聘用和职务聘任的实施细则。

2.根据教育部核定的各类职务结构比例,自主设置本校各类各级职务岗位,组织实施职务聘任、考核和合同管理等工作。

3.审批初、中级专业技术职务聘任人选,确定高级专业技术职务聘任人选;确定各级职员聘任人选。

第七条　学校人事处是学校试行人员聘用、实施各类职务聘任和岗位聘任的具体办事机构,负责学校人员聘用、职务与岗位聘任、考核和合同管理等具体事宜及办理学校聘委会交办的其他事项。

第八条　学校专业技术职务聘任委员会按一级学科和专业技术职务系列分设若干由本学科、本专业技术职务系列专家组成的学科评议组和专业(技术)评议组(以下统一简称评议组)。评议组一般由7～9名受聘高级职务的专家组成,设组长1人、副组长2人。评议组负责对本学科、本专业各级职务应聘人员的学术、技术能力进行评议。评议组成员由学校专业技术职务聘任委员会研究确定。

第九条　学院(研究院、教学部)及校图书馆、校医院成立聘任委员会(以下简称各单位聘委会),一般由7～9人组成,设主任1人、副主任1～2人,聘委会主任由院长(部主任、馆长)担任。

学校其他直属单位、机关部、处成立聘任小组,一般由3～5人组成,设组长1人,副组长1～2人,组长由聘任单位行政主管担任。

各单位聘委会(聘任小组)成员由院务委员会、单位党政办公会议研究确定,报校长办公会议批准。

第十条　各单位聘委会(聘任小组)的主要职责:

1.根据学校有关文件规定制定本单位各类专业技术职务和职员聘任的实施细则;

2.按规定权限负责本单位各类专业技术职务与职员的聘任、考核和合同管理等工作;

3.确定初、中级专业技术职务聘任人选;推荐高级专业技术职务和各级职员的拟聘人选。

第四章　岗位设置与人员聘用

第十一条　学校在核定的人员编制和职务结构比例内,根据学科建设与教育教学科研任务需要,自主设置各类各级专业技术职务和职员岗位，明确规定各类各级岗位的职责和聘用条件。

第十二条 纳入聘用制的人员实行公开招聘。各用人单位根据岗位工作需要，在学校核定的编制数和岗位数内，具体拟定招聘计划、岗位职责、工作任务和聘用条件等，报人事处审核并经学校分管领导审批后，由人事处发布公开招聘信息，通过公开招聘、考试或者考核评议等方式择优聘用教职员工。

第十三条 为了保证人员聘用工作的顺利平稳进行，首次聘用人员应当优先从本单位现有教职员工应聘人员中选聘。

第十四条 受聘人员应具备以下基本条件：

1.遵纪守法，具有良好的职业道德；

2.具有履行本岗位职责的资格条件及能力；

3.身体健康，能适应岗位工作要求；

4.对实行职(执)业资格制度管理的岗位，要符合国家对职(执)业资格的要求；

5.聘用岗位要求的其他条件。

第十五条 人员聘用的基本程序：

1.学校人事处公布学校各单位空缺岗位及其职责、聘用条件、工资待遇等有关事项。

2.应聘人员按照聘用条件和要求，向学校人事处或各用人单位申请应聘相应岗位。

3.各级聘任组织对应聘人员的资格、条件进行初审和考评；学校人事处组织对初次来校应聘人员进行考试或者考核，各单位聘任组织对初次应聘本单位岗位人员进行面试或考核。

4.各评议组对应聘专业技术职务人员的学术、技术能力进行评议，提出评议意见；申请高聘专业技术职务的还须送代表作给同行专家评审。

5.各单位聘委会(聘任小组)综合考评、评议和评审意见，根据岗位要求进行认真研究，按规定权限择优提出受聘人员和拟聘人员的名单。

6.学校聘委会审批初、中级专业技术职务聘任人选，确定高级专业技术职务聘任人选和各级职员聘任人选。

7.校长或其委托人与受聘人员签订聘用合同，颁发聘书。

各单位提出的受聘人员和拟聘人员名单及学校聘委会最后批准和确定的聘任人选，均须进行公示。

第十六条 对于学校急需引进的高层次人才，可由校长决定，采取特殊办法进行聘任。

第五章 聘用合同的订立

第十七条 学校与受聘人员双方应在平等自愿、协商一致的基础上签订聘用合同，规定聘用期限和聘用双方与工作有关的权利与义务。聘用合同一式三份，当事人双方及用人单位各执一份。

第十八条 聘用合同必须具备下列条款：

1.聘用合同期限；

2.岗位及其职责要求；

3.岗位纪律；

4.岗位工作条件；

5.工资待遇；

6.聘用合同变更和终止的条件；

7.违反聘用合同的责任；

8.经双方商定认为需要规定的其他事项。

第十九条 聘用合同分为固定期限合同和无固定期限合同。固定期限合同的聘期一般为3年。教师职务及其他专业技术职务受聘人员按学年计算聘期，其聘用合同的起止时间一般为起聘当年的8月1日至合同终止年份的7月31日。职员职务受聘人员按自然年计算聘期，其聘用合同的起止时间一般为起聘当年的1月1日至合同终止年份的12月31日。新聘人员(指从校外新聘用的人员,下同)的聘用合同终止时间一般订到上述同一系列受聘人员合同终止年份的相应时间。

无固定期限合同的期限从签约之日起至受聘人员按国家规定的法定退休年龄止。

第二十条　凡工作累积已满25年(其中须在本校工作5年以上)或者在本校连续工作已满10年且年龄距国家规定的退休年龄已不足10年的本校事业编制人员,或者符合学校相应系列人员聘任办法规定可签订无固定期限聘用合同条件的人员,可与学校订立聘用至其本人退休的聘用合同。但如出现本办法第八章第三十八条、第四十二条、第四十三条所列情形之一,仍按该条款的规定执行。

第二十一条　新聘人员的试用期一般为3～6个月,具有博士学位或受聘高级职务人员的试用期一般为3个月,其他人员的试用期一般为6个月。新聘人员为初次参加工作的高校毕业生,试用期可延长至12个月。试用期包括在聘用合同期限内,从合同生效之日起开始计算。

第二十二条　经指定的医疗单位确诊患有难以治愈的严重疾病、精神病的,暂缓签订聘用合同,缓签期延续至前述情况消失;或者只保留人事关系和工资关系,直至该人员办理退休手续。

经劳动能力鉴定委员会鉴定完全丧失劳动能力的,按照国家有关规定办理退休手续。

第二十三条　在首次签订聘用合同中,拟聘人员拒绝与学校签订合同的,学校给予3个月的择业期,择业期满后未调出的,应办理辞职手续,未调出又不辞职的,予以辞退。

第二十四条　聘用合同期满,如岗位需要,经考核合格并符合学校和用人单位有关规定,学校及教职员工双方协商同意,可以续聘或应聘其他岗位。续聘须按一定程序办理聘任手续,并重新签订聘用合同。

受聘人员聘期考核不合格的,聘用合同期满后,一律不再续聘。

第六章　聘用期间的待遇

第二十五条　学校实行以岗定薪、按劳分配、优劳优酬的分配制度和激励机制。

第二十六条　受聘人员聘期内工资待遇按受聘职务确定。受聘人员职务及相应工资待遇仅在聘期内适用。受聘人员的职务岗位发生变化,其工资待遇也随之相应改变。受聘人员任职经历和岗位工资待遇记入个人档案,作为其应聘其他岗位的重要参考依据。

第二十七条　由较高等级岗位受聘到较低等级岗位的人员,原则上按新聘岗位的等级就近就低确定国家规定的工资待遇。其中,对首次聘用时任原职务满5年、距法定退休年龄不足5年且符合订立聘用至退休合同条件的人员,可以保留原国家规定的工资待遇。

由较低等级岗位受聘到较高等级岗位的人员,按新聘岗位的等级就近就高确定国家规定的工资待遇。

第二十八条　由工勤岗位受聘到专业技术岗位或管理岗位的人员,以及由专业技术岗位或管理岗位受聘到工勤岗位的人员,原则上按新聘岗位的等级重新确定国家规定的工资待遇。对首次聘用时由专业技术岗位或管理岗位受聘到工勤岗位的人员,任原职务满5年、符合订立聘用至退休合同条件的,可以保留原国家规定的工资待遇。

第二十九条　受聘人员的工资待遇按国家和学校原定工资标准执行。今后国家或上级主管部门有新的规定,按新的规定执行。

第三十条　初次参加工作且受聘中初级教师职务的新聘教师及其他系列所有2003年1月1日以后新聘人员按照厦门市的有关规定参加养老、失业、医疗、工伤等社会保险,并享受相关的社会保险待遇。

原属本校事业编制的受聘人员及新聘教师中非初次参加工作和受聘高级教师职务的人员,其社会保险待遇仍按学校原有政策规定执行。今后国家或省、市有新的规定,按新的规定执行。

第三十一条　受聘人员在聘期内,享受学校规定的各项福利待遇,享有参加培训和继续教育的权利。

第七章　聘用期间的管理和考核

第三十二条　受聘人员在聘期内，其党、团、工会等关系由学校管理。

第三十三条　各用人单位协助建立健全受聘人员的个人档案，将受聘人员的考核评议、鉴定、奖惩、工资及职务变动等材料及时送人事处归档。

第三十四条　在聘期内，受聘人员应自觉遵守国家法律法规、学校的各项规章制度和聘用合同条款，认真履行岗位职责，完成岗位工作任务。

第三十五条　学校及各用人单位根据聘用合同，按规定权限对受聘人员的思想政治表现和职业道德及履行岗位职责、完成工作任务的情况进行考核。考核分为年度考核和聘期考核。

考核必须坚持客观、公正的原则，实行领导考核与本单位群众及服务对象评议相结合、考核工作实绩与考核工作态度相统一的方法。考核的内容应当与岗位的实际需要相符合。

考核结果分为优秀、合格、基本合格、不合格 4 个等次。考核结果记入个人档案，作为续聘、试聘、解聘、调整岗位以及晋级、奖惩等的重要依据。

第三十六条　各类各级专业技术职务受聘人员、科级以下管理干部和各级职员的考核由各单位聘委会(聘任小组)负责，考核结果报人事处备案；副处级以上管理干部的考核由学校职员聘任委员会负责。

校资产经营有限公司和校后勤集团及其下属各单位聘用人员由公司(集团)自行组织考核。其中，原学校事业编制人员的考核结果报学校人事处备案。

第八章　聘用合同的变更、终止和解除

第三十七条　聘用合同依法签订后，学校和受聘人员必须全面履行合同规定的各项义务，任何一方不得擅自变更合同内容。聘用合同不因学校法定代表人的变动而失效。

在合同有效期内，签约双方可在协商一致的基础上对合同加以变更或修改。双方未达成一致意见的，除法律、法规或本办法另有规定以外，双方必须按合同的规定履行义务。

第三十八条　有下列情形之一的，学校和用人单位可以调整该受聘人员的岗位，同时相应改变该受聘人员的岗位工资待遇，并对其聘用合同作相应变更：

1.受聘人员年度考核基本合格且被证明不适合现任岗位要求的；

2.符合本办法第二十条规定与学校订立无固定期限聘用合同的受聘人员患病或者非因工负伤，医疗期满后不能从事原岗位工作的(若确因身体情况也无法从事其他岗位工作的，经医院证明，学校批准，可办理病休)。

第三十九条　聘用合同期满或双方约定的合同终止条件出现时，聘用合同即行终止。

第四十条　学校与受聘人员双方经协商一致，可以解除聘用合同。但除本办法另有规定外，不论哪一方提出解除聘用合同，均须提前 3 个月通知对方。

第四十一条　应聘人员在应聘过程中有下列情形之一的，学校和用人单位不得聘用；如已受聘，由学校解聘其职务；情节严重的，给予行政处分；触犯法律的，移送有关部门依法追究其法律责任：

1.伪造学历、学位及其他相关资格证书；

2.谎报、剽窃他人的教学成果、科学技术研究成果；

3.以不正当手段拉拢或贿赂聘任方的成员；

4.威胁、恐吓聘任方的成员；

5.诽谤、诬告其他应聘人员或拟聘人选；

6.有其他严重的违纪、违法行为。

第四十二条　受聘人员有下列情形之一的，学校可以随时单方面解除聘用合同：

1.在试用期内被证明不符合本岗位要求的；

2.连续旷工超过10个工作日或者1年内累计旷工超过20个工作日的；

3.未经学校同意，擅自出国或者出国逾期不归的；

4.严重违反工作规定或学校规章制度，发生责任事故，或者失职、渎职，造成严重后果的；

5.违法乱纪造成严重后果，或者严重违背职业道德造成极坏影响的；

6.违犯法律，受到刑事处罚的，或者被劳动教养的。

第四十三条　有下列情形之一的，学校可以单方面解除聘用合同，但应提前30日以书面形式通知拟被解聘的受聘人员：

1.受聘人员年度考核不合格的；

2.受聘人员不履行聘用合同条款，经教育批评不改的；

3.学校内部机构撤并或缩减编制需要减员，受聘人员拒绝学校另行安排工作的；

4.聘用合同订立时所依据的客观情况发生重大变化，致使原聘用合同无法履行，经学校和受聘人员协商不能就变更合同达成协议的；

5.未符合本办法第二十条规定、尚未与学校订立无固定期限聘用合同的受聘人员患病或者非因工负伤，医疗期满后不能从事原岗位工作的。

第四十四条　受聘人员有下列情形之一的，学校不得解除聘用合同：

1.受聘人员患病或者负伤，在规定的医疗期内的；

2.女教职员工在孕期、产期和哺乳期内的；

3.因公负伤，治疗终结后经劳动能力鉴定机构鉴定为1至4级丧失劳动能力的；

4.受聘人员正在接受纪律审查尚未做出结论的；

5.属于国家规定的不得解除聘用合同的其他情形的。

第四十五条　有下列情形之一的，受聘人员可随时单方面解除聘用合同：

1.试用期未满，尚未签订正式聘用合同的；

2.经学校同意考入普通高等院校需脱产学习的；

3.符合国家规定，经批准出国定居或自费出国留学的；

4.被录用或者选调到中央和地方党委机关、人大机关、政府机关、政协机关和参照国家公务员制度管理的民主党派机关、工商联机关及群团组织工作的；

5.依法服兵役的。

除上述情形外，受聘人员提出解除聘用合同未能与学校协商一致的，受聘人员仍应坚持工作，继续履行聘用合同，不得擅自离开岗位，否则学校将予以开除，并追究其违约责任。

第四十六条　有下列情形之一的，受聘人员不得单方面解除聘用合同：

1.在承担国家重大科研项目期间；

2.掌握国家秘密或重大科技成果关键技术和资料，在规定的保密期间。

第四十七条　学校与受聘人员解除聘用合同后，应为被解除聘用合同的人员出具终止、解除聘用合同证明书，并按照国家有关规定及时为其办理社会保险关系调转手续，做好各项社会保险的衔接工作。

第四十八条　在聘用期内解除聘用合同的人员，必须到人事处办理解除聘用合同手续，不得擅自离岗。如学校与受聘人员另有约定的，双方还须按约定承担各自的责任。

第四十九条　无论是解除聘用合同还是终止聘用合同，受聘人员须在归还学校财物、办理工作移交后方可离岗；担任财物管理、审批工作的，还应经学校审计后方可离岗。否则，学校将追究其责任，并做出相应的处理。

第九章 违反和解除聘用合同的责任

第五十条 学校和受聘人员任何一方违反聘用合同的，违约方要承担违约责任。违约金的数额由学校和受聘人员双方在聘用合同中约定。

第五十一条 有下列解除聘用合同情形之一的，学校应当根据被解聘人员在本校的实际工作年限向其支付经济补偿金：

1.学校提出解除聘用合同，受聘人员同意解除的；

2.受聘人员患病或者非因工负伤，医疗期满后，不能从事原工作，学校单方面解除聘用合同的；

3.受聘人员年度考核或聘期考核不合格，学校单方面解除聘用合同的；

4.学校内部机构撤并或缩减编制需要减员，不能安置受聘人员到相应岗位工作而解除聘用合同的。

经济补偿金的发放标准为：受聘人员在本校工作时间每满1年，发给本人1个月的上年月平均工资标准的经济补偿金。被解聘人员上年实际领取的月平均工资低于本人同期国家规定工资构成中固定部分与国家规定的津贴补贴之和的，按被解聘人员同期国家规定工资构成中固定部分与国家规定的津贴补贴之和计算。

被解聘人员上年实际领取的月平均工资高于当地月平均工资3倍以上的，按当地月平均工资的3倍计发。当地月平均工资标准，按国家统计部门公布的厦门市同期职工平均工资确定。

受聘人员在本校的工作年限以连续在本校聘用的时间计算。但原本校事业编制人员第一次解除聘用合同，其经济补偿金按连续工龄计算。

第五十二条 学校出资引进或培训受聘人员，若因受聘人员的原因解除聘用合同，受聘人员要按与学校签订的聘用合同及服务期限约定书或培训协议书等合约的有关规定，赔偿学校支付的相关引进或培训等费用，并按约定缴纳违约金。

第五十三条 受聘人员解除聘用合同后，违反规定使用或者允许他人使用学校的知识产权、技术秘密的，应依法承担相应的法律责任。

第十章 未聘人员的安置和管理

第五十四条 学校试行聘用制后，原学校事业编制人员因未落实工作岗位而未签订聘用合同的，为未聘人员。

未聘人员的待聘时间为6至12个月。在待聘期间，学校如有合适岗位可优先应聘。待聘期内的前三个月，本人的原月工资照发；从第四个月起按本人原月工资70%的标准按月发给生活费，按规定已参加的社会保险项目的相关费用仍继续为其缴交。

第五十五条 1998年以来因机构改革至今仍待岗的原本校事业编制人员，亦视同未聘人员，其待聘时间为1年(从2003年8月1日至2004年7月31日)，待聘期间的生活费仍按原有标准发放。

第五十六条 未聘人员待聘期满仍未被聘用的，其档案转入厦门市人才服务中心进行托管，托管期为1年。托管期间由厦门市人才服务中心推荐工作，并按本人原月工资50%的标准代发生活费，代缴各项社会保险费，所需费用由学校解决。托管期满后仍未找到工作的，由学校按其在本校连续工作年限发给经济补偿金，将其人事关系正式转入厦门市人才服务中心。

第五十七条 符合签订无固定期限合同的条件，在竞争上岗中没有被聘用的人员，比照未聘人员安置政策，予以妥善安置，不得解除与学校的人事关系。

第五十八条 学校首次试行聘用制时，原本校事业编制人员距法定退休年龄5年以内且连续工龄满20年以上、因体弱多病等原因难以坚持正常工作的，由本人申请，医院证明，学校同意，可在本单位内部提前离岗，待达到法定退休年龄时，再办理退休手续。

提前离岗人员在提前离岗期间,按本人原月工资70%的标准按月发给生活费。今后国家或省、市有新的规定,按新的规定执行。

第五十九条　经确诊患有难以治愈的严重疾病、精神病的缓签合同人员,在治疗期内执行国家规定的病假期间生活待遇。

第六十条　原本校事业编制人员在待聘、托管、提前离岗期间计发的生活费,均不得低于厦门市最低工资标准。

第十一章　受聘人员的退休待遇

第六十一条　受聘人员原则上按所聘岗位国家规定的条件办理退休。在养老保险制度改革前,退休费按照国家规定的比例计发;已参加养老保险费社会统筹的受聘人员,按厦门市的有关规定享受养老保险待遇。

第六十二条　对由工勤岗位受聘到专业技术或管理岗位、未参加养老保险社会统筹的人员,在专业技术岗位或管理岗位聘用满10年且在所聘岗位退休的,可按所聘岗位国家规定的条件办理退休,并享受相应的退休待遇。

第六十三条　对首次聘用时由专业技术岗位或管理岗位受聘到工勤岗位的人员,任原职务满5年、符合订立聘用至退休合同且保留原国家规定工资待遇的,应按专业技术岗位或管理岗位国家规定的条件办理退休,并享受相应的退休待遇。

第十二章　附　则

第六十四条　受聘人员与学校在公开招聘、聘用程序、聘用合同期限、年度或者聘期考核、解聘辞聘、未聘安置等问题上发生争议的,应当协商解决。协商无效的,可依法向厦门市人事争议仲裁委员会申请仲裁。仲裁结果对争议双方具有约束力。

第六十五条　本办法自公布之日起试行,原来发布的“厦大人〔2003〕52号”文不再执行。学校原有文件规定如与本办法不一致的,以本办法的规定为准。

第六十六条　本办法由学校人事处负责解释。

——本文摘录自《关于印发〈厦门大学教职员工聘用制度试行办法〉的通知》,厦大人〔2005〕53号,档号2005-XZ10-2

厦门大学专业技术人员计算机应用能力考试实施办法

（2005年4月18日）

为规范教师及其他各类专业技术人员职务聘任工作，加强专业技术队伍建设，引导专业技术人员学习掌握计算机知识，提高计算机应用能力，根据教育部《关于开展高校教师教育技术培训工作的通知》（高教司〔2000〕79号）和人事部《关于全国专业技术人员计算机应用能力考试的通知》（人发〔2001〕124号）等文件精神和我校专业技术人员任职条件要求，对我校专业技术人员计算机应用能力考试实施办法规定如下：

一、考试范围、对象与要求

1.凡年满45周岁及以下申报高聘中级职务的专业技术人员，除符合本办法规定的免试条件外，均需取得现代教育技术等级一级考试合格证书（应聘时证书仍在有效期内）或全国（或福建省）计算机等级考试二级合格证书。

2.我校无评审权，需委托福建省评审的，按福建省有关规定执行。

二、免试条件与对象

1.计算机理论或应用专业大学本科毕业及以上学历的专业技术人员。

2.至少全程开设过一门本校本科教学计划内计算机理论或应用正式课程的专业技术人员。

符合免试条件的专业技术人员，应填写《计算机应用能力免试审批表》，并提交相应的证明材料。

三、附　则

1.学校鼓励专业技术人员积极参加计算机应用能力的培训和考试。

2.本办法从公布之日起执行。原厦大职改〔2003〕04号文件同时废止。学校原有文件规定与本办法不一致的，以本办法为准。

3.本办法由学校人事处负责解释。

——本文摘录自《关于印发〈厦门大学专业技术人员计算机应用能力考试实施办法〉的通知》，厦大人〔2005〕54号，档号2005-XZ10-2

厦门大学教师以外各类专业技术职务聘任办法(试行)

(2005年4月18日)

为进一步深化我校专业技术职务评聘制度的改革,加强专业技术队伍建设,推进学校的学科建设和教学科研工作的开展,根据《国务院办公厅转发人事部关于在事业单位试行人员聘用制度意见的通知》(国办发〔2002〕35号)、《中共中央组织部、人事部、教育部关于深化高等学校人事制度改革的实施意见》(人发〔2000〕59号)、《福建省人民政府办公厅转发省人事厅关于在事业单位试行人员聘用制度的实施意见的通知》(闽政办〔2002〕162号)和《厦门大学教职员工聘用制度试行办法》(厦大人〔2005〕53号)等文件精神及有关教育法律、法规,结合我校教师以外各类专业技术队伍的实际情况,制定本办法。

第一章　总　则

第一条　本办法适用范围和对象是教师以外的其他各类专业技术人员,包括工程技术、实验技术、图书资料专业、档案专业、编辑专业、翻译专业、卫生技术、幼儿园教师等8个系列的专业技术人员。本办法中的"专业技术职务"均指上述8个系列的专业技术职务;"专业技术人员"均指受聘上述8个系列岗位的专业技术人员。

第二条　专业技术职务是学校根据教学科研工作和学科建设的需要设置的专业技术工作岗位。专业技术职务实行任职条件分类考评、职务岗位分级聘任制。

第三条　专业技术职务聘任制遵循按需设岗、公开招聘、平等竞争、择优聘用、严格考核、合同管理的原则,学校与专业技术人员通过平等协商、双方自愿签订聘用合同的方式建立聘任关系。

第四条　专业技术职务聘任制坚持尊重劳动、尊重知识、尊重人才、尊重创造的方针,保障专业技术人员的劳动积极性和创造性得以充分发挥。

第二章　岗位设置

第五条　各类专业技术职务均分为高级职务、中级职务、初级职务。具体设置如下:

1.工程技术职务设教授级高级工程师、高级工程师、工程师、助理工程师、技术员。其中,教授级高级工程师、高级工程师为高级职务,工程师为中级职务,助理工程师、技术员为初级职务。

2.实验技术职务设教授级高级实验师、高级实验师、实验师、助理实验师、实验员。其中,教授级高级实验师、高级实验师为高级职务,实验师为中级职务,助理实验师、实验员为初级职务。

3.图书资料专业技术职务设研究馆员、副研究馆员、馆员、助理馆员、管理员。其中,研究馆员、副研究馆员为高级职务,馆员为中级职务,助理馆员、管理员为初级职务。

4.档案专业技术职务设研究馆员、副研究馆员、馆员、助理馆员、管理员。其中,研究馆员、副研究馆员为高级职务,馆员为中级职务,助理馆员、管理员为初级职务。

5.编辑专业技术职务设编审、副编审、编辑、助理编辑。其中,编审、副编审为高级职务,编辑为中级职务,助理编辑为初级职务。

6.翻译专业技术职务设译审、副译审、翻译、助理翻译。其中,译审、副译审为高级职务,翻译为中级职务,助理翻译为初级职务。

7.卫生技术职务设主任医师(药师、护师、技师)、副主任医师(药师、护师、技师)、主治医师(药师、护师、技师)、医(药、护、技)师、医(药、护、技)士。其中,主任医师(药师、护师、技师)、副主任医师(药师、护师、技师)为高级职务,主治医师(药师、护师、技师)为中级职务,医(药、护、技)师、医(药、护、技)士为初级职务。

8.幼儿园教师职务设幼儿园高级教师、幼儿园一级教师、幼儿园二级教师、幼儿园三级教师。其中,幼儿园高级教师为中级职务,幼儿园一级教师、幼儿园二级教师、幼儿园三级教师为初级职务。

第六条　专业技术职务岗位设置以"按需设岗"为原则。根据上级主管部门规定的专业技术职务结构比例和学校核定的各专业技术系列的编制数,按照学校教学科研、学科建设等事业发展的需要,科学合理地设置各类各级专业技术职务岗位。

第七条　各类专业技术职务结构比例为:高级职务∶中级职务∶初级职务＝1～3∶3～5∶2～6。高级职务的比例视不同专业技术工作的性质和需要确定。

第八条　各单位根据学校的岗位设置意见,在学校下达的可聘任岗位数内设置本单位各类各级专业技术职务具体岗位,报各主管部门审核并提出意见后送学校专业技术职务聘任委员会(以下简称学校聘委会)审批。

第三章　岗位职责与任职条件

第九条　各类各级专业技术职务均有明确的岗位职责和任职条件,应聘专业技术职务人员除须符合《厦门大学教职员工聘用制度试行办法》所规定的基本聘任条件外,还须符合相应专业技术职务的任职条件,具备履行所应聘职务的岗位职责的能力并经确认能胜任该岗位工作的要求。

第十条　学校制定各类各级专业技术职务基本岗位职责和任职条件(见各"附件"),各单位在聘任工作中应遵照执行。各单位应根据学校的规定,结合本单位的实际情况,制定各类各级专业技术职务的具体岗位职责和聘任条件,报学校聘委会审批。

第十一条　应聘各类专业技术职务人员应具备国家教育部承认的本专业(或相关专业)学历。原本校事业编制人员应聘专业技术职务,如所具有学历的专业与任职的专业不一致或不相关时,已进修5门本专业本科以上基础课、专业课且考试成绩合格,可视为具备规定的专业学历,否则应视为不具备规定的专业学历。

第十二条　凡国家有职业资格考试要求和已实行任职资格全国统一考试制度的系列,应聘人员必须先获得资格证书才能应聘相应岗位。

第十三条　受聘各类专业技术职务人员应接受继续教育,并作为续聘或高聘专业技术职务的任职条件。

第十四条　各类专业技术人员聘任高、中级职务的外语要求按《厦门大学专业技术人员职务外语考试实施办法》(厦大人〔2004〕120号)执行,计算机技术应用能力要求按《厦门大学专业技术人员计算机应用能力考试实施办法》(厦大人〔2005〕54号)执行。

第十五条　本办法"附件"中各类专业技术职务任职条件所要求的成果和业绩,应是任现职以后取得的。其中,论文、著作和代表作一般应是本专业的学术或技术论文、著作。

本办法"附件"关于任职条件中各类奖项,除特别限定以外,其有效范围为:国家级限前四名(如获得2项同一等级奖励的第五名,可视同1项该等级奖励的第四名,下同),省(部)级限前三名,地(市、厅、校)级限前两名;同级别2项低一等级的奖励,可视同该级别1项高一等级的奖励(如2项国家级二等奖可视同1项国家级一等奖);集体一等奖限第一、第二贡献者。

第十六条　卫生技术职务的岗位职责和任职条件(除学历和任职年限外)按福建省卫生厅有关文件

规定执行。卫生技术职务的学历和任职年限要求按本办法规定执行。

第四章 聘任组织与聘任程序

第十七条 学校专业技术职务聘任委员会负责制定专业技术职务聘任办法、岗位职责和任职条件;确定全校及各单位各类各级专业技术职务岗位数;审批各单位专业技术职务聘任具体实施方案;审批初、中级专业技术职务聘任人选;确定高级专业技术职务聘任人选。

学校人事处具体负责专业技术职务聘任工作的有关事宜。

第十八条 成立实验工程技术评议组、土建工程技术评议组、图书资料与档案管理专业评议组、编辑专业评议组、翻译专业评议组、卫生技术评议组、幼儿园教师职务评议组(以下简称评议组),负责对本专业技术职务应聘人员的学术、技术能力进行评议。实验工程技术评议组一般按学院组建,其他评议组由学校统一组建。各评议组一般由7～9名受聘高级职务的本专业专家组成,设组长1人,副组长2人。评议组成员由学校专业技术职务聘任委员会研究确定。

第十九条 各单位聘任委员会(聘任小组)负责本单位的专业技术职务聘任工作,根据本办法制定本单位专业技术职务聘任的实施细则,报学校审批后具体组织实施;确定初、中级专业技术职务聘任人选;推荐高级职务拟聘人选。

第二十条 专业技术职务聘任程序:

1.学校公布专业技术职务空缺岗位及岗位职责、聘任条件、聘任程序等,实行公开招聘。

2.应聘人员在规定时间内向用人单位提出书面申请,填写《厦门大学教师以外各类专业技术职务聘任申请表》,并提交符合聘任条件的有效证明材料。

首次来校应聘人员须参加学校组织的考试或考核。

3.各单位聘委会(聘任小组)对应聘人员的应聘资格、条件进行审查和考评,对符合应聘条件初次应聘本单位岗位人员进行面试或考核。各单位初定的候选人名单在本单位进行公示。

4.申请高聘高级职务的候选人,须提交2篇(本)代表作各一式三份,送3位同行专家(其中至少有2位校外同行专家)鉴定。若有2位专家鉴定认为学术、技术能力不符合应聘职务的任职条件,则不予聘任。经同行专家鉴定认为学术、技术能力符合应聘职务任职条件的应聘人员,专家鉴定结果有效期为3年。

代表作送审由各单位聘委会(聘任小组)负责,以匿名方式进行。

5.各专业(技术)评议组对高、中级职务应聘人员的学术、技术能力进行评议,并以记名投票的方式表决,提出评议和推荐意见。推荐意见分为优先推荐、一般推荐、不予推荐。

各专业(技术)评议组会议必须有三分之二及以上成员出席方为有效。

6.各单位聘委会(聘任小组)综合各评议组和评审专家的意见,按照岗位要求进行认真研究,以记名投票的方式表决,择优确定初、中级职务聘任人选,并报学校聘委会审批;等额向学校聘委会推荐高级职务拟聘人选。所有聘任人选和拟聘人选在本单位公示。

各单位聘委会(聘任小组)会议必须有三分之二及以上成员出席方为有效。应聘人员获得出席会议成员的三分之二及以上同意票方为通过。

7.学校聘委会对各单位聘委会(聘任小组)报批的聘任人选和推荐的拟聘人选进行认真研究,以举手表决方式审批初、中级职务聘任人选;以记名投票方式表决,确定高级职务聘任人选。

学校聘委会会议必须有三分之二及以上委员出席方为有效。应聘人员获得出席会议委员的三分之二及以上同意票方为通过。

所有表决通过的聘任人员名单均在校内进行公示。

8.校长或其委托人与受聘人员签订聘用合同,并颁发聘书。

第二十一条 在特殊情况下,学校急需引进的高层次人才,经评议组评议推荐和用人单位聘委会(聘任小组)综合考评和研究并表决通过，提出拟聘职务意见后，正高级职务报校长办公会议审批，由校长聘任，其他职务由校长授权分管人事的副校长审批和聘任。

第五章　聘用合同与合同管理

第二十二条　受聘专业技术职务人员须与学校签订聘用合同。有关聘用合同的条款和聘用合同的订立等事宜，按《厦门大学教职员工聘用制度试行办法》的相关规定执行。

第二十三条　聘用合同分为固定期限合同和无固定期限合同。固定期限合同的聘期一般为 3 年。

担任副高级职务连续受聘 3 个以上聘期或担任正高级职务连续受聘 2 个以上聘期的专业技术人员，每年均圆满完成各项工作任务，经考核合格，可以与学校签订无固定期限合同。无固定期限合同的期限从签约之日起至受聘人员按国家规定的法定退休年龄止。

凡工作累积已满 25 年(其中须在本校工作 5 年以上)或者在本校连续工作已满 10 年且年龄距国家规定的退休年龄已不足 10 年的专业技术职务受聘人员，均可与学校签订无固定期限合同。

第二十四条　新招聘的专业技术人员，一般须经过 3～6 个月的试用期。具有博士学位或受聘高级职务人员的试用期一般为 3 个月，其他人员的试用期一般为 6 个月。新聘人员为初次参加工作的高校毕业生，试用期可以延长至 12 个月。试用期包括在聘用合同期限内。在试用期满之前，用人单位聘任组织应按照岗位要求，对受聘人员的思想品德、学术与技术能力、工作表现和业绩进行考评。经确认符合相应专业技术职务任职条件并能履行其岗位职责、胜任岗位工作要求的，按规定程序上报学校确认其相应专业技术职务。

第二十五条　受聘人员在聘任期内每学年与所在学院(单位)签订一次年度岗位任务书，根据聘用合同约定本学年本岗位工作的具体任务。

第二十六条　在聘期内，受聘专业技术职务人员应自觉遵守国家法律法规和学校各项规章制度及聘用合同条款，认真履行岗位职责，完成岗位工作任务。

第二十七条　学校和各用人单位根据聘用合同，对本单位受聘专业技术职务人员履行岗位职责、完成工作任务的情况进行考核。

考核分为年度考核和聘期考核。年度考核由各用人单位组织实施，考核结果报学校人事处备案；聘期考核由学校人事处组织实施。与学校签订无固定期限合同的受聘人员，每 3 年由学校人事处组织一次综合考核。

第二十八条　考核结果是续聘、试聘、解聘、调整岗位，以及高聘、奖惩等的重要依据。

受聘专业技术职务人员年度考核或聘期考核合格及以上等次的，下一学年或下一聘期方具有正常续聘或应聘高一级职务的条件。年度考核不合格的，学校可以解聘；聘期考核不合格的，不予续聘。

第二十九条　双方签订固定期限合同的，对下一个聘期双方可自主选择续聘或不续聘。若聘任期内每年圆满完成各项工作任务，年度考核及聘期考核合格且岗位需要，经聘任双方协商同意，可以续聘同一职务岗位。续聘仍须按规定程序通过评议和表决并重新签订聘用合同。如应聘高一级职务，则须按规定程序重新申请并参与竞聘。

任何一方若选择不续聘，应在合同到期之前的 3 个月通知对方。

双方签订无固定期限合同，若一方违约，另一方可以责成对方纠正自己的违约行为严格履约，在合同期限内若有 3 次以上违约，另一方可以中止合同，并依法追究违约责任。

第三十条　双方签订固定期限合同，在合同期内，受聘人员不得提出应聘另一职务或高一级职务的要求。若受聘人员对此有特殊要求，应在签订合同前与学校协商，经双方同意后在合同中作特别约定。

双方签订无固定期限合同，受聘人员可以在合同签订 1 年后提出应聘另一职务或高一级职务的要求。

第三十一条　经学校批准赴国(境)外进行学术交流或进修的专业技术人员应聘专业技术职务，须在其按期回校后方可申请。

第六章　附　则

第三十二条　本办法中关于专业技术人员的职务聘任、聘任期间的待遇、合同管理及解聘、辞聘、待聘等规定的未尽事宜，均按《厦门大学教职员工聘用制度试行办法》及其配套文件的相关规定执行。

第三十三条　本办法自公布之日起试行，原来发布的“厦大人〔2003〕54号”文不再执行。学校以前颁布的文件如与本办法不符的，以本办法为准。

第三十四条　本办法由学校人事处负责解释。

附件一：工程技术各级职务岗位职责和任职条件
附件二：实验技术各级职务岗位职责和任职条件
附件三：图书资料专业各级职务岗位职责和任职条件
附件四：档案专业各级职务岗位职责和任职条件
附件五：编辑专业各级职务岗位职责和任职条件
附件六：翻译专业各级职务岗位职责和任职条件
附件七：卫生技术各级职务的学历与任职年限要求
附件八：幼儿园各级教师职务岗位职责和任职条件

附件一：

工程技术各级职务岗位职责和任职条件

一、岗位职责

(一)技术员

1.掌握本专业的工程技术原理；

2.初步熟悉常用仪器设备的一般用途；

3.初步掌握常规的工程技术工作方法和操作步骤；

4.在有关人员指导下，完成工程项目的辅助性工作和具体技术工作。

(二)助理工程师

1.掌握本专业一般知识和技术；

2.较熟练地掌握本专业的有关设备和工具的性能、用途，能对比较复杂的贵重仪器设备进行一般操作；

3.承担贵重仪器设备的技术管理；

4.承担所负责的工作任务，写出技术报告。

(三)工程师

1.掌握本专业的知识和技术；

2.掌握贵重仪器设备的性能，负责调试、使用、维护；

3.独立地创造和改善某些工程技术条件；

4.采用并改进或设计工程方案；

5.承担负责工程项目的正常运行；

6.指导和培养初级技术人员。

(四)高级工程师

1.精通本专业的知识和技术，熟悉本学科领域国内外工程技术发展动态；

2.负责本学科的重大工程项目，写出高水平的技术报告和论文；

3.解决工程技术工作中出现的关键技术问题和疑难问题；

4.指导和培养中、初级工程技术人员。

（五）教授级高级工程师

1.精通本专业的知识和技术，掌握本学科领域国内外工程技术发展动态和前沿；

2.组织和领导本学科的重大工程项目，写出高水平的技术报告和论文；

3.解决工程技术工作中出现的关键技术问题和疑难问题；

4.指导和培养中、初级工程技术人员。

二、任职条件

（一）技术员

1.大专毕业；中专毕业的原本校事业编制技术员。

2.掌握本专业的基础理论知识和专业技术知识。

3.具有完成一般技术辅助性工作的实际能力；在有关人员指导下能完成一般技术辅助性工作或一般现场技术工作。

4.工作认真负责，业绩优良。

（二）助理工程师

1.具有学士及以上学位或本科毕业及以上学历；大专毕业，担任 3 年以上技术员职务；中专毕业，担任 5 年以上技术员职务。

2.掌握本专业的基础理论和专业技术知识。

3.具有一定组织工作能力和独立完成指定范围内的科技管理工作能力，或能完成一般技术研究、设计或现场技术、技术管理工作。

4.工作认真负责，业绩优良。

5.任现职以来每年接受继续教育不少于 42 学时。

（三）工程师

1.具有博士学位；具有硕士学位，担任 3 年以上助理工程师职务；具有双学士学位或具有研究生学历而未获硕士学位或研究生班毕业，担任 4 年以上助理工程师职务；具有学士学位或本科毕业学历，担任 6 年以上助理工程师职务；大专毕业，担任 7 年以上助理工程师职务。

2.掌握本专业的基础理论和专业技术知识。

3.工作认真负责，有独立工作能力，业绩优良。

4.任现职以来每年接受继续教育不少于 72 学时。

5.业绩或成果符合下列条件之一：

（1）负责 1 台以上贵重仪器设备（含一般应用软件，单台 50 万元以上）的日常维护、操作及一般维修 3 年以上，且年使用机时 800 小时以上并提供相应服务。

（2）负责多台仪器设备（含一般应用软件，总价 50 万元以上）的维护、操作及一般维修 3 年以上，且年使用机时 2000 小时以上并提供相应服务。

（3）在计算机及服务器和网络的维护中，能保持设备和系统的正常运行，能及时处理运行中出现的问题，保证教学、科研顺利进行。

（4）结合工作开发应用软件，提高了工作效率；或开发多媒体课件，取得突出成绩。

（5）参加实验室的建设，并且所承担的部分项目实验仪器设备达到 50 万元以上。

（6）承担过一般仪器设备的改进工作 1 项以上，并为学校产生经济效益 5 万元以上。

（7）自制有特色的教学科研仪器设备 1 件（套、台）以上，为学校节省经费 6 万元以上。

(8)在科技开发中取得1项发明专利(前3名,以证书为准)。

以下条件仅限于土建工程技术系列:

(9)参加建筑工程项目并独立或主要负责施工300万元工程项目5项或2000万元工程项目2项以上,且无发生重大责任事故。

(10)参加建筑工程项目并独立分类设计300万元工程项目5项或2000万元工程项目2项(以图纸为准)以上并正式出图(施工图)或实施。

(11)作为主要成员参加房地产开发1项以上。

(12)负责工程预决算、造价控制3项以上。

(13)负责工程咨询5项以上。

(14)负责过2项以上学校一般工程建设或改造项目(工程总价在40万元以上)的总体方案设计的管理、施工,并通过验收。

(15)在工程项目管理中提出合理化建议,为工程节约20万元以上。

(四)高级工程师

1.具有博士学位,担任3年以上工程师职务;具有硕士学位,担任6年以上工程师职务;具有双学士学位或具有研究生学历而未获硕士学位或研究生班毕业,担任7年以上工程师职务;具有学士学位或本科毕业学历,担任8年以上工程师职务。

2.熟练掌握本专业的基础理论和专业技术知识,掌握本专业国内外现状和发展趋势。

3.工作认真负责,业务能力强,业绩突出。

4.在公开发行的刊物(CN刊号,下同)上至少发表2篇较高水平的本岗位工作的技术论文(独立撰写或第一作者署名,其中至少有1篇发表在核心刊物上)。

5.任现职以来每年接受继续教育不少于72学时。

6.业绩或成果符合下列条件之一:

(1)负责1台以上贵重仪器设备(含应用软件,单台150万元以上)的日常维护、操作及维修3年以上,且年使用机时1000小时以上并提供相应服务。

(2)负责多台仪器设备(含应用软件,总价100万元以上)的维护、操作及维修3年以上,且年使用机时2000小时以上并提供相应服务。

(3)负责仪器设备达到150万元的大型实验室建设;或承担150万元以上校内工程项目的技术负责人。

(4)承担过贵重仪器设备的改进1项以上,为学校创造经济效益15万元以上。

(5)自制有特色的教学科研仪器设备1件(套、台)以上,为学校节省经费10万元以上。

(6)从事开发应用工作1项以上,为学校创造经济效益15万元以上;或开发多媒体课件,取得显著成绩。

(7)在科技开发中取得至少1项发明专利或3项实用新型专利(均为主要技术负责人,以证书为准)。

(8)在工程技术研究、设计、实施等工作中取得显著成绩,获得国家级四等或省部级三等奖励。

以下条件仅限于土建工程系列:

(9)负责管理3000万元建筑工程项目3项,并没有出现相关重大责任事故。

(10)参加建筑工程项目并独立分类设计三级以上工程项目8项(其中二级以上工程设计项目不少于2项)或二级以上工程项目4项(其中一级以上工程设计项目不少于1项)以上(以图纸为准)并正式出图(施工图或建筑专业初步设计图)或实施。

(11)负责策划3000万元的房地产开发2项以上。

(12)主持、组织过3项学校二级以上新、扩建工程建设或改造项目(改造项目每项工程造价在200万元以上)的总体方案设计的管理、施工,并通过验收。

(五)教授级高级工程师

1.具有博士学位，担任5年以上高级工程师职务；具有硕士学位，担任8年以上高级工程师职务；具有双学士学位或具有研究生学历而未获硕士学位或研究生班毕业，担任9年以上高级工程师职务；具有学士学位或本科毕业学历，担任11年以上高级工程师职务。

2.精通本专业的基础理论和专业技术知识，熟悉本专业国内外现状和发展趋势。

3.工作认真负责，业务能力强，业绩显著。

4.在公开发行的刊物上至少发表6篇(其中在核心刊物上至少发表4篇)高水平的技术论文(独立撰写或第一作者署名至少4篇，其中至少有2篇发表在核心刊物上)。

5.任现职以来每年接受继续教育不少于72学时。

6.业绩或成果符合下列条件之一：

(1)负责1台以上贵重仪器设备(含应用软件，单台200万元以上)的日常维护、操作及维修3年以上，且年使用机时2000小时以上并提供相应服务。

(2)主持仪器设备达到200万元的大型实验室建设。

(3)独立承担过贵重仪器设备的改进2项以上，为学校创造经济效益40万元以上。

(4)自制有特色的教学科研仪器设备2件(套、台)以上，为学校节省经费30万元以上。

(5)主持从事开发应用工作2项以上，为学校创造经济效益40万元以上。

(6)在科技开发中取得至少3项发明专利(为主要技术负责人，以证书为准)。

(7)在工程技术研究、设计、实施等工作中取得显著成绩，获得国家级三等奖(前3名)或省部级二等奖(前2名)或省部级三等奖(独立或排名第一)。

以下条件仅限于土建工程技术系列：

(8)负责管理3000万元建筑工程项目5项，且没有出现相关重大责任事故。

(9)参加建筑工程项目并独立分类设计二级以上工程项目6项(其中一级以上工程设计项目不少于2项)(以图纸为准)以上并正式出图(施工图)或实施。

(10)承担3000万元的房地产开发项目4项以上，为技术负责人。

(11)主持、组织过4项学校二级以上新、扩建工程建设或改造项目(一级以上新、扩建工程建设项目不少于1项，改造项目每项工程造价在300万元以上)的总体方案设计的管理、施工，并通过验收。

三、破格聘任高级职务条件

(一)破格聘任高级工程师职务条件

1.具有博士学位，担任1年以上工程师职务；具有硕士学位或双学士学位或具有研究生学历而未获硕士学位或研究生班毕业，担任4年以上工程师职务；具有学士学位或本科毕业学历，担任5年以上工程师职务。

2.具备聘任高级工程师职务的基本条件，同时任现职以来至少有2次年度考核为优秀，或1次年度考核优秀和1次校级以上奖励。

3.工作业绩及成果必须具备高级工程师任职条件第6项中的3项以上条件。

(二)破格聘任教授级高级工程师职务条件

1.具有博士学位，担任3年以上高级工程师职务；具有硕士学位，担任5年以上高级工程师职务；具有双学士学位或具有研究生学历而未获硕士学位或研究生班毕业，担任6年以上高级工程师职务；具有学士学位或本科毕业学历，担任7年以上高级工程师职务。

2.具备聘任教授级高级工程师职务的基本条件，同时任现职以来至少有2次年度考核为优秀，或1次年度考核优秀和1次校级以上奖励。

3.工作业绩及成果必须具备教授级高级工程师任职条件第6项中的3项以上条件。

附件二：

实验技术各级职务岗位职责和任职条件

一、岗位职责

(一)实验员

1.掌握本实验室有关的实验原理和实验技术；

2.初步掌握常规的实验方法和步骤；

3.承担本实验室部分仪器设备的管理工作或其他具体工作；

4.在有关人员的指导下，完成科学研究实验、教学实验的准备工作和辅助工作。

(二)助理实验师

1.掌握本实验室有关的实验原理和实验技术；

2.较熟练地掌握本实验室各种仪器设备，能对一般仪器设备的故障进行诊断和维修，承担比较复杂精密仪器设备的技术管理；

3.承担并较好地完成实验任务，写出实验报告；

4.承担实验室某一方面的管理和服务工作。

(三)实验师

1.掌握本实验室有关的专业知识和技术，独立地创造或改善某些实验技术条件；

2.根据学术负责人的设想和要求，设计、加工特殊的实验装置或零部件，改进有关仪器设备的性能指标；

3.负责贵重仪器设备的调试、维护、检修和故障的排除，写出较高水平的实验报告；

4.指导和培养初级实验技术人员的工作；

5.做好实验室的建设和管理工作。

(四)高级实验师

1.精通本实验室有关的专业知识和技术，熟悉本学科领域国内外实验技术动态。

2.组织本学科的重大实验工作，写出高水平的实验报告或论文。

3.解决实验工作中出现的关键技术问题。

4.指导和培养中、初级实验技术人员。

5.主持和协助主持实验中心的建设和管理工作；或主持某实验室的建设和管理工作。

(五)教授级高级实验师

1.精通本实验室有关的专业知识和技术，掌握本学科领域国内外实验技术动态和前沿；

2.组织和领导本学科的重大实验工作，写出高水平的实验报告或论文；

3.解决实验工作中出现的关键技术和重大疑难问题；

4.指导和培养中、初级实验技术人员；

5.主持实验中心的建设和管理工作。

二、任职条件

(一)实验员

1.大专毕业；中专毕业的原本校事业编制实验员。

2.了解与本门业务有关的专业知识和技术，掌握常规的实验工作原理、方法和步骤。

3.能正确使用与本职工作有关的仪器设备，在有关人员的指导下，能够完成一般的实验任务。

4.工作认真负责，业绩优良。

(二)助理实验师

1.具有学士及以上学位或本科毕业及以上学历;大专毕业,担任3年以上实验员职务;中专毕业,担任5年以上实验员职务。

2.掌握与本门业务有关的专业知识和技术,较熟练地掌握常规实验工作原理、方法和步骤。

3.能熟练使用与实验工作有关的仪器设备,并了解其原理和性能,对一般仪器设备具有初步维修的技能。

4.参加过一定数量的实验工作,能初步独立地制定实验方案,提供准确的实验数据和结果,较好地完成实验任务,写出实验报告。

5.工作认真负责,业绩优良。

6.任现职以来每年接受继续教育不少于42学时。

(三)实验师

1.具有博士学位;具有硕士学位,担任3年以上助理实验师职务;具有双学士学位或具有研究生学历而未获硕士学位或研究生班毕业,担任4年以上助理实验师职务具有学士学位或本科毕业学历,担任6年以上助理实验师职务;大专毕业,担任7年以上助理实验师职务。

2.较熟练地掌握与本门业务有关的专业知识和技术,有熟练的实验技能、技巧和丰富的实践经验,曾独立设计过实验方案并能积极主动为教学科研工作服务。

3.对所管理的仪器设备进行维护检修和排除故障,基本保持仪器设备完好,保证实验工作顺利进行。

4.工作认真负责,有独立工作能力,业绩优良。

5.任现职以来每年接受继续教育不少于72学时。

6.业绩或成果符合下列条件之一:

(1)承担过一般实验仪器设备的改进,对实验教学产生良好效果。

(2)自制有特色的实验仪器设备,为学校节省经费6万元以上。

(3)参加过实验仪器设备总价值为30万元(基础实验室为20万元)以上的实验室建设,并取得突出成绩。

(4)参与实验室建设、实验设备的改进等方面的工作,取得突出成绩,获得校级以上奖励。

(四)高级实验师

1.具有博士学位,担任3年以上工程师职务;具有硕士学位,担任6年以上实验师职务;具有双学士学位或具有研究生学历而未获硕士学位或研究生班毕业,担任7年以上实验师职务;具有学士学位或本科毕业学历,担任8年以上实验师职务。

2.熟练掌握与本门业务有关的专业知识和技术;工作认真负责,业务能力强。

3.组织和指导过大型实验技术工作;或者主持或协助主持实验中心或实验室的建设和管理工作,取得突出成绩。

4.在公开发行的刊物上至少发表2篇较高水平的有关实验室建设或实验教学研究方面的论文(独立撰写或第一作者署名,其中至少有1篇发表在核心刊物上)。

5.任现职以来每年接受继续教育不少于72学时。

6.业绩或成果符合下列条件之一:

(1)组织重要实验仪器设备的改进,对实验教学产生重大作用,并为学校产生经济效益10万元以上;

(2)利用实验设备从事开发应用工作,为学校创造经济效益15万元以上;

(3)自制有特色的实验仪器设备,为学校节省经费10万元以上;

(4)负责过实验仪器设备总价值为60万元(基础实验室为40万元)以上的实验室建设;

(5)在实验室建设、实验设备的改进等方面取得显著成绩,获得国家级四等奖(前4名)或省部级三等奖(前3名)或校级奖励(个人或第一贡献者);

(6)指导过2门以上的实验课,并编写过实验讲义或实验教材10万字以上,学生评价良好。

(五)教授级高级实验师

1.具有博士学位,担任5年以上高级实验师职务;具有硕士学位,担任8年以上高级实验师职务;具有双学士学位或具有研究生学历而未获硕士学位或研究生班毕业,担任9年以上高级实验师职务;具有学士学位或本科毕业学历,担任11年以上高级实验师职务。

2.精通与本门业务有关的专业知识和技术,掌握本专业国内外现状和发展趋势;工作认真负责,业务能力强。

3.组织和指导过大型实验技术工作;或者主持全校性公共教学实验室或部开放(重点)实验室或实验中心的建设与管理工作,取得重大成绩。

4.在公开发行的刊物上至少发表6篇(其中在核心刊物上至少发表4篇)高水平的有关实验室建设或实验教学研究方面的论文(独立撰写或第一作者署名至少4篇,其中至少有2篇发表在核心刊物上)。

5.任现职以来每年接受继续教育不少于72学时。

6.业绩或成果符合下列条件之一:

(1)负责重要实验仪器设备的改进,并为学校产生经济效益20万元以上;

(2)利用实验设备从事开发应用工作,为学校创造经济效益30万元以上;

(3)自制有特色的实验仪器设备,为学校节省经费20万元以上;

(4)负责过实验仪器设备总价值为100万元(基础实验室为80万元)以上的实验室建设;

(5)在实验室建设、实验设备的改进等方面取得显著成绩,获得国家级三等奖(前3名)或省部级二等奖(前2名)或省部级三等奖(个人或第一贡献者);

(6)开设过3门以上的专业实验课或研究生设计型综合性实验课,并编写过授课讲义或教材15万字以上,学生评价良好。

三、破格聘任高级职务条件

(一)破格聘任高级实验师职务条件

1.具有博士学位,担任1年以上实验师职务;具有硕士学位或双学士学位或具有研究生学历而未获硕士学位或研究生班毕业,担任4年以上实验师职务;具有学士学位或本科毕业学历,担任5年以上实验师职务。

2.具备聘任高级实验师职务的基本条件,同时任现职以来至少有2次年度考核为优秀,或1次年度考核优秀和1次校级以上奖励。

3.工作业绩及成果必须具备高级实验师任职条件第6项中的3项以上条件。

(二)破格聘任教授级高级实验师职务条件

1.具有博士学位,担任3年以上高级实验师职务;具有硕士学位,担任5年以上高级实验师职务;具有双学士学位或具有研究生学历而未获硕士学位或研究生班毕业,担任6年以上高级实验师职务;具有学士学位或本科毕业学历,担任7年以上高级实验师职务。

2.具备聘任教授级高级实验师职务的基本条件,同时任现职以来至少有2次年度考核为优秀,或1次年度考核优秀和1次校级以上奖励。

3.工作业绩及成果必须具备教授级高级实验师任职条件第6项中的3项以上条件。

附件三:

图书资料专业各级职务岗位职责和任职条件

一、岗位职责

(一)管理员

担任图书采访、编目、目录组织、书库管理、图书借阅等业务部门的辅助性工作。

（二）助理馆员

1.担任部分选书工作，辅导读者查阅馆藏目录及文献检索工具；

2.担任文献研究、书目编辑的助手工作等。

（三）馆员

1.担任选书、分类、主题标引、编写提要、解答咨询课题、编制书目索引等工作；

2.协助主持某部门的业务工作。

（四）副研究馆员

1.担任书刊采访、分编、文献研究、编制书目索引等方面的指导、审核工作；

2.承担较高深的文献研究任务；

3.指导、主持业务学习和科研工作，解决比较重大的业务问题等；

4.协助主持图书馆某部分业务工作或主持某部门的业务工作。

（五）研究馆员

1.担任书刊采访、分编、文献研究、编制书目索引等方面的指导、审核工作；

2.承担高深的文献研究任务；

3.指导、主持业务学习和科研工作，解决重大业务问题；

4.主持或协助主持图书馆业务工作。

二、任职条件

（一）管理员

1.大专毕业；中专毕业的原本校事业编制管理员。

2.掌握图书、资料专业基础知识、工作方法的技能，在高一级专业技术职务人员指导下能完成一般技术辅助性工作。

3.能主动、热情地为师生员工服务，业务能力较强，工作业绩优良。

4.参加学校组织的图书资料专业基础知识统一考试，成绩及格以上。

（二）助理馆员

1.具有学士及以上学位或本科毕业及以上学历；大专毕业，担任3年以上管理员职务；中专毕业，担任5年以上管理员职务。

2.掌握本专业的基础理论和专业知识；掌握图书资料有关的工作方法与技能。

3.能主动、热情地为师生员工服务，业务能力较强，业绩优良。

4.非图书馆学或情报学专业毕业的应聘人员，应参加学校组织的图书资料专业基础知识（初级）统一考试，成绩及格以上。

5.任现职以来每年接受继续教育不少于42学时。

（三）馆员

1.具有博士学位；具有硕士学位，担任3年以上助理馆员职务；具有双学士学位或研究生学历而未获硕士学位或研究生班毕业，担任4年以上助理馆员职务具有学士学位或本科毕业学历，担任6年以上助理馆员职务；大专毕业，担任7年以上助理馆员职务。

2.系统掌握图书资料及相关学科的基础理论和专业知识。

3.具有独立工作能力，能主动、热情地为师生员工服务，工作业绩优良。

4.非图书馆学或情报学专业毕业的应聘人员，应参加学校组织的图书资料专业基础知识（中级）统一考试，成绩及格以上。

5.任现职以来每年接受继续教育不少于72学时。

6.业绩或成果符合下列条件之一：

（1）参与组织实施图书馆认定的文献信息工作的技术革新或服务创新1项；

(2)胜任主持或协助主持某一业务部门的管理工作,部门工作取得明显成绩;

(3)获得校级以上业务表彰的集体项目的主要成员(前3名);

(4)负责大型服务器及其附属设备(总价值50万元以上)的日常维护、操作及一般维修3年以上,且年开机服务时间6000小时以上;

(5)作为成员参加1项省部级或厦门市规划的信息管理学科科研课题的研究;

(6)获得1项地市级以上优秀成果奖。

(四)副研究馆员

1.具有博士学位,担任3年以上馆员职务;具有硕士学位,担任6年以上馆员职务;具有双学士学位或具有研究生学历而未获硕士学位或研究生班毕业,担任7年以上馆员职务;具有学士学位或本科毕业学历,担任8年以上馆员职务。

2.具有较广博的科学文化知识,对图书馆学、情报学或其他某一学科有系统的理论知识和较深的研究。

3.能主动、热情地为师生员工服务,业务能力强,工作业绩突出。

4.在公开发行的刊物上至少发表4篇(其中在核心刊物上至少发表2篇)较高水平的信息管理学或与图书馆业务相关的工程技术方面的论文或者受省部级科研机构或业务主管部门委托完成的调研报告(独立撰写或第一作者署名至少2篇,其中至少有1篇发表在核心刊物上;调研报告可以是未公开发表的,但须通过委托机构的鉴定,且不超过2篇)。

5.任现职以来每年接受继续教育不少于72学时。

6.业绩或成果符合下列条件之一:

(1)胜任主持某一主要业务部门的工作,部门工作成绩突出;

(2)主持实施1项图书馆的数字化工程建设项目或国家“211工程”建设子项目;

(3)主持图书资料系列大型文献信息资源建设1项以上,并取得突出成果;

(4)负责1台以上大型服务器及其附属设备(含应用软件,总价值150万元以上)的日常维护、操作及维修3年以上,且年使用机时8000小时以上;

(5)个人业绩或作为集体项目负责人获得2次校级以上表彰;

(6)主持或作为第一合作者参与1项省部级或厦门市规划的信息管理学科科研课题或5万元以上的信息管理学科横向科研课题研究,并通过相关部门的鉴定;

(7)正式出版著作(含译著、古籍整理等)个人撰写部分累计15万字以上;

(8)个人论著或作为合作论著第一作者获得1项省部级以上优秀成果奖。

(五)研究馆员

1.具有博士学位,担任5年以上副研究馆员职务;具有硕士学位,担任8年以上副研究馆员职务;具有双学士学位或具有研究生学历而未获硕士学位或研究生班毕业,担任9年以上副研究馆员职务;具有学士学位或本科毕业学历,担任11年以上副研究馆员职务。

2.具有广博的科学文化知识,对图书馆学、情报学或其他某一学科有系统的研究和突出的成果。

3.热心为教学科研服务,业务能力强,工作业绩显著。

4.在公开发行的刊物上发表6篇(其中在核心刊物上至少发表4篇)具有高水平的信息管理学或与本专业相关的工程技术方面的论文或者受省部级科研机构或业务主管部门委托完成的调研报告(独立撰写或第一作者署名至少4篇,其中至少有2篇发表在核心刊物上;调研报告可以是未公开发表的,但须通过委托机构的鉴定,且不超过2篇)。

5.任现职以来每年接受继续教育不少于72学时。

6.业绩或成果符合下列条件之一:

(1)规划并主持实施1项以上全校性公共服务体系重大发展项目或“中国高等学校文献保障体系”建设子项目;

(2)主持全馆文献信息资源建设并取得显著成效,受到省部级以上表彰;

(3)负责1台以上大型服务器及其附属设备(含应用软件,总价值200万元以上)的日常维护、操作及维修3年以上,且年使用机时8000小时以上;

(4)个人业绩或作为集体项目负责人获得3次校级以上表彰;

(5)主持省部级规划的信息管理学科科研项目2项以上,或主持10万元以上的信息管理学科横向科研项目1项;

(6)正式出版著作(含译著、古籍整理等)个人撰写部分累计20万字以上;

(7)获得1项国家级三等(前3名)或省部级二等(前2名)或省部级三等(独立或第一作者署名)优秀成果奖。

三、破格聘任高级职务条件

(一)破格聘任副研究馆员职务条件

1.具有博士学位,担任1年以上馆员职务;具有硕士学位或双学士学位或具有研究生学历而未获硕士学位或研究生班毕业,担任4年以上馆员职务;具有学士学位或本科毕业学历,担任5年以上馆员职务。

2.具备聘任副研究馆员职务的基本条件,同时任现职以来至少有2次年度考核为优秀,或1次年度考核优秀和1次校级以上奖励。

3.工作业绩及成果必须具备副研究馆员任职条件第6项中的3项以上条件。

(二)破格聘任研究馆员职务条件

1.具有博士学位,担任3年以上副研究馆员职务;具有硕士学位,担任5年以上副研究馆员职务;具有双学士学位或具有研究生学历而未获硕士学位或研究生班毕业,担任6年以上副研究馆员职务;具有学士学位或本科毕业学历,担任7年以上副研究馆员职务。

2.具备聘任研究馆员职务的基本条件,同时任现职以来至少有2次年度考核为优秀,或1次年度考核优秀和1次校级以上奖励。

3.工作业绩及成果必须具备研究馆员任职条件第6项中的3项以上条件。

附件四:

档案专业各级职务岗位职责和任职条件

一、岗位职责

(一)管理员

1.从事基层档案部门的档案管理工作;

2.从事档案专业的具体工作或辅助性工作。

(二)助理馆员

1.参与档案理论或业务的研究;

2.担任档案管理或业务指导工作;

3.参加编辑档案材料工作。

(三)馆员

1.独立进行档案理论与业务的研究,拟订档案管理工作的计划、方案;

2.独立从事或指导档案业务工作;

3.独立完成档案材料编辑工作;

4.主持或协助主持某部分的业务工作。

(四)副研究馆员

1.掌握档案业务工作的历史、现状和趋势,研究档案内容和形成规律,拟订管理工作的重要计划、方案;

2.负责档案业务和理论的咨询工作,解决疑难问题;

3.承担或主持重大业务项目、专题的研究,编审档案史料;

4.主持或协助主持档案馆或馆内某部门的业务工作。

(五)研究馆员

1.掌握国内外档案工作的历史、现状和趋势,介绍和推荐国内外科研成果,拟订档案事业建设和发展规划;

2.负责档案业务和理论的咨询工作,解决重大疑难问题;

3.解决史料编审中的疑难问题;

4.主持或协助主持档案馆的业务工作。

二、任职条件

(一)管理员

1.大专毕业;中专毕业的原本校事业编制管理员。

2.普通高校非档案专业毕业生,须经地市级以上档案部门组织的档案专业课程(3门以上)培训,取得合格成绩;初步掌握档案专业的基本知识。

3.对档案工作的法律、法规、规章制度及规范、标准有一定的了解,并初步掌握档案工作的基本方法和技能。

4.工作认真负责,业绩优良。

(二)助理馆员

1.具有学士及以上学位或本科毕业及以上学历;大专毕业,担任3年以上管理员职务;中专毕业,担任5年以上管理员职务。

2.大中专院校档案专业或普高院校非档案专业毕业生,须经地市级以上档案部门组织的档案专业课程(4门以上)培训,取得合格成绩;比较系统地掌握档案专业基础理论和专业知识。

3.比较熟悉档案工作的法律、法规、规章制度及规范、标准。

4.有一定工作能力,能比较熟练地掌握档案专业工作的基本技能;工作认真负责,业绩优良。

5.任现职以来每年接受继续教育不少于42学时。

(三)馆员

1.具有博士学位;具有硕士学位,担任3年以上助理馆员职务;具有双学士学位或具有研究生学历而未获硕士学位或研究生班毕业,担任4年以上助理馆员职务具有学士学位或本科毕业学历,担任6年以上助理馆员职务;大专毕业,担任7年以上助理馆员职务。

2.大专院校档案专业或普高院校非档案专业毕业生,须经省级以上档案部门组织的档案专业课程(5门以上)培训,取得合格成绩;系统掌握档案专业基础理论和专业知识。

3.熟悉档案工作的法律、法规、规章制度及规范、标准,能起草本系统、本校档案管理的有关规章。

4.具有独立档案管理能力,管理档案(含档案数据)5000案卷(件、册)以上,且工作认真负责,业绩优良。

5.任现职以来每年接受继续教育不少于72学时。

6.业绩或成果符合下列条件之一:

(1)编辑出版档案史料个人承担部分累计10万字以上;

(2)承担技术革新1项以上;

(3)获得校级以上业务表彰的集体项目的主要成员(前3名);

(4)参加校级或省部级以上档案部门史学、档案学科研课题1项以上；

(5)参加2万元的档案专业横向课题1项以上；

(6)获得省部级档案部门优秀成果奖1项以上。

(四)副研究馆员

1.具有博士学位，担任3年以上馆员职务；具有硕士学位，担任6年以上馆员职务；具有双学士学位或具有研究生学历而未获硕士学位或研究生班毕业，担任7年以上馆员职务；具有学士学位或本科毕业学历，担任8年以上馆员职务。

2.具有较广博的科学文化知识，比较精通档案工作的法律、法规、规章制度和规范、标准；系统掌握档案专业理论知识，对档案学某一领域有较深的研究。

3.管理或主持管理档案(含电子档案数据)10000案卷(件、册)以上，且工作认真负责，业绩突出。

4.在公开发行的刊物上至少发表4篇(其中在核心刊物上至少发表2篇)较高水平的本专业学术论文(独立撰写或第一作者署名至少2篇，其中至少有1篇发表在核心刊物上)。

5.任现职以来每年接受继续教育不少于72学时。

6.业绩或成果符合下列条件之一：

(1)在档案管理工作中取得突出成绩，个人或作为集体项目负责人受到2次校级或省部级以上部门的表彰；

(2)参加2项以上经省部级业务主管部门鉴定认可的档案信息开发、信息咨询项目(前2名)；

(3)参加技术革新3项以上(前2名)；

(4)撰写过6篇以上对实际工作具有指导意义并被省部级以上档案部门采用的工作经验总结或业务报告；

(5)正式出版著作、译著个人撰写部分累计15万字以上，或编辑出版档案史料个人承担部分累计20万字以上；

(6)获得1项国家级四等或省部级三等优秀成果奖；

(7)获得1项国家级档案部门三等或全国档案学会二等或省部级档案部门二等优秀成果奖。

(五)研究馆员

1.具有博士学位，担任5年以上副研究馆员职务；具有硕士学位，担任8年以上副研究馆员职务；具有双学士学位或具有研究生学历而未获硕士学位或研究生班毕业，担任9年以上副研究馆员职务；具有学士学位或本科毕业学历，担任11年以上副研究馆员职务。

2.具有广博的科学文化知识，精通档案工作的法律、法规、规章制度和规范、标准；对档案学理论有较深的造诣，在档案界有较大影响。

3.胜任主持档案信息资源建设，管理或主持管理档案(含电子档案数据)20000案卷(件、册)以上，且工作认真负责，业绩显著。

4.在公开发行的刊物上至少发表6篇(其中在核心刊物上至少发表4篇)具有高水平的本专业学术论文(独立撰写或第一作者署名至少4篇，其中至少有2篇发表在核心刊物上)。

5.任现职以来每年接受继续教育不少于72学时。

6.业绩或成果符合下列条件之一：

(1)在档案管理工作中取得显著成绩，个人或作为集体项目负责人受到1次国家级档案部门的表彰或2次省部级档案部门的表彰；

(2)主持2项以上经省部级业务主管部门鉴定认可的档案信息开发、信息咨询项目；

(3)主持技术革新3项以上；

(4)正式出版著作、译著个人撰写部分累计20万字以上，或编辑出版档案史料30万字以上；

(5)主持大型的档案资源建设2项以上，并经省部级业务主管部门鉴定认可；

(6)获得1项国家级三等(前3名)或省部级二等(前2名)或省部级三等(独立或第一作者署名)优秀成果奖;

(7)获得1项国家级档案部门二等(前2名)或省部级档案部门一等(排名第一)优秀成果奖。

三、破格聘任高级职务条件

(一)破格聘任副研究馆员职务条件

1.具有博士学位,担任1年以上馆员职务;具有硕士学位或双学士学位或具有研究生学历而未获硕士学位或研究生班毕业,担任4年以上馆员职务;具有学士学位或本科毕业学历,担任5年以上馆员职务。

2.具备聘任副研究馆员职务的基本条件,同时任现职以来至少有2次年度考核为优秀,或1次年度考核优秀和1次校级以上奖励。

3.工作业绩及成果必须具备副研究馆员任职条件第6项中的3项以上条件。

(二)破格聘任研究馆员职务条件

1.具有博士学位,担任3年以上副研究馆员职务;具有硕士学位,担任5年以上副研究馆员职务;具有双学士学位或具有研究生学历而未获硕士学位或研究生班毕业,担任6年以上副研究馆员职务;具有学士学位或本科毕业学历,担任7年以上副研究馆员职务。

2.具备聘任研究馆员职务的基本条件,同时任现职以来至少有2次年度考核为优秀,或1次年度考核优秀和1次校级以上奖励。

3.工作业绩及成果必须具备研究馆员任职条件第6项中的3项以上条件。

附件五:

编辑专业各级职务岗位职责和任职条件

一、岗位职责

(一)助理编辑

1.协助搜集有关学科的学术动态和编辑出版信息;

2.协助实施有关选题规划;

3.协助审理稿件;

4.协助对文稿、书稿进行文字加工和技术处理。

(二)编辑

1.搜集有关学科的学术动态和编辑出版信息,提出改进编辑工作的意见;

2.实施有关选题规划;

3.独立处理有关学科稿件,担任书稿的责任编辑或期刊的执行编辑;

4.总结编辑工作经验,对编辑学和相关学科进行一定的研究,撰写有关文章。

(三)副编审

1.搜集研究有关学科的学术动态和编辑出版信息,提出改进编辑工作的建议或方案;追踪科学技术的前沿与发展动向,主动向国家重大研究课题、前沿课题征集稿件。

2.对相关学科进行一定的学术研究。

3.制定选题规划,组织和指导有关编辑人员加以实施。

4.担任重要稿件的责任编辑,或独立处理若干学科的稿件。

5.复审或终审某些重要稿件。

6.对有关论著、图书进行评论。

7.总结编辑工作经验，撰写编辑学(或校对学、技术编辑学)方面的论著，指导和培养专业人才。

(四)编审

1.搜集研究有关学科的学术动态和编辑出版信息，提出改进编辑工作的建议或方案；追踪科学技术的前沿与发展动向，主动向国家重大研究课题、前沿课题征集稿件。

2.对相关学科进行较深入的学术研究。

3.制定选题计划和组稿计划，组织社会力量或有关编辑人员实施。

4.复审或终审某些重要稿件，解决审稿中的疑难问题。

5.必要时对重点书稿、文稿进行审查、加工。

6.总结编辑工作经验，撰写编辑学方面的论著，指导和培养专业人才。

二、任职条件

(一)助理编辑

1.具有学士及以上学位或本科毕业及以上学历；

2.通过全国统一考试，获得助理编辑资格证书；

3.掌握本专业的基础理论和基本编辑业务，有一定的文字水平；

4.工作认真负责，业绩优良；

5.任现职以来每年接受继续教育不少于42学时。

(二)编辑

1.具有博士学位；具有硕士学位，担任3年以上助理编辑职务；具有双学士学位或研究生学历而未获硕士学位或研究生班毕业，担任4年以上助理编辑职务；具有学士学位或本科毕业学历，担任6年以上助理编辑职务。

2.通过全国统一考试，获得编辑资格证书。

3.具有本专业扎实的基础理论，熟练掌握编辑业务，能独立处理稿件，有较高的文字水平。

4.工作认真负责，业务能力较强，业绩优良。

5.任现职以来每年接受继续教育不少于72学时。

6.业绩或成果符合下列条件之一：

(1)在公开发行的刊物上发表2篇本学科论文或编辑学论文；

(2)每年进行市场调研或追踪学术动态，写出有助于制定选题计划的调研或追踪报告；

(3)上年度所编发或编辑出版的论著中，国家基金及省部级基金资助的论著占发表或出版篇(部)数的30%以上；

(4)担任执行编辑或参与编辑的论著获得省部级或全国一级学会以上奖励；

(5)个人或个人论著获得校级以上(含全国和省级学会)奖励。

(三)副编审

1.具有博士学位，担任3年以上编辑职务；具有硕士学位，担任6年以上编辑职务；具有双学士学位或具有研究生学历而未获硕士学位或研究生班毕业，担任7年以上编辑职务；具有学士学位或本科毕业学历，担任8年以上编辑职务。

2.具有较广博的科学文化知识，对某学科有较深的研究，能解决编辑业务中的疑难问题。

3.工作认真负责，业务能力强，业绩突出。

4.在公开发行的刊物上至少发表5篇较高水平的本学科或编辑专业论文(独立撰写或第一作者署名至少2篇，其中至少有1篇发表在核心刊物上)。

5.任现职以来每年接受继续教育不少于72学时。

6.业绩或成果符合下列条件之一：

(1)每年进行市场调研，制定相关学科的选题计划并组织实施1项以上，且取得良好的社会效益和经济效益。

(2)(学报自然版)每年独立审稿工作量不低于40万字、编辑工作量不低于25万字,或终审、终校每期论文;(学报哲社版)每年独立审稿60万字或加工整理稿件30万字以上;(出版社)每年独立编辑、加工整理稿件120万字以上(审稿100万字计20万字独立编辑工作量)。

(3)正式出版著作、译著,不累计15万字以上或累计25万字以上。

(4)每年文科编发文章的摘转率达到45%以上;每年理科编发的文章被引频次位居全国综合类自然科学学报前15名或全国综合类科技期刊前25名(前3名)。

(5)上年度所编发或编辑出版的论著中,国家基金及省部级基金资助的论著占发表或出版篇(部)数的50%以上。

(6)作为主持人或第一合作者获得1项以上省部级课题。

(7)个人或个人论著(或第一作者署名的论著)获得省部级或全国一级学会奖励。

(8)独立担任组稿和责任编辑的论文、图书获得1项国家级二等或2项省部级二等以上优秀成果奖。

(9)参与编辑的期刊获得省部级或全国一级学会以上奖励(为前3名贡献者)。

(四)编审

1.具有博士学位,担任5年以上副编审职务;具有硕士学位,担任8年以上副编审职务;具有双学士学位或具有研究生学历而未获硕士学位或研究生班毕业,担任9年以上副编审职务;具有学士学位或本科毕业学历,担任11年以上副编审职务。

2.科学文化知识广博,对某一学科有系统的研究和较深的造诣;有较高的政策、理论水平,完成重大编审任务。

3.工作认真负责,业务能力强,业绩显著。

4.在公开发行的刊物上至少发表6篇(其中在核心刊物上至少发表4篇)高水平的本学科论文或编辑学论文(独立撰写或第一作者署名至少4篇,其中至少有2篇发表在核心刊物上)。

5.任现职以来每年接受继续教育不少于72学时。

6.业绩或成果符合下列条件之一:

(1)每年进行市场调研,制定各学科的选题计划并组织实施1项以上,且取得重大社会效益和经济效益。

(2)(学报自然版)每年独立审稿工作量不低于60万字、编辑工作量不低于40万字,或终审、终校每期论文;(学报哲社版)每年独立审稿80万字或加工整理稿件40万字以上;(出版社)每年独立编辑、加工整理稿件150万字以上(审稿100万字计20万字独立编辑工作量)。

(3)正式出版有代表性的专著、译著,不累计25万字以上或累计35万字以上。

(4)每年文科编发文章的摘转率达到50%以上;每年理科编发的文章被引频次位居全国综合类自然科学学报前10名或全国综合类科技期刊前20名(前2名)。

(5)上年度所编发或编辑出版的论著中,国家基金及省部级基金资助的论著占发表或出版篇(部)数的65%以上。

(6)主持2项以上省部级课题或作为第一合作者获得2项以上国家级课题。

(7)获得1项国家级三等(前3名)或省部级二等(前2名)或省部级三等(独立或第一作者署名)优秀成果奖。

(8)独立担任组稿和责任编辑的论文、图书获得1项国家级一等或3项省部级一等优秀成果奖。

(9)参与编辑的期刊获省部级或全国一级学会以上奖励(为前2名贡献者)。

三、破格聘任高级职务条件

(一)破格聘任副编审职务条件

1.具有博士学位,担任1年以上编辑职务;具有硕士学位或双学士学位或具有研究生学历而未获硕士学位或研究生班毕业，担任4年以上编辑职务；具有学士学位或本科毕业学历，担任5年以上编辑职务。

2.具备聘任副编审职务的基本条件，同时任现职以来至少有2次年度考核为优秀，或1次年度考核优秀和1次校级以上奖励。

3.工作业绩及成果必须具备副编审任职条件第6项中的3项以上条件。

(二)破格聘任编审职务条件

1.具有博士学位，担任3年以上副编审职务；具有硕士学位，担任5年以上副编审职务；具有双学士学位或具有研究生学历而未获硕士学位或研究生班毕业，担任6年以上副编审职务；具有学士学位或本科毕业学历，担任7年以上副编审职务。

2.具备聘任编审职务的基本条件，同时任现职以来至少有2次年度考核为优秀，或1次年度考核优秀和1次校级以上奖励。

3.工作业绩及成果必须具备编审任职条件第6项中的3项以上条件。

附件六：

翻译专业各级职务岗位职责和任职条件

一、岗位职责

(一)助理翻译

1.完成一般性口译或笔译工作；

2.从事口译者应基本表达双方原意，语音、语调基本正确；从事笔译者应表达一般难度的原文内容，语法基本正确、文字比较通顺。

(二)翻译

独立承担本专业的口译或笔译工作，语言流畅、译文准确。

(三)副译审

1.解决翻译工作中的疑难问题；

2.指导培养初、中级翻译人员；

3.从事口译者，应能担任重要国际学术会议的翻译；从事笔译者，负责审稿、定稿工作。

(四)译审

1.审定重要的翻译文稿，解决翻译工作中的重大疑难问题；

2.指导培养初、中级翻译人员，并在理论和实践上对翻译工作的发展和翻译队伍的建设作出较大贡献。

二、任职条件

(一)助理翻译

1.具有学士及以上学位或本科毕业及以上学历；大专毕业，从事3年以上翻译工作。

2.必须具有大学外语本科毕业的基础知识和有关的专业知识，并有一定的汉语水平。

3.能完成一般性的口译或笔译工作。从事口译工作者，应能基本表达双方原意，语音、语调基本正确；从事笔译工作者，应能表达一般难度的原文内容，语法基本正确，文字比较通顺。

4.工作认真负责，业绩优良。

5.任现职以来每年接受继续教育不少于42学时。

(二)翻译

1.具有博士学位；具有硕士学位，担任3年以上助理翻译职务；具有双学士学位或研究生学历而未获硕士学位或研究生班毕业，担任4年以上助理翻译职务；具有学士学位或本科毕业学历，担任6年以上助理翻译职务;大专毕业,担任7年以上助理翻译职务。

2.具有比较系统的外语基础知识,一定的科学文化知识和翻译理论知识。

3.能独立承担口译或笔译工作,有较高的翻译质量和较强的表达能力。

4.工作认真负责,业务能力较强,业绩优良。

5.任现职以来每年接受继续教育不少于72学时。

6.业绩或成果符合下列条件之一:

(1)独立承担为校级服务的本专业口译或笔译工作3次以上;

(2)独立承担2次校级出访、接待、谈判等翻译任务;

(3)在省级刊物上出版、发表或内部采用的译文、译著个人翻译部分20万字以上;

(4)在公开发行的刊物上至少发表(含合作发表)2篇本专业论文;

(5)个人或个人译著、论著(或第一作者署名)获得校级以上(含省级以上学会)奖励。

(三)副译审

1.具有博士学位,担任3年以上翻译职务;具有硕士学位,担任6年以上翻译职务;具有双学士学位或具有研究生学历而未获硕士学位或研究生班毕业,担任7年以上翻译职务;具有学士学位或本科毕业学历,担任8年以上翻译职务。

2.具有较高的翻译水平和较丰富的翻译实践经验,有较广博的科学文化知识,对原文有较强的理解能力和表达能力。

3.工作认真负责,业务能力强,业绩突出。

4.在公开发行的刊物上至少发表4篇较高水平的本专业学术论文(独立撰写或第一作者署名至少2篇,其中至少有1篇发表在核心刊物上)。

5.任现职以来每年接受继续教育不少于72学时。

6.业绩或成果符合下列条件之一:

(1)审定、审校正式出版(发表)的学术性译著、译文累计35万字以上;

(2)有3篇以上学术性译文被《新华文摘》、《高校文科学报文摘》等国内外相当层次的刊物转载;

(3)担任6次以上多国大型国际学术会议中学术性重要发言的口译工作;

(4)正式出版(发表)学术性译著、译文、专著个人译、著部分累计50万字以上;

(5)获得国家级四等或省部级三等以上优秀成果奖。

(四)译审

1.具有博士学位,担任5年以上副译审职务;具有硕士学位,担任8年以上副译审职务;具有双学士学位或具有研究生学历而未获硕士学位或研究生班毕业,担任9年以上副译审职务;具有学士学位或本科毕业学历,担任11年以上副译审职务。

2.具有广博的科学文化知识,长期从事翻译或审稿、定稿工作,经验丰富;有重要译著、专著或译文能表达原作的风格,在翻译界享有声誉。

3.工作认真负责,业务能力强,业绩显著。

4.在公开发行的刊物上至少发表6篇(其中在核心刊物上至少发表4篇)高水平的本专业学术论文(独立撰写或第一作者署名至少4篇,其中至少有2篇发表在核心刊物上)。

5.任现职以来每年接受继续教育不少于72学时。

6.业绩或成果符合下列条件之一:

(1)审定、审校正式出版(发表)的学术性译著、译文累计60万字以上;

(2)有5篇以上学术性译文被《新华文摘》、《高校文科学报文摘》等国内外相当层次的刊物转载;

(3)正式出版(发表)学术性译著、译文、专著个人译、著部分累计80万字以上;

(4)获得1项国家级三等(前3名)或省部级二等(前2名)或省部级三等(独立或第一作者署名)优秀成果奖。

三、破格聘任高级职务条件

(一)破格聘任副译审职务条件

1.具有博士学位,担任1年以上翻译职务;具有硕士学位或双学士学位或具有研究生学历而未获硕士学位或研究生班毕业,担任4年以上翻译职务;具有学士学位或本科毕业学历,担任5年以上翻译职务。

2.具备聘任副译审职务的基本条件,同时任现职以来至少有2次年度考核为优秀,或1次年度考核优秀和1次校级以上奖励。

3.工作业绩及成果必须具备副译审任职条件第6中的3项以上条件。

(二)破格聘任译审职务条件

1.具有博士学位,担任3年以上副译审职务;具有硕士学位,担任5年以上副译审职务;具有双学士学位或具有研究生学历而未获硕士学位或研究生班毕业,担任6年以上副译审职务;具有学士学位或本科毕业学历,担任7年以上副译审职务。

2.具备聘任译审职务的基本条件,同时任现职以来至少有2次年度考核为优秀,或1次年度考核优秀和1次校级以上奖励。

3.工作业绩及成果必须具备译审任职条件第6中的3项以上条件。

附件七:

卫生技术各级职务的学历与任职年限要求

一、各级职务的学历与任职年限

(一)医(药、护、技)士

大专、中专毕业(限护士、药士);原本校事业编制医(药、护、技)士。

(二)医(药、护、技)师

具有学士及以上学位或本科毕业及以上学历;大专毕业,担任3年以上医(药、护、技)士职务;中专毕业,担任5年以上医(药、护、技)士职务。

(三)主治(主管)医(药、护、技)师

具有博士学位;具有硕士学位,担任3年以上医(药、护、技)师职务;具有双学士学位或具有研究生学历而未获硕士学位或研究生班毕业,担任4年以上医(药、护、技)师职务;具有学士学位或本科毕业学历,担任6年以上医(药、护、技)师职务;大专毕业,担任7年以上医(药、护、技)师职务。

(四)副主任医(药、护、技)师

具有博士学位,担任3年以上主治(主管)医(药、护、技)师职务;具有硕士学位,担任6年以上主治(主管)医(药、护、技)师职务;具有双学士学位或具有研究生学历而未获硕士学位或研究生班毕业,担任7年以上主治(主管)医(药、护、技)师职务;具有学士学位或本科毕业学历,担任8年以上主治(主管)医(药、护、技)师职务。

(五)主任医(药、护、技)师

具有博士学位,担任5年以上副主任医(药、护、技)师职务;具有硕士学位,担任8年以上副主任医(药、护、技)师职务;具有双学士学位或具有研究生学历而未获硕士学位或研究生班毕业,担任9年以上副主任医(药、护、技)师职务;具有学士学位或本科毕业学历,担任11年以上副主任医(药、护、技)师职务。

二、破格聘任高级职务的学历与任职年限

(一)破格聘任副主任医(药、护、技)师

具有博士学位,担任1年以上主治(主管)医(药、护、技)师职务;具有硕士学位或双学士学位或具有研究生学历而未获硕士学位或研究生班毕业,担任4年以上主治(主管)医(药、护、技)师职务;具有学士学位或本科毕业学历,担任5年以上主治(主管)医(药、护、技)师职务。

(二)破格聘任主任医(药、护、技)师

具有博士学位,担任3年以上副主任医(药、护、技)师职务;具有硕士学位,担任5年以上副主任医(药、护、技)师职务;具有双学士学位或具有研究生学历而未获硕士学位或研究生班毕业,担任6年以上副主任医(药、护、技)师职务;具有学士学位或本科毕业学历,担任7年以上副主任医(药、护、技)师职务。

附件八:

幼儿园教师各级职务岗位职责和任职条件

一、岗位职责

(一)幼儿园三级教师

1.在高级教师或一级教师的指导下,承担一个班的教育工作,制订教育计划(包括学期计划、月计划、周计划、逐日计划,下同),组织一日活动(包括游戏、教学、劳动、观察,下同),进行思想品德教育;

2.在高级教师或一级教师的指导下,做好幼儿生活管理和卫生保健工作,开展家长工作;

3.参加幼儿教育教学研究活动。

(二)幼儿园二级教师

1.承担一个班的教育工作,制订教育计划,组织一日活动,进行思想品德教育;

2.做好幼儿生活管理和卫生保健工作,开展家长工作;

3.参加幼儿教育教学研究工作。

(三)幼儿园一级教师

1.承担一个班的教育工作,制定教育工作计划,组织一日活动,进行思想品德教育;

2.指导并组织做好幼儿生活管理和卫生保健工作,开展并指导家长工作;

3.承担或组织幼儿教育教学研究工作。

(四)幼儿园高级教师

1.承担一个班的教育工作,制定教育工作计划,组织一日活动,进行思想品德教育;

2.指导并组织做好幼儿生活管理和卫生保健工作,指导开展家长工作;

3.指导幼儿教育教学研究工作,承担培养教师任务。

二、任职条件

(一)幼儿园三级教师

1.高中、职高毕业,教育学、心理学考试合格,坚持用普通话进行教学,并符合其他有关要求;

2.1993年8月以后从事幼儿园教学工作的,必须先取得规定的学历,方能聘任幼儿园教师职务;

所谓规定学历,即指幼师毕业,含中专毕业、中师毕业和高中、职高毕业,教育学、心理学考试合格,及大专以上毕业。

(二)幼儿园二级教师

1.大专、中专毕业;高中、职高毕业,担任幼儿园三级教师职务4年以上。

2.坚持用普通话进行教学,并符合其他有关要求。

(三)幼儿园一级教师

1.大学本科毕业;大专毕业或具备规定学历,担任幼儿园二级教师职务3年以上。

2.经考核,表明能履行幼儿园一级教师职责,坚持用普通话进行教学,并符合其他有关要求,且任现职以来具备下列5项业务条件:

(1)平均每年完成教学工作量和教师工作量;

(2)经同行评议公认,教学经验比较丰富,教育教学水平较高,教育教学效果良好;

(3)担任并胜任班主任等工作累计2年以上;

(4)撰写1篇以上有价值的教学经验总结,在园级以上教研等有关会议上交流,并收入汇编,或在县级以上教育刊物上发表;

(5)在德育工作或保教改革方面取得突出成绩;或获得学区(或相当于学区)级以上表彰2次以上。

(四)幼儿园高级教师

1.具备规定学历,担任幼儿园一级教师职务6年以上。

2.经考核,表明能履行幼儿园高级教师职务职责,坚持用普通话进行教学,并符合其他有关要求,且任现职以来具备下列5项业务条件:

(1)平均每年完成规定的教学工作量和教师工作量;

(2)经同行评议公认,教育教学经验丰富,教育教学水平较高,教育教学效果良好;

(3)有2篇以上有价值的教学经验总结,在园级以上教研等有关会议上交流,并收入汇编,或在县级以上教育刊物上发表;

(4)指导幼儿园中、初级教师的教育教学工作,并在培养提高中、初级教师的文化业务水平和教育教学能力方面做出成绩;

(5)在德育工作或保教改革方面取得显著成绩,曾获得学区(或相当于学区级单位)以上优秀教师、模范班主任、优秀少先队辅导员等光荣称号,或教育、保教等单项奖;或近5年来连续担任并胜任班主任工作达4年以上,或担任并胜任班主任工作累计20年以上。

三、破格聘任高一级职务条件

(一)幼儿园一级教师

1.大专毕业或具备规定学历,担任幼儿园二级教师职务2年以上。

2.经考核,表明能履行幼儿园高级教师职务职责,坚持用普通话进行教学,并符合其他有关要求,任现职以来具备下列5项条件:

(1)平均每年超额完成教学工作量和教师工作量;

(2)经同行评议公认,教学经验比较丰富,教育教学水平较高,教育教学效果良好,表现突出;

(3)连续担任并胜任班主任工作;

(4)撰写1篇以上有价值的教学经验总结,在地(市)级以上教研等有关会议上交流,并收入汇编,或在地(市)级以上教育刊物上发表;

(5)获得县(市、区)级党委、政府或地(市)的部(委、办、局)级以上表彰奖励的劳动模范、优秀教师、先进教育工作者、模范班主任等光荣称号。

(二)幼儿园高级教师

1.本科毕业担任幼儿园一级教师职务3年以上;大专毕业或具备规定学历,担任幼儿园一级教师职务4年以上。

2.经考核,表明能履行幼儿园高级教师职务职责,坚持用普通话进行教学,并符合其他有关要求,任现职以来具备下列8项条件中的4项(其中前3项必备,后5项任选1项):

(1)平均每年超额完成规定的教学工作量和教师工作量;

(2)经同行评议公认,教育教学经验丰富,教育教学水平较高,教育教学效果优良,年度工作考核总评优秀;

(3)在地(市)级以上经省级宣传、出版部门批准的具有刊号或准印证或特印证的有关刊物上发表2篇以上有价值的教学经验总结(含论文、论著、科研报告、实验报告等);

(4)参加全国统编的现已正式出版的幼儿园教材的编写工作(其中本人编写5万字以上);

(5)负责编写经批准在学校使用3轮以上、现已正式出版的本专业教材(含乡土教材),其中本人编写5万字以上;

(6)正式出版的本专业学术论著;

(7)获得地(市)、厅(局)级一等以上科研成果奖(专指自然科学奖、发明奖、科技进步奖、科技成果奖、星火奖、科技外经奖、社会科学优秀成果奖,限前2名,下同);

(8)获得地(市)级党委、政府(行署)或省主管厅(局)以上表彰奖励的劳动模范、优秀教师、先进工作者、模范班主任等光荣称号。

——本文摘录自《关于印发〈厦门大学教师以外各类专业技术职务聘任办法(试行)〉的通知》,厦大人〔2005〕55号,档号2005-XZ10-3

厦门大学核心学术刊物目录(2005年版)

(2005年4月26日)

一、文科核心学术刊物

(一)文科一类核心学术刊物

1.以下刊物为文科一类核心学术刊物(共93种):

序号	刊物名称	序号	刊物名称
1	*CHINA DAILY*(理论版学术类)	21	国际问题研究
2	北京大学学报(哲社版)	22	国外社会科学
3	北京师范大学学报(人文社科版)	23	吉林大学社会科学学报
4	北京体育大学学报	24	教育研究
5	比较教育研究	25	教育与经济
6	财政研究	26	金融研究
7	当代外国文学	27	近代史研究
8	当代亚太	28	经济管理
9	读书(学术类)	29	经济学动态(学术类)
10	法律科学	30	经济学家
11	法学研究	31	经济研究
12	复旦学报(社科版)	32	考古
13	高等教育研究	33	会计研究
14	高校理论战线	34	历史研究
15	古汉语研究	35	马克思主义与现实
16	管理科学学报	36	民族研究
17	管理世界	37	南京大学学报(哲学、人文、社科版)
18	光明日报(理论版学术类)	38	南开管理评论
19	国际金融研究	39	南开学报(哲社版)
20	国际贸易问题	40	农业经济问题

续表

序号	刊物名称	序号	刊物名称
41	求是	68	心理学报
42	人口研究	69	新华文摘(全文转载)
43	人类学学报	70	新美术
44	人民日报(理论版学术类)	71	新闻大学
45	社会学研究	72	新闻与传播研究
46	审计研究	73	戏剧
47	史学理论研究	74	学术月刊
48	世界经济	75	音乐研究
49	世界历史	76	哲学动态(学术类)
50	世界民族	77	哲学研究
51	世界宗教研究	78	政法论坛
52	数量经济技术经济研究	79	政治学研究
53	税务研究	80	中共党史研究
54	台湾研究	81	中国法学
55	体育科学	82	中国工业经济
56	统计研究	83	中国广播电视学刊(理论栏学术类)
57	投资研究	84	中国经济史研究
58	外国文学评论	85	中国军事科学
59	外国语	86	中国人民大学学报
60	外语教学与研究	87	中国社会科学
61	文史哲	88	中国史研究
62	文学评论	89	中国行政管理(理论栏学术类)
63	文学遗产	90	中国音乐学
64	文艺研究	91	中国语文
65	厦门大学学报(哲社版)	92	中国哲学史
66	现代法学	93	自然辩证法通讯
67	心理科学		

2.被 SSCI(《社会科学引文索引》)、A&HCI(《艺术与人文科学引文索引》)、ISSHP(《社会科学及人文科学会议录索引》)和 SCI(《科学引文索引》)、EI(《工程索引》)、ISTP(《科学技术会议录索引》)收录的学术论文,亦为文科一类核心学术刊物论文。

(二)文科二类核心学术刊物

1.未被收进一类核心学术刊物的 CSSCI(《中文社会科学引文索引》)期刊均为文科二类核心学术刊物(共 373 种)。列表如下:(略——编者)。

2.增列以下刊物为文科二类核心学术刊物(共 4 种):

序号	刊物名称	序号	刊物名称
374	美术研究	376	现代广告
375	外语与外语教学	377	装饰

二、理工科核心学术刊物

(一)理工科一类核心学术刊物

1.被SCI、EI、ISTP和SSCI、A&HCI、ISSHP收录的学术论文,均为理工科一类核心学术刊物论文。

2.增列以下刊物为建筑学和医学学科一类核心学术刊物(共15种。其他学科为二类核心学术刊物):

序号	刊物名称	序号	刊物名称
1	城市规划	9	中国中西医结合杂志
2	建筑学报	10	中国中药杂志
3	解剖学报	11	中华病理学杂志
4	细胞生物学杂志	12	中华微生物学和免疫学杂志
5	新建筑	13	中华预防医学杂志
6	药学学报	14	中华医学杂志
7	中国园林	15	中医杂志
8	中国针灸		

(二)理工科二类核心学术刊物

1.未被收进一类核心学术刊物的CSCD(《中国科学引文数据库》)中文核心库期刊均为理工科二类核心学术刊物(共606种)。列表如下:(略——编者)。

2.增列以下刊物为理工科二类核心学术刊物(共11种):

序号	刊物名称	序号	刊物名称
607	城市建筑	613	中国医药学报
608	规划师	614	中国中医骨伤科
609	建筑环境	615	中国中医基础学杂志
610	建筑师	616	中外建筑
611	时代建筑	617	中药药理与临床
612	数学研究		

——本文摘录自《关于印发〈厦门大学核心学术刊物目录(2005年版)〉〈厦门大学已撤销的核心学术刊物目录〉和〈厦门大学关于核心学术刊物的若干规定〉的通知》,厦大人〔2005〕63号,档号2005-XZ10-3

厦门大学已撤销的核心学术刊物目录

(2005 年 4 月 26 日)

1.CSSCI 撤销刊物(共 18 种):

序号	刊物名称	截止时间	序号	刊物名称	截止时间
CW1	长白学刊	2006.06.30	CW10	上海环境科学	2006.06.30
CW2	城市环境与城市生态	2006.06.30	CW11	天津师范大学学报(社科版)	2006.06.30
CW3	国际商务研究(上海贸易学院学报)	2006.06.30	CW12	文学自由谈	2006.06.30
CW4	湖北大学学报(哲社版)	2006.06.30	CW13	新疆大学学报(社科版)	2006.06.30
CW5	经济问题探索	2006.06.30	CW14	学前教育研究	2006.06.30
CW6	理论学刊	2006.06.30	CW15	中国道教	2006.06.30
CW7	理论与改革	2006.06.30	CW16	中国环境科学	2006.06.30
CW8	林业经济	2006.06.30	CW17	中国投资(原名:投资与建设)	2006.06.30
CW9	齐鲁学刊	2006.06.30	CW18	自然科学史研究	2006.06.30

2.CSCD 撤销刊物(共 26 种):

序号	刊物名称	截止时间	序号	刊物名称	截止时间
CL1	安徽农业大学学报	2006.06.30	CL14	生物工程进展	2006.06.30
CL2	白求恩医科大学学报	2006.06.30	CL15	天体物理学报	2006.06.30
CL3	北京医科大学学报	2006.06.30	CL16	同济医科大学学报	2006.06.30
CL4	长春科技大学学报	2006.06.30	CL17	卫生毒理学杂志	2006.06.30
CL5	大连水产学院学报	2006.06.30	CL18	武汉测绘科技大学学报	2006.06.30
CL6	电子科学学刊	2006.06.30	CL19	西北农业大学学报	2006.06.30
CL7	华中理工大学学报	2006.06.30	CL20	西南师范大学学报	2006.06.30
CL8	江苏农业研究	2006.06.30	CL21	植物生理学报	2006.06.30
CL9	金属热处理学报	2006.06.30	CL22	中国纺织大学学报	2006.06.30
CL10	南京气象学院学报	2006.06.30	CL23	中国公共卫生学报	2006.06.30
CL11	农业环境保护	2006.06.30	CL24	中国药理学报	2006.06.30
CL12	上海医科大学学报	2006.06.30	CL25	紫金山天文台台刊	2006.06.30
CL13	生态农业研究	2006.06.30	CL26	城市规划汇刊(原一类核心)	2006.06.30

3.已撤销的理工科核心学术刊物(共 2 种)：

序号	刊物名称	截止时间	序号	刊物名称	截止时间
CL27	哈尔滨建筑大学学报(原一类核心)	2006.06.30	CL28	重庆建筑大学学报(原二类核心)	2006.6.30

——本文摘录自《关于印发〈厦门大学核心学术刊物目录(2005 年版)〉〈厦门大学已撤销的核心学术刊物目录〉和〈厦门大学关于核心学术刊物的若干规定〉的通知》,厦大人〔2005〕63 号,档号 2005-XZ10-3

厦门大学关于核心学术刊物的若干规定

(2005年4月26日)

1.《厦门大学教师职务聘任条例(试行)》所规定的“本学科核心刊物”,既指《厦门大学核心学术刊物目录》所列的本学科领域的核心学术刊物,也指《厦门大学核心学术刊物目录》所列的与本学科有关的跨学科或交叉学科的核心学术刊物。

2.高聘教师职务(在任现职务期间或最近5年内),在我校主办的一类核心学术刊物上发表的学术论文,最多只能计算1篇为一类核心学术刊物发表的学术论文,其余只能作为二类核心学术刊物发表的学术论文计算。

3.《厦门大学教师职务聘任条例(试行)》第十五条第4款和第十七条第4款所规定的高聘教授或副教授职务须“至少有1篇本人独立完成或以第一作者(且同时作为通讯作者)署名的发表在一类核心刊物上的学术论文”,均要求为在校外一类核心刊物上发表的学术论文。

4.高聘教授职务要求的学术论文至少应有二分之一发表在校外核心学术刊物上;高聘副教授职务要求的学术论文至少应有三分之一发表在校外核心学术刊物上。理工科教师高聘教授职务应至少有1篇学术论文发表在国外发行的外文刊物上。

5.文科在《人民日报》(理论版)、《光明日报》(理论版)、*CHINA DAILY*(理论版)上发表的学术论文(非学术性论文不计为一类核心刊物论文)要求不低于2500字,在其他刊物上发表的及被《新华文摘》转载的学术论文要求不低于4000字。

6.文科在国外学术刊物上用外文发表的学术论文(被接受为学术类论文刊载或3000个单词以上的学术论文),若该刊物经(1)校外本学科学术权威2人认可、(2)学院(单位)学术委员会表决通过、(3)学校聘委会最后审定已达到国内一类或二类核心学术刊物水准的,可相应视同在一类或二类核心学术刊物上发表的学术论文。理工科在国外学术刊物上用外文发表的学术论文,若该刊物经过上述三个程序认定已达到国内二类核心学术刊物水准的,可相应视同在二类核心学术刊物上发表的学术论文。台港澳地区学术刊物的认定参照国外学术刊物的认定办法执行。

7.在被撤销的原我校权威和核心学术刊物上发表的学术论文有效期截至2005年6月30日。凡在此日期之前在这些刊物上发表或提交正式录用通知的学术论文,仍相应视同在一类或二类核心学术刊物上发表的论文,但作为考核和应聘条件时,须提交正式出版物。

8.列入《厦门大学核心学术刊物目录》的刊物将根据CSSCI和CSCD收录期刊的变动实行动态调整。凡新增加的刊物,所发学术论文的有效期均从我校公布当年的1月1日起算;凡被撤销的刊物,所发学术论文的有效期均截至下一年的6月30日。

9.本规定自公布之日起开始施行,学校原有的相关规定不再执行。

10.本规定由学校人事处负责解释。

——本文摘录自《关于印发〈厦门大学核心学术刊物目录(2005年版)〉〈厦门大学已撤销的核心学术刊物目录〉和〈厦门大学关于核心学术刊物的若干规定〉的通知》,厦大人〔2005〕63号,档号2005-XZ10-3

厦门大学“985 工程”二期建设管理办法

（2005 年 4 月 29 日）

第一章　总　则

第一条　为加强对厦门大学“985 工程”二期建设的管理，确保建设目标的实现，提高投资效益，根据《教育部、财政部关于继续实施“985 工程”建设项目的意见》（教重[2004]1 号）、《“985 工程”建设管理办法》（教重办[2004]2 号），制定本办法。

第二条　厦门大学“985 工程”二期建设目标是：巩固厦门大学“985 工程”一期建设成果，为创建国际知名的高水平研究型大学进一步奠定基础，使若干学科达到或接近国际一流学科水平。

第三条　“985 工程”二期建设任务包括机制创新、队伍建设、平台建设、条件支撑和国际交流与合作等五个方面。其中平台建设包括 6 个科技创新平台（以下简称“平台”）、5 个哲学社会科学创新基地（以下简称“基地”）和 1 个公共资源保障与服务支撑体系建设项目。

第四条　“985 工程”二期建设实行项目管理和绩效考评。

第二章　管理体制和运行机制

第五条　“985 工程”科技创新平台和哲学社会科学创新基地建设遵循学科交叉、资源共享、运行开放、人员流动和绩效管理的原则；平台和基地实行开放式的学术管理模式，建立民主、科学的行政管理体系。

第六条　学校成立“985 工程”二期建设领导小组，负责讨论决定工程建设中的重大问题。领导小组下设平台基地建设工作小组、队伍建设工作小组、仪器（图书）工作小组、国际交流与合作工作小组、财务审计工作小组、基本建设工作小组和“985 工程”办公室。

第七条　平台、基地实行“985 工程”建设项目领导小组领导下和学术委员会监督指导下的项目主任（首席科学家）负责制。

建设项目领导小组对学校领导小组负责，对平台、基地的建设和运作进行指导、协调，负责招聘平台、基地的项目主任（首席科学家），为项目主任（首席科学家）开展工作提供全力支持和优质服务，确保人力资源、学科资源、科技资源、管理服务资源实质性到位，督促项目主任完成预定工作目标，对项目主任（首席科学家）的工作业绩进行考核评估。

项目学术委员会由项目领导小组聘请校内外专家组成，并报校学术委员会批准。该委员会是平台和基地的学术指导监督机构，负责对平台和基地的建设规划、科研发展方向、开放课题申请进行评审和评估；对平台和基地总体发展指导性建议和监督。

项目主任（首席科学家）对项目领导小组负责。其职责包括负责平台或基地的建设规划、实施、管理和检查，对平台、基地研究人员、技术和管理人员的考核和聘任。

第八条　平台、基地要建立高效的决策与协调、运行机制。

平台、基地实行建设目标责任制，并按照有所为、有所不为，有所先为、有所后为，分工负责、责任明晰的原则,合理安排每年的建设内容、资金和进度。

平台、基地建立项目领导小组、学术委员会会议制度,民主讨论平台、基地建设的重要事项,提出决策依据。项目主任(首席科学家)依据会议讨论所做出的各项决定,及时报告学校"985 工程"二期建设领导小组。

第九条 平台、基地创新人员按照不同层次、岗位,实行聘用合同分类管理。项目主任(首席科学家)对平台或基地内各类人员的聘任具有决定权。

第十条 平台或基地与相关院系之间的各种利益关系均通过协议的方式进行约定。

第十一条 平台或基地应建立"以我为主,广泛合作"的国际合作新模式,以国际通行的方式鼓励和吸引海内外优秀学者和研究团队进入平台或基地工作。

第三章 组织实施

第十二条 "985 工程"二期项目建设的审批程序为:

(一)各建设项目根据财政部、教育部批复的《厦门大学"985 工程"二期建设项目可行性研究报告》,提出年度建设计划和年度预算,由学校审核汇总后报教育部、财政部审批;

(二)学校根据教育部、财政部批复的中央专项资金和各渠道资金来源情况,确定各建设项目的年度资金额度;

(三)各建设项目根据年度资金额度填写年度建设任务书;

(四)学校相关工作小组审核年度建设任务书,必要时可聘请若干专家参与审核;

(五)学校"985 工程"建设领导小组审批年度建设任务书;

(六)各建设项目按照学校批复,执行年度建设任务书。

第十三条 项目建设过程中,如确需进行涉及建设目标、建设内容、建设资金等的变更或调整,须报学校领导小组审定。必要时,须报教育部、财政部,重新进行专家论证,对项目进行重新审批。

第十四条 "985 工程"专项资金的使用和管理,按《厦门大学"985 工程"专项资金管理办法》的规定执行。

第十五条 仪器设备的论证、采购、使用与管理按《厦门大学"985 工程"仪器设备管理办法》《厦门大学"985 工程"仪器设备论证实施细则》的规定执行。

第四章 项目管理

第十六条 平台基地建设工作小组负责审定和指导"985 工程"科技创新平台和哲学社会科学创新基地建设项目建设方案,组织项目建设的实施、检查和验收,指导、协调科技创新平台和哲学社会科学创新基地项目建设中的具体问题。

第十七条 队伍建设工作小组负责"高层次创造性人才计划"的规划、实施和管理,统筹高层次人才引进、师资培养等工作,制定优秀人才奖励办法,协调建设项目中有关队伍建设内容的实施及总结、检查和验收工作。

第十八条 仪器(图书)工作小组统筹协调、指导各建设子项目仪器设备(图书资料)的论证、采购和管理工作,组织制定仪器设备(图书资料)购置与管理办法,提出仪器设备(图书资料)运行效益评估报告,定期提交各项报表和年度工作报告等。

第十九条 国际交流与合作工作小组负责国际交流与合作项目的规划、实施、管理和验收,组织制定加强国际交流与合作的办法,指导各建设项目积极开展国际学术交流与合作,负责建设项目中有关国际学术交流与合作建设内容的检查和验收。

第二十条 基本建设工作小组负责编制年度基本建设计划,组织建设项目立项、报批工作,制定基本建设项目的年度预算和年度实施计划，提交有关基本建设的各种报表。

第二十一条　财务审计工作小组统筹、协调建设资金的落实和使用管理，组织制定建设资金管理办法，编制年度预算分配方案，定期向建设领导小组报告资金到位、使用和管理情况，根据国家规定对建设项目进行审计。

第二十二条　"985工程"办公室负责组织编制学校总体建设项目的规划，编报项目可行性研究报告，贯彻落实建设领导小组的决定和实施意见，协调和配合各工作小组开展工作，负责项目建设的日常管理工作，定期了解负责建设进度和质量，及时向领导小组报告、研究解决项目建设过程中出现的问题。

第五章　检查验收

第二十三条　学校将依照国家有关规定制定评估办法和评估标准，组织对"985工程"建设项目的检查、审计和绩效评估，根据检查、审计、评估的结果，对项目建设单位进行奖惩。

第二十四条　"985工程"建设项目根据项目建设任务实行年度报告、中期检查和总结验收。

第二十五条　每年度终了，建设项目领导小组应将项目建设年度进展情况、投资完成情况及有关资料汇总形成年度报告，上报学校。

第二十六条　中期检查由校领导小组统一部署，各工作小组和"985工程"办公室具体组织实施。检查的重点是：项目建设目标实现和任务完成情况，资金到位和使用情况，建设中存在的主要问题等，检查结果由学校上报教育部、财政部。

第二十七条　"985工程"建设项目完成后，项目单位需向学校"985工程"办公室提交总结报告；学校组织专家会同相关部门对项目单位进行验收和评估，同时迎接教育部、财政部的验收。

第二十八条　若批准的建设子项目无正当理由而拖延完成时间，致使子项目正常验收无法进行，学校领导小组将决定是否推迟或暂停对该项目建设单位的其它项目的资助，以确保在建项目的实施。对确认不能完成的在建项目，校领导小组将对其作出处理决定，对由于非客观原因造成损失的，将追究项目负责人和当事者的责任。

第六章　附　则

第二十九条　本办法自公布之日起施行，项目单位可根据本办法结合项目实际，制定实施细则。

第三十条　本办法由厦门大学"985工程"建设领导小组负责解释。

——本文摘录自《关于印发〈厦门大学"985工程"二期建设管理办法〉、〈厦门大学"985工程"二期专项资金管理办法〉、〈厦门大学"985工程"二期仪器设备(图书资料)管理办法〉和〈厦门大学"985工程"二期仪器设备论证实施细则〉的通知》，厦大重办〔2005〕8号，档号2005-XZ34-1

厦门大学“985工程”二期专项资金管理办法

(2005年4月29日)

第一章 总 则

第一条 为了加强对“985工程”二期专项资金的管理,保证建设项目的立项审查、项目论证、组织实施、绩效评估、检查验收等环节做到科学化、规范化、程序化,顺利实现项目建设目标,提高专项资金使用效益,依据财政部、教育部“财教[2004]117号”《“985工程”专项资金管理办法》和国家有关财务法规,结合《厦门大学“985工程”二期建设管理》,制定本办法。

第二条 “985工程”专项资金来源包括教育部的中央财政专项资金、福建省人民政府和厦门市人民政府的共建资金、学校及项目单位自筹资金。

第三条 “985工程”专项资金中,中央财政专项资金重点用于“985工程”科技创新平台、“985工程”哲学社会科学创新基地和队伍建设。福建省人民政府和厦门市人民政府的共建资金、学校自筹资金,根据省市政府和学校的有关规定使用,项目单位自筹资金根据“985工程”项目建设的需要报经校“985工程”建设领导小组批准后,统筹安排,并列入项目建设总盘子。

第四条 “985工程”专项资金(除项目单位自筹资金外)坚持“集中使用,突出重点;总体规划,分年实施;项目管理,绩效考评”的管理原则,实行“学校统一规划、分类分项预算、年度收支平衡”和“项目单位根据建设内容及预算额度提出申请、学校组织论证审定、项目单位按规定组织实施”的管理办法。

第五条 “985工程”专项资金由财务审计工作小组统一管理、校财务处集中核算,做到专款专用、专项报告。各项目单位和相关人员必须严格执行国家财经法规、财务制度和本办法的规定,加强专项资金管理,切实提高专项资金的使用效益。

第六条 凡使用“985工程”专项资金购置的固定资产及形成的知识产权等无形资产,均属于学校的国有资产,各项目单位和国有资产管理部门应按照学校的有关规定办理验收、登记入账等手续,纳入学校资产统一管理,合理使用,精心维护。

第二章 专项资金预算管理

第七条 “985工程”专项资金是学校财务收支的重要组成部分,“985工程”专项资金预算必须纳入学校的综合财务收支预算,并严格按照教育部批复下达的“985工程”专项资金预算进行项目控制,做到专款专用,收支平衡。

第八条 凡申请使用“985工程”专项资金的项目都必须根据教育部批准的项目可行性研究报告、年度“985工程”专项资金预算,按要求认真填写“年度项目建设任务书”。项目单位应根据批准的建设内容、当年可实施的情况和分项预算额度,区分轻重缓急,提出年度项目建设资金预算使用申请,由“985工程”有关工作小组(必要时聘请相关专家)对建设项目进行绩效评估和论证,提出项目建设的年度预算建议控制数,报校“985工程”建设领导小组审批。

第九条 经学校“985工程”建设领导小组审批的年度项目建设计划,由“985工程”财务审计工作小组按子项目下达预算控制数。项目单位限期启动项目建设,限期按规定使用资金、限期办理结算手续。“985 工程”专项资金预算由“985 工程”建设领导小组集中管理,对建设项目只下达预算控制数,不下拨预算资金。项目按批准的计划建设完毕后如有资金结余,一律收归学校“985 工程”建设领导小组统筹安排。经“985 工程”建设领导小组批准的年度项目建设计划必须及时启动,对于自批准之日起 45 天内没有启动或由于客观原因无法启动的,应及时向学校“985 工程”办公室报告,由“985 工程”建设领导小组研究并调整年度项目建设计划。如项目单位对没有启动或无法启动的建设计划不及时报告而造成损失的,将追究责任单位和相关人员的责任。

第十条 “985 工程”建设项目单位及项目负责人必须严格按照批准的项目建设内容和预算控制数执行,一律不得超预算控制数使用资金;经批准确定的年度项目建设计划及资金预算一般不得调整。如因客观原因造成建设内容变动确需调整的,应在项目单位的相关子项目之间调整,并向“985 工程”办公室、财务审计工作小组提出申请,在按规定程序审核签署意见并报“985 工程”建设领导小组批准后,方可执行;如调整涉及子项目撤并或改变建设内容的,还应组织相关专家论证,并按规定权限报校“985 工程”建设领导小组或教育部批准。所有调整都必须符合“985 工程”专项资金开支范围和相关财务法规制度的规定。

第十一条 “985 工程”专项资金预算由财务审计工作小组根据“985 工程”建设领导小组批准的年度项目建设计划编制,经校财务处审核汇入学校综合年度财务预算后上报教育部。各项目单位及专项资金管理部门应在核定的预算控制数内,按规定的时间、格式和内容向“985 工程”办公室和财务审计工作小组报送项目建设资金预算,并附规定的预算文字说明。预算文字说明内容主要包括:项目名称、建设目标、具体实施计划、资金使用安排、预计使用效益等内容。

第三章 支出管理

第十二条 “985 工程”专项资金支出包括人员经费、业务费、设备购置费、维修费、基建费。

(一)人员经费指在“985 工程”科技创新平台、哲学社会科学创新基地和队伍建设中,用于引进、聘任具有国际先进水平的学术带头人、优秀学术骨干、高级管理人才所发生的相关支出。人员经费在中央财政专项资金中支出的比例不得超过 20%,其他渠道来源的资金由校“985 工程”建设领导小组根据实际情况确定。

(二)业务费指为完成“985 工程”建设任务而必须开支的专项业务支出,包括专用材料购置费,调研、学术交流差旅费,会议费,师资及管理队伍培训费,必要的劳务费,制作费,租赁费,著作出版费,项目建设成果认定,国际合作交流费,以及项目建设直接发生的办公费、印刷费、邮电费、交通费等。

按规定必须由校“985 工程”办公室统一组织的“985 工程”项目建设的相关业务活动所发生的业务费,由校“985 工程”办公室集中办理后,按一定标准分摊记入各相关子项目。

(三)设备购置费指为完成“985 工程”建设任务而购置必要的教学、科研仪器设备、图书资料(含电子图书资料)及数据库建设等发生的支出。其中,图书资料及数据库建设由各平台基地提出,图书馆组织实施;学校统一从总经费中按一定比例安排贵重仪器设备的开放运行及维持费,由实验室与仪器设备管理办公室统筹。

(四)维修费指用于与“985 工程”建设任务相关的教学、科研仪器、实验设备、教学科研用房和附属设施的修缮、维护以及提供条件支撑的教学科研基础设施改造所发生的支出。

(五)基建费指用于与“985 工程”建设任务相关的教学科研用房、附属设施及提供条件支撑的教学科研基础设施建设的支出。

第十三条 “985 工程”一般的支出项目,按照学校现行的财务制度规定执行。专有或特殊的支出项目,由“985 工程”各工作小组会同财务处根据财政部、教育部的有关规定并结合项目建设的实际需要,制定专项支出管理办法或补充规定。

第十四条 “985工程”专项资金开支中凡纳入政府采购的支出项目,必须按照《中华人民共和国政府采购法》及学校的有关规定,经过招投标、集中采购等规定程序办理后方可列支。

第十五条 “985工程”专项资金的使用应当按规定的财务程序和权限办理:

“985工程”专项资金支出金额大于10万元小于100万元,需经各工作小组组长审批。支出金额大于100万元,需经校“985工程”建设领导小组组长审批。

符合“985工程”专项资金开支范围和标准的人员支出,经建设项目负责人审批后,还须报财务审计工作小组负责人审批。

符合“985工程”专项资金开支范围的业务及修缮改造支出,支出金额2万元以下者,由建设项目负责人审批;2万元以上者,还须报财务审计工作小组负责人审批。“985工程”专项项目开支修缮改造支出,应严格执行《厦门大学建设工程施工招标管理办法》及《厦门大学关于基建、修缮工程开工前审计及竣工决算审计的试行办法》的有关规定。

凡仪器设备(图书)购置,由项目负责人提出购置计划,报仪器组负责人审批;购买仪器设备应附有购货合同;仪器设备(图书)单价在10万元以上,批量仪器设备(图书)总值超过40万元以上,必须进行可行性研究论证,并经财务审计组负责人审批后方可申购。仪器设备购置费支出,由校资产管理处统一集中采购,并严格按照学校有关仪器设备招标投标管理办法的规定进行。所需经费由校财务处与资产管理处统一预拨和结算。

第十六条 “985工程”专项资金不得用于各种罚款、还贷、捐赠、赞助、对外投资的支出,也不得用于与“985工程”建设项目无关的日常公用经费的开支以及国家规定不得列入的其他支出。中央财政专项资金除教育部特别批准外,不得用于“985工程”科技创新平台、“985工程”哲学社会科学创新基地和队伍建设之外的支出。

第十七条 “985工程”各工作小组应在建设领导小组的统一领导下,各司其职、各负其责,对“985工程”专项资金的使用实行全过程管理,加强专项资金支出的检查和监督,不断提高专项资金的使用效益,确保预期建设目标的圆满实现。

第十八条 各子项目建设领导小组应严格按照上述开支范围和规定的开支标准,加强子项目专项资金使用的管理,精打细算,厉行节约,切实提高专项资金的使用效益,并对专项资金支出的真实性、合法性、合理性、效益性负责。

第四章 决算管理

第十九条 “985工程”专项资金决算由财务审计工作小组编制,经校财务处审核汇入学校年度财务决算后上报教育部,由教育部审批。

第二十条 各项目单位及专项资金管理部门应按照规定的时间、格式和内容向“985工程”办公室和财务审计工作小组报送项目建设资金使用情况文字说明,文字说明内容主要包括:预算执行情况、资金使用效益情况、资金管理情况、存在问题和建议等。

第二十一条 各项目建设单位应确保“985工程”项目预算的执行进度,在项目建设计划期间内的年末专项资金预算额度结余,可结转下年按建设计划和规定继续使用,不得挪作他用。建设项目按照批准的建设计划完成后,预算额度如有结余,一律收归学校“985工程”建设领导小组统筹安排。

第五章 监督检查与绩效考评

第二十二条 建立“985工程”专项资金管理责任制,由各建设项目负责人(队伍建设的项目个人)对建设资金实行财务“一支笔”审批,在规定的开支范围、开支标准和预算以内办理结算手续,同时有责任定期向“985工程”建设领导小组汇报项目实施进展和资金使用情况,确保资金不被截留、挤占和挪用。

第二十三条 "985工程"专项资金必须专款专用，不得挪作它用。如发现有截留、挪用、挤占"985工程"专项资金的行为，以及因管理不善导致资金浪费、资产毁损、效益低下的，将暂停其后续拨款，并对有关责任单位和责任人员作出处理，情节严重者，将按照国家有关规定追究其行政和法律责任。

第二十四条 "985工程"建设领导小组及财务审计组应对"985工程"各项目资金使用的合法性、合理性和有效性实施全面监督，并接受国家有关部门的监督和评估。

第二十五条 "985工程"建设项目的各项开支，由学校审计部门会同财务部门进行年度审计。

第二十六条 所有与学校"985工程"专项资金有关的各级领导，建设项目负责人和财会人员、采购人员，都应自觉维护国家财经纪律，同时接受上级机关及财政、审计、银行等部门的监督与检查，发现问题，及时纠正。

第二十七条 "985工程"建设项目实行绩效考评制度。绩效考评以教育部、财政部批复的可行性研究报告和项目预算文本确定的绩效目标为考核依据，对专项资金使用效益进行评估。

第六章 附 则

第二十八条 "985工程"队伍建设、国际交流与合作等财务管理办法，结合相关项目的建设管理条例执行。

第二十九条 本办法由校"985工程"建设领导小组批准通过，自批准通过之日起执行。

第三十条 本办法由校"985工程"财务审计工作小组负责解释。

——本文摘录自《关于印发〈厦门大学"985工程"二期建设管理办法〉、〈厦门大学"985工程"二期专项资金管理办法〉、〈厦门大学"985工程"二期仪器设备(图书资料)管理办法〉和〈厦门大学"985工程"二期仪器设备论证实施细则〉的通知》，厦大重办〔2005〕8号，档号2005-XZ34-1

厦门大学“985 工程”二期仪器设备(图书资料)管理办法

(2005 年 4 月 29 日)

第一章 总 则

第一条 为了加强我校“985 工程”科技创新平台和哲学社会科学创新基地建设项目的贵重仪器设备的购置、使用管理,提高投资效益,根据教育部、财政部“985 工程”办公室及省教育厅等有关文件精神,制定本办法。

第二条 “985 工程”仪器设备(图书资料)购置方案,要根据项目的目标和实际工作需要,进行全面规划和统筹安排。

第三条 “985 工程”建设子项目的建设规划必须目标明确,任务依据可靠,技术方案和设备配置合理,人员、实验室面积及相关环境条件得到可靠保证,分阶段实施计划落实。

第四条 购置仪器设备(图书资料),资金必须到位且应控制在预算范围内,要按照“少花钱、多办事、办好事”的原则,提高投资效益。

第五条 学校成立“985 工程”仪器(图书)工作小组负责协调、指导、检查各子项目仪器设备的归口采购和管理工作。聘请相关专家组成贵重仪器设备管理与咨询专家委员会,负责指导全校贵重仪器设备统筹布局、购置方案、管理方式、使用效益的管理,提出咨询意见,坚决克服小而全、低效率的重复购置。其中,仪器设备统筹布局的论证工作和购置论证工作由实验室与设备管理办公室(简称实验办)负责;仪器设备采购工作由资产与后勤事务管理处负责;图书资料(含电子图书)采购工作由图书馆负责。

第六条 “985 工程”的仪器设备(图书资料)产权归学校所有;属国有资产,学校有权统筹管理、使用。

第二章 仪器设备(图书资料)的论证和购置

第七条 购置仪器设备需由子项目填写《拟购仪器设备申购单》,报送资产与后勤事务管理处采购。

购置图书资料(含电子图书)需由子项目填写《拟购图书资料(含电子图书)书目清单》,报图书馆审核后采购。

第八条 申请购置贵重仪器设备(单台价值超过 10 万元)或同类批量总值超过 40 万元的仪器设备,还须由子项目领导小组组织同行专家进行调查研究和初步论证,并填写《厦门大学购置贵重仪器设备可行性论证报告》或《厦门大学购置同类批量大于 40 万元仪器设备可行性论证报告》表格,子项目负责人签署意见后送实验办。实验办组织相关的校内仪器专家小组对各子项目提出的仪器设备计划书“分类、分批”进行可行性立项论证,并签署专家小组意见。其中,单台(套)价格在 40 万元(含)以上的实验办组织校内相关学科的专家论证咨询组对子项目的可行性论证报告进行校级论证,并签署咨询意见;单台(套)价格在 100 万元(含)以上的,还须聘请 2～3 位校外专家参与论证。

实验办根据专家论证意见,签署是否同意采购的意见后,送仪器(图书)组组长审批。

第九条 仪器设备采购按照《中华人民共和国政府采购法》《中华人民共和国招标投标法》《教育部政

府采购管理实施暂行办法》和学校的相应规定执行。

第十条　图书资料的采购分中文图书、外文图书及电子文献数据库三类，分别按图书馆制定的相关规定或工作细则执行。

第十一条　各子项目应成立验收、安装、调试工作小组（以下简称验收小组）。验收小组由任高级职务的教师、实验工程技术人员主持，操作人员、管理人员参加。验收小组负责人应对仪器性能和质量全面负责。验收、安装、调试、索赔工作按教育部和学校有关规定执行。

第十二条　子项目必须在规定期限内完成设备验收、资产入账、财务报账工作。货物的验收时限以合同约定为准，以货物运抵申购单位之日算起。一般货物的验收时限为15个工作日；单台（套）10万元（含）以上，批量20万元（含）以上货物的验收时限为20个工作日；进口货物的验收时限为30个工作日。

第三章　管理、使用与维护

第十三条　贵重仪器设备按教育部有关规定，实行专管共用，开放使用，尽可能提高其使用效率。任何人不得把贵重仪器设备占为私有和专用，个别仪器设备因使用范围的限制要求降低标准机时和开放度的，应经专家论证咨询组同意，由仪器组组长审批。

第十四条　凡纳入学校共享平台的贵重仪器设备，学校将给予维持费、运行费的支持；达不到开放使用机时的，学校将减少维持费的发放；管理不善的，学校有权调整使用管理单位。对使用率高、共享开放好、重视新功能和实验技术开发的单位和个人，学校将予以表彰和奖励。

第十五条　子项目必须选派业务能力强的教师和实验技术人员负责贵重仪器设备的管理，管理人员应保持相对稳定。管理人员的主要职责是：

（一）解决使用中的技术问题，负责仪器的维修和保养，维持仪器的正常运转；培训和指导上机人员；开发新的功能、使其发挥最大的使用效益。

（二）组织完成各项教学、科研、技术服务等任务。

（三）执行有关规章制度，制定操作规程，认真做好仪器的使用及维修记录。

第十六条　子项目应建立健全贵重仪器设备技术档案，并录入大型贵重仪器共享信息资源管理系统。档案的内容包括：可行性论证报告、合同、装箱单、验收报告、产品出厂的技术资料、说明书、使用手册、图纸、操作规程、使用记录、维修记录等。档案由使用单位保存，档案目录交实验办归档备查。

第十七条　贵重仪器设备的运行维修费和机时费收支管理按《厦门大学贵重仪器设备维持费、开放运行费管理条例》和《厦门大学贵重仪器设备开放使用收费管理办法》执行。

第十八条　贵重仪器设备发生故障不能排除时要立即报告子项目负责人，查明原因，及时组织维修；半年内不能修复，又提不出处理意见的，学校将延缓或暂停审批该单位下一批贵重仪器购置申请。

对于较大的事故要分析原因，查清责任，并写出情况说明，提出处理意见，报告校“985工程”办公室。

第十九条　10万元（含）以上单台仪器设备不准拆改或解体使用；确有需要拆改或解体使用时，应提出申请，经过子项目负责人签署意见后，送实验办审核，校仪器组组长批准后执行，并做好发生文件的档案归并工作。

第二十条　子项目应根据国家有关规定对贵重仪器设备定期校验和标定，确保仪器设备的精度和性能。

第四章　检　查

第二十一条　子项目应根据教育部、财政部及《厦门大学贵重仪器设备管理办法》的规定，按照项目建设周期，实行年度报告、中期检查和总结验收。每年向实验办报送《贵重仪器设备使用情况报表》和《“985工程”贵重仪器设备效益报告》。

第二十二条　学校定期对各创新平台和基地贵重仪器设备的使用管理情况进行检查。通过检查，及时了解贵重仪器设备的运行、保养和使用效益，敦促使用和管理人员履行职责，不断提高工作水平。

检查的主要内容：

(一)可行性报告是否属实；

(二)在教学、科研及社会服务等项工作中开机使用的有效机时数(包括测试样品，培训人员)；

(三)培养人才的数量和经济、社会效益；

(四)现有功能的利用和技术开发的项目数；

(五)完好率和运行环境的良好程度、用机年时数、开放度等；

(六)技术档案、管理和使用记录的完整性；

(七)操作、维护、管理制度的健全和实施情况。

第五章　附　则

第二十三条　本办法自颁布之日起实施。

第二十四条　本办法由“985工程”仪器(图书)工作小组负责解释。

——本文摘录自《关于印发〈厦门大学“985工程”二期建设管理办法〉、〈厦门大学“985工程”二期专项资金管理办法〉、〈厦门大学“985工程”二期仪器设备(图书资料)管理办法〉和〈厦门大学“985工程”二期仪器设备论证实施细则〉的通知》，厦大重办〔2005〕8号，档号2005-XZ34-1

厦门大学"985工程"二期仪器设备论证实施细则

（2005年4月29日）

随着我校"985工程"二期的实施，学校即将购置一大批"高、精、尖"的贵重仪器设备，为统筹优化学校的资源配置，适应绩效管理的要求，提高资金使用率和投资效益，避免低水平的重复购置，提高工作效率，制定《厦门大学"985工程"贵重仪器设备论证实施细则》。

一、学校对拟购的贵重仪器设备实行分年度按计划分类集中论证，通过论证的仪器才可进入采购程序。

二、申请购置贵重仪器设备（单台价值超过10万元）或同类批量总值超过40万元的仪器设备，购置前均应进行可行性论证。

三、凡购置贵重仪器设备的单位需按以下程序进行可行性论证：

1.从实验室与设备管理办公室（简称实验办）的主页上下载《厦门大学购置贵重仪器设备可行性论证报告》或《厦门大学购置同类批量大于40万元仪器设备可行性论证报告》表格。填写论证表格前应认真阅读论证报告填表说明，并逐项按要求填写内容（一式三份）。

2.申购单位组织相关专家（三人以上）进行论证，单位（学科）负责人审批。负责人应根据本院系的仪器布局及科研需求严格把关，避免小而全、低效率的重复购置。

3.实验办组织相关的校内外仪器专家小组对各单位提出的仪器设备计划书"分类、分批"进行可行性立项论证，并签署专家小组意见。

4.对单台（套）价格在40万元（含）以上的仪器设备，实验办组织校内相关学科的专家论证咨询组对子项目的可行性论证报告进行校级论证，并签署咨询意见；单台（套）价格在100万元（含）以上的，还须聘请2～3位校外专家参与论证。

5.实验办根据专家论证意见，签署是否同意采购的意见后，由申购单位把"论证报告"以及从资产与后勤事务管理处下载的《厦门大学货物申购清单》送资产与后勤事务管理处办公室，由该办公室人员送学校办公室呈交主管校长审批。

四、贵重仪器设备需委托厂商加工的，则论证报告应充分填写委托加工的原因，包括现有成品仪器设备技术指标不能满足科研或教学需要以及价格方面等理由。还需阐述该仪器设备委托加工的厂家的背景、现状及在国内外同类仪器的行业地位。另外，除了要有一个严格的验收标准外，还应在风险分析方面充分调研，以达到仪器设备的预期作用。

五、各单位在进行贵重仪器设备论证时，应把仪器设备的管理是否纳入学校贵重仪器设备共享信息平台，实行开放运行、资源共享作为论证的重要条件。学科负责人应对论证报告管理方式栏的内容进行把关。

六、购置仪器设备时应要求仪器厂商提供贵重仪器设备维修手册和维护手册（如电器原理图）。

七、购置价值40万（含）以上贵重仪器设备论证时，申购单位要提供论证报告，其主要内容包括：

1.申购仪器设备前期市场调研情况，包括至少两种同类型仪器的性能、价格、主要技术指标相比较；

2.所申购仪器设备对本校、本地区工作任务的必要性及工作量预测分析（属于更新的仪器设备要提供原仪器设备发挥效益的情况说明）；

3.所购仪器设备的先进性和适用性，包括仪器设备适用学科范围，所选品牌、档次、规格、性能、价格

(包括运费、保险费、代理费等其他费用)及技术指标的合理性；

4、欲购仪器设备、附件、零配件、软件的经费来源及经费卡号，以及购置后每年所需的运行维修费的落实情况；

5.该仪器设备的用途及购置的必要性、效益预测及风险分析情况；

6.本校和本地区同类仪器的分布及使用情况，能否利用现有仪器开展科研和教学工作；

7.该仪器设备的管理方式，是否纳入学校贵重仪器设备共享信息平台；

8.仪器的使用条件，包括仪器设备管理人员配置、安装场所、水电用量、环境保护状况、仪器设备的维修及售后服务、零配件来源等。

——本文摘录自《关于印发〈厦门大学“985 工程”二期建设管理办法〉、〈厦门大学“985 工程”二期专项资金管理办法〉、〈厦门大学“985 工程”二期仪器设备(图书资料)管理办法〉和〈厦门大学“985 工程”二期仪器设备论证实施细则〉的通知》，厦大重办〔2005〕8 号，档号 2005-XZ34-1

厦门大学关于在附属医院、教学医院开展聘任兼职教授、副教授职务的暂行规定

(2005 年 6 月 10 日)

为了调动我校(医学院)附属医院、教学医院(含教学基地,下同)临床教学人员的积极性,进一步促进临床教学工作的顺利开展,提高临床教学质量,学校决定在附属医院、教学医院开展兼职教授、副教授聘任工作,有关规定如下:

第一章 聘任范围

第一条 本规定适用于厦门大学(医学院)附属医院、教学医院中在编在岗的具有医学学科副教授以上职务任职资格或卫生技术高级职务、担任临床教学工作满 5 年以上的专业技术人员。

第二条 连续病事假或国内脱产进修 1 年以上或自费出国学习,到申报之日尚未返回教学岗位者,或者公派出国学习或工作,期满尚未返回教学岗位者,不能申报应聘兼职教师高级职务。

第二章 岗位设置

第三条 附属医院、教学医院兼职教师职务设兼职教授和兼职副教授职位。

第四条 附属医院兼职教授和副教授的职数不超过本院已受聘卫生技术高级职务总人数的 70%,其中兼职教授和兼职副教授的职数之比控制在 1∶3～4。

教学医院兼职教授和副教授的职数从严控制,主要依据所担任的教学工作量确定,最高不超过本院已受聘卫生技术高级职务总人数的 40%,其中兼职教授和兼职副教授的职数之比控制在 1∶4～6。

第五条 兼职教授、副教授由厦门大学聘任,仅在学术交流中使用,不与国家规定的工资福利及任何待遇挂钩。

已受聘的兼职教授、副教授,如符合国家规定的教授、副教授申报条件,可以原主任医师、副主任医师或副教授身份参加福建省教育厅统一组织的教授、副教授职务评审。

第三章 岗位职责

第六条 兼职教授岗位的基本职责:

1.承担教育教学工作,指导本科生的学习,每学年至少完成 1 门本科生课程的教学任务;

2.附属医院兼职教授每学年需完成教学工作量 400 小时以上,教学医院兼职教授每学年需完成教学工作量 60 学时以上;

3.在 3 年的时间内,独立或作为第一作者或通讯作者在本学科核心学术刊物上发表 2 篇以上高水平的学术论文并以“厦门大学(医学院)附属××医院(或××教学医院)”署名,或者主持 1 项市级以上科研课题并获经费资助,或者主编出版本学科学术著作或教科书 5 万字(个人撰写部分,可累计,下同),或者获省科技进步三等奖(前 2 名)或获省卫生科技进步二等奖(前 2 名);

4.指导副教授及青年教师开展教学、医疗和科研工作,不断提高本学科的学术水平和医疗技术水平。

第七条　兼职副教授岗位的基本职责:

1.承担教育教学工作,指导本科生的学习,每学年至少完成1门本科生课程的教学任务;

2.附属医院兼职副教授每学年需完成教学工作量400小时以上,教学医院兼职副教授每学年需完成教学工作量60学时以上;

3.在3年的时间内,独立或作为第一作者或通讯作者在本学科省级以上学术期刊或高校学报上发表2篇以上有创建性的学术论文(包括教学法研究方面的论文)并以"厦门大学(医学院)附属××医院(或××教学医院)"署名,或者撰写出版本学科学术著作或教科书5万字,或者获省科技进步三等奖(前3名)或获省卫生科技进步三等奖(前2名);

4.指导青年教师开展教学、医疗和科研工作,不断提升本学科学术水平和医疗技术水平。

第四章　任职条件

第八条　受聘教师须遵纪守法,热爱医学教育工作,具有良好的职业道德,为人师表,教书育人,学风端正,积极承担教学任务,认真履行相应的岗位职责。

第九条　担任兼职教授职务,应当具备下列基本条件:

1.具备国家教育行政部门承认的正规全日制本科或以上学历,1964年8月1日以后出生的,必须取得硕士或以上学位;

2.具有医学学科教授职务任职资格或担任卫生技术正高级职务满1年以上,近5年年度考核和聘期考核均在合格以上;

3.具有本学科广博、坚实的理论基础和专业知识,能及时掌握本学科国内外学术发展动态,且学术造诣较深,为本学科或专业方向的带头人,并对本学科的建设和人才培养做出突出贡献;

4.具有丰富的临床、医疗技术工作经验,能解决复杂疑难病症或重大医疗技术问题;

5.担任临床教学工作满5年以上,且近3年内每学年为本科生讲授过1门以上课程,附属医院教师平均每学年完成教学工作量400小时以上,教学医院教师平均每学年完成教学工作量60学时以上,且教学效果评价优良;

6.在近5年内,独立或作为第一作者或通讯作者在本学科省级以上学术期刊或高校学报上发表2篇以上有创建性的学术论文(包括教学法研究方面的论文),或者主编出版本学科学术著作或教科书3万字,或者获省科技进步三等奖(前3名)或获省卫生科技进步二等奖(前2名);

7.外语考试合格或符合免试条件。

第十条　担任兼职副教授职务,应当具备下列基本条件:

1.具备国家教育行政部门承认的正规全日制本科或以上学历,1964年8月1日以后出生的,必须取得硕士或以上学位;

2.具有医学学科副教授职务任职资格或担任卫生技术正高级职务或者担任卫生技术副高级职务满1年以上,近5年年度考核和聘期考核均在合格以上;

3.具有本学科系统而坚实的理论基础,能及时掌握本学科国内外发展动态,为本学科的教学科研骨干,并对本学科的建设和人才培养做出较大贡献;

4.近5年年均完成临床工作35周以上,具有较高的医疗技术水平和较丰富的临床工作经验,能独立处理疑难病症或危重病人的抢救;

5.担任临床教学工作满5年以上,且近3年内每学年为本科生讲授过1门以上课程,附属医院教师平均每学年完成教学工作量400小时以上,教学医院教师平均每学年完成教学工作量60学时以上,且教学效果评价优良;

6.在近5年内,独立或作为第一作者或通讯作者在本学科省级以上学术期刊或高校学报上发表2篇以上有创建性的学术论文(包括教学法研究方面的论文),或者主编出版本学科学术著作或教科书3万字,或者获省科技进步三等奖(前3名)或获省卫生科技进步二等奖(前2名);

7.外语考试合格或符合免试条件。

第十一条　长期在临床教学第一线工作,医疗水平高,业绩突出,为我省医学某一学科的带头人者应聘兼职教授职务,或为我市医学某一学科带头人者应聘兼职副教授职务,可不受本规定第九条第6款或第十条第6款所要求的条件的限制,但须报送相关证明材料。

经医学院聘任委员会和学校专业技术职务聘任委员会认定的特别优秀人才可以不受学历、学位、履职年限等的限制予以破格聘用。

第十二条　从2008年起,应聘兼职教授、副教授职务所要求的论文、著作(含教科书)均须以“厦门大学(医学院)附属××医院(××教学医院)”署名。

第五章　聘任程序

第十三条　兼职教授、副教授职务聘任的基本程序:

1.学校公布临床医学兼职教授、副教授职务岗位及其职责、聘任条件等信息。

2.应聘者向所在医院提出申请,填写相关应聘申请表格,并提供可证明符合聘任条件的有效材料。

3.所在医院对应聘者的资格和条件进行审查、评议,提出候选人推荐名单,并在本单位进行公示。

4.医学院聘任委员会对各医院推荐的候选人组织同行专家(3位以上,均必须是教授)对其学术水平和能力进行评审。被推荐的候选人须提供本人符合本规定要求的正式发表或出版的能证明自己学术水平和能力的代表作(2篇/部)。代表作送审以匿名方式进行。

5.学校临床医学学科评议组根据任职条件、本人情况和专家评审意见对候选人的教学、医疗和学术水平进行评议。学科评议组成员以记名投票方式表明自己的评议意见,评议意见分为优先推荐、一般推荐、不予推荐。

学科评议组必须有三分之二以上成员出席方可开会,候选人得到学科评议组二分之一以上(不含二分之一)与会成员推荐的,方可提请医学院聘任委员会审议。

6.医学院聘任委员会结合医院、评审专家和学科评议组的意见,按照岗位要求对候选人的应聘申请进行审议和研究,并以记名投票的方式对是否推荐聘任人选加以表决。

医学院聘任委员会必须有三分之二以上成员出席方可开会;应聘人员获得到会成员的三分之二以上同意票方为通过。

7.学校专业技术职务聘任委员会对医学院推荐的拟聘人选进行审议和研究,以记名投票方式表决决定兼职教授、副教授职务聘任人选。

学校专业技术职务聘任委员会必须有三分之二以上成员出席方可开会;应聘人员获得到会成员的三分之二以上同意票方为通过。

所有表决通过的拟聘人选名单均在医学院和相关医院进行公示。

8.学校为受聘的兼职教授、副教授颁发聘书;校长授权医学院与受聘的兼职教授、副教授签订聘用合同。

第六章　合同管理

第十四条　受聘兼职教授、副教授职务的教师须与学校签订聘用合同。聘用合同的期限为3年。在3年内达到法定退休年龄的受聘人员,聘用合同期限订至本人退休之日为止。聘用合同期满或双方约定的合同终止条件出现时,聘用合同即行终止。

第十五条　学校与受聘兼职教授、副教授职务的教师经协商一致,可以解除聘用合同。但除本规定另有要求外,不论哪一方提出解除聘用合同,均须提前3个月通知对方。

第十六条　学校委托医学院和各医院根据岗位职责和聘用合同对受聘兼职教授、副教授职务的教师履行岗位职责和聘用合同的情况进行考核。

考核分为年度考核和聘期考核。考核结果报学校人事处备案。

第十七条　受聘兼职教授、副教授职务的教师若未能履行岗位职责和聘用合同,年度考核1次不合格,学校将提出告诫,累计2次不合格,学校可以解聘。

第十八条　对于聘期内考核合格者,双方可自主选择下一个聘期是否续聘;任何一方若选择不续聘,应在合同到期之前的3个月通知对方。聘期考核若不合格,学校不再续聘。

第七章　附　则

第十九条　在临床、教学工作中担任领导或管理职务者,担任兼职教授或副教授职务的岗位职责和任职条件中关于教学工作量的要求,院领导可减免1/2,科主任、教研室主任和副主任可减免1/3。

第二十条　本规定中所称“以上”“以后”,如无特别说明,均含其本数(级)。

第二十一条　本规定自发布之日起施行。

第二十二条　本规定由医学院聘任委员会和学校人事处共同负责解释。

——本文摘录自《关于印发〈厦门大学关于在附属医院、教学医院开展聘任兼职教授、副教授职务的暂行规定〉的通知》,厦大人〔2005〕87号,档号2005-XZ10-4

厦门大学网站管理办法(试行)

(2005 年 6 月 13 日)

为推动厦门大学网站的繁荣发展,加强对各类网站的科学化管理和规范化建设,特制定本办法。

一、网站管理范围

(1)以"厦门大学"冠名的单位网站(含各单位主办或承办的国际会议网站)。
(2)由厦门大学教职工或在学学生,在厦门大学校园网上以课题组或个人名义自建的网站。

二、网站建设目标

单位网站应建设成为弘扬我校"四种精神"、努力向国际一流大学目标迈进的对外宣传的窗口和延展学校教学、科研、管理等功能的教育信息化平台。

自建网站应建设成为从不同角度反映我校教职工风采以及所从事的教学科研管理工作和我校大学生健康向上的精神风貌、丰富多彩的学习生活的信息平台。

三、网站登记备案

根据中华人民共和国信息产业部令第 33 号《非经营性互联网信息服务备案管理办法》及其他相关法律、行政法规的规定,厦门大学各类网站均需办理登记备案手续。

学校委托校网络管理中心负责网站登记备案工作。各类网站登记备案的具体流程,可在校网络管理中心网站(http://network.xmu.edu.cn)上查询。

凡未备案的校园网上的各类网站,学校停止对其网络运行环境的支持。

四、网站责任人及职责

校党委宣传部为学校网站信息的主管部门,全面负责网上舆论引导、网络信息监督、网络文化建设等工作,保证校园网络信息内容安全。

各单位分管领导为单位网站的第一责任人,负责审查本网站的内容、确保网站信息安全措施落实。

各单位承担并负责本单位网站的建设维护、网站信息的监督检查等工作,在提交网站申请表(登记备案)的同时,即等同于签署"网站信息安全管理责任书"。

各单位应参照《厦门大学单位网站管理员工作职责》的要求,确定一名教职工担任单位网站的管理员。

单位网站管理员负责网站的建设和日常维护,并定期向分管领导汇报工作。

教职工或在学学生以课题组或个人名义在厦门大学校园网上自建的网站,责任人为课题组组长或师生员工个人。自建网站的信息安全由责任人负全责。

校网络管理中心负责建设和维护校园网络信息安全技术平台,保证校园网络安全平稳运行。对学校各类网站进行登记备案、为网站管理员开展相关技术培训、提供虚拟服务器的技术支持。

五、网站工作交接

单位网站主管领导或管理员因工作需要重新调整时,应参照《厦门大学单位网站管理员工作交接须知》做好网站建设的总结和移交工作。否则,该网站所出现一切问题,由原申请表中的相关人员负责。

自建网站的责任人,在工作调离前或毕业离校前,需重新指定教职工或在学学生接管网站,否则按未备案网站处理。

六、网站信息安全管理

各网站应严格遵守国家有关法律法规,建立和健全信息安全责任制度,严格对信息发布的审查和监督,确保发布信息的真实性、准确性、安全性。不得制作、复制、发布、传播、链接任何不良信息。严禁利用网站或网络空间进行经营性活动。不得提供服务器为他人代理使用。因工作需要开设论坛、聊天室、留言簿等交互式栏目,须向校党委宣传部提交申请、报送校网络管理中心备案,并安排专人24小时监管,以保证网站信息安全。

各网站如发现本网站上有不良信息,在保存有关记录的同时,应立即删除该页面的链接或隔离该页面,并及时报告校党委宣传部,电话:2187323(工作08:00—17:40);学校总值班室电话:2186110(工作日17:40—8:00及周末和法定假日);校网络管理中心,电话:2184114(工作日8:00—17:40)。若发现校园网其他网站有异常情况,亦有责任和义务尽快通知学校主管部门,以防不良信息的扩散传播。

七、违规处理

对于违反本办法的用户,学校视情节轻重对其采取警告、停止网站发布等措施;对于发生事故的单位网站或个人网站,学校按照有关规定给予相应的处分。

八、附　则

本办法从公布之日起执行。

本办法由校党委宣传部负责解释。

附件1:

厦门大学网站管理员工作职责

一、网站管理员的工作隶属关系

厦门大学单位网站管理员,由各单位推荐政治素质好、计算机技术较好的教学、科研、专业技术人员或管理人员兼任。该同志在本单位领导下开展工作,并接受校党委宣传部对网站信息内容的管理和校网络管理中心对网络技术的指导。

二、网站管理员应具备条件

1.具有较高的政治素质,坚持“四项基本原则”,遵照国家有关法律法规,严守国家机密。

2.思想端正，作风严谨，虚心好学，不断进取。

3.服从领导，团结协作，雷厉风行，履行职责。

4.熟悉本单位情况及与本学科相关的专业知识，具有一定的文字编辑水平。

5.熟练掌握网络技术，积极参加学校组织的技术培训，努力提高计算机网络水平。今后，各单位网站管理员将逐步实行“持证上岗”制度。

三、网站管理员工作任务

1.对网站的前台要求：栏目设计合理，内容更新及时，信息准确详实，使网站发挥教学、科研、交流与合作、管理等延展功能，成为对外宣传的窗口。

2.对网站的后台要求：重视网站的技术安全管理，做好服务器操作系统和应用程序的安全防护措施，以防止外界恶意攻击。做好网站内容的日常备份，以防服务器硬件设备出现故障。

3.对于单位网站下设栏目或子网站、本单位师生员工的自建网站，有责任向各责任人进行相关管理办法的宣传和指导。

4.一旦发现本网站或其他网站出现异常情况，应立即向校党委宣传部及校网络管理中心汇报，及时采取必要的处理措施，避免不良信息在网络上传播。

5.根据学校要求，及时做好文件或信息的上传下达，做好重要信件的备份。及时、准确地整理、统计、提供本单位教学、科研、队伍建设等方面的数据信息。

6.搜集本单位管理职能方面的信息、教学、科研、外事活动及管理方面的动态，并在领导授权下做好信息发布或新闻报道。

7.认真整理来自网站访问者的意见和建议，及时转发给有关人员，并按相关领导的指示做好反馈。

8.定期向本单位分管领导汇报工作，提出完善、改进的意见和建议。

四、网站管理员的考核

网站建设的评估工作将由两部分构成：平时，由校党委宣传部及校网络管理中心不定期抽查；每年由学校组织专家对全校各网站和网站管理员评比，评比结果以学校文件下发。

所在单位可根据学校对网站建设的评比结果，对网站管理员的业绩进行年度考核聘任。如网站管理员无法履行职责，校党委宣传部及校网络管理中心有责任向所在单位提出建议撤换。

附件 2：

厦门大学单位网站管理员交接工作须知

为推进学校网站建设工作的规范化、科学化管理，现就单位网站的管理员交接工作程序提出要求。

一、单位网站管理员在调离前需做以下工作

1.整理本单位网站的全部文档，刻录在光盘上，做好永久备份，以便工作交接。

2.总结本网站建设工作情况，分析优势与不足，提出改进建议，将“网站建设汇报材料”提交给本单位分管领导。

3.向新任网站管理员介绍学校网站建设相关文件的要求；移交网站的虚拟主机管理员密码、工作信箱密码、各网络系统的管理员密码等。

二、单位分管领导需做以下工作

1.认真阅读原网站管理员提交的“网站建设汇报材料”，对所提出的问题进行分析讨论，提出具有实质意义的改进措施，并签署单位意见。

2.按照学校单位网站建设的要求,推荐本单位一位教师、专业技术人员或管理人员担任网站管理员,并在每学年度考核聘任时,根据工作任务给予额定工作量。

3.在“网站建设汇报材料”“新网站管理员信息表”上签署单位意见,分别报送至校党委宣传部、校网络管理中心,以此确认新网站管理员的身份和职责,开启本单位网站建设的新一阶段的工作。

三、新网站管理员在接任时需做以下工作

1.了解学校网站建设相关文件的要求;获取网站建设工作必需的管理员账号和密码。

2.按照学校单位网站建设的要求,在“厦门大学网站备案系统”上填报新网站管理员信息。

3.当网络中心收到新网站管理员的相关信息后,将用 E-mail 发送“新网站管理员须知”;并根据其请求,选择是否重新设置虚拟主机上单位网站的 FTP 新密码。

4.根据“新网站管理员须知”要求,在厦门大学“网站管理员之家”网站的“网管论坛”等注册,以便及时获得网络信息安全及网络技术方面的指导和培训。

——本文摘录自《关于印发〈厦门大学网站管理办法(试行)〉的通知》,厦大委综〔2005〕13 号,档号 2005-XZ09-6

厦门大学南强学术讲座章程实施办法

（2005年6月修订）

（2005年6月28日）

南强学术讲座（以下简称“讲座”）是厦门大学最高层次的学术讲座，为了进一步规范讲座的管理，保证讲座的水准，根据《厦门大学南强学术讲座章程》，现对我校2002年发布的《厦门大学南强学术讲座章程实施办法》（以下简称《实施办法》）修订如下：

第一条　申请开展讲座的有关院系一般应在每年12月底前向学校科技处（理工类）或社科处（社科类）提出下一年度邀请讲座计划，在报告人来校讲座一个月之前提出书面报告，由科技处或社科处初审后报请分管校领导批准执行。原则上，每个学院每年可举办2次讲座，国家重点实验室、文科类国家重点研究基地每年可举办1次讲座。对于高水平的学术报告人，经批准可适当增加场次。

第二条　学校办公室负责布置讲座会场，协调讲座程序，联络新闻宣传单位，协调相关单位落实工作以及管理讲座基金；科技处和社科处负责审核院系的讲座申请报告，以及讲座的各项筹备工作（如人员通知、宣传海报等）和定期续集出版讲座报告；申请开展讲座的有关院系负责邀请、接待报告人和整理讲座记录。

第三条　“南强学术讲座基金”由学校办公室负责管理。学校一般不提供报告人的往返机票费。学校为报告人提供一定的学术报告报酬并颁发讲座纪念牌，同时按标准安排报告人（包括其配偶或重要随从）在讲座期间的食宿及用车，所需费用经学校办公室主任审批后，在“南强学术讲座基金”中核销。其他费用由申请讲座单位负责。

第四条　本办法由学校办公室负责解释。

第五条　本办法自发布之日起施行。

——本文摘录自《关于印发〈厦门大学南强学术讲座章程实施办法〉的通知》，厦大办〔2005〕34号，档号2005-XZ09-11

厦门大学聘用非语言类教学工作的国(境)外非全职教师暂行办法

(2005年7月14日)

根据《厦门大学"十五"规划和2010年远景规划》及"985工程"二期建设目标,非全职教师是学校教师队伍的重要组成部分,为提高教学质量,缓解学校教师人数相对不足的压力,扩大学术交流,加强师资队伍建设,各单位可在学校核定的教师编制数内聘请部分非全职教师承担教学工作。

在学校出台非全职教师聘任条例之前,聘请非语言类的国(境)外专家从事教学工作,暂按以下办法执行:

一、非全职教师编制

1.按现定编教师数计算,师生比大于以下标准的单位可申请聘用非全职教师(编制数控制在该学院师生比达到以下标准所需教师数之内):

理工科:1∶14

文　科:1∶16

艺术类:1∶8

2.现定编教师数内岗位未聘满的单位,可按1∶2的比例聘用非全职教师。

3.聘请国(境)外专家讲授纳入学校教学计划的1学分及以上课程即纳入非全职教师管理。

二、聘请国(境)外非全职教师酬金补贴办法(以下金额均指税前)

1.聘请教授承担一门3学分的课程补贴10000元,承担一门2学分的课程补贴7000元,承担一门1学分的课程补贴3500元。

2.聘请副教授承担一门3学分的课程补贴9000元,承担一门2学分的课程补贴6000元,承担一门1学分的课程补贴3000元。

3.聘请其他人员承担一门3学分的课程补贴7500元,承担一门2学分的课程补贴5000元,承担一门1学分的课程补贴2500元。

4.聘请国(境)外教师任课结束时,由聘用单位进行考核,考核结果经教务处或研究生院审核后报人事处备案。考核合格核发酬金补贴,未按教务处或研究生院规定的课程要求完成授课任务的,扣发或不发酬金补贴。

三、受聘的国(境)外非全职教师每人每个聘期可报销一次从本人所在地到我校通常路线的往返机票(经济舱)

四、受聘的外籍及港澳台籍非全职教师的住宿由国际处负责安排,其他国(境)外非全职教师由资产与后勤事务管理处安排住房供其租住。若学校无法提供住房,则由聘请单位负责安排住宿,学校按以下标准提供住房补贴(不足部分由聘请单位和个人承担):

教　　授:2000元/月

副 教 授:1500元/月

其他人员:1200元/月

五、聘任程序

各单位聘请国(境)外非全职教师任课,须填写《聘用非全职教师(教学类)申请表》,讲授研究生课程的，须同时填写《国(境)外教授(专家)讲授研究生课程简明信息表》(请从研究生院网页下载)，由研究生院或教务处、国际合作与交流处审核后报人事处审核，经主管校长批准后聘任。

六、管理办法及相关部门、学院职责

1.非全职教师与聘请单位签订工作协议。

2.教务处和研究生院负责根据教学计划对非全职教师聘任和考核的审核(包括课程、学分、课时等)工作及教学管理工作。

3.国际合作与交流处负责外籍及港澳台籍非全职教师的审核和管理工作。

4.人事处负责非全职教师的编制管理、聘任审核和办理报到、离校手续等工作。

5.各聘请单位在聘任时应认真审核其任职条件，注重教学质量，并做好跟踪管理和考核工作。

——本文摘录自《关于印发〈厦门大学聘用非语言类教学工作的国(境)外非全职教师暂行办法〉的通知》，厦大人〔2005〕117号，档号2005-XZ10-5

厦门大学研究生出国(境)管理的暂行规定

(2005年9月1日)

为规范研究生办理出国(境)有关手续,切实做好研究生出国(境)的管理工作,根据教育部文件精神,并结合我校实际情况制定以下规定:

一、出国(境)学术交流、科研合作、联合培养等

我校研究生出国(境)参加学术交流、科研合作研究以及联合培养研究生等活动,必须分别提供学术会议主办单位邀请函,我校与合作单位签署的科研协议书或联合培养研究生协议书等有效文件。

二、出国(境)探亲

在校研究生出国(境)旅游、探亲应安排在寒暑假及国家法定长假期间成行。在非假期期间出国(境)探亲(只限配偶)应当申请休学。

三、自费出国留学

在校研究生可以申请自费出国留学。研究生自费出国留学按教育部教外留〔2003〕1号文件《教育部关于简化大专以上学历人员自费出国留学审批手续的通知》精神办理。

四、办理程序与要求

1.申请者向培养与管理办索取或在研究生院主页下载《厦门大学在校研究生出国(境)申请表》。

2.填写《厦门大学在学研究生出国(境)申请表》,并经指导老师及学校各级相关部门审核批准后,按《教育部、公安部、外交部关于在校生短期出国持用因私护照有关事项的通知》的有关规定办理手续。

3.委托培养、定向培养的研究生,办理出国(境)有关手续应有委培、定向单位人事部门委托办理的正式公函。

五、相关学籍管理

1.经研究生院批准,研究生出国(境)期间可以保留学籍,出国(境)时间计入学校规定的研究生在校年限。

2.研究生出国(境)必须按时返回学校。未经批准到期未返校超过两周者,视为自动退学。

3.联合培养研究生执行相关培养协议书的要求。

本暂行规定自发布之日起执行，由研究生院负责解释。

厦门大学研究生院
二〇〇五年九月一日

——本文摘录自《厦门大学研究生出国(境)管理的暂行规定》，厦大研字[2005]32号，档号2005-XZ28-4

厦门大学继续教育培训管理暂行办法

(2005 年 9 月 19 日)

一、为维护学校正常的教学秩序,加强对学校各单位举办继续教育培训的管理,根据学校 2005 年第 6 次校长办公会议纪要(厦大办纪要〔2005〕6 号)精神,制定本办法。

二、本办法所称继续教育培训包括大学后继续教育和其他各类高层次培训等。学校继续教育培训工作的主管单位是继续教育与职业教育学院。

三、各院系举办继续教育各类培训班必须端正办学思想,为适应经济和社会发展需要服务,保证办学质量。

四、继续教育的各种形式的培训班,以不影响学校正常教学、合理利用学校资源为原则。

五、各院系举办继续教育培训班必须报继续教育与职业教育学院、办理办班审批手续后方可招生。各院、系以及学校其他机构未经批准不得以各自的名义自行举办或与校外单位合办继续教育培训班。各院系申请办班报批需提供以下材料:

1.办班申请报告。

2.经各有关单位会稿审批的“厦门大学继续教育培训班申报会稿表”。

3.社会力量办学申请表。

4.与校外合作的,还需提供合作单位的办学及收费许可证、已审批的合作办学协议书。

六、学员完成学业,考核及格,由主办院系将学员学籍档案报送继续教育与职业教育学院审核,由继续教育与职业教育学院发给继续教育培训合格证书,院系不得向学员发放类似的学业证明。

七、继续教育各类培训班的收费标准和经费分配方法,按学校的有关规定执行。

八、各院系为办班进行宣传,有关的招生简章、广告以及和校外单位合作的协议等,必须报学校法律事务办公室审核,不准任何个人或单位未经批准擅自用厦门大学(含厦大)的名义刊登广告,进行招生宣传。

九、违反本规定举办继续教育培训班的,除追究院系有关责任人的责任外,按以下原则处理:

1.未经报批,擅自发布招生简章的,责令其在相同范围内公开声明废止,已招生的应停办并退还所收费用。

2.对教学条件不具备或办学力量投入不足、质量不能保证的,责令限期整顿或停止办学并退还所收费用。

十、本暂行办法由继续教育与职业教育学院负责解释。

——本文摘录自《关于印发〈厦门大学继续教育培训管理暂行办法〉的通知》,厦大继教〔2005〕11 号,档号 2005-XZ37-1

厦门大学实验室安全管理规定

（2005年10月27日）

第一章　总　则

第一条　实验室是进行教学科研的重要基地，为确保实验室安全，防止人员伤亡事故，使国家财产免遭损失，并优化学校环境，保证教学、科研的正常进行，制定本管理规定。

第二条　校实验室与设备管理办公室是代表学校科研生产安全管理领导小组开展学校实验室安全工作的主管部门，有权监督检查各院（系）、各单位的安全工作，并有行使奖励和处罚的职能。

第三条　学校各单位行政第一领导，是本单位安全工作的第一责任人，对本单位的安全工作负全部领导的责任。

第四条　各级领导应坚持"安全第一，预防为主"和"谁主管，谁负责"的原则，认真贯彻落实国家的有关安全规定，提出确保安全的具体要求，落实各项安全防范措施，制定事故应急预案，定期组织突发事故模拟演练，并制成安全教育纪录片，经常对教职工和学生进行安全教育。

第五条　各实验室主任全面负责实验室的安全管理，指定一名兼职安全员，具体负责该室的安全工作。安全员对该室的安全负有检查、监督的责任，有权制止有碍安全的操作，纠正违章行为。

第六条　所有在实验室工作、学习的人员，要牢固树立"以人为本"的观念，统一认识，确保人身安全。要牢固树立安全意识，遵守实验室安全管理规章制度，掌握基本的安全知识和救助知识。

第七条　各实验室应根据各自工作特点，制定安全条例和安全操作规程等相应的安全管理制度及实施细则，并张挂在实验室明显地方，严格贯彻执行。制作适应本实验室的安全教育片，以直观形象的图片、通俗易懂的语言、具体翔实的数据和生动的案例，向实验人员进行实验安全基本常识、安全原则教育（详见"厦门大学实验室安全教育规定"）。

第八条　实验室安全工作的检查坚持自查与抽查相结合的原则，定期（每学期最少进行一次）检查实验室的安全情况，及时排除隐患，并做好技术安全工作档案。

第九条　学校科研生产安全管理领导小组与各学院、学院与各实验室、实验室与实验室人员层层签订安全责任书，切实将安全责任落实到位，落实到人。

第二章　消防安全

第十条　各实验室必须配备适用足量的消防器材，置于明显、方便取用之处，并指定专人负责，妥善保管。各种安全设施不准借用或挪用，要定期检查，发现问题，及时采取补救措施。

第十一条　经常保持实验室设备、设施、室内、室外环境清洁卫生。设备器材摆放整齐，排列有序，保持走道畅通。严禁走廊堆放物品阻挡消防安全通道。

第十二条　实验室工作人员应明了消防器材的放置地点，学习消防知识，熟悉安全措施，熟练掌握消防器材的使用方法。如遇火灾事故，应及时切断电源，冷静处理。

第十三条　实验室要把安全知识、安全制度、操作规程等列为实验教学的内容之一，新进实验室人员必须先接受安全教育,掌握基本安全知识和技能。

第十四条　实验室应有严格的用电管理制度,对进实验室工作或学习的人员,应经常进行安全用电教育,严禁超负荷用电。

第十五条　电、水、气之设施必须按有关规定规范安装,不得乱拉、乱接临时线路。定期对实验室的电源、水源、火源等方面情况进行检查,并做好检查记录,发现隐患应及时处理。

第十六条　无需配备加热设备的实验室严禁使用电加热器具(包括各种类型的电炉、电取暖器、电水壶、电煲锅、电热杯、热得快、电熨斗、电吹风等)。

第十七条　各实验室要建立安全值班制度。实验室值班人员或工作人员下班时,必须关闭电源、水源、气源、门窗,剩余的药品要保管好。当班教师要配合值班人员进行安全检查。

第三章　环境安全

第十八条　根据国家法律法规的规定,各实验室不得随意排放废气、废液、废渣和噪声,对三废要妥善处理,对噪声要积极采取措施,不污染环境。

第十九条　各实验室或使用单位必须指定专人负责收集、存放有毒有害废液、固废及生物样品的管理工作。

第二十条　新建、改造、扩建实验室时必须将有害物质、有毒气体的处理列入工程计划一起施工,并坚持竣工合格验收制度。

第二十一条　对实验动物、植物,要有专人负责,落实实验动植物管理措施。妥善处理实验动植物的尸体、器官和组织,对实验样品应集中存放,定期统一销毁,严禁随意丢弃。

第二十二条　对细菌、病毒疫苗,要有专人负责,建立健全领取、储存、发放登记制度,领用时必须经实验室负责人批准。对实验剩余的要立即做好妥善保管、存储处理,并做好详细记录;绝不允许乱扔乱放、随意倾倒或自行销毁处理。

第二十三条　细菌处理前应先消毒再集中收集,交由有资质的单位销毁处理。含有病原体的污水必须经严格消毒、灭菌处理,并符合国家排放标准才能排放。

第二十四条　严禁在实验室内大声喧哗、抽烟、吃食物和乱丢果皮。不得带无关人员进入实验室。

第四章　化学危险品、放射性物品安全

第二十五条　使用危险物品的单位要认真贯彻国家《化学危险物品安全管理条例》、《放射性同位素与射线装置放射防护条例》和上级部门的有关规定,建立严格的危险化学物品和放射性物品登记、交接、检查、出入库、领取清退等管理制度,要建立账目,账目要日清月结,做到账物相符。

第二十六条　使用危险物品的单位负责人要负责制定危险物品安全使用操作规程,明确安全使用注意事项,经常对使用危险物品的教职员工、学生进行安全教育。实验人员必须配备防护装备方可参与有关放射性实验。学生使用危险物品时,教师应详细指导监督,并采取必要的安全防护措施。

第二十七条　对易燃、易爆、剧毒、放射性及其它危险化学品,指定工作责任心强、具备一定保管知识的专人负责管理。对剧毒、放射性物品严格安全措施,坚持两人管理、两把锁锁门、两人一起领用制度。

第二十八条　剧毒品、放射性同位素及强酸等易发生重大伤害事故的化学危险品,严防发生丢失、被盗和其他事故。存放地点,要设防盗报警设施。

第二十九条　对存放中的危险物品要经常检查,及时排除不安全隐患,防止因变质分解造成自燃、爆炸事故的发生。

第三十条　化学危险品的领用,凭化学危险品使用申请报告和使用单位负责人签字的领料单到化学危险品仓库办理领料手续,并做好详细的领料和使用记录。

第三十一条　凡是使用放射性同位素和射线装置的实验室，入口处必须贴放射性危险标志和必要的防护安全连锁、报警装置或者工作信号；并做好安全使用放射性同位素和射线装置的宣传和教育工作，严格遵守放射性同位素和射线装置的操作规程和使用规定。

第五章　压力气瓶安全

第三十二条　制定压力气瓶使用登记管理条例，加强压力气瓶使用的安全管理工作，保护人民生命和财产的安全。

第三十三条　易燃气体气瓶与助燃气体气瓶不得混合放置。易燃气体及有毒气体气瓶必须安放在室外，并且放在规范的、安全的铁柜中。各种压力气瓶竖直放置时，应采取防止倾倒措施。

第三十四条　严禁使用超期气瓶，超过检验期的气瓶应及时退库，由资产与后勤事务管理处负责送检。

第三十五条　各种压力气瓶应避免曝晒和靠近热源，可燃、易燃压力气瓶离明火距离不得小于10米；严禁敲击和碰撞压力气瓶；外表漆色标志要保持完好，专瓶专用，严禁私自改装它种气体使用。

第三十六条　压力气瓶使用时要防止气体外泄；瓶内气体不得用尽，必须留有余压；使用完毕及时关闭总阀门。

第三十七条　经常检查易燃气体管道、接头、开关及器具是否有泄漏，随时排除安全隐患。室内无人时，禁止使用易燃器具。

第六章　仪器设备安全

第三十八条　实验室的仪器设备应有专人负责保管维护，使仪器设备保持应有的性能和精度，经常处于完善可用状态，确保仪器设备安全运行。

第三十九条　实验室仪器设备管理人员必须密切注意学校物业管理部门停水停电的通知，注意贵重仪器设备的停水停电保护措施，减小、防止外界影响对仪器设备造成的损失。

第四十条　各类实验要严格按照安全操作规程进行，上机前需制定切实可行的实验方案，并做好各种准备工作。上机时严格按使用操作规程进行，开机后必须有人值守，用完仪器要认真进行安全检查。不懂操作规程，不能动用仪器设备。对不遵守者，管理人员有权拒绝其继续使用。

第四十一条　对精密、贵重仪器和大型设备的图纸、说明书等各种随机资料，要按规定存放，设专人妥善保管，不得携出或外借。如有特殊需要须经领导批准，向管理人员办理出借手续，并按时归还。

第四十二条　贵重仪器设备不准随意拆卸与改装，一些备有安全装置的仪器设备不得随意拆除其安全装置，确需改装时，先书面请示院领导批准，并报请实验室与设备管理办公室备案。

第七章　保密安全

第四十三条　各实验室应定期清查本室承担的科研项目，会同有关部门，合理划定密级；按照密级采取相应保密措施。

第四十四条　实验室承担的涉密科研项目的测试数据、分析结论、阶段成果和各种技术文件，均要按科技档案管理制度进行保管和使用，任何人不得擅自对外提供资料。如发现泄密事故，应立即采取补救措施，并对泄密人员进行严肃处理。

第四十五条　涉密项目的实验场地，一般不对外开放。确因工作需要必须安排参观的，必须报科技处批准，并划定参观范围。

第四十六条　实验涉及经济保密和国防保密的，要按有关部门的规定执行。

第四十七条　各单位应经常对实验室工作人员进行保密教育，定期对保密工作的执行情况进行认真检查，杜绝泄密事故。

第八章　事故处理与奖惩

第四十八条　发生事故时，要积极采取有效应急措施，及时处理，防止事态扩大和蔓延。发生较大险情，应立即报警。

第四十九条　对违反本规定的实验室和个人，学校、院(系)、保卫处、实验室管理部门有权停止其实验和作业，令其限期整改。凡被责令整改的实验室，要采取相应的整改措施，经各有关部门检查合格后，方可恢复工作。

第五十条　对玩忽职守，违章操作，忽视安全而造成了被盗、火灾、中毒、人身重大损伤、污染、精密贵重仪器和大型设备损坏等重大事故，实验室工作人员要保护好现场，并立即逐级报告院(中心)、保卫处等有关部门和学校主管领导，不得隐瞒不报或拖延上报。对隐瞒或歪曲事故真相者，将予从严处理。

第五十一条　学校有关部门对安全事故应及时查明原因，分清责任，做出处理意见。对造成严重安全事故的，追究肇事者、主管人员和主管领导责任；情节严重者，要给予纪律处分，追究刑事责任，触犯法律的交由司法机关依法处理。

第五十二条　学生违反本规定，造成严重后果的，按《厦门大学学生违纪处分管理规定》给予纪律处分。

第五十三条　对于一贯遵纪守法，保证设备安全运行及文明操作实验中有显著成绩者；发现重大事故隐患，积极采取措施补救、排除险情，避免伤亡事故发生或使国家财产免遭重大损失者；事故发生时，奋力抢救生命和国家财产有突出贡献者，学校将给予表彰和奖励。

第九章　附　则

第五十四条　本规定由学校科研生产安全管理领导小组负责解释。

第五十五条　本规定自公布之日起施行。

——本文摘录自《关于印发〈厦门大学实验室安全管理规定〉〈厦门大学实验室安全教育管理规定〉》的通知》，厦大设备〔2005〕1号，档号2019-XZ38-003

厦门大学实验室安全教育管理规定

（2005年10月27日）

第一条　为加强我校实验室管理，维护正常的教学、科研、研发和生活秩序，保障师生员工的人身安全和学校的财产安全，根据相关法律法规精神，并结合我校实验室的实际情况，制定本规定。

第二条　实验室安全教育的主要任务是，宣传贯彻国家有关实验室安全管理的方针、政策、法律和法规，实施安全教育及管理；引导师生员工树立重视安全，积极查找安全隐患的观念，并能正确处理实验室安全突发事故，减少和控制实验室安全事故的危害和影响。

第三条　校科研生产安全管理领导小组负责实验室安全教育工作的组织、指导与检查，及时解决实验室安全教育工作中的突出问题，表彰奖励在实验室安全教育工作中取得显著成绩的单位和个人。

第四条　实验室安全教育管理，实行谁主管谁负责的层层落实责任制度。院（系、所）指定一名领导主管实验室安全教育及管理工作。学生工作处负责指导、协调本科生的思想教育，开展专题教育和舆论宣传。研究生、博士生的安全教育由导师负责。职能部门与各单位应相互配合，加强管理。

第五条　校实验室与设备管理办公室代表学校科研生产安全管理领导小组与各学院、学院与各实验室、实验室与实验人员层层签订实验室安全责任书，切实将安全责任落实到位，落实到人。

第六条　实验室安全教育包括思想教育、法制教育、安全知识教育、安全技能教育以及预防教育等。其中，以预防教育为主，并结合事故发生后的应急处理教育，本着保护人员、减少损失、明确责任及实事求是的原则，做好实验室安全教育工作。

第七条　实验室安全预防教育的内容，包括防火、防爆、防毒、防触电、防盗、防泄密、防溢水、安全地使用各种仪器设备、环境污染的避免与消除以及事故的处理与自我保护等。

第八条　实验室安全教育的形式，可采用开设教育讲座，参观展览，观看影视片，建立安全教育宣传网站，举办知识竞赛，印制实验室安全手册，进行安全管理和技术培训，组织突发事故模拟演练及其他形式。

第九条　各院（系、所）要把安全法律法规、安全知识、安全制度、操作规程以及实验室事故应急预案等内容列为业务学习的内容之一，纳入相应的工作计划和教学计划中。不断加强师生员工履行实验室安全义务的自觉性，提高实验室安全防范与自我防范的能力。

第十条　实验室安全教育除对全体教职工进行教育外，对重点工种、重点部位人员要进行重点教育，对持证上岗人员还要定期进行考核。新进实验室人员及学生必须先接受安全教育培训，进行紧急突发事故处理方法、自救互救常识以及紧急电话（如110、119、120等）使用常识的教育，掌握基本安全知识和技能后方可进入实验室工作、学习。因工作需要换岗的人员，上岗前必须进行再教育培训。

第十一条　实验室安全教育应讲求实效而不流于形式。要根据具体对象、专业，制定适合各自特点的教育与培训计划；组织学习本单位或外单位事故案例，弄清事故原因和教训，并联系实际制定加强安全工作的措施。根据需要制作适应本实验室的安全教育片，以直观形象的图片、通俗易懂的语言、具体翔实的数据和生动的案例，向新进人员及学生进行实验安全基本常识、安全原则教育。

第十二条　实验室根据各自特点制定的安全条例和安全操作规程等安全管理制度，应张挂宣传并由专人负责予以监督执行。

第十三条　学生的安全教育除了结合专业实验安全教育外，还应根据青年学生的特点开展，从学生入学到学生毕业，在各种教育活动和日常生活中，特别是节假日前适时进行，并善于利用发生的安全事故教育学生，防患于未然。

第十四条　教职员工的实验室安全教育应结合岗位工作的特点开展，每学年定期组织实验室安全学习及突发事故的模拟演练，并将实验室安全教育与管理情况纳入年终考核的范围。

第十五条　承担涉密科研项目的实验室，应经常对实验室工作人员进行保密安全教育，定期对保密工作的执行情况进行认真检查，杜绝泄密事故。

第十六条　各院(系、所)每学期应制定学期的实验室安全教育和培训计划，并报送学校科研生产安全管理领导小组备案；学期末根据实际执行情况进行自查，并将实际完成情况报告科研生产安全管理领导小组。

第十七条　对未按本规定进行安全教育的，对责任人进行通报批评，发生安全事故的按"厦门大学实验室安全管理规定"中的事故处理与奖惩办法执行。

第十八条　本规定由厦门大学科研生产安全管理领导小组负责解释。

第十九条　本规定自发布之日起施行。

——本文摘录自《关于印发〈厦门大学实验室安全管理规定〉〈厦门大学实验室安全教育管理规定〉的通知》，厦大设备〔2005〕1号，档号2019-XZ38-003

厦门大学宣传出版保密管理规定

（2005年12月16日）

第一条　为了加强我校宣传出版工作中的保密管理，确保国家秘密的安全，根据国家保密法规和宣传出版的有关规定，结合学校实际，制定本规定。

第二条　本规定适用于学校对外宣传报道，各类出版物的出版发行，校内报刊、电视、广播、网页等的制作和播放，展览展示等活动。

第三条　学校宣传出版保密管理坚持贯彻既确保国家秘密安全又有利于宣传出版正常进行的方针。

第四条　学校各单位凡公开宣传报道、发布信息、出版发行、展览展示等活动均不得涉及国家秘密内容。

第五条　学校宣传出版和提供发布信息的单位要建立健全宣传出版保密审查制度，实行自审和送审相结合的原则，切实落实保密管理责任制。

第六条　学校负责宣传出版和提供发布信息的单位及其相关人员，要认真学习相关的保密法规，熟悉并掌握业务工作中的保密范围和涉密事项，增强保密意识和保密观念，严格执行保密规定，做好宣传出版的保密工作。

第七条　学校负责宣传出版和提供发布信息的单位及其相关人员，对拟公开报道、出版的信息内容，要按照有关保密规定，对是否涉及国家秘密事项先期进行审查，凡拟公开宣传报道和出版的内容不得涉及国家秘密。对涉及国家秘密但确需公开宣传报道或出版的信息内容，应当采取删节、改编、隐去等保密措施。

第八条　学校各单位对拟公开宣传报道的信息内容是否涉及国家秘密界限不清的，应先报送本单位领导进行保密审查，有关领导应对相关信息内容是否涉及国家秘密进行审查并提出审查意见。必要时，应报送学校保密工作部门进行审定。

第九条　学校各单位或个人接受校内外媒体采访或提供信息时，不得涉及国家秘密。如确因工作需要而涉及的，应事先经本单位主管领导批准，并向采编人员明确说明涉密部分不得公开报道，同时要求对采访后的稿件进行审查。

第十条　凡涉及学校国防科研、生产、试验及其有关涉密科研人员工作情况、业绩等方面的稿件统一送科技处审定后方可对外发表和提供。

第十一条　涉密会议及重大涉密活动不得公开宣传报道，确因工作需要进行宣传报道的，应报送学校保密工作部门批准，并对宣传报道内容进行非密化处理。

第十二条　学校有关单位举办展览展示活动，主办单位应事先对有关内容进行保密审查，防止在展览展示活动中泄露国家秘密。

第十三条　各单位在工作中产生的只限一定范围人员掌握的内部事项，不属于国家秘密，应作为工作秘密进行管理，未经单位领导批准不得擅自公开发表。

第十四条　各单位和个人发现国家秘密被非法宣传、报道和出版时，应当及时报告学校保密工作部门。

第十五条　对于违反本规定的人员，各有关单位应给予批评教育，并及时进行整改。对造成泄密事件的，学校将根据国家有关保密法规进行查处，并追究有关泄密人员和领导责任。

第十六条　本规定由学校保密委员会负责解释。

第十七条　本规定自发布之日起执行。

——本文摘录自《关于印发〈厦门大学宣传出版保密管理规定〉的通知》,厦大综〔2005〕121号,档号2005-XZ09-5

厦门大学冬季安全教育提纲

（2005 年 12 月 28 日）

当前，学校治安形势有如下特点：冬季来临，厦门地区正处风高物燥之时，是火灾多发季节；年终岁首，犯罪分子活动频繁，是侵财盗窃案件的高发期；元旦、春节在即，集体外出活动较多，安全隐患增加；假期师生返乡探亲，学校治安力量薄弱等等。为此，下发“冬季安全教育提纲”供各单位参考，要求各单位在放假前开展一次全面的安全教育活动，通过教育，增强师生员工的法制观念，提高安全防范能力和自我保护意识。

一、防火方面

我校消防安全隐患还十分突出，因此，要求全校师生增强消防安全意识，主要做好以下几点：

1.开展消防安全宣传和检查。要利用当前火灾易发这一特点，在本单位内部进行广泛的防火安全宣传教育活动，通过召开大会、设立宣传专栏、张贴警示标语等方式，提高师生的消防安全意识。同时，要求各单位普遍开展一次防火安全检查，检查的重点部位是单位的用火用电设施、电网线路、各类消防设施、学生集体宿舍、公众聚集场所等。在检查中发现的火险隐患，本单位能自行整改的要立即进行整改，对于暂时无法整改的要书面报告学校保卫处统筹解决，并采取相应的安全防范措施，确保安全。

2.办公室、实验室要认真检修线路的安装是否符合规程要求，不准随便敷设电线，防止因绝缘损坏而发生漏电或短路的问题；要定期对运行中的线路和设备进行检查巡视，对易产生接触电阻的导线间、导线与电气设备的接头处和设备动、静触点间进行检修，防止积灰，如发现连接处接头松动发热或触点间弹簧失效打火，应及时处理。严禁超负荷用电，离开办公室、实验室时，要注意切断电源。在易燃、易爆等有火灾危险性实验室学习、工作，要严格遵守实验工作操作规程，严格用火、用电和易燃易爆化学危险试剂使用制度，严禁使用电炉、电热器等明火烧水、取暖。要对使用人员告知电源总控所在，如遇火灾，及时切断电源。

3.要严格遵守《厦门大学学生宿舍用电管理办法》，严禁违章使用电器和乱拉乱接电线。装挂蚊帐要远离灯泡（管），使二者之间保持一定的防火距离。在蚊帐内不能吸烟，也不要用纸和容易着火的物质做临时灯罩。点燃蚊香要将蚊香放置在安全地方，既要与容易着火的物质保持安全距离，又要防止火星散落，离开宿舍，要及时熄灭蚊香和关闭电器，以免发生火灾。使用电热水器时要注意用电安全，严防漏电引发意外。物业管理部门要加强对用电的监管，劝阻、查禁违章用电行为。

4.要对消防设施进行全面检查，确保灭火器材放置位置正确，始终处于完好状态。要保证通道在任何时候均畅通无阻，不得封锁安全出口，不得在通道堆放杂物，存放易燃易爆及危险物品。

5.严禁到野外烧烤、野炊，防止发生森林火灾，发现火情要履行公民应有的举报义务。

6.要学会使用消防设备，不同种类的燃烧物应用不同种类的灭火器扑灭：木、纸等物燃烧应用加压水力灭火器；油、燃料、汽油及其他易燃液体燃烧时应用干粉或泡沫灭火器；电线、电器、马达燃烧应用干粉或二氧化碳灭火器。

二、防盗方面

防范盗窃现象的发生，主要是要提高师生的责任心，严格管理制度，做好以下工作：

1.加强门卫和楼栋进出人员的管理，坚持登记询查制度，把好入门第一关。闭门之前要彻底巡查楼房，检查门窗关闭状况，将所有报警装置置于警戒状态。发生异常情况，应及时报告单位安全负责人，并保护好现场。隐情不报或因不尽责而发生责任事故，要追究有关人员的责任。

2.加强学生宿舍和公共活动场所的安全防范，对进入宿舍的陌生人要询问盘查，防止溜门行窃。夜间就寝或午休时要注意关好过道门窗，人员外出要锁闭房门，及时更换损坏的门锁，发现安全隐患要立即采取整改措施。公共场所要防拎包，学生就餐时，不要因占位置人包分离，中午在教室休息要保管好贵重物品，晚间在室外活动，随身物品不要离身。

3.公共教室、实验室钥匙不得转交他人，重要部位的钥匙要专人负责保管，任何人不得自行修配办公室、实验室的钥匙。

4.掌握防盗常识，不轻易与陌生人交谈、不随便泄漏个人情况、不轻信手机短信。严禁在办公室存放大量现金，外出不要携带大量现金，笔记本电脑等贵重物品要寄存。夜间在偏僻处行走，尽量结伴而行，防止意外事故。

5.家属住宅楼要安装防盗楼宇对讲系统，已经安装的要做到随手关门并使系统随时处于完好状态，不要随意让陌生人进入楼梯电子门。对容易攀爬的楼后挡泥板要安装铁栏栅。

三、交通方面

冬季霜多、雾多、雨多，气温相对较低，校园道路有别于正规公路，坡路、急弯多，道路狭窄，视线不良，驾驶员驾车环境较为复杂，行车难度较大，加上新手上路多，有的驾驶员漠视校内交通管理规定，对交通标志不重视，为此，提醒驾驶员和师生注意以下事项：

1.要求所有驾驶员遵守学校交通管理规定，机动车辆应就近进出校门，禁止横穿校园，高峰期(7:30—8:00，11:30—12:00，14:10—14:40)严禁穿越三家村，校内行车限速 20 公里，禁止鸣号，主动避让行人，遵守交通标志标线的指示，校内主干道、广场、草坪、人行道、校门周围、嘉庚主楼周边禁止停放车辆，车辆停放应按位有序停放，不得跨位停放、随意停放。

2.自行车行驶中要遵守行车规章，不得载人，遇有陡坡或路况复杂，应下车推行，禁止在路上比速度，禁止逆向行车。校外车多人多，路况复杂，提醒住校外的师生注意道路交通安全。

3.要提高交通安全意识，注意来往车辆。步行应走人行道，没有人行道的应靠路边行走，横穿马路要走人行横道，不要在道路上停留交谈。

4.外出乘车、乘船要选择安全可靠的交通工具，上车上船排队，顺序就座，不要争抢、拥挤，不得探身超出护栏、窗外，不要乘坐非法营运、手续不全或超载的车船。

——本文摘录自《关于印发〈厦门大学冬季安全教育提纲〉的通知》，厦大综〔2005〕125 号，档号 2005-XZ09-5